Herausgeber: Wolfgang Schmidt
Margit Meisterburg, Dr. Ulrike Riehl, Wolfgang Schmidt, Sigrid Schwatlo, Dorothee Schwöppe

Friseurwissen

– Begreifen
– Kombinieren
– Kreativ gestalten

1. Auflage

Bestellnummer 91374

Bildungsverlag EINS

Haben Sie Anregungen oder Kritikpunkte zu diesem Buch?
Dann senden Sie eine E-Mail an BV91374@bv-1.de
Autoren und Verlag freuen sich auf Ihre Rückmeldung.

www.bildungsverlag1.de

Gehlen, Kieser und Stam sind unter dem Dach des Bildungsverlages EINS zusammengeführt.

Bildungsverlag EINS
Sieglarer Straße 2, 53842 Troisdorf

ISBN 3-427-**91374**-0

Vorwort

Begleiten Sie Karla von ihrem ersten Ausildungstag bis zu ihrer Gesellenprüfung. Erarbeiten Sie zusammen mit ihr die Lösungen für die Probleme des Berufseinstiegs bis hin zur Gesellenprüfung.

Karla macht ihre Ausbildung im Salon Haarmonie. Sie wird unterstützt von ihrer Chefin Frau Weber, den Kolleginnen Ayse und Christine sowie ihrem Kollegen Max.

Wie jeder Salon hat auch der Salon Haarmonie unter seiner Kundschaft viele Stammkunden. Einigen haben wir ein Gesicht gegeben. Sie werden Ihnen wie Karla und ihre Kolleginnen an vielen Stellen im Buch begegnen. Und zwar jeweils in unterschiedlichen Situationen, aus denen sich verschiedene Aufgabenstellungen ergeben.

Der Friseurberuf ist geprägt durch typische Handlungsfelder, in denen Friseurinnen und Friseure tätig sind. Um in diesen Feldern erfolgreich tätig werden zu können, ist Wissen erforderlich. Dies wird Ihnen in diesem Buch in Lernfeldern vermittelt. Die Kapitel des Buches entsprechen solchen Lernfeldern.

Zunächst erfolgt in Kapitel 0 die Einführung in den Beruf. Danach können Sie die einzelnen Kapitel jeweils vollständig erarbeiten oder sich zunächst ein Grundwissen aneignen, indem Sie jeweils nur die ersten Unterkapitel lesen. Dieses Grundwissen können Sie dann in den jeweils folgenden Unterkapiteln vertiefen. Jedes Unterkapitel beginnt mit einer tpyischen Situation.

Damit Sie immer den Überblick behalten, bieten wir Ihnen neben dem Inhalts- und dem Stichwortverzeichnis Mindmaps an. Sie finden Sie als Übersicht vor jedem Kapitel und zusammen mit den Situationen am Beginn der Unterkapitel. Mindmaps beginnen immer mit einem Oberbegriff, der dann durch weitere Begriffe aufgegliedert und verfeinert wird.

Die Mindmaps sollen Ihnen auch helfen bei der Vorbereitung auf Klassenarbeiten und Prüfungen. Wenn es Ihnen gelingt, die einzelnen Äste mit Inhalt zu füllen und zu erläutern, verfügen Sie über ein sicheres Basiswissen.

Wir wünschen Ihnen Freude und Erfolg im Friseurberuf und viel Spaß beim Begreifen, Kombinieren und Kreativgestalten.

Das Autorenteam

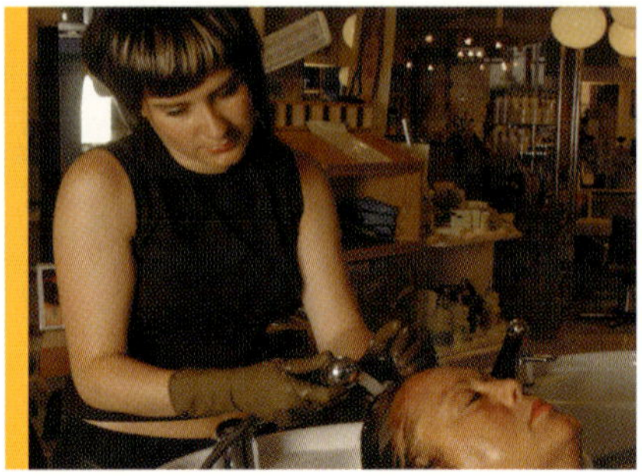

KAPITEL 0

Im Friseursalon arbeiten

KAPITEL 1

Haar und Kopfhaut pflegen

KAPITEL 2

Haare schneiden

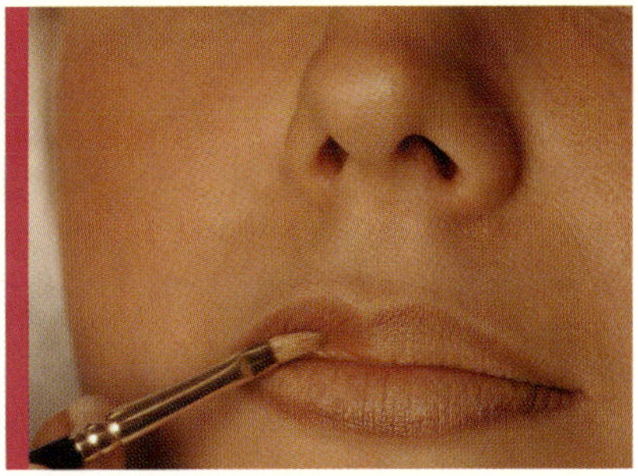

KAPITEL 3

Haare farblich gestalten

KAPITEL 4

Haare formen

KAPITEL 5

Kosmetik

KAPITEL 6

Betriebliche Arbeitsgestaltung

KAPITEL 7

Prüfungsstück: Der besondere Anlass

KAPITEL 8

Mathematiklexikon

Den Friseurberuf kennen lernen

Im Friseursalon arbeiten

Gesundheit und Umwelt schützen

Kunden beraten

- Das Team des Salons Haarmonie
- Die Kunden des Salons Haarmonie
- Der Salon als Arbeitsplatz
- Anforderungen an den Friseur
- Fort- und Weiterbildungsmöglichkeiten
- Rechtliche Grundlagen
- Handwerksorganisation

- Selbst- und Fremdwahrnehmung
- Kunden begrüßen und einschätzen
- Umgangsformen
- Körpersprache
- Der Kommunikationsprozess

Kunden begegnen

- Den eigenen Körper vor Schäden schützen
- Hygienemaßnahmen
- Krankheitserreger kennen und bekämpfen
- Unfälle vermeiden
- Die Umwelt schonen

- Die vier Seiten einer Nachricht
- Phasen der Beratung
- Kundenbesuch dokumentieren

1 Den Friseurberuf kennen lernen

Karla wird seit vier Wochen im Salon Haarmonie ausgebildet. Sie trifft sich mit ihrer besten Freundin Mandy aus der Schulzeit und berichtet ihr von den vielen neuen Eindrücken. „Ich habe gedacht, ich hätte nur mit Haaren zu tun," klagt sie Mandy. „Ich habe nicht geglaubt, dass so viele unterschiedliche Dinge für mich wichtig sind. Wie lange wird es wohl dauern, bis ich mich zurechtfinde?"

Die Berufsentscheidung ist gefallen! Natürlich geschah dies nicht ohne Überlegung, sondern nach ausführlicher Information über den Friseurberuf und seine besonderen Arbeitsbedingungen. Sowohl handwerkliches Geschick und eigene Kreativität als auch Freude am Umgang mit Menschen werden erwartet.
Der Friseurberuf ist ein Handwerk. Diese „Arbeit mit den Händen" erfordert gute körperliche Kondition. Um eigene Ideen zu entwickeln und umzusetzen, braucht man „Köpfchen" und Mut. Der tägliche Umgang mit Kunden, die sehr unterschiedlich sind, erfordert gute Menschenkenntnis und Kommunikationsfähigkeit. Menschen einzuschätzen und sie darauf aufbauend in Bezug auf Frisur, Farbe oder Auswahl eines Produktes hin zu beraten, erfordert außerdem Fingerspitzengefühl und solide Fachkenntnis von Techniken und Produkten.

Aber, keine Angst: „Es ist noch kein Meister vom Himmel gefallen", sagt ein altes Sprichwort. Es erklärt, dass alle Dinge zu erlernen sind, wenn man das Interesse, den festen Willen und das Durchhaltevermögen dazu hat. Wer diese Fähigkeiten mitbringt, hat gute Voraussetzungen, im Friseurberuf zufrieden zu arbeiten oder auch die Weiterbildungsmöglichkeiten zu nutzen.

Als Auszubildende im Friseurhandwerk haben Sie Ihre eigenen Stärken und Schwächen durchdacht, eigene Ziele gefasst und sind nun neugierig auf den Beginn der Ausbildung. Ebenso geht es Karla, der Auszubildenden, die im Folgenden in ihrem Ausbildungssalon vorgestellt wird. Sie arbeitet im Team des Salons Haarmonie mit dem Gesellen Max, der Gesellin Ayse, der Kosmetikerin Christine und der Chefin Frau Weber.

Vorstellung des Teams Haarmonie

1.1 Das Team des Salons Haarmonie

Karla

Die **Auszubildende Karla** ist an ihrem ersten Arbeitstag im Salon Haarmonie voller Erwartungen und gespannt auf die neue Arbeit. Sie ist 16 Jahre alt geworden und die Hauptschulzeit liegt hinter ihr. Das Abschlusszeugnis ist gut ausgefallen und sie hätte auch eine weiterführende Schule besuchen dürfen. Friseur war aber schon immer ihr Traumberuf, denn sie findet Haare und die Arbeit mit unterschiedlichen Menschen faszinierend. Sie hat bereits ein Praktikum durchgeführt, und so konnte sie schon die Tätigkeiten im Salon beobachten und hin und wieder als Aushilfe mitarbeiten. Viel gibt es zu lernen und Karla hofft, dass die neuen Kolleginnen Geduld mit ihr haben werden, bis sie den genauen Ablauf im Salon kennt. Karla ist die einzige Auszubildende im Salon Haarmonie und damit die jüngste Angestellte.

Der **Geselle Max** arbeitet schon seit zwei Jahren im Salon. Seine Ausbildung hat er in der Nachbarstadt absolviert. Er ist meistens fröhlich und hat seinen eigenen Kundenstamm. Besonders junge Leute kommen gern zu ihm, denn er kennt die neusten Modetrends in Schnitt und Farbe für die jüngeren Kunden. Karla schätzt ihn, denn er weiß immer, was wo gebraucht wird. Max gibt Karla Tipps, was sie bereits jetzt tun kann. Denn nichts ist schlimmer, als gelangweilt herumzustehen.

Max

Ayse

Die **Gesellin Ayse** ist seit Beginn ihrer Ausbildungszeit im Salon Haarmonie. Sie ist seit drei Jahren Gesellin und hat vor, demnächst die Meisterschule zu besuchen. Sie ist bei den Kunden sehr beliebt, denn sie kann sich sowohl auf die ältere Kundin als auch auf jüngere einstellen. Karla kann sie immer fragen, wenn sie etwas nicht versteht.
Ayse probiert gerne neue Frisuren und Haarfarben aus, wenn sie etwas in einer Fachzeitschrift gesehen hat oder von einer Fortbildung in den Salon zurückkommt. Sie sagt, dass ihr gerade das am Friseurberuf Spaß mache. Karla mochte Ayse vom ersten Tag an, weil sie ihr gleich erzählte, wie sie sich selbst als Auszubildende in den ersten Wochen fühlte.

Seit fünf Jahren gibt es im Salon Haarmonie eine Kosmetikkabine, die von der **Kosmetikerin Christine** verantwortlich betreut wird. Sie konnte Frau Weber davon überzeugen, dass die pflegende und dekorative Kosmetik das Dienstleistungsangebot des Salons Haarmonie abrundet.
Christine wurde vor zehn Jahren zur Friseurin ausgebildet. Sie zeigte schon immer besonderes Interesse an der Kosmetik. Deshalb hat sie sich nach der Ausbildung weiter qualifiziert. Die Kunden werden von ihr in einem ruhigen Bereich des Salons kosmetisch beraten und behandelt. Die Kosmetikkabine ist inzwischen gut ausgelastet, besonders seit Christine auch Nagelmodellage und Nageldesign anbietet.

Christine

Frau Weber

Seit 15 Jahren leitet die **Chefin Frau Weber** den Salon Haarmonie. Gleich zu Anfang erzählt sie Karla, welche Arbeiten zur Salonleitung gehören. Das ist sehr wichtig, weil Karla verstehen muss, wie die einzelnen Arbeiten aufeinander abgestimmt und die Verantwortungsbereiche aufgeteilt sind. Frau Weber kann gut erklären und nimmt sich immer Zeit für Karla, wenn sich eine Arbeitspause ergibt. Frau Weber ist wichtige Ansprechpartnerin für Fragen, besonders wenn sie neue Produkte bestellt, die Kundenkartei bearbeitet und Aktionen vorbereitet. Bei ihr laufen alle Fäden zusammen, sie hat den Gesamtüberblick.

1.2 Die Kunden des Salons Haarmonie

Nicole ist 13 Jahre alt. Sie hat schulterlange, braune Haare, die sie alle 6 Wochen in Form schneiden lässt. Ihr Haar ist sehr dicht und fettet schnell. Sie hat ein schmales Gesicht und glänzende Haut. Auch zwischen den Schneideterminen kommt sie häufig und sieht Frau Weber bei der Arbeit zu. Gern stellt sie sich als Modell zur Maniküre oder Kosmetik zur Verfügung.

Tobias ist 17 Jahre alt, groß, schlank mit dunkelbraunen Haaren. Seine Haare sind fein, sein Gesicht ist lang und schmal mit kleinen dunklen Augen. Seine Gesichtshaut ist sehr unrein. Er lässt sich gern beraten, denn allein weiß er nicht so genau, was ihm steht. Er hat Max beim letzten Besuch erzählt, dass er gern mehr auffallen möchte.

Achim ist Mitte 30 und arbeitet in einem Speditionsbetrieb. Er hat lichtes Haar im Oberkopfbereich und an den Schläfen. Seine Haare sind mittelblond, eine Farbe, die ihm selbst nicht gefällt. Er ist groß und bevorzugt gepflegte Kleidung. Am liebsten unterhält er sich über sein Hobby: Motorradfahren.

Silke hat hellblondes, feines Haar, das sie bisher immer lang getragen hat. Jetzt ist sie 17 Jahre alt und arbeitet als Auszubildende bei der Sparkasse. Sie hat sehr zarte Haut, blaue Augen und ein fein geschnittenes ovales Gesicht. In ihrer Freizeit trägt sie gern Jeans.

Frau Reuther ist Mitte 40 und eher klein. Durch ihre Arbeit als Werbetexterin kommt sie viel herum und hat immer viel zu erzählen. Sie hat dunkelbraunes, kräftiges Haar, das mit Pflanzenfarbe eine Rot-Nuance erhielt. Erste weiße Haare werden durch die Pflanzenfarbe leuchtend orange und beleben als feine Strähnchen besonders die Pony-Partie.

Herr Schlick arbeitet bei einer Vertriebsfirma und ist dort beruflich stark eingebunden. Er bevorzugt eine modische, pflegeleichte Frisur. Er ist Anfang 40, hat kräftiges Haar, das an den Schläfen ersten Weißanteil zeigt. Sein Gesicht wirkt noch sehr jugendlich, die Haut ist leicht trocken, braucht also besondere Pflege. Auch er lässt sich gern dazu beraten, einem Modetrend zu folgen, denn er weiß, dass die eigene Erscheinung einen Einfluss auf den Geschäftserfolg hat.

Frau Neuberger, Anfang fünzig, hatte einmal dunkelblonde Haare, die nun durch einen hohen Weißanteil aufgehellt werden. Den Kontrast zwischen der Naturfarbe und den weißen Haaren mindern helle Strähnchen, die den Farbton auch wärmer erscheinen lassen. Sie ist als Lehrerin tätig und schätzt bei ihren Friseurbesuchen neben der fachlichen Bedienung auch die Entspannung.

Frau Michaelis ist eine aktive Seniorin mit starken, naturweißen Haaren, die sie mit ihrem Naturton färben lässt. Ausgespart wird dabei die Ponypartie. So entsteht ein weicher Übergang zwischen der dunklen Haar- und der Hautfarbe. Sie macht aus ihrem Alter keinen Hehl, wirkt aber durch ihre gepflegte Haut jünger als 71. Früher war sie Fotografin, dies ist ihr jetzt zum Hobby geworden.

1.3 Der Salon als Arbeitsplatz

Die Rezeption mit Kasse und Warenverkauf

Der Kundenempfang ist der erste Bereich, den der Kunde betritt. Diese Zone wird oft Rezeption genannt. Hier werden die Kunden empfangen und der Mantel entgegengenommen. Hier steht das Telefon, hier liegt der Terminplaner, eventuell steht hier auch der Computer zur Salonverwaltung. Die Rezeption ist auch der Bereich, in dem die Kunden verabschiedet werden. Deshalb befindet sich hier die Kasse. Im Bereich der Rezeption gibt es auch die Warenauslage.

Die Wartezone mit Garderobe

Oft sind der Rezeption ein Wartebereich und die Garderobe angeschlossen. In der Wartezone stehen bequeme Stühle oder Sessel, auf einem kleinen Tisch liegen Frisurenhefte oder aktuelle Zeitschriften. Manchmal finden kleine Kunden hier Spielsachen oder Bilderbücher. In vielen Salons stehen Erfrischungen zur Selbstbedienung bereit. In der Garderobe befinden sich genügend Kleiderbügel für die Jacken und Mäntel der Kunden.

Der Waschplatz

Am Waschplatz finden sich meistens Rückwärtswaschbecken. Die Anzahl der Waschbecken ist von der Größe des Salons, d. h. der Zahl der Mitarbeiter und der Bedienungsplätze, abhängig. Manchmal gibt es auch noch Vorwärtswaschbecken, die vor allem von älteren Kunden bevorzugt werden. Neben den Waschbecken gibt es kleine Schränke oder Regale für Handtücher, Gesichtstücher, Shampoo etc.

Der Bedienungsplatz

Am Bedienungsplatz führt die Friseurin die Dienstleistung aus. Hier berät sie die Kundin, schneidet Haare, färbt und dauerwellt. Es ist ausreichend Platz vorhanden, um die Werkzeuge und Geräte, die die Friseurin benötigt, abzulegen. Verkaufsdisplays für Friseurprodukte finden hier ebenso Platz. In manchen Salons ist ein spezieller Beratungsplatz eingerichtet.

Die Kosmetikecke

In einigen Salons gibt es auch Kosmetikecken oder separate Behandlungsräume, in denen kosmetische Behandlungen durchgeführt werden.

Das Friseurlabor

Die Friseurin bereitet die Präparate, die sie während ihrer Arbeit braucht, im Friseurlabor zu. In Regalen stehen alle benötigten Präparate sowie Färbeschalen, Pinsel und Applikatoren griffbereit. Daneben befindet sich eine Spüle, um die benutzten Pinsel, Schalen etc. zu säubern.

Der Wirtschaftsraum

In diesem Raum stehen Waschmaschine und Wäschetrockner. Hier ist die Möglichkeit, benutzte und nasse Handtücher oder Gesichtstücher auf einem Ständer zu trocknen, falls am Abend eine Waschmaschinentrommel nicht voll beladen werden kann. Auf einer genügend großen Ablagefläche lassen sich die frisch gewaschenen Handtücher bequem zusammenlegen. Putzmittel und Putzgeräte sind im Wirtschaftsraum ebenfalls gut aufgehoben.

Der Aufenthaltsraum

Dieser Raum dient dazu, dass die Mitarbeiter eines Salons dort ihre Pausen verbringen und essen und trinken können. Es ist gesetzlich genau geregelt, wie der Aufenthaltsraum beschaffen sein muss: Er muss z. B. hell, gut belüftet und von den Arbeitsräumen abgetrennt sein. Neben Sitzgelegenheiten befindet sich dort oft eine kleine Teeküche, damit die Mitarbeiter dort kleine Snacks und Mahlzeiten zubereiten können.

Das Büro

Hier werden alle anfallenden Verwaltungstätigkeiten erledigt. Dazu gehören: Bestellungen aufgeben, Rechnungsbeträge überweisen, Kontrolle von Bestell- und Lieferscheinen, die Kassenabrechnungen, Vorbereitungen für den Steuerberater und Gehaltsabrechnungen erstellen. Immer häufiger verwenden Friseurbetriebe zur Unterstützung Salonverwaltungsprogramme am Computer, die von verschiedenen Firmen angeboten werden.

Lagerraum

Im Lagerraum werden Vorräte an Präparaten und Geräten und sonstiges Arbeitsmaterial gelagert. Er liegt in der Regel im Keller, weil die meisten Produkte kühl und dunkel gelagert werden müssen.

1. *Beschreiben Sie die abgebildeten Salonbereiche und ihre Funktion.*
2. *Vergleichen Sie die Salonbereiche mit denen in Ihrem Ausbildungssalon.*

1.4 Anforderungen an den Friseur

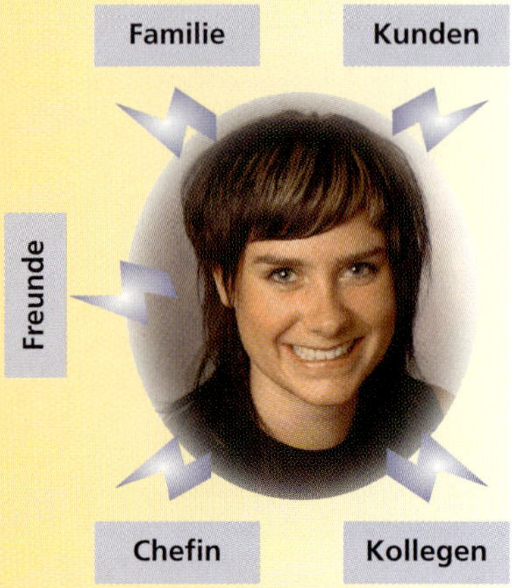

Die Friseurin im Spannungsfeld

Anforderungen der Kunden

Kunden stehen im Mittelpunkt der Friseurarbeit. Werden sie gut beraten und bedient, dann kommen sie regelmäßig und sichern damit die Existenz des Betriebes. Es ist nicht immer einfach, sich auf die unterschiedlichen Menschen mit ihren verschiedenen Wünschen und Bedürfnissen einzustellen. Der Kundenkontakt erfordert, dass die Friseurin immer gleich bleibend höflich, geduldig und freundlich ist, auch wenn sie sich nicht danach fühlt. Außerdem verlangt die Arbeit mit dem Kunden gute sprachliche Ausdrucksfähigkeit, sicheres Auftreten, angenehme Umgangsformen und ein gepflegtes äußeres Erscheinungsbild. Es ist selbstverständlich, dass die Friseurin nie nach Schweiß oder Rauch riecht und dass der Atem immer frisch ist. Der Kunde möchte ebenso, dass die Friseurin fachlich kompetent ist, d. h., dass sie über Beurteilung und Behandlung von Haar, Haut und Nägeln genauestens Bescheid weiß, um Schäden festzustellen und zu vermeiden.

Anforderungen der Kollegen

Weitere Anforderungen stellen die Kollegen, die sich Teambereitschaft wünschen, denn ein gutes Betriebsklima ist für alle Beteiligten, Mitarbeiter wie Kunden, wichtig. Die Kollegen fordern aber auch Leistung ein, damit die Arbeitsabläufe ohne Störung verlaufen. Spült Karla z. B. das Shampoo nicht gründlich aus, dann wird die Frisur nicht halten.

Anforderungen der Chefin

Frau Weber verlangt, dass ihre Angestellten gut frisiert und modisch gekleidet sind, als Aushängeschild dienen. Auch sie ist an angenehmer Umgangsform interessiert. Als Leiterin des Salons erwartet sie Interesse am Geschäftserfolg, Engagement und Bereitschaft zur Weiterbildung. Sie möchte zufriedene Kunden und ein gut gehendes Geschäft, um auf Dauer den Salon halten und die Löhne zahlen zu können.

1. *Welche Anforderungen werden derzeitig im Salon an Sie gestellt?*
2. *Wie erfüllen Sie die an Sie gestellten Anforderungen?*
3. *Welchen Ausgleich zur Arbeit haben Sie?*

1.5 Fort- und Weiterbildungsmöglichkeiten

Informationsquellen

Wer die Kunden nach der aktuellen Mode und dem letzten Stand der Produktentwicklung beraten, bedienen und behandeln möchte, muss sich um Informationsmaterial für die Weiterbildung bemühen. Dies gilt auch schon während der Ausbildungszeit. **Produktinformationsbroschüren** der großen Firmen für Friseurprodukte sind die bekannteste Quelle der Informationsbeschaffung und sollten deshalb gelesen werden. Dies ist schon alleine wegen der sachgemäßen Anwendung der Produkte notwendig.

Frauenzeitschriften sind die Hauptinformationsquellen für die Kunden. Sie wecken in ihnen den Wunsch zur Veränderung.

In der **Fachpresse** finden sich Artikel, die sich mit speziellen Fragestellungen des Friseurberufs beschäftigen. Sie geben einen Überblick über Modetendenzen, neue Produkte, Accessoires, aber auch Salonmanagement und Ausbildung. In unregelmäßigen

Abständen veröffentlichen die Fachverlage Sonderhefte zu Spezialthemen, z. B. Dauerwelle oder Haarfarbe.

Als Informationsquelle für spezielle Sachthemen bieten sich **Fachbücher** und das Internet an. Die größeren Firmen verfügen über eine gut ausgestattete Homepage mit Produktinformationen.

Seminare werden von den Produktherstellern zu speziellen Themen oder zu neuen Produkten, neu entwickelten Werkzeugen oder Techniken angeboten. Friseurfachschulen dagegen legen ihren Schwerpunkt auf die handwerkliche Aus- und Fortbildung.

Saloninterne Übungsabende bzw. **Seminare** sind ebenfalls wichtige Fortbildungsveranstaltungen für alle Mitarbeiter eines Salons. Hier ist Gelegenheit, im eigenen Salon an Modellen, die zum Kundenkreis gehören, neue Produkte und Techniken kennen zu lernen und auszuprobieren.

Die halbjährlichen **Modenschauen**, bei denen die Modeempfehlung des Zentralverbandes des Deutschen Friseurhandwerks für Frisur und Make-up vorgestellt wird, sind für die Beschäftigten im Salon Pflichtveranstaltungen. Nur so kann der Friseur Informationen über die Techniken der neuen Mode erhalten und diese Frisuren im Salon dem Kunden anbieten.

Fort- und Weiterbildungsmöglichkeiten

In Fachschulen können sich Friseure in Kosmetik, Fußpflege oder Massage weiter spezialisieren. Daneben gibt es die duale Ausbildung zur Kosmetikerin.

1. Fragen Sie Ihre Kollegen oder Ihren Chef, wie sie sich fortbilden.
2. An welchen Fortbildungen haben Sie Interesse?

Wer Freude am Theater oder an Film- und Fernsehstudios hat, kann sich in einer dreijährigen Ausbildung zum **Maskenbildner** ausbilden lassen.

Ein neues Angebot ist die Ausbildung zum **Betriebsassistenten im Handwerk**. Hierzu muss man sich drei Jahre lang zusätzlich schulisch in Englisch und Wirtschaftslehre qualifizieren. Wer mit Zustimmung des Ausbildungsbetriebes bereits während der Berufsschulzeit am entsprechenden Unterricht teilnimmt, kann dann kurz nach erfolgreich bestandener Gesellenprüfung bei der Handwerkskammer die Eignungsprüfung zum Betriebsassistenten im Handwerk ablegen. Sie befähigt dazu, auch kaufmännisch verwaltende, organisatorische Aufgaben im Friseurbetrieb auszuführen.

Nach drei Gesellenjahren im Friseurhandwerk und einem Vorbereitungskurs kann die **Meisterprüfung** abgelegt werden. Sie befähigt zum Führen eines eigenen Salons und erlaubt das Ausbilden.

Haarkosmetikfirmen beschäftigen besonders befähigte Friseure und Meister als **Fachberater**.

Wer Interesse am Unterrichten hat, kann sich ab dem 25. Lebensjahr, ausgerüstet mit Meisterbrief und Berufserfahrung, an einem Studienseminar für das Lehramt an beruflichen Schulen zum **Fachlehrer** ausbilden lassen.

1.6 Rechtliche Grundlagen

Der Ausbildungsvertrag

Vor Beginn ihrer Ausbildung hat Karla ihren Berufsausbildungsvertrag abgeschlossen, den sie selbst, Frau Weber, und, da Karla noch nicht 18 Jahre alt ist, ihre Eltern unterschrieben haben. Karla und Frau Weber sind dadurch Vertragspartner. Frau Weber schickte den Vertrag anschließend zur Handwerkskammer, damit er in die Lehrlingsrolle, das Verzeichnis aller Ausbildungsverträge, eingetragen werden konnte.

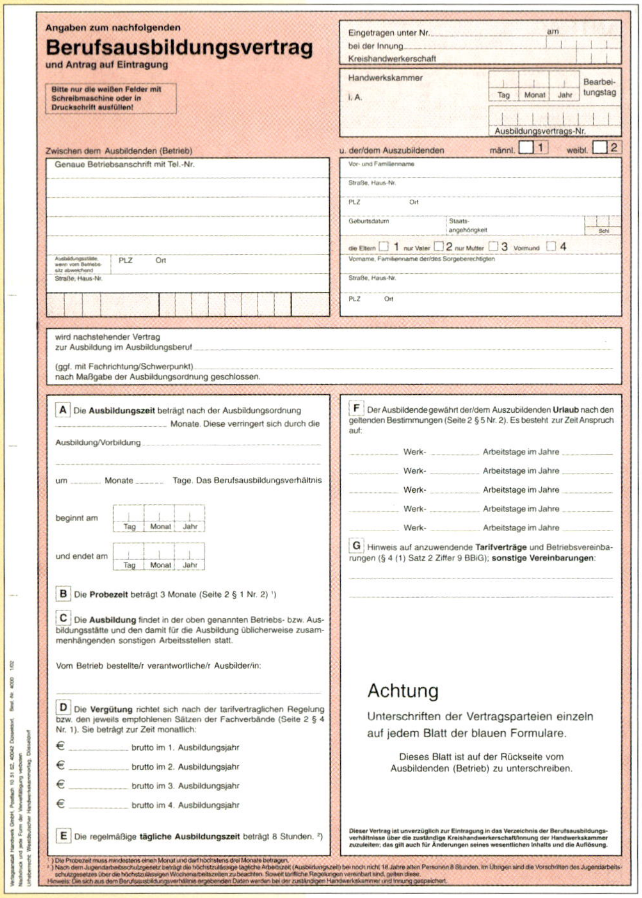
Angaben zum nachfolgenden
Berufsausbildungsvertrag
und Antrag auf Eintragung

Bitte nur die weißen Felder mit Schreibmaschine oder in Druckschrift ausfüllen!

Eingetragen unter Nr. ____ am
bei der Innung
Kreishandwerkerschaft

Handwerkskammer
i. A.
Tag Monat Jahr Bearbeitungstag
Ausbildungsvertrags-Nr.

Zwischen dem Ausbildenden (Betrieb)
Genaue Betriebsanschrift mit Tel.-Nr.
Ausbildungsstätte, wenn vom Betriebssitz abweichend PLZ Ort
Straße, Haus-Nr.

u. der/dem Auszubildenden männl. 1 weibl. 2
Vor- und Familienname
Straße, Haus-Nr.
PLZ Ort
Geburtsdatum Staatsangehörigkeit Schl
die Eltern 1 nur Vater 2 nur Mutter 3 Vormund 4
Vorname, Familienname der/des Sorgeberechtigten
Straße, Haus-Nr.
PLZ Ort

wird nachstehender Vertrag
zur Ausbildung im Ausbildungsberuf ____
(ggf. mit Fachrichtung/Schwerpunkt) ____
nach Maßgabe der Ausbildungsordnung geschlossen.

A Die **Ausbildungszeit** beträgt nach der Ausbildungsordnung ____ Monate. Diese verringert sich durch die Ausbildung/Vorbildung ____
um ____ Monate ____ Tage. Das Berufsausbildungsverhältnis
beginnt am Tag Monat Jahr
und endet am Tag Monat Jahr

B Die **Probezeit** beträgt 3 Monate (Seite 2 § 1 Nr. 2) [1])

C Die **Ausbildung** findet in der oben genannten Betriebs- bzw. Ausbildungsstätte und den damit für die Ausbildung üblicherweise zusammenhängenden sonstigen Arbeitsstellen statt.

Vom Betrieb bestellte/r verantwortliche/r Ausbilder/in:

D Die **Vergütung** richtet sich nach der tarifvertraglichen Regelung bzw. den jeweils empfohlenen Sätzen der Fachverbände (Seite 2 § 4 Nr. 1). Sie beträgt zur Zeit monatlich:
€ ____ brutto im 1. Ausbildungsjahr
€ ____ brutto im 2. Ausbildungsjahr
€ ____ brutto im 3. Ausbildungsjahr
€ ____ brutto im 4. Ausbildungsjahr

E Die regelmäßige **tägliche Ausbildungszeit** beträgt 8 Stunden. [2])

F Der Ausbildende gewährt der/dem Auszubildenden **Urlaub** nach den geltenden Bestimmungen (Seite 2 § 5 Nr. 2). Es besteht zur Zeit Anspruch auf:
____ Werk- ____ Arbeitstage im Jahre ____
____ Werk- ____ Arbeitstage im Jahre ____
____ Werk- ____ Arbeitstage im Jahre ____
____ Werk- ____ Arbeitstage im Jahre ____
____ Werk- ____ Arbeitstage im Jahre ____

G Hinweis auf anzuwendende **Tarifverträge** und Betriebsvereinbarungen (§ 4 (1) Satz 2 Ziffer 9 BBiG); **sonstige Vereinbarungen**:

Achtung
Unterschriften der Vertragsparteien einzeln auf jedem Blatt der blauen Formulare.
Dieses Blatt ist auf der Rückseite vom Ausbildenden (Betrieb) zu unterschreiben.

Dieser Vertrag ist unverzüglich zur Eintragung in das Verzeichnis der Berufsausbildungsverhältnisse über die zuständige Kreishandwerkerschaft/Innung der Handwerkskammer zuzuleiten; das gilt auch für Änderungen seines wesentlichen Inhalts und die Auflösung.

[1]) Die Probezeit muss mindestens einen Monat und darf höchstens drei Monate betragen.
[2]) Nach dem Jugendarbeitsschutzgesetz beträgt die höchstzulässige tägliche Arbeitszeit (Ausbildungszeit) bei noch nicht 18 Jahre alten Personen 8 Stunden. Im Übrigen sind die Vorschriften des Jugendarbeitsschutzgesetzes über die höchstzulässigen Wochenarbeitszeiten zu beachten. Soweit tarifliche Regelungen vereinbart sind, gelten diese.
Hinweis: Die sich aus dem Berufsausbildungsverhältnis ergebenden Daten werden bei der zuständigen Handwerkskammer und Innung gespeichert.

Im Ausbildungsvertrag sind viele Formalien festgehalten, wie z. B. Name und Anschrift der Vertragspartner, Art und Dauer der Ausbildung, Dauer der Probezeit, Arbeitszeit, Ausbildungsvergütung, Urlaub etc., aber auch Rechte und Pflichten der Vertragspartner. Die Handwerkskammer prüft auch, ob die handschriftlich eingetragenen Daten richtig sind, und berichtigt sie gegebenenfalls.

In der Anlage zum Ausbildungsvertrag befinden sich Merkblätter, die sich auf den Berufsausbildungsvertrag selbst, das Jugendarbeitsschutzgesetz und Richtlinien zur Abkürzung der Ausbildungszeit beziehen.

1. *Betrachten Sie Ihren eigenen Ausbildungsvertrag genau und prüfen Sie die Formalien, die für Sie gelten!*
2. *Stellen Sie in Tabellenform zusammen, welche Rechte und Pflichten Sie selbst und Ihr Ausbilder mit dem Berufsausbildungsvertrag eingegangen sind.*

Zu Beginn der Ausbildung sind speziell drei soziale Schutzgesetze wichtig. Diese können beim Bundesministerium für Bildung, Wissenschaft, Forschung und Technologie, unter www.bmbf.de bestellt werden.

Jugendarbeitsschutzgesetz

Das Jugendarbeitsschutzgesetz hat mit seinen Bestimmungen zum Ziel, die Gesundheit der jugendlichen Auszubildenden und Arbeitnehmer zu schützen. Deshalb musste sich Karla vor Beginn ihrer Ausbildung ärztlich untersuchen lassen. Dies muss nach einem Jahr wiederholt werden.

Mutterschutzgesetz

Das Mutterschutzgesetz versucht die Belastung der werdenden Mutter zu verringern. Wichtige Bestimmungen sind:

- Beschäftigungsverbot sechs Wochen vor und acht Wochen nach der Entbindung. In dieser Zeit wird Mutterschaftsgeld bezahlt
- Verbot für schwere Arbeiten, gefährliche Arbeiten, Akkord- und Fließbandarbeiten
- Besonderer Kündigungsschutz während der Schwangerschaft und bis vier Monate nach der Entbindung

Kündigungsschutzgesetz

Für Karla ist es eine große Beruhigung zu wissen, dass sie nach der dreimonatigen Probezeit unter besonderem Kündigungsschutz steht. Das heißt, nur aus wichtigem Grund kann ihr gekündigt werden. Solche Gründe können sein: mehrfaches Fernbleiben von Arbeitsplatz und Berufsschule ohne ärztliches Attest, Diebstahl, Arbeitsverweigerung. Aber auch sie selbst kann den Berufsausbildungsvertrag nur aus gesundheitlichen oder anderen schwer wiegenden Gründen lösen, z. B. wenn die Ausbildung nicht ordnungsgemäß erfolgt oder wenn sie in einem anderen Beruf ausgebildet werden möchte. Dann muss sie eine vierwöchige Kündigungsfrist einhalten.

Tarifvertrag

Es gibt zwei Arten von Tarifverträgen: Den Manteltarifvertrag, der für mehrere Jahre gültig bleibt und Arbeitszeit und Urlaubsanspruch regelt, sowie den Lohntarifvertrag, der in der Regel eine kürzere Laufzeit hat und die Höhe des Lohnes festsetzt. Er wird zwischen den Arbeitgebern (Landesinnungsverband) und der Gewerkschaft (Verdi) ausgehandelt. Wenn der Tarifvertrag vereinbart und für allgemein verbindlich erklärt worden ist, gilt er für alle Tarifpartner, auch für solche, die weder in der Gewerkschaft noch in der Innung Mitglied sind. Der Tarifvertrag dient als allgemeine Untergrenze, im Arbeitsvertrag dürfen davon abweichende Angaben vereinbart werden, die jedoch nicht unterhalb des Tarifvertrages liegen dürfen.

- Besorgen Sie sich den für Ihr Bundesland gültigen Tarifvertrag für die Beschäftigten des Friseurhandwerkes!
- Warum ist es wichtig, über den neuesten Stand des Vertragsinhaltes informiert zu sein?

1.7 Handwerksorganisation

Die Organisation des Handwerkes ist gesetzlich festgelegt. Sie wird durch das Gesetz zur Ordnung des Handwerkes, auch Handwerksordnung (HWO) genannt, geregelt.

Viele Friseurbetriebe sind Mitglied der Friseurinnung. **Innungen** sind Zusammenschlüsse der Handwerksmeister eines bestimmten Berufes in einem Landkreis. Aufgabe einer Innung ist es, die beruflichen Interessen der Mitglieder zu vertreten, sie in fachlichen, wirtschaftlichen und in Fragen der Ausbildung zu beraten und Weiterbildungen anzubieten. Sie vermitteln auch in Streitfällen zwischen Kunden und Innungsmitgliedern. Die Innungen wirken auch bei Zwischen- und Gesellenprüfungen mit. Der Innungsobermeister wird von allen Mitgliedern gewählt und steht an der Spitze der Innung eines Landkreises. Der **Lehrlingswart** erfüllt eine weitere wichtige Funktion in der Innung. Er berät und vermittelt bei Problemen zwischen Ausbilder und Auszubildendem.

Die Innungen eines Bundeslandes sind zu einem **Landesinnungsverband** (LIV) zusammengeschlossen. Die Gesamtvertretung des deutschen Friseurhandwerks geschieht durch den Zentralverband des Deutschen Friseurhandwerks (ZddF).

Handwerkskammern sind Körperschaften des öffentlichen Rechts. Ihnen gehören alle selbstständigen Handwerker eines Kammerbezirkes sowie deren Gesellen und Auszubildende als Pflichtmitglieder an. Alle Handwerkskammern sind im Deutschen Handwerkskammertag zusammengeschlossen. Er vertritt die Gesamtinteressen der Kammern.

Die Aufgaben der Handwerkskammern sind:

- Vertretung der wirtschaftlichen Gesamtinteressen
- Überwachung der Berufsausbildung und Führen des „Verzeichnisses der Berufsausbildungsverhältnisse“ (Lehrlingsrolle) ihrer Mitglieder
- Regelung und Überwachung der Gesellen- und Meisterprüfungen sowie der Prüfungen im Rahmen von Fortbildungen und Umschulungen
- Führung der Handwerksrolle als Verzeichnis aller selbstständigen Handwerker
- Technische und betriebswirtschaftliche Beratung der Betriebe
- Einrichtung von Schieds- und Vermittlungsstellen und Erstellen von Gutachten

2 Kunden begegnen

Karla darf jetzt die Kunden empfangen und es ihnen so bequem wie möglich machen, bevor die Behandlung beginnt.

„So kannst du gleich einen wichtigen Eindruck von den Kunden gewinnen und gleichzeitig Vertrauen zu ihnen aufbauen", sagt Frau Weber, Karlas Chefin.

„Was genau meinen Sie damit?", fragt Karla sicherheitshalber nach.

„Achte einfach auf alle Signale der Kunden und du wirst schon sehen ...", antwortet Frau Weber mit einem Lächeln.

2.1 Selbst- und Fremdwahrnehmung

Jeder Mensch verfügt über eigene Stärken und Schwächen. Es ist wichtig, diese zu kennen, um sich auf die Stärken verlassen und an den Schwächen arbeiten zu können. Um unbefangen auf jeden Kunden zugehen zu können, muss die Friseurin ihre eigene Persönlichkeit annehmen. Deshalb ist es gerade am Anfang der Ausbildung sinnvoll, darüber nachzudenken, wie man als Person von anderen wahrgenommen wird und ob dieses Bild sich mit dem von der eigenen Person deckt.

Der Friseurberuf lebt vom Erkennen und Wahrnehmen fremder und vertrauter Menschen. Wahrnehmen bedeutet, einer Sache Aufmerksamkeit zu schenken. Bei der **Selbstwahrnehmung** richtet sich diese Aufmerksamkeit auf die eigene Person. Man nimmt sich in Abgrenzung zu anderen wahr. So entsteht im Inneren ein Bild, das geprägt ist von vorherigen Erlebnissen und Einschätzungen. Dieses Selbstbild ist die Summe aller Wahrnehmungen der eigenen Person, gepaart mit der eigenen Meinung über sich selbst. Es entsteht zunächst in der Kindheit und Jugend, es muss jedoch regelmäßig überprüft werden, um nicht das ganze Leben gleich zu bleiben.

Die eigene Einschätzung, die das Selbstbild prägt, wird von vielen Faktoren beeinflusst:
- den eigenen Erfahrungen in Familie und Umwelt,
- den Erfolgen oder Misserfolgen,
- der Stellung innerhalb der Klasse, am Arbeitsplatz oder im Freundeskreis.

Die Selbstwahrnehmung geschieht auch im Abwägen der eigenen Stärken und Schwächen, der positiven und negativen Eigenschaften und Verhaltensweisen und den Überzeugungen und Wünschen. Dabei nutzen wir immer andere Menschen zum Vergleich. Ergibt sich daraus eine weitgehend positive Einstellung zur eigenen Person, so entsteht ein gutes Selbstwertgefühl.

In unseren unterschiedlichen Rollen wirken wir auch unterschiedlich:

Unser Selbstbild bestimmt sowohl unseren eigenen Wert als auch die Weise, wie wir durch andere wahrgenommen werden. Jemand, der selbstsicher auftritt, wird von seinen Mitmenschen anders wahrgenommen als ein Mensch, der gehemmt oder überheblich auftritt. Zusätzlich stellen wir häufig Vermutungen darüber an, wie andere uns wohl sehen.

1. *Wie schätzen Sie das Selbstwertgefühl des Gedicht-Autors ein?*
2. *Welchen Einfluss hat die Einschätzung der eigenen Person auf den Umgang mit den Mitmenschen?*
3. *Was halten Sie von dem Satz: „Nur wer sich liebt kann anderen Liebe geben"?*

So wie ich bin

So wie ich bin
Es gibt Momente in mir
Da habe ich mich lieb
So wie ich bin.
Da sehe ich alle Fehler an mir
Und mag mich
So wie ich bin.

Es gibt Momente
Da lasse ich mich los
So wie ich bin
Da halte ich mich nicht mehr fest
Und bin doch so wie ich bin.
Da möchte ich kein anderer sein
Um dir gut zu gefallen
Da bin ich einfach
So wie ich bin

Es gibt Momente in mir
Da habe ich mich lieb
So wie ich bin
Da fühle ich mich richtig wichtig
So wie ich bin
Da spür ich eine große Kraft
Die mich noch lieben lässt.
Da bin ich glücklich
So wie ich bin.

Klaus Hoffmann, 1982;

Auch die Wahrnehmung anderer Menschen, die **Fremdwahrnehmung**, hängt von der inneren Einstellung des jeweiligen Betrachters ab. Wenn wir uns ein Bild von anderen, ein **Fremdbild** machen, beurteilen wir diese Personen mit unseren Augen und Vorstellungen. Wir brauchen diese Wahrnehmung, um Menschen, mit denen wir leben und arbeiten, beurteilen zu können. Niemand kann in seiner Personenbeurteilung ganz sicher sein. Es gibt keine angeborene Fähigkeit, andere Menschen gut beurteilen zu können. Man kann aber im Laufe des Lebens eine Beobachtungsfähigkeit entwickeln, die dann ein besseres Einschätzungsvermögen zulässt.

„Goldene Mitte“

Mit Selbst- und Fremdwahrnehmung kritisch umzugehen bedeutet, seine Beobachtungen immer wieder zu durchdenken und sich selbst zu überprüfen. Dabei muss man sich und andere Menschen in ihren Stärken und Schwächen sehen können. Dies fällt bei der eigenen Person besonders schwer, denn durchdenkt man seine Stärken und teilt sie anderen mit, dann klingt das fast wie Eigenlob. Bekennt man sich öffentlich zu seinen persönlichen Schwächen, so wird man verletzbar. Schmerzlich wird das jedoch nur dann, wenn die eigene Schwäche peinlich erscheint. Wer offen zu seinen Stärken und Schwächen stehen kann, ist auf dem besten Weg zur Selbstsicherheit.

Wer weiß, was er kann, traut sich neue oder ungewöhnliche Ideen umzusetzen. Wenn eine Friseurin verschiedene Haarschneidetechniken beherrscht, kann sie viele Haarschnitte ausführen und auch schnell neue Techniken lernen. Wer an sich zweifelt, setzt seine Einfälle selten in die Tat um und erscheint so weniger kreativ.

Wer die eigenen Schwächen erkennt, der kann versuchen, diese Schwächen zu beheben, z. B. durch den Besuch eines Haarschneideseminars. Wer seine Stärken und Schwächen kennt, kann sein persönliches Potenzial optimal nutzen.

1. *Vor der Berufsentscheidung zum Friseur haben Sie sich schon intensive Gedanken über Eigenschaften und Fähigkeiten gemacht, die Ihre persönlichen Stärken und Schwächen ausmachen. Nehmen Sie sich einige Minuten Zeit, um diese noch einmal zu durchdenken.*
   Erstellen Sie eine Stärken/Schwächen-Bilanz! Achten Sie dabei auf ein Gleichgewicht!

Stärken- und Schwächen-Bilanz

Dies sind meine positiven Eigenschaften, Fähigkeiten, Verhaltensweisen und Überzeugungen, die meine Stärken ausmachen:	Dies sind meine negativen Eigenschaften, Verhaltensweisen, Angewohnheiten, die meine Schwächen ausmachen:
•	•

2. *Schreiben Sie jede Ihrer Stärken und jede Ihrer Schwächen auf eine Karteikarte. Verwenden Sie diese Karten als Grundlage zur Diskussion Ihrer Stärken und Schwächen mit unterschiedlichen Gesprächspartnern: einem guten Freund bzw. einer Freundin, mehreren Familienangehörigen wie Mutter oder Vater, Schwester oder Bruder sowie Arbeitskollegen. Die Einschätzung der Personen, die Ihnen mehr oder weniger nahe stehen, sind eine wichtige Informationsquelle über Ihre Person und den Unterschied zwischen Ihrer Selbst- und der Fremdwahrnehmung.*

2.2 Kunden begrüßen und einschätzen

Schon in den ersten Tagen der Ausbildung hat Karla Kontakt mit Kunden. Dabei ist es anfangs gar nicht leicht, in dieser neuen Situation natürlich und gelassen zu reagieren. Fremde Menschen, die sie noch gar nicht einschätzen kann, wirken zunächst verunsichernd und nehmen ihr Spontaneität. Gut, dass keine Zeit bleibt, sich ins Schneckenhaus zurückzuziehen, denn Karla weiß von Frau Weber, dass alle Kunden Erwartungen an den Friseurbesuch und an die freundliche Behandlung durch die Angestellten haben. Damit trägt Karla entscheidend zum Geschäftserfolg bei. Sie übernimmt schon in den ersten Tagen die Aufgabe, Kunden zu empfangen und sie während der ersten Minuten zu betreuen.

1. Überlegen Sie gemeinsam mit der Klasse, welche Regeln im Umgang mit Freunden, Bekannten und Verwandten gelten.
2. Stellen Sie für Ihre Berufsschulklasse Regeln auf.
3. Versuchen Sie auch für Ihren Aufenthaltsraum im Salon Umgangsregeln zu entwickeln.
4. Welche Vor- und Nachteile haben Verhaltensregeln, die eine Gruppe selbst vereinbart hat?

Der erste Eindruck zählt! Die Kundin möchte freundlich und offen empfangen werden. Dazu gehört, dass eine Kundin nicht warten muss, denn sonst fühlt sie sich unbeachtet und überflüssig. Die Friseurin sollte ihrer Kundin von Anfang an zeigen, dass sie sich auf sie freut und sie gern bedient. Dazu gilt es, die richtigen Worte zu finden.

2.3 Umgangsformen

Jeder Mensch ist etwas Besonderes. Er findet seinen Selbstwert im Vergleich zu anderen und im Umgang mit anderen Menschen, indem er zwischenmenschliche Beziehungen pflegt. Unter zwischenmenschlichen Beziehungen versteht man das Verhältnis zwischen Menschen im Umgang miteinander. Miteinander umgehen bedeutet auch, jeden so anzunehmen, wie er ist, und jedem höflich zu begegnen. Jedoch ist die Art des Miteinander-Umgehens davon abhängig, in welchem Verhältnis die Personen zueinander stehen. So gelten im Umgang mit Freunden, Verwandten und Bekannten ganz andere Regeln als im professionellen Umgang mit Kunden.

Umgang mit Kunden

Der Kunde ist König und muss entsprechend behandelt werden, ganz egal, ob die Friseurin gut oder schlecht gelaunt ist, und unabhängig davon, ob der Kunde ihr sympathisch ist oder nicht.

Goldene Regeln für den Umgang mit Kunden

Denken Sie kurz über Ihr eigenes Verhalten nach:
1. Wie verhalten Sie sich den Kunden gegenüber? Normalerweise? An schlechten Tagen?
2. Muss sich eine Friseurin vom Kunden alles gefallen lassen?

Die Friseurin sollte ...

- den Kunden beim Hineinkommen freundlich begrüßen,
- ihn beachten, wenn er Hilfe braucht (z. B. beim Mantel abnehmen),
- ihn betreuen, wenn sich Wartezeiten ergeben,
- ihm aufmerksam zuhören,
- auf seine Wünsche mit klarer und deutlicher Sprache eingehen,
- ihn sachlich informieren, wenn er eine Auskunft braucht,
- ihm zustimmen und ihn bestätigen, wenn er unsicher ist,
- ihn mit direktem Blickkontakt ansehen, wenn eine Unterhaltung stattfindet,
- sich mit einem freundlichen Wort entschuldigen, wenn man ihm Unannehmlichkeiten bereiten muss (z. B. wenn die Tönung zu kalt ist),
- ihn freundlich verabschieden, wenn er den Salon verlässt,
- vertrauliche Mitteilungen nicht weitersagen, auch wenn man dadurch den neuesten Klatsch für sich behalten muss.

Verhaltensnormen sind feststehende Regeln, die Verhalten vorschreiben und Menschen auch nach dem Einhalten dieser Regeln beurteilen.

1. *Welche allgemein gültigen Verhaltensregeln kennen Sie?*
2. *Fragen Sie Ihre Eltern, nach welchen Verhaltensregeln sie sich in Ihrem Alter richten mussten!*
3. *Wie wichtig ist das Einhalten von Regeln für das Zusammenleben?*

Geeignete Sprache im Kundenumgang wählen: Kommunikation

Grundlage einer gelungenen Beratung ist es, dass der Kunde in seinen Wünschen verstanden und ernst genommen wird und dass die Vorstellungen des Kunden mit den Möglichkeiten des Friseurs übereinstimmen. Hierzu ist immer die Kommunikation mit dem Kunden nötig.

Kommunikation bedeutet Mitteilung oder Verständigung. Man bezeichnet damit das Austauschen von Informationen zwischen Menschen. Hierbei gibt es zwei Arten:

- Die **verbale, d. h. Kommunikation mit Worten,** erfolgt direkt durch Sprechen, z. B. beim Telefonieren, aber auch das Faxen, E-Mail- oder Briefeschreiben ist eine Verständigung mit Worten.
- Die **nonverbale, d. h. nicht mündliche Kommunikation,** geschieht über die Körpersprache: mit Mimik, Gestik und Körperhaltung.

Merke

Jeder Friseur verständigt sich mit seinem Kunden, indem er beide Kommunikationsformen verbindet.

2.4 Körpersprache

Die nicht sprachlichen Elemente – Mimik des Gesichts, Gestik der Hände, Haltung des Körpers – gehören zu jeder Verständigung, die zwischen Menschen stattfindet. Diese Mitteilungen nimmt jeder Mensch meistens unbewusst wahr. Sie ergänzen die sprachliche Mitteilung und helfen dabei, Menschen einzuschätzen.
Wenn der Gesprächspartner sich nicht verstellt, dann ist seine Körpersprache stimmig und spontan.
Zum Erkennen und Deuten von Körpersprache gibt es keine allgemein gültigen Rezepte. Es gibt nur Hinweise, da jeder Mensch in seiner Körpersprache durch unterschiedliche persönliche Erfahrungen und Einflüsse geprägt ist. Es ist wichtig, den Gesamteindruck der Körpersprache zu erfassen und nicht Mimik, Gestik etc. einzeln aufzunehmen. Weitere anwesende Personen, Ort, Zeit und weitere Bedingungen dürfen nie übersehen werden.

Die Mimik

Die **Mimik** kann direkt das Innere eines Menschen ausdrücken. Ausdruck und Mienenspiel in einem Gesicht entstehen durch die Regungen der Gesichtsnerven. Als Folge psychischer Impulse wird die Muskulatur bewegt. So zeigen sich der augenblickliche Gefühlszustand und die allgemeine Verfassung eines Menschen.
Die menschliche Mimik drückt eine große Anzahl unterschiedlicher Signale aus: Lächeln, Anstarren, Nase rümpfen usw. Jeder Mensch setzt diese Signale ein und bemerkt sie bei anderen Menschen.

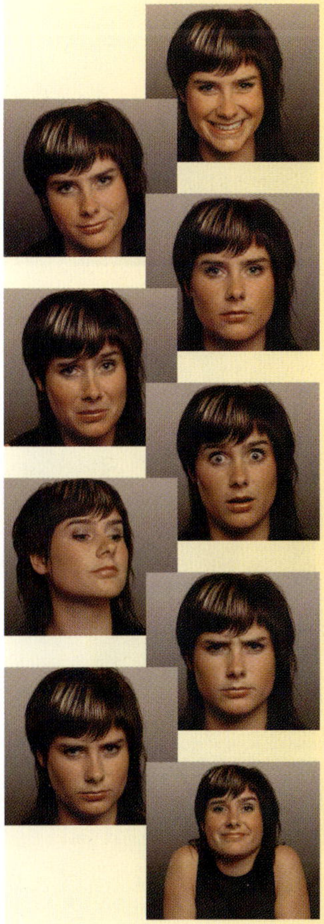

Deuten Sie die Gesichtsausdrücke

Deuten Sie die Gesten

Bei Menschen, die ihre Mimik nur selten verändern, z. B. meistens ernst sind oder immer lachen, entstehen mit der Zeit feine Gesichtslinien, die zu Falten werden können. Man spricht dann von Sorgenfalten oder Lachfalten.
Die Bewegung der Gesichtsmuskulatur ist eng mit der **Bewegung der Augen** verbunden. Mimischer Ausdruck und Blickrichtung gehören zusammen. Fehlstellungen der Augen bewirken häufig einen veränderten Blickkontakt.
Weitgeöffnete Augen zeigen z. B. die Bereitschaft, Informationen aufzunehmen. Sie zeigen Aufgeschlossenheit und Aufgewecktheit. Verbunden mit einem entspannten Gesichtsausdruck oder einem Lächeln zeigen sie Freundlichkeit, Einfühlungsvermögen, Vorstellungsvermögen oder eine optimistische Lebenseinstellung.
Die Kopfhaltung bietet den Rahmen für die Mimik und hat dabei einen Signalcharakter.

Gestik

Gestik unterstützt durch Bewegungen von Armen und Beinen das gesprochene Wort. Viele Bewegungen und Aktivitäten, mit denen wir etwas ausdrücken, gehören zu unseren **Gesten**. Sie sind immer ein Mitteilungsfaktor, unabhängig davon, ob sie bewusst oder unbewusst eingesetzt werden. In Gesprächen sind vor allem die Gesten der Hände von besonderer Bedeutung. Beispielsweise wirken Gesten, die Offenheit ausdrücken, beim Beratungsgespräch unterstützend. Dagegen wirken Gesten, die Abwehr und Ablehnung ausdrücken, wie z. B. verschränkte Arme, im Gespräch eher hemmend.
Beim Umgang mit Menschen aus anderen Ländern oder Kulturkreisen muss man daran denken, dass Gesten dort eine andere Bedeutung haben können als bei uns.
Gesten werden in der Gebärdensprache der Taubstummen als Zeichensprache eingesetzt. Diese Gebärden müssen ebenso gelernt werden wie Wörter einer fremden Sprache.

Körperhaltung

Die Haltung des Körpers gibt Auskunft über Befinden und Stimmungslage und sogar die Selbsteinschätzung eines Menschen. Eine **offene Körperhaltung** zeigt sich durch entspannte, zurückgehaltene Schultern. Der gesamte Körper ist unverkrampft, die Arme können sich frei bewegen. Die Wirkung dieser Körperhaltung ist Ruhe und Ausgeglichenheit. Bei einer **lässigen Körperhaltung** werden oft die Arme oder der Rücken bzw. die Schulter als Stütze verwendet. Sie wird meist vorübergehend zur Entspannung eingenommen. Sie wirkt dann locker und entkrampft. Wenn Menschen ihre **Arme vor dem Brustkorb** verschränken, verschließen sie sich vor anderen. Die Armhaltung baut einen Schutz um den gesamten Körper auf. Sie signalisiert Passivität und zeigt Ablehnung und Verschlossenheit.
Werden **Kopf, Hals und Oberkörper nach vorne gebeugt**, können dadurch Anbiederung und Zudringlichkeit ausgedrückt werden.

1. *Probieren Sie in kleinen Gruppen folgende Stimmungen ohne Worte darzustellen. Tun Sie dies nur mit verschiedenen Mimiken, Gestiken und Körperhaltungen: Sie sind ängstlich, ernst, streng, herrisch, geizig, zurückhaltend, unsicher, verträumt redselig, krank, traurig, tollpatschig usw.*
2. *Besprechen Sie anschließend, welche Wirkung Sie damit erzielt haben.*
3. *Beobachten Sie andere Menschen (im Video, auf der Straße, im Kino, in der Disko etc.). Wie wirken Mimik, Gestik und Körperhaltung auf Sie? Sind die Einschätzungen bei allen gleich?*

2.5 Der Kommunikationsprozess

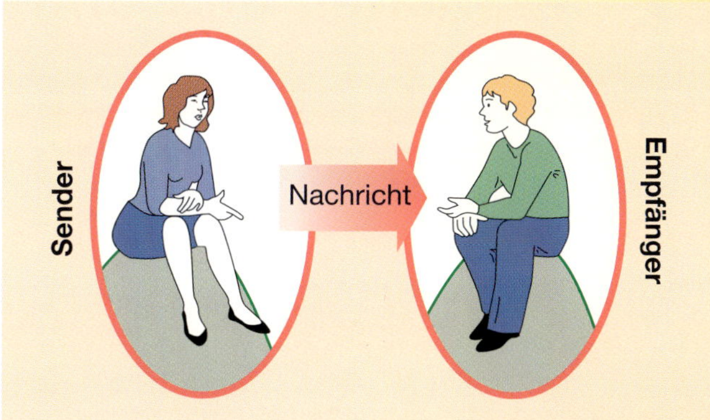

Die meisten Menschen glauben, dass sie sich automatisch mitteilen und verständigen können. Doch der Prozess, der bei der Kommunikation abläuft, ist nicht ganz einfach. Je besser er verstanden wird und je bewusster die Sprache bei der Kommunikation mit dem Kunden eingesetzt wird, desto erfolgreicher ist sie. Deshalb wird im Folgenden der Prozess beschrieben, der bei der verbalen Kommunikation abläuft.
Zwei Menschen reden miteinander. Der eine gibt eine Information an sein Gegenüber. Er wird zum Sender einer Mitteilung. Der andere Gesprächspartner nimmt diese Mitteilung mit den Ohren auf, empfängt sie also und wird damit zum Empfänger.
In dieser vereinfacht dargestellten Form des Gespräches geht es um das Vermitteln von Information als Botschaft oder Nachricht. Der Empfänger reagiert auf die Information des Senders, die beiden sind im Dialog (Zweiergespräch).
Kommunikation ist also ein wechselseitiger Prozess, der voraussetzt, dass die beiden Beteiligten bereit sind zu kommunizieren. Ist einer der Gesprächspartner nicht gewillt zuzuhören, dann ist auch die Botschaft überflüssig.
Auch Schweigen ist eine Botschaft! Wenn zwei Menschen sich streiten und der dritte greift nicht ein, so zeigt er deutlich seinen Standpunkt: Ich möchte nicht beteiligt sein.

Je genauer sich die Gesprächspartner verstehen, desto besser können sie aufeinander reagieren. Hierbei kann das Verständnis für den Gesamtprozess der Kommunikation helfen.

Kommunikationsfähigkeit ist die Fähigkeit, verbale und nonverbale Mittel so einzusetzen, dass Kommunikation gelingt und die beiden Gesprächspartner einander verstehen.

Gelungene Kommunikation gibt die Sicherheit, mit Menschen umgehen zu können. Diese Fähigkeit kann erlernt werden. Hierzu ist es wichtig, so viele Informationen wie nur möglich zum Kommunikationsprozess zu sammeln.

1. *Warum ist die Kommunikationsfähigkeit im Friseurberuf wichtig?*
2. *Welche Rolle spielt die Kommunikation in Ihrem täglichen Leben?*
3. *Wie schätzen Sie Ihre eigene Kommunikationsfähigkeit ein?*
4. *Durchdenken und diskutieren Sie die Behauptung: „Man kann nicht nicht kommunizieren."*

EXKURS

Distanz und Körpernähe

Jeder Mensch braucht einen Schutzraum zu anderen Menschen, damit er sich wohl fühlt. Je nach Gesprächssituation und Gesprächspartner ist dieser Abstand zum Mitmenschen unterschiedlich groß. So lassen wir Menschen, die uns nahe stehen, dicht an uns heran, weil wir ihnen vertrauen. Zu weniger engen Freunden und Bekannten halten wir instinktiv einen größeren Abstand, damit wir sie klarer ansehen können, ohne dabei ihren Geruch und jede Hautfalte wahrnehmen zu müssen.
Im Friseursalon kommt es aufgrund der auszuführenden Arbeit öfter vor, dass der Schutzraum notgedrungen klein ist. Dies kann unangenehm werden, wenn z. B. die Friseurin beim Zupfen der Augenbrauen der Kundin sehr nahe kommt. Was sich bei einigen Arbeiten nicht vermeiden lässt, sollte beim Gespräch mit dem Kunden angenehmer gestaltet werden. Ein Zwischenraum von etwa einer Armlänge ist in diesem Fall für beide Seiten angenehm.

3 Gesundheit und Umwelt schützen

Karla hat in einer Fachzeitschrift gelesen, dass die Zahl der berufsbedingten Allergien bei Beschäftigten im Friseurhandwerk zurückgegangen ist.
„Das ist sehr erfreulich, besonders wenn man bedenkt, welch harter Schlag es für jeden Einzelnen ist, aus gesundheitlichen Gründen den Beruf aufgeben zu müssen", bemerkt Frau Weber. „Wenn ich an meine eigene Ausbildungszeit zurückdenke, fällt mir auf, wie wenige von meinen Klassenkameradinnen heute noch im Beruf tätig sind. Da werden sicher einige dabei sein, die aus gesundheitlichen Gründen aufgeben mussten."
„Hoffentlich trifft das nicht irgendwann auch mich", bemerkt Karla.
„Ganz sicher kann man natürlich nie sein. Aber es gibt schon einige sinnvolle Vorsichtsmaßnahmen, die das Risiko erheblich herabsetzen können", antwortet Frau Weber.

3.1 Den eigenen Körper vor Schäden schützen

Die Hände sind das wichtigste Werkzeug des Friseurs, deshalb gilt ihnen besondere Aufmerksamkeit. Darüber hinaus wird der Rücken während des Arbeitstages im Friseursalon stark beansprucht. Weiter ist es wichtig, sich vor Unfällen zu schützen.

Mangelnder Hautschutz und entsprechende Veranlagung können zu Hautproblemen und Allergien bei den Friseurinnen führen. Die Überbeanspruchung der Hände führt bei Friseuren häufig zu Ekzemen an den Händen. Dies ergibt sich durch den häufigen Kontakt mit Wasser, Shampoo und anderen Friseurpräparaten, der den natürlichen Schutz der Haut zerstört. Ist der schützende Wasser-Fett-Film nicht mehr vorhanden, so kann Wasser in die obersten Hautschichten (Hornschicht) eindringen. Sie quellen auf und lösen sich von der Haut ab. So können fremde, hautschädigende Stoffe in die Haut eindringen.

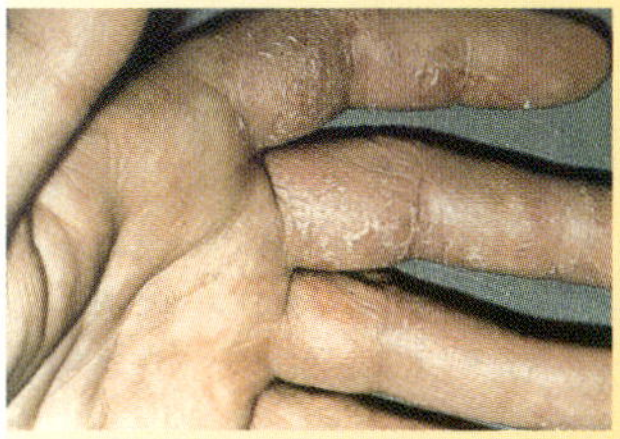

Friseurekzem

Ekzeme sind Entzündungen der oberen Hautschichten, ausgelöst durch Kontakt mit Stoffen, die von außen auf die Haut einwirken. Sie zeigen sich als Rötungen, Schwellungen, Bläschenbildung mit Juckreiz. Auch Schuppen und Krusten können sich bilden.

Da Ekzeme durch ständigen Kontakt zum schädigenden Stoff entstehen, spricht man auch von Kontaktekzemen. Sie werden unterschieden in Abnutzungsekzeme und allergische Kontaktekzeme. Allergien entwickeln sich bei entsprechender Veranlagung und führen zu großen Problemen bei der Berufsausübung.

EXKURS

Allergien im Friseurhandwerk

Eine **Allergie** ist eine erworbene Überempfindlichkeitsreaktion des körpereigenen Immunsystems auf bestimmte Stoffe. Die Stoffe, die eine Allergie auslösen können, nennt man Allergene (z. B. Hausstaubmilben, Pollen, Tierhaare, Konservierungsstoffe, Duftstoffe oder einzelne Nahrungsmittel). Beim ersten Kontakt mit Allergenen werden im Körper Abwehrstoffe gebildet. Diesen Vorgang nennt man **Sensibilisierung**. Beim erneuten Kontakt mit dem Allergen werden diese Abwehrstoffe im Übermaß gebildet und greifen körpereigene Zellen an. Eine Allergie liegt dann vor, wenn das Immunsystem des Betroffenen überempfindlich reagiert, d. h. einen normalen Stoff wie Blütenstaub oder Nickel als Krankheitserreger einstuft und entsprechend heftig reagiert. Diese Reaktion kann zu Hautekzemen, Schnupfen, Bindehautentzündung der Augen, Bronchitis und sogar Atemnot führen.
Bei Friseuren treten besonders häufig Kontaktallergien durch ungeschützten Umgang mit Allergie auslösenden Stoffen auf. Auslösende Stoffe können Nickel aus Modeschmuck oder Haarfarben, nicht staubfreie Blondierpräparate oder Latexhandschuhe sein. Das allergische Asthma kann durch staubende Blondierpräparate hervorgerufen werden.

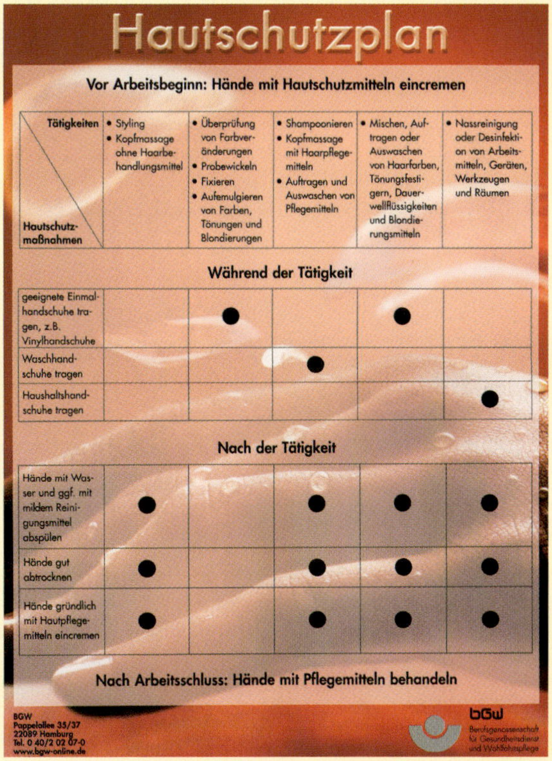

Hautschutzplan

Vor Arbeitsbeginn: Hände mit Hautschutzmitteln eincremen

Tätigkeiten / Hautschutzmaßnahmen	• Styling • Kopfmassage ohne Haarbehandlungsmittel	• Überprüfung von Farbveränderungen • Probewickeln • Fixieren • Aufemulgieren von Farben, Tönungen und Blondierungen	• Shampoonieren • Kopfmassage mit Haarpflegemitteln • Auftragen und Auswaschen von Pflegemitteln	• Mischen, Auftragen oder Auswaschen von Haarfarben, Tönungsfestigern, Dauerwellflüssigkeiten und Blondierungsmitteln	• Nassreinigung oder Desinfektion von Arbeitsmitteln, Geräten, Werkzeugen und Räumen
Während der Tätigkeit					
geeignete Einmalhandschuhe tragen, z.B. Vinylhandschuhe		●		●	
Waschhandschuhe tragen			●		
Haushaltshandschuhe tragen					●
Nach der Tätigkeit					
Hände mit Wasser und ggf. mit mildem Reinigungsmittel abspülen	●		●	●	●
Hände gut abtrocknen	●		●	●	●
Hände gründlich mit Hautpflegemitteln eincremen	●		●	●	●

Nach Arbeitsschluss: Hände mit Pflegemitteln behandeln

BGW
Pappelallee 35/37
22089 Hamburg
Tel. 0 40/2 02 07-0
www.bgw-online.de

bGw
Berufsgenossenschaft für Gesundheitsdienst und Wohlfahrtspflege

Wer eine angeborene Neigung zu Allergien hat, ist stärker gefährdet und sollte sich möglichst früh vom Hautarzt beraten lassen. Bei Verdacht auf eine Allergie führt der Arzt einen Allergietest durch und berät über Behandlungsmöglichkeiten.
Gerade Berufsanfänger sind häufig von berufsbedingten Allergien betroffen, deshalb sollten sie sich dringend vor Hautschädigungen schützen. Denn vorgeschädigte Haut lässt Allergene tiefer eindringen, so kann auf diese Weise fast jeder eine Kontaktallergie bekommen. Konsequente Hautschutzmaßnahmen beugen Allergien vor!

Die Berufsgenossenschaft für Gesundheitsschutz und Wohlfahrtspflege (BGW) überwacht die Einhaltung der Technischen Regeln Gefahrstoffe für das Friseurhandwerk, **TRGS 530**. Alle Beteiligten sind verpflichtet diese Verordnung zu befolgen. Ziel ist eine Reduzierung der arbeitsbedingten Haut- und Atemwegserkrankungen. Der Arbeitgeber hat die Pflicht, seine Beschäftigten anhand der Betriebsanweisung über alle im Betrieb auftretenden Gefahren zu informieren. Er muss ihnen geeignete Schutzmittel zur Verfügung stellen und sie im Gebrauch von Schutzmaßnahmen unterweisen.

Die Betriebsanweisung gemäß § 20 der Gefahrstoffverordnung nennt Tätigkeiten und Produkte, bei denen eine Gefahr für die Friseurin entsteht.

Auch bei Produkten, die nicht als Gefahrstoffe gekennzeichnet sind, können bei häufigem Kontakt Reizungen, Irritationen und Allergien der Haut, der Schleimhäute oder der Atemwege auftreten. Warn-, Gebrauchs- und Entsorgungshinweise der Hersteller sind unbedingt zu beachten!

Risiken laut Betriebsanweisung

Tätigkeiten	Produkte
Haarwäsche und Pflege	Shampoos, Spülungen, Konditionierer, Kuren etc.
Farbveränderung	Oxidationshaarfarben, Oxidationsmittel, Blondiermittel
Dauerwellen	Dauerwellflüssigkeit, Fixiermittel
Styling	Haarspray, Haarlack, Föhnschaum, Föhnlotion, Haargel
Nassreinigung/Desinfektion	Reinigungs- und Desinfektionsmittel

Allgemeine Schutzmaßnahmen und Verhaltensregeln

Tipp

- Die bereitgestellten Handschuhe sind während der Tätigkeit zu benutzen. Handschuhe dürfen nur mit trockenen und sauberen Händen angezogen werden. Baumwollhandschuhe unter den eigentlichen Schutzhandschuhen binden die Feuchtigkeit der Hände.
- Es kann sinnvoll sein, vor dem Anziehen der Handschuhe spezielle Handschutzpräparate aufzutragen, die die Schweißbildung vermindern.
- Mit Haarbehandlungsmitteln getränkte bzw. verschmutzte Kleidung ist sofort abzulegen und vor erneutem Tragen zu waschen.

- Bei Verschütten sind die Substanzen unter Verwendung von Schutzhandschuhen umgehend aufzunehmen.
- Bei allen Misch- und Umfüllarbeiten ist der dafür vorgesehene Arbeitsplatz aufzusuchen. Die Wirksamkeit der Lüftung (z. B. Stellung von Fenstern oder Lüftungsöffnungen) ist regelmäßig zu kontrollieren.
- Allergiker und Personen mit einer Veranlagung zu Haut- und Atemwegserkrankungen (Atopiker) sollen ihren Arzt über eine mögliche Gefährdung befragen.

Organisatorische Maßnahmen
- Regelmäßig zwischen Feuchtarbeiten mit Handschuhen und Trockenarbeiten wechseln. Die Trockenarbeit ohne Schutzhandschuhe sollte mindestens so lange dauern wie die Feuchtarbeit.
- Nahrungsmittel und Getränke nur in dazu vorgesehenen Räumen verzehren und aufbewahren. Ebenso nicht am Arbeitsplatz rauchen.

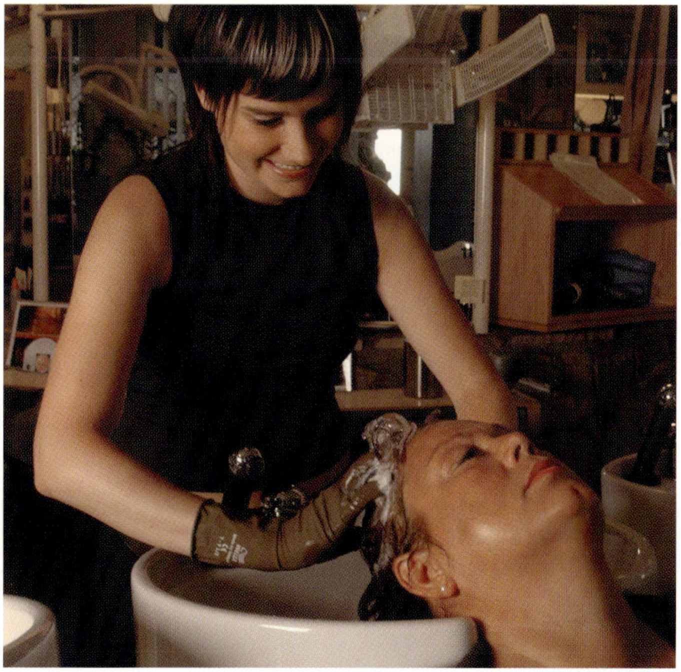

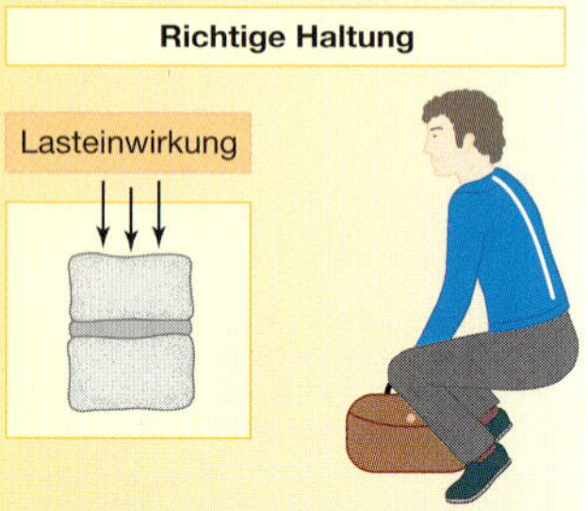

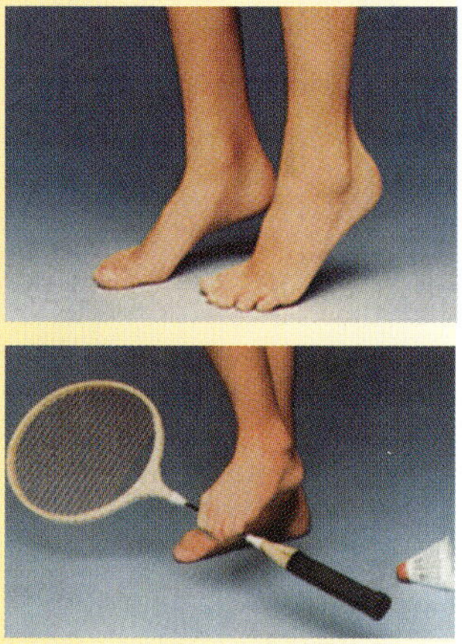

Fußgymnastische Übungen

1. Erkundigen Sie sich bei Ihrer Krankenkasse nach Broschüren, Kursen usw. um Ihren Rücken, Ihre Füße gesund zu halten und Krampfadern vorzubeugen.
2. Wo können Sie darüber hinaus Hilfen finden?

3.2 Hygienemaßnahmen

Tipp

- Nach jedem Händewaschen oder -abspülen an den vorgesehenen Waschplätzen Hände mit bereitgestellten Einmalhandtüchern abtrocknen.
- Keine gebrauchten Kundenhandtücher benutzen.
- Anschließend Pflegecreme auftragen.
- Nach Arbeitsschluss Hände waschen, gut abtrocknen und mit Pflegecreme behandeln.

Verbote

- Das Tragen von Arm- und Handschmuck (Ringe, Uhren) ist während der Arbeit verboten.
- Es dürfen keine Arbeitsgeräte (z. B. Scheren) verwendet werden, die im Griffbereich Nickel freisetzen können.
- Im Pausenraum dürfen weder Arbeitsstoffe aufbewahrt noch darf mit ihnen umgegangen werden.

Erste Hilfe

Bei Augenkontakt:	Mit viel Wasser mehrere Minuten lang spülen. Arzt aufsuchen.
Bei Hautkontakt:	Mit viel Wasser spülen. Bei Beschwerden Arzt aufsuchen.
Bei Einatmen:	Bei Beschwerden Arzt aufsuchen.
Bei Verschlucken:	Arzt aufsuchen.
Bei Arztbesuch:	Unbedingt Gebrauchsanweisung oder Packung/Behältnis der betreffenden Stoffe mitnehmen.

Erkrankungen des Bewegungsapparates

Im Lauf eines Arbeitslebens stellen sich bei Friseuren häufig **Erkrankungen des Bewegungsapparates**, d. h. der Knochen und der Muskulatur, ein. Der Rücken, die Beine und die Füße sind anfällige Körperteile. Das bedeutet, dass die Arbeitshaltung rückenschonend sein muss. Ebenso sind geeignete Schuhe zu tragen, um Krampfadern und Veränderungen am Skelett des Fußes vorzubeugen. Hilfen sind dabei . . .

Tipp

... für den Rücken:
- höhenverstellbare Behandlungsstühle
- höhenverstellbare Stehhilfen
- Bewegungsfreiheit am Bedienungsplatz
- Rückenschonende Haltung beim Aufheben und Tragen schwerer Kartons
- Ausgleichsübungen während des Arbeitstages
- Sport, vor allem Rückenschwimmen, in der Freizeit

... und für die Füße:
- geschlossene, nicht zu enge, gut sitzende Schuhe mit geringem Absatz
- tägliches Fußbad mit Kräutern
- tägliche Fußgymnastik

... und für die Beine
- die Beine mehrmals am Tag hochlegen, ohne sie dabei übereinander zu schlagen
- warm-kalte Wechselduschen
- Rad fahren
- Treppen steigen

Hygienevorschriften beachten

Die **persönliche** Hygiene ist im Friseurberuf, in dem dicht am Menschen gearbeitet wird, ganz besonders wichtig. Hierzu gehören die tägliche Haut- und Haarpflege, die Nagel- und die Zahnpflege ebenso wie das regelmäßige Wechseln der Wäsche und das Tragen sauberer Kleidung. Die gepflegte Friseurin sollte weder nach der zuletzt genossenen Mahlzeit noch nach Rauch oder Schweiß riechen. Auch müssen nach jeder Pause und besonders nach Toilettengängen die Hände gewaschen werden. Vor kosmetischen Behandlungen sollten die Hände vor den Augen der Kundin gewaschen und desinfiziert werden.

Hygiene ist die Lehre von der Gesundheit und umfasst alle Maßnahmen, die vorsorglich gegen das Entstehen oder Verbreiten von Krankheiten durchgeführt werden müssen.

Zur **gewerblichen** Hygiene gehören die gründliche Reinigung des Arbeitsplatzes, aller Arbeitsgeräte und benötigter Materialien. Sie wird durch die Hygieneverordnung des jeweiligen Bundeslandes geregelt. Die gültige Hygieneverordnung muss im Salon an sichtbarer Stelle ausgehängt werden. Sie klärt Einzelheiten über den hygienisch einwandfreien Zustand der Werkzeuge und Geräte mit dem Ziel, übertragbare Erkrankungen zu verhüten. Darüber hinaus ist gesetzlich festgelegt, dass Mitarbeiter im Friseurbetrieb zur Einhaltung der Hygiene verpflichtet sind. Wer sie nicht befolgt, macht sich strafbar.
Die **öffentliche** Hygiene umfasst Maßnahmen zur Müll- und Abwasserbeseitigung sowie des Umweltschutzes. Das Schaffen und Überwachen von Gesetzen und Vorschriften zum Gewässerschutz, zur Luftreinhaltung und zur Lärmbekämpfung gehören ebenfalls dazu.

EXKURS

Das Infektionsschutzgesetz ist am 1.1.2001 in Kraft getreten und löst das Bundesseuchengesetz ab. Die Hygieneverordnung wird nach § 17 Absatz 4 des Infektionsschutzgesetzes von den einzelnen Bundesländern erlassen und dient der Verhütung übertragbarer Krankheiten durch Geräte, Oberflächen oder Hände. Wer gewerbsmäßig Tätigkeiten ausübt, bei denen Erreger (einer durch Blut oder andere Körperflüssigkeit übertragbare Krankheit) übertragen werden können, unterliegt dieser Verordnung. Hierzu gehören auch die Arbeitskräfte des Friseurhandwerkes.
Die Hygieneverordnung regelt die Verpflichtung des Gewerbetreibenden sowie dessen Angestellten zur Hygiene, legt Desinfektionsmittel und Desinfektionsverfahren fest und schreibt die Abfallentsorgung von spitzen, scharfen oder zerbrechlichen Gegenständen vor.
Das Einhalten der Hygiene und deren Verordnung wird durch die örtlichen Behörden, meist sind dies Gesundheits- und Ordnungsamt, überwacht.
Neben der Verordnung gelten im Friseurbereich auch hygienische Grundsätze, die nicht ausdrücklich im Gesetzestext erfasst sind:

- Die Arbeitsräume müssen regelmäßig gereinigt und gelüftet werden.
- Der Arbeitsplatz muss nach jeder Behandlung in Ordnung gebracht werden (abgeschnittene Haare müssen aus hygienischen Gründen und wegen der Unfallgefahr beseitigt werden).
- Es dürfen nur frisch gewaschene Handtücher, Gesichtstücher und Kompressen verwendet werden.
- Bei Verwendung von mehrmals benutzten Umhängen ist der Hals der Kunden mit einer Halskrause zu schützen.
- Es wird in sauberer Kleidung mit gereinigten Händen gearbeitet.
- Kunden mit Verdacht auf ansteckende Krankheit dürfen nicht behandelt werden.
- Der Pausenraum muss gut gelüftet und sauber sein. Er beherbergt keine Werkzeuge und darf auch nicht Waschküche oder Materiallager sein.

3.3 Krankheitserreger kennen und bekämpfen

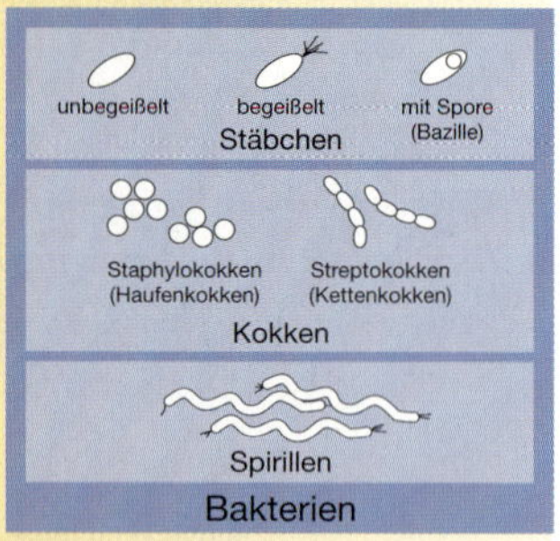

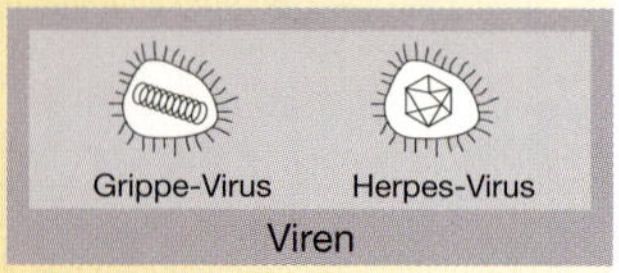

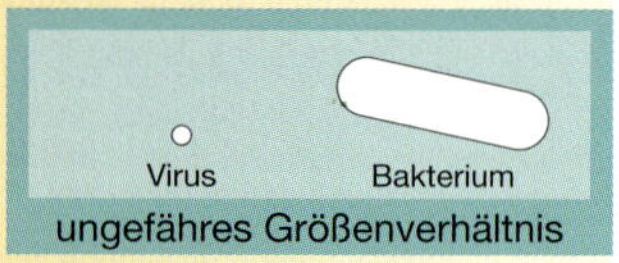

Durch hygienische Maßnahmen gilt es, Krankheiten vorzubeugen. Je mehr über ihre Entstehung und das Übertragen bekannt ist, desto eher gelingt es, Krankheitserreger abzuwehren.
Im Friseurbereich können Bakterien, Viren, Parasiten und Pilze übertragen werden.
Bakterien sind einzellige, nur mit dem Mikroskop erkennbare Mikroorganismen. Sie sind etwa 1/1000 mm groß und vermehren sich unter günstigen Lebensbedingungen unglaublich schnell. Bei einer Temperatur von 30 °C können in acht Stunden aus einem Bakterium mehr als eine Million Bakterien entstehen. Einige Arten von Bakterien, die aus Eiweißstoffen bestehen, sind nützlich. Sie werden zur Herstellung von Joghurt, Käse oder Bier verwendet. Andere leben in der Mundhöhle oder dem Darm des Menschen. Auch die Haut ist von ihnen besiedelt, für die sie eine Schutzfunktion erfüllen. Bestimmte Bakterien allerdings sind Erreger von Infektionskrankheiten. Man unterscheidet drei Arten:

- **Kugelförmige** Bakterien, auch Kokken genannt, rufen eitrige Infektionen hervor. Sie werden für die Bildung von Akne verantwortlich gemacht, verursachen aber auch Erkrankungen wie z. B. Keuchhusten und Scharlach.
- **Stäbchenförmige** Bakterien heißen auch Bazillen, zu ihnen gehören die Erreger der Salmonellose und der Tuberkulose.
- **Schraubenförmige** Bakterien (Spirillen) bewirken unter anderem das Entstehen von Syphilis.

Viren sind kleiner als Bakterien, sie sind nur etwa 1/10 000 mm groß. Sie sind kleinste Eiweißkörper, die nur aus einer Erbsubstanz und der schützenden Eiweißhülle bestehen. Zu ihrer Entwicklung brauchen sie lebendige Zellen. In diese dringen sie ein und veranlassen sie zur Produktion neuer Eiweißsubstanzen, so dass die Zelle abstirbt. Beispiele für virusbedingte Erkrankungen sind Herpes simplex, Warzen, Grippe und AIDS.

EXKURS

AIDS

Die Abkürzung steht für erworbene Immunschwäche. Hinter diesem Namen verbirgt sich eine unheilbare Viruserkrankung, deren Ursache der Zusammenbruch des körpereigenen Immunsystems ist. Das Krankheitsbild wird durch das HIV-Virus hervorgerufen, das das gesamte Abwehrsystem des erkrankten Körpers unwirksam macht. Jede Infektion kann dann tödlich enden.
Die Ansteckung erfolgt durch infiziertes Blut. Auch in der Samen- und Scheidenflüssigkeit ist die Virenkonzentration sehr hoch. Deshalb ist das Übertragungsrisiko durch Geschlechtsverkehr besonders groß. Gelangt der AIDS-Erreger in die Blutbahn, so kann man 6–8 Wochen nach der Ansteckung AIDS-Antikörper nachweisen. Derzeit gibt es weder Impfstoff noch geeignete Medikamente gegen AIDS, es handelt sich um eine nicht heilbare Krankheit.
Außerhalb des menschlichen Körpers sind HIV-Viren nicht lebensfähig. Deshalb ist eine Ansteckung mit AIDS durch Händeschütteln, Husten, Niesen, Haustiere oder die gemeinsame Benutzung von Toiletten nicht möglich. Im Friseurberuf ist eine Ansteckung nur möglich, wenn durch Verletzung der Haut Blut austritt. Deshalb müssen in diesem Fall die Hygienemaßnahmen sorgfältig durchgeführt werden.

Informieren Sie sich beim Gesundheitsamt und im Internet genau über die Krankheit AIDS!

Parasiten sind Organismen, die sich auf Kosten anderer ernähren, wie z. B. Läuse, Krätzmilben und Zecken. Auch sie können Krankheiten hervorrufen.

Köpfläuse treten meist epidemieartig auf. Sie werden durch Kleidung, Kissen, Polster, Decken, Kämme oder Haarbürsten übertragen, die von mehreren Menschen gemeinsam benutzt werden. Sie sind etwa 3,5 mm groß und graubraun. Man kann sie mit bloßem Auge gut erkennen, wenn sie sich nicht im Kopfhaar verstecken. Vorwiegend halten sie sich im Nacken- und Ohrenbereich des Kopfes auf. Kopfläuse ernähren sich vom Blut des Opfers. Mit dem Biss gelangt der Speichel der Kopflaus in die Haut und löst Juckreiz aus. Starkes Kopfjucken kann ein Zeichen sein. Ein weiteres Erkennungsmerkmal sind die Eier der Kopflaus, Nissen genannt. Sie kleben als weißliche, stecknadelkopfgroße Knötchen fest am Haarschaft in Kopfhautnähe. Bei oberflächlicher Betrachtung können sie leicht mit Schuppen verwechselt werden, jedoch haften sie fest am Haar und lassen sich nicht einfach abstreifen. Aus den Nissen entwickeln sich innerhalb von 6 Tagen junge Läuse, die bereits 18 Tage später erwachsen sind und selbst Eier legen. Werden sie nicht bekämpft, vermehren sie sich schnell.

Kopflaus

Ein Kunde mit Kopfläusen darf im Friseursalon nicht behandelt werden. Ihm ist eine sofortige Behandlung mit einem Läuse abtötenden Präparat zu empfehlen, das er vom Arzt oder in der Apotheke bekommt. Wichtig ist nach einer Behandlung auch das Entlausen der Kleider. Aus jeder übersehenen Nisse kann ein erneuter Lausbefall entstehen. Im Salon muss der Arbeitsplatz sofort gereinigt und desinfiziert werden.

Nissen

EXKURS

Exkurs: Was tun bei Kopfläusen?

Zunächst muss eine Behandlung der Kopfbehaarung erfolgen, die die Läuse abtötet. Danach empfiehlt sich häufiges Kämmen mit einem feinzahnigen Kamm (Staubkamm) zum Entfernen der Nissen. Jede am Haar verbleibende Nisse wird innerhalb von 6 Tagen zur blutsaugenden Kopflaus! Alle mit den Haaren in Berührung gekommenen Gegenstände (Kissen, Schal, Pullover, Jacken, Mützen, Bettwäsche usw.) brauchen nun eine gründliche Wäsche mit 60 Grad. Stofftiere, die eine heiße Wäsche nicht vertragen, kommen in Quarantäne. Hierzu eignet sich ein mehrwöchiger Aufenthalt im fest verschlossenen Plastiksack, um die Läuse auszuhungern. Verwendete Werkzeuge und betroffene Flächen müssen mit geeignetem Desinfektionsmittel behandelt werden.

Die etwa 0,4 mm große **Krätzmilbe** wird durch den Kontakt mit einer infizierten Person oder durch die Wäsche übertragen. Sie lebt in der Hornschicht der Oberhaut und ernährt sich von Hautzellen. Die Haut reagiert auf die Eindringlinge mit Juckreiz, nässenden Stellen und entzündlichen Knötchen. Die Krätze findet man meist zwischen den Zehen, zwischen den Fingern, an Handrücken, Fußrand oder am Ellenbogen.

Beim Bekämpfen der Krätzmilbe müssen Mittel aus der Apotheke verwendet werden. Kleider und alle in Kontakt gekommene Wäsche müssen sehr gründlich gereinigt werden.

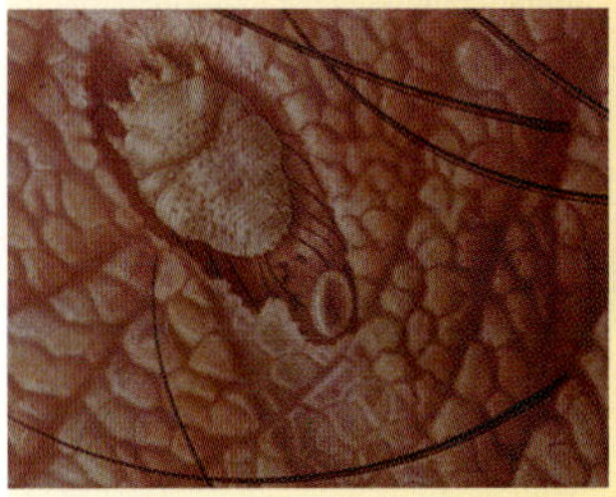

Krätzmilbe

Zecken leben in Gräsern, Sträuchern und im Unterholz. Kommen sie auf menschliche Haut, so graben sie sich mit dem Kopf in die Haut des Opfers und saugen Blut. Sobald die Zecke vollgesogen ist, fällt sie ab.

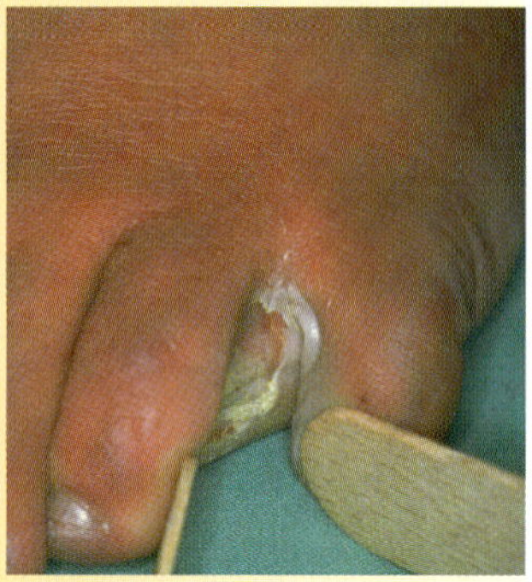

Hautpilzerkrankung im Bereich der Zehenzwischenräume

Zecken sind für den Menschen gefährlich, weil sie Krankheiten wie Hirnhautentzündung und Borreliose übertragen können. Deshalb sollten sie so schnell wie möglich ganz entfernt werden. Die Bissstelle muss auf Veränderungen hin beobachtet werden. Eine Übertragung im Friseursalon ist unwahrscheinlich.

Pilzerkrankungen allerdings sind durch infizierte Kämme oder Scheren oder nicht gewaschene Handtücher im Friseuralltag möglich. Die Erreger der Pilzerkrankungen sind meist Fadenpilze, die sich im feuchtwarmen Milieu besonders wohl fühlen. Sie leben in der Hornschicht der Oberhaut und zerstören durch Einwucherungen Haut, Haare und Nägel. Da Pilze flächenmäßig wachsen, sind die befallenen Stellen oft kreisförmig. Die häufigste Pilzerkrankung ist heute der Fußpilz.

Ein **Beispiel** für die Pilzerkrankung ist die Bartscherflechte.

Krankheitserreger

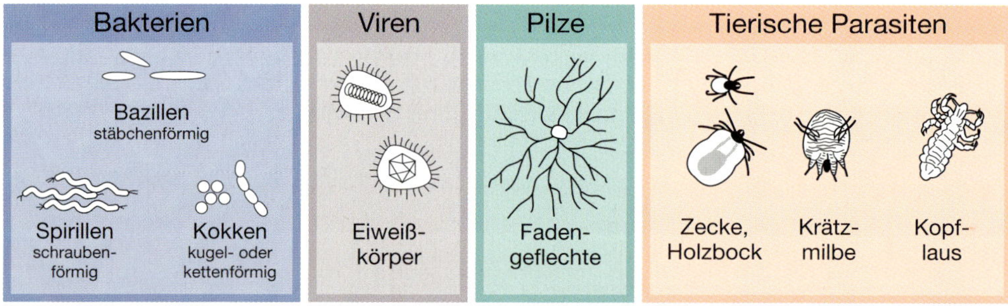

Durch unterschiedliche Erreger hervorgerufene Krankheiten							
Bakterien			**Viren**	**Pilze**	**Tierische Parasiten**		
Bazillen	**Kokken**	**Spirillen**	**Eiweißkörper**	**Fadengeflechte**	**Zecke, Holzbock**	**Krätzmilbe**	**Kopflaus**
Tuberkolose	Lungenentzündung Hirnhautentzündung Furunkel Scharlach	Syphilis Hauterkrankungen nach Nagetierbissen	Röteln Masern Grippe Mumps Pocken Kinderlähmung Warzen AIDS Herpes	Hautpilzerkrankungen an Haut, Haar und Nägeln	Hauterkrankungen Virusüberträger der Hirnhautentzündung	Juckreiz Krätze	Juckreiz Furunkel

Da im Friseursalon täglich viele Menschen miteinander in Berührung kommen, ist die Übertragung von Krankheiten auf direktem oder indirektem Wege möglich. Die direkte Infektion kann durch einen Kunden, der erkältet ist und deshalb hustet oder niest, geschehen. Sie wird als **Tröpfcheninfektion** bezeichnet, weil sich die Krankheitserreger in den feinen Schleimtröpfchen befinden, die von der kranken Person ausgestoßen und über die Atemwege in den Körper der gesunden Person gelangen.

Eine Ansteckung ist aber auch durch Berühren einer kranken Person möglich, wenn man ihr z. B. die Hand gibt. Diese Art der Übertragung nennt man **Kontaktinfektion.**

Zur **Selbstübertragung** von Krankheitserregern kann es kommen, wenn diese durch Kratzen am eigenen Körper verbreitet werden.

Die **indirekte Übertragung** kann durch gemeinsam genutzte Handtücher, Arbeitsgeräte oder Instrumente geschehen. Sie kann auch durch bereits infizierte, aber noch nicht erkrankte Menschen geschehen.

Jede Krankheit hat einen typischen Zeitraum, bis sie ausbricht, nachdem die Erreger eingedrungen sind. Diesen nennt man **Inkubationszeit**. Es kann zwischen wenigen Stunden (Salmonellose) oder mehren Tagen (Grippe, Scharlach, Tetanus), Wochen (Mumps, Röteln), Monaten (Tuberkulose) oder sogar Jahren (AIDS, Borreliose) dauern, bis die Krankheit zum Ausbruch kommt.

Um dem Übertragen von Krankheiten im Friseursalon vorzubeugen, muss sich das Personal vor der Behandlung des Kunden gründlich die Hände mit Wasser und Seife reinigen. Das Desinfizieren der Hände ist nur nach Kontakt mit blutenden Wunden und vor kosmetischen Behandlungen nötig.

Es gibt auch physikalische Methoden, die desinfizierend wirken. Beispiele hierfür sind das Auskochen von Wäsche oder das Behandeln von hitzebeständigen Geräten mit trockener Hitze. Hierfür gibt es spezielle Geräte im Handel.

Chemische Desinfektionsmethoden	Physikalische Desinfektionsmethoden
– Alkohole – Wasserstoffperoxid – Aldehyde – Phenole – chlorabspaltende Verbindungen	– Auskochen in siedendem Wasser (mind. 10 min) – heißer Wasserdampf – trockene Hitze (mind. 134 °C) – Bestrahlung durch UV-Licht

Merke

– Was Haut berührt wird desinfiziert!
– Geräte müssen vor der Reinigung desinfiziert werden!

Im Friseurbereich dürfen nur hygienisch gepflegte Geräte benutzt werden. Unbedingt notwendig ist das Desinfizieren von Werkzeugen und Flächen sowie von Wäsche, die mit Blut verunreinigt ist. Zur Desinfektion dürfen nur Mittel und Verfahren angewendet werden, die geprüft und anerkannt sind. Desinfektionsmittel sind unbedingt entsprechend der Gebrauchsanweisung zu verdünnen und anzuwenden. Bei zu schwacher Konzentration oder zu kurzer Einwirkzeit ist die desinfizierende Wirkung nicht ausreichend. Bei überhöhter Konzentration können Hautschädigungen auftreten.

Unter **Infektion** versteht man die Übertragung von Krankheitserregern auf einen anderen Organismus und deren Ansiedlung und Vermehrung.

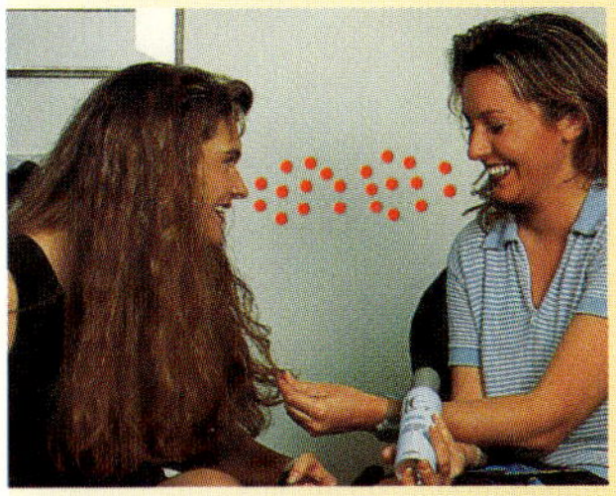

Tröpfcheninfektion

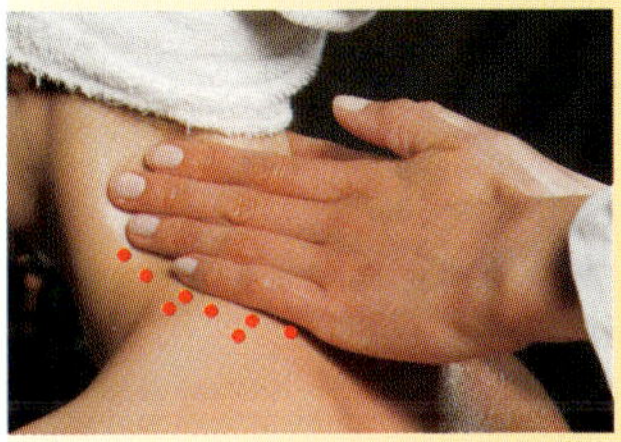

Kontaktinfektion

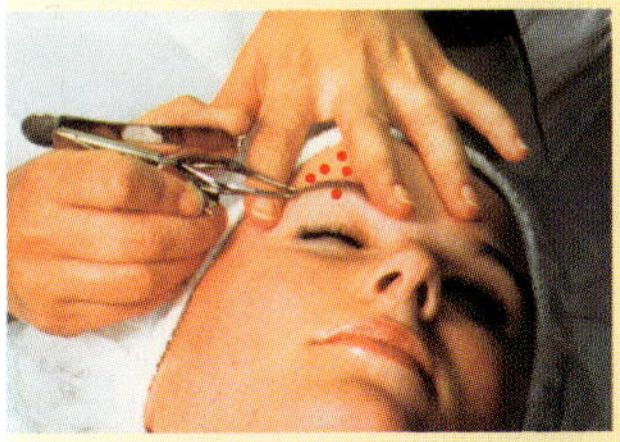

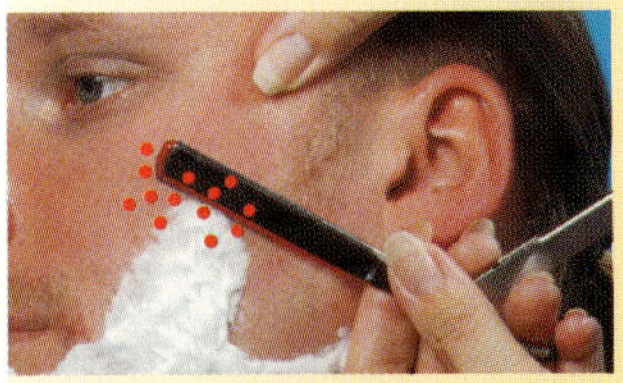

Durch Geräte und Instrumente können Krankheitserreger von einem zum anderen Kunden übertragen werden.

Unter **Desinfektion** versteht man das Unschädlichmachen von Krankheitserregern. Dazu werden chemische Mittel verwendet. Sie bewirken eine Gerinnung der Eiweißstoffe, aus denen Krankheitserreger bestehen.

1. Bitte überlegen Sie, wie Sie in Ihrem Salon reinigen und desinfizieren!
2. Nun vervollständigen Sie die folgende Tabelle, indem Sie neben den Desinfektionsbereich die entsprechenden Maßnahmen eintragen!

Desinfektionsbereich	Maßnahmen
Kämme, Scheren, Wickler, Messer, Bürsten	
Ablageflächen für Friseurwerkzeuge	
Armaturen, Waschbecken, Toiletten	
Armlehnen, Nackenstützen, Türgriffe	
Nackenausschnitt des Rückwärtswaschbeckens	
Innenrand der Trockenhaube	
Hände und andere Hautbezirke	

3. Besprechen Sie das Ergebnis mit den Mitschülern. Lesen Sie im Zweifelsfall in der entsprechenden Hygieneverordnung nach. Das Gesundheitsamt gibt zusätzliche Auskünfte.

Bei der **Sterilisation** werden sämtliche Mikroorganismen einschließlich ihrer Dauerformen und Sporen abgetötet. Sie ist im medizinischen, nicht aber im Friseurbereich nötig.

3.4 Unfälle vermeiden

Typische Unfälle im Friseursalon sind

- Stürze und Ausrutschen
- Elektrounfälle
- Stichverletzungen
- Verätzungen durch Chemikalien

Karlas Ausbildung hat vor kurzem begonnen. Ihre Chefin Frau Weber legt Wert darauf, Unfälle zu vermeiden, und hat sie bereits am ersten Tag auf die Unfallgefahren hingewiesen. In regelmäßigen Abständen führt Frau Weber Schulungen zur Unfallverhütung durch und lässt sich die Teilnahme von ihren Beschäftigten mit Unterschrift bestätigen. Darüber hinaus hat sie den Gesellen Max beauftragt, Karla immer wieder darauf hinzuweisen, wenn er beobachtet, dass sie unachtsam ist.

Gefahrenquelle	Maßnahme
Fußboden	Haare sofort zusammenfegen und aufkehren. Wassertropfen oder Tropfen von Präparaten sofort aufwischen. Heruntergefallene Gegenstände sofort aufheben.
Werkzeuge	Scheren, Stielkamm, Kämme und Bürsten in ein Körbchen auf der Ablage oder dem Gerätewagen ablegen bzw. in eine Gürteltasche stecken. Geschlossene Schuhe tragen.
Elektrische Geräte	Stecker und Zuleitungen auf defekte Stellen prüfen. Stecker nicht an der Zuleitung aus der Steckdose ziehen. Schadhafte Geräte auf keinen Fall benutzen. Geräte und Lampen erst dann reinigen, wenn sie nicht mehr ans Stromnetz angeschlossen sind.
Präparate	Keine Sprays anwenden, wenn die Kundin eine Zigarette raucht. Keine Präparatespritzer auf Schleimhäute. Auf ausreichende Beleuchtung achten und defekte Leuchtmittel sofort austauschen.

EXKURS

Elektrischer Strom im Friseursalon

Bei vielen Behandlungen beim Friseur werden elektrische Geräte eingesetzt. Um Stromunfälle zu vermeiden, müssen beim Umgang mit elektrischem Strom besondere Vorsichtsmaßnahmen beachtet werden.
Eine der häufigsten Unfallquellen ist eine verwickelte, verknotete und dadurch beschädigte Geräteschnur. Beim Berühren des nicht isolierten, Strom führenden Drahtes wird die Verbindung durch den menschlichen Körper hergestellt, dadurch gibt es einen elektrischen Schlag. Besonders gefährlich sind Ströme durch das menschliche Herz. Schon geringe Stromstärken können Lebensgefahr bedeuten. Besonders gefährlich ist das gleichzeitige Berühren defekter Geräte und geerdeter Rohrleitungen. Stromunfälle führen zu Verbrennungen und Herzstillstand!

Sicher sind Geräte mit Schutzisolierung. Sicherheitstechnisch geprüfte Geräte tragen Prüfzeichen: ***GS*** *steht für geprüfte elektrische und mechanische Sicherheit,* ***VDE*** *(Verband deutscher Elektrotechniker) für geprüfte elektrische Sicherheit, das Zeichen der Berufsgenossenschaft oder des Technischen Überwachungsvereins ist* ***TÜV,*** *die* ***CE****-Kennzeichnung für das Vermarkten von Produkten im europäischen Wirtschaftsraum entspricht den Schutzrichtlinien der Europäischen Union.*

Die Berufsgenossenschaft für Gesundheitsdienst und Wohlfahrtspflege (BGW, www.bgw-online.de) ist die für das Friseurhandwerk zuständige gesetzliche Unfallversicherung. Sie hat Vorschriften zur Verhütung von Berufskrankheiten und Unfällen herausgegeben. Sie berät und informiert über berufsbedingte Erkrankungen und kümmert sich um das Einhalten der Verordnungen zu Hautschutz, Hygiene und Unfallverhütung.

1. *Überlegen Sie, welche Folgen die oben genannten Gefahrenquellen haben können.*
2. *Besorgen Sie sich Informationen zu Hautschutz, Unfallverhütung und den technischen Regeln für Gefahrstoffe (TRGS 530).*
3. *Stellen Sie einen Katalog von Erste-Hilfe-Maßnahmen für Ihren Salon zusammen.*

3.5 Die Umwelt schonen

Waschmaschine mit niedrigem Strom- und Wasserverbrauch benutzen

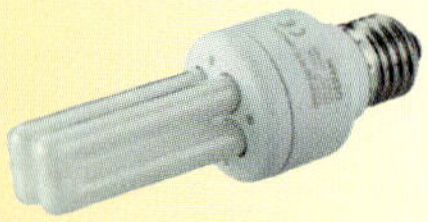

Energiesparlampe

Der Umweltschutz ist im Friseursalon ein wichtiges Thema. Shampoo, Well- und Fixierflüssigkeit, Haarfarbe, Blondiermittel usw. belasten das Abwasser in besonderem Maße. Hier ist es wichtig, möglichst sparsam mit allen Präparaten umzugehen. Mit Applikatoren und Auftragehilfen (Pinsel, Flasche) werden alle Präparate gezielt angewendet. Gleichzeitig sollten die Abspülvorgänge so kurz wie möglich bleiben. Eine weitere Hilfe dabei sind Sparperlatoren, die viel Luft in den Wasserstrahl mischen und dadurch helfen, Wasser einzusparen. Tropfende Wasserhähne vergeuden viele Liter Wasser pro Tag! Reinigungs- und Desinfektionsmittel sollen ebenfalls nur in geringen Mengen eingesetzt werden.

Verpackungsmüll wie Kartonagen und Plastikflaschen fallen oft in großen Mengen im Salon an. Abfallvermeidung steht vor Abfallverwertung. Einsparungen sind durch die Entscheidung für Großgebinde bzw. Nachfüllpackungen, für Konzentrationen und gegen Portionsflaschen möglich. Auf Einmalartikel sollte verzichtet werden. Anfallender Müll ist nach Sorten (Papier/Kartonagen, Grüner Punkt, Biomüll, Restmüll) zu trennen, abgeschnittene Haare sind kompostierbar. Spitze und scharfe Gegenstände (Rasierklingen) müssen in geschlossenen Behältern entsorgt werden.

1. *Welche Einmalartikel werden bei Ihnen im Salon noch verwendet?*
2. *Welche Gründe sprechen für ihre Verwendung?*
3. *Welche Einmalartikel sind verzichtbar?*

Um Energie einzusparen kommen Energiesparhandtücher zum Einsatz. Sie sind um die Hälfte schmaler als herkömmliche Handtücher. Der Vorteil ist, dass mehr von diesen Handtüchern in eine Waschmaschinenladung passen.
Normal verschmutzte Wäsche wird bereits bei 60 °C sauber. Alle elektrischen Geräte wie Föhne und Trockenhauben sollen nicht länger als unbedingt nötig eingeschaltet bleiben. Die Beleuchtung im Salon sollte mit Energie sparenden Leuchtstofflampen erfolgen, elektronische Vorschaltgeräte mindern zusätzlich den Energieverbrauch. Energiesparlampen für Bereiche des Salons, die während der Öffnungszeit dauerhaft ausgeleuchtet sind, machen sich schnell bezahlt.

Zum Umweltschutz im Salon gehört auch die Luftreinhaltung. Für das Wohlbefinden der Mitarbeiter und Kunden ist auf regelmäßiges Lüften, sparsamen Verbrauch von Aerosolen sowie alle die Atemwege belastenden Stoffe wie Blondierpulver zu achten. Sprays und Schäume enthalten Treibmittel, die die Atemwege belasten. Schlechte Luft macht krank!

1. *Erkundigen Sie sich (Gemeinde- bzw. Stadtverwaltung, Internet), wie viel 1 m^3 Wasser kostet und berechnen Sie die Jahreskosten für Ihren Salon. Vergleichen Sie diese Kosten mit den Kosten eines Salons mit Wasser einsparenden Maßnahmen (Einsparung um 1/3).*
2. *Im Salon Haarmonie wird die Waschmaschine dreimal täglich angestellt. Vergleichen Sie den anfallenden Stromverbrauch im Jahr für die Wäsche bei 95 °C (2000 W) und 60 °C (1500 W). Grundlage sind 21 Arbeitstage pro Monat.*
3. *Berechnen Sie, nach wie vielen Arbeitstagen sich die Mehrkosten für Energiesparlampen bezahlt machen.*

4 Kunden beraten

Karla hat Ayse bei einem Beratungsgespräch mit Silke zugehört. Als sie sie in der Pause im Aufenthaltsraum trifft, möchte sie ganz genau wissen: „Woher weißt du denn, wie ein Beratungsgespräch angefangen wird? Hast du einen Plan im Kopf, wenn du mit der Beratung eines Kunden beginnst?"
„Ja, das kann man schon sagen. Auch wenn jedes Beratungsgespräch anders ist, gibt es doch eine Menge Gemeinsamkeiten, die du lernen kannst", antwortet Ayse vielsagend.

4.1 Die vier Seiten einer Nachricht

Karla wäscht Herrn Schlick die Haare. Da er ein regelmäßiger Kunde ist, bemüht sie sich besonders, ihn gut zu bedienen. Das fällt ihr nicht leicht, denn die Äußerungen von Herrn Schlick sind nicht immer eindeutig. Manchmal macht er Bemerkungen, über die Karla länger nachdenken muss.

Das einfache Modell vom Sender, der dem Empfänger eine Nachricht übermittelt, wird dadurch kompliziert, dass es verschiedene Ebenen des Verstehens von Nachrichten gibt. Das wird in der Abbildung von den vier Seiten einer Nachricht verdeutlicht.
Im abgebildeten Modell sind diese vier Aspekte als vier Seiten eines Quadrates dargestellt.

In jeder Nachricht schwingen vier unterschiedliche Informationen mit.
Wenn der Kunde, z. B. Herr Schlick, bemängelt, dass das Wasser zu kalt ist, so ist das zunächst ein weitgehend wertfreier **Sachinhalt**: Das Wasser ist eben kalt.

Einen Sinn erhält diese Mitteilung erst, wenn man aus dem Sachinhalt auf das Anliegen von Herrn Schlick schließt, den **Appell**: „Stellen Sie das Wasser wärmer."

Die dritte Seite einer Nachricht gibt Auskunft über die **Beziehung**, die der Sender zum Empfänger hat, in unserem Fall Herr Schlick zu Karla. Die Beziehung gibt Auskunft, ob dieser sich über- oder unterlegen fühlt, sie akzeptiert oder gar ablehnt.

Wenn der Kunde das kalte Wasser bemängelt, so kann er damit auch seine Ablehnung gegenüber der Auszubildenden, die ihn bedient, ausdrücken. Vielleicht möchte er von der Chefin persönlich bedient werden. Klarheit darüber kann man nur erhalten, wenn man genauere Informationen über die Situation bekommt, in der die Haarwäsche stattfindet.

Die vierte Seite einer Nachricht ist die **Selbstoffenbarung**. Hier gibt der Sender Zusatzinformationen über seine persönlichen Gefühle, die er beim Vermitteln der Botschaft empfindet. Herr Niemöller z. B. fühlt sich, als bekäme er eine kalte Dusche. Vielleicht tut er sich dabei leid und glaubt, dass er dies nicht verdient habe. Karla kann aus der Selbstoffenbarung schließen, dass ihr Kunde empfindlich auf Temperaturwechsel reagiert, und sich bei der weiteren Behandlung entsprechend verhalten.
Zur Beziehungs- und Selbstoffenbarungsebene einer Nachricht kann man nur Vermutungen anstellen, während die Sach- und Appellebene sachbezogener und damit klarer sind.
Wenn man bedenkt, dass nicht nur die Nachricht mit vier unterschiedlichen Aspekten gesendet wird, sondern auch der Empfänger diese Mitteilungen mit vier verschiedenen „Ohren" empfängt, dann versteht man, wie kompliziert der wechselseitige Kommunikationsprozess ist.

Denn alles, was bisher über das Aussenden einer Nachricht erklärt wurde, beeinflusst den Empfänger der Nachricht. Er nimmt sie mit seinen „Ohren" und Gefühlen wahr und versteht und bewertet sie auf vier unterschiedlichen Ebenen. Das Herausfinden, wie die unterschiedlichen „Ohren" des Empfängers auf eine Nachricht reagieren, nennt man auch das Entschlüsseln einer Botschaft.

Man kann sich diesen Prozess des Verstehens und Verarbeitens einer Mitteilung gut anhand des Schemas vom „vierohrigen Empfänger" vorstellen.

Die vier Ohren, die alle einer einzigen Person gehören, nehmen die Nachricht unterschiedlich auf:
Das **Sachohr** des Empfängers hört die sachliche Information und antwortet auf die Fragen: „Worüber werde ich informiert?", „Worum geht es?"
Sein **Appellohr** nimmt die logische Folge (Konsequenz) des Sachinhalts auf. Es fragt: „Wozu soll ich veranlasst werden?", „Was will der andere von mir?"
Das **Beziehungsohr** des Empfängers einer Mitteilung oder Nachricht gibt Auskunft über seine Beziehung zum Sender durch die Frage: „Wie steht der Sender zu mir?"
Dabei geht es sowohl um die Rangordnung (z. B. Chef – Angestellter) als auch um das Verhältnis zueinander (z. B. freundschaftlich oder feindlich).
Sein **Selbstoffenbarungsohr** fragt danach: „Was ist der Sender für eine Person?" „Wie kann ich sie einschätzen?", „Wie fühle ich mich, wenn ich die Nachricht höre?"
Beim ersten Lesen mag dieses „Vier-Ohren-Modell" reichlich kompliziert erscheinen, es lässt sich aber leicht auf den Friseurbereich übertragen.

Beispiel: Kommt z. B. Frau Neuberger in den Salon und sagt: „Hier ist aber schlechte Luft", so nimmt Karla mit dem „Sachohr" die Nachricht: „Die Luft ist schlecht" auf. Ihr Appellohr überlegt kurz: „Was soll ich jetzt tun?" und veranlasst vermutlich, das Fenster zu öffnen. Wenn es um die Betreuung und Beratung von Kunden geht, so hört zumindest das Beziehungsohr immer dasselbe: „Der Kunde ist König". Damit ist die Beziehungsebene geklärt. Die Friseurin wird alles tun, um für Frau Neuberger eine angenehme Salonatmosphäre zu schaffen. Ihr Selbstoffenbarungsohr kann sie zu verschiedenen Reaktionen veranlassen: „Sie hat ja Recht, es ist wirklich stickig hier", oder sie denkt möglicherweise, ohne es auszusprechen: „Typisch die Frau Neuberger, hat immer irgend etwas auszusetzen."

Das richtige Verstehen einer Mitteilung und das entsprechend sinnvolle Handeln, nachdem der Appell der Mitteilung verstanden wurde, sind eine wichtige Voraussetzung für gelungene Kommunikation. Außerdem beeinflussen Tonfall, Wortwahl, Mimik, Gestik und Körpersprache das klare Aufnehmen einer Botschaft.

So verändert der Tonfall der Mitteilung die Verständlichkeit der Nachricht. Die Art der Betonung einzelner Worte kann den Sachinhalt verändern. Das wird deutlich, wenn man den Satz: „Du hast aber eine interessante Haarfarbe" auf verschiedene Art ausspricht. So kann er vom Kompliment bis zur Ablehnung Unterschiedliches ausdrücken.

Die Wahl der Worte beeinflusst das Verständnis einer Nachricht auf verschiedene Weise. Ironie, d. h. verdeckter Spott, kann eine Mitteilung komplett verändern. Auf der Beziehungsebene drückt ironische Wortwahl aus, dass der Sender den Empfänger nicht ernst nimmt. Der Empfänger kann so, bewusst oder unbewusst, gefühlsmäßig verletzt werden.

Ebenso kann eine als klare Feststellung gemeinte Frage beleidigend wirken. Auf die Frage „Wie siehst du denn wieder aus?", erwartet der Sprecher keine Antwort. Dennoch ist seine Mitteilung klar: „Dein Aussehen gefällt mir nicht."
Natürlich denken wir im täglichen Umgang miteinander nicht ständig über Wortwahl und Tonfall nach und setzen diese Mittel häufig unbewusst ein. Dadurch erklären sich auch die vielen kleinen Missverständnisse, die sich dann nur durch ein klärendes Gespräch bereinigen lassen. Je durchdachter jedoch die Mittel der Kommunikation eingesetzt werden, desto wahrscheinlicher ist es, dass das Übermitteln von Informationen erfolgreich mit dem gegenseitigen Verstehen endet. Das ist besonders bei Dienstleistungsberufen mit ständigem Kundenumgang dringend erforderlich.

1. *Bitte untersuchen Sie bei folgenden Mitteilungen die vier Aspekte, die Ihr Ohr aufnimmt:*
   a) Frau Weber sagt zu Karla: „Das Telefon hat gerade geklingelt."
   b) Max sagt zu Ayse: „Das Shampoo ist leer."
   c) Der Kunde sagt zu Ihnen: „Heute habe ich aber lang gewartet."
   d) Die Kundin teilt Ihnen vor dem Haareschneiden mit: „Nach dem letzten Mal haben alle meinen Haarschnitt bewundert."
2. *Denken Sie sich nun weitere Nachrichten aus, die ein Sprecher einem Empfänger mitteilt, und lassen Sie diese von Ihren Mitschülern „entschlüsseln".*

Zuhören und fragen

Gelungene Kommunikation ist nicht nur durch Sprechen zu erreichen, hierzu gehört auch das aufmerksame Zuhören. Das Wechselspiel des Austauschens von Nachrichten funktioniert nur dann, wenn der Empfänger dem Sender aufmerksam zuhört.

Beim Zuhören unterscheidet man zwei Arten:

- **Unter passivem Zuhören** versteht man, dass der zuhörende Gesprächspartner mangelnde Reaktion auf das Gehörte zeigt. Er blickt z. B. in die Ferne, ohne sein Gegenüber genau anzusehen, ist in Gedanken ganz woanders und zeigt vom Gesichtsausdruck her keine Regung. Er nickt nicht, lächelt nicht, verzieht keinen Mundwinkel und schüttelt nicht den Kopf. Er verhält sich völlig passiv, also untätig. Manchmal aber kann ein passiver Zuhörer durch seine Mimik und Gestik Aufmerksamkeit vortäuschen.
- **Beim aktiven Zuhören** zeigt der Zuhörer seinem Gegenüber, dass er an dem, was der Gesprächspartner mitteilt, interessiert ist. Er sieht den Sprechenden an, seine Augen suchen den Blickkontakt. Er lächelt, zeigt einen traurigen Gesichtsausdruck, hält sich vor Schreck den Mund zu oder nickt als Zustimmung, je nachdem, was ihm zu Ohren kommt. Vielleicht bestätigt er auch eine Aussage des Sprechers oder fragt kurz nach, ob er sie richtig verstanden hat. Alles in allem zeigt er reges Interesse an dem, was sein Gegenüber zu berichten hat.

1. Wählen Sie einen Gesprächspartner, der Ihnen über sein lustigstes Erlebnis im Friseursalon erzählen soll. Spielen Sie den passiven Zuhörer. Nach einigen Minuten sollen die Rollen getauscht werden.
   Beantworten Sie anschließend die Frage: Wie fühlen Sie sich als Sprecher, wenn Ihr Gesprächspartner passiv bleibt?
2. Wählen Sie einen Gesprächspartner, der Ihnen mitteilt, welche Kunden ihm manchmal Schwierigkeiten bereiten. Spielen Sie nun den aktiven Zuhörer. Nach einigen Minuten sollen die Rollen getauscht werden.
   Beantworten Sie anschließend die Frage: Wie fühlen Sie sich als Sprecher, wenn Ihr Gesprächspartner aktiv ist?

Am Anfang jeder Bedienung oder Behandlung eines Kunden muss die Fachkraft herausfinden, was der Kunde möchte. Hierbei hilft es, sich genau mit den **Fragetechniken** auszukennen. Grundsätzlich kommt der Friseur mit zwei Frageformen aus: den offenen und den geschlossenen Fragen.

Offene Fragen veranlassen den Kunden, mit einem ganzen Satz zu antworten. So gibt er der bedienenden Fachkraft viele Informationen über seine Wünsche, natürlichen Gegebenheiten und mögliche Probleme. Beispiele für offene Fragen sind:

Beispiel:
Welche Vorstellungen haben Sie von der neuen Frisur?
Wie oft waschen Sie Ihre Haare?

Geschlossene Fragen beginnen meist mit einem Verb. Sie erfordern nur eine kurze Antwort wie „Ja" oder „Nein". Hier einige Beispiele für geschlossene Fragen:

Beispiel:
Möchten Sie eine Tasse Kaffee?
Sind Sie mit dem Vorschlag einverstanden?

Erstellen Sie eine Tabelle auf einem Extrablatt und finden Sie zu jeder Art von Fragen mindestens 8 Beispiele aus dem Friseuralltag!

Diese Fragetechnik eignet sich dazu, schnell eine Bestätigung vom Kunden zu erhalten oder eine Entscheidung herbeizuführen.

Weitere Fragetechniken, die zu den geschlossenen Fragen zählen:

Fragetechnik	Beschreibung	Beispiel
Alternativfrage	Sie bietet dem Kunden Auswahlmöglichkeiten an	Möchten Sie ein 200 ml oder eine 400 ml Flasche Shampoo nehmen?
Suggestivfrage	Sie baut in die Fragestellung schon eine Meinung ein	Meinen Sie nicht auch, dass diese Haarfarbe Ihnen gut steht?
Rhetorische Frage	Sie ist eher ein Angebot und erfordert oft keine Antwort	Darf ich Sie bitten noch einen Moment Platz zu nehmen?

Welche Frageform gewählt wird, hängt von der Phase der Beratung ab!

4.2 Die Phasen der Beratung

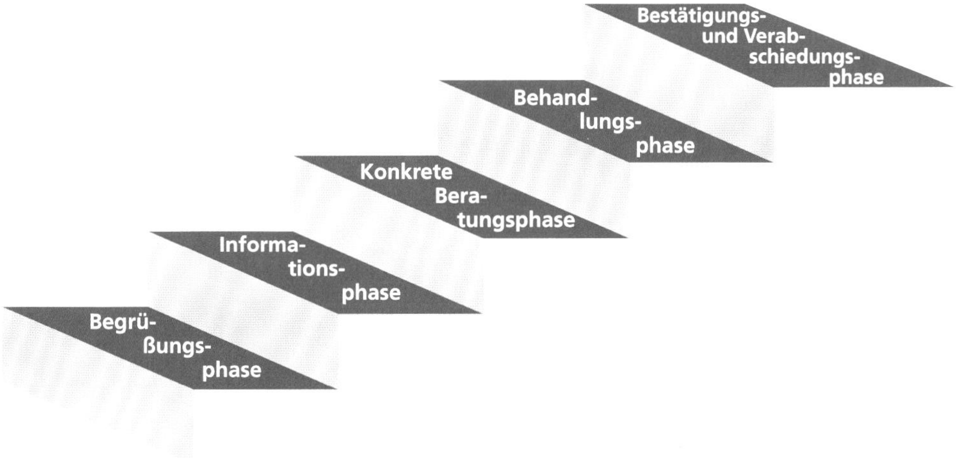

Die Phasen der Beratung

Jeder Kunde, der in den Salon kommt, hat einen bestimmten Wunsch – egal, ob er nur etwas kaufen möchte oder ob er eine komplett neue Frisur mit veränderter Haarfarbe wünscht. Die Friseurin oder Auszubildende muss ihn zunächst nach seinen Wünschen fragen. Damit ist die Kundenberatung bereits eingeleitet. Sie beginnt mit dem Erfragen des Kundenwunsches, der die Art der Bedienung oder Behandlung bestimmt, und endet mit der freundlichen Verabschiedung des zufriedenen Kunden.

Bei der Beratung des Kunden, besonders zu Spezialbehandlungen, wie z. B. der Dauerwelle oder der Farbveränderung, ist es wichtig, dass der Bedarf des Kunden mit den Möglichkeiten des Friseurs übereingebracht werden kann. Wenn am Ende der Behandlung das gemeinsam vereinbarte Ziel erreicht wurde, ist die Beratung gelungen.

1. Welche Art der Fragestellung ist in der Informationsphase wichtig?
2. Warum ist trotz Befragen des Kunden die Haar- und Kopfhautdiagnose in dieser Phase notwendig?
3. Welche Informationen können Sie auch ohne „verbale Kommunikation" vom Kunden erhalten?

Die Beratung im Friseursalon lässt sich in fünf Phasen einteilen:

Die Begrüßungsphase beginnt mit der ersten Kontaktaufnahme zum Kunden, wenn er den Salon betritt. Die wichtigste Aufgabe zu diesem Zeitpunkt ist das Aufbauen eines Vertrauensverhältnisses zwischen Friseur und Kunde. Dies geschieht durch höfliche Begrüßung und Betreuung des Kunden. Bei Neukunden hat sie einen zusätzlich hohen Stellenwert, weil die Vertrauensbasis nicht vom vorhergehenden Besuch nachwirkt, sondern ein neues Verhältnis zwischen Kunde und Friseur aufgebaut werden muss.

Direkter Blickkontakt und angepasste Körpersprache können dabei helfen, Sympathie aufzubauen. Unterstützt wird der positive Eindruck durch verbale und nonverbale Signale wie freundliche Worte und freundliches Lächeln. Es geht in der Phase der Kontaktaufnahme auch darum, Schwellenängste des Kunden abzubauen. Hierzu kann neben freundlicher Annahme auch die gepflegte Erscheinung des Friseurs beitragen.

Die **Informationsphase** dient dem Herausfinden von möglichst viel Informationen über den Kunden durch Befragen und Beobachten. Die Informationsphase dient so der Bedarfsermittlung und damit dem genauen Herausfinden des Kundenwunsches. Hierzu muss der Friseur dem Kunden offene Fragen stellen und bei deren Beantwortung aktiv zuhören, um den konkreten Wunsch des Kunden zu erfassen.

Nach der Haar- und Kopfhautdiagnose, die dem Friseur ein eigenes Bild über Haar- und Kopfhautzustand vermittelt, ist es wichtig, dem Kunden Fragen zu Pflegeverhalten, Gewohnheiten bei der Haarpflege und der Verwendung verschiedener Produkte zu stellen. Zeigt der Friseur Interesse an Haar- und Frisurenproblemen des Kunden und unterstützt dies mit Blickkontakt, Körperhaltung und einfühlsamer Wortwahl, Aussprache und Tonfall, so kann er auch hier eine Atmosphäre schaffen, in der der Kunde offen seine Bedürfnisse ansprechen kann. Abschließende geschlossene Fragen zur Rückversicherung garantieren, dass die Kundeninformation richtig verstanden wurde.

In der **konkreten Beratungsphase** macht die Friseurin den Vorschlag zu Frisur, Haarfarbe, Schnitt oder Dauerwelle. Dieser Vorschlag bildet die These der Argumentation, die durch Argument und Stütze des Argumentes untermauert wird. Dabei ist das Einsetzen von Fachwissen wichtig, welches dem Kunden verständlich erläutert werden muss.
In dieser Phase sollte die Fachkraft

- auf konkrete Frisuren- oder Haarprobleme hinweisen,
- Hilfsmittel (Simulationstechniken) zur Erklärung verwenden,
- immer wieder aktiv zuhören,
- Fachwissen zur Erklärung von Produkten und Vorgehensweisen einsetzen,
- versteckte Botschaften vom Kunden aufnehmen,
- die Wirkungsweise der Präparate erklären,
- dabei auch Tast- und Geruchsinn des Kunden ansprechen.

Am Ende dieser Phase ist es wichtig, dass Kunde und Friseur dasselbe meinen. Deshalb muss der Friseur die Bestätigung des Kunden durch geschlossene Fragestellung erreichen. Dabei ist klare Sprache besonders wichtig, um Missverständnisse zu vermeiden. Die Bestätigung des Kunden, dass er mit dem entwickelten Behandlungsvorschlag einverstanden ist, beendet die konkrete Beratungsphase.

Die **Behandlungsphase** setzt den abgesprochenen Frisuren- oder Farbwunsch des Kunden um. Während der Arbeit ergibt sich Zeit für weitere Erklärungen oder das Beantworten noch aufkommender oder spezieller Fragen des Kunden.

Die fünfte Phase des Beratungsgespräches wird als **Bestätigungs- und Verabschiedungsphase** bezeichnet. In dieser Phase bekommen beide Bestätigung, erstens der Kunde, dass die fertige Frisur seinen Wünschen entspricht, und zweitens der Friseur, dass er gut beraten hat und dass ihm die Umsetzung der Frisurenabsprache gelungen ist. Weiterhin gilt es zu diesem Zeitpunkt, dem Kunden eine Bestätigung seiner Frisurenwahl zu geben, wenn er immer noch Zweifel hat, ob z. B. die Farbe zu gewagt oder der Haarschnitt zu modern ist.
Letzte Fragen des Kunden über das eigene Erstellen der Frisur werden noch vor dem Kassieren beantwortet. Nun ist es auch Zeit, Absprachen für einen neuen Friseurbesuch zu treffen. Möglicherweise wird schon ein neuer Termin vereinbart oder eine längerfristige Vereinbarung für den nächsten Termin getroffen.
Die freundliche Verabschiedung vom Kunden beendet die letzte Phase der Beratung.

Tipp

Zeit ist Geld
Das Sprichwort „Zeit ist Geld" hat im Friseurberuf besondere Bedeutung. Ein Friseur, der seinen Kunden berät, kann in dieser Zeit keine Dienstleistung ausführen. Somit bedeutet Beratung für ihn zunächst Verdienstausfall. Grund hierfür ist, dass die Beratung dem Kunden nicht als Zusatzleistung in Rechnung gestellt wird.
Wenn die Beratung gelungen ist und der zufriedene Kunde zusätzliche Pflegeprodukte einkauft, so verdient der Friseur am Verkauf. Zusätzlich wird dieser Kunde sicher wiederkommen, sodass er zu einer Umsatzsteigerung beitragen kann. Da der Friseur entweder durch Dienst am Kunden oder den Warenverkauf verdient, erhöhen beide Komponenten seinen Umsatz.
Der Zeitfaktor bei der Beratung ist von großer Bedeutung, wenn Beratung den Umsatz vergrößern soll. Als Anhaltspunkt hierzu dient, dass zur Verabredung des Behandlungsplanes nicht mehr als 10 Minuten Beratungszeit benötigt werden sollten und dass Restfragen ja auch während der Durchführung geklärt werden können.

Übernehmen Sie die unten stehende Tabelle und ergänzen Sie diese in Ihrem Heft:

Die fünf Phasen der Beratung

Phase	Was tut der Friseur?	Was ist dabei wichtig?
Begrüßungsphase	*– Namen des Kunden nennen* *– Ihn beachten*	*Blickkontakt mit dem Kunden halten* *Vertrauen aufbauen*
Informationsphase		
konkrete Beratungsphase		
Behandlungsphase		
Bestätigungs- und Verabschiedungsphase		

1. Sammeln Sie zu den folgenden Thesen je drei verschiedene Argumente:
   - Dieses Kräutershampoo ist gut für Ihr Haar!
   - Ihre Frisur braucht eine Volumenwelle!
   - Meine Empfehlung für Ihre langen Haare ist eine Pflanzenfarbe im Rotbereich!
   - Babyshampoo eignet sich für empfindliche Kopfhaut!

2. Leiten Sie aus den vorgegebenen stichwortartigen Leitthesen sinnvolle Argumentationssätze ab. Schreiben Sie dazu jeweils eine geeignete These, das passende Argument und die Stütze dieses Argumentes auf!
   Verwenden Sie mehrere Stützen, falls es Ihnen nötig erscheint!

   - Spezialshampoo: sinnvoll
   - Scheren verleihen: schlecht
   - Dauerwelle: gut
   - Farbveränderung: gut
   - Hohe Schuhe am Arbeitsplatz: schlecht
   - Stehhilfe: positiv

Argumentation

Die Argumentation ist in der konkreten Beratungsphase besonders wichtig, damit der Kunde von einem Vorschlag überzeugt und nicht überredet wird.
Jeder Argumentation liegt eine **Leitthese** zugrunde. Aus ihr ergibt sich die **These**, die durch ein **Argument** belegt wird. Diesem schließt sich die **Stütze** des Argumentes an.
Die Leitthese beschreibt die **innere Einstellung** des Redners zu dem jeweiligen Thema. Spricht der Friseur als Berater z. B. das Thema Haarfarbe an, so ist seine Grundeinstellung zur Veränderung der Haarfarbe positiv. Seine Leitthese wird also lauten: „Die Farbveränderung ist eine gute Sache." Die Leitthese ist kein Bestandteil des Gesprächs, sondern Ergebnis der inneren Einstellung eines Menschen.
Aus der Leitthese wird dann eine Behauptung abgeleitet. Diese Behauptung nennt man **These**. Sie kann z. B. eine Empfehlung sein („Ich denke, eine Tönung im Rotbereich ist für Sie geeignet.") oder eine bestimmte Produktgruppe ausschließen (z.B. „Bei Ihrer Naturfarbe ist eine Färbung nicht nötig.").
Eine These muss in jedem Fall begründet werden. Hierzu braucht man ein **Argument** als Beweis für die Richtigkeit der These. Dieses Argument muss fachlich richtig, für den Kunden verständlich und kundenorientiert sein. Für die obige These „Bei Ihrer Naturfarbe ist eine Färbung nicht nötig." lautet das passende Argument: „weil eine Tönung den gewünschten Farbton ermöglicht". Dieses Argument gibt dem Kunden eine genauere Erklärung zum Sachinhalt. Es muss durch einen fachlichen Zusatz noch verdeutlicht werden.
Die **Stütze des Arguments** ist ein wirkungsvolles Mittel, um ein Argument zu verdeutlichen und zu untermauern. Diese Stütze ist leicht aus einem Kernwort des Argumentes aufzubauen. Dazu nimmt man z. B. das Wort „Tönung" aus dem Argument („weil eine Tönung den gewünschten Farbton ermöglicht") und bildet hiermit den Nebensatz: „denn eine Tönung ist ein sehr haarschonendes Verfahren zur Farbveränderung". Zu einem Argument gibt es mehrere denkbare Stützen. Die Anzahl der Stützen ist beliebig und richtet sich nach dem Bedarf, also danach, wie eindeutig das Argument ist.
Eine sinnvolle Argumentation besteht somit aus drei wichtigen Teilen: These, Argument und Stütze, die auch in einem Satz untergebracht werden können. Hierbei bietet sich die These als erster Teil an, an den sich das Argument anschließt, dem dann die Stütze des Argumentes folgt.

Beispiel: Lautet z. B. die Leitthese eines Friseurs „Eine Dauerwelle ist sinnvoll", dann argumentiert er vielleicht so: „Ich empfehle Ihnen eine Dauerwelle (These), weil Ihr Haar dadurch mehr Stand am Ansatz erhält (Argument), denn so wirkt Ihr Haar voller (Stütze)."

Nach der These bieten sich die Worte „weil" bzw. „denn" als Einleitung der Nebensätze an. Anfangs sind sie eine gute Erinnerungshilfe, später können sie auch durch andere Wörter (z. B. außerdem, dennoch, deshalb etc.) ersetzt werden. Ebenso ist es möglich, drei getrennte Sätze zur Argumentation zu verwenden, die aber aufeinander aufbauen müssen.
Wenn der Friseur seine Worte so wählt, dass der Kunde ihn auch ohne fachliche Vorkenntnisse versteht, dann ist die Argumentation gelungen.
Häufig ist der Kunde nach geeigneter Argumentation zufrieden und zeigt sich mit dem Vorschlag einverstanden. Es kann aber auch vorkommen, dass er gegensätzlicher Meinung ist. Dann wird er zur These eine Gegenthese (Antithese) vorbringen.
Die vom Kunden ausgesprochene Behauptung, (z. B. ein Einwand gegen den Vorschlag eines bestimmten Spezialshampoos) wird dann die neue These. Die Bedenken des Kunden stehen nun im Mittelpunkt der Argumentation. Das Wiederholen der Kundenthese zeigt ihm, dass sein Einwand verstanden und ernst genommen wird.

4.3 Kundenbesuch dokumentieren

Kundenkartei

Die meisten Friseurgeschäfte verfügen über eine handgeschriebene Kundendatei, die Name und Adresse des Kunden enthält. Allerdings werden diese Karteikarten oft nur dann angelegt, wenn eine Dauerwelle oder farbliche Veränderung zu den regelmäßigen Behandlungen gehört. Die regelmäßigen „Schneiden-und-Föhnen-Kunden“ werden gar nicht per Kartei erfasst, sodass über sie keine schriftliche Information im Salon verbleibt.
Je genauer jedoch jeder Besuch notiert wird, desto leichter ist das Verfolgen eines langfristigen Pflege- und Behandlungsplanes. Die folgenden Informationen sind in der Kundenkartei sinnvoll:

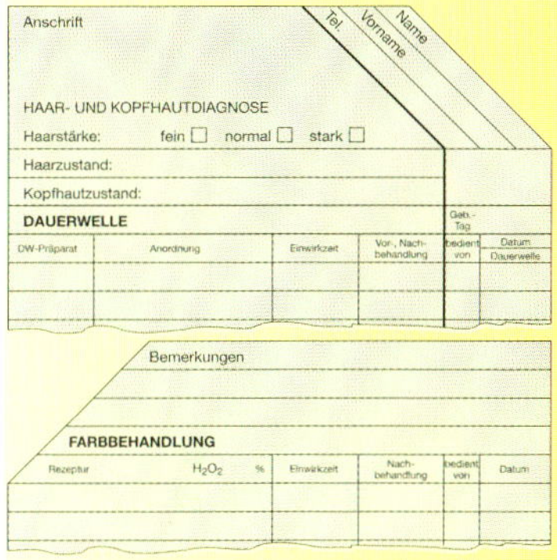

1. Persönliche Informationen
- Name, Adresse, Telefonnummer
- Geburtsdatum
- Haar- und Kopfhautdiagnose
- Vorlieben: Wie die Kundin den Kaffee mag etc.

2. Fachliche Informationen
- Durchgeführte Dienstleistungen
- Daten von chemischen Haarbehandlungen
- Verwendete Produkte
- Bestimmte Techniken (z.B. Wickeltechnik der Dauerwelle)
- Ergebnisse der Behandlungen
- Mitarbeiter, die die Kundin behandelt haben
- Geäußerte Kundenwünsche
- Besuchshäufigkeit
- Gekaufte Produkte

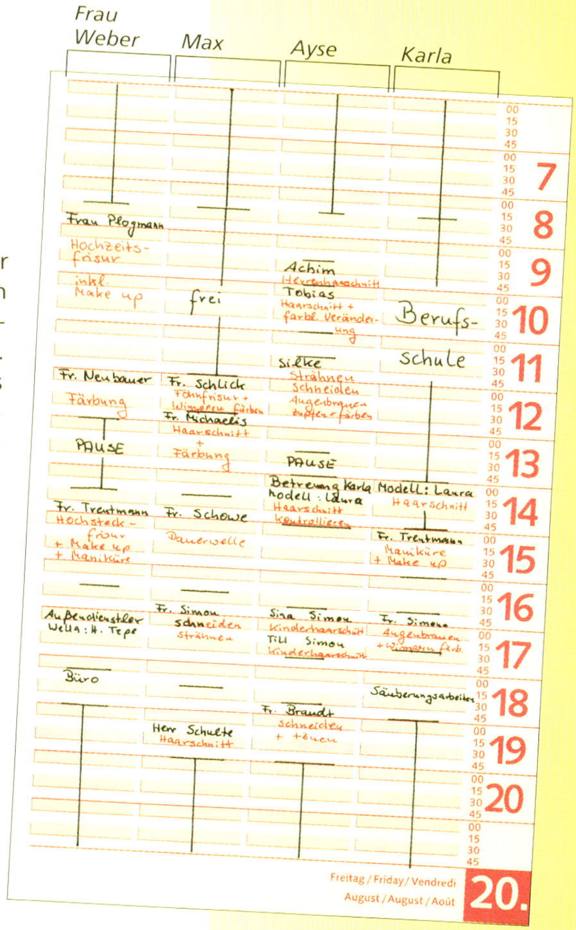

Ganz wichtig ist, dass zu jeder Behandlung eine Eintragung erfolgt. Nur so lässt sich ein langfristiger, individueller Pflege- und Behandlungsplan für jeden Kunden erstellen. Damit bringt die gut geführte Kundenkartei Qualitätsvorteile für die Kunden und die behandelnden Mitarbeiter. Die sorgfältige Pflege der Kundenkartei erfordert viel Mühe und gutes Durchhaltevermögen. Am besten funktioniert das, wenn alle Angestellten eines Salons diese Arbeiten in das Routineprogramm aufgenommen haben. Sehr hilfreich dabei ist ein computergestütztes Salonverwaltungsprogramm.

Terminvergabe

Die Terminvergabe eines Salons hängt eng mit der Salonphilosophie, also der Führung des Betriebes, zusammen. Der Inhaber des Salons wird mit den Mitarbeitern besprochen haben, ob eine Behandlung nur mit oder auch ohne Terminvergabe vorgenommen werden kann. Was günstiger ist, hängt vom Standort, von der Gewohnheit der Kunden, der Kundenstruktur und von der Auslastung der Mitarbeiter ab.
Wird ein fester Behandlungstermin mit dem Kunden vereinbart, so ist es wichtig, dass so viel wie möglich Information aufgeschrieben vorliegt. Dazu gibt es Terminplaner, die Spalten für Zeit und Mitarbeiter aufweisen. Sinnvoll ist es, den Namen des Kunden und seinen Bedienungs- bzw. Behandlungswunsch aufzuschreiben.

Bei neuen Kundinnen ist es manchmal auch wichtig, die Ausgangshaarlänge zu kennen, denn sie ist mitbestimmend für die Behandlungsdauer. Diese gilt es genau einzuplanen, damit der nachfolgende Kunde nicht warten muss. Oberstes Gesetz bei der Arbeit nach Termin ist ein Vermeiden von längeren Wartezeiten.

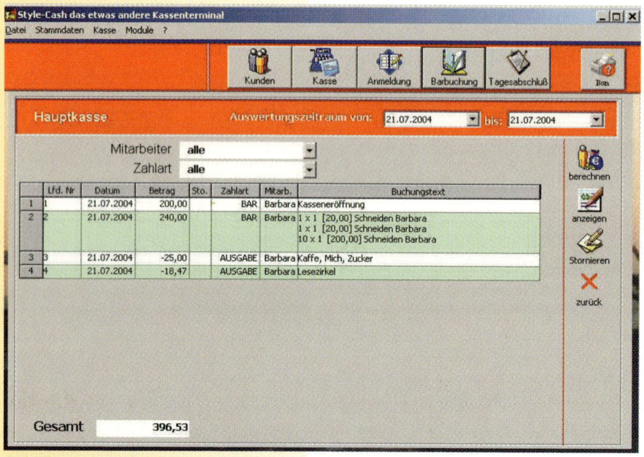

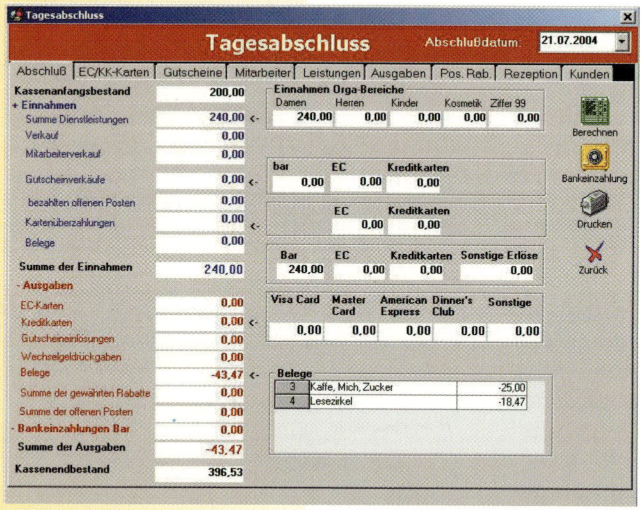

EDV-Einsatz im Friseursalon

Sowohl das Führen einer Kundenkartei als auch das Erfassen und Pflegen der gesamten Terminplanung können heute gut und sicher von Programmen zur Salonverwaltung vorgenommen werden. Hierzu gibt es auf dem Markt eine große Anzahl von Herstellern und Anbietern dieser speziellen Software, das sind Computerprogramme, die ein maßgeschneidertes System für Friseursalons anbieten. Häufig nehmen diese Firmen auch die komplette Ausstattung mit Computern und Programmen vor und schulen Saloninhaber und Mitarbeiter. Je einfacher ein solches Programm in der Handhabung ist, desto eher wird es von allen Mitarbeitern angenommen. Für eine echte Erleichterung der Verwaltungsarbeit durch den Computer ist es ganz wichtig, dass jeder Mitarbeiter alle Angaben regelmäßig und konsequent über den PC vornimmt, von der Terminvergabe bis hin zum Kassieren.

Durch ein modernes Datenverarbeitungsprogramm lassen sich alle im Friseursalon wichtigen Daten bearbeiten und verwalten. So ist ein schnelles Abrufen aller Kundeninformationen und Behandlungsarten ebenso möglich wie das Ermitteln der Umsätze eines Mitarbeiters in einem bestimmten Zeitraum. Damit haben Chef und Mitarbeiter einen genauen Einblick in Stärken und Schwächen von Arbeitseinsatz und Auslastung. Außerdem ergibt sich durch die Kontrolle des notierten Verkaufs die Möglichkeit, die Lagerhaltung über den PC zu verwalten. Selbst Nachbestellungen können automatisch nach Computerinformation erfolgen. Auch lassen sich leicht Statistiken über Umsatz, Stammkundendaten oder ähnliche Informationen grafisch sehr anschaulich darstellen.

Diese Angaben können dann als Grundlage zur Diskussion von speziellen Maßnahmen in der Planung der Weiterarbeit für einen Salon dienen.

Bei regelmäßigem Pflegen der Kundendatei im Computer besteht die Möglichkeit des Serienbriefes, sodass der Computer auf Anfrage z. B. alle Kunden aussortieren könnte, die in einem Monat Geburtstag haben und als Werbeaktion eine Karte erhalten sollen. Ebenso denkbar wäre es, mithilfe der Computertechnik jede Kundin anzuschreiben, die bis ca. 6 Wochen nach der Dauerwellbehandlung nicht zum Nachschneiden kam. Sie könnte nach ihrer Meinung gefragt werden.

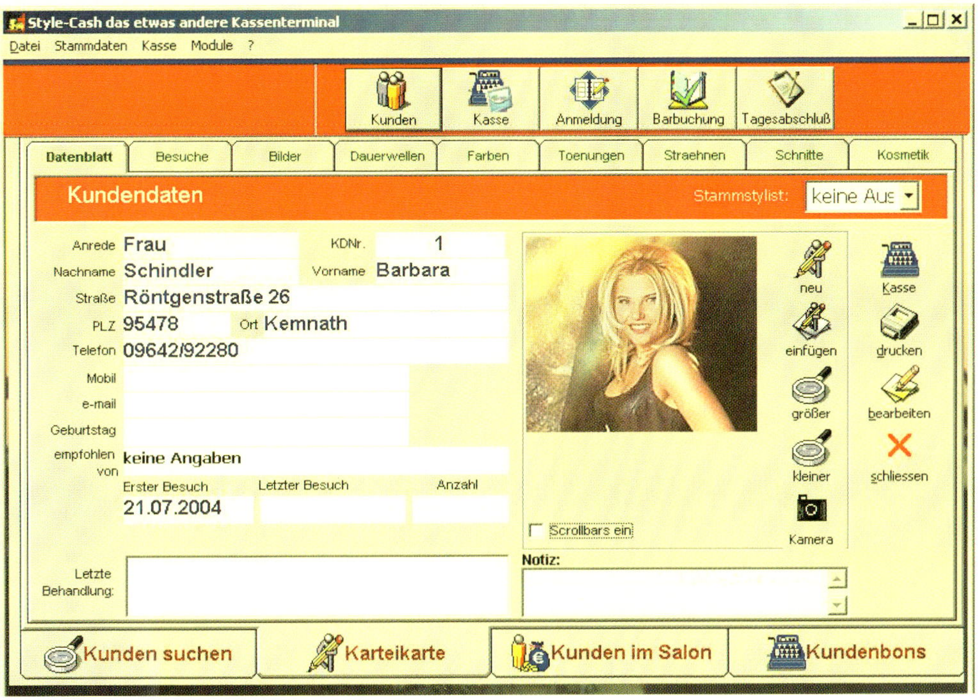

Es ist sinnvoll, die Angebote der verschiedenen Anbieter von Salonverwaltungsprogrammen zu vergleichen und das jeweils für den Salon am besten geeignete auszusuchen.

1. *Sammeln Sie hierzu Informationsmaterialien, indem Sie aus dem Internet Anbieter auswählen!*
2. *Prüfen Sie die Information und vergleichen Sie die Angebote in der Klasse.*
3. *Welche Unterschiede stellen Sie fest?*

Kapitel 1

Haar und Kopfhaut pflegen

Haar und Kopfhaut begreifen

Haarschäden und Kopfhautveränderungen behandeln

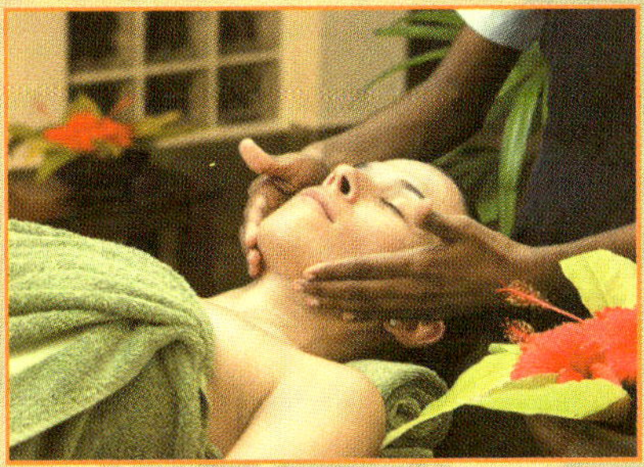

Die Haarwäsche als Wohlfühlerlebnis vermitteln

- Genuss und Entspannung vermitteln
- Haar und Kopfhaut betrachten
- Haar und Kopfhaut reinigen
- Haarreinigungsmittel/Shampoos

- Haare kleiden uns
- Ein Haar entsteht
- Eigenschaften des Haares

- Kopfhautanomalien erkennen und behandeln
- Haarveränderungen erkennen und behandeln
- Haarausfall erkennen und behandeln

1 Die Haarwäsche als Wohlfühlerlebnis vermitteln

1.1 Genuss und Entspannung vermitteln

1.2 Haar und Kopfhaut betrachten

1.3 Haar und Kopfhaut reinigen
- Bedeutung des Wassers für den Friseur
- Ausführung einer Haarwäsche
- Chemische Grundlagen der Haarwäsche

1.4 Haarreinigungsmittel/Shampoos
- Tenside als Wirkstoffe
- Arten von Tensiden
- Warum soll ich Handschuhe tragen?

Karla hat vor wenigen Wochen die Ausbildung zur Friseurin begonnen. Sie ist stolz, endlich ihren Traumberuf erlernen zu können. Nur sieht ihr Arbeitsalltag gar nicht so aus, wie sie sich ihn vorgestellt hat. Statt künstlerischer Kreativität heißt es häufig: „Karla, bitte wasch doch schon mal bei Frau Schneider. Nimm das gelbe Shampoo und vergiss die Waschhandschuhe nicht!" Aber Karla will nicht den Mut verlieren und auch diese Tätigkeit so gut wie möglich beherrschen. Denn immer wieder stellt sie fest, dass für die Kundschaft die Haarwäsche etwas ganz Besonderes ist. Viele schließen dabei die Augen und freuen sich, wenn Karla sich Zeit für die Haarwäsche nimmt und die Kopfhaut dabei sanft massiert. Manche fragen sie auch schon, welches Shampoo sie denn empfehlen würde. In einer Frühstückspause fragt sie schließlich ihre Kollegin Ayse, was denn eigentlich bei der Haarwäsche alles zu beachten ist, wonach sich die Shampoowahl richtet und welche Massagegriffe als besonders entspannend empfunden werden. Und warum soll sie Schutzhandschuhe tragen, wenn doch die Shampoos im Salon sehr hochwertig sind und Haar und Kopfhaut pflegen?

1.1 Genuss und Entspannung vermitteln

Viele Veränderungen in unserer Gesellschaft spiegeln sich im Friseurberuf wider. Der berufliche wie private Alltag vieler Menschen ist geprägt durch Leistungsdruck, Anspannung und Hektik. Sie suchen deshalb bei ihrem Friseurbesuch nicht nur die handwerkliche Leistung mit Stil- und Trendberatung, sondern zugleich Genuss, Ruhe und Entspannung von der Alltagshektik. Nach einer Studie wünscht sich die Hälfte der Frauen eine ganzheitliche Beratung, die auf persönliche Wünsche und Haarprobleme eingeht. Zukunftsweisende Friseursalons schließen einen Allround-Service mit ein, der Beauty-, Wellness- und Unterhaltungsangebote vereint.

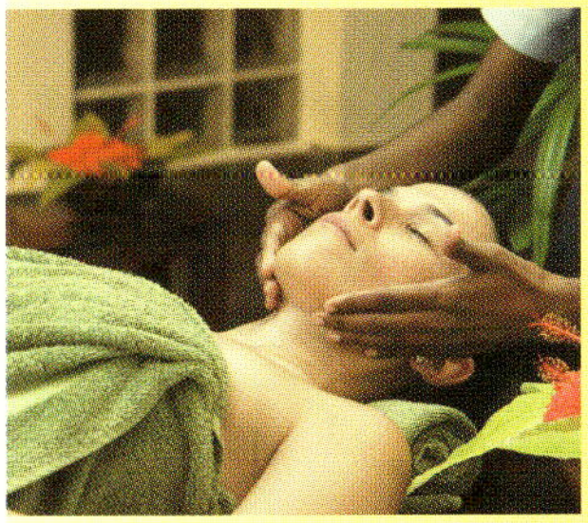

Eine wichtige Bedeutung hat die Haarwäsche. Die Mehrheit der Kunden genießt die Haarwäsche, bei der nicht nur Haare und Kopfhaut gereinigt werden, sondern sie bedeutet vor allem Wohlbefinden und Entspannung. Konjunktur haben Friseursalons, die neben der „normalen" Haarwäsche beispielsweise eine japanische Kopfmassage anbieten, eine Kombination aus Druckpunkt- und Streichtechniken. Meditationsmusik, angenehme Düfte, frische Blumen und Grünpflanzen können diese Wirkung noch verstärken. Manche Betriebe bieten ihren Kunden auf Wunsch eine Haarkur mit Nacken- und Schultermassage oder eine Ölmassage von Kopfhaut und Nacken vor dem Schnitt.

Eine ausgiebige Kopfmassage mit speziellen Massagegriffen soll unter anderem gegen Migräne helfen. Ganzheitliche, so genannte „Cosmo-Behandlungen", die zusätzlich durch Farben, Klänge, Kräuteressenzen und Edelsteine alle Sinnesorgane stimulieren sollen, verhelfen Körper und Seele zu einem „Kurzurlaub". Einige „Verwöhntempel" bieten ihrer Kundschaft die Auswahl ähnlich einer Menükarte im Restaurant: beispielsweise eine pflegende, eine aufbauende (für strukturgeschädigtes Haar) oder eine entspannende Wohlfühlbehandlung. Es kann aber auch die Express-Version (Haarbad mit kurzer Tao-Massage) oder ein „Drei-Gänge-Diner" mit Intensivpflege gewählt werden: Haarbad im Relaxbereich, Verwöhnprogramm mit Musik, Licht und Düften, Tao- oder Shiatsu-Massage.

EXKURS

Die Begriffe „Tao" und „Shiatsu" sind der chinesischen beziehungsweise japanischen Sprache entlehnt. „Tao" (= der Weg) beschreibt den Grundbegriff der chinesischen Philosophie. Shiatsu bezeichnet eine japanische Fingerdruckbehandlung. In der Vorstellung der Shiatsu-Anhänger soll durch diese Behandlung die Lebensenergie harmonisiert, Energiemangel beseitigt oder Energiestau aufgelöst werden. Mit „Cosmo-Behandlungen" (Cosmo = kosmisch = weltumfassend, unermesslich, unendlich, allumfassend) werden Anwendungen bezeichnet, die den Kunden nach Möglichkeit ganzheitlich, unter Einbezug aller Sinne, ansprechen sollen. Der Bedeutungswandel dieser Begriffe zeigt, dass bestimmte Wörter nicht nur in ihrem eigentlichen Sinne verwendet, sondern auch zu psychologischen beziehungsweise werbewirksamen Zwecken „umgedeutet" werden, je nachdem, in welchem Zusammenhang sie verwendet werden.

Im Salonalltag sind es oft die Auszubildenden, die im Laufe ihres Arbeitstages eine Vielzahl an Haarwäschen durchführen müssen und diese dann als Belastung empfinden. Dem stehen die hohen Erwartungen der Kunden gegenüber, denen gerade dieser Teil der Friseurbehandlung oft sehr wichtig ist. Wer sich trotzdem besonders für diese Tätigkeit Zeit nimmt und so seinen Kunden Genuss und Entspannung vermittelt, kann auch als Berufsanfänger schon hohe Wertschätzung durch seine Kunden erfahren.

1.2 Haar und Kopfhaut betrachten

Mögliche Reihenfolge bei der Haar- und Kopfhautdiagnose
1. Kundenbefragung
2. Betrachten und Befühlen der Kopfhaut
3. Feststellung des Kopfhautzustandes
4. Betrachten und Befühlen des Haares
5. Feststellung des Haarzustandes
6. Reinigungs- und Pflegeprodukte auswählen
7. Nachfolgende Behandlungsmaßnahmen festlegen

Der Friseur muss in der Lage sein, den Zustand von Haaren und Kopfhaut zu erkennen, zu beschreiben und dem Kunden zu erklären. Das Ergebnis dieser Haar- und Kopfhautdiagnose bestimmt zu einem hohen Maß, welche Haarreinigungs- und Haarpflegemaßnahmen durchgeführt und welche Präparate hierfür eingesetzt werden.
Beurteilt wird durch das Befragen des Kunden und durch das Betrachten und Befühlen des Haares und der Kopfhaut. Sinnvoll ist es, zunächst den Zustand der Kopfhaut und dann den des Haares zu beurteilen, um zu verhindern, dass etwas Wichtiges vergessen wird.
Durch Reiben der Fingerkuppen auf der Kopfhaut erkennt der Friseur, ob die Haut trocken, feucht oder fettig ist. Er kann so Rückschlüsse auf den Funktionszustand, d. h. auf die Menge der Talg- und Schweißabsonderung der Kopfhaut, ziehen.
Wird das Haar an mehreren Stellen gescheitelt (Oberkopf, Seitenpartien, Hinterkopf), lässt sich die Schuppenbildung beurteilen. Normalerweise ist keine Abschuppung erkennbar. Sind größere, wachsartige Schuppen zu sehen, liegt wahrscheinlich eine Seborrhö (erhöhte Talgproduktion mit Schuppenbildung) vor. Kleine Hornschüppchen, die sich nicht zwischen den Fingern zerreiben lassen und eine eher trockene, empfindliche Kopfhaut deuten demgegenüber auf eine Sebostase (verminderte Talgproduktion) hin.
Um sicherzustellen, dass alle entscheidenden Punkte berücksichtigt werden, sollten die Diagnose nach einem festen Schema durchgeführt und die Ergebnisse notiert werden. Hierzu dient der Beurteilungsbogen zur Haar- und Kopfhautdiagnose. Dieser führt dann zu der Auswahl der Reinigungs- und Pflegemittel für Haar und Kopfhaut und zu den nächsten Behandlungsschritten.

1. *Welche Fragen sollten dem Kunden gestellt werden, um mehr über den Pflegezustand der Kopfhaut und des Haares zu erfahren?*
2. *Betrachten Sie den abgebildeten Beurteilungsbogen. Machen Sie gegebenenfalls Verbesserungsvorschläge.*

Beurteilungsbogen zur Haar- und Kopfhautdiagnose

Haare	Kopfhaut
Kundenzufriedenheit mit dem Zustand der Haare: – Ansatz: – Längen: – Spitzen: Welche Vorbehandlungen wurden schon durchgeführt? (Färbung, Tönung, Dauerwelle, Blondierung, Strähnchen usw.):	Kundenzufriedenheit mit dem Zustand der Kopfhaut:
Welche Produkte werden zur Pflege des Haares verwendet? Wie häufig?	Welche Produkte werden zur Pflege der Kopfhaut verwendet? Wie häufig?
Diagnoseergebnis zum Zustand der Haare: – Ansatz: – Längen: – Spitzen:	Diagnoseergebnis zum Zustand der Kopfhaut (normal, trocken, empfindlich, fettig, wachsartig-schuppig, trocken-schuppig):

Haare	Kopfhaut
Vorbehandlung der Haare:	Veränderung der Kopfhaut nach Behandlung:
Verwendete Produkte:	
Empfohlene Produkte:	
Beurteilung durch die Kundin:	

1.3 Haar und Kopfhaut reinigen

1.3.1 Bedeutung des Wassers für den Friseur

In Friseurbetrieben wird sehr viel Wasser verbraucht. Der Friseur benötigt es zur Haarwäsche, zum Spülen von Dauerwellen, zum Ausspülen von Haarfarben, Tönungen, Fixierungen usw. In der Folge wird das Wasser durch die entsprechenden Chemikalien belastet. Hierzu zählen besonders Färbe-, Blondier- und Wellmittel, aber auch Tenside in Shampoos, Spülungen und Haarpackungen. Maßnahmen zur Wassereinsparung und Wasserreinhaltung sind wichtig, da Wasser ein knapper Rohstoff ist. Hierzu zählt, dass das Wasser während der Haarwäsche nicht ununterbrochen läuft und in den meisten Fällen eine Haarwäsche ausreichend ist, tropfende Wasserhähne baldmöglichst repariert werden, die Waschmaschine immer voll gefüllt ist und nach Möglichkeit auf die Vorwäsche verzichtet wird.

Wasser dient aber im Salon nicht nur als Reinigungsmittel. Zugleich verwenden die Hersteller von Haarpflegeprodukten Wasser, um Wirkstoffe für Präparate der Haar- und Kopfhautpflege darin zu lösen. Wasser ist also **Lösungsmittel**, **Verdünnungsmittel** und **Reinigungsmittel.** Seine Wirkung als **Kosmetikum** macht man sich in der pflegenden Kosmetik zunutze: Mit Wasser angefeuchtete Kompressen quellen die Haut und machen sie aufnahmefähig für Wirkstoffe.

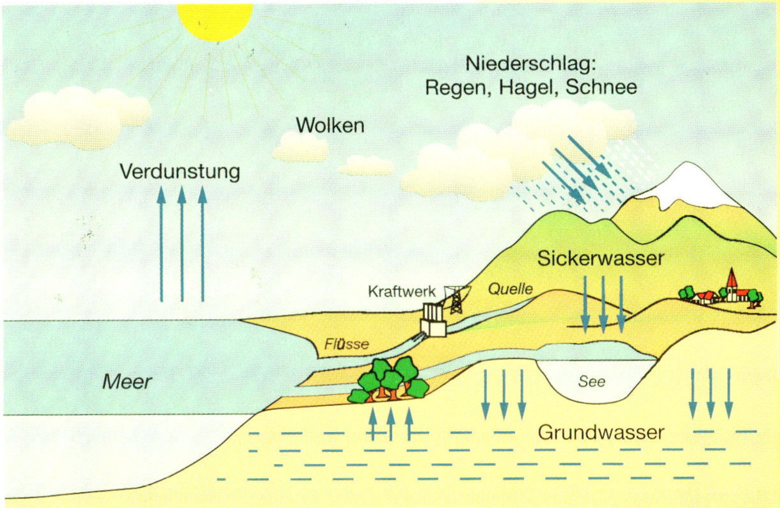

Das Meerwasser verdunstet durch Sonneneinstrahlung und steigt auf. Dieser Wasserdampf kühlt in den oberen Schichten unserer Atmosphäre ab und bildet Wolken. Kühlen die Wolken weiter ab, so können sie weniger Wasserdampf lösen. Wasser fällt als Regen, Hagel oder Schnee wieder auf die Erde. Es versickert im Grundwasser. Über Quellen, Bäche und Flüsse gelangt das Wasser wieder ins Meer.

1.3.2 Ausführung einer Haarwäsche

Vorbereitung

Die einzelnen Schritte der Haarwäsche sind abhängig von den jeweiligen Salonstandards. Daher sind sie nicht allgemein gültig, sondern geben nur einen Orientierungsrahmen.

- Haar- und Kopfhautdiagnose durchführen,
- Reinigungsmethode und Präparate entsprechend der Haar- und Kopfhautdiagnose, der nachfolgenden Behandlung und nach dem Kundenwunsch auswählen,
- den Kunden zum Waschplatz begleiten und bitten, Platz zu nehmen,
- dem Kunden einen wasserabweisenden, sauberen und trockenen Umhang und eine Halskrause umlegen,
- Gesichtstuch, Handtuch und Waschhandschuhe bereitlegen,
- das Haar gründlich durchkämmen,
- das Shampoo in eine Auftrageflasche füllen und gegebenenfalls verdünnen,
- passende Waschhandschuhe anziehen.

Durchführung

- Gewünschte Wassertemperatur durch Zumischen von kaltem Wasser einstellen und am Unterarm prüfen. Den Kunden dann jeweils fragen, ob die Temperatur angenehm ist.
- Das Haar anfeuchten. Die Handbrause nicht zu weit vom Haar führen, um Wasserspritzer zu vermeiden. Das Gesicht des Kunden mit der Hand schützen.

Die normale Haarwäsche. Meist ist nur ein Reinigungsvorgang notwendig, da das Haar nur selten stark verschmutzt ist. Das Shampoo gleichmäßig über das Haar verteilen.

- Mit den Fingerkuppen kreisende Bewegungen durchführen, um das Shampoo zu verteilen und den Schmutz zu lösen.
- Manche Kunden wünschen sich eine kräftige Kopfmassage bei der Haarwäsche. Dies kann in manchen Fällen zu Hautreizungen führen, da die im Shampoo enthaltenen Inhaltsstoffe nicht für Massagezwecke gedacht sind. Empfehlenswert ist eine anschließende Kopfhautmassage mit einem Kopfhautwasser.

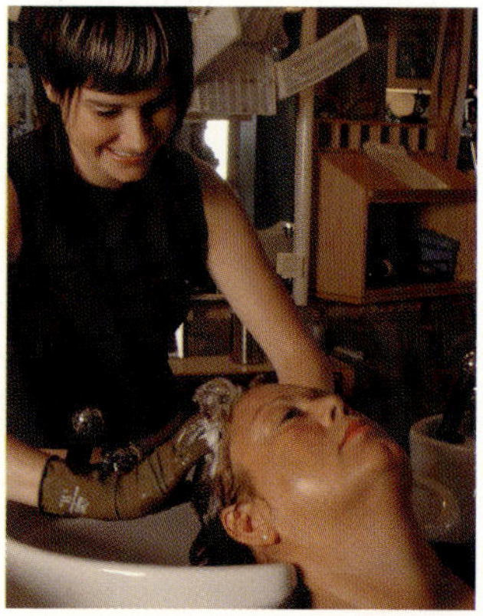

Abschluss

- Nach dem Waschvorgang wird ein Handtuch um den Kopf des Kunden gelegt.
- Das Haar wird in einem Handtuch vorsichtig ausgedrückt, denn kräftiges Trockenrubbeln schädigt die Schuppenschicht des Haares nachhaltig.

- Anschließend wird das Haar mit einem groben Kamm von unten nach oben durchgekämmt. Eventuell sollte hier schon ein Scheitel gezogen werden. Gerade jüngere Kunden fühlen sich mit nassem, streng nach hinten gekämmtem Haar unwohl. Lockern Sie daher das Haar ein wenig auf.
- Der Kunde sollte nicht lange auf die nachfolgende Behandlung warten. Sonst schlägt die bei der Haarwäsche empfundene Entspannung und Verwöhnung in Enttäuschung und Unzufriedenheit um.
- Legen Sie dem Kunden ein sauberes, trockenes Handtuch um den Kopf.
- Achten Sie auf die Pflege Ihrer Hände, indem Sie sie nach der Haarwäsche sorgfältig abtrocknen und eincremen!

Haarwäschen im Überblick

Die Haaransatzwäsche. Bei dieser Methode geht man davon aus, dass das Haar nur im kopfhautnahen Bereich durch Schweiß und Talg verschmutzt ist. Sie ist besonders zur schonenden Langhaarpflege geeignet und bietet Vorteile beim Wasser- und Shampooverbrauch: Es werden ca. 40 % Waschmittel und viel Wasser eingespart. Außerdem wird die Abwasserbelastung gemindert. Nicht geeignet ist die Methode bei starker Verschmutzung der Längen und Spitzen, die beispielsweise durch die Verwendung großer Mengen von Stylingprodukten hervorgerufen wird.

- In der Auftrageflasche 5–10 ml des Shampoos mit 100 ml Wasser verdünnen.
- Die Shampoomischung scheitelweise nur auf die trockenen Haaransätze auftragen und mit den Fingerkuppen verteilen.
- Das Haar gründlich ausspülen.

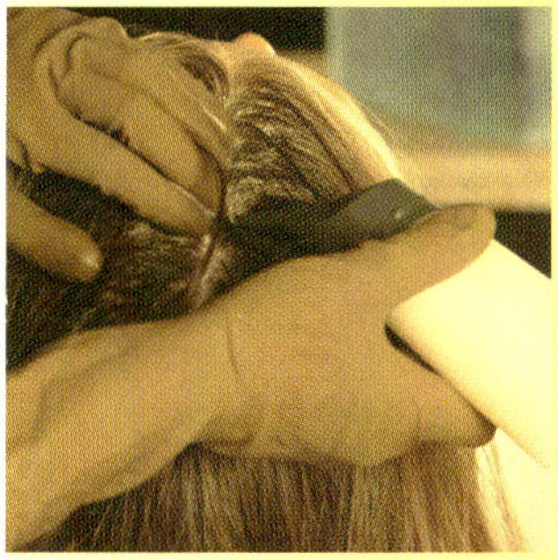

Die Verwöhnhaarwäsche. Mit dieser Methode möchte der Friseur seinem Kunden ein hohes Maß an Entspannung und Zuwendung vermitteln. Der Waschplatz sollte in einem möglichst ruhigen Bereich des Salons liegen und Kunden und Friseur eine bequeme Haltung ermöglichen. Entspannungsmusik, eine entsprechende Beleuchtung und Duftaromen können das Erlebnis positiv verstärken.

- Die Reinigung des Haares erfolgt wie bei der Ansatzwäsche beschrieben.
- Beim Ausspülen des Haares werden dem Spülwasser ätherische Öle zugemischt, die nicht fetten und schnell verdunsten.

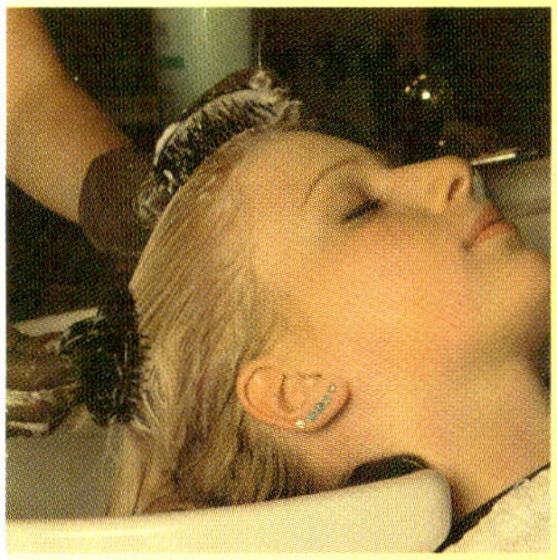

Die Haarwäsche mit Lava-Erde. Diese Reinigungsmethode ist besonders für empfindliche Kopfhaut geeignet. Empfehlenswert ist sie für Menschen mit Schuppenflechte, Neurodermitis oder für Allergiker.

- Die Lava-Erde wird mit Wasser aufgeschwemmt und gezielt auf die Kopfhaut aufgetragen.
- Die lehmige Masse wird mit sanften Massagegriffen verteilt. Dabei bindet sie Verschmutzungen.
- Nach dem ersten Abspülen wird der Waschvorgang wiederholt.

1. *Warum muss der Friseur schon bei der Haarwäsche wissen, welche Behandlung anschließend durchgeführt wird?*
2. *Welche Haarreinigungsmethoden werden in Ihrem Friseursalon angeboten?*
3. *Recherchieren Sie im Internet, was unter Lava-Erde zu verstehen ist!*

1.3.3 Chemische Grundlagen der Haarwäsche

Polarität beschreibt das Verhältnis zweier entgegengesetzter, aufeinander angewiesener, in Wechselwirkung miteinander stehender Kräfte oder Wesen; Beispiele: positive und negative Elektrizität, das Männliche und das Weibliche, Tier und Pflanze. Allgemein lässt sich sagen, dass sich unpolare Stoffe bevorzugt in unpolaren Lösungsmitteln lösen und polare in polaren. Dieser Grundsatz war als Erfahrung bereits im Mittelalter bekannt: Ähnliches wird von Ähnlichem gelöst.

Sogar Gegenstände, die schwerer als Wasser sind, können auf der Oberfläche schwimmen.

Oberflächenspannung von Wasser

Um die Wirkungsweise von kosmetischen Behandlungen und von Präparaten für die Haar- und Hautpflege besser zu verstehen, muss man den chemischen Aufbau des Wassers betrachten:

Würde man die kleinsten Teilchen, die Atome, unter dem Mikroskop sehen können, ergäbe sich wahrscheinlich das folgende Bild: Das Wassermolekül besteht aus einem Sauerstoffatom und zwei Wasserstoffatomen, die – einem Dreieck ähnlich – in einem bestimmten Winkel (105°) zueinander stehen und miteinander verbunden sind. Der Sauerstoffbereich des Wassermoleküls ist hierbei negativ geladen, der Wasserstoffbereich trägt positive Teilladung. Eine solche Anordnung von zwei Polen mit unterschiedlicher Ladung bezeichnet man als **Dipol**.
Bedingt durch diesen Aufbau ist Wasser ein **polares Lösungsmittel**. Dies bedeutet, dass es nur polare Stoffe zu lösen vermag, wie z. B. Wasser. Demgegenüber sind Öle und Fette unpolare Stoffe und können daher nicht in Wasser gelöst werden.
Wassermoleküle verhalten sich wie kleine Magneten – sie ziehen sich gegenseitig an. Dies bezeichnet man als **Wasserstoffbrückenbindung**.
Betrachtet man das Verhalten von Wasser genauer, dann sieht man, dass Wasser immer Tropfen bildet. Es versucht dabei, seiner Umwelt stets die kleinstmögliche Oberfläche zu bieten. Seine Oberfläche steht dabei unter so großer Spannung, dass bestimmte Stoffe diese Oberfläche nur schwer durchdringen können. Hierzu zählen vor allem Öle und Fette. Man spricht in diesem Zusammenhang von der **Oberflächenspannung bzw. Grenzflächenspannung** des Wassers.

Die kleinsten Teilchen sind die so genannten Wassermoleküle. Diese bestehen aus einem Sauerstoffatom und zwei Wasserstoffatomen. Zwischen diesen Atomen bestehen aufgrund ihrer elektrischen Ladung starke Anziehungskräfte. Die Zeichen + und – stehen für positive und negative elektrische Ladung.

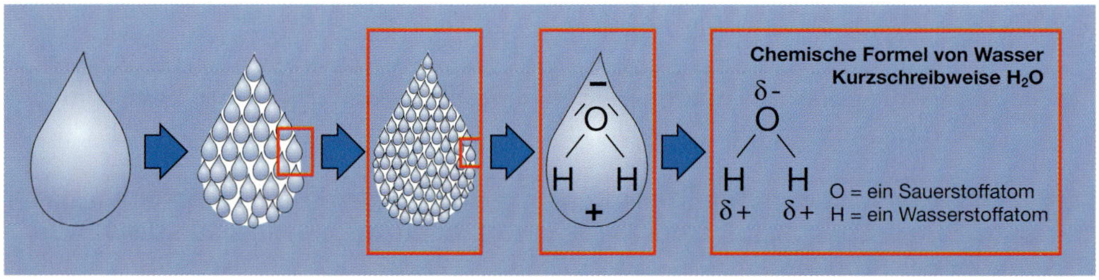

Bei der Arbeit des Friseurs lässt sich die Oberflächenspannung häufig beobachten: Wasser perlt bei der Haarwäsche zunächst am Haar ab, statt es vollständig zu benetzen. Erst wenn man Shampoo hinzufügt, werden die Haare leichter durchnässt. Dauerwellflüssigkeit würde kaum in das Haar eindringen, wenn nicht spezielle Netzmittel zugesetzt würden, um die Grenzflächenspannung herabzusetzen. Als Netzmittel dienen Tenside. Zur Gruppe der Tenside gehören auch Seifen, Shampoos und andere Waschmittel.

Hartes und weiches Wasser

Salze können sich sehr gut in Wasser lösen, da sie geladen sind. Im Wasserkreislauf fließt Wasser durch verschiedene Gesteinsschichten. Dabei werden Salze aufgenommen. Man spricht von hartem Wasser, wenn es viele Salze enthält. Weiches Wasser hat hingegen kaum Salze aufgenommen. Somit gibt die **Wasserhärte** an, wie viele gelöste Salze sich

im Wasser befinden. Bisher wurde in Deutschland die Wasserhärte in **deutschen Härtegraden** (°dH) angegeben. Die korrekte Maßeinheit lautet nun Millimol (mmol).
Hartes Wasser behindert die Wirkung der Reinigungsmittel, beispielsweise Shampoos. Sie enthalten deshalb Wasserenthärter, um die Waschwirkung zu verbessern. Je höher die Wasserhärte, d. h. der Anteil an gelösten Salzen im Wasser, desto mehr Wasserenthärter sind notwendig.

EXKURS

Bedeutung des Wassers für den Menschen

Der menschliche Körper besteht zu ca. 70 % aus Wasser; bereits bei einem Flüssigkeitsverlust von 2% (bei 60 kg Körpergewicht ca. 1,2 Liter) sinkt die Leistungsfähigkeit um 20 Prozent, bei mehr als 15 Prozent droht der Tod. H_2O ist an nahezu allen Funktionen des Organismus beteiligt. Es hält das Blut flüssig, bringt den Stoffwechsel auf Touren, schmiert die Gelenke und polstert die Haut auf. Es schwemmt giftige Stoffe aus dem Körper, kontrolliert die Körpertemperatur und leitet die Nervenimpulse weiter. Enthält das Blut zu wenig Flüssigkeit, schlägt das Zwischenhirn Alarm: Bekommt der Körper jetzt nicht umgehend Flüssigkeit, dickt das Blut ein und transportiert weniger Sauerstoff. Die Folge: Sie fühlen sich schlapp, können sich nur schlecht konzentrieren, und Ihr Kreislauf sackt ab.
Wie viel Flüssigkeit ein Mensch täglich braucht, hängt von Körpergewicht, Alter, Tätigkeit und Klima ab. Als Richtlinie gilt: Erwachsene benötigen zwischen 30 und 40 Milliliter Wasser pro Kilogramm und Tag, das entspricht bei normaler körperlicher Betätigung ungefähr zweieinhalb Litern. Davon entfallen eineinhalb Liter auf Getränke, der Rest wird mit der Nahrung aufgenommen.
Vorsicht: Akuter Wassernotstand herrscht bereits bei ersten Anzeichen von Durst; wird zudem die Zunge pelzig und schwellen die Speicheldrüsen an, so benötigt der Körper schnellstens Flüssigkeit.
Durstlöscher: Erste Wahl sind kalorienarme Getränke, allen voran Mineral- und Leitungswasser, dicht gefolgt von ungesüßten Kräuter- und Früchtetees, verdünnten Frucht- und Gemüsesäften sowie fettarmen Trinkjoghurts und Molkegetränken. Auf keinen Fall sollten Limonade, Kaffee, grüner und schwarzer Tee die trockene Kehle hinunterlaufen. Diese so genannten Genussmittel entwässern den Körper, statt die Depots aufzuladen. Gleiches Übel droht von Alkohol, wer dennoch nicht verzichten will, bestellt dazu ein Glas Wasser.
(Quelle: Weitgehend wörtlich wiedergegeben aus: Frankfurter Rundschau Magazin, 28.09.2002, S. 4)

1. *Warum enthalten viele Friseurpräparate Mittel, die die Grenzflächenspannung des Wassers herabsetzen? Wie nennt man diese Mittel?*
2. *Welche Wasserhärte ist in Ihrem Friseurbetrieb vorhanden?*
3. *Was nehmen Sie wahr, wenn Sie unter Flüssigkeitsverlust leiden?*

pH-Wert

Der pH-Wert ist eine Maßeinheit, die angibt, wie sauer oder alkalisch eine Lösung reagiert. Da saure Lösungen das Haar adstringieren (zusammenziehen) und alkalische Lösungen das Haar aufquellen, kann der Friseur am pH-Wert feststellen, wie sich ein Produkt auf das Haar auswirkt.
Haare werden beispielsweise mit verdünnter Ammoniaklösung gequollen. Diese ist unter anderem in alkalischer Dauerwellflüssigkeit und im Färbegemisch für dauerhafte Haarfärbungen enthalten. Mit der Quellung wird das Haar „geöffnet", um andere Wirkstoffe ins Haar eindringen zu lassen. Lösungen, die einen solch quellenden Effekt auf das Haar ausüben, werden als Laugen, Alkalien oder auch als wässrige Lösungen von Basen bezeichnet. Sie haben einen pH-Wert von 7,1 – 14. Ihre alkalische Wirkung nimmt mit der Höhe des pH-Werts zu; pH 10 wirkt also stärker als pH 9. Dieser quellende Effekt hat zur Folge, dass das Haar einen Überschuss an negativen Ladungen aufweist.

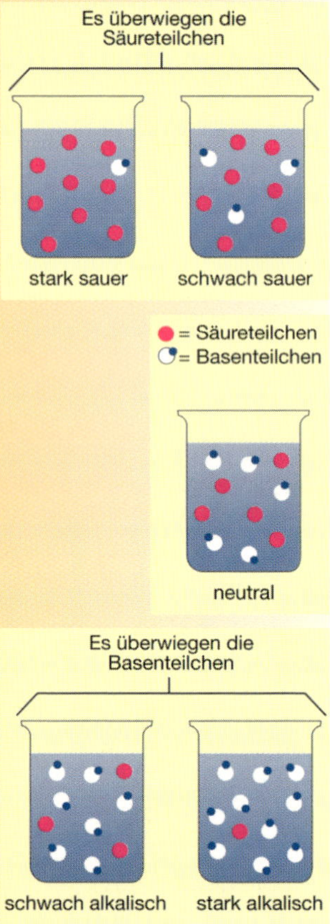

Im Friseurhandwerk werden nur leichte alkalische Lösungen eingesetzt, da Lösungen mit einem pH-Wert über 12 Haar und Haut zerstören und auflösen. Diese Eigenschaft macht man sich bei Haarentfernungspräparaten zunutze.

Bei vielen Friseur- und Kosmetikbehandlungen müssen alkalisch reagierende Präparate anschließend durch saure Produkte neutralisiert werden. Dabei werden im Haar oder auf der Haut verbliebene Alkalien durch Sauerspülungen, Haarkuren, Fixierungen beziehungsweise Gesichts- und Rasierwässer unwirksam gemacht. Diese Produkte sind also sauer eingestellt. Sie bewirken ein Zusammenziehen von Haar und Haut. Dies bezeichnet man mit dem Fachbegriff **adstringieren**. Zum Abschluss einer Haar- oder Hautbehandlung sollte immer adstringiert werden, um den ursprünglichen Zustand wieder herzustellen. Unter chemischer Betrachtungsweise handelt es sich um eine „Neutralisation" der Alkalireste.

Säuren haben einen pH-Wert von 6,9 bis 0. Ihre saure Wirkung ist umso stärker, je kleiner der pH-Wert ist; pH 3 wirkt also stärker sauer als pH 4.
Auch der Säureschutzmantel der Haut ist leicht sauer eingestellt, da Schweiß Säuren enthält. Dies stellt einen natürlichen Schutz dar, weil schwache Säuren das Wachstum von Bakterien und Pilzen hemmen. Der natürliche pH-Wert der Haut liegt ungefähr bei 5,5, also im leicht sauren Bereich. Produkte der Hautpflege, die den Zusatz **„hautneutral"** tragen, haben also einen pH-Wert von 5,5. Produkte mit höherem pH-Wert quellen die Haut, solche mit niedrigerem pH-Wert adstringieren.

Lösungen mit einem pH-Wert von ungefähr 0–1 zerstören Haar und Haut. Sie dürfen deshalb nicht mit Haut und Haar in Berührung kommen.

Weder sauer noch alkalisch ist ein Stoff mit einem pH-Wert von 7. Man bezeichnet ihn als chemisch neutral. Dies darf allerdings nicht mit dem Begriff „hautneutral" verwechselt werden!

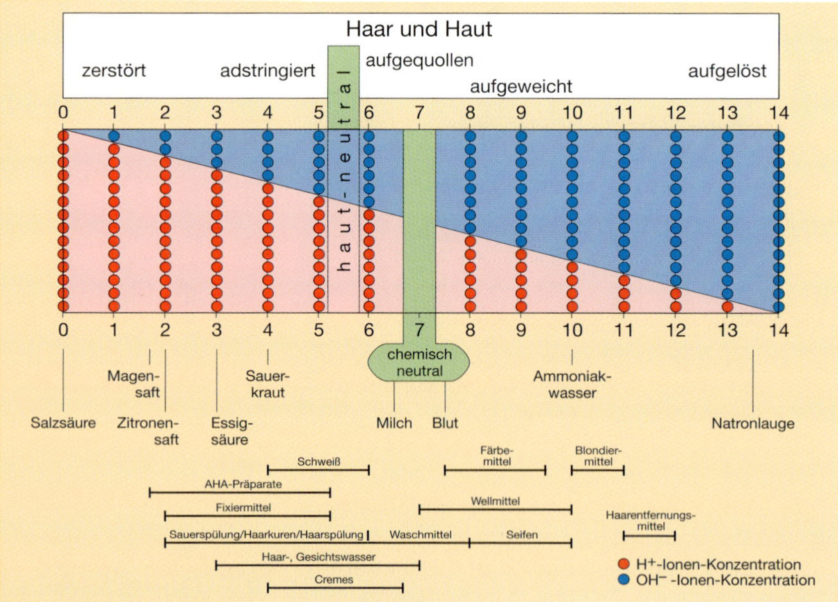

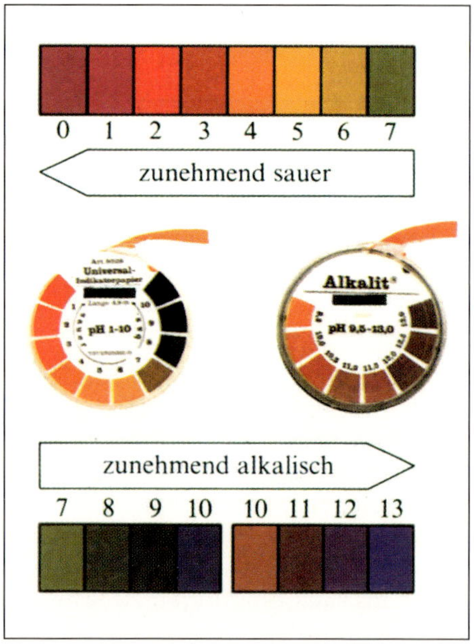

Der ph-Wert verschiedener Haar- und Hautreinigungsmittel. Mit speziellem Indikationspapier lässt sich die Menge der Säureteilchen messen. Die farbliche Veränderung gibt dabei den pH-Wert an.

Absenkung des pH-Werts bei Säuren und Laugen:
Wird einem kleinen Flacon (50 ml) Gesichtswasser mit dem pH-Wert 4 die zehnfache Menge Wasser hinzugefügt (500 ml), so wird der pH-Wert in Richtung Neutralpunkt um eine Stufe auf fünf gesenkt. Die 100fache Menge Wasser (5000 ml) führt zu einer Absenkung um zwei Stufen Richtung Neutralpunkt, also auf pH 6.
Der pH-Wert 8,5 einer Portionsflasche alkalischer Dauerwellflüssigkeit (30 ml) lässt sich mit Zugabe der zehnfachen Wassermenge (300 ml) auf 7,5 absenken.

EXKURS

pH-Wert: Wer es genauer wissen möchte:
pH-Wert steht als Abkürzung für potentia hydrogenii = „Stärke des Wasserstoffs". Er gibt eine Maßzahl für die in Lösungen enthaltene Konzentration an Wasserstoffionen an. Symbolisch spricht man von H^+-Ionen, da das chemische Symbol für Wasserstoff H ist. H^+-Ionen nennt man auch **Säureteilchen**. Als **Laugenteilchen** werden OH^--Ionen bezeichnet. In reinem Wasser (H_2O = H^+ und OH^-) ist die Konzentration von H^+- und OH^--Ionen gleich. Wasser verhält sich also chemisch neutral.
Fügt man dem Wasser eine **Säure** hinzu, so steigt die Konzentration der H^+-Ionen. Die Flüssigkeit verhält sich sauer. Der **pH-Wert** gibt also an, wie viele Säureteilchen in einer Flüssigkeit gelöst sind.
Überwiegen die OH^--Ionen, also die Laugenteilchen, spricht man von **Lauge** oder **Base**. Die Flüssigkeit verhält sich alkalisch oder basisch.
Mathematisch ist der pH-Wert definiert als negativer dekadischer Logarithmus der H^+-Ionen-Konzentration. Dies bedeutet beispielsweise, dass eine Lösung Salzsäure, die 0,01 g (= 1/100 g = 10^{-2} g) H^+-Ionen pro Liter enthält, einen pH-Wert von – log 0,01 = 2 hat.
Chemisch reines Wasser enthält 1/10 000 000 g bzw. 10^{-7} g H^+-Ionen pro Liter, hat also einen pH-Wert von 7. Außerdem enthält es die gleiche Menge, also 1/10 000 000 g bzw. 10^{-7} g OH^--Ionen, Säure- und Laugenteilchen sind ausgeglichen und daher liegt eine chemisch neutrale Lösung vor.

1. *Weshalb wird der pH-Wert 5,5 auch als „hautneutral" bezeichnet?*
2. *Worin besteht der Unterschied zwischen „chemisch neutral" und „hautneutral"?*
3. *Nennen Sie Produkte, die den Zusatz „hautneutral" tragen!*

1.4 Haarreinigungsmittel/Shampoos

1.4.1 Tenside als Wirkstoffe

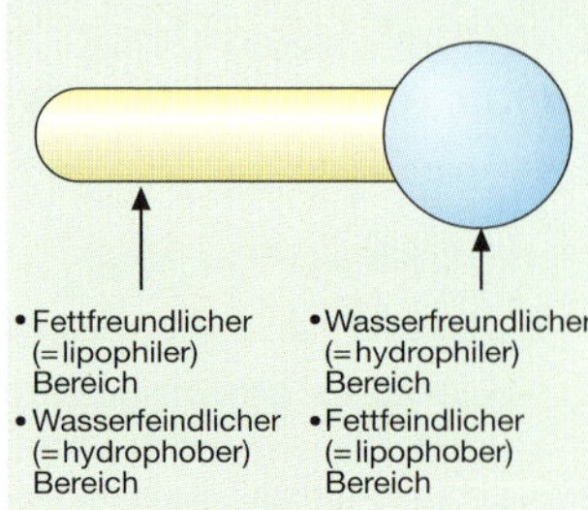

Der wichtigste Inhaltsstoff von Reinigungsmitteln sind **Tenside**. Tenside werden auch als **Detergentien** oder waschaktive **Substanzen (WAS)** bezeichnet. Man unterscheidet zwei Gruppen von Tensiden: Seifen und synthetische Detergentien.

Tenside
- entspannen das Wasser, indem sie als Netzmittel die Grenzflächenspannung herabsetzen,
- lösen als Reinigungsmittel Festschmutz,
- mischen als Emulgatoren Fett und Wasser.

Tenside vereinen in ihrem Aufbau zwei gegensätzliche Eigenschaften: Sie haben einen wasserfreundlichen (= **hydrophilen**) und einem fettfreundlichen (= **lipophilen)** Bereich. Gleichzeitig gelten der wasserfreundliche Bereich als fettabstoßend **(lipophob)** und der fettfreundliche Teil als wasserabstoßend (**hydrophob**).

Tenside verringern die Grenzflächenspannung

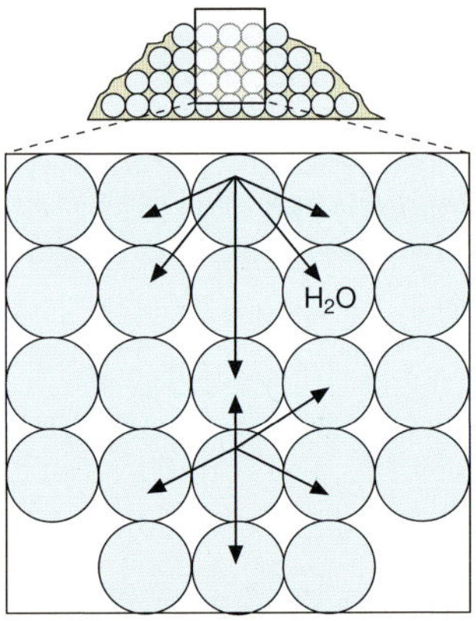

Wassertropfen auf Tischplatte: *Die gegenseitige Anziehung der Moleküle bewirkt, dass eine bestimmte Wassermenge immer die kleinstmögliche Grenzfläche zu ihrer Umgebung ausbilden möchte.*

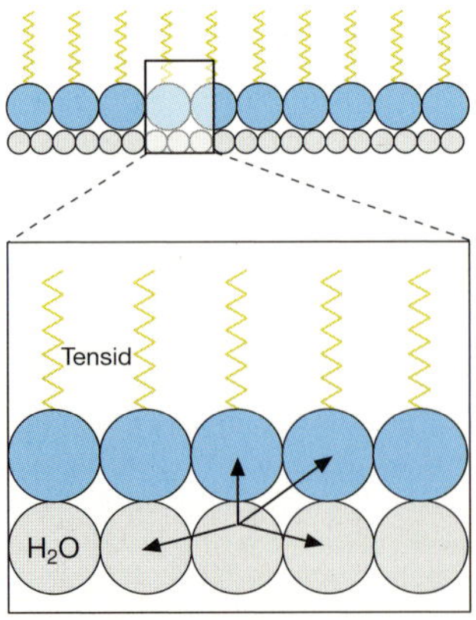

Herabsetzen der Oberflächenspannung durch Tenside: *Der wasserfreundliche Bereich des Tensids bildet mit den Wassermolekülen Wasserstoffbrücken aus. Der wasserfeindliche Tensidbereich stört die gegenseitige Anziehung der Moleküle. Das Wasser muss daher gegenüber diesen störenden Molekülteilchen eine neue Grenzfläche bilden, also seine Oberfläche vergrößern. Als sichtbares Ergebnis perlt das Wasser nicht mehr auf glatten Flächen ab.*

Tenside lösen Verschmutzungen

Tenside können wasserunlösliche Feststoffe, wie z. B. Staubpartikel, ebenso wie Fettstoffe in Wasser lösen. Sie dienen dann als Lösungsvermittler. Beim Waschvorgang bindet das Tensid mit dem unpolaren Ende den ebenfalls unpolaren Schmutz. Der hydrophile Teil ragt ins Wasser. Durch die Waschbewegungen wird der Schmutz des Haares in kleine Portionen zerteilt. Wird ein Schmutzteilchen komplett von Tensiden umschlossen, bezeichnet man dies als **Micelle**. Die Schmutzteilchen erhalten durch den Tensidmantel eine wasserfreundliche Oberfläche und werden in der Schwebe gehalten. Das bedeutet, dass sie daran gehindert werden, sich wieder auf die Kopfhaut abzusetzen.

Inhaltsstoffe von Shampoos
- **Tenside** in unterschiedlicher Kombination
- **Wirkstoffe** wie Rückfetter, Kräuterextrakte, Antischuppenmittel usw.
- **Hilfsstoffe** wie Wasser, Verdickungsmittel, Konservierungsmittel, Duft- und Farbstoffe, Perlglanz- oder Trübungsmittel.

Der Waschvorgang – unter der „Lupe" betrachtet

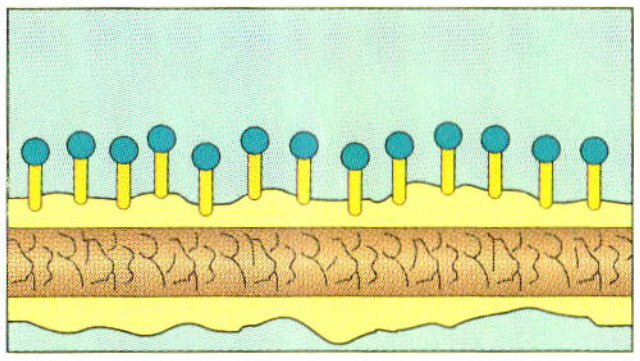
Die Tensidmoleküle lagern sich mit der lipophilen Kohlenwasserstoffkette an den Fettschmutz an. Mit dem hydrophilen Kopf ragen sie in das Wasser.

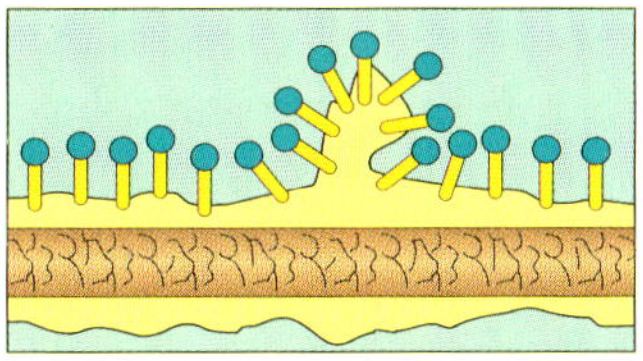
Die Tensidmoleküle emulgieren den Fettschmutz. Sie lösen ihn dadurch von der Haar- und Hautoberfläche ab.

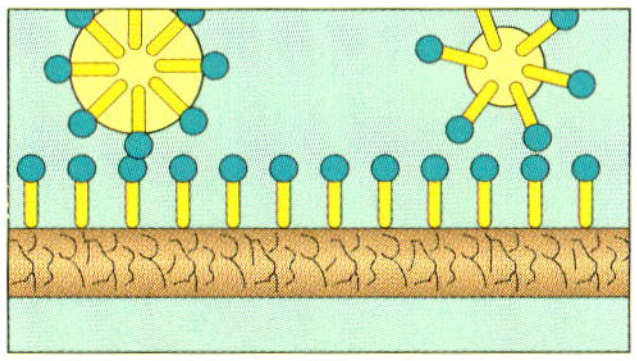
Die Tensidmoleküle haben Micellen gebildet. Dadurch halten sie die Fetttröpfchen in der Schwebe. Weitere Tensidmoleküle verhindern ein erneutes Absetzen des Fettschmutzes auf der Haar- und Hautoberfläche.

Versuchsanleitung:
Streuen Sie in eine Petrischale mit Wasser etwas Ruß. Geben Sie dann einen Tropfen Shampoolösung hinzu. Was beobachten Sie?

Tenside emulgieren

Tenside sind in der Lage, Wasser und Öl zu mischen. Sie wirken hier als **Emulgator**. Das Ergebnis ist eine **Emulsion**. Die Bestandteile einer Emulsion bezeichnet man als **Phasen**. Zwischen den Phasen wirkt das Tensid als Vermittler.

Man unterscheidet grundsätzlich zwei Emulsionstypen: Bei einer W/Ö-Emulsion (Wasser in Öl) sind Wassertröpfchen in Öl fein verteilt. Öl bildet die äußere, Wasser die innere Phase. Im umgekehrten Fall handelt es sich um eine Ö/W-Emulsion (Öl in Wasser). Der Emulsionstyp wird bestimmt durch die Art des Emulgators. Manche Emulgatoren bilden Ö/W-Emulsionen, während andere W/Ö-Emulsionen entstehen lassen.

Die Eigenschaften einer Emulsion hängen ab von der äußeren, geschlossenen Phase. Kann der Emulsion Wasser zugemischt werden, so ist Wasser ihre äußere Phase. Es handelt sich also um eine Ö/W-Emulsion. Lässt sich Öl zumischen, liegt eine W/Ö-Emulsion vor.

Eine Haarspülung lässt sich ausspülen, weil es sich um eine Ö/W-Emulsion handelt. Eine W/Ö-Emulsion zur Reinigung fettiger Haut löst gut den Hauttalg.

O/W-Emulsion

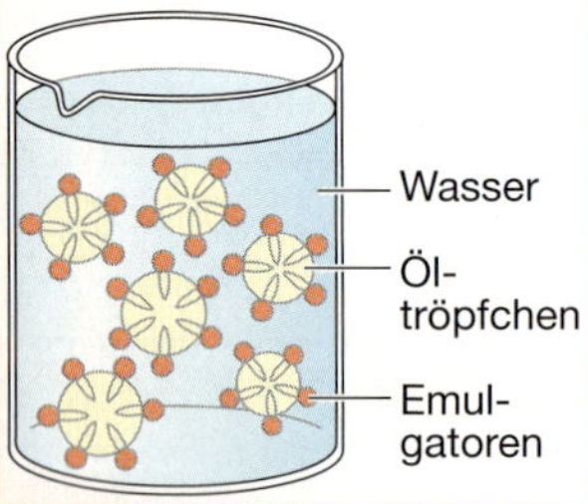

Öl-in-Wasser-Emulsion
= Ö/W-Emulsion
= Ö/W- Typ
Testverfahren:

- Wasser oder wässrige Lösungen lassen sich zumischen (beispielsweise Tinte)
- hinterlässt kühlenden Effekt auf der Haut
- dringt schnell in die Haut ein
- lässt sich leicht mit Wasser abwaschen
- Grundlage für: Tagescreme, Körperlotion, Dauerwell-Emulsion, Reinigungsmilch, Kurpackung

O/W-Emulsion

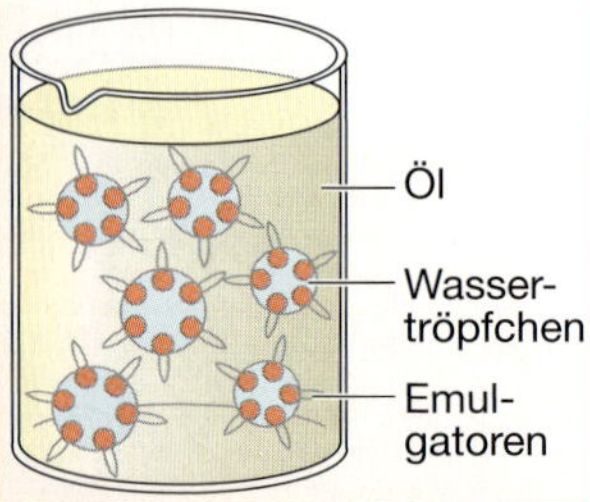

Wasser-in-Öl-Emulsion
= W/Ö-Emulsiom
= W/Ö-Typ
Testverfahren:

- Öle lassen sich zumischen
- hinterlässt eher wärmenden Effekt mit Fettglanz auf der Haut
- dringt langsam in die Haut ein
- lässt sich nur mit Reinigungsmilch/Ölen entfernen
- Grundlage für: Nachtcreme, Anti-Faltencreme, Fußcreme, Massagecreme

1.4.2 Arten von Tensiden

Tenside lassen sich nach der Ladung des hydrophilen Teils in anionische, kationische, nichtionische und amphotere Tenside unterscheiden. Sie weisen jeweils andere Eigenschaften auf.

Art des Tensids/Symbol	Eigenschaften	Verwendung
Anionische Tenside 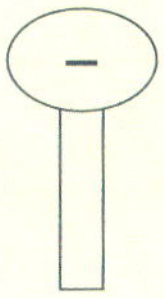	Besitzen eine ausgeprägte Reinigungskraft und eine gute Beständigkeit gegenüber hartem Wasser. Sie sind biologisch leicht abbaubar	Duschgel, Waschgel, Shampoo, Waschpulver, Seifen, Schaumbäder
Kationische Tenside 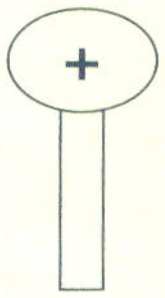	Besitzen in neutraler Lösung kaum bis keine Reinigungswirkung, sind in höheren Konzentrationen schlecht hautverträglich, für die Haarpflege aber von Nutzen: Lagern sich am Haar an und verhindern die elektrostatische Aufladung des Haares, machen das Haar weich und geschmeidig.	Spülung, Pflegeshampoo, Weichspüler, Haarkur, Desinfektionsmittel, Konservierungsmittel, Haarfestiger, Deodorantien
Amphotere/zwitterionische Tenside 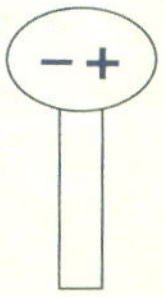	Ermöglichen eine milde Reinigung, verfügen über ein geringes Schaumvermögen, Emulgator für W/Ö-Emulsionen	Haarkur, Säuglingspflegeprodukte, Intimreinigungsprodukte, Hautcremes, Kindershampoo
NichtionischeTenside 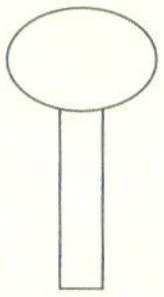	Besitzen leichte Reinigungswirkung, geringe Schaumbildung, Emulgator für jeden Emulsionstyp	Hautöle, Badeöle, Hautcremes, Kindershampoo

1. *Nennen Sie einer Kundin die Inhaltsstoffe, die in Shampoos enthalten sind.*
2. *Warum sollte eine Friseurin die Einteilung der Tenside kennen?*
3. *Warum schäumt das Shampoo kaum, wenn starke Verschmutzungen entfernt werden?*

1.4.3 Warum soll ich Handschuhe tragen?

Welcher ist der richtige Handschuh?

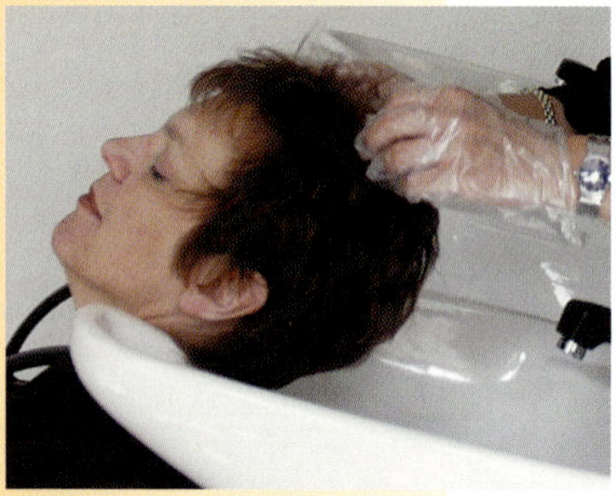

PE-Folienhandschuh
☹ *schlechte Passform*
☹ *undicht an den Schweißnähten*
☺ *preisgünstig*

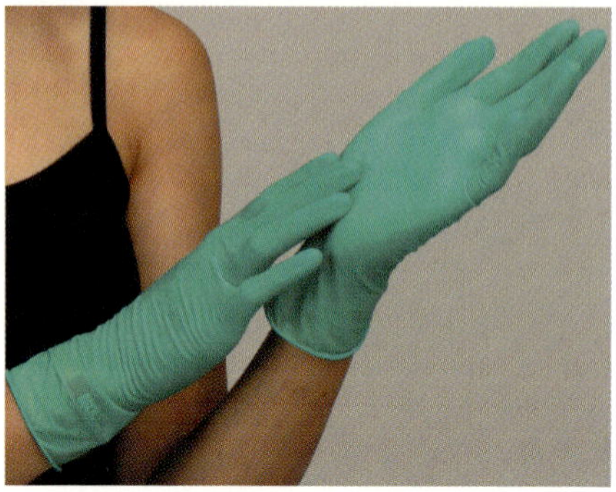

PVC-Plastikhandschuh
☹ *biologisch schlecht abbaubar*
☺ *schützt vor Friseurchemikalien*

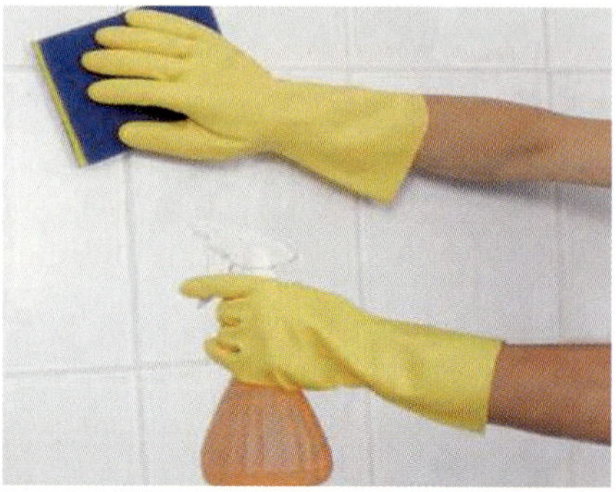

Dickwandiger Latex- bzw. Waschhandschuh
☹ *darf bei vorliegender Latexallergie nicht verwendet werden*
☺ *schützt bei der Haarwäsche und -pflege*

Wie entstehen Hauterkrankungen im Friseurhandwerk?

Meistens entstehen Hauterkrankungen im Friseurhandwerk in zwei Phasen:

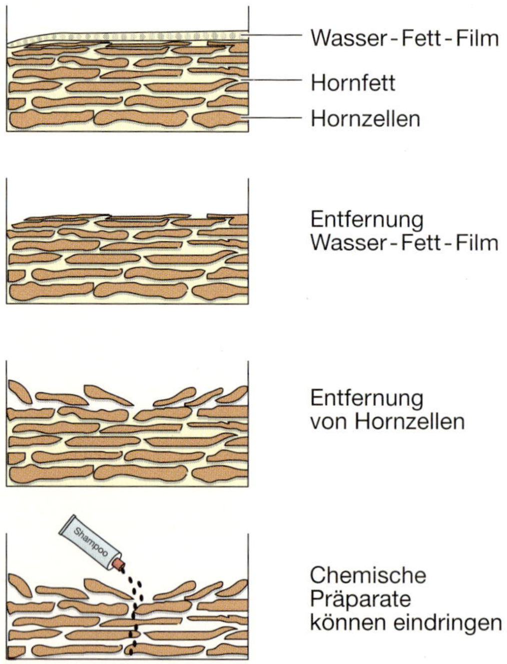

Phase 1: Zunächst entsteht ein Abnutzungsekzem. Am Anfang zeigen sich Trockenheit und Schuppungen in den Fingerzwischenräumen. Im weiteren Verlauf entstehen hierbei Lücken in der Haut, durch die Stoffe eindringen können. In der Folge kommt es zu Rötungen, Juckreiz und Bläschenbildung.

Phase 2: Liegt ein Abnutzungsekzem vor, ist die Barriere der Haut stark beeinträchtigt. Stoffe, die in der Lage sind, Allergien hervorzurufen (so genannte Allergene), dringen leicht in die Haut ein. Hierzu zählen beispielsweise Inhaltsstoffe von Dauerwell- und Färbepräparaten, aber auch Duft- und Konservierungsstoffe, die in nahezu allen kosmetischen Produkten enthalten sind.

Beim ersten Kontakt mit diesen Stoffen beginnt der Körper, Abwehrzellen zu produzieren, die speziell auf den Kampf gegen das eigentlich harmlose Allergen ausgerichtet sind. Diese Zellen werden auch „Gedächtniszellen" genannt, weil sie gegebenenfalls lange Zeit im Blut und in der Haut auf den nächsten Kontakt mit dem Allergen warten (= Sensibilisierungsphase). Dringen Allergene erneut in die Haut ein, wird von den Abwehrzellen eine Art Krieg gegen diese Allergene eröffnet: Treffen Gedächtniszellen und Allergene aufeinander, werden entzündungsfördernde Stoffe ausgeschüttet. Die Haut juckt und zeigt Rötungen, Schwellungen und Bläschen. Jeder weitere Kontakt mit dem Allergen führt zu diesem Erscheinungsbild, d. h. die Haut entzündet sich immer wieder. Liegt ein solches allergisches Kontaktekzem vor, muss zumeist der Beruf aufgegeben werden.

Erstkontakt (Sensibilisierungsphase)

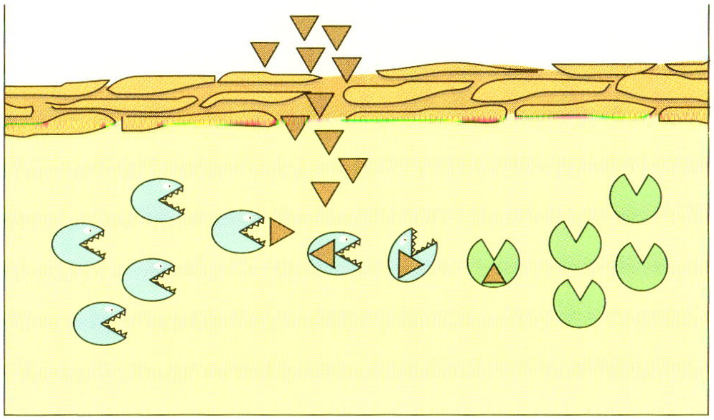

Allergene dringen ein, Allergene treffen auf Langerhanszelle, werden aufgenommen, verbinden sich mit passender Abwehrzelle, Entstehung zahlreicher Gedächtniszellen = Sensibilisierungsphase

Zweitkontakt (Auslösephase)

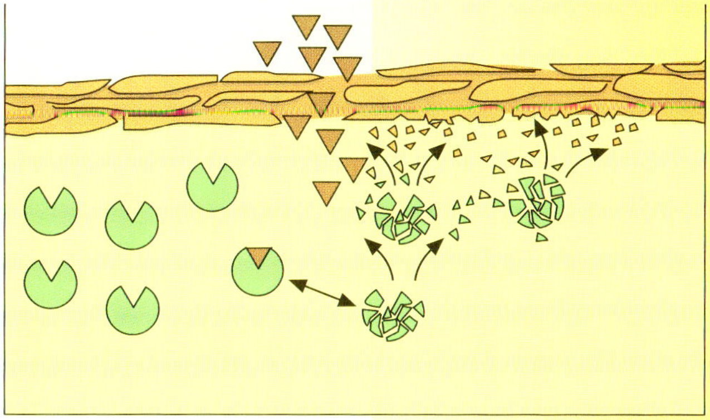

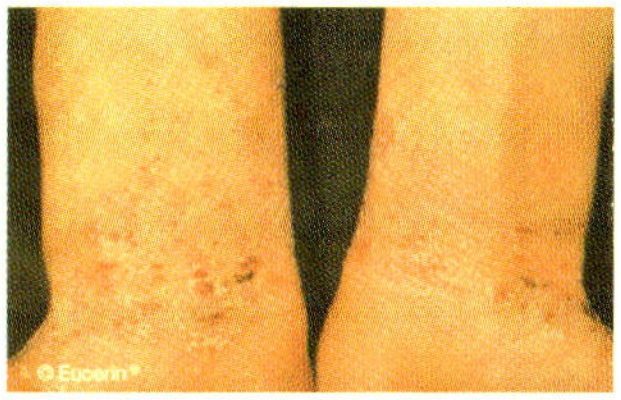

Allergene dringen erneut ein, werden von Langerhanszellen aufgenommen, verbinden sich mit den jetzt vorhandenen Gedächtniszellen, entzündungsfördernde Stoffe werden ausgeschüttet = Auslösephase

1. *Warum sollte eine Friseurin ihre Hände besonders pflegen und schon kleine Rötungen ernst nehmen?*
2. *Informieren Sie sich bei der Berufsgenossenschaft BGW über die Vorbeugungsmaßnahmen für beruflich bedingte Erkrankungen im Friseurberuf!*
3. *Aus welchem Material sind die Schutzhandschuhe in Ihrem Friseurbetrieb?*
4. *Recherchieren Sie im Internet, welche Allergien besonders häufig sind!*
5. *Überlegen Sie sich, wie man Kunden über Hautschutzmaßnahmen informiert und erproben Sie dies in einem Rollenspiel!*

2 Haar und Kopfhaut begreifen

2.1 Haare kleiden uns
- Haararten
- Haarabschnitte
- Enbettung des Haares in die Haut

2.2 Ein Haar entsteht
- Haarwachstum und Haarwechsel
- Aufbau des Haares – Haarschichten
- Farbgebung und Ergrauen des Haares

2.3 Eigenschaften des Haares
- Dehnbarkeit, Elastizität und Reißfestigkeit
- Wasseranziehung, Quellung und Kapillarität
- Stärke/Dicke und Querschnitt

Die 17-jährige Silke lässt sich heute von Ayse die Haare schneiden. Da sich die beiden nun schon seit zwei Jahren kennen, entwickelt sich schnell eine angeregte Unterhaltung über die neuesten Mode- und Frisurentrends. Silke kramt schließlich ein Bild aus der Tasche und erklärt, dass sie sich die dort abgebildete Frisur wunderbar vorstellen könnte. Aber auf der anderen Seite ...

Silke: „... ist mein Haar einfach viel zu fein dafür. Das wird niemals so aussehen wie auf dem Bild. Mal ganz abgesehen davon, dass ich auch kein Fotomodell bin ...“

Ayse lacht und meint dann: „Leider muss ich dir Recht geben, Silke. Erstens bist du kein Fotomodell ... und zweitens sind diese Bilder auch nur Momentaufnahmen. Oft sehen die Modelle kurz nach dem Shooting wieder völlig anders und gar nicht mehr so umwerfend aus, weil die ganze Frisur ganz schnell zusammengefallen ist.“

Silke nickt nachdenklich: „Aber merkwürdig finde ich, dass vor ein paar Jahren diese Frisur wahrscheinlich kein Problem gewesen wäre ... da war mein Haar irgendwie noch anders ... Zum Beispiel die Sache mit dem Haarewaschen: Als Kind wurden meine Haare nie fettig oder fielen zusammen, wie es jetzt der Fall ist. Letztens habe ich meine Mutter gefragt, ob sie eine Erklärung dafür hätte. Sie meinte nur, dass sich Haare und Haut im Laufe der Zeit verändern. Was sagst du denn als Fachfrau dazu, Ayse?“

2.1 Haare kleiden uns

2.1.1 Haararten

Haararten nach Entwicklungsphasen

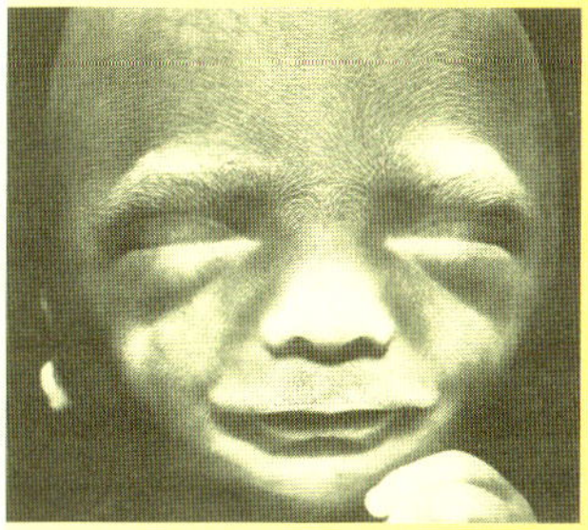

- Im dritten Schwangerschaftsmonat beginnt die Entwicklung der Haare. Es handelt sich hierbei um dunkle, relativ lange Haare. Dieses erste Haarkleid wird **Primärbehaarung** genannt und fällt in den letzten Schwangerschaftsmonaten oder im ersten Lebensjahr aus. Gelegentlich erkennt man bei Frühgeborenen eine starke Behaarung im Gesicht.

- Die Behaarung des Kindes bis zur Pubertät wird als **Sekundärbehaarung** bezeichnet. Da dieses Haar meistens feiner und weicher ist als das von Erwachsenen, spricht man auch vom **Wollhaar** (Vellushaar). Der Körper hingegen ist mit feinem **Flaumhaar** (Lanugohaar) bedeckt.

- Mit Beginn der Pubertät bildet sich die **Terminalbehaarung** aus. Dies kann bis zum 50. Lebensjahr dauern. Außerdem bilden sich Bart-, Achsel- und Schambehaarung. Im Vergleich zur Sekundärbehaarung wird das Haarkleid nun kräftiger. Bei manchen älteren Menschen kann auf der Kopfhaut eine Rückentwicklung zu feinen Flaumhaaren beobachtet werden.

- Im Alter kann man bei Männern oft eine Zunahme der Körperbehaarung beobachten, bei Frauen nimmt sie nach den Wechseljahren eher ab. Die Anzahl der Haare auf dem Kopf geht bei beiden Geschlechtern im Alter zurück. Bei manchen älteren Menschen kann auf der Kopfhaut eine Rückentwicklung zu feinen Flaumhaaren beobachtet werden.

Haararten beim Erwachsenen

Beim Erwachsenen kann man unterschiedliche Arten von Haaren erkennen: Sie unterscheiden sich nicht nur in ihrer Länge und Stärke, sondern auch in ihrer Wuchsform und Pigmentierung.

- **Langhaare:** Kopf-, Bart-, Achsel- und Schambehaarung; diese Haare sind nicht nur auf den ersten Blick recht unterschiedlich, sie weisen auch im Vergleich zu den anderen Haararten eine längere Lebensdauer auf.
- **Borstenhaare:** Augenbrauen, Wimpern, Ohren- und Nasenhaare
- **Woll- oder Flaumhaare (Vellushaare):** Hierbei handelt es sich um die übrige Körperbehaarung, die dünn und kurz bleibt.

2.1.2 Haarabschnitte

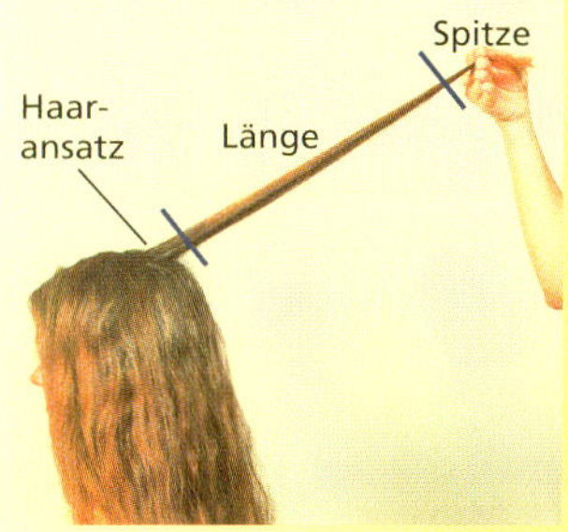

Wenn man das Kopfhaar betrachtet, sieht man nur den so genannten **Haarschaft**. Um Arbeitsanweisungen bei Haarbehandlungen präzise umsetzen zu können, wird dieser in die Bereiche **Ansatz**, **Längen** und **Spitzen** unterteilt. Den kopfhautnahen Bereich bezeichnet man als Ansatz. Es folgen die Längen. Spitzen nennt man die letzten 2 bis 3 cm des Haarschaftes.

Der nicht sichtbare Bereich des Haares, der sich unter der Hautoberfläche befindet, ist die Haarwurzel.

2.1.3 Einbettung des Haares in die Haut

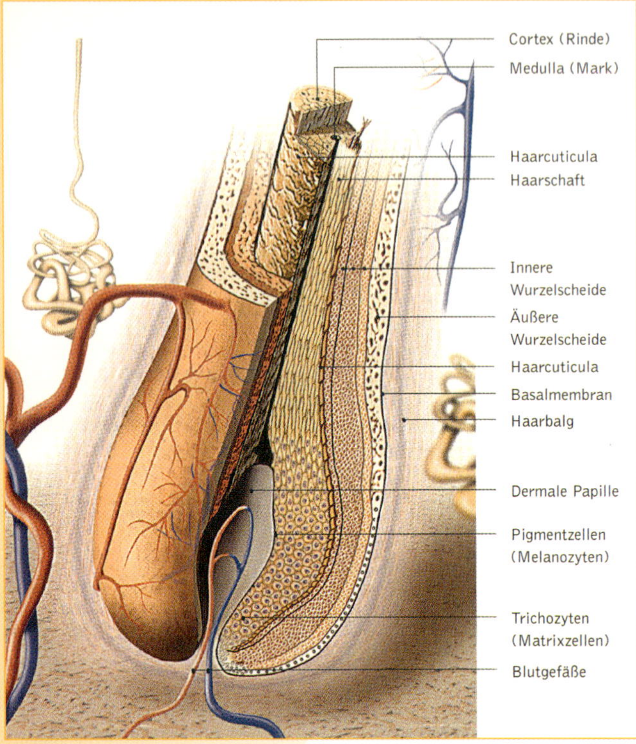

Das Haar wird auch als **Anhangsgebilde** der Haut bezeichnet, da es in der Haut entsteht. Es sitzt in einer leicht schräg angeordneten Einstülpung der Haut, dem **Haarfollikel**. Dieser sieht aus wie ein kleiner Schlauch und ist ca. 2-4 mm lang. In ihm liegt die Haarwurzel, der nicht sichtbare Teil des Haares.
Um die Zusammenhänge zwischen Haut und Haar besser verstehen zu können, benötigt der Friseur einige Informationen über den Aufbau der Haut.

Die Haut besteht aus drei Schichten: Oberhaut (Epidermis), Lederhaut (Corium) und Unterhautfettgewebe (Subcutis). Die **Oberhaut (Epidermis)** ist ein Gewebe, das sich innerhalb eines Monats vollständig erneuert. Sie wird gebildet aus eiweißhaltigen Zellen, die auf ihrem Weg an die Hautoberfläche verhornen und schließlich als Schüppchen abgestoßen werden. Die **Lederhaut (Corium)** besteht aus unterschiedlichen Fasergeflechten, die der Haut Elastizität und Festigkeit geben. Außerdem befinden sich in ihr Nerven, Blutgefäße und Schweißdrüsen. Die **Unterhaut (Subcutis)** enthält Fettzellen, die traubenförmig in loses Bindegewebe eingelagert sind.

Der größte Teil der Haarwurzel befindet sich in der Lederhaut. Das Ende der Haarwurzel reicht bis kurz vor die Unterhaut, es ist verdickt und wird **Haarzwiebel** genannt. Wie auf einem Zapfen sitzt die Haarzwiebel auf der Haarpapille, dem Ort, wo das Wachstum des Haares beginnt.

Der Haarfollikel besteht als schlauchartige Einstülpung der Oberhaut aus drei Schichten:
1. Der inneren und der äußeren **Wurzelscheide**, die dem Aufbau der Oberhaut entsprechen.
2. Zwischen den Wurzelscheiden und dem Haarbalg befindet sich eine dünne Zelllage, die **Glashaut**.
3. Den dritten Bereich bildet der bindegewebige **Haarbalg**, der mit der Struktur der Lederhaut übereinstimmt.

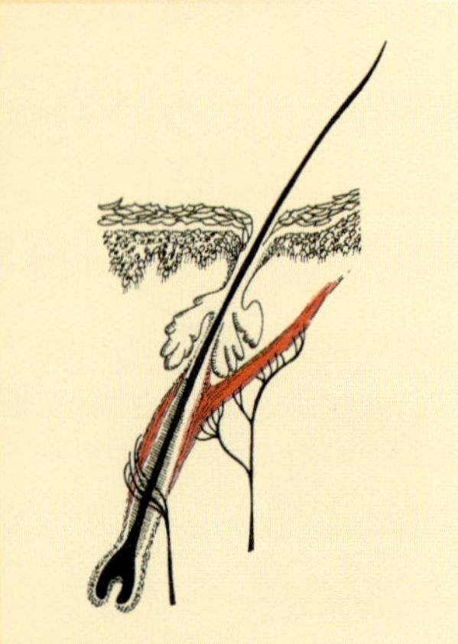

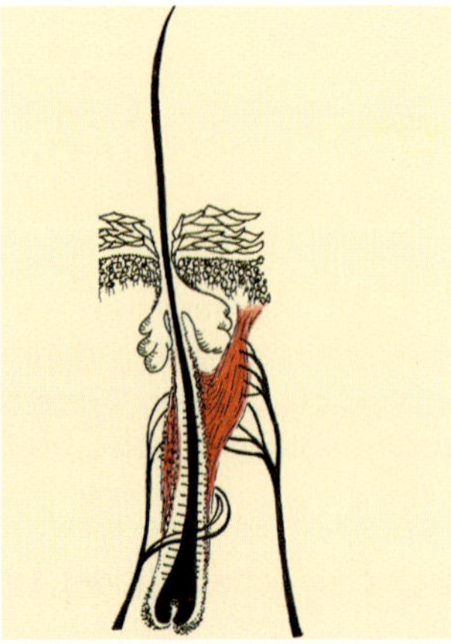

In den oberen Bereich des Haarfollikels münden die **Talgdrüsen**. Ihr Sekret, der Hauttalg, hält Haar und Haut geschmeidig und ist Bestandteil des **Säureschutzmantels der Haut**.
Mit dem Haarbalg ist der **Haaraufrichtemuskel** verbunden. Zieht sich dieser z. B. bei Kälte zusammen, wird das Haar aufgerichtet. Dabei wird der Haarfollikel aufgerichtet („Gänsehaut“) und durch den Druck auf die Talgdrüsen verstärkt Talg abgegeben. In früheren Zeiten, als das Haarkleid beim Menschen noch stärker ausgebildet war, entstand so ein gewisser Schutz vor Kälte. Die körpernahe, warme Luft konnte nicht so schnell entweichen.

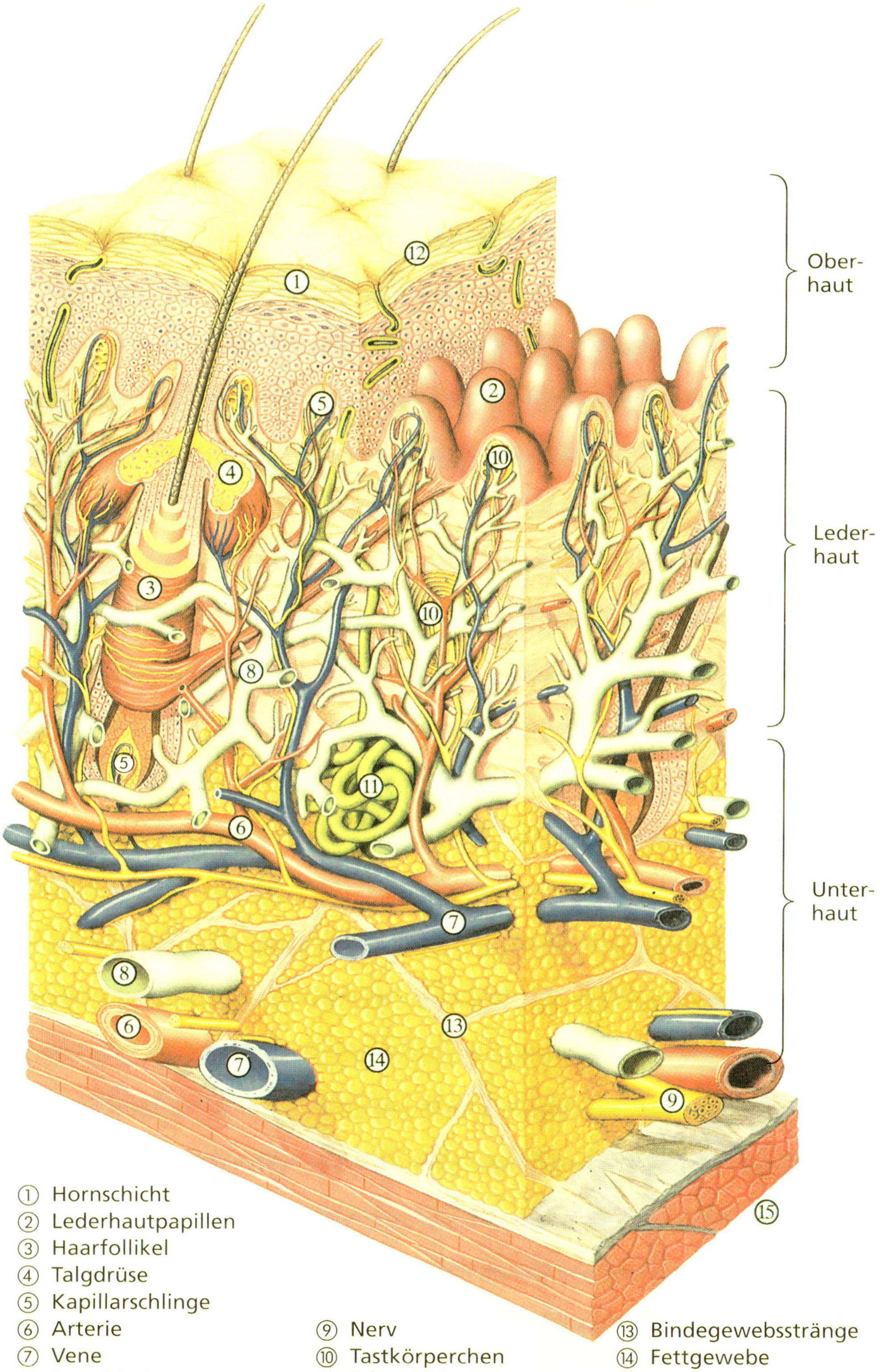

① Hornschicht
② Lederhautpapillen
③ Haarfollikel
④ Talgdrüse
⑤ Kapillarschlinge
⑥ Arterie
⑦ Vene
⑧ Lymphbahn
⑨ Nerv
⑩ Tastkörperchen
⑪ Schweißdrüse
⑫ Schweißpore
⑬ Bindegewebsstränge
⑭ Fettgewebe
⑮ Muskel

2.2 Ein Haar entsteht

2.2.1 Haarwachstum und Haarwechsel

Haarwachstum

Ein Haar wächst durch Zellteilung. Diese findet in der Matrix (deutsch: Mutterschicht) statt. Die Matrix wird von Zellen gebildet, die die Haarpapille umgeben. Immer neue Tochterzellen werden dabei in den Follikelkanal geschoben. Diese verhornen allmählich und kommen schließlich als fertiges Haar aus der Hautoberfläche heraus. Die hierzu notwendigen Nährstoffe gelangen über feinste Blutgefäße, die man Kapillaren nennt, in die Haarpapille.

Die verschiedenen Schichten des Haares entstehen, weil sich die eiweißhaltigen Tochterzellen auf ihrem Weg durch den Haarfollikel nach oben spezialisieren. Dabei spielt die innere Wurzelscheide eine wichtige Rolle, weil sie eine sehr feste, formgebende Schicht ist, durch die alle neu gebildeten Zellen Richtung Hautoberfläche gepresst werden. Durch den hohen Druck verändern sich die Zellen. Im unteren Bereich der Haarwurzel sind sie noch rundlich und unverhornt und werden auf ihrem Weg nach oben immer länglicher, ähnlich einer Spindel. Bei der Verhornung der Zellen entsteht das **Keratin**, das ist verhorntes Eiweiß, aus dem neben Haaren auch Finger- und Fußnägel bestehen. Die Zellen der Matrix nennt man daher **Keratinozyten**, das bedeutet: Keratin bildende Zellen.

Durchschnittlich wachsen die Kopfhaare 1 cm im Monat, also etwa 0,35 mm pro Tag. Da das Wachstum in der Matrix im tiefen Inneren der Haut geschieht und der Haarschaft eine tote Eiweißfaser ist, hat häufiges Schneiden oder Rasieren keinen Einfluss auf die Wachstumsgeschwindigkeit des Haares.

Wie es kommt, dass Haare gewellt oder kraus sind, ist noch nicht endgültig geklärt. Wahrscheinlich liegt es an unterschiedlichen Keratinstrukturen, aber auch ein einseitig verstärktes Wachstum des Haares oder eine Krümmung des Haarfollikels sind Erklärungsmöglichkeiten.

Haarwechsel

Pro Tag verliert jeder Mensch 80–100 Haare, meist ohne es zu merken und ohne dass sich die Haarmenge wesentlich ändert. Denn die verlorenen Haare werden durch nachwachsende ersetzt.
Das Wachstum eines Kopfhaares dauert etwa fünf Jahre, Brauen und Wimpern werden nur drei bis fünf Monate alt. Dann stellt die Haarwurzel vorübergehend ihre Tätigkeit ein. Das Haar fällt aus. Nach einiger Zeit bildet die Haarwurzel ein neues Haar.

Diesen Ablauf teilt man in drei Phasen ein:

1. In der **Wachstumsphase** (**Anagenphase**) findet in der Matrix eine rege Zellteilung statt. Wird ein Haar während dieser Phase ausgezupft, ist die Haarwurzel am unteren Ende meist dunkel und klebrig-weich. Oft haften Reste der inneren und äußeren Wurzelscheide an ihr.

2. In der **Übergangsphase** (**Katagenphase**) verengt sich der Haarfollikel im unteren Bereich der Haarpapille. Die Matrix stellt die Zellteilung ein. Das Haar wandert im Haarfollikel nach oben. Die sonst weichen Zellen der Haarzwiebel verhornen zu einem kolbenartigen Köpfchen. Wird das Haar in dieser Phase ausgezupft, erscheint die Haarwurzel schon verdickt, ist dunkel gefärbt und an ihr können ebenfalls noch Reste der Wurzelscheiden haften.
3. In der **Ruhephase (Telogenphase)** steckt die Haarwurzel ganz ohne Verbindung zur Papille im Haarfollikel. Die Dauer dieser Phase richtet sich danach, wie hoch die Zugbelastung durch Kämmen, Bürsten, Waschen und Massieren ist. In dieser Phase des Haarwechsels wird das Haar auch Kolbenhaar genannt. Seine Wurzel ist nun ein helles, verhorntes Köpfchen mit Resten der Wurzelscheiden. Gleichzeitig bekommt die Haarpapille wieder ihre ursprüngliche Form und Größe und beginnt erneut, Zellen zu produzieren. Es bildet sich ein neuer Haarkeim.

Das Wachstum und die Erneuerung des Haares verlaufen also in drei Phasen, die sich abwechseln. Daher spricht man hier auch von **Haarwechsel**, der in einem Kreislauf stattfindet. Weil der Haarwechsel normalerweise fortwährend und ziemlich gleichmäßig über den ganzen Kopf verteilt stattfindet, entstehen keine Kahlstellen. So wie in einer Großfamilie Menschen verschiedenen Alters miteinander leben, stehen Haare verschiedenen Alters nebeneinander.

Der natürliche Haarwechsel

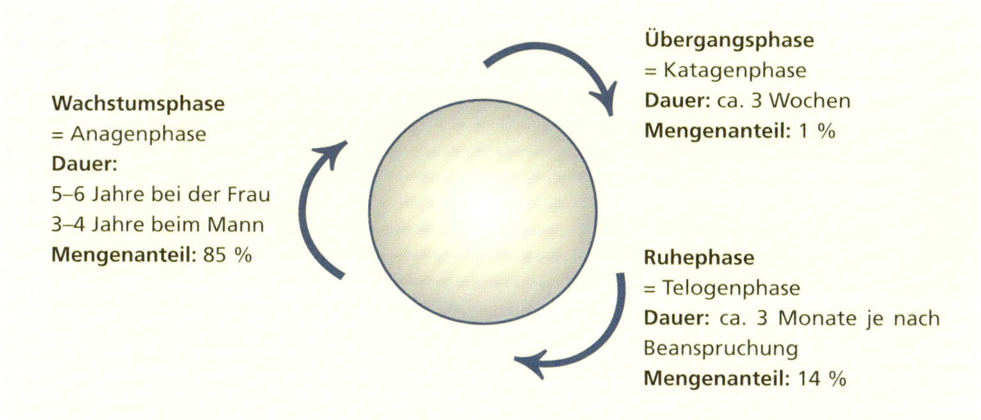

Liegt der Verdacht auf Haarausfall bzw. eine Wachstumsstörung vor, entnimmt der Hautarzt mit einer Klammer an zwei verschiedenen Stellen ungefähr 100 Haare. Die Wurzeln werden unter einem Mikroskop betrachtet und verschiedenen Phasen zugeordnet. Diese Untersuchungsmethode nennt man **Trichogramm**. Normalerweise befinden sich ca. 85% aller Haare in der Wachstumsphase, ungefähr 1% in der Übergangsphase und etwa 14% in der Ruhephase.

Wenn beispielsweise wesentlich weniger als 85% der Haare der Wachstumsphase zugeordnet werden können, liegt eine krankhafte Haarwechselstörung vor.

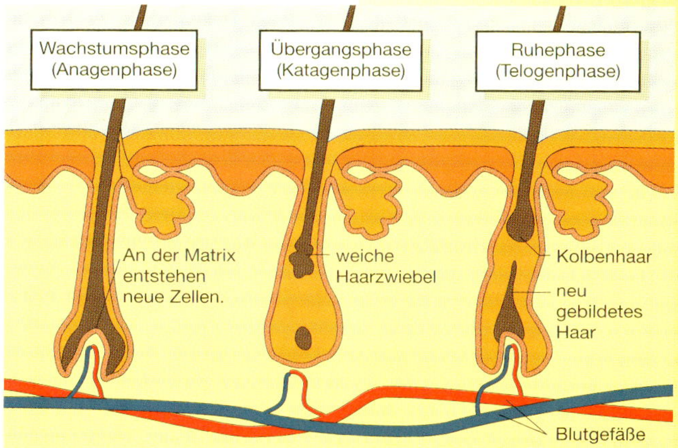

2.2.2 Aufbau des Haares – Haarschichten

Um als Friseur Form oder Farbe des Haares zu verändern, müssen bestimmte Vorgänge im Inneren des Haares stattfinden. Betrachtet man ein Haar unter dem Mikroskop, lassen sich mehrere Schichten unterscheiden: Die äußere Schicht wird als **Schuppenschicht** (Cuticula = kleines Häutchen) bezeichnet. Im Inneren befindet sich die **Faserschicht** (Cortex = Faserstamm), die ca. 80 % des Haares ausmacht. Bei sehr dicken Haaren findet man noch das **Mark** (Medulla = Mark), das sich wie ein Kanal durch die Mitte des Haares zieht.

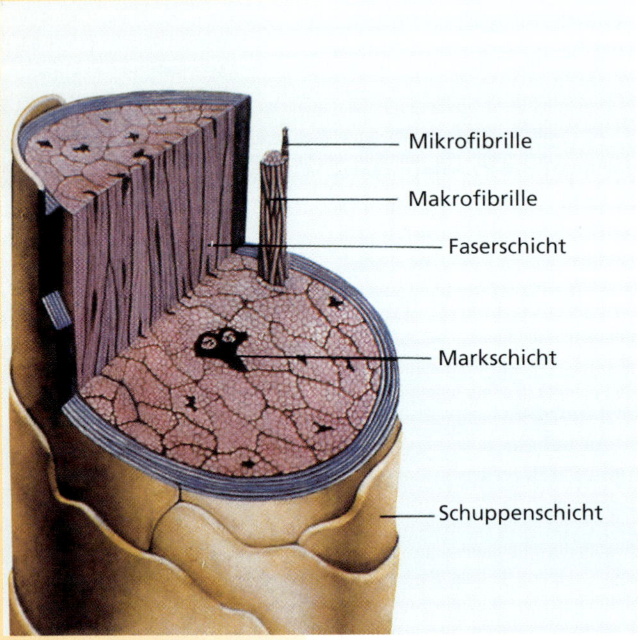

Schuppenschicht

Die Schuppenschicht besteht aus 4 bis 10 übereinander liegenden Lagen von Zellen, die durch eine **Kittsubstanz** miteinander verklebt sind. Diese Zellen sind durch die Vorgänge im Haarfollikel während des Wachstums stark abgeflacht und liegen wie Dachziegel übereinander. Sie sind meist farblos und durchscheinend und weisen nur selten Farbstoffe auf. Für das Haarinnere bilden sie einen Schutz vor mechanischen Einflüssen und vor UV-Strahlen.

Tipp

Werden Haare blondiert, gefärbt oder dauergewellt, muss zunächst die Schuppenschicht geöffnet werden. Dies geschieht mit alkalisch reagierenden Substanzen, die das Haar quellen. Hierdurch können jedoch die Schuppenränder abspreizen und auch Kittsubstanz herausgelöst werden. Mit sauer reagierenden Behandlungsmitteln wird das Haar wieder zusammengezogen (adstringiert) und der Glanz des Haares verbessert.

Faserschicht

Die Faserschicht besteht aus **Keratinfasern**. Da diese Schicht die Hauptmasse des Haares ausmacht, beeinflusst sie die Eigenschaften und die Beschaffenheit des Haares. Bei nahezu allen Behandlungen, die der Friseur zur Veränderung von Farbe und Form durchführt, kommt es in dieser Schicht zu Veränderungen. Hier befinden sich außerdem die Pigmente, die die Haarfarbe bestimmen.

Wird die Faserschicht in ihre einzelnen Bestandteile aufgetrennt, lassen sich lang gestreckte Faserbündel erkennen. Innerhalb eines solchen Bündels gibt es weitere Untereinheiten, die Makrofibrillen (= große Fasern). Innerhalb der Makrofibrillen sind wiederum Untereinheiten zu finden, die Mikrofibrillen (= kleine Fasern). Die Faserstrangbündel sind in eine geschmeidige Kittsubstanz eingebettet. Sie ist verantwortlich für die hohe Dehnbarkeit, Elastizität und Festigkeit des Haares.

Streift man mit Daumen und Zeigefinger vom Ansatz bis zur Spitze, fühlt sich das Haar glatter an als in umgekehrter Richtung von der Haarspitze zum Haaransatz. Warum wohl?

Markschicht

Im Inneren des Menschenhaares findet man nur selten das Mark. Dieses ähnelt einem Kanal, der in seinem Hohlraum ein schwammartiges Material enthält, das aus teilweise verhornten und unverhornten Zellen besteht. Dazwischen liegen Hohlräume. Die Aufgabe der Markschicht als wärmendes Luftpolster, wie im Tierfell, hat im Laufe der Entwicklungsgeschichte an Bedeutung verloren.

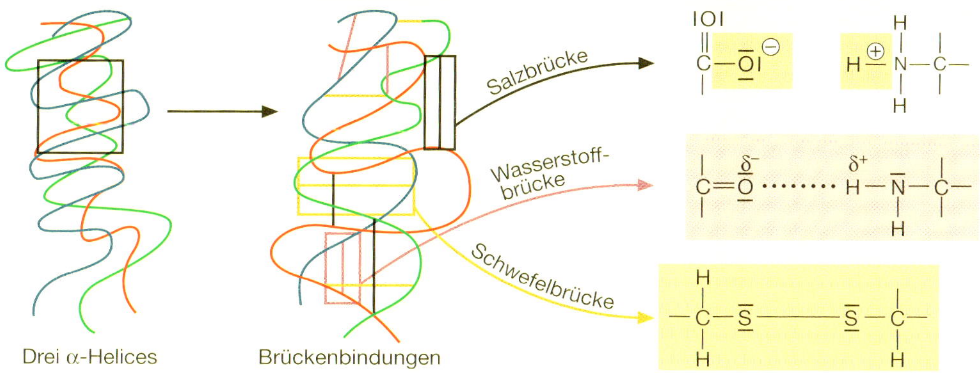

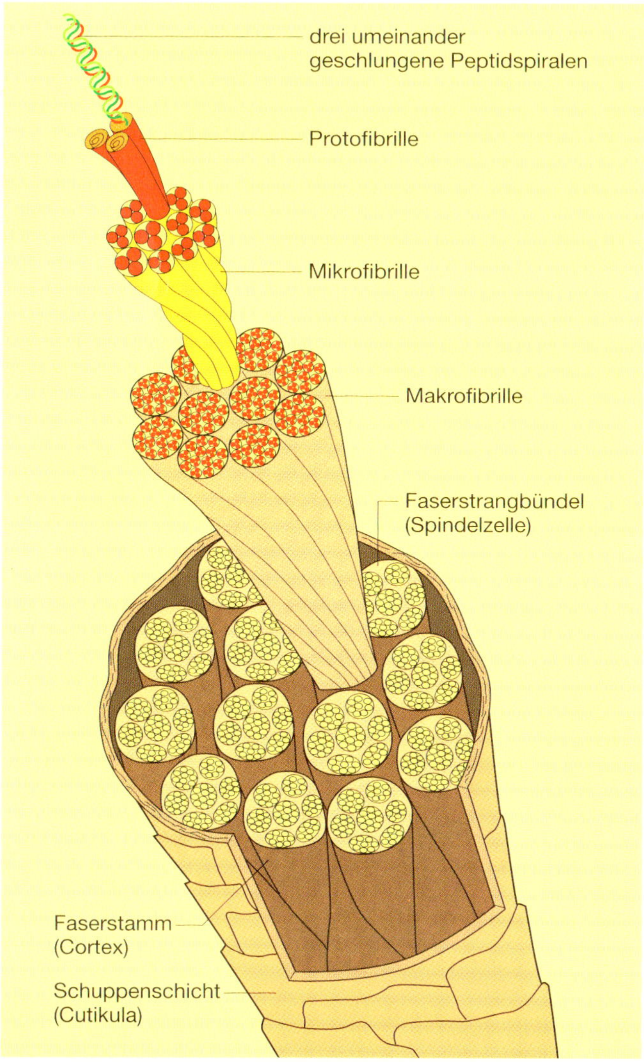

EXKURS

Feinbau des Haares

Die Protofibrille der Faserschicht besteht aus zwei bis drei umeinander gewundene Spiralen. Diese Spiralen wiederum sind aus Aminosäuren aufgebaut, der Bausubstanz von Eiweiß. Man spricht beim faserigen Bestandteil des menschlichen Haares von einer Anordnung als α-Helix.

Damit diese Eiweißstruktur die notwendige Festigkeit erhält, bilden sich zwischen den α-Helices verschiedene Brückenbindungen aus:

Salzbrücken werden auch als Ionenbindungen bezeichnet, weil jeweils ein Wasserstoffatom von einer Carboxyl-Gruppe abgegeben und von einer Aminogruppe aufgenommen werden kann und so geladene Teilchen entstehen.

Wasserstoffbrücken bilden sich zwischen den Sauerstoffatomen der Peptid-Gruppen und den Wasserstoffatomen der Aminogruppen.

Schwefelbrücken (Disulfidbrücken) sind zwischen den Cysteinbestandteilen der Aminosäureketten zu finden.

Brücken im Haarkeratin können durch bestimmte Stoffe gebrochen und wieder verknüpft werden. Das Lösen und neue Verknüpfen der verschiedenen Eiweißbrücken im Haar sind die wesentlichen chemischen Vorgänge bei Haarumformungen im Friseursalon.

2.2.3 Farbgebung und Ergrauen des Haares

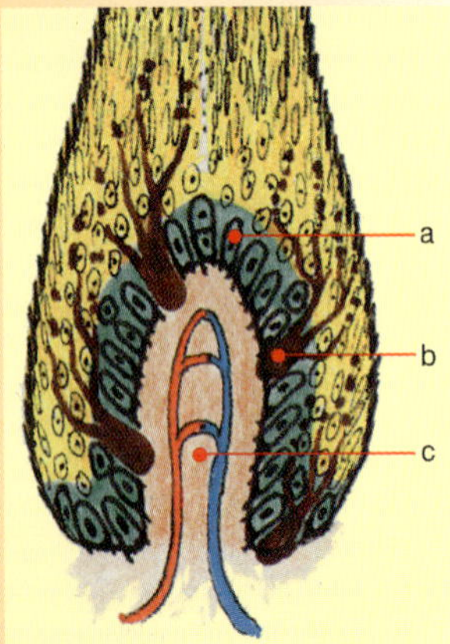

a = Keratinozyten
b = Melanozyten
c = Haarpapille mit Kapillaren

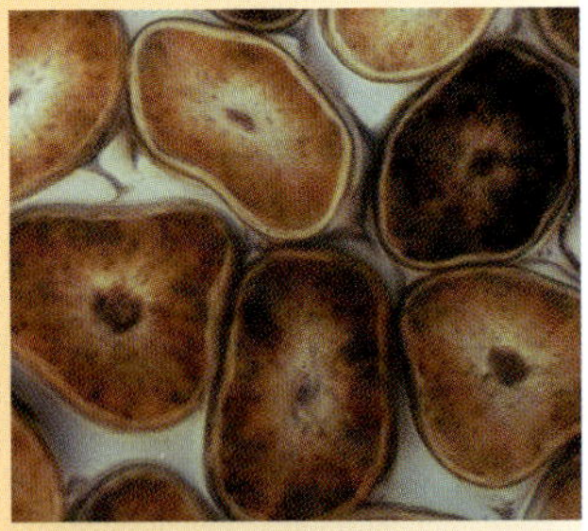

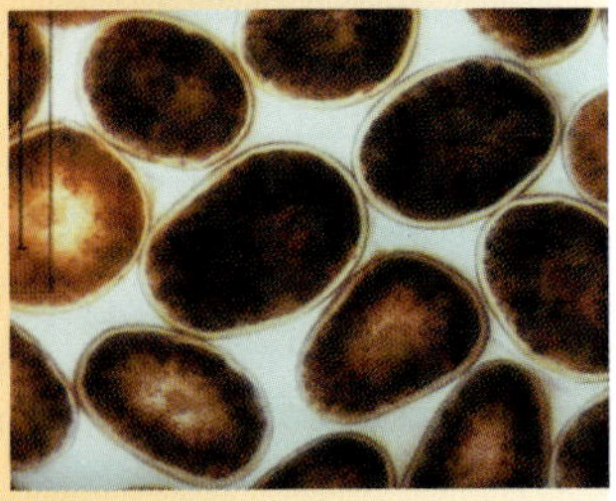

Für die Haarfarbe sind spezielle Zellen zuständig. Diese Zellen heißen **Melanozyten** und befinden sich neben den Keratinozyten in der Matrix des Haares. In den Melanozyten wird der Farbstoff des Haares gebildet, das **Melanin**. Über Fortsätze geben die Melanozyten das Melanin an die Keratinozyten weiter. Diese lagern es ein und nehmen es mit auf ihrem Weg nach oben. So gelangt der Farbstoff in die Faserschicht und schimmert durch die farblose Schuppenschicht hindurch.

Der Farbstoff Melanin erzeugt eine Vielfalt von Haarfarben. Dies ist damit zu erklären, dass man beim Melanin zwei verschiedene Arten von Pigmenten unterscheidet: das braune bis schwarze Pigment **Eumelanin** und das hellere, gelb-rötliche Pigment **Phaeomelanin**.

Mit dem Begriff **Farbtiefe** wird angegeben, ob ein Haar hell oder dunkel ist. Die Farbtiefe hängt von der Gesamtmenge der Eu- und Phaeomelanine ab. Je weniger Eu- und Phaeomelanine vorhanden sind, desto heller ist das Haar. Fehlen diese Pigmente ganz, erscheint das Haar weiß.

Die **Farbrichtung**, d. h., ob ein Haar z. B. eine Rot-, Gold- oder Asch-Nuancierung hat, hängt ab vom Mischungsverhältnis von Eu- und Phaeomelanin. Eine geringe Menge Eumelanin, gemischt mit einer großen Menge Phaeomelanin, führt beispielsweise zu intensiven kupferroten Tönen. Demgegenüber ergibt sich nur ein leichter Rotschimmer, wenn Phaeomelanin mit Eumelanin in gleicher Menge gemischt werden.

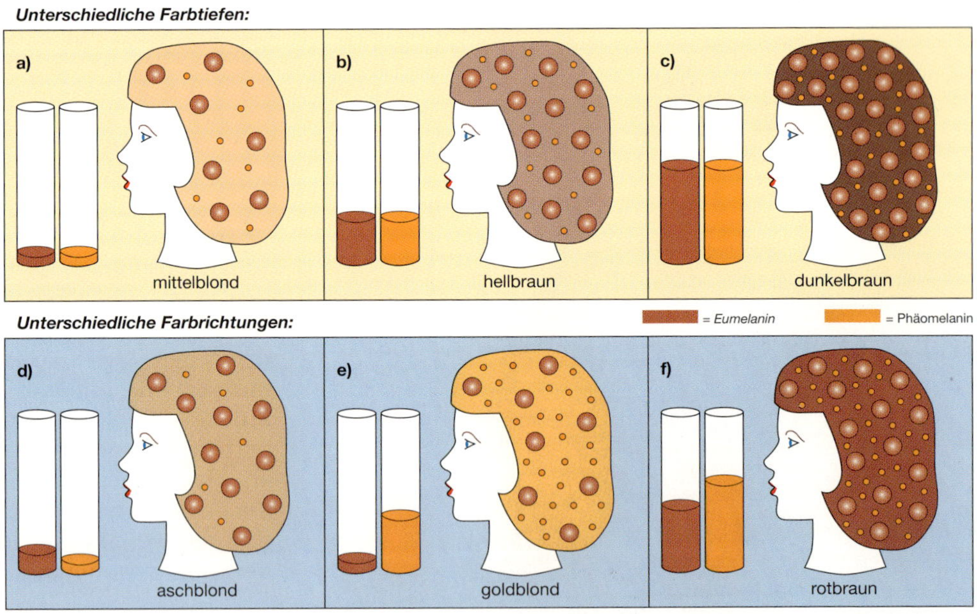

Wie das Haar seine Farbe verliert

Im Laufe des Lebens werden die Melanozyten bei vielen Menschen kleiner und weniger. Die Melanozyten können außerdem ihre Fähigkeit verlieren, Pigmente zu bilden. Die Haare sind dann nicht mehr pigmentiert und wachsen weiß nach. Dieser Vorgang vollzieht sich in einer einzelnen Haarwurzel relativ rasch, meist in der Ruhephase des Haares, während in einer unmittelbar benachbarten Wurzel die Herstellung von Melanin noch viele Jahre völlig normal weitergehen kann.

Karla betrachtet eine Haarsträhne ihrer 60-jährigen Modellkundin Frau Schulte. Von etwa 350 Haaren sind ungefähr 120 unpigmentiert. Bestimmen Sie den Weißanteil in Prozent!

Eine Mischung aus weißen, unpigmentierten Haaren und pigmentierten Haaren erscheint „grau". Der Friseur spricht jedoch nicht vom „ergrauten" Haar, sondern bestimmt den Grad der Ergrauung genauer als **Weißanteil.** Bei einem Weißanteil von 50% ist die Hälfte der Haare unpigmentiert. Um erfolgreich farbverändernde Haarbehandlungen durchführen zu können, muss der Weißanteil richtig eingeschätzt werden.

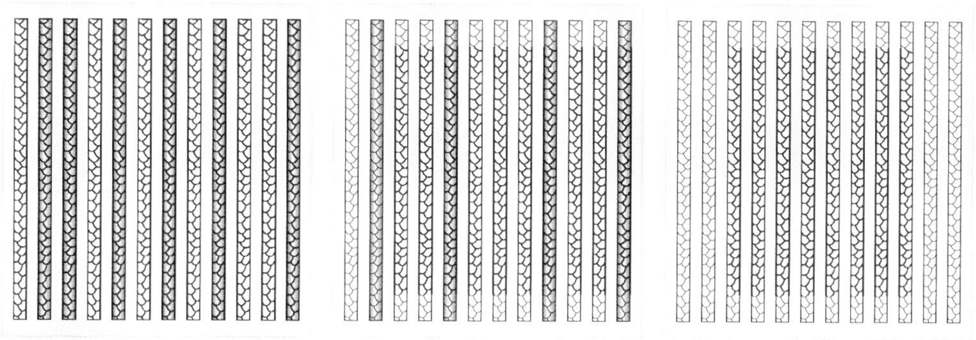

Welche Haarfarbe ein Mensch hat und wie lange seine Melanozyten Melanin bilden, ist erblich bedingt und wird durch Hormone gesteuert.

Dass Haare über Nacht weiß werden, ist unmöglich, weil Haare sehr langsam wachsen und die Herstellung des Farbstoffs nur in den Wurzeln erfolgt. Allerdings kann bei schweren Krankheiten, die mit Haarausfall verbunden sind, der Eindruck entstehen, als ob sich die Farbe der Haare sehr schnell verändert hat. Dieser Eindruck ist besonders stark, wenn bereits ein hoher Anteil an weißen Haaren vorhanden ist und vor allem pigmentierte Haare ausfallen.

Eine Kundin hat sich zu Hause die Haare blondiert und erscheint nun verzweifelt mit einem hellen Gelbton beim Friseur. Erklären Sie ihr das Phänomen!

2.3 Eigenschaften des Haares

Aufgrund seines Aufbaus und seiner Struktur verfügt das Haar über bestimmte Eigenschaften. Diese spielen sowohl im täglichen Leben als auch in der Friseurpraxis eine wichtige Rolle. Hierzu zählen

1. Dehnbarkeit, Elastizität und Reißfestigkeit
2. Wasseranziehung, Quellung und Kapillarität
3. Stärke/Dicke und Querschnitt

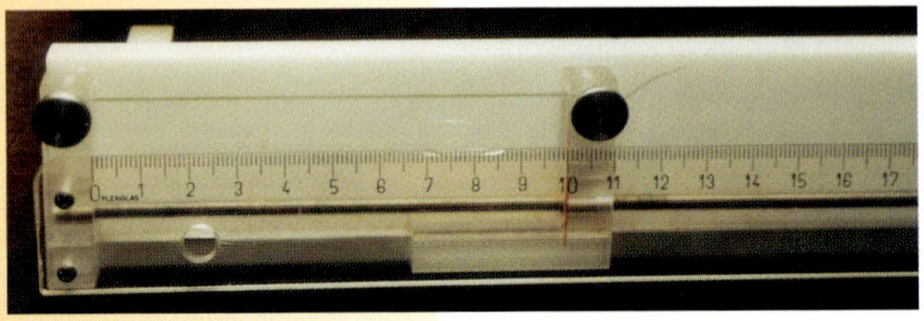

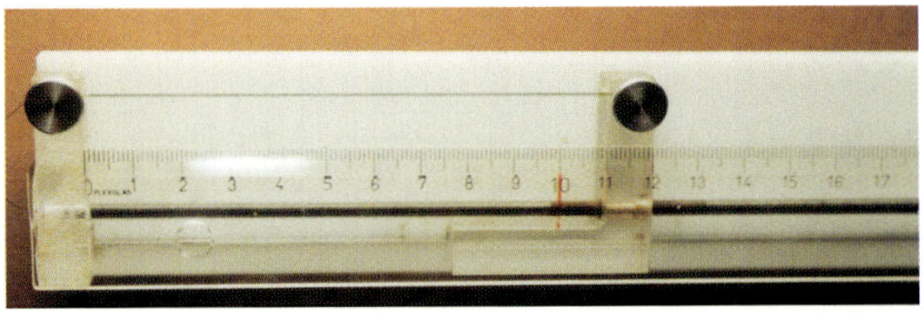

Dehnungsrückstand: Unterschied zwischen der ursprünglichen Länge des Haares und der Länge, die das gedehnte Haar nach dem Entspannen wieder einnimmt.

Versuchsanleitung mit dem Haarprüfgerät: Spannen Sie 10 cm des zu prüfenden Haares in das Haarprüfgerät ein. Dehnen Sie das Haar, bis es reißt. Befindet sich der Zeiger des Haarprüfgerätes bei 14 cm, konnte das Haar um 40 % gedehnt werden. Um wie viel Prozent können Sie jeweils gesundes, feuchtes und blondiertes Haar dehnen? Welchen Einfluss hat die Qualität des Haares auf die Dehnbarkeit?

2.3.1 Dehnbarkeit, Elastizität und Reißfestigkeit

Haare lassen sich stark dehnen und sind sehr elastisch. Dies liegt an dem schraubenförmigen und verzwirnten Aufbau des Keratins. Die **Dehnbarkeit** zeigt sich darin, dass sich ein Haar bei Belastung verlängert. Mit einem **Haarprüfgerät** lässt sich die Dehnung messen. Hierbei vergleicht man die Längenzunahme in cm. Durchschnittlich kann ein gesundes Haar um ein Drittel seiner ursprünglichen Länge gedehnt werden, bevor es reißt. Bei feuchtem Haar ist die Dehnbarkeit größer: Es kann etwa um die Hälfte seiner ursprünglichen Länge gedehnt werden. Blondiertes Haar, das angefeuchtet wurde, verfügt über eine Dehnbarkeit bis zu 100 %.

Unter **Elastizität oder Sprungkraft** versteht man die Fähigkeit des Haares, nach Belastung wieder annähernd den ursprünglichen Zustand zu erreichen. Dehnt man ein unbehandeltes Haar um ca. 10 %, dann „springt" es nach dem Loslassen in seine ursprüngliche Länge zurück. Es verhält sich elastisch. Die Elastizität hat jedoch Grenzen: Dehnt man ein Haar stärker als um 10 %, bleibt ein Teil der Längenzunahme. Das bedeutet, dass das Haar sich nicht mehr zu seiner ursprünglichen Länge zusammenzieht. Diese Überdehnung schädigt das Haar in seiner inneren Struktur. Elastizität und damit die so genannte Sprungkraft gehen weitgehend verloren.

Unter **Reißfestigkeit** eines Haares versteht man das Höchstgewicht, mit dem ein Haar belastet werden kann, bevor es reißt. Ein nicht geschädigtes durchschnittlich dickes Haar kann etwa 90 g tragen. Deshalb können sich Artisten im Zirkus an ihren eigenen Haaren aufhängen.

Im nassen Zustand reißt ein Haar früher als im trockenen, meistens schon bei halber Belastung. Auch chemisch behandeltes Haar reißt leichter als unbehandeltes. Am geringsten ist die Reißfestigkeit von blondiertem und heller gefärbtem Haar.

Sicherheitshinweise

Chemisch behandeltes Haar lässt sich stärker in die Länge dehnen, bevor es reißt. Es ist aber trotzdem weniger reißfest, denn es hält nur eine geringe Zugbelastung aus. Besonders vorsichtig muss man deshalb blondiertes und frisch dauergewelltes Haar behandeln, vor allem beim Kämmen und Föhnen.

2.3.2 Wasseranziehung, Quellung und Kapillarität

Kunden klagen häufig darüber, dass bei feuchtem Wetter die Föhnfrisur zerstört und eine Naturkrause oder Dauerwelle „durchschlägt". Dabei nimmt das Haar Feuchtigkeit aus der Luft auf. Diese Fähigkeit zur **Wasseranziehung** wird auch als **Hygroskopizität** bezeichnet. Die Wasseranziehung hat jedoch auch positive Effekte: Das Haar lässt sich leichter kämmen, ist geschmeidiger und fällt weicher. Durch Aufnahme der Luftfeuchtigkeit quillt das Haar leicht auf und verlängert sich geringfügig.
Wegen seiner inneren Struktur kann das Haar nicht nur Feuchtigkeit aus der Luft aufnehmen, sondern sogar relativ große Mengen an Wasser oder anderen Flüssigkeiten chemisch binden. Dies führt zu einer **Quellung** des Haares, die z. B. bei der Haarwäsche zu einer Erhöhung des Durchmessers um etwa 15 % führen kann. Je poröser ein Haar ist (etwa infolge einer Dauerwellbehandlung oder Blondierung), desto besser können Flüssigkeiten eindringen und es aufquellen. Deshalb trocknet blondiertes Haar wesentlich langsamer als unbehandeltes Haar.
Kapillarität bezeichnet den Haarröhrcheneffekt. Flüssigkeiten, die sich in feinsten Röhrchen von der Stärke eines Haares befinden, steigen entgegen der Schwerkraft auf (Kapillaren = feinste Röhrchen). Die Kapillarität bei einer Haarsträhne kommt also daher zustande, dass eng aneinander liegende Haare feinste röhrchenförmige Zwischenräume entstehen lassen, in denen Flüssigkeiten entlangziehen können. Die Kapillarität ist in der Friseurpraxis sehr wichtig: Feuchtet man eine aufgewickelte Strähne beispielsweise mit Wellmittel an, dann gelangt das Präparat aufgrund der Kapillarität durch die Haarzwischenräume hindurch bis in die Spitzen.

2.3.3 Stärke/Dicke, Querschnitt

Unter **Haarstärke** versteht man den Durchmesser eines Haares. Dieser kann mit dem Haarstärkenmessgerät gemessen werden. Die Haarstärke wird unterteilt in fein, normal und dick.

Durchmesser	Haarstärke
0,03 – 0,05 mm	Fein
0,06 – 0,07 mm	Normal
0,08 – 0,12 mm	Dick

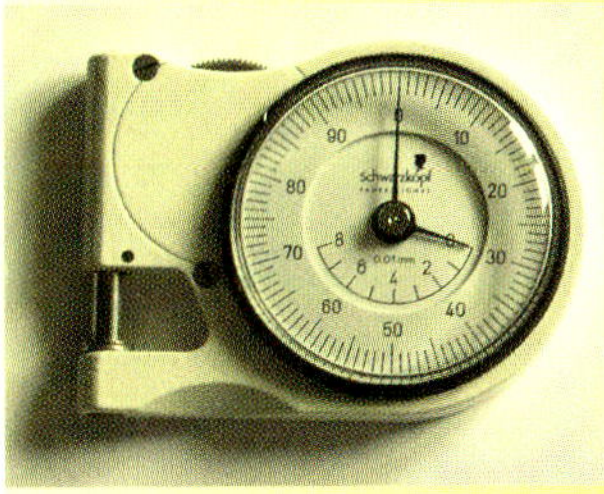

Der **Querschnitt** des Haares kann rund, oval oder bandförmig (Bandhaar) sein. Der Querschnitt hat einen Einfluss auf die Elastizität des Haares.
Bei der Querschnittsmessung wird das Haar zunächst flach (plan) aufgelegt und dann in einer Schlaufe gemessen, um die Querschnittsform zu ermitteln.

Unterschied zwischen „plan" und „Schlaufe"	Querschnittsform	Einfluss auf die Sprungkraft/Elastizität
Bis 25 %	rund	Hohe Stabilität der Frisur
25 – 50 %	oval	Stabilität und Haltbarkeit nimmt gegenüber dem runden Querschnitt ab
Über 50 %	bandförmig	Umformungen halten schlecht bis gar nicht

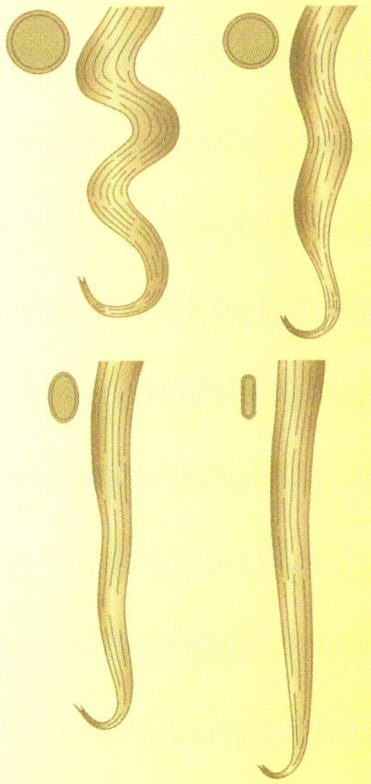

1. *Berechnen Sie, wie viel Last ein Schopf von 100 000 Haaren theoretisch tragen kann.*
2. *Wie würden Sie einer Kundin erklären, was ein „Bandhaar" ist?*

3 Haarschäden und Kopfhautveränderungen behandeln

3.1 Kopfhautanomalien erkennen und behandeln
- Fettige, ölige Kopfhaut
- Fettige, schuppige Kopfhaut
- Trockene Kopfhaut
- Schuppenflechte
- Pilzerkrankungen

3.2 Haarveränderungen erkennen und behandeln
- Haarschaftschäden
- Anlagebedingte Veränderungen

3.3 Haarausfall erkennen und behandeln
- Allgemeine Merkmale
- Androgenetischer Haarausfall (Alopezia androgenetica)
- Kreisrunder Haarausfall (Alopezia areata)
- Diffuser Haarausfall (Alopezia diffusa) aufgrund verschiedener Ursachen
- Inhaltsstoffe von Präparaten zur Haar- und Kopfhautpflege im Überblick

„Dieses leidige Fett – täglich waschen!"

Karla darf heute ein junges Mädchen, die 13-jährige Nicole bedienen. Während des Kundenberatungsgesprächs erkennt Karla, dass sich Nicole auf keinen Fall von ihrem schulterlangen Haar trennen möchte. Andererseits wünscht sie sich eine praktische Frisur, weil sie ihr Haar oft waschen muss. Karla fragt genauer nach:

Karla: „Wie oft musst du denn dein Haar waschen?"

Nicole: „Sehr oft. Mindestens einmal am Tag. Mein Haar wird sehr schnell fettig. Die Frisur hält nicht, das Haar ist strähnig und ich fühle mich einfach unwohl. Ich habe schon viel probiert und wüsste gern, was ich dagegen unternehmen kann. Kannst du mir helfen?"

Karla: „Was hast du denn bislang schon ausprobiert?"

Nicole: „Ich habe mir von verschiedenen Herstellern Antifett-Shampoo gekauft und es regelmäßig angewendet. Das war nicht schlecht, aber irgendwie für das Haar nicht so gut. Es wirkte stumpf und wurde sehr spröde. Dann habe ich mein Haar mal drei Tage nicht gewaschen, in der Hoffnung, dass es dann nicht mehr so schnell fettig wird. Dabei habe ich mich sehr ungepflegt gefühlt, weil praktisch das gesamte Haar fettig wurde. Probiert habe ich auch Kopfhautwässer, die ich ganz lange in meine Kopfhaut einmassiert habe. Wird das irgendwann wieder besser? Was würdest du mir denn empfehlen?"

3.1 Kopfhautanomalien erkennen und behandeln

Anomalie bedeutet: Abweichung vom Normalen. Kopfhautanomalien sind also Abweichungen der Kopfhaut vom Normalzustand. Welche Kopfhautanomalie vorliegt, wird durch die Menge des auf ihr befindlichen Talgs bestimmt: Ist viel Talg vorhanden, spricht man von einer Seborrhö. Je nachdem, wie der Talg beschaffen ist, ob flüssig-ölig oder wachsartig-trocken, werden zwei Formen der Seborrhö unterschieden:

- die ölige Form (Seborrhö oleosa),
- die trockene Form (Seborrhö sicca).

Warum ist der Mensch nicht auf einen bestimmten Hauttyp festgelegt?

Ist nur sehr wenig Talg vorhanden, liegt eine Sebostase vor.

Kopfhautanomalien im Überblick:

(Kopf-)Hauttyp	Seborrhö oleosa/„fettige Haut"	Seborrhö sicca/„schuppige Haut"	Sebostase/„trockene Haut"
Schuppen	nicht vorhanden	große, leicht zerreibbare Talgschuppen	häufig vorhanden als kleine, nicht zerreibbare Hornschüppchen
Nachfetten	schnelles Nachfetten der Kopfhaut und Durchfetten bis zum Ansatz	schnelles Nachfetten der Kopfhaut, Haarlängen und -spitzen sind jedoch oft trocken	kein Nachfetten, sondern Trockenheit von Kopfhaut und Haar
Gesichtshaut	Gesichtshaut glänzt fettig und neigt zu Hautunreinheiten	T-Zone (= Bereich von Stirn, Nase, Kinn) der Gesichtshaut glänzt fettig, Wangen, Nasenflügel und Augenbrauen sind schuppig	Gesichtshaut ist trocken, zeigt feine Poren, an Stirn und Nase feine Schuppungen, Rötungen an den Wangen

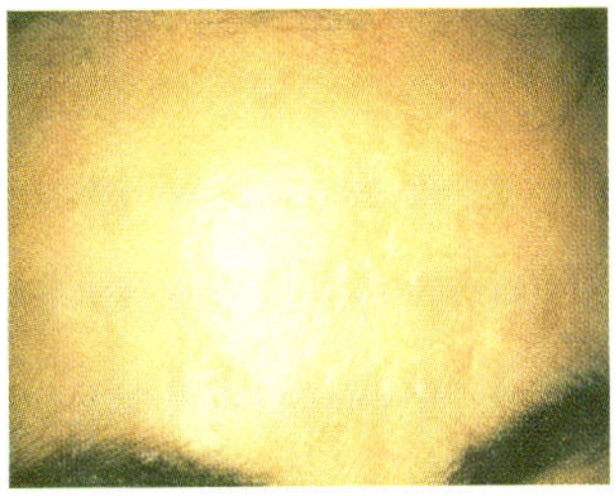

Seborrhö oleosa

Seborrhö sicca

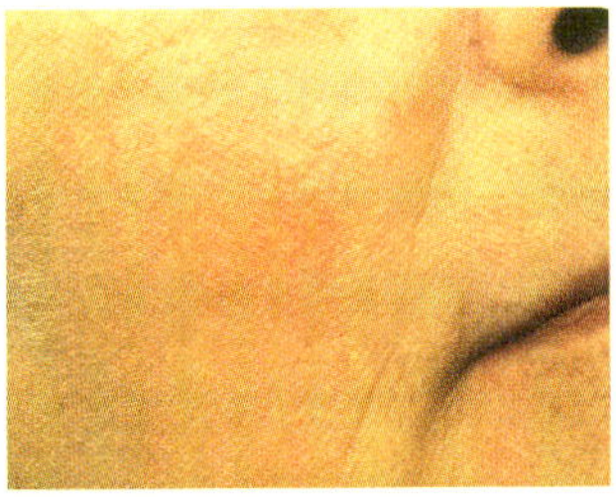

Sebostase

Welche Konsequenzen haben diese Erkenntnisse für die Praxis?

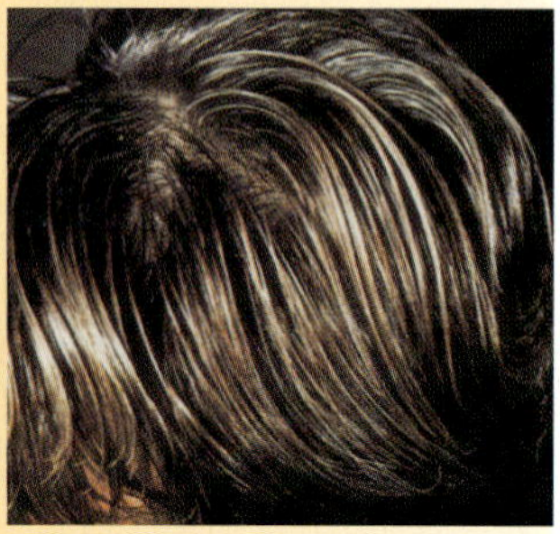

3.1.1 Fettige, ölige Kopfhaut

Erkennungszeichen

- Die Haut zeigt einen fettigen Glanz und neigt zu Hautunreinheiten. Die Haare sind oft schon einen Tag nach der Wäsche strähnig und spätestens nach 2–3 Tagen bis in die Spitzen fettig.
- Diese Anomalie setzt in der Pubertät ein und tritt daher bei jungen Kunden besonders oft auf. Etwa 80 Prozent der Menschen dieser Altersgruppe leiden an fettiger, öliger Kopfhaut. Bei älteren Menschen hingegen nimmt die Talgdrüsentätigkeit wieder ab.
- Der Fachbegriff hierfür lautet **Seborrhö oleosa**.

Ursachen

- Typisch für die fettige, ölige Form ist, dass die Talgdrüsen zu viel und zu öligen Talg produzieren.
- Ursache ist eine Überfunktion der Talgdrüsen. In der Fachsprache spricht man von einer **„Seborrhö"** (= Talgfluss). Neben einer erblichen Veranlagung sind für diese Talgdrüsenüberfunktion auch männliche Sexualhormone verantwortlich, die so genannten **Androgene**. Testosteron ist das wichtigste Androgen. Auch von Frauen werden diese Hormone produziert, allerdings in kleineren Mengen.

Behandlung

- Lange Zeit glaubte man, dass durch häufiges Haarewaschen die Talgbildung zusätzlich angeregt wird. Neuere Messungen haben das nicht bestätigt. Die Entstehung und Ausscheidung des Talgs dauern über eine Woche. Deshalb erscheint eine kurzfristig erhöhte Steigerung der Talgproduktion abwegig. Heißes Wasser bei der Haarwäsche macht den Talg dünnflüssig. Dadurch kann in dem Moment mehr Talg an die Hautoberfläche fließen. Die Produktion der Talgdrüsen bleibt aber unverändert. Daher ist es unerheblich, ob mit heißem oder lauwarmen Wasser gewaschen wird.
- Bei vorliegender Seborrhö oleosa sollte der Friseur eine Behandlung mit Spezialshampoo empfehlen. Diese Shampoos enthalten Kräuterextrakte und Pflanzenauszüge, wie Kamille, Salbei, Schafgarbe, die beruhigend, desinfizierend und juckreizstillend auf die Kopfhaut wirken. Außerdem wird die Haaroberfläche durch gerbstoffhaltige Kräuterextrakte (wie z. B. Henna) leicht aufgeraut, wodurch das Zusammenfallen einer volumigen Frisur verhindert wird. Wirkstoffshampoos sollten jedoch bei häufiger Verwendung nur im Wechsel mit milden Shampoos verwendet werden. Je nach Produkt sind unterschiedliche Einwirkzeiten erforderlich.
- Darüber hinaus können spezielle Kopfhautwässer eingesetzt werden, die Wirkstoffe zur Verminderung der Talgdrüsenproduktion enthalten, beispielsweise Cysteinsäureverbindungen. Diese Kopfhautwässer enthalten außerdem – wie Spezialshampoos auch – Kräuterzusätze und Pflanzenauszüge, wie z. B. Kamille oder Birke, die entzündungshemmend wirken.

3.1.2 Fettige, schuppige Kopfhaut

Erkennungszeichen

- Die Kopfhaut ist mehr oder weniger mit wachsartigen Schuppen bedeckt.
- Die Schuppen sind größere Hornpartikel, die aus mehreren hundert verklumpten, kleieförmigen Hornzellen bestehen. Die Hornzellen saugen den Talg auf und bilden große, leicht zerreibbare Talgschuppen. Diese Schuppen sind nicht

nur ein ästhetisches Problem. Sie bilden einen idealen Nährboden für Bakterien und Pilze, die bei Kratzwunden Entzündungen hervorrufen können.
- Das Haar fettet zwar bis zum Haaransatz schnell nach, die Haarlängen und Haarspitzen sind aber oft trocken und spröde. Auch der Hautbereich um Wangen, Nasenflügel und Augenbrauen ist schuppig.
- Bei dieser Form der schuppigen Kopfhaut handelt es sich um die trockene Form der Seborrhö, der Fachbegriff hierfür lautet: **Seborrhö sicca**.

Ursachen

- Bei einer fettigen, schuppigen Kopfhaut produzieren die Talgdrüsen ebenfalls zu viel Talg, der jedoch wachsartig ist. Auch hier sind Veranlagung und **Androgene** (= männliche Sexualhormone) verantwortlich.
- Neben der erhöhten Talgproduktion ist die Hautverhornung beschleunigt. D. h., dass die neu gebildeten Zellen sehr viel schneller die Hautoberfläche erreichen. In der Folge kommt es zu einer vermehrten Bildung von Schuppen. Die Ursache ist bislang ungeklärt. Es wird aber vermutet, dass das erhöhte Auftreten von bestimmten Hefepilzen (Malassezia Furfur), die sich vorzugsweise von Talg ernähren, direkt oder indirekt (über Zersetzungsprodukte des Talgs) zu einer Reizung der Kopfhaut führt.

Mögliche Ursachen der Seborrhö sicca

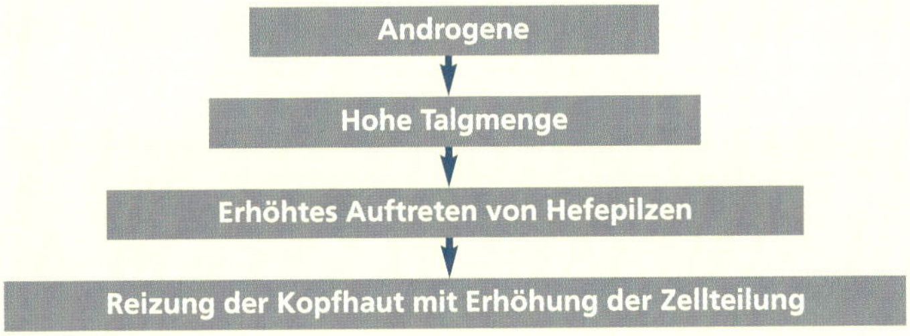

Behandlung

Bei der Behandlung der Seborrhö sicca können drei Strategien unterschieden werden. Die zytostatische (Zytostase = Zellwachstum hemmend) Methode soll den schnellen Zellteilungsprozess verringern. Hierzu werden Wirkstoffe wie z. B. Octopirox, Teer und Selendisulfid eingesetzt. Bei der keratolytischen (= hornlösenden) Methode steht die Entfernung der Schuppen sowie der obersten Schichten der Hornschicht im Vordergrund. Als wirksam gelten Schwefel, Teer und Salizylsäure. Bei der antimikrobiellen Methode, die sich vor allem gegen den Bestand an Hefepilz (Malassezia Furfur) richtet, werden Wirkstoffe wie Zinkpyrithion, Climbazol, Ketoconocol oder Selendisulfid verwendet. Zinkpyrithion soll hierbei aufgrund seiner kristallinen Form besonders lange auf die Kopfhaut wirken.
Bei Seborrhö sicca sollte der Friseur eine Behandlung mit einem speziellen Anti-Schuppenshampoo empfehlen. Hier werden zumeist Kombi-Präparate angeboten: Sie lösen die Schuppen, was zu Beginn zu einer scheinbar vermehrten Schuppung führt. Außerdem wird der beschleunigte Zellerneuerungsprozess verlangsamt und das Wachstum von Pilzen und Bakterien gehemmt. Diese Shampoos entfalten ihre Wirkung besonders gut, wenn sie vor dem Abspülen eine gewisse Zeit auf die Kopfhaut einwirken. Zu heftiges Massieren während der Haarwäsche sollte hier vermieden werden, weil dadurch die Talgdrüsenaktivität zusätzlich angeregt wird. Neben Shampoos können zusätzlich Behandlungen mit Kopfhautwässern und Haarkuren empfohlen werden.

3.1.3 Trockene Kopfhaut

Typische Kennzeichen

- Haut und Haare sind trocken und erscheinen glanzlos. Das Haar ist leicht brüchig.
- Auf der Kopfhaut und an den Konturen sind oft kleine, nicht zerreibbare Hornschüppchen erkennbar. Häufig klagen die Betroffenen über Juckreiz und Rötungen der Kopfhaut.
- Die Gesichtshaut zeigt feine Poren und an Stirn und Nasenwurzel leichte Schuppungen. Die Wangen sind oft gerötet.
- Der Fachbegriff hierzu lautet **Sebostase**.

Ursachen

- Trockene Kopfhaut wird durch eine Unterfunktion der Talgdrüsen verursacht. Das heißt, dass die Talgdrüsen zu wenig Talg produzieren. Diese Unterfunktion der Talgdrüsen wird in der Regel vererbt.

Behandlung

- Bei Sebostase kann der Friseur eine Behandlung mit einem milden Spezialshampoo empfehlen.
- Zusätzlich sollten Pflegemittel wie Cremekuren angewandt werden. Diese Präparate enthalten einen hohen Anteil an pflegenden Stoffen wie Öle, wachsartige Stoffe und **Lecithine** (= fettähnliche Substanzen). Fette, Öle und Wachse wirken rückfettend und verbessern die Geschmeidigkeit der Haare. Positiv geladene **Tenside** werden eingesetzt, da sie das „Fliegen" der Haare verhindern.

Stellen Sie aus dem Sortiment Ihres Salons eine Produktempfehlung für verschiedene Kopfhautprobleme zusammen.

EXKURS

Wie entstehen Schuppen?

Die einzelnen Hornzellen, die ständig von der gesunden Hautoberfläche abgeschilfert werden, sind sehr klein und daher mit dem bloßen Auge nicht sichtbar. Sichtbare Schuppen sind hingegen große Verbände von aneinander haftenden abgestorbenen Hornzellen. Diese sind lose oder haften fest an der Kopfhaut. Sie sind das Ergebnis einer verstärkten Verhornung, die durch eine erhöhte Zellteilungsrate oder eine verminderte Abstoßung von der Hautoberfläche entsteht. Eine erhöhte Zellteilungsrate ist die Folge von Reizungen oder Entzündungen der Haut (z. B. Abnutzungsekzem), sie kann aber auch Ausdruck einer erblich bedingten Hauterkrankung sein (z. B. Schuppenflechte). Diese Erkrankungen müssen vom Arzt behandelt werden. Auch durch die Einwirkung von Chemikalien kann es zur Schuppung kommen, beispielsweise nach Blondierungen und Dauerwellbehandlungen.

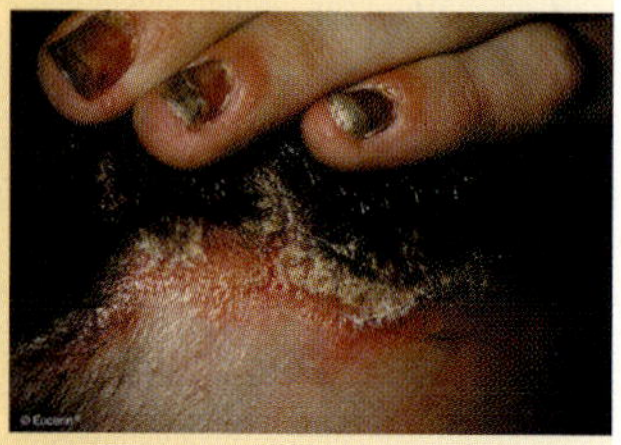

3.1.4 Schuppenflechte (Psoriasis)

Die Schuppenflechte ist eine Hauterkrankung, die auch die behaarte Kopfhaut befallen kann. Bevorzugt tritt sie am Haaransatz auf. Außerdem sind oft die Knie und Ellenbogen betroffen. Es entstehen scharf begrenzte Herde, die gerötet sind und eine feine, silbrig-glänzende Schuppung zeigen. In schweren Fällen kann es zum Haarausfall kommen, wenn die Kopfhaut stark entzündet ist. Der Fachbegriff hierzu lautet **Psoriasis**.

Ursachen. Die Schuppenflechte ist nicht ansteckend, sie ist erblich bedingt. Ausgelöst werden kann sie durch äußere Reize. Zu diesen Reizen zählen z. B. Kratzen, Reiben, Verletzungen oder Reizungen aufgrund von Chemikalien. Aber auch grippale Infekte, Schutzimpfungen oder bestimmte Arzneimittel sowie seelische Belastungen können zum Ausbruch dieser Hauterkrankung führen. Die Hautveränderungen entstehen aufgrund einer stark beschleunigten Zellteilung und einer Verhornungsstörung der Oberhaut. So ist die Zeit von der Zellteilung bis zur Abschilferung von 28 Tagen auf 3 bis 4 Tage verkürzt.

Tipp

- Die Schuppenflechte ist nicht leicht von der gewöhnlichen Schuppenbildung zu unterscheiden. Sie lässt sich aber daran erkennen, dass bei ihr scharf begrenzte Herde entstehen. Demgegenüber sind gewöhnliche Kopfhautschuppen über die gesamte Kopfhaut verteilt.
- Beim Friseurbesuch ist darauf zu achten, dass die angegriffene Kopfhaut nicht zusätzlich gereizt wird (saubere Werkzeuge, vorsichtiger Einsatz von Kämmen und Bürsten, milde Shampoos).
- Menschen, die an einer Schuppenflechte leiden, erfahren in ihrem Alltag oft Abneigung und Ablehnung aufgrund ihres Aussehens. Dies bedeutet häufig eine enorme seelische Belastung. Diese Abneigung ist jedoch völlig unbegründet, da die Schuppenflechte nicht ansteckend ist.
- Ein Friseur sollte einem erkrankten Kunden ohne Scheu begegnen. Dies kann das angeschlagene Selbstwertgefühl des Kunden positiv beeinflussen.

3.1.5 Pilzerkrankungen

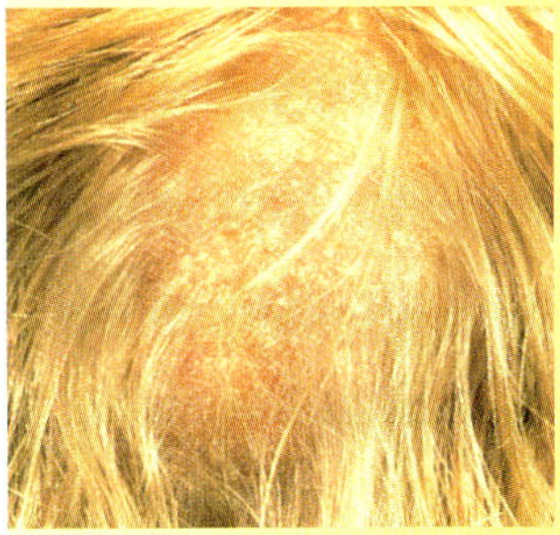

Bei der Kundschaft im Friseursalon sind Pilzerkrankungen heute nur noch selten, da die hygienischen Bedingungen verbessert wurden. Da Pilzerkrankungen jedoch sehr ansteckend sind, müssen bei jedem Verdacht Werkzeuge, Wäsche und die Hände gründlich desinfiziert werden. Außerdem sollte dem Kunden dringend empfohlen werden, einen Hautarzt aufzusuchen.

Beispiele für Pilzerkrankungen sind die Scherpilzflechte und die Mikrosporie.

Scherpilzflechte (Trichophytie)

Typische Kennzeichen

- Die Scherpilzflechte erkennt man an deutlich geröteten, kreisrunden, schuppenden und kahl wirkenden Stellen. An diesen Stellen befinden sich ungleichmäßig lange Haarstümpfe.
- Die Haare brechen oft schon unter der Hautoberfläche ab, da die Pilze am Haarschaft entlang wandern. Sie durchdringen dann auch das Haar und füllen es vollständig aus.
- Diese Erkrankung tritt sowohl bei Kindern als auch bei Erwachsenen auf.
- Bei Männern kann zusätzlich die Bartregion befallen sein.

Ursachen

- Diese Hauterkrankung wird durch Pilze – die so genannten Trichophyten – verursacht. Sie ist sehr ansteckend.

Behandlung

- Die Scherpilzflechte ist eine hochansteckende Hauterkrankung. Besteht bei einem Kunden der Verdacht, dass diese Hauterkrankung vorliegt, darf er keinesfalls im Salon bedient werden.
- Ein Arztbesuch ist dringend anzuraten, da eine Heilung nur mit pilzbekämpfenden Medikamenten möglich ist.

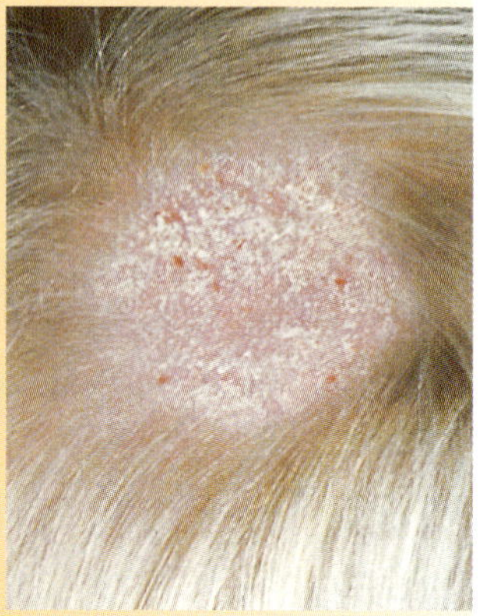

Mikrosporie

Mikrosporie

Typische Kennzeichen sind

- Man erkennt kreisförmige, schuppende Herde.
- Nahe der Kopfhaut sind gleichmäßig verteilt ca. 1 mm lange, abgebrochene Haare. Diese Haarstoppeln sind mit kreidig-weißen Pilzsporen bemehlt.
- Die Mikrosporie tritt nur bei Kindern vor der Pubertät auf. In der Pubertät heilt sie meist von selbst ab.

Ursachen

- Die Ursache dieser Hauterkrankung ist ebenfalls ein spezieller Hautpilz. Auch hier besteht eine hohe Ansteckungsgefahr.

Behandlung

- Auch die Mikrosporie muss ärztlich behandelt werden. Aufgrund der hohen Ansteckungsgefahr dürfen Kunden mit Verdacht auf diese Pilzerkrankung nicht bedient werden.

EXKURS

Pilzinfektionen der Haut (Dermatomykosen): Pilze sind häufig „Gäste" auf unserer Haut und können - bei guten Wachstumsbedingungen – zu Infekten führen. Sie bevorzugen dabei Orte mit feuchter Wärme und befallen gerne Personen, deren Abwehr geschwächt ist. Der Patient bemerkt meist einen zunehmenden Juckreiz. Die betroffenen Hautabschnitte zeigen scharf begrenzte, schuppende Herde. Die Schuppen können dabei zur Diagnose eines Pilzbefalls verwendet werden. Der Besuch des Hautarztes ist hierzu erforderlich.
Die häufigste Pilzinfektion der Haut ist der Pilzbefall der Zehenzwischenräume mit Fadenpilzen: Etwa die Hälfte der Erwachsenenbevölkerung ist vom „Fußpilz" betroffen. Schweißbildung und geschlossene Schuhe (Turnschuhe) fördern das Wachstum der Pilze. Ansteckungsquellen sind z. B. feuchte Roste in Schwimm- oder Sportanlagen.

3.2 Haarveränderungen erkennen und behandeln

3.2.1 Haarschaftschäden

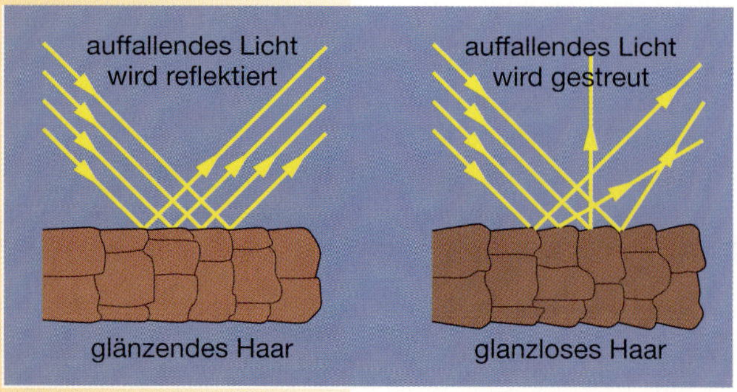

Haarschaftschäden sind Veränderungen der Haarstruktur und der Haaroberfläche. Bei Haarschaftschäden sieht das Haar stumpf, glanzlos oder spröde aus. Das Haar kann auch gespaltene Spitzen aufweisen oder abgebrochen sein. Liegen Haarschaftschäden vor, fühlt sich das Haar oft trocken oder schwammig an.
Verantwortlich für den Glanz ist die Oberfläche des Haares, also der Zustand der Schuppenschicht. Das Haar erscheint glänzend, wenn das auffallende Licht bei einer anliegenden Schuppenschicht in eine Richtung zurückge-

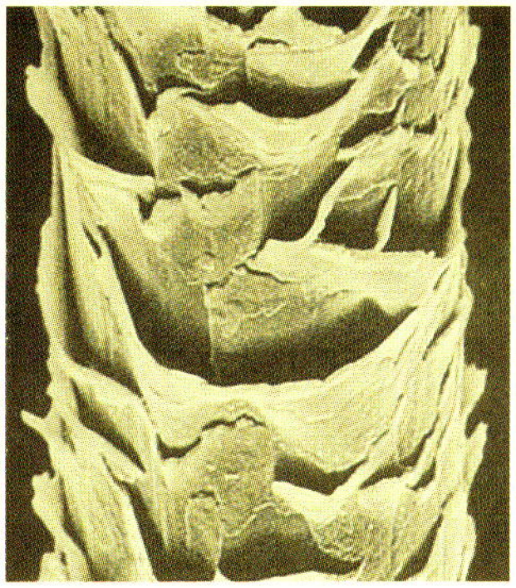

strahlt (reflektiert) wird. Eine geschädigte Haaroberfläche weist häufig abgehobene oder abgebrochene Schuppen auf. In der Folge wird das auffallende Licht in verschiedene Richtungen zurückgestrahlt (= gestreut). Dies führt zu einer stumpf erscheinenden Oberfläche.
Haarschaftschäden entstehen meistens aufgrund äußerer Einflüsse (beispielsweise durch intensive Sonnenbäder im Meerwasser und chemische Behandlungen), wobei häufig mehrere Ursachen eine Rolle spielen. Weniger häufig sind innere Ursachen wie beispielsweise eine Unterfunktion der Talgdrüsen, Vitaminmangel oder anlagebedingte Veränderungen der Haarstruktur.
Neben dem Betrachten und Befühlen des Haares gibt die gezielte Kundenbefragung darüber Aufschluss, welche Ursachen im Vordergrund stehen.

Kennen Sie weitere Kennzeichen für Haarschaftschäden?

Typische Kennzeichen

- Das Haar ist trocken, porös und glanzlos.
- Die Naturhaarfarbe ist oft aufgehellt.
- Das Haar „fliegt" und ist schwer frisierbar. Die Frisur fällt schnell zusammen.
- Die Haarspitzen können gespalten sein (= Haarspliss).

Ursachen

- **Thermische Ursachen:** Eine starke Austrocknung des Haares entsteht durch häufiges und zu heißes Föhnen oder durch den ständigen Einsatz von Locken- und Frisierstäben.
- **Mechanische Ursachen:** Das Haar kann durch minderwertige Kämme und Bürsten mit scharfen Graten mechanisch geschädigt werden. Intensives Reiben der Haare bei der Haarwäsche und beim Abtrocknen bewirkt Schädigungen der Schuppenschicht.
- **Chemische Ursachen:** Hierzu gehören die Dauerwelle, die Färbung und besonders die Blondierung. Bei diesen Behandlungen werden Teile der Haarsubstanz herausgelöst und mitunter auch Teile der Schuppenschicht entfernt. Derartige Schädigungen haben Einfluss auf die Haareigenschaften. So kann strukturgeschädigtes Haar mehr Wasser aufnehmen als gesundes, wodurch sich die Trocknungszeit verlängert. Außerdem ist es stärker dehnbar, weniger elastisch und weniger reißfest.
- **UV-Strahlung:** Neben einer Austrocknung des Haares wird eine Aufhellung durch UV-Strahlung herbeigeführt.
- **Mangelnde oder falsche Haarpflege:** Trockenes Haar kann durch eine häufige Anwendung von minderwertigen Haarsprays und Festigern entstehen. Sie verringern die Feuchtigkeitsaufnahme aus der Luft. Für das gesunde Aussehen des Haares ist aber ein gewisses Maß an Feuchtigkeit notwendig.
  Die Neigung zu Haarspliss ist anlagebedingt und wird besonders bei langem Haar durch schädigende äußere Einflüsse verstärkt.

a) Aufnahme eines „ungekämmten Haares".

b) Aufnahme eines Haares nach langer Benutzung eines Hartgummikammes: Der Haarschaft ist kaum geschädigt.

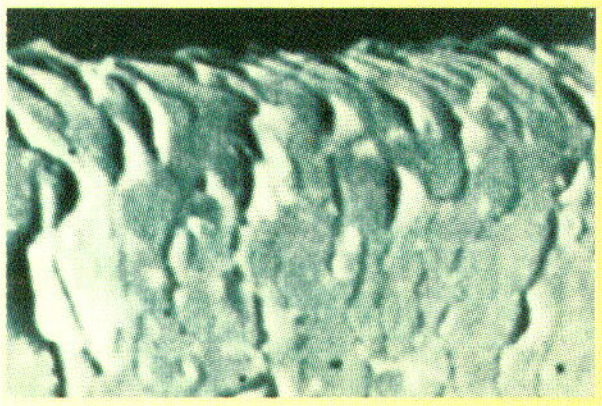

c) Aufnahme eines Haares nach langer Benutzung eines Kunststoffkammes mit Gratbildung: Der Haarschaft ist stark geschädigt.

1. *Erstellen Sie eine Tabelle mit den wichtigsten Ursachen von Haarschaftschäden.*
2. *Welche Ursachen sind besonders häufig?*
3. *Welche Pflegetipps erhalten Kunden mit Haarschaftsschäden in Ihrem Betrieb?*

Behandlung

Zunächst setzt eine erfolgreiche Behandlung der Haarschaftschäden voraus, dass auf Behandlungsmaßnahmen und Mittel verzichtet wird, die das Haar weiter schädigen. Bei Schädigungen des Haarschafts steht dem Friseur eine Vielzahl von Pflegeprodukten zur Verfügung. Das Ziel ist die Erstellung eines Behandlungsplans, der Auswahl und Einsatz von Pflegeprodukten und Haarreinigungspräparaten aufeinander abstimmt. Pflegende Festiger und Sprays können in vielen Fällen die Behandlung abrunden.

Die folgenden Produkte dienen vor allem der Verbesserung von Glanz und Kämmbarkeit des Haares. Außerdem sollen sie das durch elektrostatische Aufladung verursachte „Fliegen" der Haare beseitigen.

- **Haarkuren** sind oft cremige Emulsionen, die für die Haarpflege bei ausgeprägten Strukturschäden empfohlen werden. Aufgrund ihres sauren pH-Wertes sind sie auch zum Neutralisieren und Adstringieren nach Färbungen und Blondierungen geeignet. Ihre Einwirkzeit beträgt 15 bis 30 Minuten, Wärme intensiviert die Wirkung.
- **Haarspülungen** sind meist flüssige Emulsionen, die nach chemischen Behandlungen oder nach der Haarwäsche angewendet werden. Sie wirken ebenfalls adstringierend und neutralisierend. Haarspülungen werden nach einer kurzen Einwirkzeit wieder ausgespült.
- **Sofortkuren** werden im Haar verteilt und nicht ausgespült.

Die Wirkung dieser Pflegeprodukte ist von den Inhaltsstoffen abhängig. Zu den häufig eingesetzten Inhaltsstoffen zählen hauptsächlich **Fettstoffe** und **Wachse**. Sie machen das Haar geschmeidig, wirken rückfettend und geben Glanz. Zur Beseitigung der elektrostatischen Aufladung dienen **kationische Wirkstoffe**, die aufgrund ihrer positiven Ladung gut am negativ aufgeladenen Haar haften. **Schwache Säuren,** z. B. Zitronen-, Wein- oder Milchsäure, neutralisieren Alkalirückstände von vorausgegangenen Behandlungen und adstringieren das Haar. **Proteine** (= Eiweiße) können fehlende Teile der Haarstruktur ersetzen und mildern somit Strukturschäden des Haares. **Panthenol** bindet Feuchtigkeit im Haar und erhöht die Geschmeidigkeit und Elastizität. **Kunstharze** sind Filmbildner, die der Frisur Halt geben und das Haar glätten sollen. Außerdem schützen sie vor Feuchtigkeit und Austrocknung. **UV-Filter** schützen vor schädlicher Sonneneinstrahlung und vor dem Ausbleichen.

3.2.2 Anlagebedingte Veränderungen

Diese Haarveränderungen lassen sich meistens auf eine erblich bedingte Veränderung der Haarfollikel zurückführen. Mit Ausnahme des Bandhaares kommen sie nur selten vor.

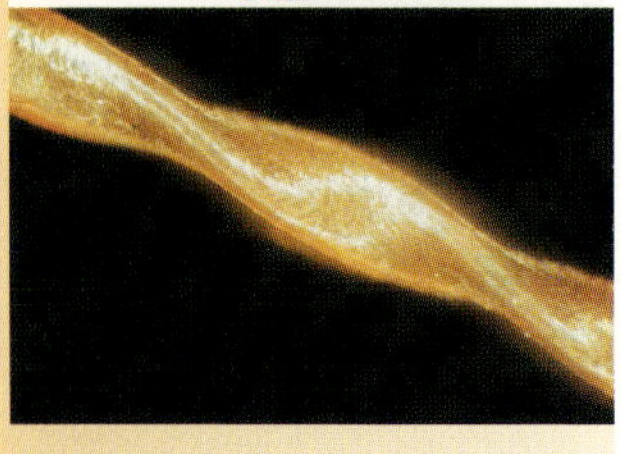

Gedrehte Haare

- Gedrehte Haare treten oft nur im Kindesalter, besonders bei blondem Haar auf. Eine Normalisierung tritt in der Pubertät ein.
- Sie sind ähnlich wie ein Seil gewunden.
- Gedrehte Haare sind brüchig, störrisch, sehr trocken und stehen vom Kopf ab.
- Eine Verbesserung der Frisierbarkeit lässt sich mit fettenden Präparaten erzielen.

Haarknötchenkrankheit

- Am Haarschaft befinden sich als weiße Knötchen sichtbare Verdickungen, die später auffasern und abbrechen. Die Bruchstellen erscheinen pinselförmig.
- Die Haarknötchen können auch als Folge chemischer Einwirkungen entstehen. Hier treten sie meist zusammen mit Haarspliss auf.
- Das Haar sollte nach Möglichkeit oberhalb der Knötchen geschnitten werden, um ein späteres Auffasern und Abbrechen zu verhindern.

Bandhaare

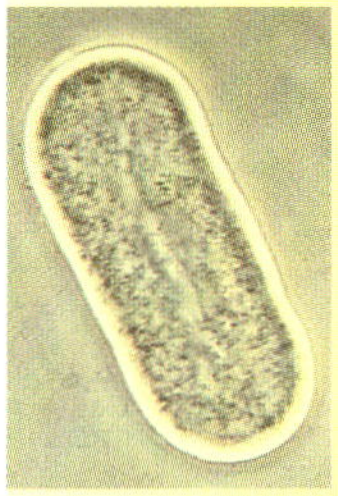

- Bandhaare haben einen abgeflachten Querschnitt, der vermutlich durch die Form des Follikels oder der Haarpapille entsteht.
- Bandhaare sind schwer frisierbar und schlecht dauerwellbar. Ein gut ausgefilierter Kurzhaarschnitt ist empfehlenswert. Für die Dauerwellbehandlung haben sich dünnere Wickler, ein stärker umformendes (alkalisches) Wellmittel und eine gründliche Fixierung bewährt. Zum Styling eignen sich besonders stärker festigende Mittel.

Ringelhaare

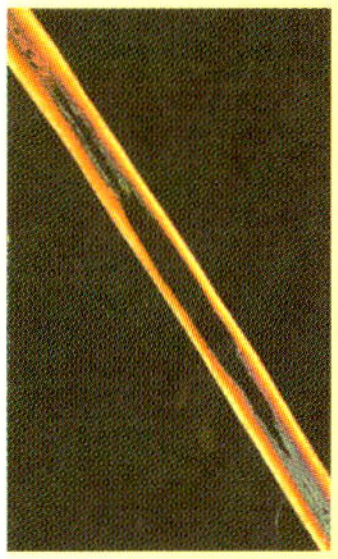

- Im Markkanal des Haares befinden sich regelmäßig wiederkehrende Lufteinlagerungen.
- Die Abwechslung von hellen und dunklen Abschnitten lässt das Haar geringelt aussehen. Zur Abhilfe kann eine farbliche Behandlung vorgenommen werden.
- Der Durchmesser ist gleichmäßig. Das Haar ist nicht gedreht und auch nicht brüchig oder spröde.
- Vermutlich liegen dieser Haarschaftsveränderung rhythmische Wachstumsstörungen zugrunde.

Spindelhaare

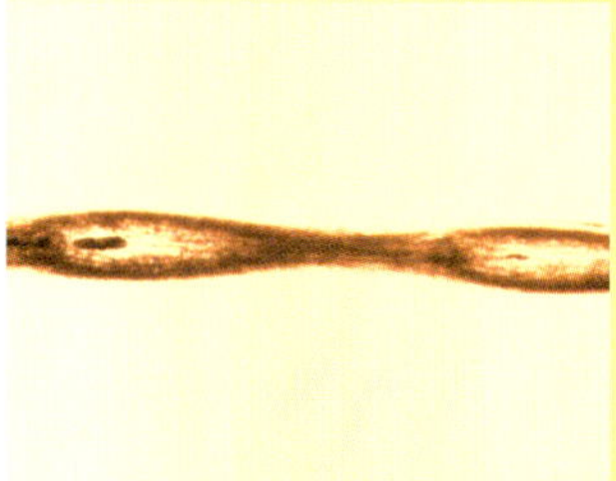

- Das Haar wird meist nur wenige Zentimeter lang, eine völlige Kahlheit kann bereits im Kindesalter auftreten.
- Das Haar weist perlschnurartige Verdickungen und Einschnürungen auf, es ist brüchig und spröde.
- Auf der Kopfhaut sind sandkornartige Kegelchen fühlbar und sichtbar.
- Da diese Veränderung auf einer erblich bedingten Erkrankung der Haarfollikel beruht, ist eine Behandlung nicht möglich.
- Häufig liegen auch Nagelveränderungen vor.

3.3 Haarausfall erkennen und behandeln

3.3.1 Allgemeine Merkmale

Effluvium bezeichnet den Vorgang des Haarausfalls, mit Alopezie wird der Zustand der Haarlosigkeit beschrieben.

Auf der Kopfhaut befinden sich ca. 100 000 Haare. Bedingt durch den **Haarwechsel** fallen täglich etwa 100 Haare aus. Dies geschieht zeitlich versetzt, so dass nah beieinander liegende Haare nicht gleichzeitig ausfallen und es so zu keinen Kahlstellen kommt. Beträgt der Haarbestand weitaus weniger als 100 000 Haare bzw. fallen sehr viel mehr als 100 Haare täglich aus, liegt Haarausfall **(Alopezie)** vor. Dieser kann in verschiedenen Schweregraden auftreten:

- **Lichtung:** Die Abstände zwischen den Haaren sind vergrößert.
- **Kahlstellen:** Haare fehlen an begrenzten Bezirken.
- **Glatze:** Es ist eine größere Kahlstelle entstanden, an der die Haare fehlen. Zumeist betrifft dies den Oberkopf.
- **Kahlheit:** Eine Glatze hat sich über den gesamten Oberkopf ausgebreitet.

Zurückzuführen ist Haarausfall oft auf hormonelle Einflüsse und Vererbung. Aber auch innere Krankheiten oder Erkrankungen der Kopfhaut können zu Haarausfall führen. Eine gezielte Befragung des Kunden ist daher unerlässlich, um eine sichere Diagnose stellen zu können. Dem Kunden hilft es zumeist weiter, wenn ihm dabei mögliche Ursachen genannt werden.

EXKURS

Haartransplantationen und Haarimplantationen

Um Kahlstellen oder die Glatze doch wieder mit Haaren zu bedecken, gibt es zwei Methoden: die Haartransplantation (Haarverpflanzung) und die Haarimplantation (Haareinpflanzung). In beiden Fällen ist es wichtig, seriöse und erfahrene Ärzte aufzusuchen. Es ist mit erheblichen Kosten zu rechnen, die normalerweise keine Krankenkasse übernimmt.
Haartransplantation: Beim androgenetischen Haarausfall werden aus der Haut im Hinterkopfbereich oder an den Schläfen kleine, zylinderförmige Teile (Grafts) entnommen und in die unbehaarte und mit entsprechenden Löchern vorgestanzte Kopfhaut verpflanzt. Die Follikel, die mit einem Hohlbohrer entnommen werden, sollen auch nach dem Umsetzen auf die neuen Kopfhautbezirke dauerhaft dicke, lange Haare produzieren. Beim Heilen ziehen sich diese Löcher punktförmig zusammen. Zunächst entstehen kleine Büschel auf der Kopfhaut. Um eine geschlossene Behaarung zu erzielen, sind daher mehrere Operationen notwendig. Da es sich um eine Eigenhaarverpflanzung handelt, können Abwehrreaktionen ausgeschlossen werden. Falls jedoch der verpflanzte Follikel doch keine weiteren Haare produziert, bleibt ein recht unschönes Bild: Die Ein- und Ausstanzungen können Narben hinterlassen.
Haarimplantation: Bei dieser Methode werden Kunsthaare in die Kopfhaut eingestochen (implantiert) und mittels einer Knotenschiene verankert. Es besteht hier die Gefahr, dass sich Infektionen im Bereich der Einstoßlöcher entwickeln.

3.3.2 Androgenetischer Haarausfall (Alopezia androgenetica)

Typische Kennzeichen

- **Bei Männern:** Der Haarausfall folgt einem festen Verlauf. Frühestens mit dem Eintritt in die Pubertät bilden sich Geheimratsecken. Im folgenden Stadium kommt es zu einer ausgeprägten Kahlstelle im Bereich des Wirbels (Wirbelglatze). Im weiteren Verlauf vergrößert sich die Wirbelglatze, indem sie sich über den gesamten Oberkopf ausbreitet und nur ein Haarkranz im Nacken bestehen bleibt. Eine ausgeprägte Glatze liegt im letzten Stadium vor. Häufig fallen die Haare im Bereich des Nackens und an den Schläfen nicht aus. Der Haarausfall führt also selten zur völligen Kahlheit.

- **Bei Frauen:** Der Haarausfall beginnt in der Regel erst nach den Wechseljahren. Er zeigt sich zumeist in Form von mehr oder weniger ausgeprägten Lichtungen im Oberkopfbereich. Er ist sehr viel seltener als bei Männern.

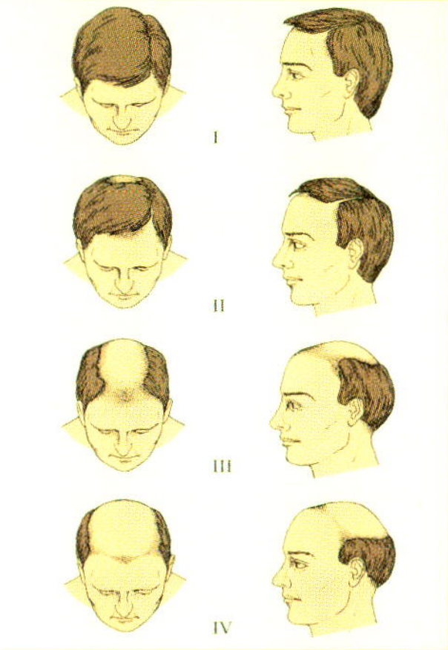

Ursachen

Zwei Faktoren werden für den androgenetischen Haarausfall verantwortlich gemacht:

1. Vererbung: Es liegt eine erblich bedingte Empfindlichkeit der Haarwurzeln gegenüber Androgenen vor.
2. Androgene: Der Einfluss männlicher Sexualhormone (Androgene).

- In der Folge tritt eine Beschleunigung des Haarzyklus mit einer Verkürzung der Wachstumsphase ein. Die Haarfollikel durchlaufen genauso viele Durchgänge wie die von Menschen mit voller Haarpracht, nur vollziehen sie diese im Eiltempo. Dabei bildet sich der Haarfollikel allmählich zurück, sodass die in ihm produzierten Haare immer dünner und heller werden und sich schließlich in feine Wollhaare umwandeln, die nahezu „unsichtbar“ sind.
- Bei Frauen, deren Körper sowohl männliche als auch weibliche Hormone produziert, verändert sich die Produktion der weiblichen Hormone während der Wechseljahre. Der Anteil männlicher Hormone nimmt stark zu, sodass die Androgene an Einfluss gewinnen. Ist nun eine ererbte Anlage zur Glatzenbildung vorhanden, so kann es zu Haarausfall kommen.

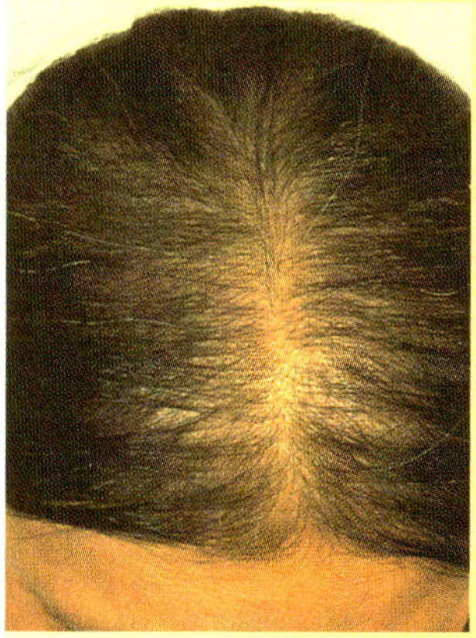

Behandlung beim Mann

- Haarausfall, Kahlstellen und drohende Glatzenbildung sind besonders für junge Männer eine erhebliche psychologische Belastung, der mit viel Einfühlungsvermögen begegnet werden sollte. Die Behandlung durch den Friseur sollte keine falschen Hoffnungen wecken. Vielmehr sollte die Pflege des vorhandenen Haarbestands im Vordergrund stehen.
- Die Kopfhaut sollte mit einem milden Shampoo gewaschen werden. Eine vorliegende Kopfhautanomalie (Seborrhö oleosa und Seborrhö sicca) sollte gezielt durch den Einsatz von Spezialshampoos, Kopfhautwässern und -kuren gemildert werden.
- Eine Kopfmassage fördert die Durchblutung der Kopfhaut und das Wohlbefinden des Kunden.

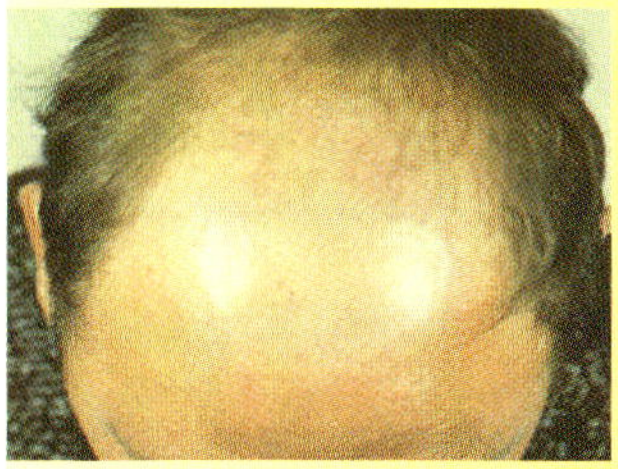

Behandlung bei Frauen

- Bei Frauen mit androgenetischem Haarausfall gelten die gleichen Behandlungsstrategien wie bei Männern. Allerdings ist eine ärztliche Behandlung empfehlenswert und Erfolg versprechend. Meist erfolgt eine entsprechende Hormonbehandlung mit östrogenhaltigen Medikamenten.

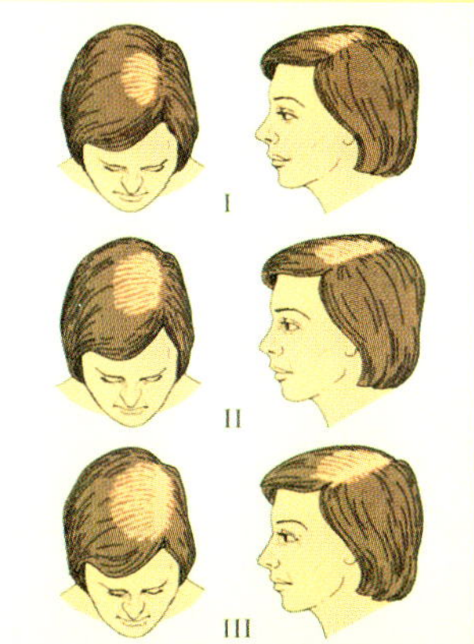

EXKURS

Das Medikament „Propecia“ scheint erfolgreich gegen androgenetisch bedingten Haarausfall bei Männern zu wirken, sofern sich die Haarwurzeln noch nicht vollständig zurückgebildet haben. Ein spezieller Wirkstoff (Finasterid) blockiert hierbei die Entstehung des Androgens (Dihydrotestosteron), das für das Schrumpfen der Haarwurzel verantwortlich ist.
Die Wirkung dieses Medikaments hält allerdings nur so lange vor, wie es eingenommen wird. Sobald die Einnahme beendet wird, fallen die Haare wieder aus. Nebenwirkungen sind bislang selten.

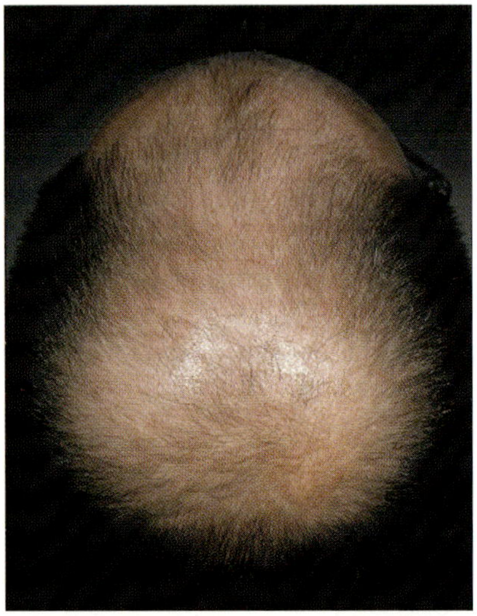

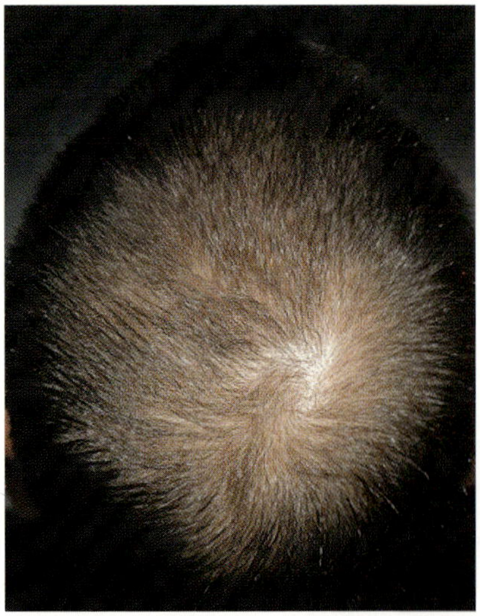

1. *Weshalb ist es bis heute schwierig, den androgenetischen Haarausfall bei Männern zu behandeln?*
2. *Wie ist es zu erklären, dass der androgenetische Haarausfall häufig zusammen mit einer Seborrhö auftritt?*

3.3.3 Kreisrunder Haarausfall (Alopezia areata)

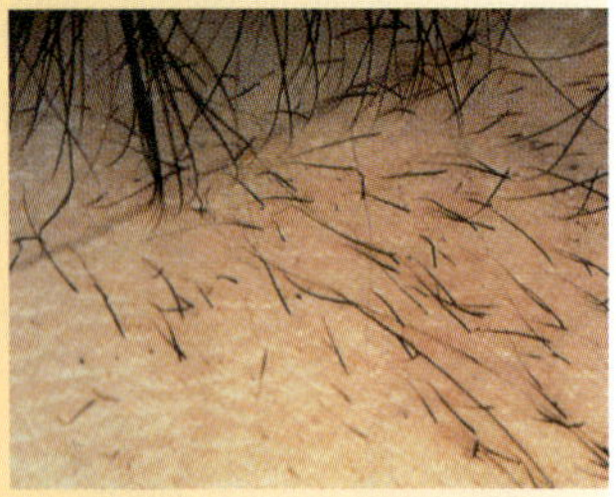

Typische Kennzeichen

- Kreisrunde oder ovale, scharf begrenzte Kahlstellen in der Kopf- und Körperbehaarung.
- Die Kahlstellen können einzeln oder mehrfach auftreten. Kleinere Kahlstellen können sich ausbreiten und zu größeren zusammenfließen. Dies betrifft besonders Kahlstellen im Nacken und oberhalb der Ohren.
- In der unmittelbaren Umgebung einer Kahlstelle lassen sich die Haare leicht und völlig schmerzfrei ausziehen. Am Rand der Kahlstellen stehen ca. 3 mm lange Haarstümpfe, die aufgrund ihres Aussehens „Kommahaare“ genannt werden: Das „Kommahaar“ wird zur Wurzel hin immer dünner.
- Da vom Haarausfall vor allem die pigmentierten Haare betroffen sind, kommt es zu einer sichtbaren Farbveränderung: Die betroffenen Haarpartien erscheinen „über Nacht“ weiß.
- Nach einigen Wochen setzt zumeist die Heilung ein, die nachwachsenden Haare sind dann häufig unpigmentiert – also weiß. Nur in Ausnahmefällen kommt es

zu völliger Kahlheit – und damit zum Verlust der gesamten Körperbehaarung, einschließlich der Wimpern und Augenbrauen (Alopezia totalis).
– Der kreisrunde Haarausfall tritt zumeist im Alter zwischen zehn und 30 Jahren auf.

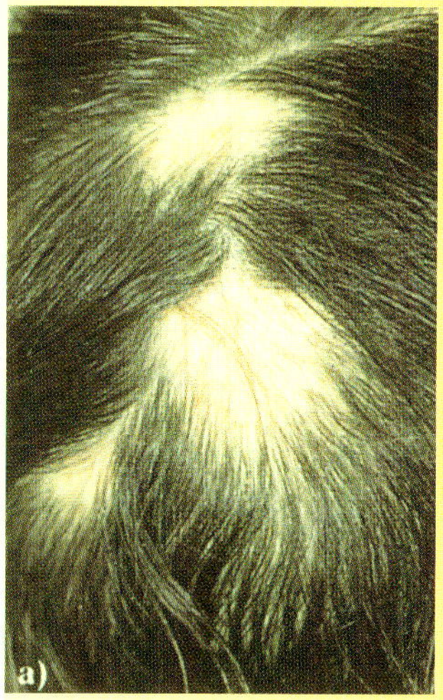

a)

Ursachen

– Die Ursache des kreisrunden Haarausfalls ist noch nicht endgültig geklärt. Es wird vermutet, dass eine körpereigene Abwehrreaktion gegenüber den verhornenden Hautanhangsgebilden besteht, d. h., der Körper bildet Antikörper, die den Haarfollikel angreifen. In der Folge liegen Entzündungen an allen Haarfollikeln der Kopfhaut vor. Eine erbliche Anlage ist auch möglich.

Behandlung

– Der kreisrunde Haarausfall ist nicht ansteckend, sodass betroffene Kunden ohne weiteres bedient werden können.
– Ein Besuch beim Facharzt (Dermatologen) sollte auf jeden Fall empfohlen werden.

3.3.4 Diffuser Haarausfall (Alopezia diffusa) aufgrund verschiedener Ursachen

Typische Kennzeichen

– Der Haarausfall tritt nicht an einer bestimmten Stelle des Kopfes auf, sondern ist über die gesamte Kopfbehaarung ohne klare Begrenzung verteilt.

Diffus: zerstreut, verteilt, ohne klare Abgrenzung, unklar

Ursachen

– Für den diffusen Haarausfall kommt eine Vielzahl von Ursachen in Frage. Die Kenntnis über dieses breite Spektrum und eine entsprechend gezielte Befragung des Kunden sind daher wichtig.
– Allgemeine Erkrankungen wie Infektionen und Schilddrüsenerkrankungen, Fastenkuren, einseitige Ernährung, Stresssituationen, bestimmte Medikamente, der Umgang mit giftigen Stoffen, hormonelle Veränderungen.
– Zu auffälligen Formen des Haarausfalls führen schwere Erkrankungen wie Syphilis (Geschlechtskrankheit) und Typhus (Infektionskrankheit), aber auch Vergiftungen mit Quecksilber, Arsen.

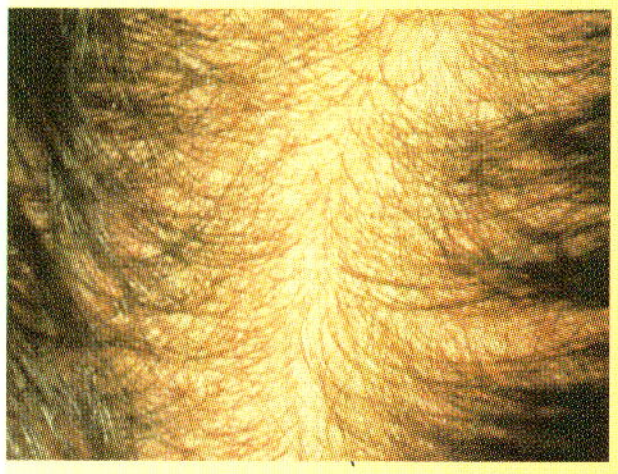

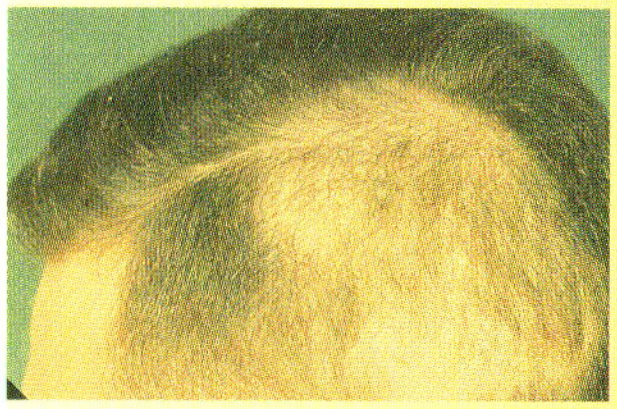

Bei der Krebsbehandlung kann eine völlige Kahlheit entstehen, da die Haarpapille sehr empfindlich auf Medikamente und Strahlen reagiert, welche die Zellteilung bestimmter Körpergewebe herabsetzen. Sobald die Behandlung beendet ist, wachsen auch die Haare wieder nach.

Haarausfall nach Entbindungen

Haarausfall in Form von Lichtungen an den Schläfen kommt häufig bei jungen Müttern nach der Entbindung vor. Während der Schwangerschaft wird das Haarwachstum aufgrund des erhöhten Spiegels an weiblichen Sexualhormonen (Östrogenen) gefördert. Der Haarwechsel wird verlangsamt und viele Haare verbleiben länger in der Wachstumsphase. Nach der Entbindung verändert sich der Hormonspiegel und diese Haare fallen in kurzer Zeit aus. Nach wenigen Monaten wird der fehlende Haarbestand wieder ausgeglichen. Auch das Absetzen bestimmter Antibabypillen führt zu einer ähnlichen Entwicklung.

Behandlung

Sobald die Ursache ausgeschaltet ist, normalisiert sich das Haarwachstum in der Regel wieder.

3.4 Inhaltsstoffe von Präparaten zur Haar- und Kopfhautpflege im Überblick

Hilfsstoff	Wirkungsweise
Tenside	Shampoo: anionische und amphotere Tenside emulgieren Fett und entfernen Schmutz Kopfhautwässer: bilden Schaum, wirken dem Ablaufen entgegen
Verdickungsmittel (z. B. Kochsalz in Shampoos, Bienenwachs in Konditionierungsmitteln)	Verhindern das Ablaufen
Fettgrundlage (hauptsächlich in Haarkonditionierungsmitteln; Fette, Öle Wachse)	Bilden die Fettphase der Emulsion und wirken rückfettend
Konservierungsstoffe (z. B. Fomaldehyd)	Verlängern die Haltbarkeit
Alkohol (Ethanol oder Isopropanol)	Wirkt desinfizierend, erfrischend, juckreizstillend, durchblutungsfördernd und konservierend
Perlglanz- oder Trübungsmittel	Verleihen ein verkaufsförderndes Aussehen
Wasser	Löst wasserlösliche Inhaltsstoffe
Farbstoffe (meist Lebensmittelfarbstoffe)	Dienen der optischen Verbesserung des Präparats
Parfümöle	Geben dem Shampoo einen angenehmen Duft
Emulgator (Mono- und Diglyceride, z. B. Lezithin)	Sorgt für eine feine Verteilung der Fett- und Wasserphase

Hilfsstoffe in Shampoos, Haarkonditionierungsmitteln und Kopfhautwässern

Wirkstoff	Beispiel	Wirkungsweise	Anwendung
Kräuterextrakte/ Pflanzenauszüge	Hamamelisextrakt, Salbei, Schafgarbe; Tannin, Rosmarin	Durchblutungsfördernd, entzündungshemmend, desinfizierend, adstringierend, beruhigend Rauen die Haare leicht auf und verhindern, dass sie zu dicht aneinander kleben	Präparate gegen schnell fettendes Haar (Seborrhö oleosa)
Antischuppenmittel	Octopirox, Teer, Selendisulfid	Verringern den Zellteilungsprozess	Präparate gegen Schuppen (Seborrhö sicca)
	Schwefel, Teer, Salicylsäure	Entfernen Schuppen von der Kopfhaut	
	Zinkpyrthion, Climbazol, Ketoconozol, Seledisulfid	Wirken dem Wachstum von Bakterien und Pilzen entgegen	
Kationische Wirkstoffe	Kationische Tenside	Verbessern die Kämmbarkeit, indem sie den Überschuss an negativer Ladung neutralisieren	Präparate, die gegen das „Fliegen" der Haare wirken Präparate für schwer kämmbares, langes Haar
Feuchthaltemittel	Panthenol, Zuckerrohr, Kaktusextrakt	Binden die Feuchtigkeit im Haar	Präparate gegen strapaziertes und trockenes Haar
„Flüssighaar", flüssige Haarbausteine, künstliches Haar	Proteine/Keratine = Eiweiße	Lagern sich am Haar an und wirken Strukturschädigungen entgegen, verbessern die Nasskämmbarkeit, stärken das Haar und geben mehr Volumen, schützen das Haar vor Schäden durch Föhnwärme	Präparate gegen strukturgeschädigtes Haar, volumenspendende Präparate

Wirkstoff	Beispiel	Wirkungsweise	Anwendung
Fettstoffe und Wachse	Bienenwachs, Kastoröl, Silikonöl	Dienen als Rückfetter bei trockenem, sprödem und strukturgeschädigtem Haar, machen das Haar geschmeidig und geben Glanz. Im Shampoo verhindern sie, dass das Haar und die Kopfhaut zu stark durch Tenside entfettet und ausgelaugt werden	Präparate gegen trockenes, glanzloses und strukturgeschädigtes Haar
Fettalkohole	Cetylalkohol, Stearylalkohol	Machen trockenes Haar weich und leichter kämmbar. Fettalkohole sind wie Cremes und helfen dabei, die Feuchtigkeit im Haar zu speichern	Präparate gegen trockenes, glanzloses und strukturgeschädigtes Haar
Schwache Säuren	Zitronensäure	Adstringieren das Haar und neutralisieren Alkalirückstände bei chemischen Behandlungen wie beispielsweise Blondierungen, Färbungen und Dauerwellen	Haarspülungen und Haarkuren bei chemisch vorbehandeltem Haar
Filmbildner	Kunstharze	Geben Halt, glätten das Haar und schützen es vor Austrocknung	Präparate für feines, empfindliches Haar ohne Sprungkraft
Antioxidantien	z. B. Vitamin E (Tokopherol)	Wirken dem Ausbleichen bei gefärbtem Haar entgegen	Präparate für gefärbtes Haar
UV-Filter	z. B: Mikropigmente wie Titandioxid oder Zinkoxid	Schützen das Haar vor UV-Strahlung und vor dem Austrocknen	Präparate, die vor intensiver Sonneneinwirkung schützen

Wichtige Wirkstoffe in Präparaten der Haar- und Kopfhautpflege
Manche Inhaltsstoffe haben mehrere Wirkungen. Bienenwachs beispielsweise ist in Haarkuren sowohl als Konsistenzgeber als auch als Rückfetter eingesetzt. Alkohole, z. B. Isopropanol, wirken desinfizierend und werden daher in medizinischen Kopfhautwässern eingesetzt. Außerdem wirkt Alkohol zugleich als Konservierungsstoff und dient daher insgesamt als Verdünnungs-, Lösungs-, Desinfektions- und Konservierungsmittel.

1. *Stellen Sie eine Liste von Inhaltsstoffen für trockenes und strapaziertes Haar zusammen!*
2. *Erläutern Sie Ihrer Kundin die Wirkungsweise von Antischuppenmitteln!*
3. *Welche Produkte zur Haarpflege empfehlen Sie einer Kundin mit feinem, chemisch vorbehandeltem Haar vor einem Strandurlaub?*

KAPITEL 2

Haare schneiden

Schneidetechniken

Haare schneiden – eine kreative Aufgabe

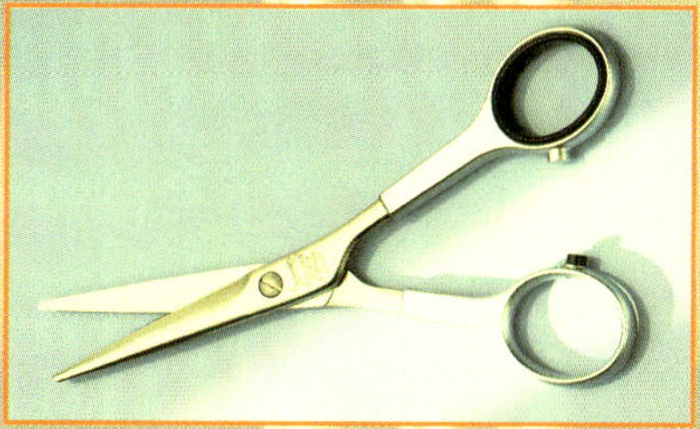

Haare schneiden – eine komplexe Dienstleistung

- Voraussetzungen für die Beratung erfassen
- Ohne geeignetes Handwerkszeug geht nichts

- Basiswissen für diverse Haarschneidetechniken
- Die vier Basisformen
- Besondere Schneidetechniken und ihre kreativen Einsatzmöglichkeiten

- Kombinationen der Basisformen
- „Der Friseur schneidet immer zu kurz“ – Fehler vermeiden
- Arbeitsplan für einen Haarschnitt
- Bartformung und Rasur

1 Haare schneiden – eine komplexe Dienstleistung

1.1 Voraussetzungen für die Beratung erfassen

- Worauf es ankommt
- Gestaltungsgrundlagen – Voraussetzung für Beratungskompetenz
- Gestaltungsaspekte für die Beratung kennen

1.2 Ohne geeignetes Handwerkszeug geht nichts

- Haarschneidescherern
- Spezialscheren
- Andere Haarschneidewerkzeuge und -geräte
- Pflege von Haarschneidewerkzeugen
- Spezialkämme für den Haarschnitt
- Weitere Hilfsmittel

Im Café trifft Karla ihre alte Schulkameradin Steffi.
Steffi: „Ich bin froh, dass du Friseurin wirst. Dann habe ich endlich wieder jemanden, dem ich meine Haare anvertrauen kann. Seit dem Erlebnis damals hat mir immer meine Mutter die Spitzen geschnitten."
Karla: „Das freut mich. Aber von was für einem Erlebnis sprichst du?"

Steffi: „Hab ich dir das nie erzählt? Ich war zwölf und meine Mutter schickte mich zum Friseur, um von meiner langen Mähne ein paar Zentimeter abschneiden zu lassen. – Aus dem Salon gegangen bin ich dann mit einem kurzen Pagenkopf. Das fand ich gar nicht lustig. Meine Mutter übrigens auch nicht."

1.1 Voraussetzungen für die Beratung erfassen

1.1.1 Worauf es ankommt

Die **Motive** der Kunden, mal wieder zum Friseur zu gehen und sich die Haare schneiden zu lassen, können vielfältig sein. Der Pony hängt dem Kind in den Augen, die Nackenhaare stoßen auf den Hemdkragen des Herren, also wird es mal wieder Zeit für einen neuen Schnitt. Aber auch neue Trends, berufliche Veränderungen oder der Wunsch nach einer totalen Typveränderung führen die Kunden zum Friseur.

Bevor nun der Friseur zur Schere greift, sollte er **zwei wichtige Aspekte** berücksichtigen:

- *Welche kundenspezifischen Gegebenheiten liegen vor?*
- *Wie ist der Kundenwunsch?*

Die kundenspezifischen Gegebenheiten ermittelt der Friseur durch das **Betrachten** der Kundin und das **Befühlen** der Haare. Den Kundenwunsch ermittelt er durch das **Befragen**. Erst auf der Grundlage beider Aspekte kann ein Frisurenvorschlag erarbeitet werden.

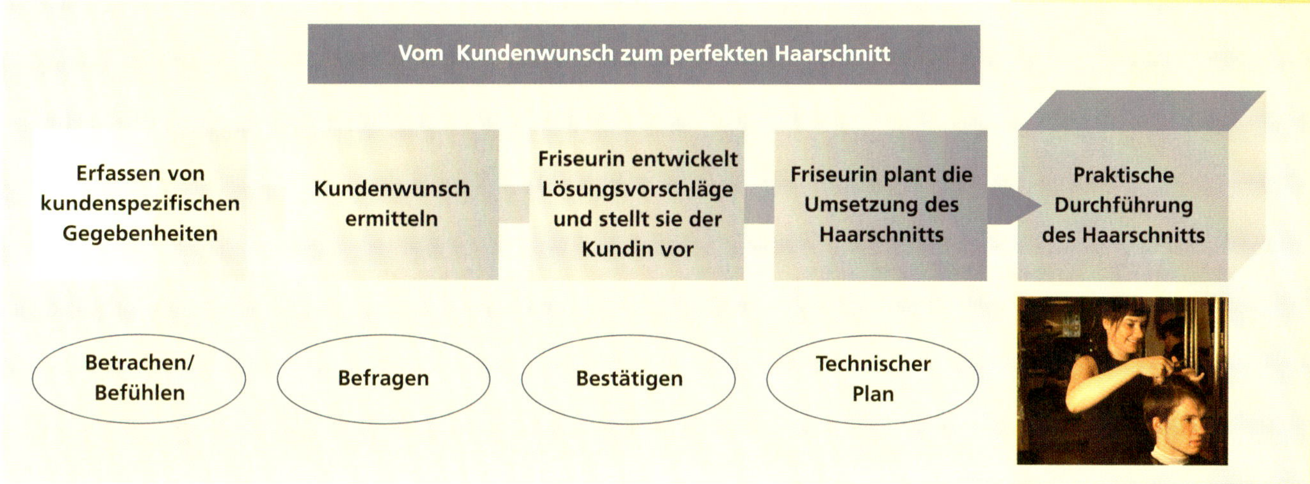

Vom Kundenwunsch zum perfekten Haarschnitt

Überlegen Sie sich weitere Gründe für den Wunsch nach einem neuen Haarschnitt.

Kundenspezifische Gegebenheiten

Um eine typgerechte Schnittberatung zu gewährleisten, müssen die individuellen Voraussetzungen der Kunden analysiert werden. Dazu ist es notwendig, sich neben dem Alter und dem Typ der Kundin einen genauen Überblick zu verschaffen über:

- Körper-, Kopf- und Gesichtsform, sowie Proportionen
- Profilansicht
- Hals- und Nackenbereich
- Verlauf der natürlichen Haarkontur
- Wirbel, natürliche Haarwuchsrichtung und -wellung
- abstehende Ohren
- Haarfülle und -struktur
- Haarzustand, z. B. chemische Vorbehandlung der Haare
- Besonderheiten, wie z. B. haarlose Stellen, Narben oder Warzen

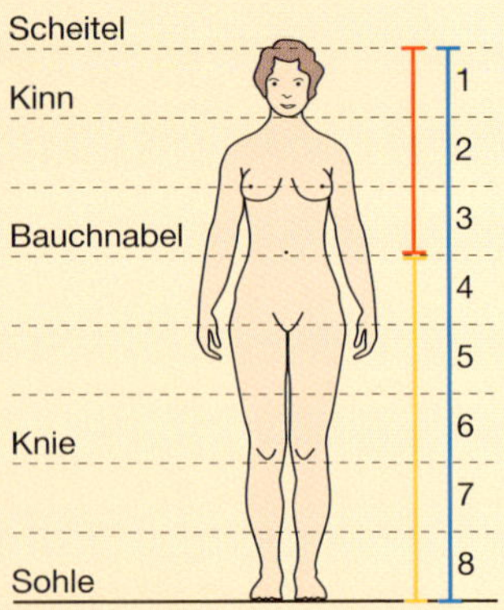

Goldener Schnitt

In Architektur und Kunst gilt der goldene Schnitt als ideale Proportion. Als harmonisch werden z. B. zwei Abschnitte einer Strecke empfunden, wenn sich der kleine Abschnitt zum größeren verhält wie der größere Abschnitt zur Gesamtstrecke. Die entstehenden Größenverhältnisse werden vom Betrachter als harmonisch empfunden. In der Abbildung verhält sich die kleine Strecke (Scheitel-Bauchnabel) zur großen Strecke (Bauchnabel-Sohle) wie die große Strecke zu Gesamtlänge (Scheitel-Sohle). Also 3 verhält sich zu 5 wie 5:8.

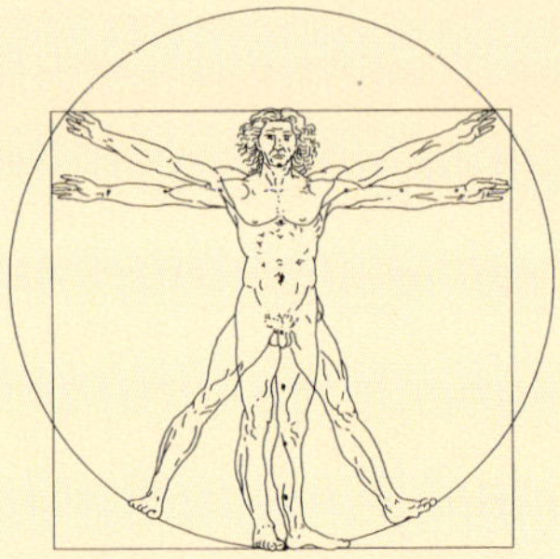

Leonardo da Vincis Idealbild eines Menschen der Renaissance

EXKURS

1.1.2 Gestaltungsgrundlagen – Voraussetzung für eine Beratungskompetenz

Für eine typgerechte Frisurenberatung muss der Friseur die Voraussetzungen der Kundin analysieren. Bei der Bestimmung von **Kopf-** und **Gesichtsform** sowie **Körperbau** können die **geometrischen Grundformen** wie Kreis, Ellipse, Quadrat, Rechteck oder Dreieck zur Orientierung dienen. Bei einer typgerechten Beratung versucht der Friseur immer die natürlichen Gegebenheiten der Kundin zu berücksichtigen und diese positiv, z. B. durch Ausgleich zu beeinflussen. Die aktuelle Frisurenmode setzt zwar ständig neue Trends, jedoch sollte die Individualität jeder einzelnen Kundin immer im Mittelpunkt der Beratung stehen.

Körperbau

Dass es kleine und große sowie dicke und dünne Menschen gibt, ist jedem klar. Jedoch kann es vorkommen, dass gleichgroße Menschen unterschiedlich groß wirken, da sich die **Proportionen** anders zeigen. Unter Proportionen versteht man das Verhältnis zwischen zwei Strecken, z. B. das Verhältnis zwischen der Länge des Oberkörpers zur Beinlänge.

Ein Ausgleich der Proportionen des Körpers ist meist durch geschickt ausgewählte Kleidung möglich. Das Größen- und Formverhältnis des Kopfes zum Körper ist durch die Frisur beeinflussbar. So kann eine mittellange voluminöse Frisur die Wirkung einer großen, vollschlanken Körperform sehr vorteilhaft beeinflussen. Bei einer kleinen, zierlichen Körperform würde die gleiche Frisur dagegen erdrückend wirken.

Insbesondere bei der Planung des Haarschnittes sollten nachfolgende Aspekte besonders berücksichtigt und falls notwendig auch gezielt ausgeglichen werden:
- Gesichtsformen
- Gesichts- und Kopfform im Profil

Gesichtsformen

Bei der Schnitt- und Frisurenberatung sollte die Gesichtsform erfasst und gegebenenfalls mit gezielten Gestaltungselementen beeinflusst werden. Fachleute sprechen von **ovalen, runden, quadratischen, rechteckigen (länglichen), dreieckigen** oder **trapezförmigen** Gesichtsformen. Dieses Fachvokabular sollte bei der Frisurenberatung gegenüber der Kundin allerdings nicht verwendet werden, denn wer hat schon gerne ein dreieckiges Gesicht?

Auch ist es nicht immer ganz einfach, die Gesichtsform einer Kundin einer dieser geometrischen Grundformen zuzuordnen. Oft liegt eine Mischform vor. Trotzdem könnte sie in der Praxis eine hilfreiche Orientierung bieten.

Übersicht über die verschiedenen Gesichtsformen

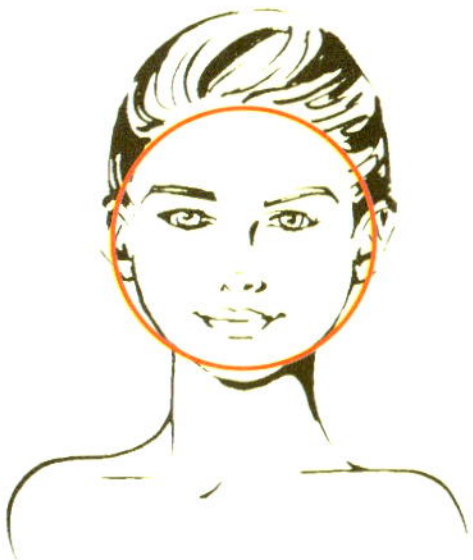

rund

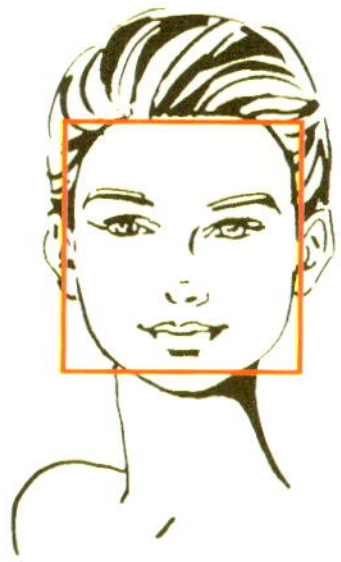

quadratisch

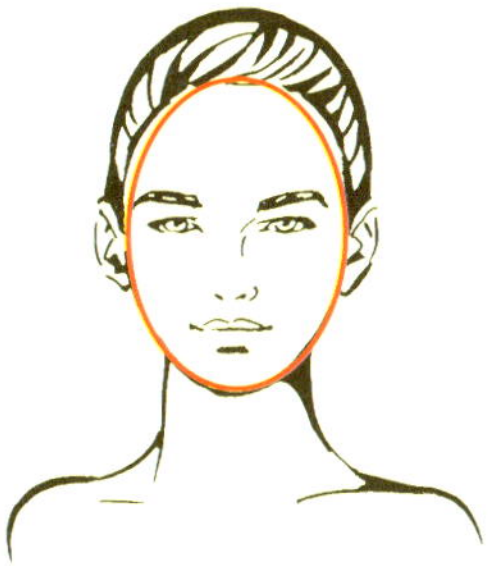

oval

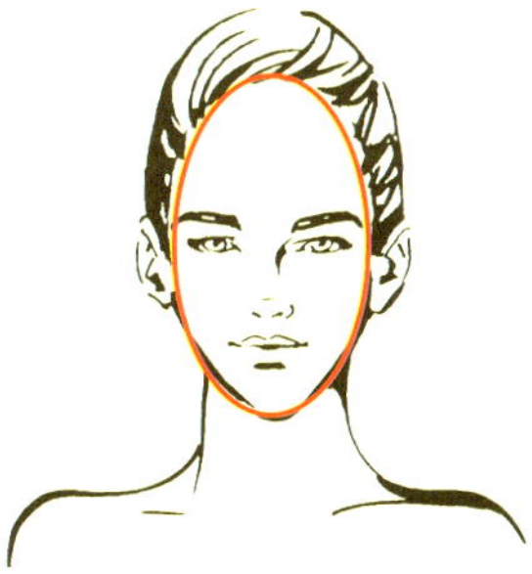

dreieckig

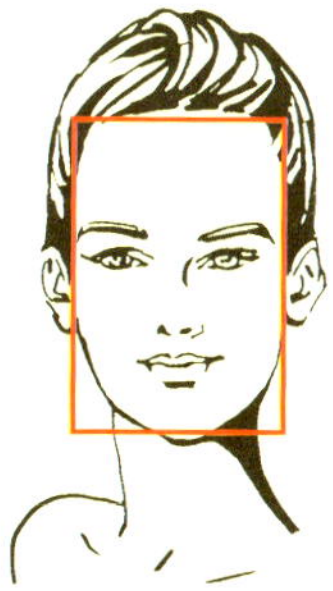

rechteckig

Um die Gesichtsform einer Kundin festzustellen, werden zuerst die Länge und Breite des Gesichts betrachtet. Zusätzlich unterscheidet man, ob eine rundliche oder eine eckige Form vorliegt. Die ovale Gesichtsform gilt nach heutigem Schönheitsideal als ideale Gesichtsform. Das war nicht immer so, denn vor 200 Jahren wurde noch die runde Gesichtsform propagiert. Bei der Bestimmung sollte man die ovale Form vor Augen haben, um Abweichungen besser erfassen zu können.

Hier einige grundlegende gestalterische Hinweise zum Ausgleich der verschiedenen Gesichtsformen:

- Das **ovale Gesicht** gilt als harmonisch und bedarf somit keines Ausgleichs. Es kann jede Frisur tragen.
- Ein **rundliches Gesicht** wirkt schmaler, wenn der Oberkopf stärker betont wird. Aber auch Volumen unterhalb der Kieferpartie führt zu einer optischen Veränderung. Eine frei gelassene Stirnpartie unterstützt diese Wirkung noch.
- Bei einem **rechteckigen/länglichen Gesicht** darf die Frisurenform etwas breiter gestaltet werden. Haarsträhnen dürfen die markanten Gesichtsecken umspielen.
- Das **quadratische Gesicht** wird durch eine weiche, runde Frisurenform positiv beeinflusst. Durch Oberkopfvolumen wird eine optische Verlängerung erreicht. Auch bei dieser Gesichtsform dürfen die markanten Gesichtsecken durch weiche Linienführungen umspielt werden.
- Das **dreieckige Gesicht** zeichnet sich durch eine breite Stirnpartie mit einem spitzen Kinn aus. Volumen der Frisur in Kinnhöhe lässt das Kinn weniger spitz erscheinen. Dagegen sollte am seitlichen Stirnbereich auf zusätzliches Volumen verzichtet werden, einzelne Haarsträhnen reduzieren ausgeprägte Stirnecken.
- Beim **trapezförmigen (= birnenförmigen) Gesicht** sind die Kieferknochen besonders stark ausgeprägt und der Stirnbereich erscheint verhältnismäßig schmal, hier darf die Frisur Volumen haben. Im Kieferbereich sollte die Frisur dagegen einen schmalen inneren Frisurenumriss haben.

Merke

Gesichts- und Kopfformen sollten niemals getrennt voneinander betrachtet werden.

Sammeln Sie Fotos von Gesichtern aus Zeitschriften und bestimmen Sie die Gesichtsform.

Ausgleichsmöglichkeiten verschiedener Gesichtsformen durch eine geeignete Frisur unter Berücksichtigung des inneren und äußeren Frisurenumrisses.

verschiedene Gesichtsformen	Ausgleich	Betonung
rundes Gesicht 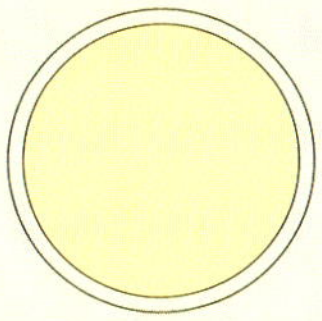		
rechteckiges/längliches Gesicht 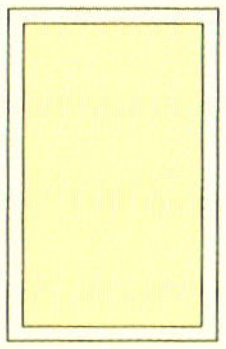		
quadratisches Gesicht 		

Innerer und äußerer Umriss von Frisuren

Um einen Ausgleich der verschiedenen Kopf- oder Gesichtsformen zu erreichen, wird ganz gezielt mit dem **inneren** und **äußeren Umriss** einer Frisur gearbeitet. Der innere Umriss grenzt das Gesicht zur Frisur ab, dieser beeinflusst die Gesichtsform optisch. Unter dem äußeren Umriss versteht man die äußere Umrisslinie der Frisur zur Umgebung. Mit dem äußeren Umriss wird insbesondere die Form des Kopfes beeinflusst. Es ist wichtig, den äußeren Umriss einer Frisur aus zwei Perspektiven zu betrachten: von vorne und in der Profilansicht. Besonders mit dem äußeren Umriss lassen sich Frisurentypen verändern. Ein kleiner äußerer Umriss, wie er bei sehr kurzen Haarschnitten oder einem zum Zopf gebundenem Haar vorliegt, lässt die natürliche Kopfform erkennen. Dagegen kann z. B. bei einer Hochsteckfrisur der äußere Umriss zu einer starken optischen Verlängerung der Kopfform führen. Gleichmäßig kinnlange Haare führen zu einer optischen Verbreiterung der natürlichen Kopfform im Kinnbereich. Mit einem Haarschnitt können unterschiedliche Frisurenschwerpunkte erzielt werden, diese sollten im Einklang mit der entsprechenden Kopf- und Gesichtsform stehen.

Äußere Umrisslinien	Innere Umrisslinien
kleine äußere Umrisslinie 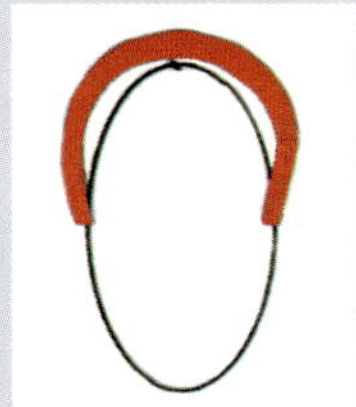 	kleine innere Umrisslinie 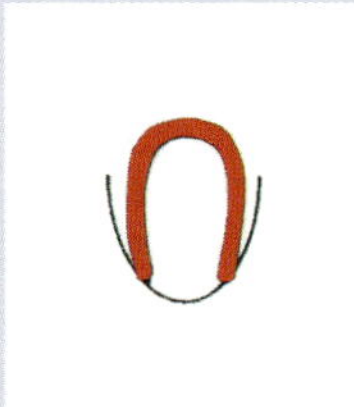 
große äußere Umrisslinie 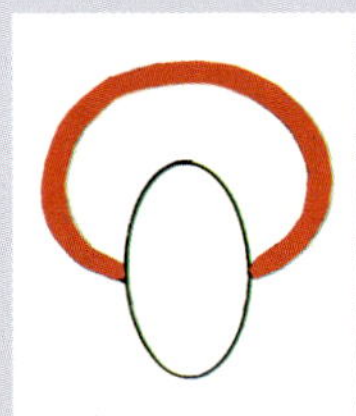 	große innere Umrisslinie 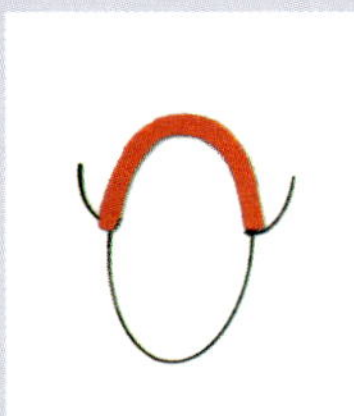 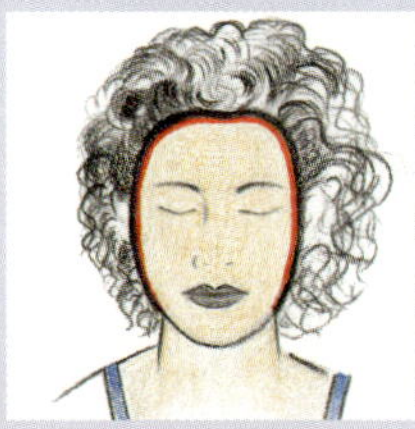
nach unten verlaufende äußere Umrisslinie  	schmale innere Umrisslinie  

Äußere Umrisslinien

hohe äußere Umrisslinie

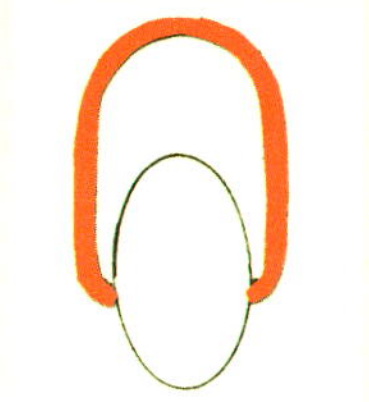

breite äußere Umrisslinie

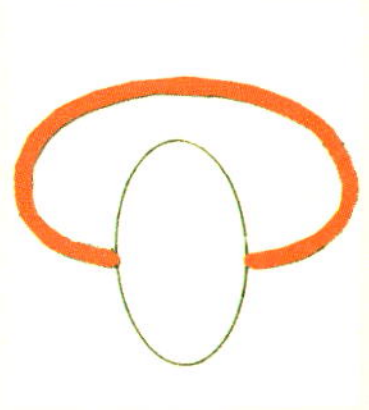

Innere Umrisslinien

schmale innere Umrisslinie

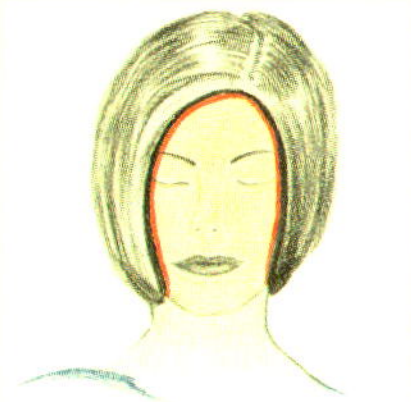

Beschreiben Sie die optische Wirkung des inneren und äußeren Umrisses an den nebenstehenden Fotos und suchen Sie weitere Abbildungen.

Merke

Betrachten Sie bei der Frisurenberatung immer die Vorderansicht und die Profilansicht ihrer Kundin im Zusammenhang.

Kopfform im Profil betrachtet

Das **Profil** eines Gesichtes (= Seitenansicht) wird als ideal angesehen, wenn es annähernd gerade ist, d. h. Stirn, Nase und Kinn sind in etwa auf einer Linie. Von einem **konvexen Profil** spricht man, wenn die Nase hervortritt und Stirn und Kinn dagegen zurücktreten. Das **konkave Profil** zeichnet sich durch einen besonders stark hervortretenden Kinn- und Stirnbereich aus.

Kopf im Profil

Stirn:
fliehende Stirn, ausgeprägte Stirn
hohe Stirn, kleine Stirn
Nase:
kleine Nase, spitze Nase, große Nase, Hakennase
Kinn:
fliehendes Kinn, spitzes Kinn, Doppelkinn

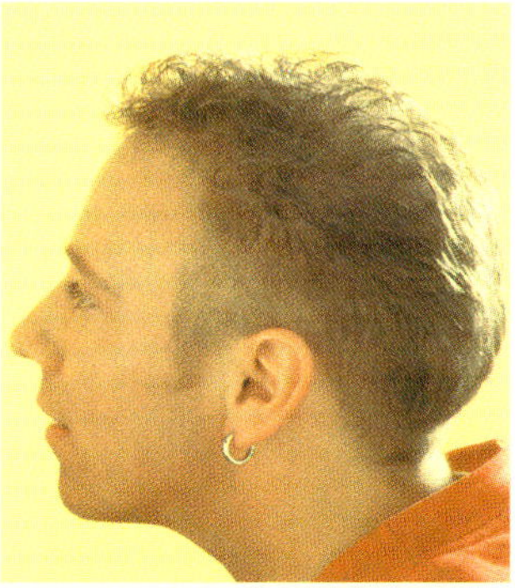

Oberkopf:
flacher Oberkopf, hoher Oberkopf
Hinterkopf:
flacher Hinterkopf, ausgeprägter Hinterkopf
Hals/Nacken:
langer; schlanker, kurzer, dicker Hals/ Nacken
Hals:
langer Hals, kurzer Hals

Besonders beim Schnitt sollte der Friseur die individuellen Merkmale berücksichtigen, denn sie können ganz gezielt kaschiert, aber auch betont werden. So kann eine fliehende Stirn durch das gezielte Herausarbeiten einer Ponypartie sehr leicht kaschiert werden. Das Erkennen dieser Merkmale ist die Grundvoraussetzung, jedoch müssen die Ausgleichsmöglichkeiten immer mit dem Frisurenwunsch der Kundin in Einklang gebracht werden. Soll z. B. ein flacher Hinterkopf betont werden, muss bereits beim Schnitt dieser Wunsch berücksichtigt werden. Je nach Frisurentyp kann es notwendig sein, diesen Hinterkopfbereich länger zu lassen oder z. B. durch eine Teilumformung zu unterstützen.

Ausgleichsmöglichkeiten verschiedener Kopfformen durch eine geeignete Frisur unter Berücksichtigung des inneren und äußeren Frisurenumrisses.

verschiedene Kopfformen	Ausgleichsvorschlag	Ausgleich	Betonung
konvexe Profillinie, fliehendes Kinn	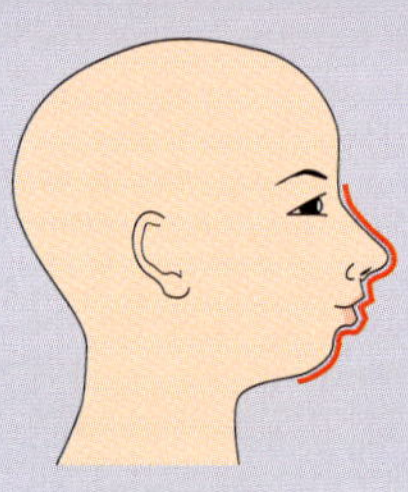	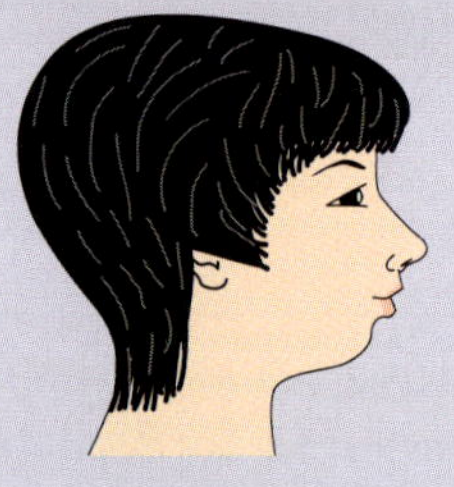	
flache Stirn, betontes Kinn	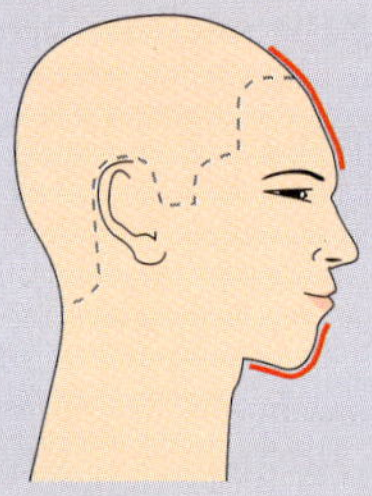		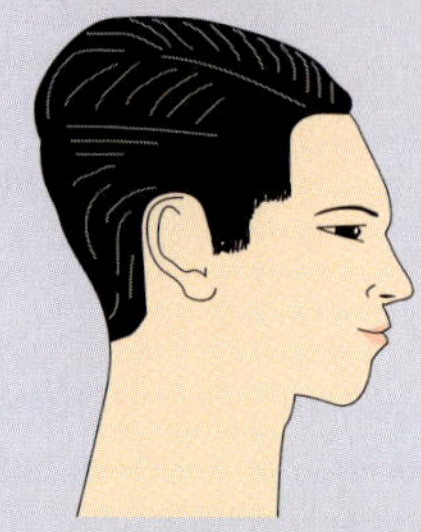
hoher Oberkopf, abfallender Hinterkopf	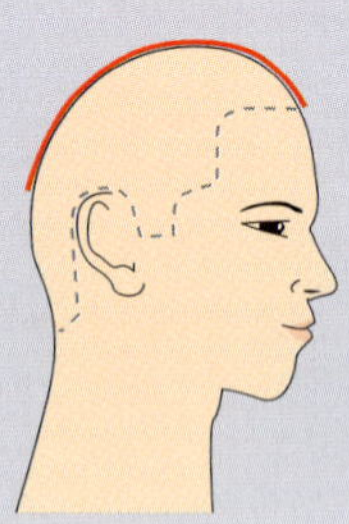	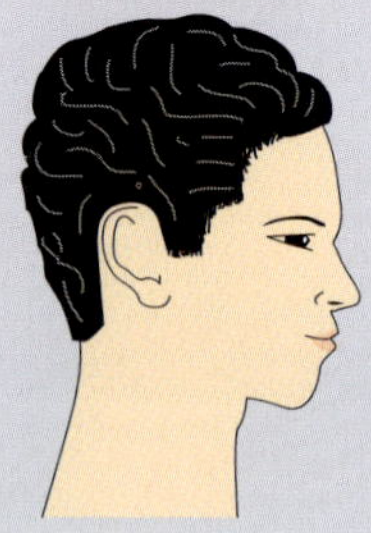	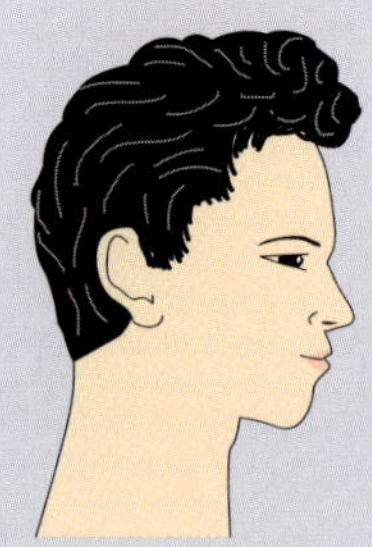

Hals und Nackenbereiche

Bei der Schnittberatung sollte neben der Kopf- und Gesichtsform auch immer der Hals- und Nackenbereich einer Kundin berücksichtigt werden. Es gibt Kunden mit einem sehr langen Hals, bei denen würde ein extrem kurz geschnittener Nacken diesen noch länger erscheinen lassen. Dagegen kann ein sehr kurzer Hals durch einen entsprechenden Schnitt optisch ausgeglichen werden. Aber auch die Nackenbreite sollte in die Entscheidung mit einbezogen werden. Ist der Nacken sehr breit oder schmal und liegt der Haaransatz möglicherweise sehr hoch oder besonders tief, so sollte die Grundlinie des Schnittes nicht an der natürlichen Haarwuchsgrenze verlaufen, sondern ausgleichend gesetzt werden.

Ausgleichsmöglichkeiten bei unterschiedlichen Halslängen

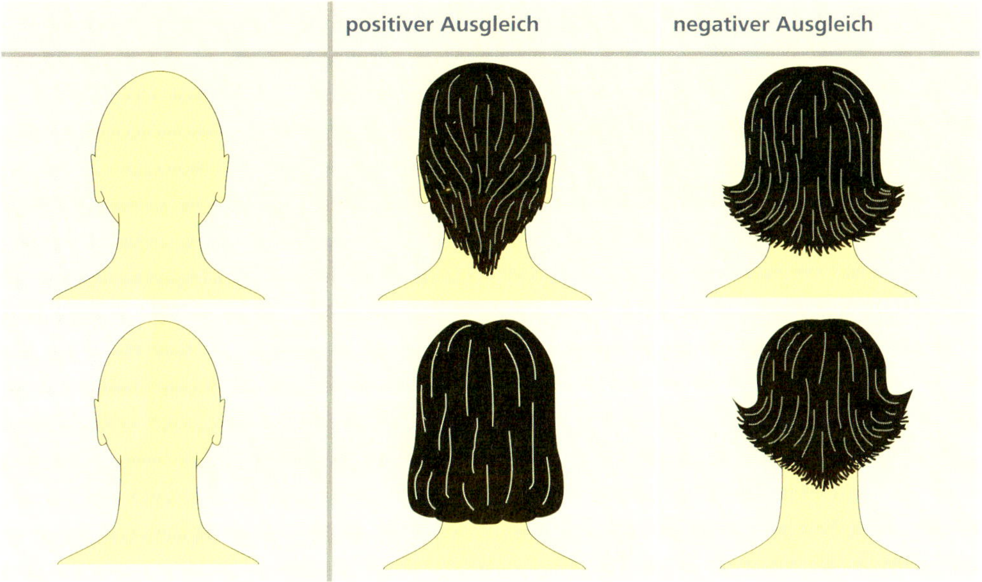

Verlauf der natürlichen Haarkontur

Der Verlauf der natürlichen Haarkontur (= äußerer Umriss der Haargrenze) ist eine sehr individuelle Sache und verläuft bei jedem Kunden geringfügig anders. Vor Beginn eines Haarschnittes sollte ein Friseur diesen Verlauf genau betrachten und beim Schnitt zur Orientierung verwenden. So können z. B. eine sehr hoch verlaufende Stirnkontur, stark ausgeprägte Geheimratsecken oder ausgeprägte, spitz zulaufende Nackenkonturen vorkommen.

Die natürliche Haarkontur wird in einzelne Bereiche unterteilt:

- Stirn-, Ohren- und Nackentampel (= hervortretende Kontur)
- Stirn-, Ohren- und Nackenansatz (= an der Haarwuchsgrenze verlaufende Linie)

Diese Begriffe gehören zur Fachsprache des Friseurs und sind besonders bei der technischen Beschreibung und der Durchführung eines Haarschnittes hilfreich.

Unterteilung der natürlichen Haarkontur in einzelne Bereiche

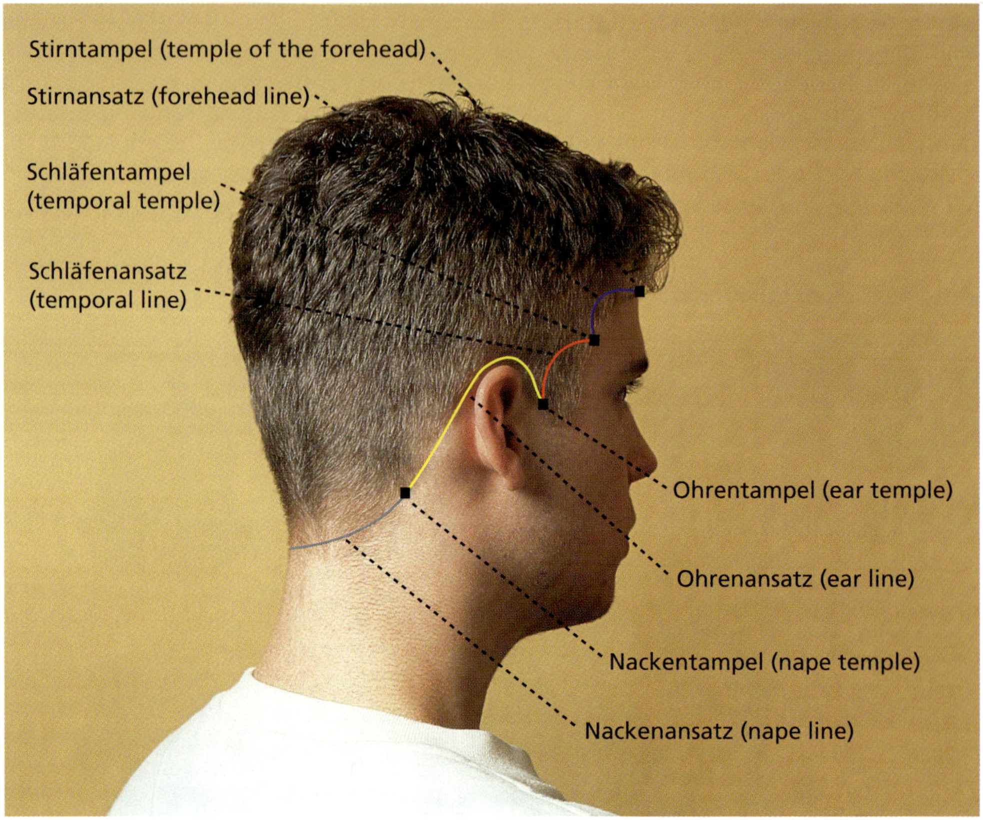

Wirbel, natürliche Haarwuchsrichtung und Haarwellung

Der natürliche Fall der Haare ist von verschiedenen Faktoren abhängig. Darum sollten Wirbel, Haarwuchsrichtung und Haarwellung aufmerksam betrachtet werden. Finden diese Faktoren beim Schnitt Berücksichtigung, so erleichtert es das Styling und es muss nicht täglich gegen den natürlichen Fall der Haare gearbeitet werden. Der natürlich fallende Scheitel kann durch Zurückkämmen der Oberkopfhaare und leichtes Anschieben der Haare ermittelt werden. Bei genauer Betrachtung können **Wirbel** (= ausgeprägte Wuchsrichtung um einen Punkt herum) ausgemacht werden. Häufig findet man Wirbel am höchsten Punkt des Kopfes, an der Stirn- und Nackenkontur. Sie können in alle Richtungen verlaufen. Die **Haarwuchsrichtung** (= Verlauf des Haares nach Austritt aus der Kopfhaut) beeinflusst ebenfalls den natürlichen Fall der Haare erheblich. So kann diese Haarwuchsrichtung Verursacher für den unterschiedlichen Fall der rechten und linken Frisurenseite sein. Jeder kennt die Aussage der Kunden: „Das ist meine Schokoladenseite, die liegt immer wie von selbst nach innen."

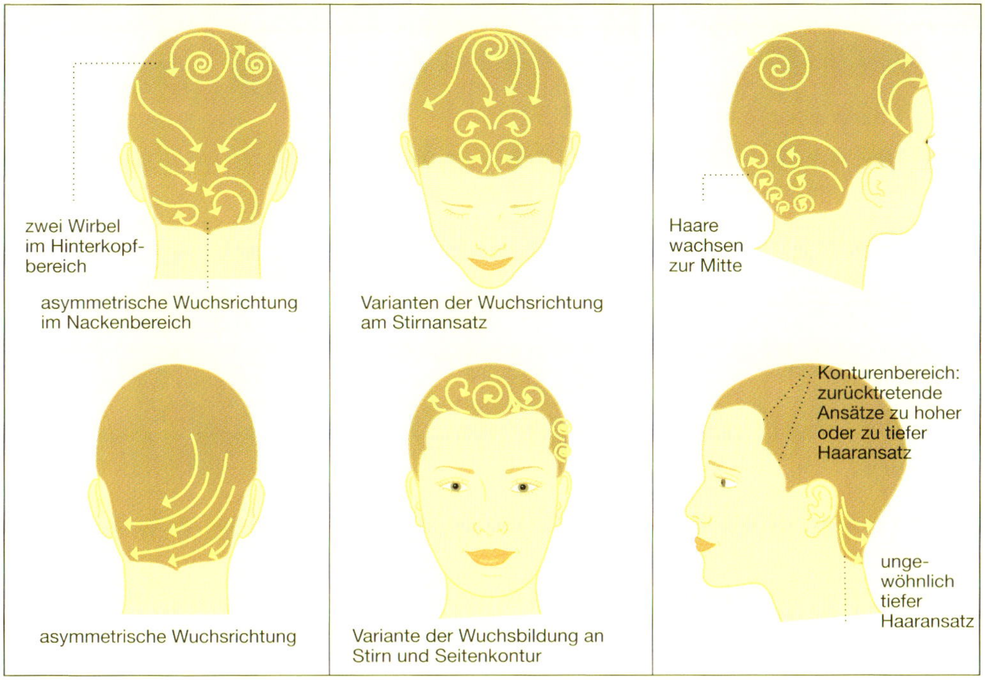

Die **Haarwellung** – insbesondere die natürliche, aber auch die chemische – müssen beim Schnitt besonders berücksichtigt werden. Dies erschwert besonders beim Nasshaarschnitt die Arbeit. Hierbei fällt es dem Friseur schwer, das Zusammenziehen der Haare nach dem Trocknen mit einzukalkulieren. Ein zu kurz geratener Haarschnitt ist nicht selten die Folge. Besonders Afrohaare werden daher im trockenen Zustand geschnitten und nicht Passee für Passee in die Hand genommen, da so kein gleichmäßiger Haarschnitt erreicht wird.

1.1.3 Gestaltungsaspekte für die Beratung kennen

Für die Schnittberatung muss der Friseur sehr viele Faktoren berücksichtigen. Wie bereits beschrieben, müssen Kundenwunsch und die natürlichen Gegebenheiten, wie Gesichts- und Kopfform, Haarqualität und andere Aspekte in Einklang gebracht werden. Dieses gelingt durch den gezielten Einsatz von **Gestaltungsmitteln**. So können **Linien** in der Frisur ganz gezielt eingesetzt werden, um Akzente zu setzen. Ein kinnlanger Haarschnitt unterscheidet sich in seiner Wirkung erheblich, wenn alle Haare auf einer Länge sind, das Haar nach vorne länger wird, oder die Grundlänge in einem Bogen verläuft.

Linien in der Frisur

Beschreiben Sie die unterschiedlichen Wirkungen der drei Abbildungen

Die natürliche Haarkontur kann besonders mit dem Haarschnitt in ihrer Wirkung stark beeinflusst werden. Ein Haarschnitt kann außerhalb der natürlichen Haarwuchsgrenze verlaufen, d. h. die Grundlinie des Schnitts liegt unterhalb oder auch oberhalb der natürlichen Haarwuchsgrenze. Diese neue Grundlinie kann z. B. kompakt oder ausgefranst geschnitten werden. Besonders am Ohrentampelbereich bieten sich viele Schnittvariationen an:

Konturverläufe in der Frisur

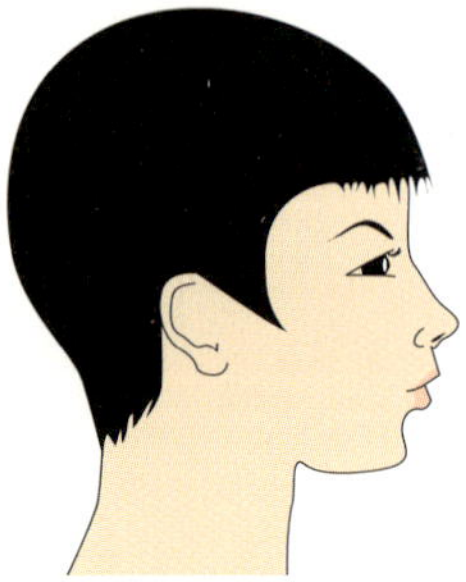

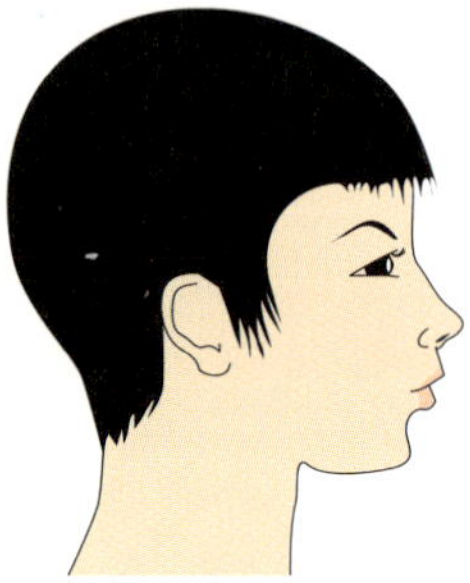

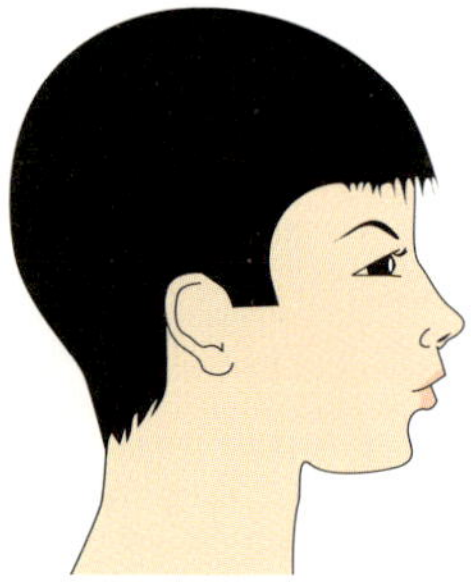

Ein weiterer Faktor, der die Wirkung eines Haarschnittes sehr stark beeinflusst, ist die **Textur** (= Oberfläche) des Haares. Aus der Pflanzenwelt ist bekannt, dass Pflanzen mit großen Blättern optisch ruhig und Pflanzen mit kleinen Blättern dagegen eher unruhig wirken. Ähnlich ist es auch bei der Frisurengestaltung. Eine stark bewegte Textur wie bei einer durchgestuften und gelockten Frisur wirkt sehr lebendig, dagegen wirkt ein langes Haar, bei dem alle Haare auf einer Länge sind, ruhiger. Man spricht von einer ruhigen (inaktiven) Textur.

Beispiel für eine inaktive Textur

1. **Beispiel** für eine aktive Textur

2. **Beispiel** für eine geringen aktive Textur

Die nachfolgenden Gestaltungsaspekte finden ebenfalls beim Haarschnitt Anwendung, können aber auch bei der farblichen Veränderung der Haare oder bei einer Umformung gezielt eingesetzt, bzw. kombiniert werden.

Berücksichtigung von Gestaltungsaspekten am Beispiel Haarschnitt

Rhythmus/Wiederholung:
Wiederholung einzelner Formelemente in einem bestimmten Rhythmus

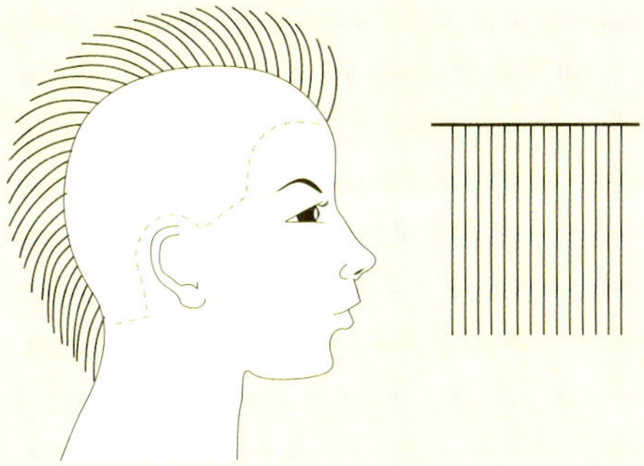

Abwechseln:
Zwei oder mehrere Elemente werden regelmäßig wiederholt

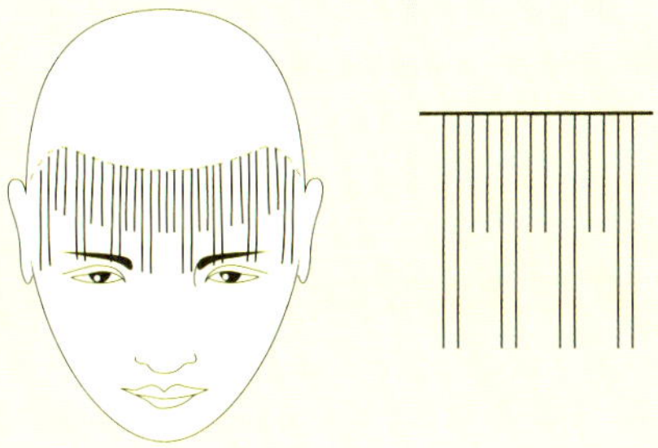

Steigerung:
Wiederholung einer Form, die in gleichmäßigen Schritten größer oder kleiner werden kann

Kontrast:
Das Nebeneinander von Gegensätzen

Suchen Sie vergleichbare Abbildungen in Frisurenzeitschriften und beschreiben Sie die Wirkung.

1.2 Ohne geeignetes Handwerkzeug geht nichts

Haare schneiden ist eine sehr kreative, aber auch technisierte Arbeit des Friseurs. Voraussetzung dafür ist das geeignete Werkzeug. Die richtige Wahl der Scheren und die geeigneten Haarschneidekämme stehen bei dem Erwerb der Basisausstattung im Mittelpunkt.

1.2.1 Haarschneidescheren

Bei der Auswahl der geeigneten Haarschneideschere spielen mehrere Faktoren eine Rolle:

- *Größe und Form*
- *Material*
- *Schliff der Klinge*
- *Einsatzgebiet der Schere*

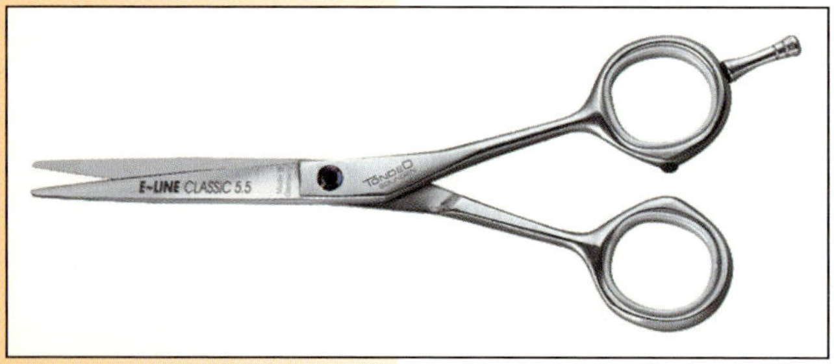

Klassische Haarschneideschere

So gibt es neben der *klassischen Haarschneideschere* Scissors noch verschiedene *Spezialscheren,* mit denen besondere Schnitteffekte erzielt werden können.

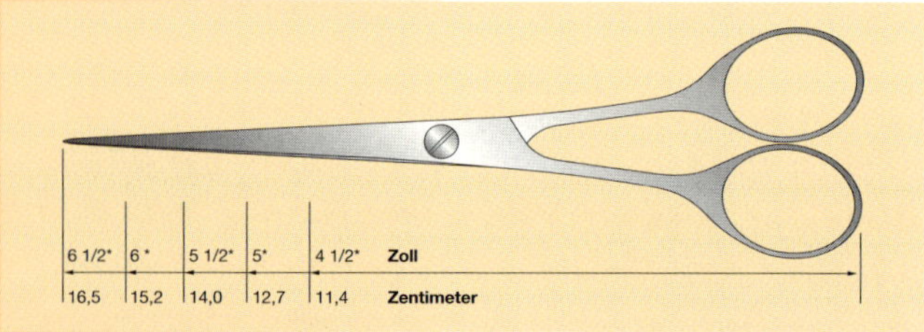

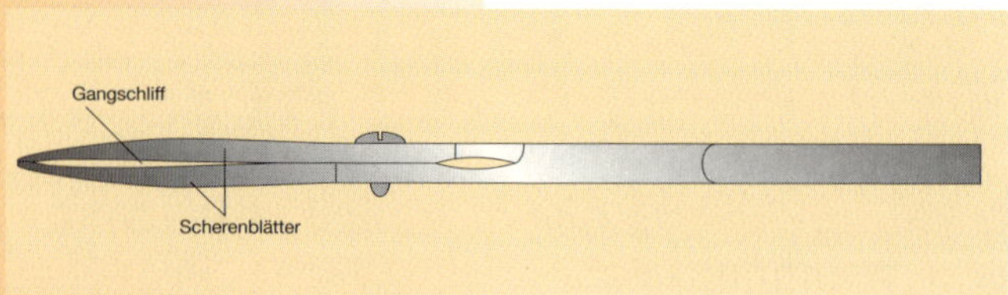

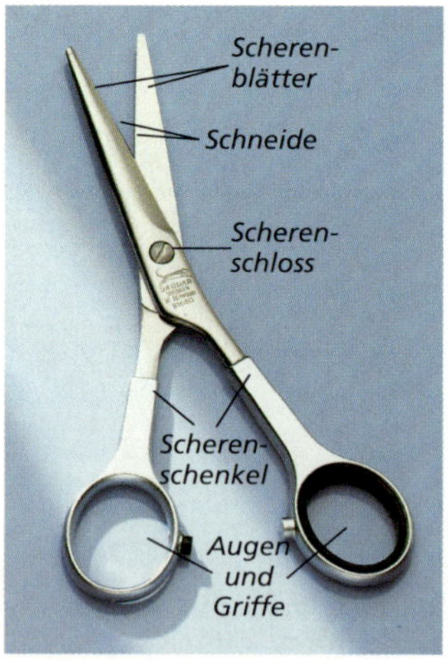

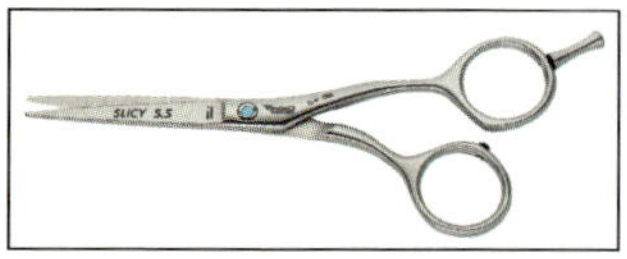

Ergonomisch geformte Haarschneideschere

Mikroverzahnung bei einer Haarschneideschere

Die **Herstellung** einer hochwertigen Haarschneideschere erfordert ca. 150 Arbeitsgänge. Sie besteht aus rostfreiem Material wie Edelstahl, Titan oder Keramik. Um das Allergierisiko zu minimieren, müssen Haarschneidescheren nickelfrei sein. Einige Hersteller überziehen aus diesem Grund ihre Scheren zusätzlich mit einer Teflon-, Titan- oder Kunststoffschicht.

In der **Grundform** besteht eine Schere aus

- den Scherenblättern mit den Klingen,
- den Schenkeln mit Augen und einer Schraube (Schloss), die beide Teile zusammenhält.

So genannte **mikroverzahnte Scheren** haben eine mikroskopisch fein gezahnte **Klinge**. Diese verhindert ein Wegschieben der Haare beim Schließen der Schneide, den so genannten Vorschub. Für besondere Schnitttechniken ist diese Schliffart jedoch ungeeignet. So wird für die Slice-Technik eine Schere mit einer glatt geschliffenen Klinge benötigt.

Bei der **Auswahl** einer Schere spielen neben dem Verwendungszweck auch die körperlichen Eigenheiten des Verwenders eine wichtige Rolle. Jeder Friseur sollte eine Schere auswählen, die auf seine individuelle Handgröße und -form abgestimmt ist. Scherenhersteller bieten neben der klassischen Form auch ergonomisch (= angepasst an den arbeitenden Menschen) geformte Scheren an. Ebenso gibt es Scheren für Rechts- und Linkshänder. Die Größe einer Haarschneideschere wird in Zoll angegeben. Der Markt bietet Größen von 4½ bis 6½ Zoll an. Bei der Auswahl der geeigneten Schere sollte neben der individuellen Handgröße auch das Einsatzgebiet berücksichtigt werden. Konturen lassen sich präziser mit kleinen Scheren arbeiten, dagegen kann das Schneiden über den Kamm auch mit einer größeren Schere durchgeführt werden.

Die Schenkel einer Schere können gleich lang und damit symmetrisch, aber auch asymmetrisch sein. Dieser Off-Set-Griff mit einer längeren Seite soll eine entspanntere Handhaltung ermöglichen. Das Fingerloch, auch Auge genannt, kann mit einer Kunststoffbeschichtung überzogen sein oder zusätzlich mit einem Ringeinsatz auf die individuelle Fingergröße angepasst werden. Es gibt feststehende und bewegliche Augen. Manche Scheren besitzen zusätzlich eine Auflage für den kleinen Finger. Alle Scheren haben zwischen den Scherenblättern eine Spannung, die durch leicht gebogene Scherenblätter erreicht wird. Diese Spannung (so genannte Gangschliff) sorgt dafür, dass die Klingen bei jedem Schließwinkel dicht aufeinander liegen und alle Haare sauber abschneiden. Bei einigen Scheren lässt sich die Spannung mithilfe einer Schraube im Schloss verstellen.

1.2.2 Spezialscheren

Neben der klassischen Modellier- und Effilierschere (thinning scissors) gibt es so genannte Point-Cut-Scheren mit unterschiedlichen Zahnungen und Scheren zum Slicen, die keine Microverzahnung an der Schneide haben. Meist werden diese Spezialscheren eingesetzt, um die Haarfülle zu reduzieren, es lassen sich aber auch andere Schnitteffekte mit ihnen erzielen. Um diese Scheren fachgerecht einzusetzen, muss der Friseur eine genaue Vorstellung von der Schnittwirkung der verschiedenen Spezialscheren haben.

Spezialscheren und ihre Verwendung

Scherenart	Effilierschere	Modellierschere (hier: ergonomisch)	Point-Cut-Schere
	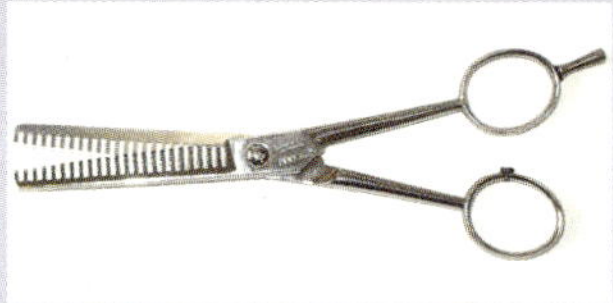	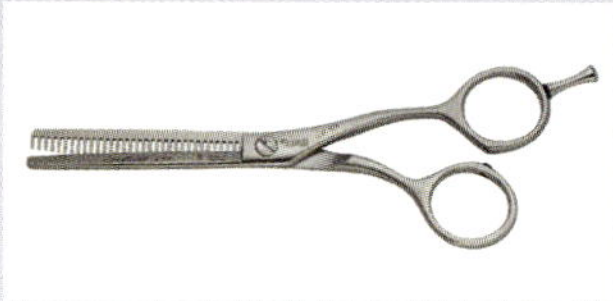	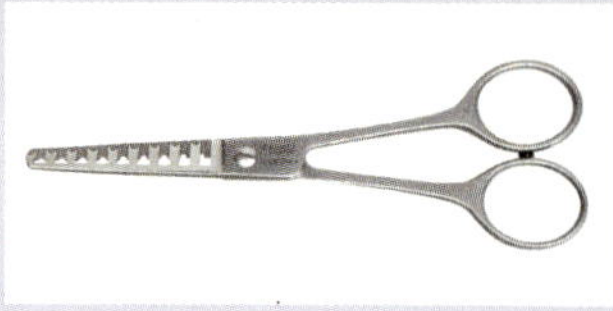
Beschreibung	hat zwei gezahnte Schneiden	hat eine gezahnte und eine glatte Schneide	hat zwei grob gezahnte Schneiden, deren Zahnungsabstände variieren können
Schnittwirkung	schneidet ca. 30 % aller Haare einer Haarsträhne ab	schneidet ca. ca. 50 % aller Haare einer Haarsträhne ab	schneidet große Lücken in die Haarsträhne
Schnittbild			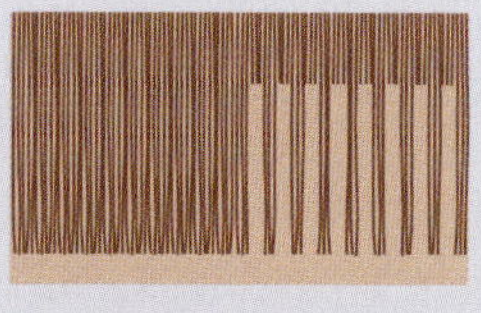
Einsatzbereiche	zum Ausdünnen und Einarbeiten von Stützhaaren	zum Vorschneiden oder Schneiden von Übergängen	für fransige Effekte oder zum Einarbeiten von Stützhaaren

1.2.3 Andere Haarschneidewerkzeuge und -geräte

Eine Vielzahl weiterer Haarschneidewerkzeuge und -geräte ergänzt oder ersetzt die Arbeit mit den klassischen Haarschneidescheren. So gibt es neben dem so genannten Messerschnitt, der mit dem Rasiermesser (razor) durchgeführt wird, noch den Maschinenschnitt, bei dem die Haarschneidemaschine (electric clippers) zum Einsatz kommt.

Ein und dasselbe Frisurenziel kann man mit unterschiedlichen Schnitttechniken und Werkzeugen erreichen: Ein Fassonschnitt kann mit der Haarschneideschere oder mit der Haarschneidemaschine gemacht werden. Ebenso stehen für einen fransigen Haarschnitt mehrere Techniken und Werkzeuge zur Verfügung, z. B. das Slicen mit der Slice-Schere, das Schaben mit dem Rasiermesser oder dem Razor. Friseure entwickeln in ihrem Berufsalltag oftmals besondere Vorlieben für spezielle Techniken oder einzelne Geräte, aber auch die wandelnde Frisurenmode erfordert eine ständige Auseinandersetzung mit diesem Thema.

Klingengeräte

Zu den klassischen Klingengeräten gehören Rasiermesser, auch Klingenmesser oder Sifter genannt, Effilierer und Modellierer.

Rasiermesser gibt es in verschiedenen Größen, einige können auch durch spezielle Klingenhalter oder Aufsätze zu einem Modellierer erweitert werden. In der geschichtlichen Entwicklung des Friseurberufes spielten die Nassrasur mit dem Messer und der Messerhaarschnitt eine bedeutende Rolle. Das Schleifen der Klingen an Streichriemen glich einer Zeremonie. Heute ist dies durch den Einsatz auswechselbarer Klingen überflüssig geworden. Wenn auch heute beim Friseur kaum noch Nassrasuren durchgeführt werden, so wird für das Ausrasieren von Nacken und Konturen noch immer häufig das Rasiermesser verwendet. Es können sogar ganze Haarschnitte mit dem Messer geschnitten werden, jedoch erfordert diese Technik viel Übung und Erfahrung. Die korrekte Haltung des Messers, eine scharfe Klinge und feuchtes Haar sind die Grundvoraussetzungen.

Oft wird der Scherenschnitt durch den Einsatz eines Klingengerätes verfeinert oder unterstützt. Durch gezielten Einsatz der Klingengeräte kann besonders gut die Haarfülle in einzelnen Frisurenteilen angepasst werden. Besonders geeignet ist der Effilierer, da seine Klinge durch einen kammförmigen Schneideaufsatz bedeckt ist und somit nur einen Teil der Haare abschneidet. Der Markt bietet neben dem klassischen Effilierer und Modellierer (einseitig gezahnt) einige neuere Werkzeuge an, genannt Razor, Softer oder Feather-Messer. Alle besitzen eine mehr oder weniger stark gezahnte Klingenführung, die die Schnittwirkung beeinflusst. Gleichzeitig verhindert diese Klingenführung Schnittverletzungen. Diese Schneidewerkzeuge unterscheiden sich hauptsächlich durch ihre ergonomische Form und in der Handhabung beim Klingenwechsel.

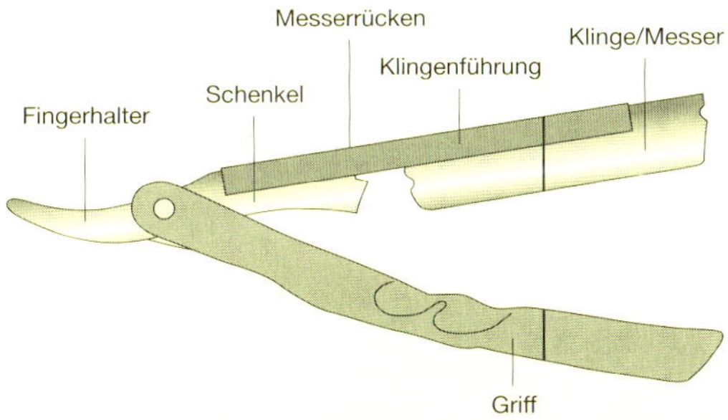

Razer

Klingengeräte und ihre Verwendung

Klingengeräte	Klingenmesser	Effilierer
	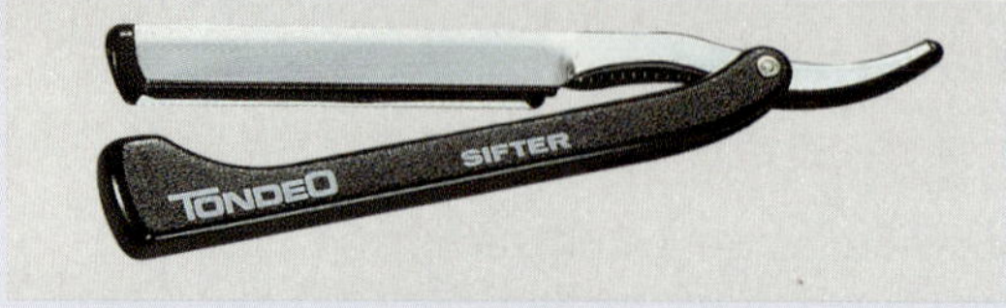	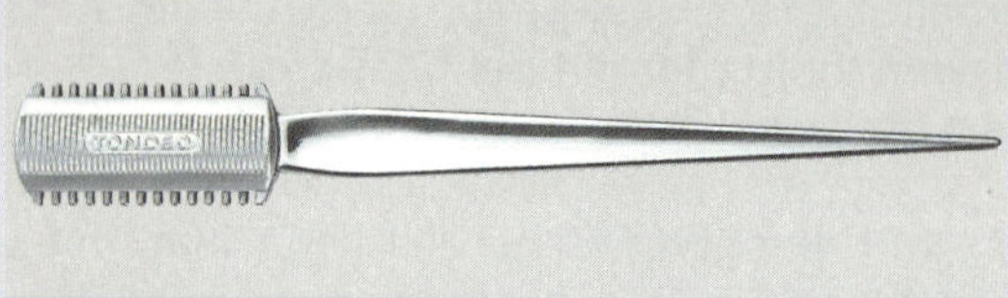
Beschreibung	auswechselbare Klinge befindet sich in dem Klingenhalter. Die Schale (Griff) dient gleichzeitig zur sicheren Aufbewahrung der Klinge	die auswechselbare Klinge befindet sich zwischen zwei gezahnten Platten, die an einem Griff befestigt sind
Schnittwirkung	schneidet je nach Strichlänge und Winkelhaltung des Messers mehr oder weniger Haare ab	schneidet nur einen Teil der Haare ab, dadurch Reduzierung der Haarmenge innerhalb eines Passees
Schnittbild	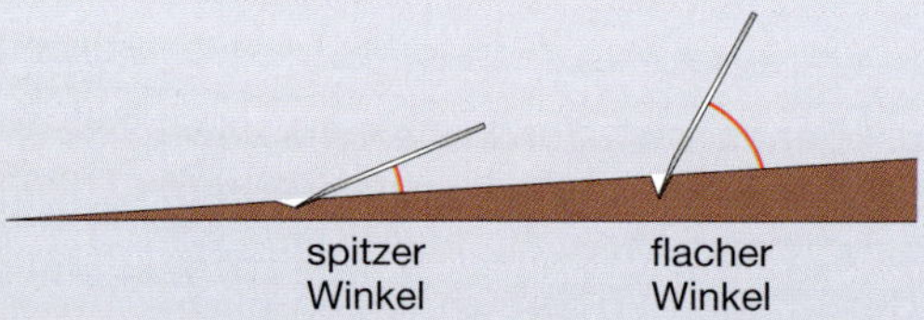	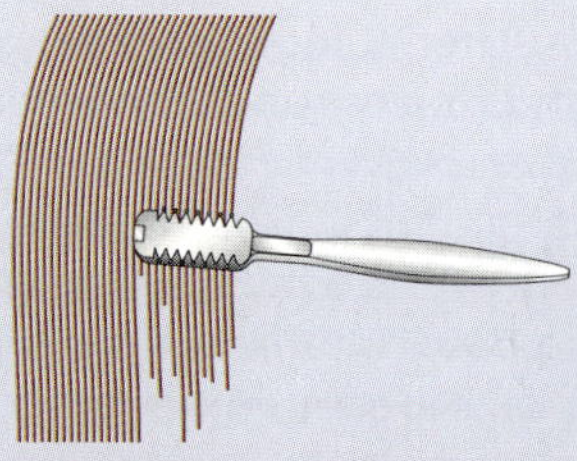
Einsatzbereiche	– Rasieren von Bart, Nackenhaaren oder Konturen – Kürzen von Haaren – Ausdünnen und Akzentuieren von Haaren	– Ausdünnen der Haare – Effilierendes Kürzen – Aktivieren der Frisurenoberfläche – Gestalten weich verlaufender Übergänge – Erzielen fransiger Frisurenelemente

Haarschneidemaschinen

Das Angebot an Haarschneidemaschinen wird immer größer, dabei sind die hauptsächlichen Unterscheidungskriterien:

- Größe der gesamten Haarschneidemaschine
- Größe des Schneidsatzes
- Netz- und/oder Akkubetrieb (Lade- und Betriebszeit)
- Schnittlängenverstellung und/oder verschiedene Aufsteckkämme
- Gewicht
- Laufruhe

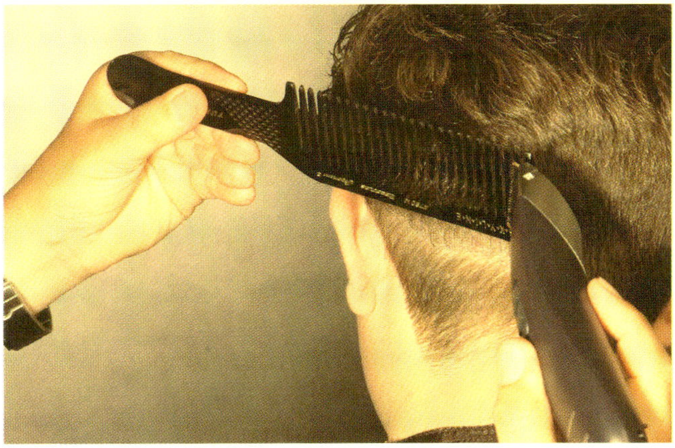

Eine Haarschneidemaschine kann anstelle einer Schere mithilfe eines Kammes oder eines Aufsatzes verwendet werden. Eine Haarschneidemaschine mit kleinem Schneidsatz ist besonders zum Konturenschneiden geeignet.

1.2.4 Pflege von Reinigung der Haarschneidewerkzeuge

Nehmen Sie sich für das Reinigen, Desinfizieren und Pflegen aller Werkzeuge und Geräte etwas Zeit. Durch die Desinfektion wird das Übertragen von Krankheitserregern verhindert. Die Haarschneidescheren müssen zuvor von Haarresten befreit werden, dazu eignet sich ein weiches Tuch besonders gut. Viele Scherenlieferanten liefern das notwendige Scherenöl gleich mit, denn die Scheren sollten in regelmäßigen Abständen nach der Reinigung geölt werden, damit sie leichtgängig bleiben. Nach langjährigem Gebrauch einer Schere kann es notwendig werden, die Schere schleifen zu lassen. Diesen Service bieten die meisten Scherenhersteller an. Ebenfalls müssen alle Klingengeräte gründlich gereinigt, die Haarreste sorgfältig entfernt werden.

Der Haarschneidemaschine sollte man besondere Aufmerksamkeit schenken. Unter dem Schneidsatz sammeln sich viele Haare, daher sollte zur Haarentfernung der Schneidsatz abgenommen und die Haare mit einem entsprechenden Bürstchen gründlich entfernt werden. Der Schneidsatz selbst sollte entsprechend der Bedienungsanleitung geölt werden. Die Akkupflege bei akkubetriebenen Haarschneidemaschinen wird entsprechend der Herstellerangaben durchgeführt, um eine lange Lebensdauer des Akkus zu erzielen.

1.2.5 Spezialkämme für den Haarschnitt

Kaum ein Friseur kommt mit einem Haarschneidekamm aus. Er wird individuell nach seinen Bedürfnissen und Schneidetechniken ein Sortiment an Kämmen zusammenstellen. Der klassische Haarschneidekamm hat eine fein- und eine grobzahnige Seite. Um bei einem Anschnitt im Nackenbereich auch die feinen kurzen Nackenhärchen zu erreichen, gibt es Haarschneidekämme, die am feinzahnigen Teil abgeschrägt sind und sich zusätzlich in der Dicke unterscheiden und besonders flexibel sind. Für das Schneiden über den Kamm, insbesondere mit der Haarschneidemaschine, gibt es diverse Kämme, die sich durch einen breiten Kammrücken und eine spezielle Zahnung gut eignen, da eine ruhige Kammführung und ein gutes Abheben der Haare von der Kopfhaut gewährleistet sind. Für den Schnitt an stark gelocktem Haar eignet sich ein Kamm mit einer gröberen

Zahnung gut. Einige Friseure benutzen einen Flattopper. Dieser überdimensionale Kamm wird besonders für einen Bürstenhaarschnitt, bei dem alle Oberkopfhaare eine einheitliche Länge haben, eingesetzt.

Diverse Haarschneidekämme

1.2.6 Weitere Hilfsmittel

Neben dem Kamm, diversen Scheren und der Haarschneidemaschine benötigt der Friseur noch einige weitere Hilfsmittel, die ihm die Schneidearbeit erleichtern. Um einen exakten Nasshaarschnitt zu erreichen, muss das Haar während des Schnittes gleichmäßig feucht sein. Eine **Sprühflasche,** gefüllt mit Wasser, sollte daher immer griffbereit stehen. Besonders bei längerem Haar erleichtern die **Abteilklammern**, die die einzelnen Haarpassees halten, das systematische Vorgehen beim Haarschnitt. **Schneideschablonen** sind mit Linien versehen und können über den Umhang gelegt werden, um besonders bei schulterlangem Haar einen exakten Grundlinienschnitt zu erzielen. Zum Abschluss eines jeden Haarschnitts, aber auch zwischendurch sollten dem Kunden mit einem **Nackenpinsel** die lästigen Haarschnipsel entfernt werden. In vielen Salons gehört es zum Service, nach einem Kurzhaarschnitt die Haare noch einmal kurz aufzuschäumen, um pieksende Schnittreste zu entfernen.

1. *Stellen Sie eine Grundausstattung für einen Berufsanfänger zusammen. Begründen Sie Ihre Auswahl.*
2. *Stellen Sie Qualitätskriterien, die beim Kauf einer Schere zu berücksichtigen sind, heraus.*

2 Schneidetechniken

2.1 Basiswissen für diverse Haarschneidetechniken

- Die korrekte Körper- und Scherenhaltung
- Orientierungslinien und -punkte erleichtern das Haareschneiden
- Abteillinien
- Kämmrichtung und Kämmwinkel
- Finger- und Handhaltung
- Basis- und Führungslinien
- Schneidetechniken

2.2 Die vier Basisformen

- Kompakte Form
- Graduierte Form
- Einheitlich gestufte Form
- Ansteigend gestufte Form

2.3 Besondere Schneidetechniken und ihre kreativen Einsatzmöglichkeiten

- Effiliertechniken mit verschiedenen Klingengeräten
- Effiliertechniken mit der Schere
- Über-Kamm-Technik
- Freihandtechnik

Die Auszubildende Karla schaut ihrer Ausbilderin fasziniert beim Haareschneiden zu. Insgeheim wundert sie sich nur, woher die Friseurin immer so genau weiß, wo sie mit dem Haarschnitt beginnen soll, wie sie ihre Hand halten muss und mit welchem Schneidewerkzeug sie arbeitet.
Morgen kommt das erste Modell und sie soll ihre ersten Schnitterfahrungen machen.
Karla ist bereits ein wenig aufgeregt und hofft, dass das alles gut geht.

2.1 Basiswissen für diverse Haarschneidetechniken

2.1.1 Die korrekte Körper- und Scherenhaltung beim Haarschnitt

Der Körper des Friseurs ist immer dem Arbeitsbereich am Kunden zugewandt. Artistische Verrenkungen führen zu schmerzhaften Verspannungen.

Körperhaltung

Jeder Friseur sollte beim Haarschnitt auf eine korrekte Arbeitshaltung achten. Egal ob im Stehen oder Sitzen geschnitten wird, nimmt diese Tätigkeit bei den meisten Friseuren einen großen Teil der täglichen Arbeitszeit in Anspruch. Bei falscher Körperhaltung machen sich besonders Verspannungen im Nacken- und Rückenbereich bemerkbar. Deshalb arbeitet man immer in der Haltung, die den jeweils geringsten Kraftaufwand und die geringste Anspannung erfordert. Eine entspannte Haltung ist möglich, wenn man sich so stellt, dass man den jeweiligen Arbeitsbereich ohne Verrenkungen und Verdrehungen erreichen kann. Konturen und Seitenbereiche lassen sich sehr gut im Sitzen schneiden, wenn ein höhenverstellbarer Rollhocker zur Verfügung steht. Der Oberkopfbereich lässt sich dagegen besser im Stehen schneiden. Dieser Wechsel zwischen sitzender und stehender Tätigkeit ist für den Körper eine willkommene Abwechslung. Insgesamt sollte auf eine gerade Rückenhaltung geachtet werden, ein angehobenes Brustbein entlastet den Oberkörper. Die Knie sollten nicht ständig durchgedrückt werden. Ein Wechsel des Standbeines bringt Entlastung für den Bewegungsapparat.

Tipp

Besonders Berufsanfänger klagen häufig über Rückenprobleme. Auch an sie wenden sich Kurse zur Rückenschulung, die unter anderem einige Krankenkassen anbieten.

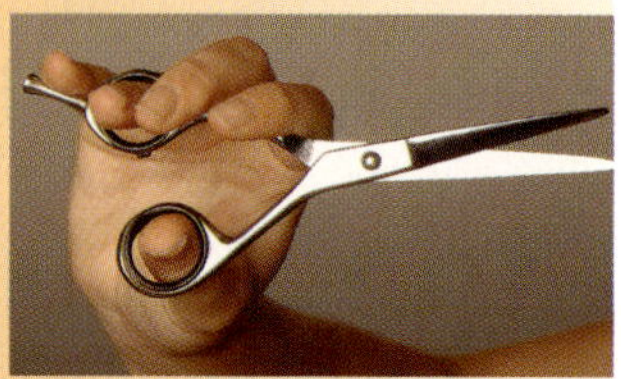

Die richtige Haltung einer Friseurschere

Scherenhaltung

Ein korrekter Haarschnitt kann nur erreicht werden, wenn die Haarschneideschere gut in der Hand liegt und sicher geführt wird. Eine auf die Handgröße abgestimmte Haarschneideschere wird mit dem Daumen und Ringfinger gehalten, der kleine Finger liegt auf dem Fingerhaken, falls vorhanden. Dabei zeigt die Scherenschraube immer zum Körper. Die eigentliche Schneidebewegung übernimmt der Daumen. Zeige- und Mittelfinger liegen auf den Scherenschenkeln und geben dem Ringfinger zusätzlich Stabilität, damit die Schere präzise geführt werden kann. Wie weit der Daumen und der Ringfinger in das jeweilige Auge fassen, ist eine individuelle Sache und hängt auch vom Scherentyp ab.

Tipp

- Vor den ersten Schneideversuchen sollte das Öffnen und Schließen der Schere häufiger geübt werden, um eine Verkrampfung der Hand- und Armmuskulatur während des Schnittes zu vermeiden.
- Um die Haarschneideschere und den Kamm in einer Hand zu halten, wird der Daumen aus dem Scherenauge genommen und der Kamm mit dem Daumen und den Fingern gehalten. Dabei ruht die Schere im geschlossenen Zustand in der Hand.
- Der Kamm wird zum sauberen Abteilen der Passees benötigt. Das zu schneidende Passee wird mit dem Kamm angehoben, die Führungshand übernimmt das Passee. Bevor geschnitten werden kann, muss die Schneidehand den Kamm an die Führungshand übergeben und den Daumen wieder in das Auge legen.

2.1.2 Orientierungslinien und -punkte erleichtern das Haareschneiden

Der Kopf kann grob in **Vorder-, Ober-, Hinterkopf** (mit Wirbel) und **Nackenbereich** eingeteilt werden. Für die exakte Beschreibung von Haarschnitten und deren Durchführung ist es aber unerlässlich, die Bereiche des Kopfes genauer zu unterteilen. Die **Orientierungslinien** helfen bei dem systematischen Aufbau eines Haarschnittes, so z. B. beim sauberen Abteilen und bei der Längenbestimmung.

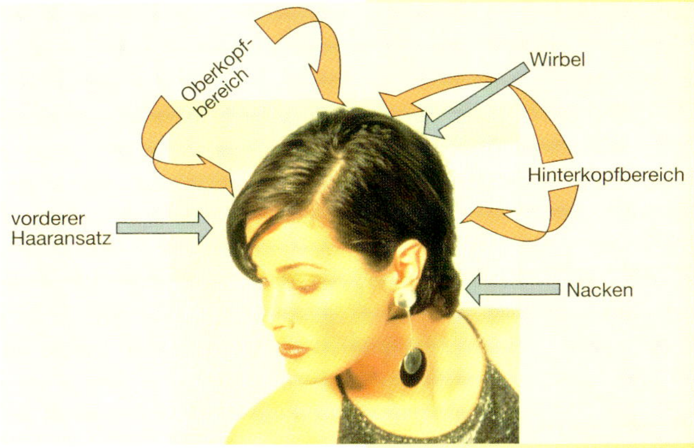

Weitere **Orientierungspunkte** sind:
- Höchster Punkt am Oberkopf
- Stirnmitte
- Innerer oder äußerer Augenwinkel (= Augenende)
- Höchster Punkt der Augenbraue und Länge der Augenbrauen
- Lage der Ohren

Diese Punkte können z. B. beim Längenvergleich der Seiten, Festlegen eines Scheitels oder bei der Bestimmung der Ponylänge hinzugezogen werden.

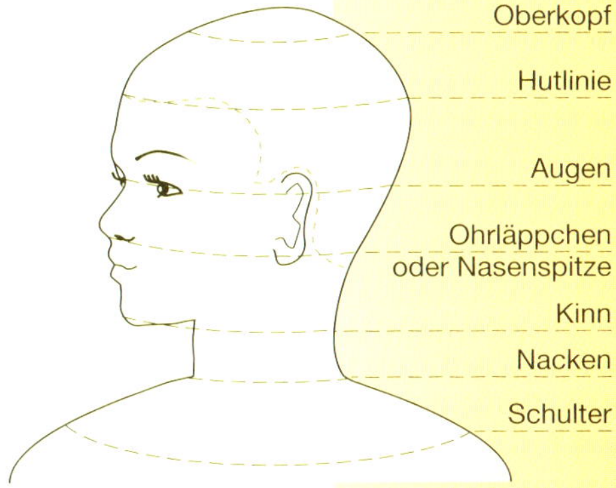

Der Kopf kann in horizontal (= waagerecht) verlaufende Linien unterteilt werden

2.1.3 Abteillinien

Das systematische und saubere Abteilen bei einem Haarschnitt ist besonders für Anfänger sehr sinnvoll. Vergleicht man verschiedene Schneidesysteme, so fällt auf, dass es eine Vielzahl an Begriffen gibt, um die verschiedenen Abteillinien zu benennen. Die gebräuchlichsten werden hier aufgeführt und erklärt.

Horizontale Abteillinien

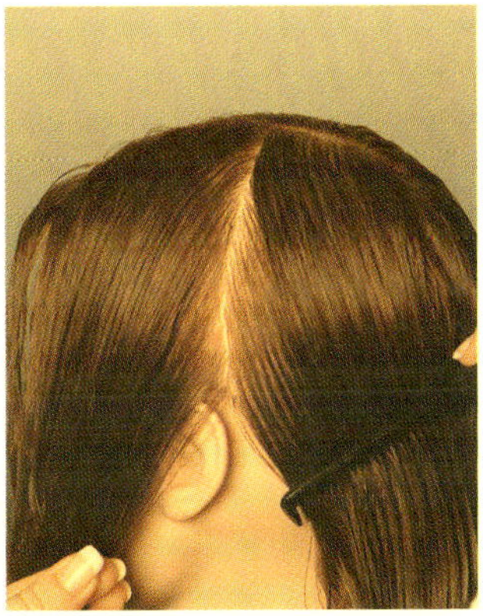

Vertikale Abteillinien

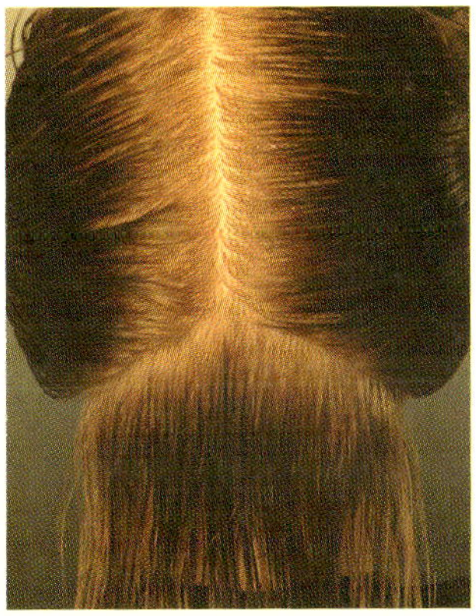

Abteillinien diagonal nach vorn

Abteillinien diagonal nach hinten

Grundsätzlich kann die **horizontale** (= waagerechte) und die **vertikale** (= senkrechte) Abteillinie unterschieden werden. Des Weiteren kann eine Linie auch noch **diagonal** verlaufen. Dabei wird zwischen **diagonal nach vorn** und **diagonal nach hinten** unterschieden.

Besonders bei Haarschnitten an längeren Haaren wird der Kopf zu Beginn des Haarschnittes häufig in vier Bereiche eingeteilt, indem die so genannte **A-Linie** (= beginnend an der Stirnmitte über die Kopfmitte bis zum Nacken) und die **B-Linie** (= von Ohr zu Ohr) gezogen werden und so einen Kreuzscheitel bilden. Bei vielen Haarschnitten ist es wichtig, die **natürliche Haarkontur** besonders sorgfältig zu bearbeiten. Darum kann ein separates Abteilen dieser Kontur sinnvoll sein. Dazu wird meist ein ca. 1 cm breiter Streifen im Verlauf der natürlichen Haarkontur abgeteilt.

Neben diesen gebräuchlichsten Abteillinien kann es je nach Haarschnitt notwendig sein, z. B. den Oberkopf- oder Ponybereich nochmals separat abzuteilen. Dazu wird z. B. am höchsten Punkt des Oberkopfes eine **trapezförmige, sternförmige oder A-förmige Abteilung** vorgenommen. Im Nackenbereich kann je nach Verlauf der Basislinie (= unterste Haargrenze) eine waagerechte, A-förmige, V-förmige oder im Bogen verlaufende Abteillinie gezogen werden. Bei den im Bogen verlaufenden Abteillinien wird zwischen **konkav** (= nach innen gewölbt; d. h. zu den Seiten werden die Haare länger) und **konvex** (= nach außen gewölbt; d. h. zu den Seiten werden die Haare kürzer) unterschieden.

2.1.4 Kämmrichtung und Kämmwinkel

0°-Kämmwinkel
= kompakte Form,
d. h. alle Haare fallen auf eine gemeinsame Linie

45°-Kämmwinkel
= graduierte Form,
d. h. es findet ein Längenanstieg zum Deckhaar statt

90°-Kämmwinkel
= uniforme Form
d. h. alle Haare haben rund um den Kopf die gleiche Länge

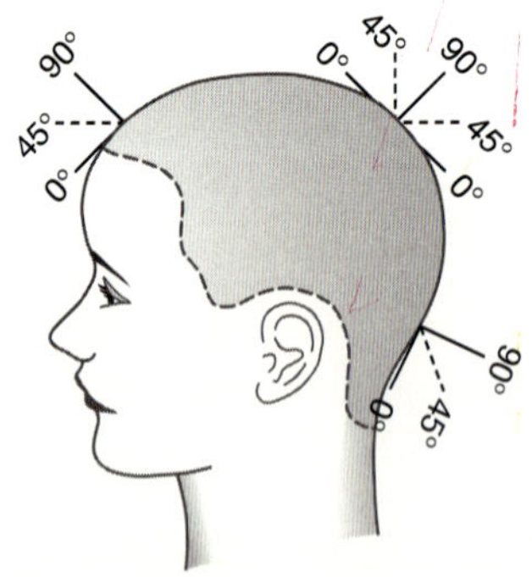

Es muss zwischen Kämmrichtung und Kämmwinkel unterschieden werden. Unter **Kämmrichtung** versteht man die Richtung, in die das Haar bezogen auf die Abteillinie gekämmt wird. Beim Haarschnitt wird jedes Haarpassee in einem bestimmten Winkel von der Kopfhaut abgehoben, diesen Winkel nennt man **Kämmwinkel (Abhebe- oder Projektionswinkel).** Je nach gewünschtem Schnittergebnis variiert dieser Winkel. Schneidet der Friseur einer Kundin mit gleich langen Haaren die Spitzen, so werden die Haarpassees nicht angehoben, d. h. in diesem Fall beträgt der Kämmwinkel **0°** und im Ergebnis fallen alle Haare auf eine Linie. Dagegen werden bei einem gleichmäßig gestuften Kurzhaarschnitt die Passees um den gesamten Kopf herum im **90°**-Winkel zur Kopfrundung angehoben. Um einen angeschrägten Bob zu erhalten, werden die Passees maximal im **45°**-Winkel angehoben. Diese Winkelangaben sind nicht im strengen mathematischen Sinne zu verstehen, sondern als grobe Hilfe zum Bestimmen des Kämmwinkels. Es ist hierbei nur wichtig, den Kämmwinkel auf die jeweilige Kopfrundung zu beziehen.

2.1.5 Finger- und Handhaltung

Neben der sauberen Abteilung und dem richtigen Kämmwinkel ist nun noch die korrekte Fingerhaltung wichtig. Denn der Schnitt wird durch die Fingerhaltung beeinflusst. Grundsätzlich kann zwischen zwei Arten unterschieden werden:

- **Parallele Fingerhaltung**: Hierbei werden die Finger parallel zur Abteillinie gehalten.
- **Nicht parallele Fingerhaltung:** Hierbei werden die Finger nicht parallel zur Abteillinie gehalten, dadurch erreicht man einen starken Längenzuwachs.

Parallele Fingerhaltung

Nicht parallele Fingerhaltung

Beide Arten der Fingerhaltung können sowohl **in der Hand** (d. h., die zu schneidenden Haarenden befinden sich auf der Innenseite der Finger) als auch **über der Hand** (d. h., die zu schneidenden Haarenden befinden sich auf der Außenseite der Finger) geschnitten werden. Ob in der Hand oder über der Hand geschnitten wird, beeinflusst nicht das Schnittergebnis, jedoch gibt es Bereiche, z. B. im Nacken, die bei der entsprechenden Handhaltung besser erreicht werden können und so dem Friseur die Arbeit erleichtern, da er eine angenehme Körperhaltung einnehmen kann. Daher wird innerhalb eines Haarschnittes häufiger ein Wechsel der Handstellung vorgenommen.

2.1.6 Basis- und Führungslinien

Leider gibt es keine einheitliche Friseurfachsprache, und besonders bei den Schnitt- und Führungslinien gibt es je nach Schnittsystem andere Bezeichnungen.

Im Allgemeinen wird unter **Basislinie** (auch Grundlinie genannt) der unterste Rand der Frisur verstanden. Meist gibt der Friseur mit dieser Linie z. B. die Grundlänge im Nacken vor. Bei einem kompakten Haarschnitt (= alle Haare auf einer Linie) werden alle nachfolgenden Passees auf diese Basislinie geschnitten.

Bei der **Führungslinie** werden zwei Arten unterschieden, die **stationäre** und die **mobile Führungsline**. Unter einer Führungslinie darf man sich keine sichtbare Linie vorstellen, sondern ein Hilfsmittel, das es ermöglicht, bei dem Haarschnitt eine gedachte Linie gleichmäßig über den ganzen Kopf beizubehalten.

Um eine **stationäre Führungslinie** zu erhalten, teilt man ein schmales Passee, z. B. am Oberkopf, ab und schneidet es in der gewünschten Länge. Jedes weitere Passee wird nun auf diese Führungslinie gezogen, d. h., das erste Passee bleibt die ganze Zeit an derselben Stelle. Diese Schnittvariante eignet sich gut für starke Längenzunahmen.

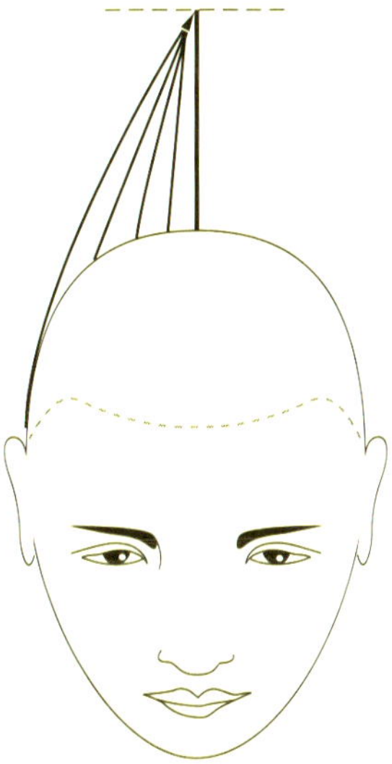

Stationäre Führungslinie

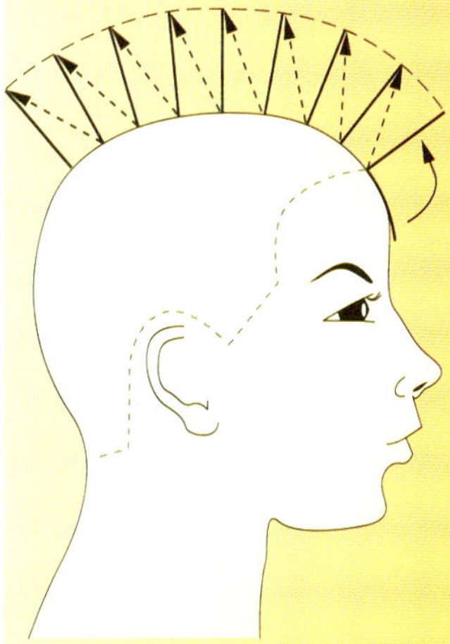

Mobile Führungslinie

Um eine **mobile (bewegliche) Führungslinie** zu erhalten, teilt man sich wieder ein schmales Passee ab und bestimmt die Länge. Wie der Name bereits vermuten lässt, ist diese Führungslinie mobil, d.h., ein Teil des ersten Passees wird mit zum zweiten hinzugenommen. Hier dient dieser Teil des ersten Passees der Längenbestimmung. Mithilfe der mobilen Führungslinie können Längenbestimmungen auf große Kopfbereiche gleichmäßig übertragen werden, wie z. B. bei einer gleichmäßigen Stufung am Oberkopf.

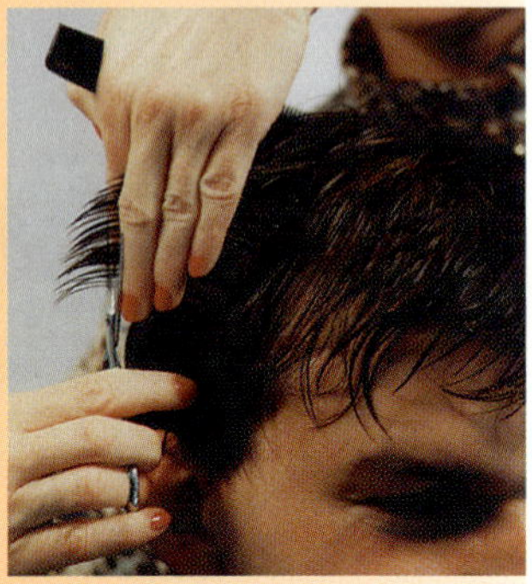

Stumpfschnitt längs zur Fallrichtung

2.1.7 Schneidetechniken

Es wird grundsätzlich zwischen dem **Stumpfscheiden** und dem Schneiden, bei dem die Fülle verringert wird, dem **Effilieren,** unterschieden. Ein Stumpfschnitt kann über den Fingern oder dem Kamm erfolgen. Wird quer zur Fallrichtung der Haare gearbeitet, spricht man vom Querschnitt. Beim Längsschnitt der Haare wird längs zur Fallrichtung gearbeitet.

2.2 Die vier Basisformen

Um das Haareschneiden leichter erlernbar zu machen, gibt es unterschiedliche Schnittsysteme. Sie ermöglichen es außerdem, qualitative Standards aufzustellen. So können Haarschnitte vergleichbarer Qualität von unterschiedlichen Personen wiederholt werden. Der Kunde erhält eine gleich bleibende Schnittqualität.

Leider arbeiten die unterschiedlichen Systeme mit einer jeweils eigenen Fachsprache. Im schlimmsten Fall werden gleich lautende Begriffe für unterschiedliche Sachverhalte verwendet. In der Praxis gibt es jedoch zwischen den Systemen wieder weitgehende Übereinstimmungen. Hier sollen vier Basisformen vorgestellt werden.

Die vier Basisformen im Überblick

Kompakte Form:

Bei dieser Basisform fällt das gesamte Haar auf eine Linie. Diese Basislinie kann in verschiedenen Formen verlaufen, so z. B. horizontal, diagonal, konkav oder konvex.
Kämmwinkel: 0 Grad

Schnittgrafik:

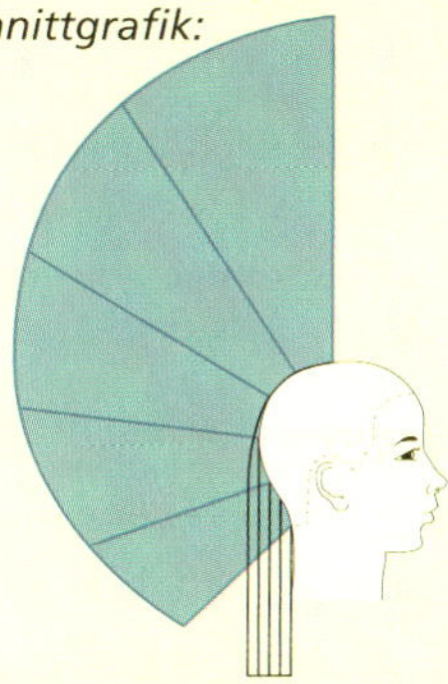

Graduierte Form:

Bei dieser Basisform werden die Längen der Haare vom Konturenbereich zum Deckhaar hin länger. Die Haarspitzen enden nicht auf einer Linie, sondern sind leicht abgestuft und erscheinen dachziegelartig aufeinander gelegt.
Kämmwinkel: 45° oder kleiner

Schnittgrafik:

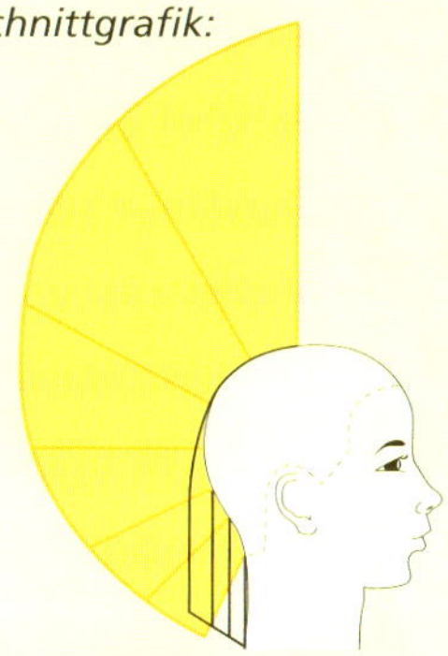

Einheitlich gestufte Form:

Bei dieser Basisform haben alle Haare die gleiche Länge, d. h. sie verlaufen parallel zur Kopfrundung.
Kämmwinkel: 90°

Schnittgrafik:

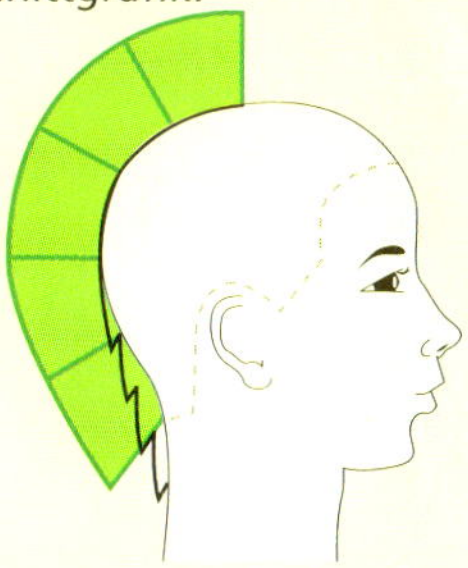

Ansteigend gestufte Form:

Bei dieser Basisform haben die Haare oberhalb der Kontur, z. B. am Oberkopf, den kürzesten Bereich und werden dann bis zur äußeren Kontur gleichmäßig länger. Geeignet für lange Haare die trotz Stufung noch Fülle behalten sollen.
Kämmwinkel: variiert

Schnittgrafik:

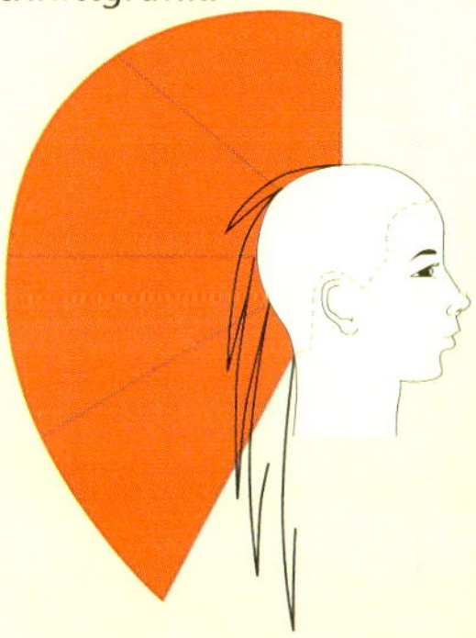

Schnittgrafik:

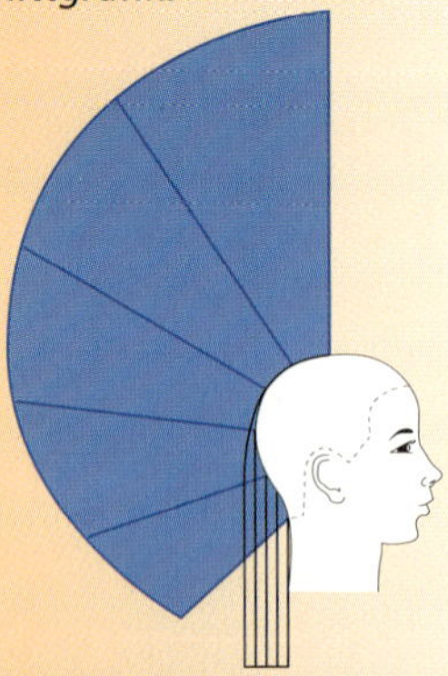

2.2.1 Kompakte Form

Bei diesem Haarschnitt treffen alle Haare im natürlichen Fall auf eine gemeinsame Linie, die Basislinie. Der bekannteste Vertreter dieser Form ist der Bob. Das Schneiden einer kompakten Form erscheint auf den ersten Blick sehr einfach, aber bei dieser Basisform muss besonders präzise gearbeitet werden. Um ein exaktes Ergebnis zu erzielen, sollte sehr fein abgeteilt und auf die Kopfhaltung der Kundin geachtet werden, denn eine geringfügige Veränderung kann bereits das gewünschte Ergebnis beeinflussen.

Die kompakte Form mit horizontaler Basislinie Step-by-Step

1. Arbeitsschritt
- Teilen Sie die A- und B-Linie ab.
- Befestigen Sie die Seitenpartien mit Abteilklammern.
- Achten Sie auf eine gerade und aufrechte Kopfhaltung

2. Arbeitsschritt
- Teilen Sie das erste Passee ca. 1 cm breit im Nacken horizontal ab.
- Kämmen Sie das Passee im natürlichen Fall nach unten. Es wird nicht angehoben. (0°-Kämmwinkel)
- Schneiden Sie die Basislinie im horizontalen Verlauf.

3. Arbeitsschritt
- Teilen Sie das nächste ca. 1 cm breite Passee ab.
- Kämmen Sie das Passee im natürlichen Fall nach unten.
- Orientieren Sie sich bei diesem Schnitt an der Basislinie, sie dient Ihnen als Führungslinie für alle weiteren Passees.

4. Arbeitsschritt
- Nachdem Sie den gesamten Hinterkopf geschnitten haben, bearbeiten Sie die Seiten.
- Sie arbeiten wie im Nackenbereich und teilen sich das erste Passee wieder 1 cm breit ab.

5. Arbeitsschritt
- Sie schaffen sich eine Basislinie, indem Sie sich an der Nackenführungslinie orientieren und schneiden alle weiteren Passees auf diese Linie.
- Auch hier darf das Passee nicht angehoben werden.

6. Arbeitsschritt
- An der anderen Seite wird genauso verfahren.
- Wichtig hierbei ist ein Längenvergleich der beiden Seitenpartien.

Tipp

- Auf die Kopfhaltung der Kundin achten. Bei zu starker Neigung würde ein leicht unterschnittener Effekt auftreten.
- Passee beim Schnitt nicht zu sehr auf Spannung halten, insbesondere am Ohr kann es sonst zu einem unerwünschtem Bogen in der Basislinie kommen.
- Haare immer gleichmäßig feucht halten, da sie sich nach dem Trocknen zusammenziehen.
- Scheitellage beim Schnitt berücksichtigen.

Variationen der Basislinie bei der kompakten Form

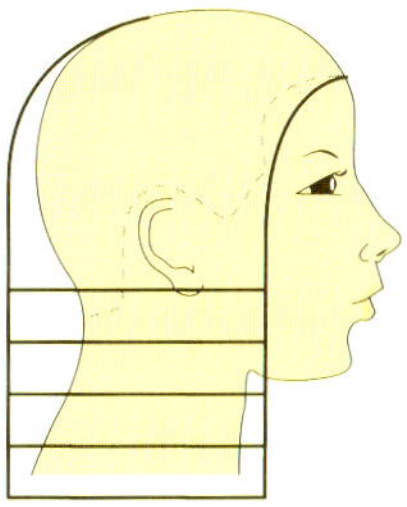

Horizontale Basislinie

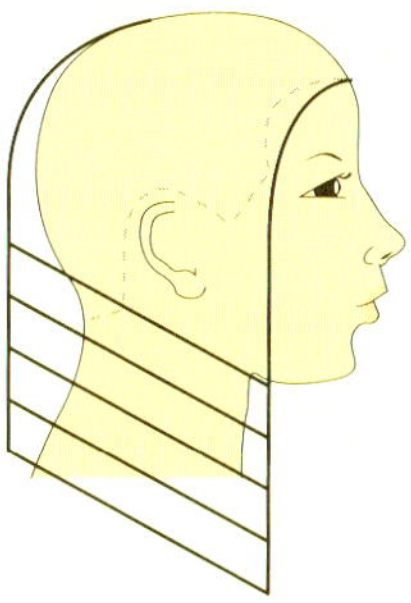

Diagonal nach vorne verlaufende Basislinie

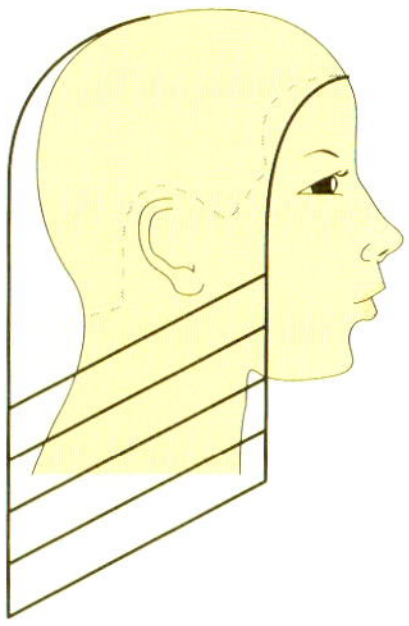

Diagonal nach hinten verlaufende Basislinie

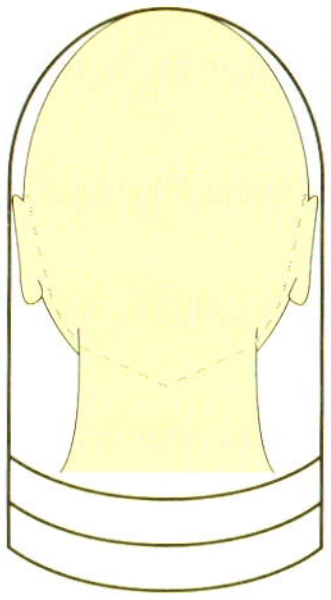

*Konk**A**v verlaufende Basisline*

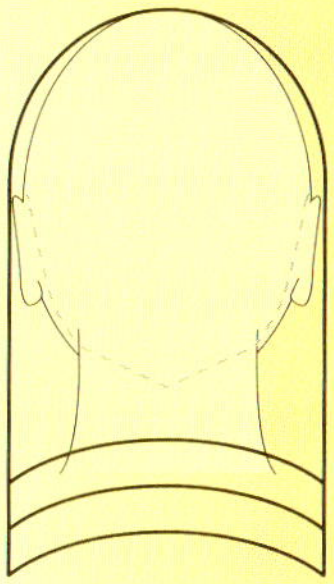

*Kon**V**ex verlaufende Basislinie*

2.2.2 Graduierte Form

Bei dieser Basisform werden die Längen der Haare vom Konturenbereich zum Deckhaar hin länger. Die Haarspitzen enden nicht auf einer Linie, sondern sind leicht abgestuft und erscheinen dachziegelartig aufeinander gelegt. Das Beherrschen dieser Schneidetechnik ermöglicht dem Friseur eine Reihe an Möglichkeiten, denn es gibt innerhalb dieser Technik viele Variationen. Insbesondere bei den Beratungsgesprächen wird deutlich, dass viele Kunden eine sehr genaue Vorstellung von ihrem Haarschnitt haben, diese jedoch selten in Worte fassen können. Der Kunde empfindet einen Haarschnitt als gut, wenn er sich mit seiner Vorstellung deckt. Um das zu erreichen, sollte der Friseur insbesondere bei der Schnittberatung die Variationsmöglichkeiten mit dem Kunden besprechen.

Schnittgrafik

Übersicht der verschiedenen Graduierungsstärken und -arten

Leichte Graduierung (parallel zur Basislinie)

Mittlere Graduierung (parallel zur Basislinie)

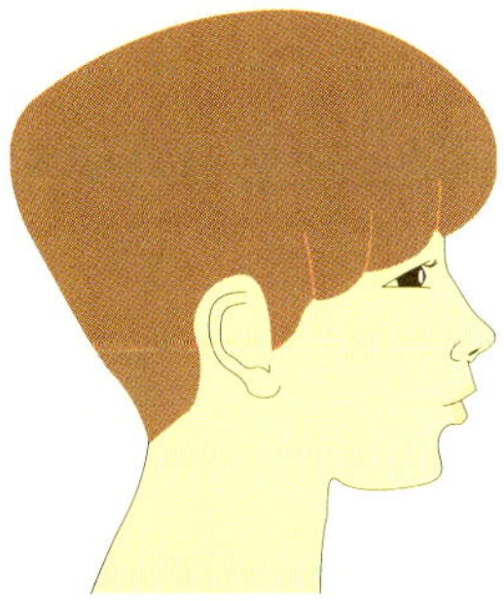

Starke Graduierung (parallel zur Basislinie)

Ansteigende Graduierung

Die graduierte Form – Step-by-Step
Im Nacken diagonal nach vorne und an den Seiten horizontal verlaufend

1. Arbeitsschritt
- Teilen Sie die A- und B-Linie ab.
- Berücksichtigen Sie die Scheitellage.
- Befestigen Sie die Seitenpartien mit Abteilklammern.
- Achten Sie auf eine gerade und aufrechte Kopfhaltung

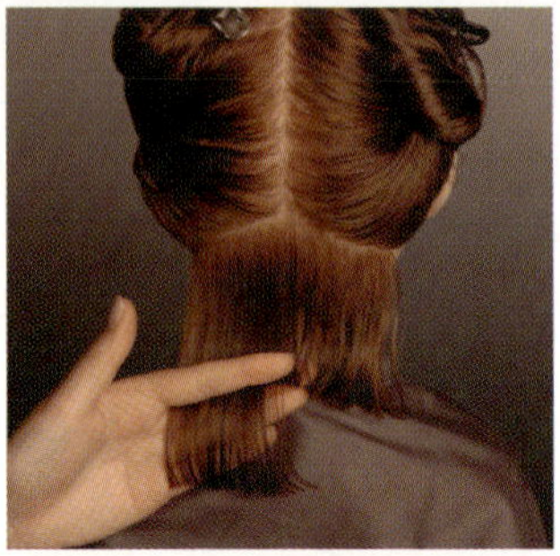

2. Arbeitsschritt
- Teilen Sie das erste Passee ca. 1 cm breit im Nacken diagonal nach vorne ab.
- Kämmen Sie das Passee glatt und schneiden Sie die Basislinie im Verlauf der Abteilung mit einem 0°-Kämmwinkel in der Hand.

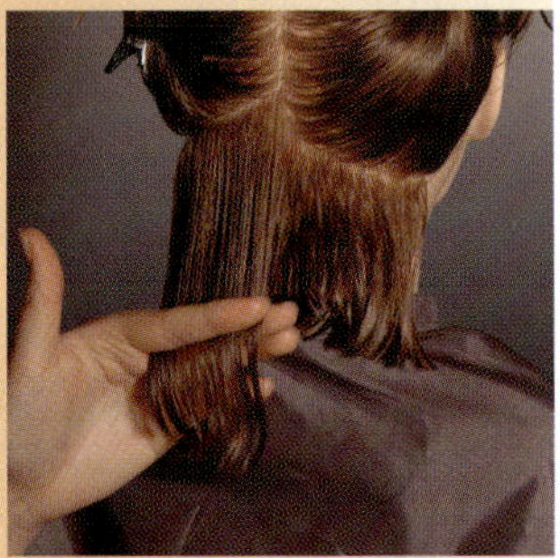

3. Arbeitsschritt
- Teilen Sie das nächste ca. 1 cm breite Passee ab.
- Kämmen Sie das Passee glatt. Heben Sie es im 45°-Winkel ab, indem Sie das erste Passee mit aufnehmen.
- Orientieren Sie sich bei diesem Schnitt an der Basislinie.

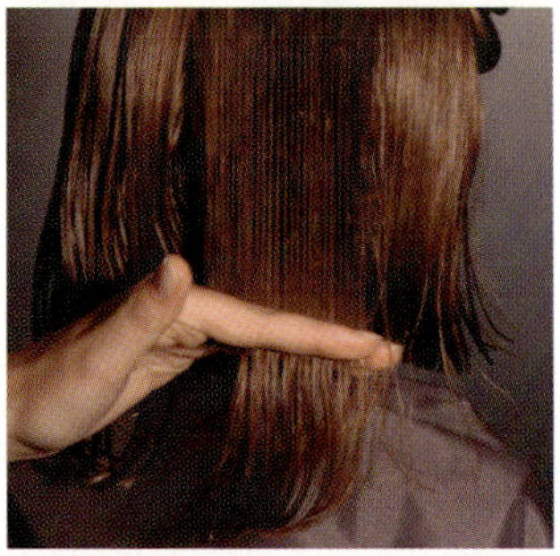

4. Arbeitsschritt
- Bei jedem weiteren Passee wird ein Teil des vorherigen Passees mitgeführt (= mobile Führungslinie) hierbei wird der 45°- Winkel beibehalten.

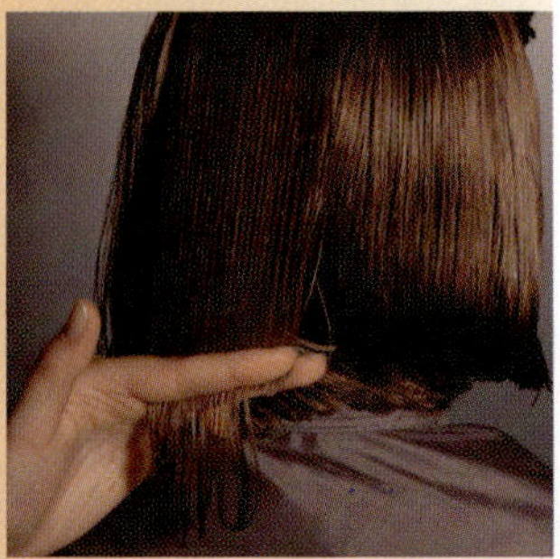

5. Arbeitsschritt
Alle weiteren Passees bis zum Oberkopf werden mit Hilfe dieser mobilen Führungslinie geschnitten.

6. Arbeitsschritt
Sie arbeiten wie im Nackenbereich. Jedoch teilen sich das erste Passee horizontal ab und schneiden die Basislinie im Verlauf der Abteilung mit einem 0°-Kämmwinkel in der Hand.

7. Arbeitsschritt
- Alle weiteren Passees werden wie im Nacken auf der mobilen Führungslinie geschnitten, wählen Sie einen kleineren Kämmwinkel
- Vergleichen Sie die Seitenlängen

8. Arbeitsschritt
Der geföhnte Haarschnitt lässt die diagonal nach vorne verlaufende Graduierung erkennen. Die Seiten sind durch einen schwächeren Kämmwinkel voller geblieben.

Schneiden der graduierten Form – Es geht auch anders

Die gebräuchlichste Art, eine Graduierung zu schneiden, wurde bereits Step-by-Step beschrieben. Hierbei wurden die Finger immer parallel zur Abteillinie gehalten. Schaut man einigen Friseuren über die Schulter, so stellt man fest, dass auch mit einer vertikalen Abteilung gearbeitet werden kann. Hierbei legt man mit der senkrechten Handhaltung den Winkel, d.h. den Grad der Graduierung, fest. Hierbei verlaufen die Finger nicht-parallel zur Abteilung. Diese Technik kann auch zur Kontrolle des eigenen Haarschnittes hinzugezogen werden.

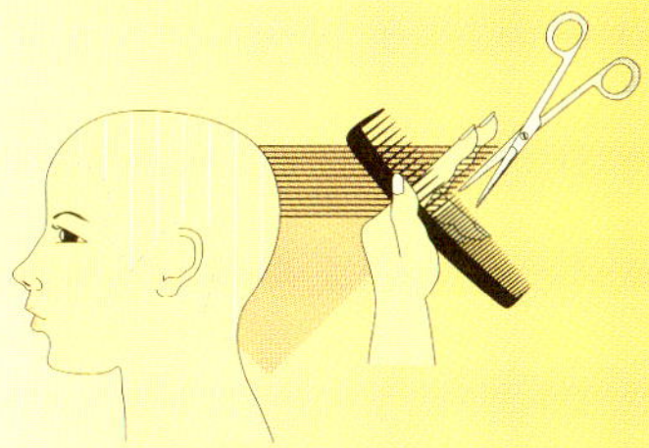

Tipp

Kopfhaltung beeinflusst das Schnittergebnis:
- Achten Sie immer auf die Kopfhaltung der Kundin, indem Sie im Spiegel kontrollieren, ob die Kundin den Kopf während des gesamten Haarschnittes gerade hält. Sonst erhalten Sie möglicherweise eine schiefe Basislinie oder unterschiedliche Seitenlängen.
- Die Kopfneigung wirkt sich auf die Graduierung aus. Nachdem die Basislinie geschnitten wurde, sollte die Kundin daher eine aufrechte Haltung einnehmen.

Stationäre und mobile Führungslinien am Beispiel der Graduierung unterscheiden

Je nach gewünschtem Ergebnis entscheidet sich der Friseur für eine stationäre, mobile oder eine Kombination aus beiden Führungslinien.
- Bei Verwendung der mobilen Führungslinie erhält man eine gleichmäßig ansteigende Linie.
- Bei Verwendung der stationären Führungslinie erhält man eine niedrige Graduierung, die schwerer wirkt.
- Bei der Kombination beider Führungslinien kann man ganz gezielt Bereiche mit stärkerem Gewicht schaffen.

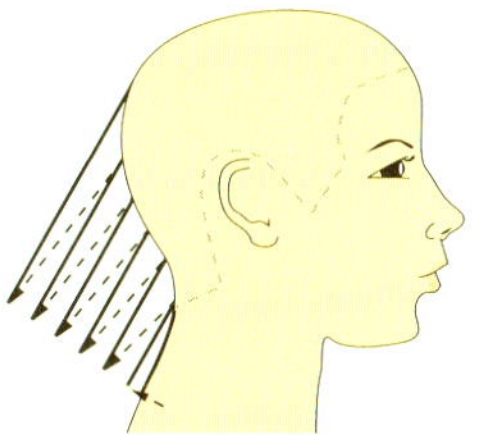

mobile Führungslinie

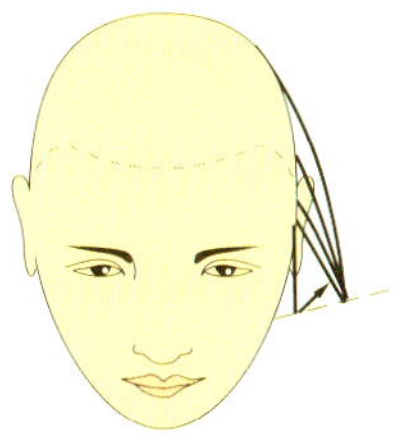

stationäre Führungslinie

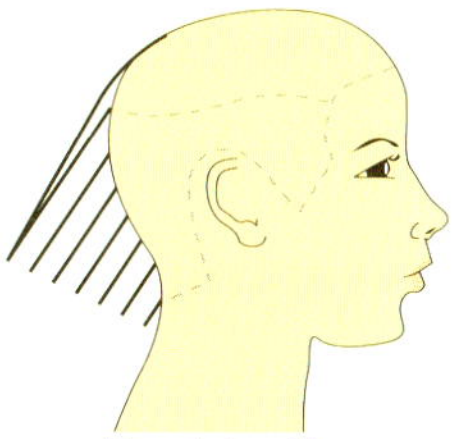

Kombination (mobile und stationäre)

Kämmwinkel bestimmen

Je kleiner der Kämmwinkel gewählt wird, desto geringer ist die Graduierung. Die Abhebung im 45°-Winkel wird häufig gewählt und führt zu einer mittleren Graduierung. Eine stärkere Abhebung ermöglicht auch eine stärkere Graduierung.

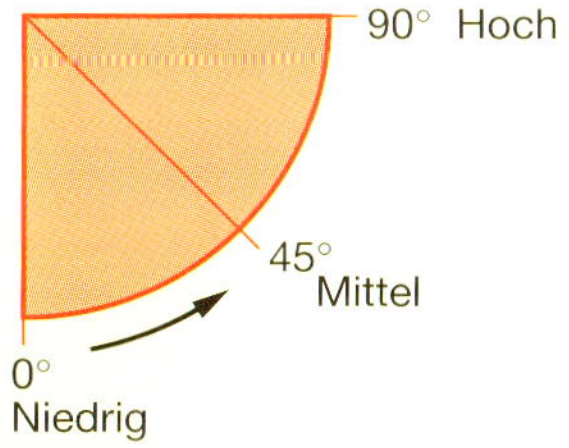

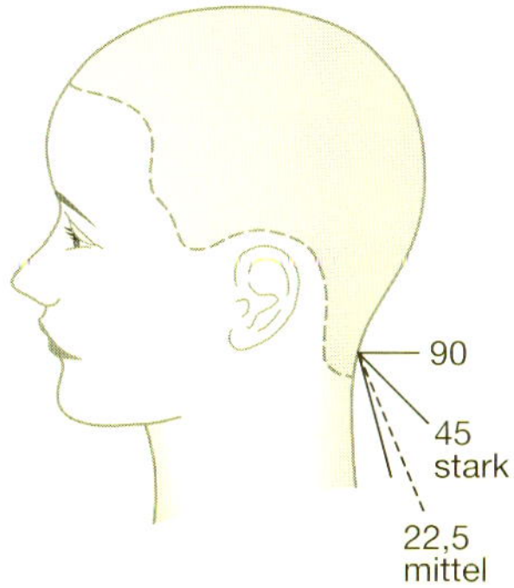

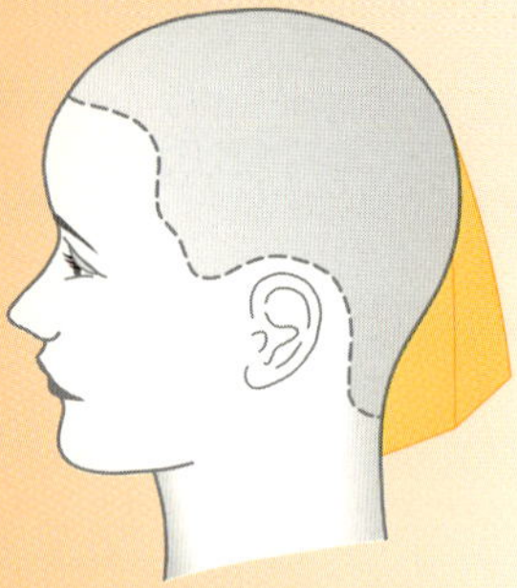

Kombination verschiedener Kämmwinkel bei der Graduierten Form

Durch eine geschickte Kombination mehrer Kämmwinkel können interessante Akzente innerhalb der Graduierung gesetzt werden. So wird z. B. bei einem ständig steigenden Kämmwinkel die Graduierung über einen breiten Bereich ausgedehnt. Der äußere Frisurenumriss kann damit gezielt beeinflusst werden.

2.2.3 Einheitlich gestufte Form

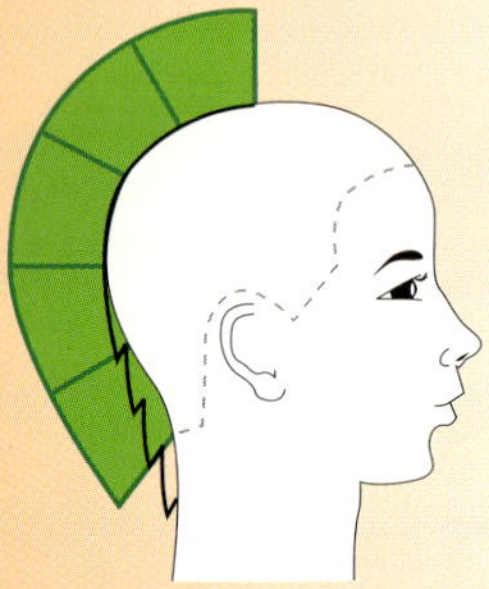

Bei der einheitlich gestuften Form sind alle Haare parallel zum Kopf verlaufend gleich lang. Selten besteht ein Haarschnitt nur aus der einheitlich gestuften Form, denn meistens werden die Konturenverläufe kürzer oder länger gehalten. Während des gesamten Haarschnittes werden alle Passees im 90°-Winkel vom Kopf gehalten.

Beobachten Sie Ihre Gesellen und Meister in welcher Reihenfolge sie beim Schnitt vorgehen und fragen Sie nach den Gründen.

Die **Reihenfolge** beim Durchführen dieses Haarschnittes kann variieren, d. h., es gibt mehrere Möglichkeiten, diesen Haarschnitt durchzuführen:

- Beobachten Sie Ihre Gesellen und Meister, in welcher Reihenfolge sie beim Schnitt vorgehen und fragen Sie nach den Gründen.
- Sie können an der natürlichen Kontur beginnen und schneiden danach den Oberkopf, dann die Seiten und zum Schluss den Nackenbereich, dadurch erreichen Sie eine vollständig einheitlich gestufte Form, auch im Konturenbereich.
- Genauso könnten Sie mit dem Oberkopf beginnen und die Konturen zum Schluss schneiden. Dadurch erreichen Sie eine Konturenlinie mit mehr Gewicht.
- Sie könnten aber auch im Nacken mit dem Schneiden der Kontur starten, dann den Nacken- und Oberkopfbereich schneiden und anschließend beide Seitenbereiche einschließlich der Kontur bearbeiten, und zum Abschluss wird der Oberkopf geschnitten.

Bei der Wahl der **Abteilung** haben Sie ebenfalls mehrere Möglichkeiten. Die gebräuchlichste Art der Abteilung ist bei der einheitlich gestuften Form die vertikale Abteilung. Aber es kann besonders am Oberkopf auch eine horizontale Abteilung gewählt werden.

Merke

Crosscheck (= Kontrolle des Haarschnitts):
Mithilfe des Crosscheck können Sie den eigenen Haarschnitt überprüfen. Arbeiten Sie dazu immer entgegengesetzt zu Ihrer gewählten Abteillinie den Haarschnitt durch und beseitigen Sie überstehende Haare.

Tipp

- Kopf wird beim Schneiden meist gerade gehalten.
- Teilen Sie sauber ab und kämmen Sie die Passees immer glatt durch.
- Teilen Sie nicht zu breit ab.
- Achten Sie auf eine konstante Winkelhaltung.
- Die mobile Führungslinie muss immer sichtbar sein.
- Kopfunebenheiten müssen mit der Hand- oder Kammhaltung ausgeglichen werden.

Die einheitlich gestufte Form Step-by-Step

1. Arbeitsschritt
- Teilen Sie an der Kontur ein ca. 1 cm breites Passee ab.
- Heben Sie das Passee fingerbreit an und bestimmen Sie nun die Länge an der gesamten Kontur.

2. Arbeitsschritt
- Teilen sie am Oberkopf vertikal ab. Halten Sie das Passee im 90°-Winkel parallel zur Kopfrundung.
- Das bereits geschnittene Konturenpassee gibt die Länge vor u. dient somit als Führungslinie.

3. Arbeitsschritt
- Behalten Sie die vertikale Abteilung bei und arbeiten bis zur Seitenpartie runter.
- Diese geschnittene Führungslinie dient als mobile Führungslinie und wird bis zum Hinterkopf beibehalten.

4. Arbeitsschritt
- Wegen der Kopfrundung eignet sich am Hinterkopf eine sternenförmige Abteilung gut.
- Auch hier arbeiten Sie parallel zur Kopfrundung und orientieren sich an der vorgegebenen mobilen Führungslinie.

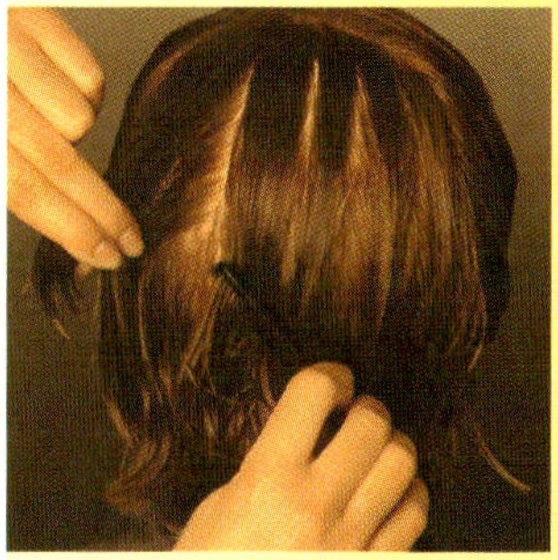

5. Arbeitsschritt
Arbeiten Sie auch hier vertikal bis zum Nacken herunter, unter Beibehalten der parallelen Fingerhaltung zur Kopfrundung.

6. Arbeitsschritt
Im unteren Nackenbereich empfiehlt es sich, in der Hand zu schneiden, so können Sie die Nackenhaare besser erreichen.

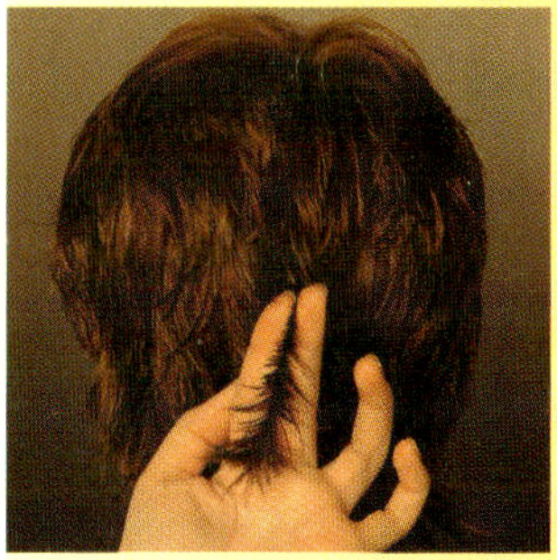

7. Arbeitsschritt
Um den Haarschnitt zu kontrollieren, arbeiten Sie entgegengesetzt zur Abteillinie alle Passees nochmals durch (= Crosscheck).

8. Arbeitsschritt
Das fertige Ergebnis, alle Haare haben die gleiche Länge.

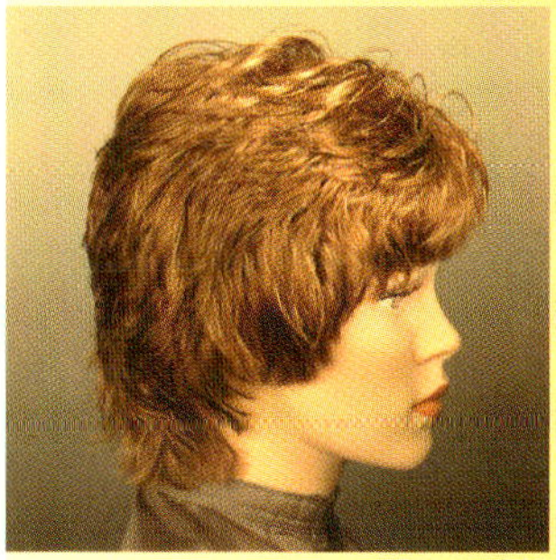

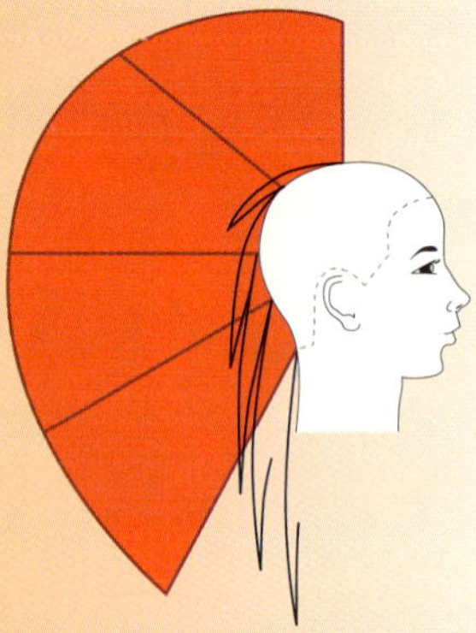

2.2.4 Ansteigend gestufte Form

Mit der ansteigend gestuften Form lassen sich viele Frisurenwünsche – insbesondere im Langhaarbereich – realisieren. Sie eignet sich, um Haare durchzustufen und dennoch die Gesamtlänge beizubehalten. Bei dieser Schnitttechnik ist besonders die Vorstellungskraft des Friseurs gefragt, denn er muss in der Lage sein, sich das Resultat, das von der **Abteilung** und der **Handhaltung** abhängt, im Vorfeld bildlich vorzustellen, damit sich das Ergebnis mit dem Kundenwunsch deckt.

Grundsätzlich werden hier die vertikale, die horizontale und die diagonale Abteilung unterschieden. Die Fingerhaltung kann parallel oder nicht parallel (= verschoben) zur Abteilung gewählt werden. Jede dieser Kombinationen führt zu einem anderen Ergebnis.

Die ansteigend gestufte Form – Step-by-Step
Am Beispiel einer diagonal nach vorne verlaufenden Abteilung.

1. Arbeitsschritt
Ziehen Sie einen Mittelscheitel (A-Linie).

2. Arbeitsschritt
Bestimmen Sie die vordere Länge, indem Sie den Kundenwunsch berücksichtigen und sich an der Nase orientieren.

3. Arbeitsschritt
Stellen Sie sich ihre Führungslinie parallel zur Abteilung ausgehend von der zuvor bestimmten Ausgangslänge vor und kontrollieren Sie, ob die Nackenlänge auf dieser Linie endet, so erhalten Sie eine reine ansteigend gestufte Form.

4. Arbeitsschritt
Schneiden Sie die stationäre Führungslinie parallel zur Abteilung.

5. Arbeitsschritt
Alle nachfolgenden Passees werden auf diese stationäre Führungslinie gezogen. Kämmen Sie die Passees sauber durch.

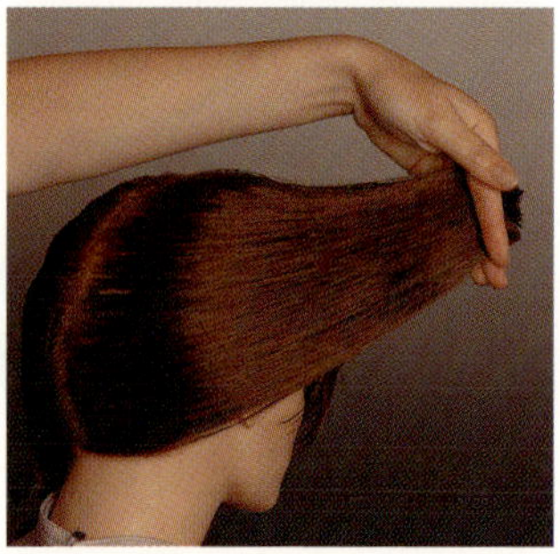

6. Arbeitsschritt
Arbeiten Sie bis zum Nacken weiter, indem Sie jedes Passee sauber auf die stationäre Führungslinie kämmen.

7. Arbeitsschritt
- Die andere Seite wird genauso bearbeitet.
- Der seitliche und hintere Konturenbereich kann anschließend noch etwas ausgearbeitet werden.

8. Arbeitsschritt
Sie sehen einen Haarschnitt mit einer stark aktivierten Textur. Er kann lockig oder glatt gestylt werden.

Ergebnis in Abhängigkeit der Abteilung und der Handhaltung

① Ergebnis:
Führt zu einer diagonal nach hinten verlaufenden Seitenkontur, die nur wenig Textur zeigt, da die Längen nur im vorderen unteren Bereich parallel zur Grundlinie gestuft sind.

Anwendungsbereich:
Geeignet für Kundinnen, die langes Haar mit geringer Stufung im unteren Bereich wünschen.

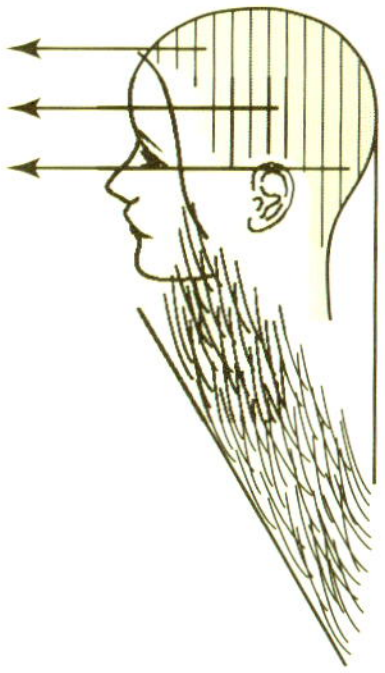

- *Vertikale Abteilung*
- *Fingerhaltung parallel zur Abteillinie*

Ergebnis:
Führt zu einer diagonal nach hinten verlaufenden Seitenkontur, die nur wenig Textur zeigt, da die Längen nur im vorderen unteren Bereich gestuft sind und nach hinten abnehmen.

Anwendungsbereich:
Geeignet für Kundinnen mit einer extremen Grundlänge, die im Nacken langes Haar ohne Stufen möchten, aber dennoch im vorderen Konturenbereich eine leichte Abstufung wünschen.

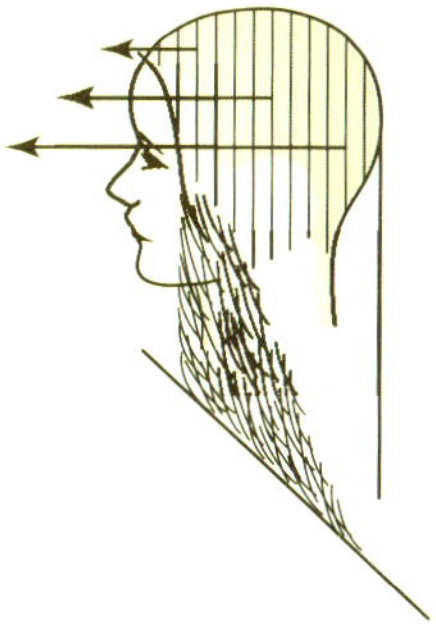

- *Vertikale Abteilung*
- *Fingerhaltung nichtparallel zur Abteillinie*
- *Handhaltung abhängig vom kürzesten Punkt in der vorderen Kontur und der vorhandenen Grundlänge*

Ergebnis:
Führt zu einer diagonal nach **hinten** verlaufenden Seitenkontur, die in den Längen und Spitzen eine starke Textur zeigt, da die Haare über einen breiten Teil parallel zur Konturenlinie gestuft sind.

Anwendungsbereich:
Geeignet für Kundinnen, die im Nacken langes, aber leicht durchgestuftes Haar und den vorderen Konturenbereich sowie die Stufung diagonal nach hinten verlaufend wünschen.

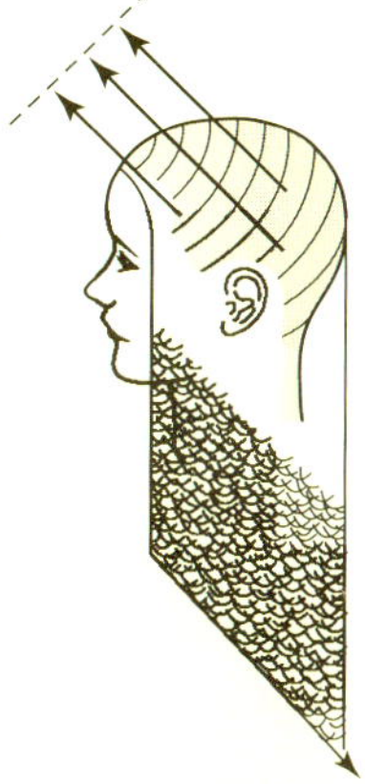

- *Abteilung diagonal nach vorne*
- *Fingerhaltung parallel zur Abteillinie*

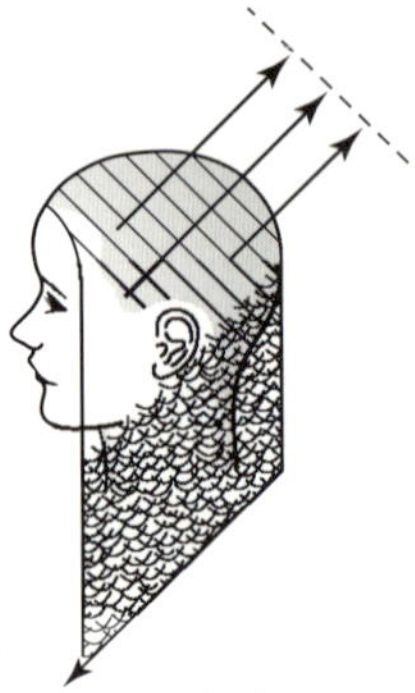

② Ergebnis:
Führt zu einer diagonal nach **vorne** verlaufenden Seitenkontur, die in den Längen und Spitzen eine starke Textur zeigt, da die Haare über einen breiten Teil parallel zur Konturenlinie gestuft sind.

Anwendungsbereich:
Geeignet für Kundinnen, die im Nacken langes, aber leicht durchgestuftes Haar und den vorderen Konturenbereich und die Stufung diagonal nach vorne verlaufend wünschen.

– Abteilung diagonal nach hinten
– Fingerhaltung parallel zur Abteillinie

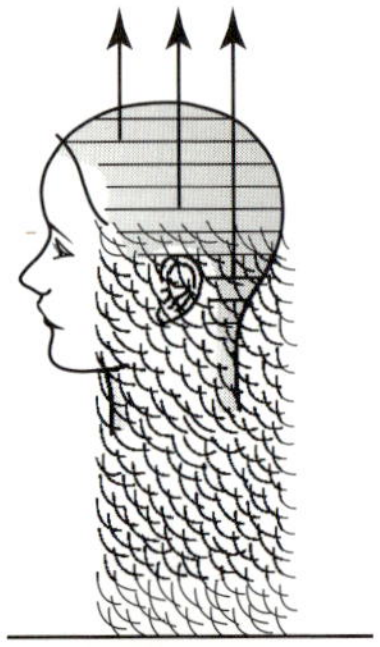

③ Ergebnis:
Führt zu einer Stufung, die gleichmäßig um den ganzen Kopf verläuft.
Das Haar zeigt eine aktive Textur. Die Basislinie verläuft horizontal.

Anwendungsbereich:
Geeignet für Kundinnen, die in dem langen Haar eine gleichmäßige Stufung haben möchten und eine horizontale Grundlinie wünschen.

– Horizontale Abteilung
– Fingerhaltung parallel zur Abteillinie
– Soll die Gesamtlänge erhalten bleiben, so kämmt man ein Passee der Basislänge vertikal nach oben und ermittelt so die Höhe der Führungslinie

①

diagonal nach hinten verlaufende Stufung

②

diagonal nach vorne verlaufende Stufung

③

horizontale Kontur mit gleichmäßiger Stufung

Suchen Sie verschiedene Frisurenvorlagen mit langen durchgestuften Haaren. Ermitteln Sie das Abteilungsschema und die Führungslinien.

2.3 Besondere Schneidetechniken und ihre kreativen Einsatzmöglichkeiten

Schneidetechniken – egal ob sie mit der Schere oder dem Messer ausgeführt werden – bei denen das Haar in irgendeiner Form ausgedünnt wird, nennt man Effiliertechnik.

2.3.1 Effiliertechniken mit verschiedenen Klingengeräten

Grundsätzlich lassen sich die nachfolgenden Techniken sowohl am Ansatz, in den Längen als auch in den Spitzen einsetzen. Die nachfolgende Übersicht soll einen Einblick in die vielen Möglichkeiten geben. Für alle Techniken können Rasiermesser, Modellierer, Effilierer oder Razor eingesetzt werden.

Technik	Einsatzbereich	Durchführung	Ergebnis
Effilation zur Verringerung der Haarfülle	Im Ansatz-, Längen- und Spitzenbereich einsetzbar	Die zu effilierenden Bereiche werden Passee für Passee mit dem Messer bearbeitet. Das Passee kann dazu von rechts, links, oben oder unten bearbeitet werden	Die Haarfülle kann durch die unterschiedlich eingearbeiteten Längen erheblich reduziert werden
Oberflächeneffilation	Oberfläche des Haares bearbeiten	Oberfläche des Haares wird durch schabende Bewegung mit dem Messer effiliert. Durch Länge und Stärke des Messerstrichs in Richtung der Spitzen wird die Intensität bestimmt	Effilierte Haaroberfläche, bei der die Spitzen der effilierten Haarbereiche leicht nach außen aufspringen („Flip-Effekt")
Effilieren von unten	Besonders an Längen und Spitzen	Klinge unter dem Passee ansetzen und im Bogen zu den Spitzen führen. Durch Länge und Stärke des Strichs in Richtung der Spitzen wird die Intensität bestimmt	Der Fall des Haares kann beeinflusst werden, z. B. um den Fall nach innen zu verstärken

2.3.2 Effiliertechniken mit der Schere

Je nach Technik können hier die normale Haarschneideschere, die Modellier- und Effilierschere als auch Spezialscheren wie die Pointcutschere oder eine Haarschneideschere mit einem besonderen Schliff verwendet werden.

Mit all den hier aufgezeigten Techniken können tolle Effekte erzielt werden. Der Einsatz dieser Techniken sollte jedoch gut geübt werden, da sie bei falscher Anwendung einen extremen Einfluss auf das Schnittergebnis haben können.

Technik	Einsatzbereich	Durchführung	Ergebnis
Effilation zur Verringerung der Haarfülle 	Im Ansatz, Längen- und Spitzenbereich möglich, um unterschiedliche Haarlängen einzuarbeiten	Die Effilier- und Modellierscheren sollten nie parallel zur Kopfhaut eingesetzt werden, sondern immer diagonal, damit die Schnittkante innerhalb der Strähne weniger sichtbar ist Bei sehr dickem Haar, kann es notwendig sein, ein Passee an mehreren Stellen auszudünnen	Haarfülle kann ganz gezielt reduziert werden. Technik ist auch geeignet, um Stützhaare einzuarbeiten

Technik	Einsatzbereich	Durchführung	Ergebnis
Einschneidetechnik 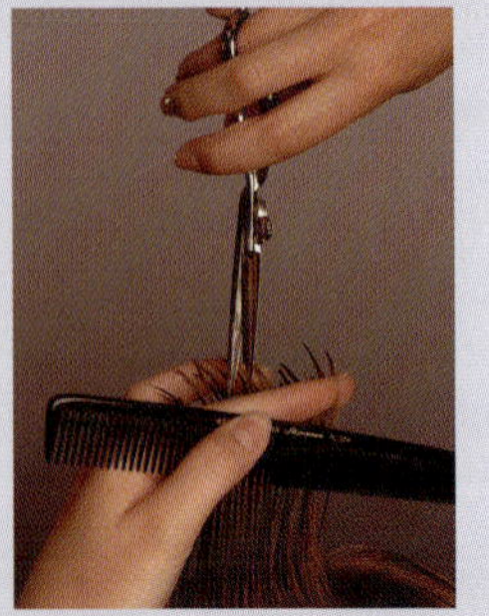	Hauptsächlich im Spitzenbereich	In einem Arbeitsgang wird das Haar gekürzt und gleichzeitig leicht oder stark effiliert. Dazu wird mit der Scherenspitze eine zackige Schnittlinie gearbeitet Die Effilationsstärke hängt von dem Scherenwinkel und der Tiefe des Einschnittes ab	Mit dieser Technik entsteht eine unregelmäßige Schnittlinie. Die Spitzen wirken dadurch leicht aktiviert und vermitteln den Eindruck von mehr Fülle oder als seien sie nicht ganz frisch geschnitten
Pointtechnik 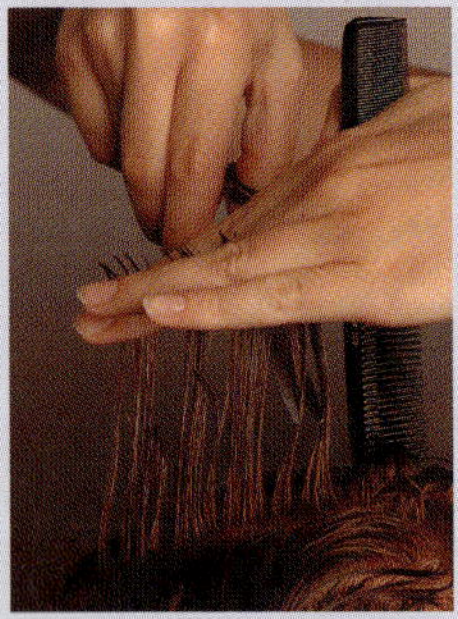	Meist in den Spitzen, aber auch innerhalb der Längen und am Ansatz möglich	**Spitzenbereich:** Mit der Schere werden kleinere Büschel eines Passees mit der Scherenspitze herausgeschnitten. Die Schere zeigt dabei tendenziell Richtung Haarspitze **Längenbereich:** Hier wird mit der Scherenspitze, vom ersten Drittel der Haarlänge zu den Haarspitzen verlaufend, in dünne Haarpassees eingeschnitten	Je nach gewünschtem Effilationseffekt entstehen kurze Stützhaare im Ansatzbereich oder ausgedünnte und fransige Haarspitzen Skizze: 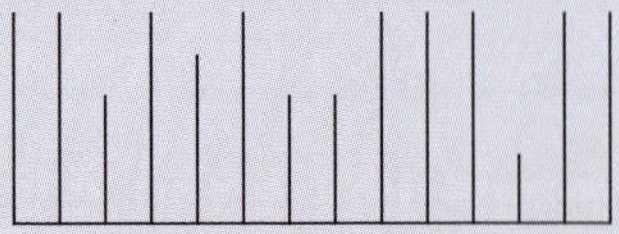
Slicen 	Im Konturen- und Längenbereich	Die halb geöffnete Spezialschere, mit einer glatten Klinge, gleitet durch die Oberfläche des nassen Haares in Frisurenrichtung. Der Effekt wird verstärkt, wenn die Schere während der Abwärtsbewegung leicht geschlossen wird	Es können z. B. weiche oder fransig verlaufende Elemente im Konturenbereich ausgearbeitet werden. Oder das kompakte Haar kann in der Oberfläche aktiviert werden. Es wird auch von Soften gesprochen, d. h., harte Schnittkanten werden abgerundet
Schabendes Effilieren 	Kürzendes Effilieren der Haarlängen und -spitzen	Beim schabenden Effilieren wird mit der halbgeöffneten Schere in einem Arbeitsgang geschabt und geschnitten. Die Schere bewegt sich dabei in Richtung Kopfhaut und wird dabei vorsichtig geschlossen	Dadurch werden besonders die Spitzen stark ausgefranst.

2.3.3 Über-Kamm-Technik

Egal ob mit der Schere oder der Maschine über den Kamm geschnitten wird, eignen sich beide Techniken besonders gut, um kurze Formen insbesondere an den Konturen zu schneiden. Das Schwierige an dieser Technik ist das gleichzeitige Führen des Kammes und des Schneidewerkzeuges. Der Kamm muss hierbei freihändig in einem gleichbleibenden Schneidewinkel geführt werden und parallel dazu wird die Schere (= **Schere-über-Kamm-Technik**) oder die Maschine (= **Maschine-über-Kamm-Technik**) mit der anderen Hand geführt. Eine geringe Fehlhaltung des Kammes führt bereits zu starken „treppenartigen" Abstufungen, daher erleichtert der Einsatz einer Modellier- oder Effilierschere dem Anfänger diese Technik.

Kammwahl und **-haltung** haben einen großen Einfluss auf das Ergebnis. Je kürzer das Haar im Konturenbereich geschnitten werden soll, umso feinzahniger und dünner muss auch der Kamm gewählt werden. Die Führungshand hält den Kamm mit dem Daumen am Kammrücken und den übrigen Fingern auf den Zähnen fest. Durch diese Haltung kann der Kamm gut in den verschiedenen Winkelpositionen geführt werden.

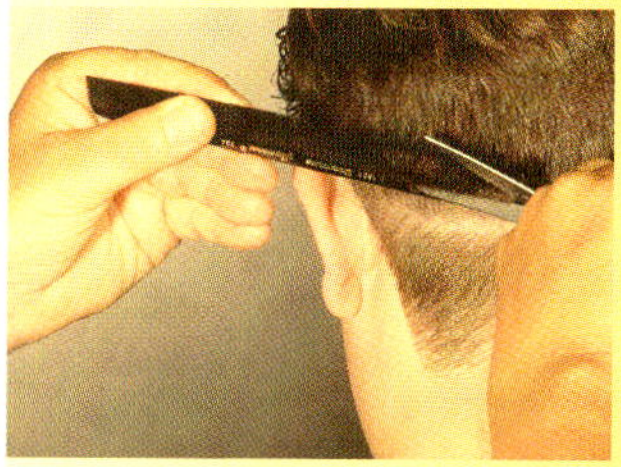

Schere-über-Kamm-Technik

Beeinflussung des Schnittergebnisses durch die Kammhaltung am Beispiel des Fassonschnittes

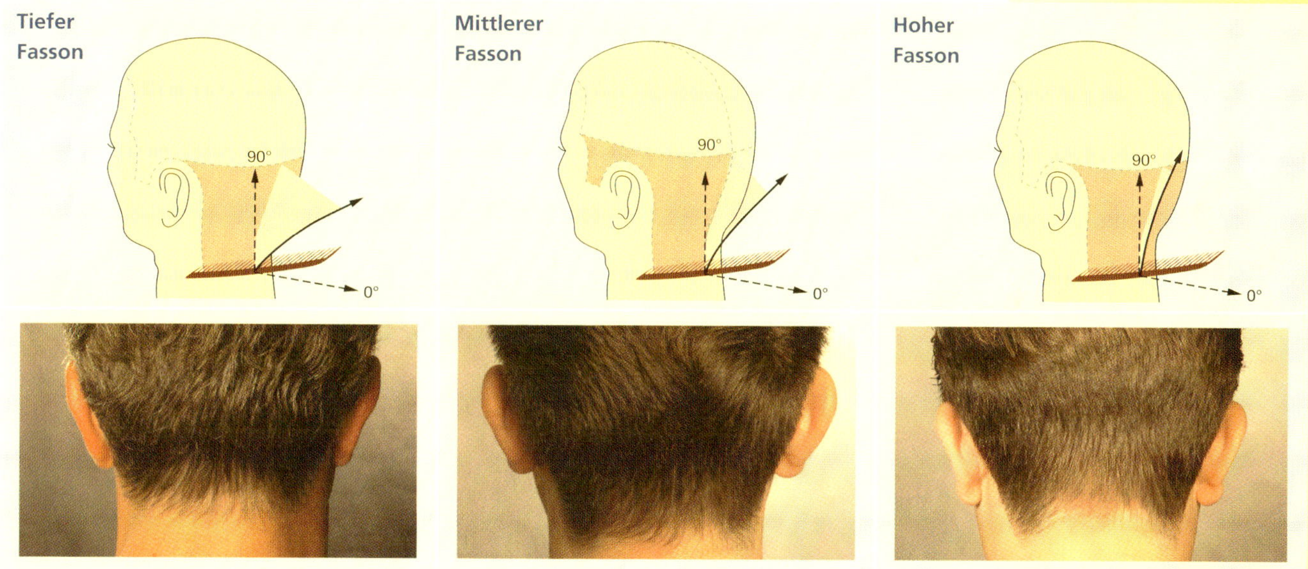

Mit der **Maschine-über-Kamm-Technik** kann besonders gut in Kopfhautnähe geschnitten werden. Die Maschine gleitet zum Schnitt über den Kamm. Dieser kann neben horizontal auch vertikal oder diagonal gehalten werden. Die natürliche Haarkontur erfordert je nach Wuchsrichtung der Haare eine Kammführung entgegengesetzt der Wuchsrichtung, damit alle Haare beim Schnitt gleichmäßig erfasst werden können.

Viele Haarschneidemaschinen verfügen über zusätzliche Aufsteckkämme, die das Über-Kamm-Schneiden ergänzen oder sogar überflüssig machen. Häufig wird in Fachkreisen darüber diskutiert, ob diese Art des Haareschneidens von Friseuren praktiziert werden soll, da sich bereits Laien an diese Technik heranwagen.

Fassonschnitt zeichnet sich dadurch aus, dass im Nacken keine harte horizontale Kontur geschnitten wird, sondern dass ein sanfter Übergang von der natürlichen Nackenkontur zu den Haaren am Hinterkopf geschaffen wird. Nur die seitliche Kontur muss scharf begrenzt sein.

Wie stehen Sie zu dieser Meinung? Beziehen Sie Stellung.

2.3.4 Freihandtechnik

Die Freihandtechnik ist etwas für den großen „Figaro", der bereits alle anderen Techniken sicher beherrscht. Bei dieser Technik muss man sich über die Auswirkung jeder Schnittbewegung im Klaren sein, sonst erreicht man nur Zufallsprodukte, die mit den Zielvorstellungen nichts gemein haben.

Hierzu werden Passees mit der Hand oder dem Kamm geführt. Die Schere bearbeitet die Passees meistens im natürlichen Fall. Oftmals wird diese Technik hinzugezogen, um den natürlichen Fall der Haare zu beeinflussen. Das geübte Auge des Friseurs erkennt Bereiche, die durch Freihandschnitt positiv beeinflusst werden können.

Tipp

Worauf es in Prüfungen beim Damen- und Herrenhaarschnitt ankommt
- Erkennbare Veränderung von Haarfülle und -länge
- Technische Ausführung
- Einwandfreier Zustand des Werkzeugs
- Fachgerechter Einsatz des Werkzeugs
- Vorbereitung der Frisurengrundform durch den Haarschnitt
- Sauberkeit des Konturenschnitts und der Übergänge
- Kontinuierlicher Übergang der Haarlängen beim Prüfen zwischen den Fingern
- Harmonische Gesamtform
- Übereinstimmung mit Frisurenvorlage und Abstimmung auf Träger

3 Haare schneiden – eine kreative Aufgabe

3.1 Kombinationen der Basisformen

3.2 „Der Friseur schneidet immer zu kurz“ – Fehler vermeiden

3.3 Arbeitsplan für einen Haarschnitt

3.4 Bartformung und Rasur

Inzwischen beherrscht Karla die Schneidetechniken für die Basisformen. Am Übungsabend kommt Frau Reuther als Modell. Sie hat aus einer Modezeitschrift einen Frisurenvorschlag mitgebracht. Karla findet die Frisur sehr vorteilhaft für ihr Modell.
Allerdings entspricht er auf den ersten Blick keiner der ihr bekannten Basisformen.
Max weiß Rat: „Du musst die Basisformen kombinieren!“

3.1 Kombination der Basisformen

Betrachten Sie Frisurenvorlagen und bestimmen Sie die Basisformen, die Sie bei einem Schnitt verwenden würden.

Die große Kunst des Haareschneidens liegt in der Kombination der vier Basisformen und den besonderen Effiliertechniken, wie Pointen oder Slicen. Beim Betrachten der vielen Frisurenvorlagen wird deutlich, dass ein Haarschnitt in den seltensten Fällen aus nur einer Basisform besteht. Es ist wichtig, die verschiedenen Bereiche innerhalb einer Frisur zu erkennen, damit beim Schnitt die diversen Techniken sicher miteinander kombiniert werden.

Eine Schnittgrafik, wie sie bereits bei den Basisformen eingeführt wurde, erleichtert das Eindenken in den Haarschnitt.

Beispiele kombinierter Formen

Einheitlich gestufte Form kombiniert mit der graduierten Form

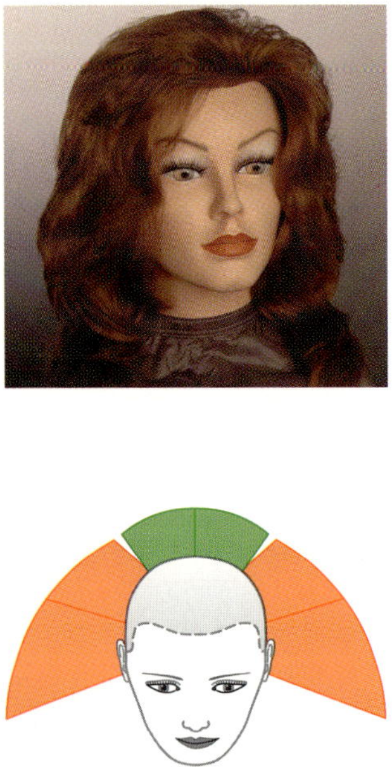

Einheitlich gestufte Form kombiniert mit der ansteigend gestuften Form

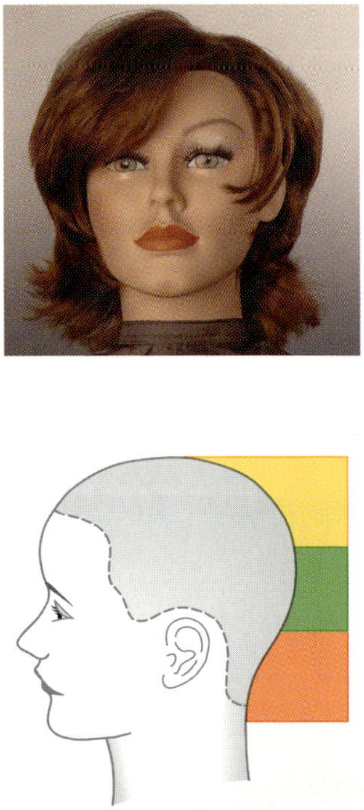

Kombination aus graduierter, einheitlich und ansteigend gestufter Form

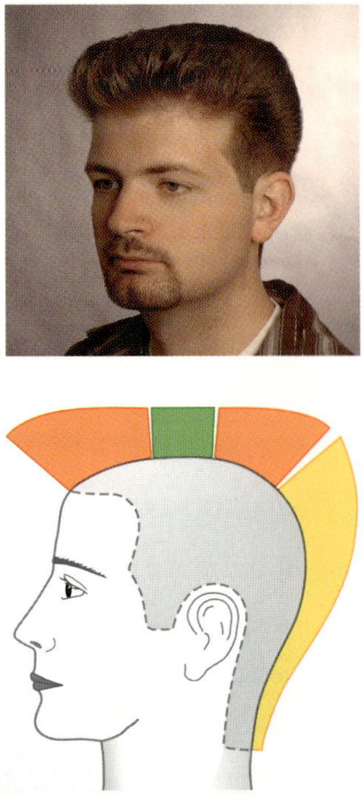

Kombination aus graduierter, einheitlich und ansteigend gestufter Form

Sie kennen nun alle Basisformen genau und haben die daraus resultierenden Formen vor Augen. Jetzt müssen Sie nach der abgeschlossenen Frisurenberatung nur noch die geeignete Schnittkombination auswählen.

Die Übergänge zwischen den verschiedenen Basisformen müssen sehr sorgfältig gearbeitet werden. Es ist aber auch möglich, verschiedene Basisformen nebeneinander und dennoch unverbunden zu verwenden. Typisches Beispiel hierfür sind die unterschnittenen Haarschnitte, wie sie häufiger in der Herrenmode Verwendung finden.

Kombination der Basisformen am Beispiel eines Herrenhaarschnitts

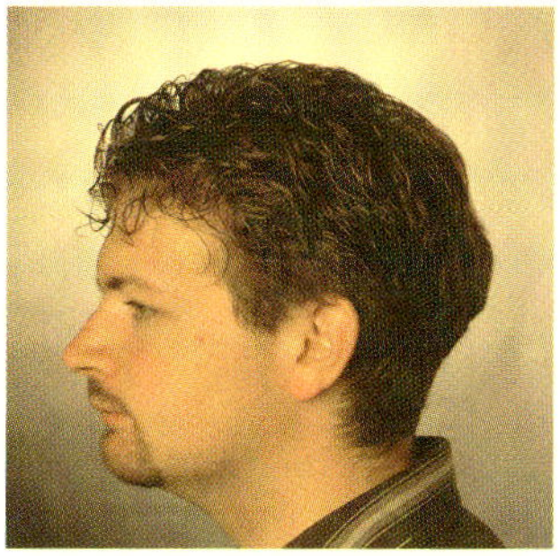

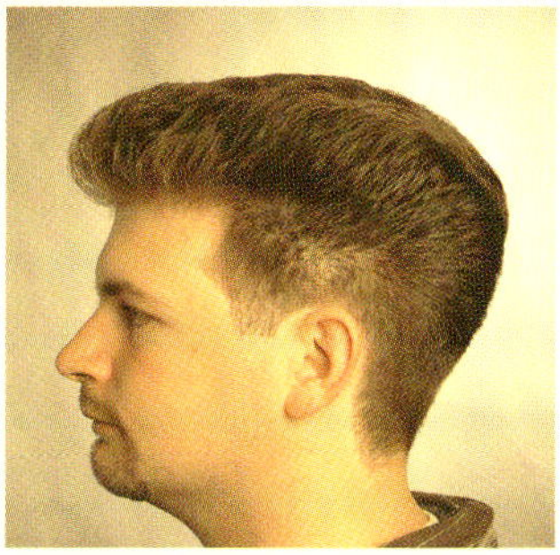

Originalfoto

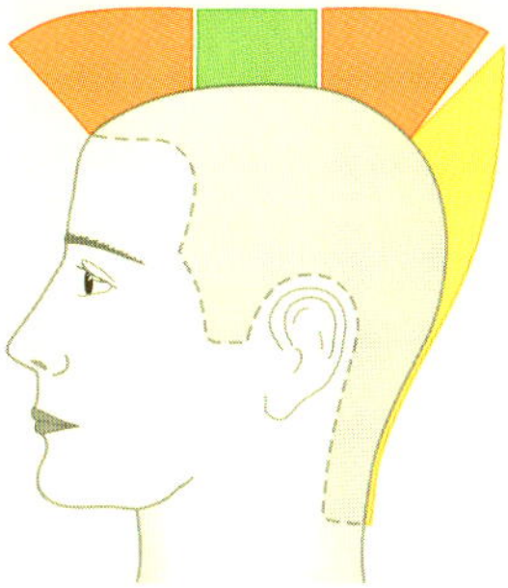

Schnittgrafik

Am Medium

Wie in der Schnittgrafik zu sehen ist, setzt sich dieser Herrenhaarschnitt aus drei unterschiedlichen Basisformen zusammen: der graduierten Form, der ansteigend gestuften Form und der einheitliche gestuften Form.

Schnittbeschreibung Step-by-Step

1. Arbeitsschritt
- Fassonschnitt im Nacken mit der Schere oder Maschine-über-Kamm-Technik
- Kämmwinkel nimmt zur Hutlinie zu

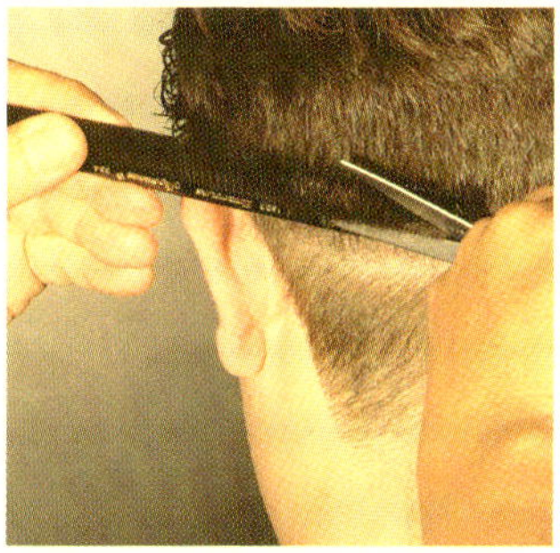

2. Arbeitsschritt
Konturen werden sauber herausgearbeitet mit kleiner Haarschneidemaschine oder Rasiermesser

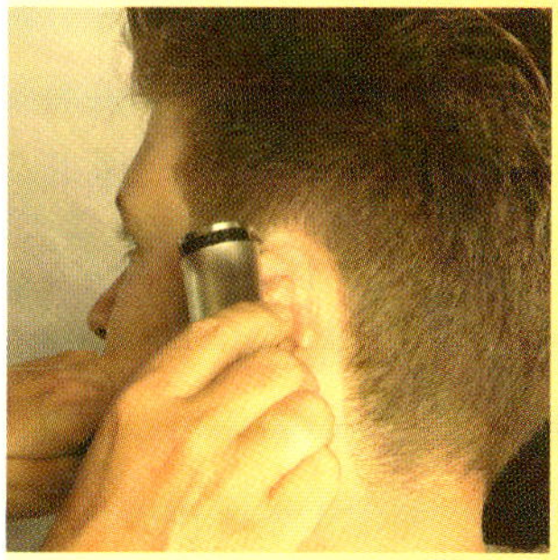

3. Arbeitsschritt
Am höchsten Punkt des Kopfes ist das Oberkopfhaar einheitlich gestuft. Vorderkopf und Wirbelbereich wird ansteigend gestuft, d. h., eine Längenzunahme zum Wirbel und zum Vorderkopf

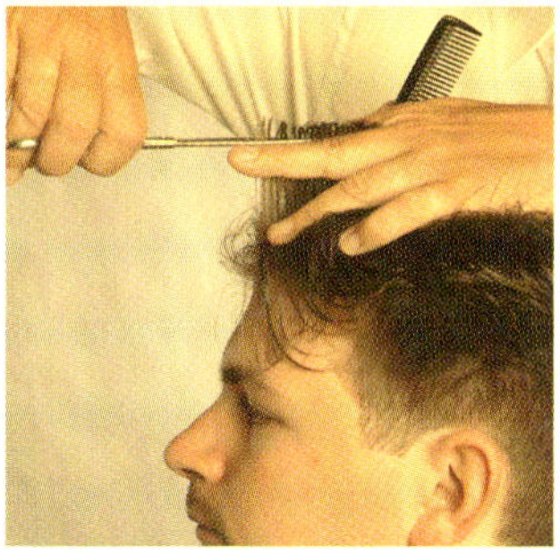

4. Arbeitsschritt
Durch entsprechende Föhntechnik wird der kantige Charakter dieser Frisur noch verstärkt

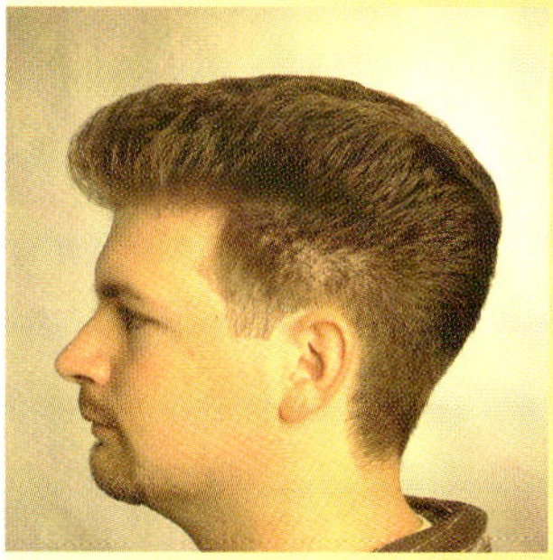

3.2 „Der Friseur schneidet immer zu kurz" – Fehler vermeiden

Damit Sie diese Kritik nicht ernten müssen, vermeiden Sie die typischen Schneidefehler und überprüfen Sie jeden Schnitt!

Folgende Fehler und Probleme können vermieden werden, wenn Sie die Ursachen kennen:

Haarschnitt fällt zu kurz aus
- Haare ziehen sich nach dem Trocknen zusammen
- Ungenaue Absprache mit der Kundin

Grundlinie verläuft anders als erwartet
- Passee über dem Ohr zu stark gespannt
- Natürliche Haarkontur oder Wirbel ignoriert
- Haare beim Schnitt zu sehr auf Spannung gehalten

Unerwünschte Stufungen („Treppen") sind sichtbar
- Nicht sauber abgeteilt
- Keine gestreckte Fingerhaltung
- Abhebewinkel während des Schnitts unbeabsichtigt verändert
- Führungslinie verschnitten
- Führungslinie war durch zu breite Abteilung nicht sichtbar
- Bei der Über-Kamm-Technik wurde das Schneidewerkzeug nicht parallel gehalten
- Passees wurden unterschiedlich stark gespannt

Graduierungen fallen zu gering oder zu stark aus
- Falschen Abhebewinkel bestimmt

Fassonschnitt fällt zu hoch oder niedrig aus und der natürliche Konturenverlauf wurde verschnitten
- Falsche Kammführung
- Nackenkontur nicht horizontal geschnitten oder ausrasiet

Haare fallen nach dem Schnitt nicht wie erwartet, z. B. nicht nach innen oder nicht nach außen
- Naturwelle, natürlichen Fall der Haare oder Wirbel nicht berücksichtigt
- Während des Schnitts eine falsche Kopfhaltung gewählt

Schnitt ist nicht typgerecht oder trifft den Stil der Kundin nicht
- Körperbau und Kopfform nicht berücksichtigt
- Beratung zu oberflächlich
- Kundentyp nicht erkannt oder falsch eingeschätzt

Überprüfen Sie sich selbst:

- Machen Sie den Crosscheck
- Kontrollieren Sie den Grundlinienverlauf
- Machen Sie den Seitenvergleich mithilfe des Spiegels
- Betrachten Sie den Schnitt aus mehreren Perspektiven (z. B. Profilansicht)
- Kontrollieren Sie den natürlichen Fall der Haare, indem die Kundin mit längerem Haar den Kopf leicht schüttelt

Nichts gefunden?
Dann dürfte der Ausbilder mit Ihrem Schnitt ebenfalls zufrieden sein.

3.3 Arbeitsplan für einen Haarschnitt

Vollständige Handlung	Allgemeine Überlegungen	Modellkunde
Informieren	– Frisurenwunsch erfassen (Beratungsgespräch) – Kundentypen erfassen – Situative Voraussetzung erfassen (Haarstruktur, -länge, ...)	Kundin wünscht einen leicht graduierten Bob Situative Voraussetzungen lassen diesen Schnitt zu
Planen	– Planen unter Berücksichtigung des Frisurenziels – Den Einsatz der verschiedenen Techniken überdenken	In diesem Fall eignet sich nur die Technik der graduierten Form
Entscheiden	– Unter Berücksichtigung der Kundenvoraussetzung und des Kundenwunsches für die geeignete Technik entscheiden (Alternativen abwägen) – Detailplanung in Abhängigkeit der gewählten Technik – Vermeidbare Fehler in der Ausführung	Basislinie soll laut Kundenwunsch konkav verlaufen Abteilschema wird diagonal nach vorne gewählt Es wird ein geringer Kämmwinkel eingesetzt, da die Kundin eine leichte Graduierung wünscht. Fehlerhafte Basislinie Falsche Winkelstellung Bogen in der seitlichen Kontur vermeiden, indem das Passee über dem Ohr nicht zu sehr auf Spannung gehalten wird
Ausführen	– Technik – Zeitplanung	Basisform: graduierte Form Dauer ca. 30 Minuten
Kontrollieren	– Frisurenergebnis kritisch betrachten (Stimmt Ergebnis mit dem Frisurenziel überein?) – Rücksprache mit der Kundin halten (Spiegel zeigen)	Eigenkontrolle des Schnittes durch Crosscheck; Konturenverläufe kontrollieren; Längenvergleiche vornehmen Bei der Kundin verbale Zustimmung einholen
Bewerten	– Kritische Bewertung des Friseurs: War die gewählte Technik richtig? Welche technischen Alternativen hätte es gegeben? – Kritische Bewertung der Kundin: Fühlt sich die Kundin wohl? Hat sie Verbesserungsvorschläge? Weitere Wünsche für den nächsten Termin?	Ist alles zur eigenen Zufriedenheit ausgefallen? Frisurenergebnis entspricht dem gesteckten Ziel und ist für diese Kundin typgerecht und vorteilhaft Kundin ist mit dem Gesamtergebnis zufrieden

Bartformen beeinflussen das Gesicht

3.4 Bartformung und Rasur

Bartformung

Der Bart spielte in der Vergangenheit nicht immer nur eine modische Rolle, sondern galt auch als Ausdruck für Kraft oder Weisheit. Das Bartverhalten der Männer war in der Vergangenheit stark von der jeweiligen Kultur geprägt.

Mit der äußeren Grenze des Bartes und der entsprechenden Länge können Akzente gesetzt werden. Auch die Gestaltung der Koteletten kann bereits die Gesichtsform beeinflussen. Bei der Bartformung sollte deshalb, genauso wie beim Haarschnitt, die Gesichtsform berücksichtigt werden. Ob ein Vollbart, Kinnbart oder Schnurrbart gewünscht wird, unterliegt stark den Modetendenzen oder individuellen Vorlieben.

Der Bart kann mit der Über-Kamm-Technik oder mit einer Haarschneidemaschine mit Aufsatz gekürzt werden. Mit der Kammführung wird die Bartform vorgegeben. Die Konturen werden im Anschluss sorgfältig mit dem Rasiermesser oder dem Rasiergerät geschnitten.

Übersicht verschiedener Bartformen

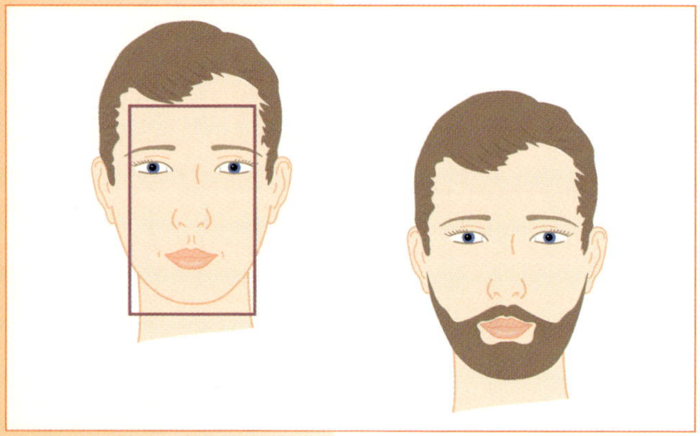

Vollbart in einem länglichen Gesicht

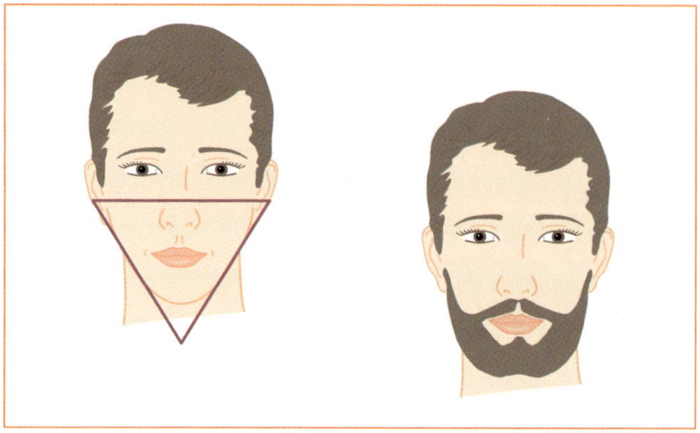

Rechteckig gehaltener Vollbart bei einem schmalen Kinn

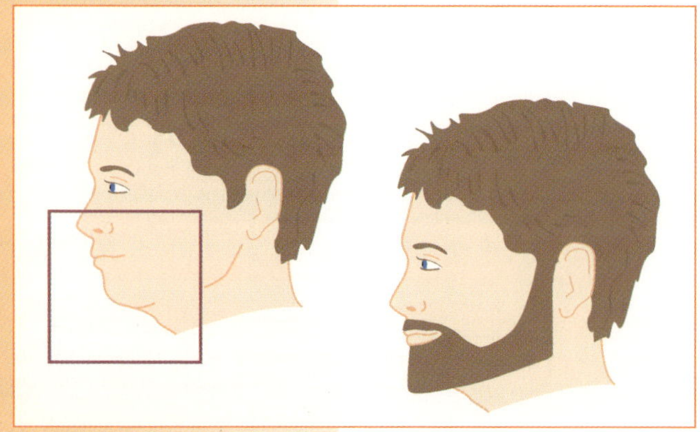

Vollbart überspielt das Doppelkinn

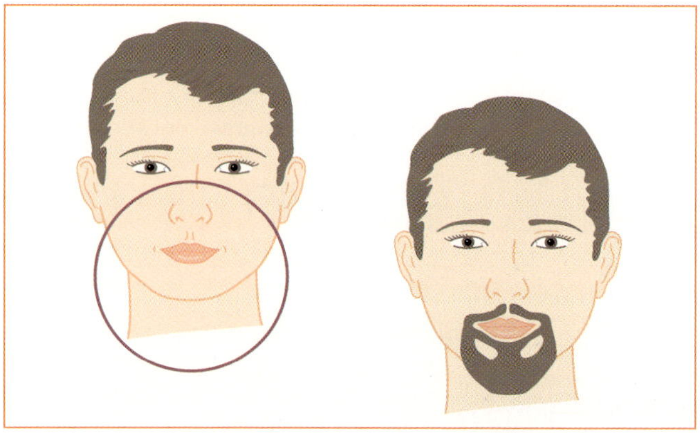

Spitzer Kinnbart verlängert optisch des rundliche Gesicht

Rasieren

Früher übernahm der Friseur die tägliche Rasur. Die Zahl der Kunden, die eine Rasur im Salon machen lassen, ist heute gering. Augenbrauenrasieren und Säubern der Konturen verlangen aber immer noch eine sichere Handhabung des Messers. Wie beim Tennis unterscheidet man zwischen Vorhandgriff und Rückhandgriff. Welchen Griff man anwendet, richtet sich nach der jeweils zu rasierenden Stelle. Entscheidend ist beim Umgang mit dem Rasiermesser der Winkel zwischen Messer und Haut. Ist dieser zu flach oder zu steil, so besteht Verletzungsgefahr. Außerdem sollte die Haut bei der Rasur immer auf Spannung gehalten werden. Bei einer Rasur werden die zu behandelnden Partien zunächst sorgfältig eingeschäumt. Dadurch werden die Barthaare etwas gefügiger und die Haut gleitfähiger. Reste des Rasierschaums müssen entfernt werden. Das anschließende Rasierwasser adstringiert und stellt den ph-Wert der Haut wieder ein.

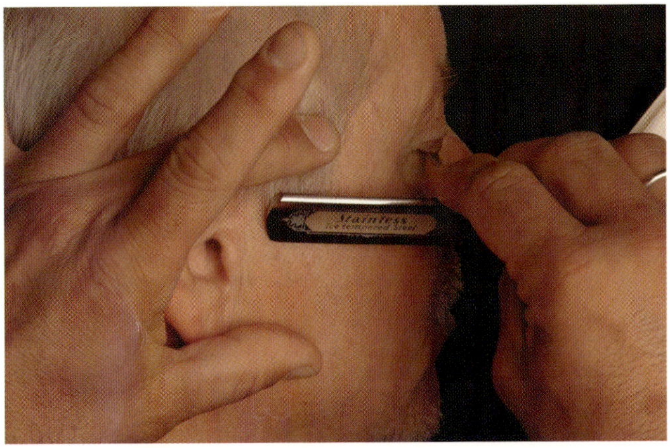

Vorhandgriff

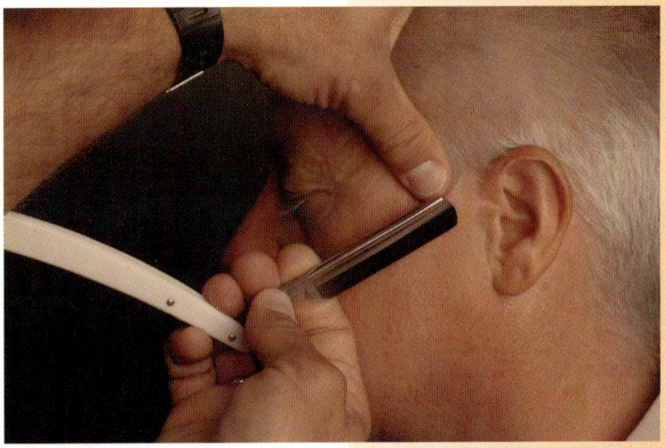

Rückhandgriff

KAPITEL 3

Farbe und Haarfarbe wahrnehmen und einordnen

Farbverändernde Haarbehandlung planen, durchführen und kontrollieren

Haare farblich gestalten

Farbverändernde Haarbehandlungsmittel kreativ einsetzen

Möglichkeiten der Farbveränderung erkennen

Natürliche Haarfarben unterscheiden

Farbe und ihre Entstehungsursachen

Das Ordnungssystem haarfarbverändernder Mittel

Geschichte der Farbveränderung des Haares

Beratung zur Farbveränderung durchführen

Art der Farbveränderung auswählen

Problemfälle bewältigen

Fehlergebnisse bei der Farbveränderung des Haares korrigieren

Beispiele zur Anwendung farbverändernder Mittel

Augenbrauen und Wimpern färben

1 Farbe und Haarfarbe wahrnehmen und einordnen

1.1 Möglichkeiten der Farbveränderung erkennen

- Nicht oxidative Farbveränderungen
- Oxidative Farbveränderungen
- Beispiele farbverändernder Haarbehandlungen im Überblick
- Schutzmaßnahmen und umweltbewusstes Handeln
- Auftragstechniken

1.2 Natürliche Haarfarben unterscheiden

- Pigmente bestimmen die Haarfarbe
- Farbtiefe und Farbrichtung der natürlichen Haarfarben

1.3 Farbe und ihre Entstehungsursachen

- Licht als Entstehungsursache der Farberscheinung
- Farbenordnung
- Farbmischungsarten
- Farbwirkungen

1.4 Das Ordnungssystem haarfarbverändernder Mittel

- Farbkarten
- Kalte und warme Farben unterscheiden

1.5 Geschichte der Farbveränderung des Haares

Karla ist seit fünf Monaten Auszubildende im Salon Haarmonie. Beim Auftragen des Farbmittels darf sie schon ab und zu helfen. Sie hat der Gesellin Ayse schon oft dabei zugesehen, wenn sie eine Färbekundin bedient hat.
Heute erhielten vier sehr unterschiedliche Kundinnen von Ayse eine Haarfarbbehandlung.
Eine der Kundinnen bekam helle Strähnchen, die andere Kundin ließ ihre Haare nachfärben, die dritte bekam eine modische Tönung im Rotbereich und die vierte Kundin erhielt eine Pflanzentönung, um ihre natürliche Haarfarbe zu unterstreichen.
Bewundernd fragt Karla Ayse: „Es gibt so viele Möglichkeiten, eine neue Haarfarbe zu gestalten. Wie kann ich lernen, diese Möglichkeiten zu unterscheiden, und wie finde ich heraus, ob eine Tönung oder eine Haarfarbe angebracht ist?"

1.1 Möglichkeiten der Farbveränderung kennen

Das Sortiment der farbverändernden Mittel ist sehr groß. Karla muss zunächst lernen, worin die wesentlichen Unterschiede in der Wirkungsweise dieser Mittel bestehen. Bei grober Unterteilung spricht man von **oxidativer** und **nicht oxidativer** Farbveränderung.

1.1.1 Nicht oxidative Farbveränderungen

Sie können als Einstieg in den Haarfarbenmarkt betrachtet werden. Für Kundinnen, die ihre ersten weißen Haare „verstecken" möchten, bietet sich diese Art der Farbveränderung genauso an wie für Kundinnen, die zu einem besonderen Anlass mal etwas Neues ausprobieren möchten. Besonders junge Kundinnen neigen dazu, ihre Haarfarbe, dem Trend folgend, häufiger zu wechseln und bevorzugen deshalb die nicht oxidative Farbveränderung ihres Haares.

Nichtoxidative Farbveränderungen:
- Klassische Tönung mit synthetischen Farbstoffen
- Pflanzentönung mit natürlichen Farbstoffen

Zu diesen Farbveränderungen gehören die klassische Tönung (synthetische Farbstoffe) und die Pflanzentönung (natürliche Farbstoffe). Auch wenn sich die Produkttypen voneinander unterscheiden, so haben sie dennoch eine Gemeinsamkeit: Die natürliche Haarfarbe kehrt, je nach Beschaffenheit des Haares, nach spätestens sechs bis acht Haarwäschen wieder zurück. Neuere Produkte mit synthetischen Farbstoffen können bei allmählicher Abschwächung des Farbtones auch länger im Haar verbleiben. Pflanzentönungen lagern sich nicht nur am Haarschaft an, sondern dringen relativ weit ins Haar ein. Bei einmaliger Anwendung verblassen auch sie allmählich.

Die verwendeten Farbstoffe bei einer nicht oxidativen Farbveränderung gehören zu den Fertigfarbstoffen (direkt ziehenden Farbstoffen oder Nuancierfarbstoffen), d. h., ihre Farbstoffe liegen in fertiger Form vor. Hier entfällt das Zumischen eines Oxidationsmittels (Entwicklers). Dies ist ein wichtiges Unterscheidungsmerkmal zu den Intensivtönungsmitteln, die einen Entwickler benötigen und deshalb, chemisch gesehen, zu den Haarfärbemitteln zählen. Fertigfarbstoffe können die Haare leicht dunkler tönen oder die Farbnuance auf der gleichen oder dunkleren Farbstufe verändern. Eine Aufhellung des Haares ist nicht möglich und weiße Haare werden nur geringfügig abgedeckt.

1.1.2 Oxidative Farbveränderungen

Mit einer oxidativen Farbveränderung des Haares verbindet der Friseur zunächst die gute Haltbarkeit und Deckkraft eines Färbemittels, aber neben der Dunklerfärbung auch das Aufhellen der natürlichen Pigmente im Haar. Zu dieser oxidativen Farbveränderung zählen die **Intensivtönung**, die **Färbung** und die **Blondierung**.

Oxidative Farbveränderungen:
- Intensivtönung
- Färbung
- Blondierung

Neben den Fertigfarbstoffen kommen bei der Intensivtönung und der Färbung **Farbstoffbildner** (Oxidationsfarbstoffe oder Farbstoffvorstufen) zum Einsatz. Mithilfe eines Oxidationsmittels entsteht die spätere Haarfarbe durch einen oxidativen Kupplungsvorgang, der neue künstliche Farbmoleküle entstehen lässt. Eine weitere Aufgabe des Oxidationsmittels besteht in der Aufhellung der natürlichen Farbpigmente. Die Konzentration des Oxidationsmittels richtet sich dabei nach der Stärke der Aufhellung. Die Blondierung ist die intensivste Methode, das Haar aufzuhellen. Mit ihr kann das Naturhaar bis zu sieben Stufen aufgehellt werden. Blonde Strähnchen gehören zur beliebtesten Form der Blondierung.

Informieren Sie sich in Ihrem Salon über das Sortiment farbverändernder Mittel und bestimmen Sie deren Wirksamkeit nach nichtoxidativen und oxidativen Farbmitteln.

1.1.3 Beispiele farbverändernder Haarbehandlungen im Überblick

Die folgenden Bilder zeigen die vier Kundinnen, die von Ayse eine Farbbehandlung erhielten.

Klassische Tönung	**Pflanzentönung**	**Haarfärbung (hier Ansatzfärbung)**	**Blondierung (hier Strähnchenblondierung)**
Es handelt sich hier um eine nicht oxidative Farbveränderung, die sich allmählich wieder auswaschen lässt. Beim Nachwachsen des Haares entsteht kein störender Ansatz.	Es handelt sich hier um eine nicht oxidative Farbveränderung. Sie verblasst ebenfalls nach und nach. Sie verbleibt jedoch wesentlich länger im Haar als die modische Tönung.	Es handelt sich hier um eine oxidative Farbveränderung, bei der das nachwachsende Haar einen sichtbaren Ansatz entstehen lässt.	Es handelt sich hier um eine oxidative Farbveränderung, bei der natürliche Pigmente und auch künstliche Farbstoffe aufgehellt werden können.
Eine Aufhellung der Naturhaarfarbe ist nicht möglich. Weiße Haare lassen sich nur bis zu einem Anteil von 30 % abdecken.	Eine Aufhellung der Naturhaarfarbe ist nicht möglich. Auf weißem Haar entstehen durch die geringe Deckkraft der Pflanzenfarbstoffe natürlich aussehende Farbeffekte.	Ein regelmäßiges Nachfärben wird hierbei notwendig. Weiße Haare können gut abgedeckt werden. Auch Aufhellungen der natürlichen Haarfarbe sind möglich.	Es ist die intensivste Form der Haaraufhellung. Sie sollte nur an gesundem Haar durchgeführt werden.
Die verwendeten Farbstoffe sind Fertigfarbstoffe, die kein Zumischen eines Oxidationsmittels erfordern.	Ein besonderes Plus ist der entstehende Glanz des Haares. Pflanzenfarbstoffe ähneln in ihren Eigenschaften denen der klassischen Tönungen	Dem Farbmittel muss ein Oxidationsmittel zugemischt werden, damit sich die dauerhafte Farbe entwickeln kann.	Wie bei der Haarfärbung wird dem Blondiermittel ein Oxidationsmittel zugemischt. Der Unterschied zu einer kompletten Blondierung liegt vor allem in der Technik. Hier wurde die Folien-Technik verwendet.

1.1.4 Schutzmaßnahmen und umweltbewusstes Handeln

Beim Umgang mit chemischen Präparaten sind gesetzliche Bestimmungen, vor allem die Inhalte der TRGS 530, aber auch die Hinweise der Herstellerfirmen in den Gebrauchsanweisungen zu beachten, um Gefahren abzuwenden und gesundheitliche Risiken zu vermeiden. Dies gilt gleichermaßen für den Friseur wie auch für die Kundschaft.

Allergische Reaktionen

Die Allergieanfälligkeit der Menschen ist in den letzten Jahrzehnten ständig gewachsen. Relativ selten, jedoch nicht auszuschließen sind allergische Reaktionen bei der Verwendung von haarfarbverändernden Mitteln, insbesondere bei Oxidationshaarfarben. Hersteller empfehlen deshalb bei empfindlicher Haut vor einer Färbung einen Arzt zu befragen und einen Allergietest durchzuführen. Im Falle einer während der Behandlung auftretenden Reaktion der Haut, wie Jucken, Brennen oder Bildung eines Ausschlages, muss das Haarfärbemittel sofort mit warmem Wasser entfernt und die Behandlung beendet werden.

Schutz der Kleidung der Kundin

Schutz der Kleidung und der Hände

Vor einer Farbbehandlung wird die Kleidung der Kundin sehr sorgfältig mit einem wasserfesten Umhang geschützt und auch der Friseur schützt seine Kleidung mit einer speziellen Färbeschürze. Die Kundin erhält eine Papiermanschette um den Hals, um den direkten Kontakt des Umhangs mit der Haut zu vermeiden. Ein um die Schultern gelegtes Handtuch unter dem Umhang dient zur vorsorglichen Sicherheit. Der Rand des Umhangs wird zusätzlich mit einer Serviette geschützt. Am Haaransatz und im Ohrbereich wird bei der Farbkundin eine Hautschutzcreme aufgetragen, um Irritationen der Haut und Farbflecken auszuschließen.
Zum Schutz ihrer Hände zieht Karla die laut Hautschutzplan der TRGS 530 für farbverändernde Haarbehandlungen vorgeschriebenen Einmalhandschuhe an. Nach der Behandlung wäscht sie ihre Hände, trocknet sie sorgfältig ab und cremt sie ein.
Friseure wissen, dass auch noch nach vielen Berufsjahren allergische Reaktionen auftreten können, wenn der Hautschutz vernachlässigt wird.

Schutz der Hände der Friseurin durch Einmalhandschuhe

Schutz der Atemwege

Bei der Zubereitung des Farb- oder Blondiergemischs ist darauf zu achten, dass frei werdende Gase, Dämpfe und Schwebestoffe nicht direkt in die Atemwege gelangen können. Verunreinigungen der Atemluft führen zu Erkrankungen der Atemwege. Doch nicht nur das; zu einem angenehmen Ambiente gehört auch die gute *Luft,* damit sich Kunden wohl fühlen können. Ausreichende Frischluftzufuhr ist deshalb das richtige Mittel, um Schadstoffkonzentrationen in der Salonluft zu reduzieren.

Auftragen der Hautschutzcreme am Haaransatz

Umweltbewusstes Handeln im Salon

Um kein Material zu verschwenden und ein Übrigbleiben von Produktresten zu vermeiden, wird nur immer so viel Farb- oder Blondiergemisch angemischt, wie es die jeweilige Haarlänge und -dichte erfordern, Produktreste gehören nicht in das Abwasser. Mit anderen Chemikalienresten gesammelt, gehören sie in den Sondermüll.

1. *Informieren Sie sich in der Betriebsanweisung der TRGS über Gesundheitsgefährdungen sowie spezielle und persönliche Schutzmaßnahmen beim Umgang mit farbverändernden Mitteln.*
2. *Nennen Sie Möglichkeiten, wie in Ihrem Salon Abfälle reduziert werden können und Energie sparsamer verwendet werden kann.*

1.1.5 Auftragetechniken

Farbverändernde Produkte werden sehr häufig auch von den Kunden zu Hause eingesetzt. Im Salon ist deshalb besondere Professionalität gefragt. Der Kunde erwartet einen kundenfreundlichen Friseur, eine gute und fachmännische Beratung und Bedienung und einen exzellenten Service. Ganz klar ist, dass dann auch das Auftragen eines Farbmittels exakt und für die Kundin in einer angenehm entspannenden Atmosphäre stattfinden muss.

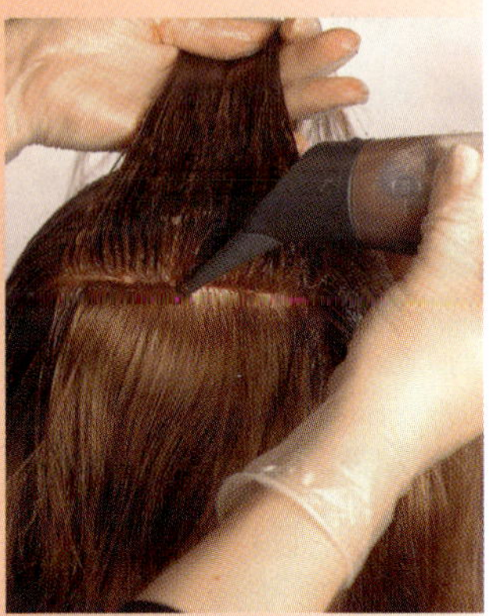

Klassische Tönung

Auftragen des Tönungsmittels für die klassische Tönung

Tönungspräparate in Form einer Creme- oder Schaumtönung werden entweder auf das gewaschene, handtuchtrockene Haar oder auf das trockene Haar aufgetragen. Das Haar wird durch einen Kreuzscheitel in vier Sektionen unterteilt. Bei längerem Haar sollten diese nochmals unterteilt werden. Aus einem Behälter (Tube, Flasche oder Druckbehälter), heute meist mit einem Applikator ausgestattet, wird das Präparat auf den Ansatz aufgetragen. Dabei ist darauf zu achten, dass die Kopfhaut nicht angefärbt wird. Ein gleichmäßiger Farbauftrag von Passee zu Passee ist wichtig, damit das Farbergebnis nicht ungleichmäßig wird. In die Längen und Spitzen wird das Produkt entweder gleich mit dem Applikator aufgetragen oder mit den Fingern gleichmäßig auf das Haar verteilt (selbstverständlich mit Schutzhandschuhen).
Creme- oder Schaumtönungen benötigen eine Einwirkzeit von 5 bis 30 Minuten, je nach Art und Intensität des Tönungseffektes (Gebrauchsanweisungen beachten).

Pflanzentönung

Auftragen des Pflanzentönungsmittels

Pflanzentönungsmittel sind pulverförmige Präparate, die nach neuesten Rezepturen ölversetzt und dadurch staubfrei sind. Ihre cremige Konsistenz ermöglicht einen sauberen Auftrag und ein leichtes Herausspülen dieser Tönungsmittel. Andere Pflanzentönungsmittel sind in ihrem ursprünglichen Zustand schwerer aufzutragen, da das Gemisch stark bröckelt.

Bei einer Erstbehandlung wird das mit heißem Wasser angemischte Pflanzenpulver auf das vorher gewaschene, handtuchtrockene Haar vom Ansatz bis zur Spitze aufgetragen. Bei längerem Haar behandelt man trockene Haarpartien vorher mit einem Pflegebalsam zum Ausgleich für ein gleichmäßiges Farbergebnis. Mit dem Auftragen beginnt man am Wirbel. Mit einem Pinsel wird zuerst der Ansatz bestrichen und anschließend die Haarlängen und Spitzen. Gut bewährt hat sich das Einarbeiten in Längen und Spitzen, wenn man die einzelnen Strähnen zu einer Spirale formt und sie dann mit dem Tönungsprodukt bestreicht. Die Einwirkzeit beträgt je nach Haarlänge 30–40 Minuten mit Wärme (z. B. Climazon). Hierbei muss das Haar mit einer Folienhaube abgedeckt werden, um ein Antrocknen der Pflanzencreme zu verhindern. Besonders geeignet sind deshalb Wärmequellen mit Wasserdampf. Längere Einwirkzeiten führen zu einem intensiveren Farbergebnis, ohne das Haar zu schädigen.

Ansatzfärbung

Auftragen des Farbmittels für die Ansatzfärbung

Bei einer Färbung des Haares mit Oxidationsfarbstoffen muss das Farbgemisch sehr zügig aufgetragen werden, weil die Farbmoleküle durch die Oxidation wesentlich größer werden. Je größer die Farbmoleküle, desto schwerer ihr Eindringvermögen in das Haar. Beim Vorhandensein von weißen Haaren beginnt man mit dem Farbauftrag dort, wo der Weißanteil am stärksten ist.

Das Haar wird zunächst durch einen Scheitel von Ohr zu Ohr abgeteilt. Bei längerem Haar ist ein Kreuzscheitel empfehlenswert. Von dieser Querscheitelung aus trägt man das Farbgemisch in schmalen Partien auf den Ansatz auf, entweder zuerst vorne (bei starker Ergrauung) oder zuerst am Hinterkopf. Dabei sollten die Borsten des Färbekamms oder Flachpinsels flach am Haaransatz aufgesetzt werden. Eine steile Haltung des Farbpinsels führt dazu, dass zu wenig Produkt auf das Haar gelangt. Hellerfärbungen verlangen einen dickeren Farbauftrag als Normalfärbungen.
Bei feinen Haaren sollten die Konturen zuletzt mit Farbe bestrichen werden, da sie ansonsten zu dunkel oder zu hell werden könnten. Für die Einwirkzeiten gibt es Richtwerte, die bei Bedarf verlängert werden können.

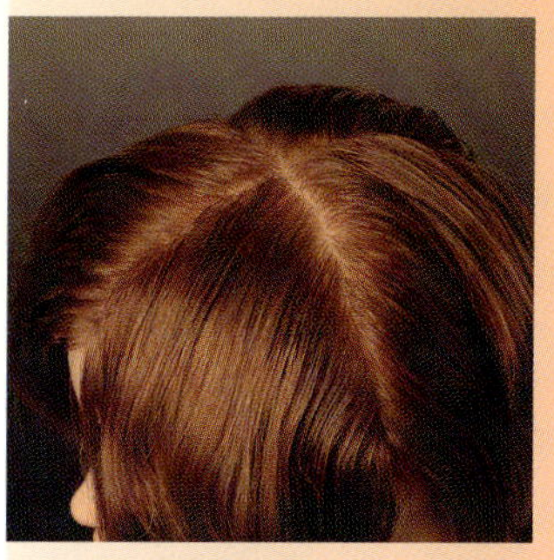

Kreuzscheitel

- Normal- und Rotfärbungen:
  mit Wärme: 15 Minuten
  ohne Wärme: 30 Minuten
- Hellerfärbung:
  mit Wärme: 25 Minuten
  ohne Wärme: 50 Minuten

Flaches Aufsetzen des Flachpinsels am Haaransatz

Ein Farbausgleich in Längen und Spitzen erfolgt gegen Ende der Einwirkzeit. Dazu wird das Farbgemisch vom Ansatz in die angefeuchteten Längen und Spitzen emulgiert. Eine haarschonendere Methode ist jedoch die Farbauffrischung der Längen und Spitzen mithilfe eines Tönungsmittels.

Auftragen des Blondiermittels für eine Strähnchenblondierung

Für eine Strähnchenblondierung gibt es eine Vielzahl von Techniken und Hilfsmaterialien. Ayse hat bei ihrer Kundin Websträhnen in Folientechnik eingesetzt, eine Technik, die sehr häufig zum Einsatz kommt. Dabei werden feine Strähnchen mit dem Stielkamm herausgewebt. Die Kundin wünschte sich „Highlights", damit ihr Haar heller und freundlicher wirkt. Die Stärke einer Websträhne hängt dabei von der Menge der erfassten Haare ab. Die Anzahl der Websträhnen innerhalb einer Fläche beeinflusst das entstehende Muster Im Haar. Für das Einpacken der Strähnen benutzte Ayse Folienstreifen, die an einem Ende mit einem Falz dicht an der Kopfhaut befestigt werden. Neben Alufolien gibt es auch spezielle Folien aus verschiedenen Materialien sowie abwaschbare, wieder verwendbare Color Stripes.

Strähnchenblondierung

Das Blondierpräparat wird dann, jedoch nicht zu dicht an der Kopfhaut, auf die zu behandelnden Strähnchen aufgetragen und das untere Folienende nach oben umgeklappt. Die Seitenränder werden ca. 2 cm umgeschlagen. Auf das vorher abgelegte Strähnenpäckchen werden die nicht zu behandelnden Haare der neuen Strähnenpartie abgelegt und die Strähnenpartie wird wie bei der Partie zuvor behandelt. Während der Einwirkzeit muss der Aufhellungsgrad kontrolliert werden. Bei noch nicht erzieltem Aufhellungsgrad ist an der Prüfstelle nochmals Produkt aufzutragen.

1. *Informieren Sie sich in Ihrem Salon über die dort üblichen Strähnentechniken und Hilfsmaterialien.*
2. *Weshalb darf das Blondiermittel bei einer Strähnchenblondierung nicht auf die Kopfhaut gelangen?*

1.2 Natürliche Haarfarben unterscheiden

Naturtonselektor

Ayse erklärt Karla, dass jede dieser vier Färbekundinnen eine ganz individuelle Naturhaarfarbe besitzt, die jede Friseurin vor einer Farbbehandlung genau bestimmen muss, um die Farbrezeptur für die zu erstellende Wunschfarbe zu ermitteln. Die Naturhaarfarben sind abhängig von den Pigmenten, die sich im Haar befinden. Diese Farbkörnchen bestimmen, wie hell oder dunkel eine Haarfarbe dem Betrachter erscheint und ob die Haarfarbe einen matten oder eher lebhaften, leuchtenden Farbton besitzt.

In der Färbepraxis hilft ein Naturtonselektor, den Naturton richtig zu bestimmen. Ayse zeigt Karla auch die Eintragungen in der Kundenkartei. Sie erklärt, dass die Naturhaarfarbe durch verschiedene Faktoren Veränderungen unterliegt. Neben chemischen Einflüssen, wie Dauerwellbehandlung können auch Umwelteinflüsse, z. B. UV-Strahlen, den Farbton verändern. Hinzu kommt, dass mit dem natürlichen Alterungsprozess des Menschen zunehmend weiße Haare auftreten können. Die feine Verteilung der weißen Haare zwischen den pigmentierten nennt man Melierung. Den vorhandenen Weißanteil trägt Ayse durch Angabe eines Prozentwertes in die Kundenkartei ein.

1.2.1 Pigmente bestimmen die Haarfarbe

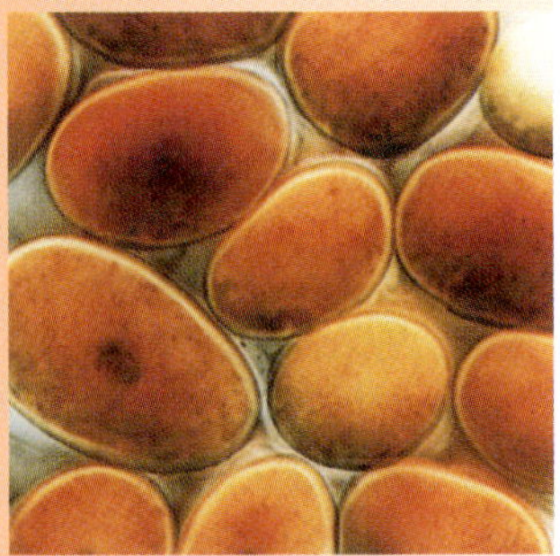

Rotes Naturhaar – Phäomelanine überwiegen

Blondes Naturhaar ist weniger dicht pigmentiert

Auf der Haarpapille zwischen den keratinbildenden Zellen befinden sich die **Melanocyten**. Diese farbstoffbildenden Zellen bilden mit ihren wurzelartigen Fortsätzen kleine Pigmentkörnchen, die den Farbstoff **Melanin** enthalten.

Von dort gelangen die Pigmente in die Faserschicht (Cortex) und Markschicht (Medulla) des Haares, wobei die Pigmentdichte an der Grenze zwischen Schuppenschicht (Cuticula) und Faserschicht (Cortex) am größten ist. Die Schuppenschicht umgibt die Faserschicht in der Regel als farblos transparenter Ring. Unter dem Mikroskop ist dadurch ein kosmetisch behandeltes Haar von einem naturfarbenen Haar gut zu unterscheiden. Bei gefärbtem Haar ist auch die Schuppenschicht angefärbt. Die Pigmentkörnchen enthalten zwei Typen des Farbstoffs Melanin, das **Eumelanin** und das **Phaeomelanin**. Betrachtet man diese Farbkörperchen unter einem Rasterelektronenmikroskop, so kann man Unterschiede zwischen den beiden Melaninarten in der Größe und im Farbton feststellen.

Das Eumelanin ist ein schwarz-braun gefärbtes Pigment und größer als das hellere gelbrötlich erscheinende Phaeomelanin. Melanin hat im Haar die Aufgabe, das Keratin vor der photochemischen Zerstörung durch UV-Strahlung zu schützen. Eumelanin wird dieser Aufgabe am besten gerecht, während Phaeomelanin leicht in ultraviolettem Licht durch Luftsauerstoff abgebaut wird.

1.2.2 Farbtiefe und Farbrichtung der natürlichen Haarfarbe

Menge und Mischungsverhältnis der beiden Melanintypen bestimmen die **Farbtiefe** und **Farbrichtung** der natürlichen Haarfarbe.

Farbtiefe. Mit der Farbtiefe bestimmt man die vorhandene Helligkeit einer Haarfarbe. Sie reicht von Schwarz über Brauntöne bis zum hellsten Blondton. Die Farbtiefe ist abhängig von der Größe der Melaninkörner und dem Gesamtgehalt an Melanin. Ein dunkelbraunes Haar besitzt demzufolge viele Eumelanine und Phaeomelanine, während im hellblonden Haar insgesamt wenig Melanin enthalten ist.

Farbrichtung. Sie bedeutet die jeweilige Farbnuancierung der Haare, die aus dem Mischungsverhältnis der beiden Pigmentarten entsteht. Unter dem Mikroskop weist jedes einzelne Haar eine minimal verschiedene Eigenfarbe auf. Im farblichen Gesamteindruck wird uns dadurch z. B. eine rötliche oder eine aschblonde Nuance vermittelt. Jeder Haarschopf enthält also unterschiedliche Anteile an Eu- und Phaeomelaninen. Den Gehalt an Phaeo- und Eumelaninen im Haar können Wissenschaftler durch einen Test nachweisen, in dem ihre Löslichkeit in Alkalien bestimmt wird. Eumelanine sind schwerer alkalilöslich als Phaeomelanine. Der Grund liegt im hohen Schwefelgehalt der Phaeomelanine, eine der wichtigsten Unterscheidungsmerkmale zwischen den beiden Melanintypen.

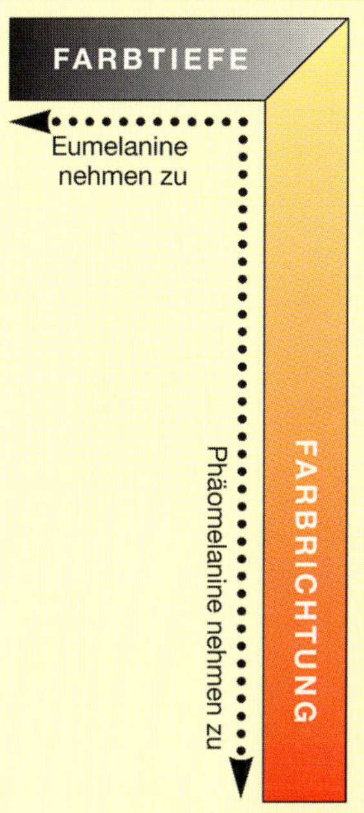

Beim Aufhellen besonders dunkler Haare entstehen häufig unerwünschte rötlich-gelbe Nuancierungen, deren Ursache nicht wie bisher angenommen am Anteil der Phäomelanine, sondern am stufenweisen Abbau der Eumelanine liegt.

Die natürliche Haarfarbe bleibt selten ein Leben lang erhalten. Melanocyten verkümmern im Laufe der Zeit und verschwinden aus der Wachstumszone. Ein Haar wird dann allerdings nicht weiß, sondern farblos, weil es kein Melanin mehr enthält.

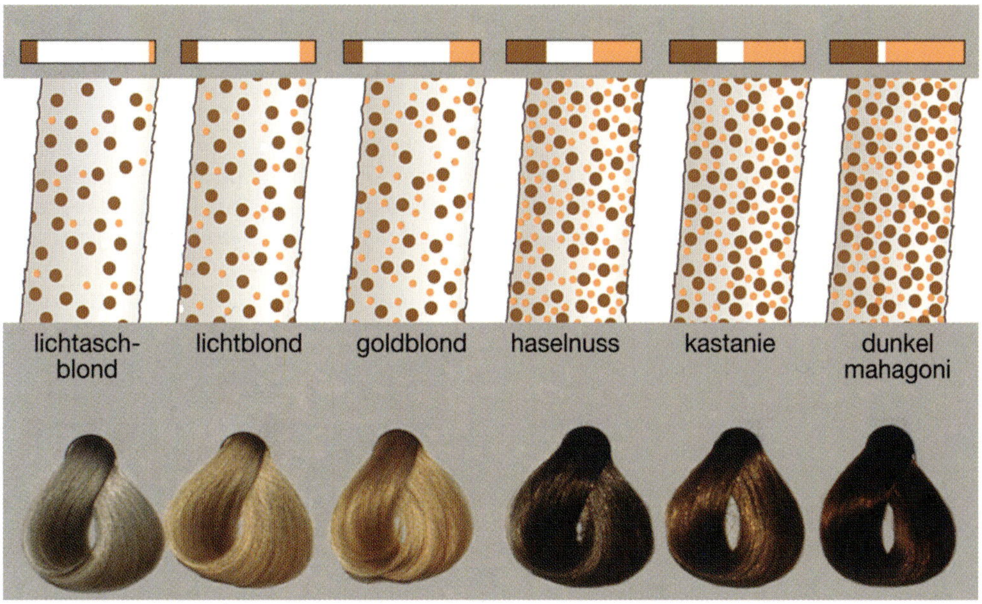

Menge und Mischungsverhältnis der Pigmente bei verschiedenen Haarfarben

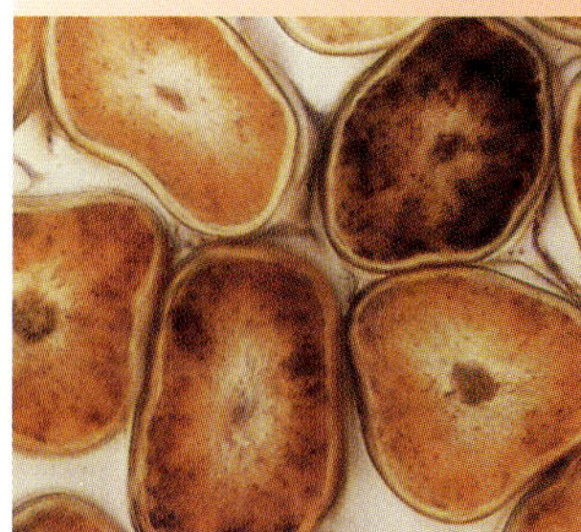

Braunes Naturhaar – hoher Anteil an Eumelaninen

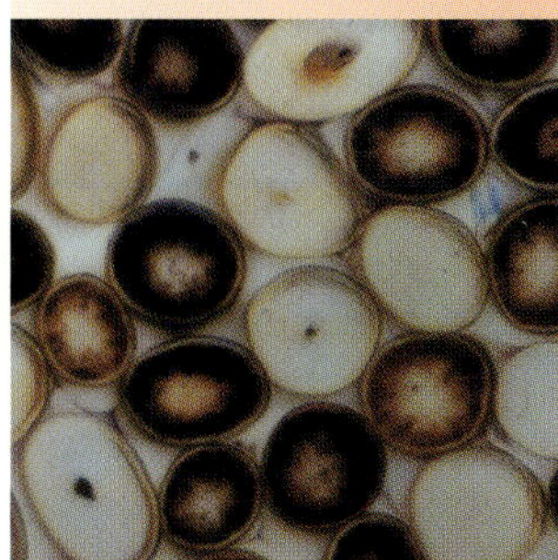

Schwarzes Naturhaar mit 60 % Weißanteil

1. *Sammeln Sie Naturhaarsträhnen der verschiedenen Farbtiefen und erstellen Sie daraus eine Naturtonreihe vom hellsten Blond bis Schwarz.*
2. *Bestimmen Sie Farbtiefe und Farbrichtung an den Haarfarben Ihrer Mitschüler.*

1.3 Farbe und ihre Entstehungsursachen

Bei den kosmetischen Haarfarben ist es wesentlich schwieriger, eine Farbe genau zu bestimmen. Hier gibt es eine große Anzahl von Farben und Farbbezeichnungen. Farben können unter dem Einfluss verschiedener Lichtquellen unterschiedlich aussehen. Bei Tageslicht erscheinen vor allem rötliche Töne viel intensiver und leuchtender. Eine rötliche Haarfarbe oder ein Make-up sehen bei künstlichem Licht manchmal richtig blass aus.

1.3.1 Licht als Entstehungsursache der Farberscheinung

Als Licht bezeichnen wir einen bestimmten Bereich der elektromagnetischen Schwingungen mit sehr kleinen Wellenlängen, zwischen 380 nm bis 750 nm (nm = Nanometer; 1 nm = 10^{-9} m = 0,000 000 001 mm).

Farben wirken in allen Lebensbereichen auf den Menschen ein. Sie haben Einfluss auf unser Wohlbefinden. Für den Friseur ist „Farbe" ein unverzichtbares Gestaltungsmittel. Es ist deshalb wichtig, die Zusammenhänge zwischen Entstehungsursache und Wirkungsmöglichkeiten zu kennen, um Farben zielgerichtet einsetzen zu können. Ganz gleich, ob eine neue Haarfarbe, ein Make-up oder ein Nageldesign entsteht, immer ist die richtige Beleuchtung von großer Bedeutung. Ein Sprichwort sagt: „Bei Nacht sind alle Katzen grau." Tatsächlich brauchen wir zum Farbsehen genügend Licht, denn ohne Licht können wir Farben nicht erkennen.
Gute Lichtverhältnisse im Salon sind Voraussetzung für die Farbberatung.

Nicht sichtbar sind für unser Auge die Röntgenstrahlen, Infrarotstrahlen, UV-Strahlen, Rundfunkwellen usw., die zum Spektrum der elektromagnetischen Wellen gehören. Unser weißes Tageslicht ist in Wirklichkeit ein Gemisch von Spektralfarben mit bestimmten Wellenlängen, die von der Sonne ausgehen. In einem Regenbogen werden diese Farben für unser Auge sichtbar. Ursache dafür ist eine Lichtbrechung der Sonnenstrahlen in den Wassertröpfchen der Luft. Auch mithilfe eines Glasprismas können wir durch die Zerlegung des Lichtes diese Farben erkennen. Nach ihrer Wellenlänge geordnet sehen wir die Farben Rot, Orange, Gelb, Grün, Blau und Violett. Werden diese Spektralfarben durch eine Sammellinse gebündelt, erhält man wieder das weiße (farblose) Licht.

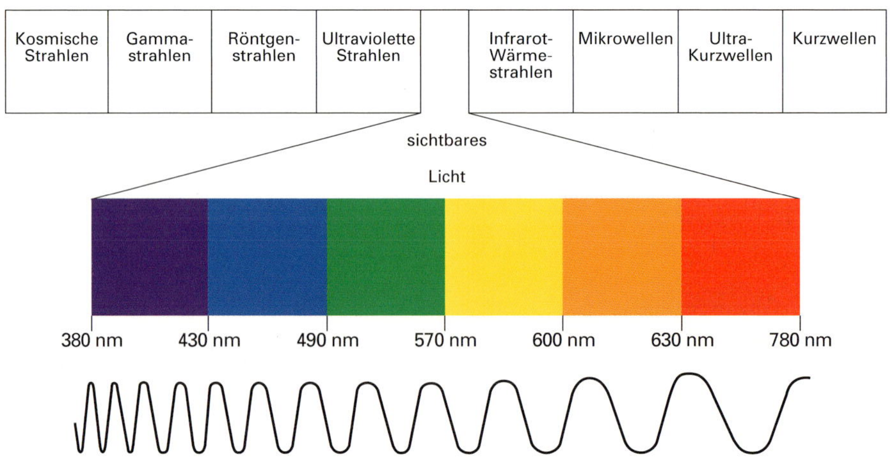

Wellenbereich des sichtbaren Lichtes (380–750 nm)

Bei Kunstlicht können gewisse Spektralbereiche fehlen. Dadurch kann das jeweilige Licht nach Weiß, Gelb, Rot oder Blau tendieren und die beleuchteten Dinge entsprechend farbig verändern. Eine Haarfarbe erscheint dann z. B. viel aschiger oder gelblicher als bei Tageslicht. Gut beobachten lassen sich diese Lichteinflüsse bei Disco-Beleuchtung, wenn Haarfarbe oder Kleidung plötzlich eine andere Farbe erhalten. Für die Farbberatung sollte deshalb das Kunstlicht immer dem Tageslicht ähnlich sein.

Farben werden für uns erst sichtbar, wenn Licht auf einen Körper, z. B. das Haar, trifft und ein Teil dieses Lichtes auf die Netzhaut unseres Auges zurückstrahlt. Die Netzhaut ist mit Sehzellen besetzt, und zwar mit **Stäbchen** und **Zapfen.** Die Zapfen bewirken das Farbsehen, das jedoch nur bei ausreichend hellem Licht möglich ist. Die Stäbchen hingegen sind hell-dunkel-empfindlich und ermöglichen das Nachtsehen. Für das Erkennen von Farben sind gesunde Augen eine wichtige Voraussetzung.

Fällt Licht auf einen nicht selbstleuchtenden Körper, so wird es, je nach seiner Beschaffenheit, zurückgeworfen **(reflektiert)** oder verschluckt **(absorbiert).** Ein rot gefärbtes Haar reflektiert die roten Lichtstrahlen und absorbiert alle übrigen Farben des Spektrums. Werden alle Lichtstrahlen reflektiert, sehen wir einen Gegenstand weiß. Bei einem schwarz gefärbten Haar werden alle Lichtstrahlen absorbiert.

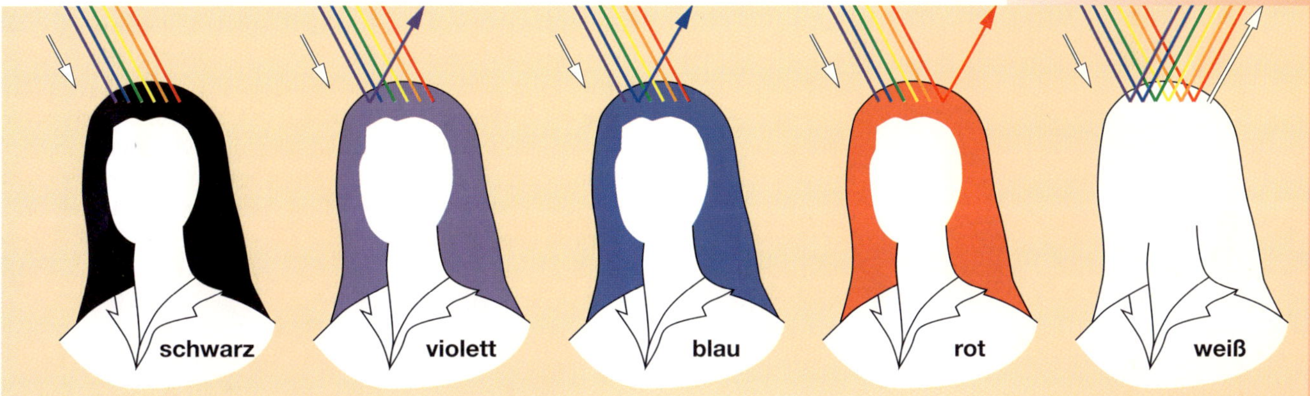

Reflexion und Absorption auf verschiedenen Haarfarben

Betrachten Sie eine rote Haarfarbe oder eine rote Lippenstiftfarbe bei unterschiedlichen Lichtverhältnissen und beschreiben Sie dabei die veränderten Farbeindrücke.

Tipp

Mithilfe farbiger Folien lässt sich die Wirkung farbiger Lichtquellen nachvollziehen, indem Sie Gegenstände durch diese Farbfolien betrachten.

1.3.2 Farbenordnung

Farben lassen sich unterscheiden in: **bunte** und **unbunte** Farben. Die unbunten Farben bilden eine Reihe von Weiß über alle Graustufen bis Schwarz. Man bezeichnet diese Reihe insgesamt, einschließlich Weiß und Schwarz, als **Graureihe.** Alle Stufen einer solchen Reihe unterscheiden sich nur durch ihre **Helligkeit.** Sie haben keine anderen Unterscheidungsmerkmale. Natürliche Haarfarben lassen sich mithilfe dieser Graureihe in ihrem Helligkeitswert bestimmen.

Trübung der Klarfarbe Rot

Die Gruppe der bunten Farben ist wesentlich umfangreicher. Zu ihnen zählen die Spektralfarben. Neben einem bestimmten **Helligkeitswert** haben bunte Farben als weiteres Merkmal unterschiedliche **Farbtöne.** Alle Farbtöne der bunten Farben lassen sich durch Mischen mit den unbunten Farben verändern (verhüllen, eintrüben). Man erhält dadurch getrübte Farben oder bei der Mischung mit Weiß die **Pastellfarben**. Die Naturhaarfarbe des Menschen gehört zu den **Trübfarben**. Den bunten Anteil bilden dabei die Phäomelanine, während die Eumelanine den unbunten Anteil darstellen. Ein weiteres Unterscheidungsmerkmal der Farben ist demnach ihre Reinheit. In völliger Reinheit nennt man die Buntfarben auch **Klarfarben.**

Aufhellung der Klarfarbe Rot

Die natürliche Ordnung aller Spektralfarben ist eine unendliche, geschlossene Reihe, die wir als **Farbtonkreis** bezeichnen. Der sechsteilige Farbtonkreis besteht aus drei **Grundfarben** und drei **Mischfarben 1. Ordnung.** Als Grundfarben bezeichnet man die Farben, die keinen Anteil einer anderen Farbe besitzen, sich deshalb nicht aus anderen Farben mischen lassen. Sie sind demnach völlig rein. Zu ihnen gehören **Gelb, Rot** und **Blau.** Im Farbtonkreis bilden sie das Grundfarbendreieck. Durch Mischung der Grundfarben entstehen die Mischfarben 1.Ordnung: Orange, Violett und Grün.

12-teiliger Farbkreis

Ein zwölfteiliger Farbtonkreis entsteht bei der Mischung der Grundfarben mit der benachbarten Mischfarbe 1. Ordnung. Es entstehen dabei die Mischfarben 2. Ordnung. Die Bezeichnung des entstandenen Farbtons ergibt sich aus den Ausgangsfarben, wobei die Grundfarbe vorangestellt wird; Beispiel: Rot + Violett = Rotviolett.

1. *Machen Sie von einer Abbildung mit vielen Farben eine Schwarz-Weiß-Kopie. Vergleichen Sie die Farben mit ihren jeweiligen Grauwerten.*
2. *Mischen Sie aus den drei Grundfarben den zwölfteiligen Farbkreis.*

1.3.3 Farbmischungsarten

Je nachdem, ob wir farbige Lichtquellen mischen oder Körperfarben, deren Farbigkeit erst entsteht, indem sie Licht reflektieren, ist die Summe der Farben heller oder dunkler.

Additive Farbmischung

Additive Farbmischung

Unter einer additiven Farbmischung versteht man z. B. die Beleuchtung einer Fläche mit verschiedenfarbigem Licht (Lichtfarben) aus mindestens zwei Lichtquellen. Dabei addiert sich das Licht der gemischten Farben. Das Farbergebnis wird stets heller als die einzelnen Ausgangsfarben. Die Grundfarben bei der additiven Farbmischung sind Orangerot, Blauviolett und Grün. Ihre Summe ergibt weißes Licht.
Additive Lichtmischungen finden wir z. B. beim Farbfernsehen und beim Einsatz farbiger Spotlights.

Subtraktive Farbmischung

Subtraktive Farbmischung

Unsere Haarfarben, die Farbe der Kleidung oder die Farbe der Fingernägel sehen wir erst dann, wenn genügend Licht vorhanden ist. Diese Farben sind durch Farbstoffe oder Pigmente, je nach ihrer Löslichkeit, an Körper gebunden. Sie werden deshalb auch **Körperfarben** genannt. Werden Körperfarben miteinander gemischt, so ist – im Gegensatz zu den Lichtfarben – das Farbergebnis dunkler als die hellste der eingesetzten Farben. Man spricht von einer **subtraktiven Farbmischung,** weil eine Lichtreduzierung erfolgt, d. h., die vorhandene Helligkeit der Farben wird abgezogen (subtrahiert). Der entsprechende Farbkreis dieser Farbmischung wird **subtraktiver Farbkreis** genannt.

Unerwünschte Farbtöne des Haares mit den Gegenfarben korrigieren

Der Friseur braucht beim Haarefärben die Kenntnisse zur subtraktiven Farbmischung, insbesondere zur Wirkung der **Komplementärfarben** (Gegenfarben) im Farbtonkreis. Den drei Grundfarben liegen im sechsteiligen Farbtonkreis die Mischfarben 1. Ordnung gegenüber (Gegenfarben). Mithilfe dieser Gegenfarben lassen sich unerwünschte Farbergebnisse korrigieren.

Beispiel: So wird z. B. ein Gelbstich im Haar durch die Gegenfarbe Violett in der Farbwirkung abgeschwächt **(mattiert).** Ein rotes Haar kann mit Grün mattiert werden und ein orangefarbener Blondton (Kupfer) mit Blau. Immer wird das Ergebnis aber auch etwas dunkler sein.

Merke

Im Farbkreis gegenüberliegende Farben heben sich gegenseitig in ihrer Farbwirkung auf bzw. schwächen sich ab.

Beispiel der Komplementärwirkung durch Mischung der Gegenfarben. Zur Farbe Gelb wird mehr und mehr von der Gegenfarbe Violett dazugemischt und zur Farbe Violett mehr und mehr von der Farbe Gelb. In der Mitte der Reihe entsteht ein neutrales Grau.

1. *Mischen Sie in gleicher Weise die Komplementärfarbenpaare Rot und Grün sowie Orange und Blau*
2. *Begründen Sie, warum die Farbergebnisse bei diesen Mischungen dunkler werden.*

1.3.3 Farbwirkungen

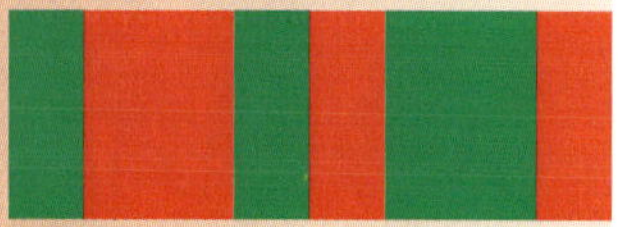

Komplementärkontrast

Farben haben großen Einfluss auf unser Wohlbefinden, auf unseren Körper und auf unsere Gesundheit. In der Natur, im Alltag, zu Hause oder im Beruf begegnen uns viele Farben, ohne die uns unsere Welt sehr trostlos und leer erscheinen würde. Ausgehend von der Tatsache, dass Farben ganz bestimmte Empfindungen in uns auslösen, lassen sich die Farben des Farbtonkreises in warme (anregende) und kalte (beruhigende) Farben unterteilen. Auch die Helligkeit einer Farbe beeinflusst unsere Empfindungen. Wir empfinden z. B. helle Farben als freundlich und leicht, während dunkle und trübe Farben schwer und bedrückend wirken können. Zu berücksichtigen ist dies bei allen Arbeiten, bei denen die Farben gezielt zum Einsatz kommen.

Merke

Eine Gestaltungsregel besagt:
- **Helle Farben heben eine Fläche hervor, lassen sie größer erscheinen.**
- **Dunkle Farben lassen eine Fläche in den Hintergrund rücken, verkleinern sie.**

Kontrastwirkung der Farben

Bei großen Unterschieden in der Farbwirkung spricht man von einem Farbkontrast, so z. B. Schwarz und Weiß. Unsere Sinnesorgane können nur durch das Mittel des Vergleichens Wahrnehmungen machen. Eine bunte Farbe, wie z. B. Rot, erhält deshalb neben einer unbunten Farbe, wie z. B. Schwarz, wesentlich mehr Leuchtkraft. Farbwirkungen können demnach durch Kontrastfarben gesteigert oder geschwächt werden. Für die gestalterische Arbeit des Friseurs sind Farbkontraste von großer Bedeutung. Sie sind sehr starke Ausdrucksmittel in der Farbgestaltung. Die Haare wirken dadurch bewegt, Mund und Augen können betont werden. Bei der Untersuchung der charakteristischen Wirkungsweise der Farben sind verschiedene Kontrastwirkungen zu unterscheiden.

Der **Komplementärkontrast** ist ein Nebeneinander sich gegenseitig ergänzender Farben, wie z. B. Rot und Grün oder Gelb und Violett. Die Farben, die sich im Farbkreis gegenüber liegen (Komplementärfarben) und zusammengemischt ein neutrales Grauschwarz ergeben, steigern sich dabei zu höchster Leuchtkraft.

Beispiel: Die Haarfarbe Rot erhält z. B. durch grüne Kleidung wesentlich mehr Ausdruck.

Der **Simultankontrast,** auch **gleichzeitiger Kontrast** genannt, ergibt sich aus der Funktion unseres Sehprozesses. Die simultan (gleichzeitig) erzeugte Komplementärfarbe entsteht als Farbempfindung im Auge des Betrachters und ist nicht real vorhanden. Ein kleines graues Feld auf verschiedenfarbigem Untergrund wirkt jeweils anders, so z. B. auf einer roten Fläche grünlich, auf einer gelben Fläche violett. Unser Auge verlangt bei längerer Betrachtung einer Grundfarbe nach der Gegenfarbe.
Hat eine Kundin einen sehr hellen Teint, kann durch die Simultanwirkung ein leuchtend rotes Haar das Gesicht grünlich erscheinen lassen (negativer Effekt).

Simultankontrast

Der **Hell-Dunkel-Kontrast** findet in der Friseurpraxis sehr häufig Anwendung. Schwarz und Weiß sind die stärksten Ausdrucksmittel für Hell und Dunkel. Zwischen diesen liegt das Reich der Grautöne (Graureihe). Gelb ist die hellste Farbe im Farbtonkreis und das gegenüberliegende Violett die dunkelste Farbe. Mithilfe der Graureihe lassen sich die Helligkeitswerte der bunten Farben bestimmen. Von großer Wichtigkeit ist es, dass man Farben gleicher Helligkeit genau unterscheiden kann. In den Farbkarten des Friseurs sind deshalb die Haarfarben nach ihrer Farbtiefenstufe geordnet.

Man verwendet den Hell-Dunkel-Kontrast unter anderem zur Darstellung von Tiefenräumlichkeit. Beim Make-up können die dunkleren Farben eine Fläche optisch zurücktreten lassen, während hellere Farben eine Fläche hervorheben. Ein deutlicher Kontrast entsteht z. B., wenn in ergrautes Haar dunkle Strähnen gesetzt werden. Andere Möglichkeiten bieten die Zwei-Stufen-Färbung oder die heute sehr häufig zu findende Strähnentechnik. Ein Hell-Dunkel-Kontrast wirkt jedoch nicht immer harmonisch. Ein starker Kontrast zwischen Teint und Haarfarbe kann hart und unharmonisch wirken. Zu heller Haut und heller Haarfarbe passen eher zarte und gedämpfte Töne. Dunkles Haar und dunkle Haut vertragen auch kräftige Farben.

Kalt-Warm-Kontrast in seiner stärksten Wirkung

Der **Kalt-Warm-Kontrast** beruht auf einer subjektiven Farbempfindung. Im zwölfteiligen Farbtonkreis ist Rotorange die wärmste und Blaugrün die kälteste Farbe. Der Kalt-Warm-Kontrast kann wirkungsvoll eingesetzt werden, wenn alle Farben gleich hell sind. Verwendet man jedoch bei einer Kundin mit sehr blassem Teint und rötlichem Naturhaar die Haarfarbe Schwarz, so wäre das eine unvorteilhafte Kontrastwirkung.
Mit dem **Klar-Trüb-Kontrast** oder dem **Bunt-Unbunt-Kontrast** lassen sich ebenfalls interessante Effekte erzielen. Ein rotes Feld auf schwarzem Hintergrund erscheint viel leuchtender und strahlender, als auf weißem Hintergrund. Das Auge nimmt Farben aufgrund der farblichen Umgebung als heller oder dunkler wahr.

Beispiel: Zu einer schwarzen Haarfarbe bilden leuchtend rote Strähnchen einen wirkungsvollen Kontrast. Die getrübte Haarfarbe Aschblond lässt sich z. B. mit blonden Strähnchen gut beleben.

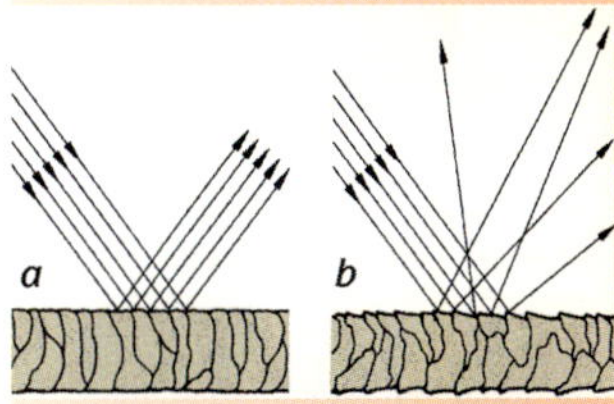

Lichtreflexion bei ungeschädigter (a) und geschädigter (b) Schuppenschicht

Beeinflussung der Lichtreflexion durch die Oberflächenstruktur der Haare

Je glatter eine Oberfläche ist, desto mehr Licht reflektiert sie, und umso intensiver ist der Farbeindruck. Bei einer aufgerauten Oberfläche wird mehr Licht diffus (in alle Richtungen verstreut) reflektiert. Gesundes Haar besitzt eine glatte Oberfläche und hat somit einen schönen Glanz. Die geschädigte Schuppenschicht ist aufgeraut und sieht deshalb stumpf aus.

Bei einer glatten, flächigen Frisur ist die Farbwirkung stärker als bei einer Frisur mit kleinbogigen Locken. In der Friseurpraxis findet dies Berücksichtigung, indem man bei aufgerauter Schuppenschicht oder bewegten Frisurenoberflächen durch Aufhellung und Nuancierung künstliche Reflexe erzeugt.

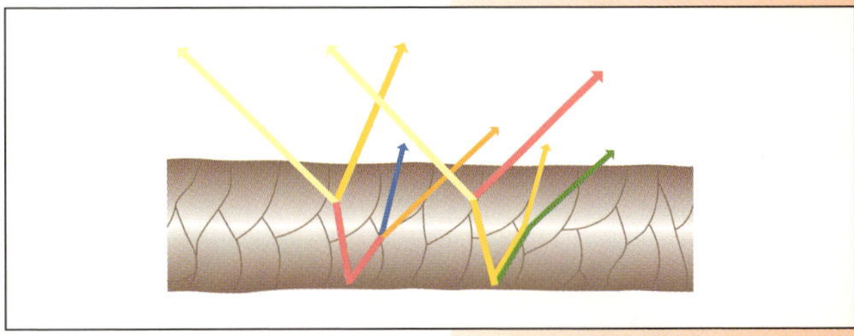

Farbreflexe an Cuticularändern

1. *Finden Sie zu den unterschiedlichen Farbkontrasten Bildbeispiele aus Frisurenzeitschriften.*
2. *Durch welche Einflüsse kann die Schuppenschicht des Haares stark aufgeraut werden und der Glanz des Haares dadurch verloren gehen?*

1.4 Das Ordnungssystem haarfarbverändernder Mittel

Die Ergebnisse der Farbbehandlungen müssen für den Friseur vorhersehbar sein, um die von der Kundin gewünschte Zielhaarfarbe zu erreichen. Haarfarbverändernde Mittel sind deshalb mit Ziffern oder Buchstabenkombinationen versehen, um den jeweiligen Farbton in seiner Helligkeit und seiner Buntheit bestimmen zu können.

1.4.1 Farbkarten

Color-Tableau

Die Herstellerfirmen ordnen ihre haarfarbkosmetischen Produkte in Musterbüchern, Farbkarten oder Strähnentafeln nach **Farbtiefe** und **Farbrichtung.** Hier finden die Kenntnisse aus der Farblehre ihren Niederschlag. Die Farbrichtung ist in der klassischen Farbkarte in einer ähnlichen Reihenfolge des Farbkreises angeordnet. Neuere Karten nehmen Sortierungen z. B. nach kalten und warmen Nuancierungen vor, um die Orientierung zu erleichtern. Die Helligkeit der einzelnen Farben und demzufolge der Grad der Eintrübung drückt sich aus in der **Farbtiefe.**

Betrachtet man die Haarsträhnen in den klassischen Farbkarten, so findet man eine gleichmäßige Helligkeitsabstufung von Schwarz über Braun bis hin zum hellsten Blond. In diesem Stufensystem werden Zahlen von 1 – 10 bzw. 1 – 12 benutzt. Bewegt man sich in einer Farbkarte innerhalb einer Tonhöhe auf einer Linie nach rechts oder links, so findet man die einzelnen Farbnuancen.

Beispiel:
Farbtiefe: Hellblond
Farbrichtungen: Hell<u>asch</u>blond, Hell<u>matt</u>blond, Hell<u>gold</u>blond, <u>Kupfergold</u>blond, <u>Beige</u>blond, <u>Cendré</u>blond usw.

Die so genannten Mixtöne in den Farbkarten sind intensive Nuancierfarben. Sie dienen dem Zweck, eine bestimmte Farbrichtung zu verstärken, aber auch zu korrigieren. Eine weitere Anwendungsmöglichkeit ist das Einfärben von zuvor aufgehellten Haaren in Fantasie-Trend-Farben.

Selten nur findet man bei den Nuancenbezeichnungen die Farbbezeichnung des Farbkreises wieder, aber die Nuancenbezeichnungen der Herstellerfirmen lassen sich dem Farbkreis zuordnen.

Farbbezeichnungen nach den Farbkarten

Erstellen Sie mit Wasserfarben eine Farbkarte geordnet nach Farbtiefe und Farbrichtung.
Als hellste Farbe wählen Sie Lichtblond, als dunkelste Farbe Mittelbraun. Die Farbrichtungen sollen Gold, Kupfer, Rot, Violett, Perl und Asch sein.
Hinweis: Mit Gelb, Rot und Blau lässt sich der Grundton Dunkelbraun herstellen. Durch Zugabe von Wasser erhält man die einzelnen Farbtiefen (Tonhöhen) bis Lichtblond. Für die Farbrichtungen müssen Gelb, Orange, Rot, Violett, Blau und Grün zugemischt werden.

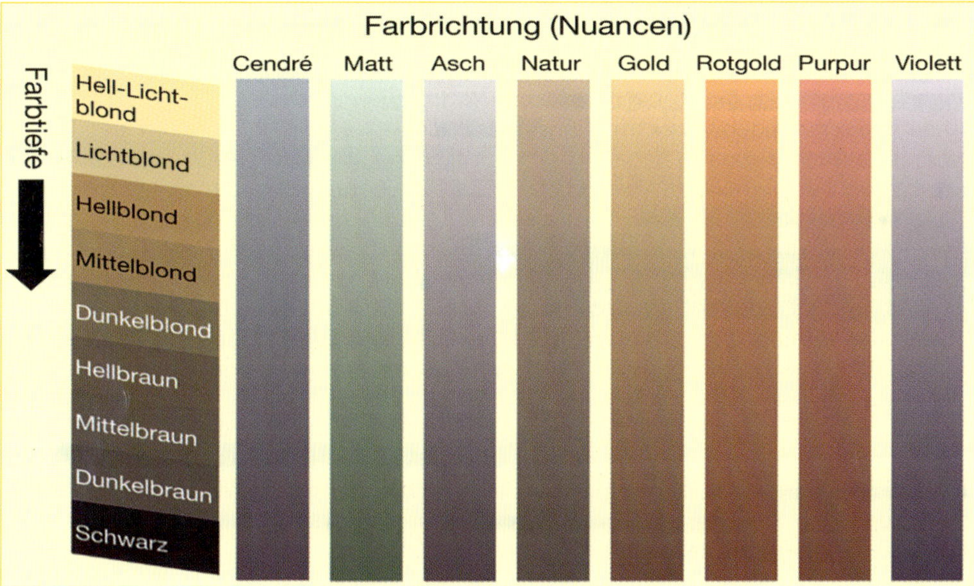

Kalte Nuancen

1.4.2 Kalte und warme Farben unterscheiden

Hat der Friseur in der Beratungsphase seiner Kundin so richtig Lust auf eine neue Haarfarbe gemacht, ob nun Farbauffrischung, Farbsträhnchen oder eine komplette Farbbehandlung, kommt es darauf an, den richtigen Farbton zu finden. Schließlich soll die neue Haarfarbe die Kundin attraktiver aussehen lassen und damit den Kundentyp richtig zur Geltung bringen. Manche Farbkarten des Friseurs sind geordnet nach warmen Farben, die eher im Rotbereich liegen, und kalten Farben, die man dem Blaubereich zuordnen kann.

Beispiel: Warme Nuancen sind z. B.: Gold, Kupfer, Rotgold, Tizian, Purpur, Mahagoni, Kalte Nuancen sind z. B.: Matt, Asch, Perl, Cendré, Zyklamen, Silber, Beaujolais.

Nur die Naturtonreihe bildet dabei die Ausnahme und kann keiner der beiden Farbtypen zugeordnet werden.

Warme Nuancen

1. *Betrachten Sie Farbkarten verschiedener Hersteller. Finden Sie Gemeinsamkeiten und Unterschiede dieser Ordnungssysteme heraus.*
2. *Ordnen Sie in Partnerarbeit die Haarfarben Ihrer Mitschüler nach kalten und warmen Farben.*

1.5 Geschichte der Farbveränderung des Haares

Bildnis Tizians einer jungen Frau

Darstellung von Palma Vecchio

Schon von jeher versuchten die Menschen ihre natürliche Haarfarbe zu verändern, um dem jeweiligen Schönheitsideal zu entsprechen oder ihr jugendliches Aussehen zu erhalten. Die Möglichkeiten dazu waren begrenzt, jedoch sehr vielgestaltig und manchmal ebenso fragwürdig. Neben den Mitteln pflanzlichen oder tierischen Ursprungs verwendete man auch Beizen und Farbstoffe mineralischer Herkunft, die aus heutiger Sicht oft sehr gesundheitsschädigend waren.

Aufhellungen. Die Farbe Blond stand in vielen Ländern und Epochen hoch im Kurs. Zur Zeit der griechischen Antike galten echte Blondschöpfe als Kinder des Lichtgottes. In das Haar eingewebte **Goldfäden** waren eine Möglichkeit, diesem Ideal näher zu kommen. Eine andere, nicht so harmlose Methode war die Verwendung alkalischer (basischer) Mittel, wie Pottasche und Kalkwasser, um Naturpigmente des Haares abzubauen. Die Römerinnen hingegen versuchten mit **Goldstaub** die Trendfarbe ihrer Zeit zu erhalten. Weniger betuchte Damen behalfen sich mit **Eidotter, Birkenschalen** und **Kamillenblüten.** Die wohl erfolgreichste Methode jener Zeit, die Haare erblonden zu lassen, war die Nutzung der Sonnenstrahlen. Die Venezianerinnen verwendeten Mixturen aus Kräutern und Asche in Verbindung mit Meerwasser und setzten das so behandelte Haar über viele Stunden der intensiven Sonnenbestrahlung aus. Dazu wurden die Haare auf einem breitrandigen Strohhut ohne Kopfteil, der „Solana“, ausgebreitet. Berühmte Maler, wie Tizian oder Palma Vecchio, haben viele künstlich erblondete Frauen auf ihren Bildern festgehalten. Das typische Rotblond lässt erahnen, wie schwierig und unzulänglich diese Bleichprozeduren waren.

Germanen behandelten ihr Haar mit seifenartigen Zubereitungen aus Ziegentalg, Zinnober und Buchenasche, denen eine gewisse Bleichwirkung nachgesagt wurde. Erst mit der Entdeckung des **Wasserstoffperoxids 1818** durch den Chemiker **Thenard** sind intensive Aufhellungen des Haares möglich geworden.

Venezianerin mit der „Solana“

Weißabdeckung. Nur in wenigen Kulturen galt graues Haar als Zeichen von Weisheit und Güte. Die Ägypter verwendeten einen Sud aus dem Blut eines schwarzen Kalbes, um weiße Haare verschwinden zu lassen. Mit Mischungen aus Pflanzenfarben wie **Henna** (rotorange) und **Indigo** (blau) ließen sich rotbraune bis schwarze Farbtöne erzielen.

Rabenschwarz war die Trendfarbe des **Spätbarocks. Eichenwurzelrinde** und **grüne Wallnuss-Schalen** mischte man mit schwerem altem **Rotwein**, um diese Farbe zu erhalten. Auch im **Biedermeier** war die Haarfarbe Schwarz angesagt. Man wusch die Haare im Wechsel mit eingekochten **Galläpfeln** (kugelförmiger Auswuchs an Blättern) und **Eisenvitriol** (mit Wasser kristallisiertes Eisen(II)-sulfat). Pflanzenfarbstoffe besitzen nur geringe Deckkraft auf weißem Haar. Eine erfolgreichere Methode war der Einsatz von **Metallsalzlösungen. Blei-, Kupfer-, Eisen- und Silbersalze** reagieren mit dem Schwefel des Haares und bilden eine schwärzliche Färbung. Diese Metallsalze gaben dem Haar einen unnatürlichen metallischen Glanz. Viele dieser Metallsalzfarben waren gesundheitsschädlich, ja sogar giftig. Ein weiterer großer Nachteil, weshalb Metallsalzfarben heute nicht mehr verwendet werden, ist ihre Unverträglichkeit mit Wasserstoffperoxid. Metallsalze wirken auf Wasserstoffperoxid katalytisch. Heftige Reaktionen, bei denen Wärme freigesetzt wird, können dann zu starken Haut- und Haarschäden führen.

Den größten Fortschritt in der Haarfarbenkosmetik brachte die Entdeckung der **Oxidationsfarbstoffe** in der zweiten Hälfte des 19. Jahrhunderts. Der von dem Chemiker Hofmann 1863 entdeckte Oxidationsfarbstoff diente anfangs ausschließlich zum Färben von Pelzen. 1883 wurde dieser Farbstoff erstmals zur Coloration von Keratin eingesetzt und somit der Grundstein der modernen Farbchemie gelegt. Diese vom Benzol abgeleiteten Farbstoffe wiesen hervorragende Färbeeigenschaften auf. Sie deckten gut auf weißem Haar und waren leicht anzuwenden. Sie enthielten als farbliche Basis einen Vertreter der aromatischen Diamine, das **Paraphenylendiamin** (1,4-Diaminobenzol). Es wurde 1906 verboten und durch das **Paratoluylendiamin** (1-Methyl-2,5-Diaminobenzol) ersetzt. Bei empfindlichen Personen waren gelegentlich Hautreizungen und Allergien aufgetreten.

In der darauf folgenden Zeit wurden sehr viele direkt ziehende Farbstoffe und Oxidationsfarbstoffe entwickelt. Zunächst erschienen diese in flüssiger Form, später in Tuben mit cremeförmiger Konsistenz. Das Prinzip der Farbveränderung mit synthetischen Farbstoffen ist bis heute unverändert geblieben. Die neuesten Entwicklungen der Farbstoffforschung sind z. B. Rot-Farbstoffmoleküle, die dichter und tiefer in das Haar eindringen als herkömmliche und somit stabiler und haltbarer im Haar verankert werden. Ein anderes, revolutionäres Verfahren in Sachen Strähnchen-Farbe ist eine Technologie mit oxidationsresistenten Farbstoffen. Diese machen es möglich, in einem Arbeitsgang natürliche und künstliche Farbpigmente bis zu sechs Tonhöhen aufzuhellen und gleichzeitig dem Haar durch Fertigfarbstoffe eine intensive Nuancierung zu geben. Auf der Suche nach neuen Rohstoffen und neuen Technologien wird es auch in der Zukunft in der Entwicklung und Erprobung neuer Haarfarbstoffe keinen Stillstand geben.

Haarfärbemittel unterliegen wie alle kosmetischen Mittel umfangreichen Kontrollen durch die zuständigen Überwachungsbehörden. Die eingesetzten Stoffe werden deshalb toxikologischen und dermatologischen Prüfungen unterzogen, bevor sie als gesundheitlich unbedenklich auf den Markt gebracht werden können. Seit dem 30.06.1998 unterliegen Inhaltsstoffe von kosmetischen Produkten, wozu auch alle Haarkosmetikprodukte zählen, einer einheitlichen chemischen Kennzeichnung, der so genannten **INCI-Bezeichnung.** INCI steht für „international Nomenclature Cosmetic Ingredience“. Somit müssen alle Inhaltsstoffe eines farbkosmetischen Produktes mit ihrem INCI-Namen auf der Verpackung angegeben werden.

2 Farbverändernde Haarbehandlungen planen, durchführen und kontrollieren

2.1 Beratung zur Farbveränderung durchführen

- Kundenwunsch und Farbtyp erkennen
- Die richtige Wahl der Behandlung treffen

2.2 Art der Farbveränderung auswählen

- Tönung
- Intensivtönung
- Haarfärbung
- Hellerfärbung
- Blondierung
- Pflanzentönungen

Im zweiten Ausbildungsjahr trägt Karla sehr häufig Haarfarbe auf oder hilft unter Anleitung von Gesellin Ayse und Geselle Max beim Erstellen von Strähnen. Sie interessiert sich sehr für die unterschiedlichen Produkte zum Verändern der Haarfarbe.
In einer ruhigen Minute im Salon Haarmonie möchte sie heute von Max wissen: *„Woher weiß ich eigentlich, welche Farben und welche Produktmengen für eine Farbbehandlung zu mischen* sind? *Und was geschieht eigentlich im Inneren des Haares, während das Farbgemisch einwirkt?“*
Max erklärt ihr, dass das von der Art des verwendeten Produktes abhängt und vor jeder Farbbehandlung eine Haar- und Kopfhautdiagnose stattfinden muss, um die richtige Farbrezeptur zu finden.

2.1 Beratung zur Farbveränderung durchführen

Verbraucherstudien zufolge wünschen sich ca. 20 % der deutschen Frauen eine intensivere, schönere Haarfarbe. Die Chance des Friseurs liegt darin, dass der Salon zu einem Ort wird, an dem wirklich die passende individuelle Haarfarbe für jede Kundin entsteht. Vorausgesetzt der Friseur versteht es, das richtige Fingerspitzengefühl für eine individuelle Farbberatung zu entwickeln. Strähnchentechniken oder auch die Mehrfarbtechniken bieten heute eine echte Alternative zum „Do-it-yourself"-Trend.

2.1.1 Kundenwunsch und Farbtyp erkennen

Hat sich eine Kundin zu einer neuen Haarfarbe entschlossen, gilt es herauszufinden, welche Art der Farbbehandlung angebracht ist und welche Farben dem Gesicht der Kundin schmeicheln. Die Zielfarbe muss möglichst gut mit dem Typ und dem gesamten Erscheinungsbild harmonieren. Die meisten Menschen entwickeln im Laufe der Zeit ein Gefühl für die Farben, die ihnen stehen. Entsprechend geben Kleidung und Make-up Aufschluss über die Farbsympathie der Kundin. Der Schweizer Künstler und Farbtheoretiker **Johannes Itten** war der Meinung, jeder Mensch wisse intuitiv, welche Farben zu ihm passen. Die Farblehre unterscheidet nach kalten und warmen Farben. Bei der **Analyse des Farbtyps** bestimmen drei Faktoren die Farbauswahl:

- die natürliche Haarfarbe
- die Augenfarbe
- der natürliche Hautton der Kundin

Bei der Haarfarbe ist die Unterscheidung klar: Aschtöne sind kühl, Goldtöne sind warm. Zur Bestimmung der Augenfarbe spielt nicht nur die Farbe der Iris, sondern auch die des Augapfels eine Rolle. Ist sein Weiß eher bläulich, spricht das für einen kühlen Typ. Bei einem Augenweiß, das leicht golden erscheint und wenig Kontrast zur Iris bildet, hat man es mit einem warmen Farbtyp zu tun.

Beim Hautkolorit bedient sich der Friseur einfacher Mittel, wie z. B. dem Schmucktest mit Hilfe eines Gold- und eines Silbertuches. Silber ist eine eindeutig kalte Farbe, Gold dagegen eine warme. Ein warmer Farbtyp wird mit einem Silbertuch blass und müde aussehen, wird sich instinktiv unwohl darin fühlen. Bei allen kalten Typen ist es genau umgekehrt. Die Kundin wird sich mit einem Silbertuch sehr wohl fühlen und hat bei einem Goldtuch das Gefühl, dass diese Farbe sie geradezu unattraktiv macht.

Bei der klassischen Farbberatung werden die beiden Farbfelder Warm und Kalt nochmals in helle und dunkle Nuancen unterteilt und der Einfachheit halber nach Jahreszeiten benannt:

- Frühlingstyp = warme und helle Farben
- Herbsttyp = warme und dunkle Farben
- Sommertyp = kühle und helle Farben
- Wintertyp = kühle und dunkle Farben

Die Haarfarbenhersteller haben sich mit ihren modernen Farbkarten oder Farbtableaus mit abnehmbaren Strähnenmustern auf diese Farbtypentheorie eingestellt. Ganz gleich, mit welchem Farbsystem eine Kundenberatung erfolgt, ist grundsätzlich davon auszugehen, dass kühle Farbtypen in kühlen Farben besser zur Geltung kommen und warme Typen entsprechend in warmen Farben. Sehr vorteilhaft sind Farbtableaus mit abnehmbaren dickeren Vergleichssträhnen. Diese lassen sich an das Haar der Kundin anlegen, sodass die Kundin das Zusammenwirken von Haar- und Hautfarbe gut erkennen kann.

2.1.2 Die richtige Wahl der Behandlung treffen

1. Kundenwunsch:	☐ heller ☐ aschiger ☐ Weißabdeckung ☐ Mehrfarbtechnik (Ton in Ton)	☐ dunkler ☐ leuchtender ☐ Farbsträhnen
2. Haarbeurteilung: Haarstärke:	☐ fein 0,03–0,04 ☐ stark 0,07 und mehr	☐ mittel 0,05–0,06
Struktur und Zustand des Haares:	☐ Naturhaar unbehandelt ☐ blondiert ☐ getönt ☐ gesträhntes Haar ☐ heimbehandelt	☐ heller gefärbt ☐ poröse Längen und Spitzen ☐ oxidativ getönt ☐ gefärbt
3. Farbton in Längen und Spitzen:	Farbtiefe: ____________ Nuancierung: ____________	
4. Naturhaarfarbe am Ansatz:	____________	
5. Weißanteil:	☐ keiner ☐ bis 50 % ☐ bis 100 % ☐ mehr Vorderkopf ☐ mehr Schläfenbereich	☐ gering bis 30 % ☐ bis 75 % ☐ gleichmäßig verteilt

Haben Friseur und Kundin die gewünschte Zielfarbe ermittelt, ist die Entscheidung für die Art der Farbbehandlung zu treffen. Nicht außer Acht gelassen werden darf dabei die Priorität, die die Kundin gesetzt hat. Stehen die Schonung, der Glanz und die Pflege des Haares im Vordergrund, oder legt die Kundin Wert auf gute Deckkraft und Haltbarkeit der Farbe?

Ob nun eine Tönung, eine Färbung oder eine Blondierung zum gewünschten Farbziel führt, ist von verschiedenen Faktoren abhängig. Im Beratungsgespräch mit der Kundin erhält der Friseur wichtige Auskünfte zu vorangegangenen kosmetischen Behandlungen des Haares. Bei einer Stammkundin sind diese in der Kundenkartei vermerkt. Bei der anschließenden Haar- und Kopfhautbeurteilung werden

- Naturhaarfarbe
- der Weißanteil des Haares
- kosmetischer Farbton
- und die Haarqualität

ermittelt, um die Art, die exakte Rezeptur und die perfekte Arbeitsweise der Farbbehandlung zu bestimmen. In einem Diagnoseblatt werden die festgestellten Merkmale schriftlich fixiert, um daraus den Arbeitsplan für die Farbbehandlung zu erstellen.

Die Bestimmung der Naturhaarfarbe

Bei einem Haar ohne Weißanteil und ohne kosmetische Haarfarbe lässt sich der Farbton mit den Farbsträhnen der Naturton-Reihe der Farbkarte bestimmen. Hierzu sollten die Farbsträhnen sowohl mit dem Ansatz des Haares als auch mit den Längen verglichen werden. Im Längen- und Spitzenbereich kann das Haar durch den Einfluss der Sonnenstrahlen ausgeblichen sein und somit eine hellere Farbe zeigen. Auch sollte man nicht nur in einem Haarbereich prüfen, denn zwischen Oberkopf, Kontur- und Nackenbereich kann es große Unterschiede, bedingt durch Ausbleichen der Haare, geben. Hat die Kundin ein gefärbtes oder blondiertes Haar, überprüft man den Naturton direkt am Ansatz. Bei einem stark ergrauten Haar ist der Naturton an einer Haarpartie, die möglichst wenig Weißanteil besitzt, zu ermitteln. In der Regel ist der Naturton im Nackenbereich am längsten erhalten. Die Differenz der Farbtiefe zwischen dem Naturton und der Wunschfarbe bestimmt die Konzentration der Wasserstoffperoxidlösung.

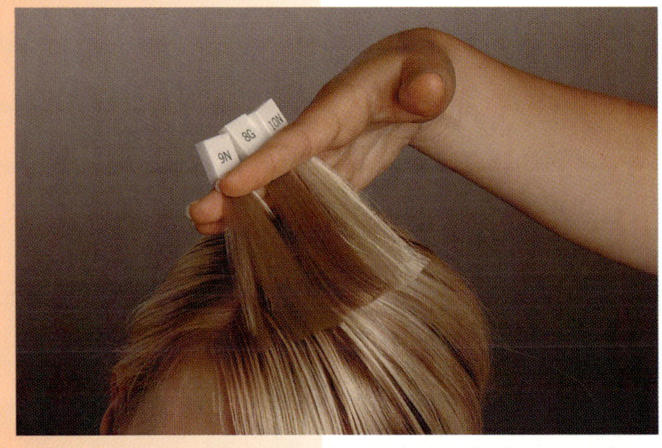

Bestimmung des vorhandenen kosmetischen Farbtones und des Naturtones

Die Bestimmung des vorhandenen kosmetischen Farbtones

Mit der Farbkarte oder dem Farbtableau lassen sich Farbtiefe und Nuancierung der Längen und Spitzen leicht ermitteln. Aus der Kundenkartei, bei Neukunden im Kundengespräch, erhält der Friseur wichtige Informationen zur Art der vorausgegangenen Farbbehandlung. So verlangen gefärbte Haare z. B. eine separate Behandlung der Längen und Spitzen. Bei blondiertem Haar kann eine Haarfärbung oft nicht die gewünschte Aufhellung am Ansatz erbringen. Heimbehandeltes Haar lässt je nach Haarzustand nicht immer ein optimales Farbergebnis entstehen. Eine Probesträhne ist bei bestehendem Zweifel angebracht.

Bestimmung des Weißanteils

Die Bestimmung des Weißanteiles

Das Ergrauen des Haares verläuft in unterschiedlichen Mustern. Nur bei wenigen Menschen werden die Haare gleichmäßig weiß. Die Bestimmung des Weißanteils, auch Ergrauungsgrad genannt, muss deshalb an unterschiedlichen Kopfhaarpartien vorgenommen werden. Im Diagnoseblatt ist festzuhalten, in welchem Kopfhaarbereich die meisten weißen Haare zu finden sind. Der Weißanteil wird in Prozentzahlen angegeben, so z. B. 30 %, 50 %, 75 % oder 100 %. Ist der Weißanteil sehr unterschiedlich, muss möglicherweise an jedem Haarbereich mit speziellen Farbmischungen gearbeitet werden.
Grundsätzlich ist aber bei der Beratung zu klären, wie intensiv die weißen Haare abgedeckt werden sollen. Bei einem hohen Weißanteil wird das Farbziel ohne besondere Maßnahmen nicht immer erreicht. Das Ergebnis kann heller, intensiv leuchtender oder auch aschiger ausfallen, weil die Deckkraft nicht ausreichend war. Abhilfe schaffen hier die besonderen Mischverhältnisse zwischen den Natur- und Modetönen oder eine Vorpigmentierung des Haares.

Die Bestimmung der Haarqualität

Die Haarqualität ist der Sammelbegriff für die Einzelkriterien wie Haardicke, Haarstruktur und Haarzustand. Die Bestimmung der Haardicke dient zur Optimierung der Rezeptur, um die nötige Farbintensität zu erhalten und die Haltbarkeit der Farbbehandlung zu verbessern. Überwiegend dickes Haar benötigt eine größere Farbmenge bzw. bei Aufhellungen eine höhere Oxidationsmittelkonzentration. Ein dünneres Haar wird durch eingelagerte Farbmoleküle unter gleichen Bedingungen dunkler gefärbt als ein dickes Haar. Die auf Farbkarten erkennbare Farbtiefe ist auf mittelstarkes Haar eingestellt. Hier muss zur Abhilfe die Zielfarbe mit einer helleren Nuance gemischt werden.
Haarstruktur und Haarzustand entscheiden darüber, welche Behandlungsmethode und welche Arbeitsweise möglich oder notwendig sind. Bei einem gesunden Haar mit anliegender Schuppenschicht dringen Farbstoffe zwar etwas langsamer ins Haar hinein, bleiben dann aber dauerhafter im Haar eingeschlossen. Haare, die durch vorangegangene chemische Behandlungen oder durch physikalische Einflüsse wie UV-Strahlen in Verbindung mit Salzwasser in ihrer Struktur geschädigt wurden, sind meist porös und daher sehr saugfähig. Besonders im porösen Spitzenbereich ziehen Farbstoffe dann sehr schnell in das Haar ein. Ungleichmäßige Farbergebnisse sind die Folge. Das Farbergebnis kann also bei vorgeschädigten Haaren sehr farbintensiv und ausdrucksvoll sein. Glanz und Farbtiefe können aber sehr bald nachlassen, weil die Farbstoffe in porösen Haarpartien keinen Halt finden und sich nach kurzer Zeit wieder auswaschen.

Bei dünnem Haar – Ergebnis = zu dunkel

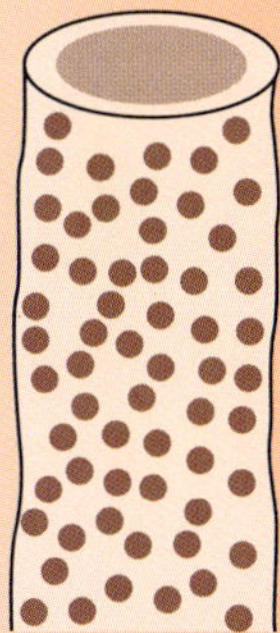

Ideales Farbergebnis

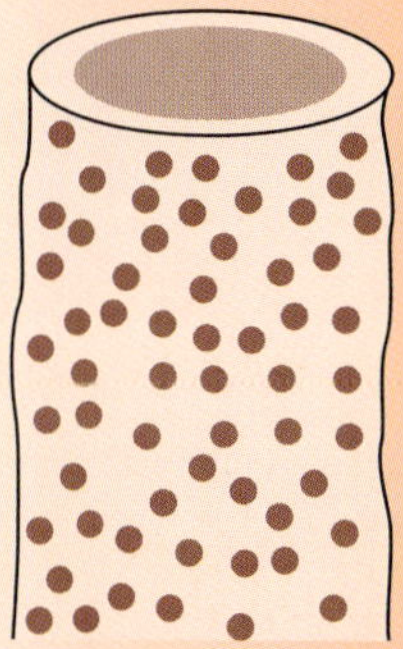

Bei dickem Haar – Ergebnis = zu hell

Merke

Nachlässigkeiten bei der Beurteilung von Haarstruktur und Haarzustand können ungleichmäßige Farbergebnisse zur Folge haben.

Erstellen Sie aus braunem und weißem Haar Vergleichssträhnen in den Melierungen 25 %, 50 % und 75 % .

2.2 Art der Farbveränderung auswählen

Farbziel, Ausgangsfarbe und Haarqualität bestimmen die Wahl der einzusetzenden Farbmittel.

2.2.1 Tönung

Die klassischen Tönungsmittel unterscheiden sich durch ihre Farbstoffkonzentration voneinander. Es gibt sie als Lösungen, Emulsionen oder Schäume. Ihre Fertigfarbstoffe sind unterschiedlich große Moleküle, die meist nur außen am Haar haften und mit dem Naturton eine neue Haarfarbe bilden (Additionseffekt). Die vorhandenen Naturpigmente bleiben dabei völlig unbeeinflusst.

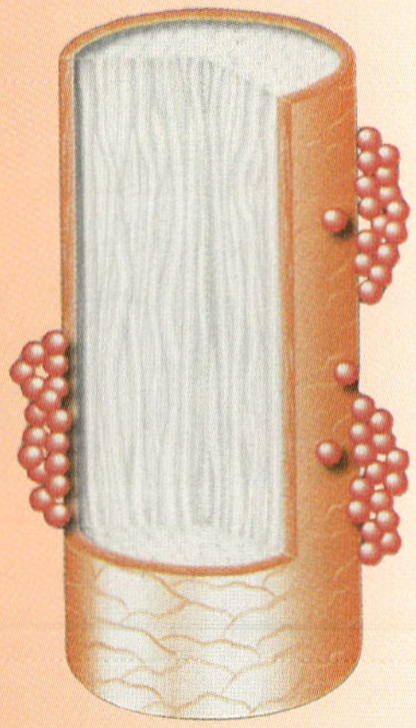

Moleküle dringen nur oberflächlich ein

Merke

Naturpigmente des Haares + Fertigfarbstoffe = Tönungsergebnis

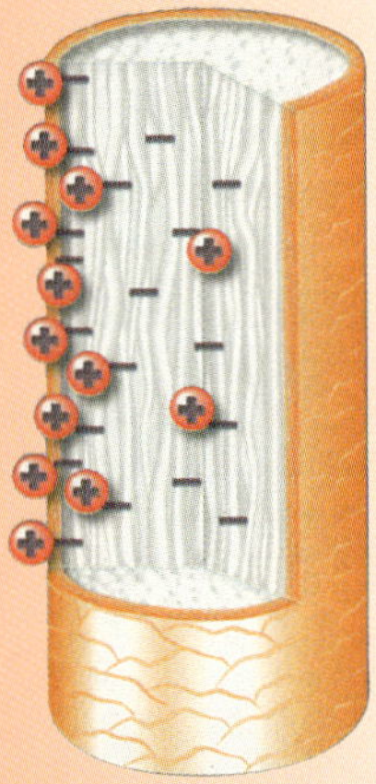

Kationische Farbstoffe lagern am anionisch geladenen Haar

Mit **Tönungsfestigern** oder **tönenden Föhnlotionen** lassen sich leichte Farbtonauffrischungen und Farbkorrekturen vornehmen. Besonders beliebt sind Tönungsfestiger oder Föhnlotionen für ergrautes bzw. weißes Haar in farbschwachen Blau- und Violetttönen (Silberweiß). Sie lassen Gelbstiche im Haar verschwinden. Weißes Haar bekommt dadurch eine edle Note. Gleichzeitig erzielt man mit den enthaltenen Kunstharzen eine haarfestigende Wirkung. Die hier eingesetzten Fertigfarbstoffe dringen nur oberflächlich in das Haar ein und werden bei der nächsten Haarwäsche wieder entfernt. Nur bei porösem Haar kann durch dessen Saugfähigkeit eine längere Haltbarkeit beobachtet werden.

Tonspülungen sind Farbstofflösungen in stärkerer Konzentration an Fertigfarbstoffen. Vor Gebrauch ist eine Verdünnung mit warmem Wasser notwendig. Je stärker die Verdünnung, desto schwächer und weniger haltbar ist der Tönungseffekt. Spülungen lassen sich jedoch nicht so gezielt aufbringen, wie ein festigendes Tönungsmittel. Bei porösen Haarpartien entstehen dadurch intensivere Farbeffekte, was ein ungleiches Farbergebnis zur Folge hat.

Überschuss an positiver Ladung

Tönungsshampoos ermöglichen eine Farbtonauffrischung oder -korrektur in Kombination mit der Haarwäsche. Neben den Tensiden (waschaktiven Substanzen) sind deshalb auch Fertigfarbstoffe enthalten. Eine Berücksichtigung poröser Haarpartien ist bei dieser Tönungsart ebenfalls nicht möglich. Intensivere Tönungseffekte lassen sich mit einer kurzen Einwirkzeit von wenigen Minuten erreichen.

Die **Schaumtönungen** auf der Basis der Aerosole (Luft dient als Lösungsmittel) besitzen eine höhere Konzentration an Fertigfarbstoffen. Der mikrofeine Schaum dient als Trägersubstanz, so dass die Farbstoffe gut auf dem Haar verteilt werden können. Auf das handtuchtrockene Haar direkt aus der Portionspackung aufgetragen, ermöglichen Schaumtönungen eine leichte Handhabung. Nach einer Einwirkzeit bis zu 30 Minuten bei chemisch unbehandeltem Haar, je nach gewünschtem Tönungseffekt, werden die überschüssigen Farbstoffe aus dem Haar ausgespült. Bei dauergewelltem und bei gefärbtem Haar sind die Einwirkzeiten wesentlich kürzer. Glänzende Pflegeeffekte werden besonders bei cremigen Schaumtönungen erzielt. Sie überstehen in der Regel bis zu acht Haarwäschen bei allmählicher Farbabschwächung.

Emulsions- und gelförmige Tönungsmittel besitzen die höchste Konzentration an Fertigfarbstoffen und haben deshalb eine stärkere Farbwirkung, sodass sie weiße Haare bis zu 30% abdecken. Ihr physikalisches Wirkprinzip beruht auf der Anziehungskraft zwischen den negativen (anionischen) Ladungen der COO-Gruppen des Haarkeratins und den positiv geladenen (kationaktiven) Farbstoffteilchen. Man spricht von einer elektrostatischen Wechselwirkung. Die Intensität der Farbergebnisse und die Haltbarkeit hängen jedoch nicht nur von der Konzentration der Fertigfarbstoffe ab, sondern auch von der Farbtonart. Während rote und blauviolette Farbtöne zu sehr intensiven Farbergebnissen führen und länger im Haar haften, sind die Farbergebnisse bei Naturtönen weniger haltbar.
Die Ursache dafür liegt in den unterschiedlichen Molekülgrößen der Farbstoffe. Die Farbstoffmoleküle der Naturtöne sind wesentlich größer als die der Modetöne. Größere Moleküle können jedoch nicht so tief in das Haar eindringen, färben deshalb nur die Schuppenschicht des Haares an. Bei pH-Werten unter pH 5,5 (natürlicher pH-Wert von Haut und Haar) entsteht im Haarinneren ein Überschuss an positiver Ladung. Neuere Produkte nutzen diesen Effekt und arbeiten mit einem sehr niedrigen pH-Wert. Verwendet werden dann anionisch geladene Fertigfarbstoffe, die durch ihre geringere Molekülgröße tiefer ins Haar eindringen können. Sie haften an den positiven Ladungen des Haares. Auch hier handelt es sich um eine elektrostatische Wechselwirkung.
Eine besondere Form der Tönungspräparate sind **Farbspray** und **Hair-Mascara** für kurzzeitige Farbeffekte. Während sich Farbsprays aus dem Haar wieder ausbürsten lassen, halten Hair-Mascara bis zur nächsten Haarwäsche. In porösem Haar ist eine wesentlich längere Haftung zu beobachten.

Anionisch geladene Fertigfarbstoffe werden in das Haar eingeschleust

Präparategruppe	Verwendung	Wichtige Inhaltsstoffe
Tönungsfestiger, tönende Fönlotionen	leichte Farbkorrekturen bei gleichzeitiger Festigung der Frisur	Fertigfarbstoffe in geringer Konzentration, Kunstharze, Tenside, Wasser und Alkohol als Lösungsmittel
Tonspülungen	Farbkorrekturen, Farbtonauffrischungen	Fertigfarbstoffe, Tenside, Wasser als Lösungs- und Verdünnungsmittel
Tönungsshampoos, Schaumtönungen	stärkere Farbkorrekturen, modische Nuancierungen, Auffrischungen bei ausgebleichten, gefärbten Haaren	Fertigfarbstoffe in höherer Konzentration, Tenside als Netzmittel und Schaumbildner, bei Schaumtönungen Treibgas
Tönungsemulsionen	Abdecken von Weißanteilen bis 30 %, kräftige Nuancierungen besonders im Rotbereich, intensive modische Farbeffekte	Konzentrierte intensiv wirkende Fertigfarbstoffe, Tenside, häufig Emulsionen als Trägersubstanz

Tönungsmittel und ihre Inhaltsstoffe

Merke

Eigenschaften der klassischen Tönungsmittel im Überblick:
- **können die Farbrichtung (Nuancierung) verändern**
- **können die Haare <u>nicht</u> aufhellen**
- **können die Haare dunkler machen**
- **können einen Weißanteil im Haar bis zu 30 % abdecken**
- **geben dem Haar einen schönen Glanz**
- **lassen sich allmählich wieder auswaschen**

Ringförmige Anfärbung bei der Tönung

2.2.2 Intensivtönung (oxidative Tönung)

Möglichkeiten und Grenzen

Die Intensivtönungsmittel stehen in ihrer Wirkung zwischen den klassischen Tönungsmitteln und den Oxidationshaarfarben. Sie sind in der Lage, Haare mit einem Weißanteil bis zu 50 % abzudecken. Die Brillanz der Farbtöne ist vergleichbar mit den Oxidationshaarfarben. Sogar geringe Aufhellungen von ein bis zwei Stufen sind mit ihnen möglich (Sunlights-Tönung). Pflegestoffe, wie z. B. Keratin und Bienenwachs, wirken sich positiv auf die Haarstruktur aus und verleihen dem Haar einen besonderen Glanz.

Aber so ganz harmlos wie die klassischen Tönungen sind sie dann eben doch nicht. Sie enthalten neben den Fertigfarbstoffen auch Farbstoffvorstufen, die sich im Haar mithilfe eines schwach konzentrierten Oxidationsmittels (Wasserstoffperoxid 1–4%ig) zu großen farbigen Molekülen verbinden. Jedoch dringen diese Farbstoffe nicht ganz so tief in das Haar hinein, wie das bei den Oxidationshaarfarben, bedingt durch die Alkalität, der Fall ist. Die Hersteller versprechen eine Haltbarkeit, die erst nach ca. 20 Haarwäschen den Tönungseffekt verblassen lässt. Wiederholte Behandlungen des Haares mit diesen Intensivtönungsmitteln führen zur längeren Haltbarkeit durch einen Additionseffekt.

Merke

Produkteigenschaften der Intensiv-Tönungsmittel im Überblick:

- **haltbarer als die klassischen Tönungsmittel; Haltbarkeit bis ca. 20 Haarwäschen**
- **haarschonender als Oxidationsfarbstoffe**
- **tönen die Haare Ton in Ton und dunkler**
- **decken bis zu 50 % Weißanteil ab**
- **können ein bis zwei Tonhöhen aufhellen**
- **das Zumischen eines Oxidationsmittels ist erforderlich**
- **wenn nicht Ton in Ton gearbeitet wird, entsteht ein Ansatz**

Anwendungsweise

Intensivtönungsprodukte werden mit einem Oxidationsmittel wie ein Haarfärbemittel angemischt. Der Auftrag erfolgt mit einem Pinsel oder einer Applikatorflasche (bei Erstbehandlung möglich) auf das gewaschene, handtuchtrockene Haar. Bei einer Ansatzbehandlung erfolgt ein Längen- und Spitzenausgleich am Ende der Einwirkzeit. Mit warmem Wasser wird das Produkt aufemulgiert und gründlich ausgespült. Ein Shampoo für coloriertes Haar wird zum Nachshampoonieren empfohlen. Eine Sauerspülung schließt die Behandlung ab.

Oxidativ getöntes Haar lässt eine Ringfärbung mit teilweiser Durchfärbung erkennen

Tipp

Wann sind Intensivtönungen besonders zu empfehlen?

- zur Farbauffrischung nach Dauerwellbehandlungen
- zur Farbauffrischung der Längen und Spitzen zwischen den Haarfärbebehandlungen
- für Farbbehandlungen zur Abdeckung des Weißanteils bis 50 %
- für Kundinnen, die noch keine permanente Haarfarbe möchten, aber eine haltbare Tönung wünschen
- für Kundinnen, die eine natürlich wirkende Aufhellung mit leichter Nuancierung wünschen

Wasserstoffperoxid als wichtigstes Oxidationsmittel des Friseurs

Die in den Intensivtönungsmitteln auch enthaltenen Farbstoffvorstufen sind Oxidationsfarbstoffe, die vor allem bei klassischen Haarfärbemitteln zum Einsatz kommen. Der Begriff Oxidationsfarbstoff deutet auf den chemischen Vorgang hin, der bei einer Haarfärbung stattfindet, eine **Oxidation.** Im engeren Sinne handelt es sich hierbei um die Verbindung von Stoffen mit dem Element Sauerstoff. Der Lieferant dieses Sauerstoffs ist das Wasserstoffperoxid, enthalten in den verschiedensten Entwicklerlösungen für Oxidationsfarbstoffe.

Das Wasserstoffperoxid wird im Friseurberuf für verschiedene Zwecke verwendet:

- zur Oxidation der Farbstoffvorstufen bei einer Färbung oder Intensivtönung
- zum Abbau der natürlichen Pigmente bei der Blondierung
- zum Abbau der natürlichen Pigmente und zur Oxidation der Farbstoffvorstufen bei einer Hellerfärbung
- zum Aufbau der Disulfidbrücken bei der Fixierung der Dauerwelle
- zum Unschädlichmachen von Krankheitserregern bei der Desinfektion
- als bleichender Zusatz im Handbad bei einer Maniküre
- Bestandteil eines Aufhellungsfestigers (3 %ig, schleichende Oxidation)

Wasserstoffperoxid ist in seiner reinen Form geruchlos, zähflüssig und mit Wasser in jedem Verhältnis mischbar.

Summenformel: H_2O_2 **Strukturformel: H-$\bar{\underline{O}}$-$\bar{\underline{O}}$-H**

Der Friseur verwendet Wasserstoffperoxid in stark mit Wasser verdünnter Form, das im Handel in Lösungsstärken von 1–4 %, 6 %, 9 % und 12 % angeboten wird. Ein geringer Anteil an Harnsäure stabilisiert die Lösungen und macht sie so für Transport und Lagerung haltbar. Sie werden als flüssige, gel- oder emulsionsförmige Wasserstoffperoxid-Lösungen hergestellt. Werden in der Praxis geringere H_2O_2-Konzentrationen als vorhanden benötigt, so kann man diese durch weiteres Verdünnen mit Wasser erreichen. An Harnstoff gebundenes Wasserstoffperoxid gibt es auch in Tablettenform. Diese müssen in Wasser gelöst und in der gewünschten Konzentration eingestellt werden.

Geringere Konzentrationen durch Verdünnung herstellen

Wasserstoffperoxid hat die Eigenschaft, durch katalytische Einwirkung sehr schnell in Wasser und Sauerstoff zu zerfallen. Dieser Sauerstoff wirkt auch dort oxidierend, wo der Luftsauerstoff nicht hingelangt.

Reaktionsgleichung dieser Zerfallsreaktion: $2\,H_2O_2 \rightarrow 2\,H_2O + O_2$

Katalysatoren sind Stoffe, die eine Reaktion beschleunigen.

Zu den Katalysatoren des H_2O_2 gehören unter anderem Staub, Alkalien und Metalle. Aber auch Licht und Wärme beschleunigen den Zerfall. Bei der Lagerung und Verwendung von Wasserstoffperoxidpräparaten ist dies zu berücksichtigen.

Karla benötigt für eine Farbbehandlung 150 ml Färbegemisch. Das Färbemittel ist laut Gebrauchsanweisung 1:1 mit 6 %igem H_2O_2 zu mischen. Bei der letzten Warenlieferung ist versehentlich nur 9 %iges H_2O_2 geliefert worden. Welche Mengenanteile benötigt Karla für ihr Färbegemisch?

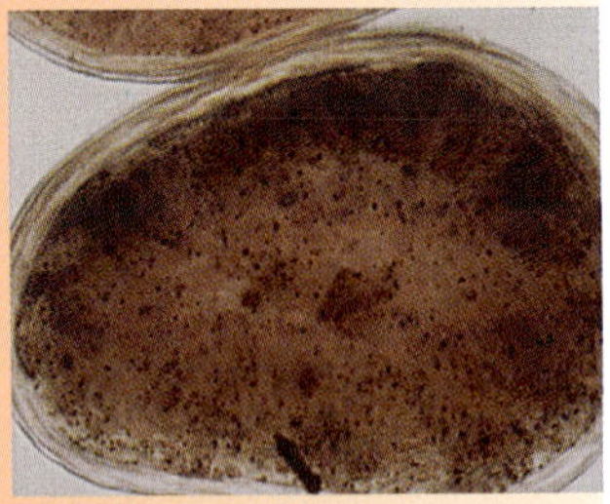

Oxidationshaarfarbe färbt das Haar bis zur Mitte durch

2.3.3 Haarfärbung

Für eine dauerhafte Farbveränderung des Haares bieten sich die klassischen Haarfärbemittel an. Sie enthalten vorwiegend Oxidationsfarbstoffe, die ihre färbende Eigenschaft erst durch Zugabe eines Oxidationsmittels erhalten. Man spricht deshalb von Farbbildnern (unentwickelten Farbstoffvorstufen). Ihre Moleküle sind farblos und sehr klein, sodass sie tief in das Haar eindringen können. Oxidative Haarfärbeprodukte gibt es in Gel- oder Cremeform.

Oxidationsfarbstoffe:
Inhaltsstoffe in einer Farbtube

- **Farbstoffbildner (Farbstoffvorstufen)**
  z. B. p-Toluylendiamin
  z. B. p-Phenylendiamin u. a.
  – bestimmen die **Farbtiefe** und bedingt auch die Farbrichtung
  z. B. Pyrazol (Rotentwickler)
  – ermöglicht haltbare Rotnuancen durch bessere Wechselwirkung mit dem Haarkeratin
- **Kupplungskomponenten**
  z. B. Resorcin
  z. B. Polyhydroxybenzole u. a.
  – verbinden sich mit den Farbstoffvorstufen (Kupplungsprozess) und ermöglichen weitere Farbrichtungen
- **Fertigfarbstoffe (Nuancierfarbstoffe)**
  z. B. Nitroaminophenole
  z. B. Azo- und Anthrachinonfarbstoffe u. a.
  – bestimmen die Farbrichtung
- **Alkalisierungsmittel**
  Ammoniumhydroxid
  Ammoniumpersulfat
  – öffnen die Schuppenschicht, quellen das Haar und machen es aufnahmefähig, neutralisieren die stabilisierende Säure des Wasserstoffperoxids
- **Netzmittel**
  Tenside
  – fördern die Benetzung des Haares und erleichtern den gleichmäßigen Farbauftrag
- **Trägersubstanzen**
  z. B. Ö/W-Emulsionen
  z. B. Gel
  – geben der Farbe die nötige Konsistenz
- **Pufferstoffe**
  z. B. Alkalisch reagierende Salze
  – halten den pH-Wert konstant
- **Schutzstoffe (Pflegestoffe)**
  Fette
  Polymere
  – sollen Strukturschäden des Haares durch das Alkalisierungsmittel mildern
- **Duftstoffe**
  – sollen den unangenehmen Geruch des Alkalisierungsmittels überdecken

Bedeutung der Alkalität

Der Friseur benötigt alkalische Mittel, um das Haar zu öffnen, es also aufnahmefähig zu machen, damit Wirkstoffe in das Haar eindringen können. Die gleichzeitige Quellung des Haares schafft Platz für Farbstoffe, die im Haar verbleiben sollen.

Alkalien nennt man auch **Laugen.** Es sind die wässrigen Lösungen der Basen. Ihr pH-Wert liegt bei friseurkosmetischen Präparaten zwischen 7,1 und 10, in Ausnahmefällen auch bei 11. Die meistgebrauchte Lauge in Friseurpräparaten ist **Ammoniak-Lösung.** Diese Lauge entsteht, wenn **Ammoniak (**ein farbloses, stechend riechendes Gas**),** auch Salmiakgeist genannt, in Wasser gelöst wird. Die wirksamen Bestandteile einer Base sind die **OH^--Ionen**. Neben Ammoniak-Lösung wird auch Ammoniumpersulfat (ein Salz) als Alkali verwendet.

Der Anteil des Alkali in oxidativ wirkenden Farbbehandlungsmitteln ist unterschiedlich. Je stärker die aufhellende Wirkung dieser Präparate ist, umso höher ist der Alkalianteil. Dabei ist zu beachten, dass eine stärkere Aufhellung vor allem durch einen höheren H_2O_2-Gehalt beeinflusst wird. Das Alkali hat eine beschleunigende Wirkung auf den Aufhellungsprozess. Die Ammoniak-Lösung gehört zwar zu den schwachen Basen, dennoch kann sie die Haarsubstanz erheblich schädigen. Ein mehrfach mit Alkalien behandeltes Haar wird porös und verliert an Glanz. Reißfestigkeit und Elastizität des Haares werden beeinträchtigt. Der direkte Hautkontakt wird durch Tragen von Schutzhandschuhen vermieden. Vor einer Farbbehandlung ist die Haut der Kundin im Konturbereich zu schützen.

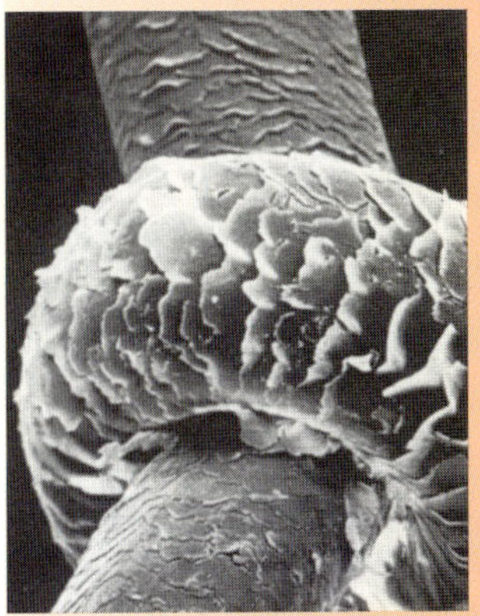

REM-Aufnahme eines mit alkalischer Lösung behandelten Haares

Merke

Schwache Laugen quellen und erweichen Haare und Haut. Starke Laugen wirken zerstörend. Je höher der Alkali-Anteil in einem Präparat, desto größer ist die Gefahr der Hautreizungen und der Veränderungen an der Haarstruktur.

Ein mit Alkalien behandeltes Haar benötigt zum Abschluss der Farbbehandlung unbedingt eine Sauerspülung. Diese sorgt für die Neutralisation der verbliebenen Alkalireste und bringt das Haar in den natürlichen pH-Wert zurück. Außerdem hat ein saures Abschlussmittel eine adstringierende Wirkung auf Haar und Haut.

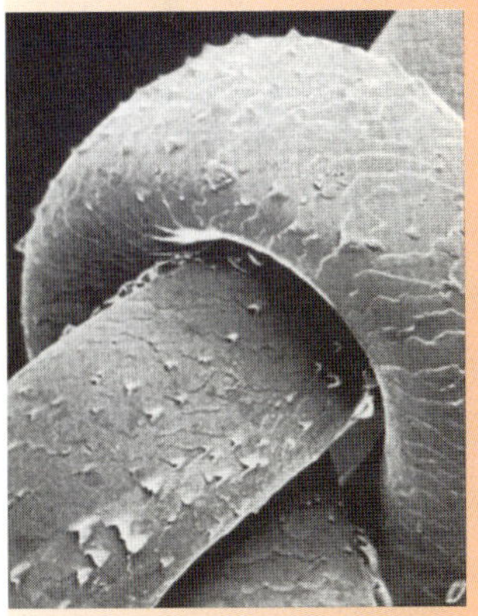

REM-Aufnahme eines mit saurer Lösung nachbehandelten Haares

Merke

Aufgaben des Alkali bei einer Färbung:
- **Quellen des Haares und Öffnen der Schuppenschicht**
- **Neutralisation der stabilisierenden Säure im H_2O_2 und somit Freisetzen des Sauerstoffs**
- **Aufrechterhaltung der alkalischen Wirkung während der Einwirkzeit**

1. *Welche Präparate des Friseurs enthalten Alkalisierungsmittel?*
2. *Warum muss nach der Anwendung eines alkalischen Mittels mit einem sauren nachbehandelt werden?*
3. *Informieren Sie sich über die chemische Bedeutung einer Neutralisation.*

EXKURS

Der Färbevorgang aus chemischer Sicht

Die Hauptbestandteile eines Farbgemisches sind:
- Alkalisierungsmittel (OH^--Ionen)
- Farbstoffbildner
- Kupplungskomponenten
- Fertigfarbstoffe
- Wasserstoffperoxid (H_2O_2)

Das Alkalisierungsmittel lässt das Haar quellen, sodass das Färbegemisch besser in das Haar eindringen kann. Die Stabilisierungssäure wird durch die alkalische Reaktion neutralisiert und die Abspaltung von Sauerstoff aus dem Oxidationsmittel gefördert.

In das gequollene Haar können die einzelnen Farbstoffe gut eindringen. Farbstoffbildnermoleküle können das Haar zwar dunkler färben, aber eine besondere Nuancierung ist nur durch die Fertigfarbstoffe möglich. Die Kupplungskomponenten können allein keine Farbigkeit erzeugen. Sie lagern sich jedoch an die Farbstoffbildnermoleküle an und bewirken durch unterschiedliche Kupplungsvarianten die Vielfältigkeit an Farbtiefen und Farbrichtungen der kosmetischen Haarfarben.

Farbstoffbildner + Fertigfarbstoff + Kupplungskomponente —Oxidation→ Oxidationsfarbtoff + Fertigfarbstoff

Farbergebnis: Größtmögliche Vielfalt an Farbtiefen und -richtungen

Beim Mischen von Farbcreme mit Wasserstoffperoxid wird Sauerstoff freigesetzt. und der Oxidationsvorgang beginnt. Farbstoffbildner und Kupplungskomponenten werden durch den Sauerstoff zu großen Molekülen zusammengelagert. Die Größe der Moleküle und die vermutlich stattfindende Bindung an das Haarkeratin erklärt die gute Haltbarkeit von Oxidationshaarfarben. Der freigesetzte Sauerstoff hat aber noch eine weitere Aufgabe zu erfüllen. Er sorgt dafür, dass sowohl natürliche als auch bereits gebildete künstliche Pigmente aufgehellt werden. Menge und Konzentration des Oxidationsmittels bestimmen diese aufhellende Wirkung. Bei Dunklerfärbungen sorgt der Überschuss an Oxidationsmittel für das Ausgleichsvermögen der Haarfärbemittel und bei einer Hellerfärbung für die erforderliche Aufhellung der natürlichen Pigmente.

Die genaue Einhaltung der erforderlichen Einwirkzeit ist wichtig für ein perfektes Farbergebnis. Der Färbevorgang endet mit der Anwendung einer Sauerspülung oder Haarkur. Sie sorgt für die Neutralisation der Alkalirückstände und für die Entquellung des Haares. Auch die Reste von Wasserstoffperoxid werden unwirksam gemacht und durch die adstringierende Wirkung erhält das Haar Glanz und Geschmeidigkeit zurück.

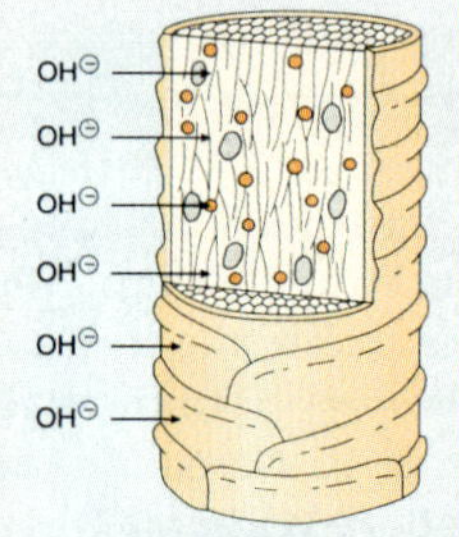

Quellung

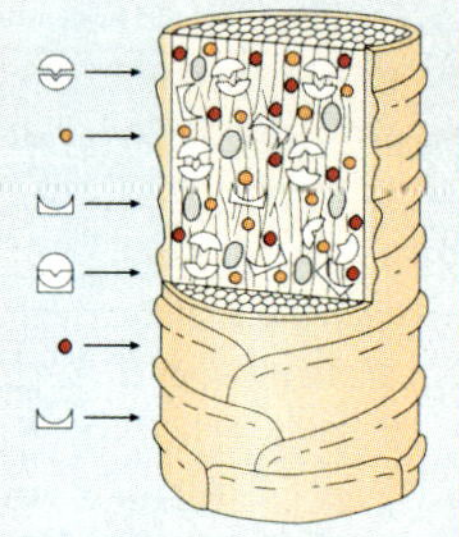
Eindringen

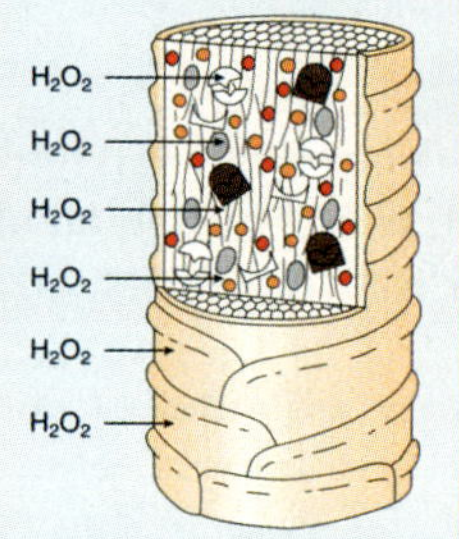

Kupplung

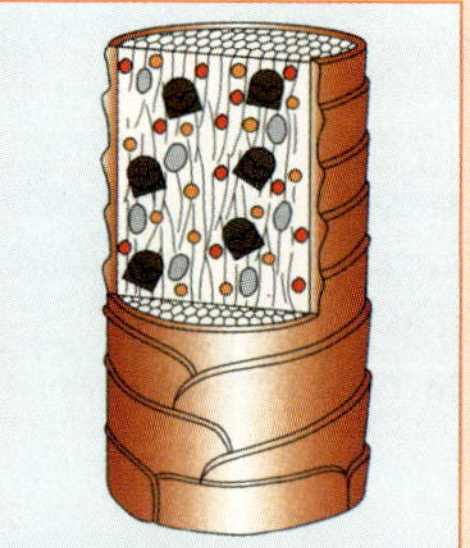
gefärbtes Haar

- Eumelanin
- Farbstoffbildner
- Phäomelanin
- Kupplungskomponenten
- Fertigfarbstoff

Warum muss das Färbegemisch zügig aufgetragen werden?

Ausführung einer Haarfarbbehandlung

Ein optimales Farbergebnis hängt von verschiedenen Faktoren ab. So lassen sich aus der Haar- und Kopfhautdiagnose und dem gewünschten Farbziel die Festlegungen für den Behandlungsplan ableiten:

- für die Farbrezeptur
- für die Auftragetechnik
- für die Festlegung der Einwirkzeit
- für den Farbausgleich und die Abschlussbehandlung

Übersicht der Arbeitsplanung

1. Kundenberatung sowie Haar- und Kopfhautdiagnose
2. Aufstellung des Behandlungsplanes
3. Schutz der Kleidung und der Haut
4. Zubereitung des Farbgemisches
5. Abteilen des Haares
6. Zügiges und gleichmäßiges Auftragen des Farbgemisches
7. Einwirkzeit mit eventueller Wärmezufuhr bestimmen
8. Eventueller Farbausgleich mit Tönungsmitteln
9. Abschlussbehandlung
10. Empfehlung zur Farbauffrischung und Farbstabilisierung für den Heimbedarf

Die richtige Mischung. Nur eine exakte Zubereitung des Farbgemisches garantiert ein gutes Farbergebnis. Das **Mischungsverhältnis 1:1** gilt für: **Dunklerfärbungen**, **Ton-in-Ton-Färbungen** und für **leichte Aufhellungen** um eine Tonhöhe. Verwendet wird 6%iges H_2O_2.

Beispiel: 40ml H_2O_2 + 40 ml Farbcreme = 80 ml Gesamtmenge

Mit der Verwendung der Farbwaage ist eine Ergebnissicherheit gewährleistet. Entsprechend der Haarfülle und der Haarlänge können die Einsatzmengen unterschiedlich sein. Bei erhöhtem Weißanteil wird der jeweilige Naturton in die Farbmischung gegeben. Dadurch verbessert sich die Deckkraft auf weißem Haar.

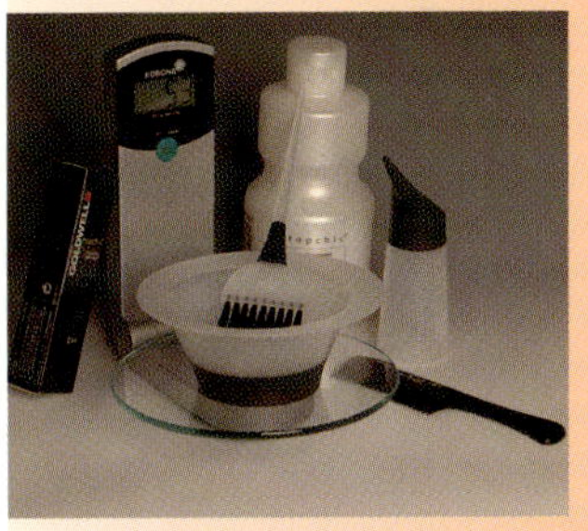

Zubehör

Beispiele: 30 % bis 50 % weiße Haare = 1 Teil Naturton + 2 Teile Modeton
ab 50 % weiße Haare = 1 Teil Naturton + 1 Teil Modeton
ab75 % weiße Haare = 2 Teile Naturton + 1 Teil Modeton

Bis 30 % bleibt der Weißanteil bei der Farbmischung unberücksichtigt.

Die Ganzfärbung (Erstfärbung). Der Farbauftrag erfolgt auf dem trockenen Haar, um den schützenden Talgfilm der Kopfhaut zu erhalten. Nur bei stark verschmutztem, mit Spray verklebtem Haar muss gewaschen werden.

- Bei einer Ton-inTon- oder Dunklerfärbung wird das Farbgemisch vom Ansatz bis zu den Spitzen aufgetragen.
- Bei Rot- und Modetönen wird zuerst in den Längen und Spitzen ca. 1–2 cm vom Ansatz entfernt aufgetragen. Nach ca. 10 Minuten Einwirkzeit mit Wärme wird der Ansatz behandelt. Am kopfhautnahen Ansatzbereich kann sich die Farbe bedingt durch die Körperwärme und die empfindliche Haarstruktur (noch nicht so stark verhornt) schneller entwickeln und zu leuchtkräftig werden.
- Stärker ergraute Haare sind zuerst, poröse Partien zuletzt zu behandeln.

Auftrag vom Ansatz bis zur Spitze

Ansatzfärbungen (Nachwuchsfärbungen). Das Farbgemisch wird nur auf das nachgewachsene Ansatzhaar aufgetragen. Zum Ausgleich der Längen und Spitzen kann das Farbgemisch zum Ende der Einwirkzeit, mit etwas Wasser aufemulgiert, in die Längen und Spitzen verteilt werden. Bei starken Abweichungen bis zu zwei Nuancen vom gewünschten Farbziel sollte für die Längen und Spitzen eine extra Farbrezeptur zubereitet und aufgetragen werden.

Auftrag von Modetönen

2.2.4 Möglichkeiten und Grenzen einer Hellerfärbung

Soll das Haar für die Wunschfarbe mehr als eine Tonhöhe aufgehellt werden, ist in der Haardiagnose genau abzuklären, ob Haarstruktur und Haarzustand stärkere Aufhellungen zulassen. Für stärkste Aufhellungen bis zu vier Tonhöhen sind Spezialblondtöne erforderlich. Diese wiederum besitzen einen höheren Alkalianteil als die normalen Haarfärbemittel und belasten die Haarstruktur deshalb stärker. Auch die H_2O_2-Konzentrationen sind höher und liegen bei 9 % oder sogar 12 %.

Die folgende Übersicht zeigt die Mischungsverhältnisse und das Aufhellungsergebnis:

– Aufhellung von 1–2 Stufen	= 1 Teil Farbcreme	+ 1 Teil H_2O_2	6 %ig
– Aufhellung von 2–3 Stufen	= 1 Teil Farbcreme	+ 1 Teil H_2O_2	9 %ig
– Aufhellung von 3–4 Stufen	= 1 Teil Farbcreme	+ 1 Teil H_2O_2	12 %ig
– starke Aufhellung	= 1 Teil Spezialblond	+ 2 Teile H_2O_2	9 %ig
– stärkste Aufhellungen	= 1 Teil Spezialblond	+ 2 Teile H_2O_2	12 %ig

Merke

Aufgaben der Hellerfärbung:
1. **Aufhellen der Naturpigmente**
2. **Mattieren des Gelb- oder Rotstichs**
3. **Abdecken weißer Haare durch Bildung künstlicher Farbstoffe**

Tipp

Maßnahmen bei hohem Weißanteil des Haares:
1. Aschtöne mit einem Naturton mischen oder
2. Vorpigmentieren mit Goldtönen

Für eine Hellerfärbung sollte jedoch der Naturton nicht dunkler sein als hellbraun (Farbtiefe 5). Künstliche Farbstoffe lassen sich mit einer normalen Hellerfärbung nicht aufhellen.

Eine Hellerfärbung bedeutet einen Abbau von Naturpigmenten mit gleichzeitiger Nuancierung des Haares durch Aufbau und Einlagerung von Farbstoffen. Wie bei einer Blondierung werden auch bei starken Hellerfärbungen vorwiegend die Phaeomelanine abgebaut. Der Abbau der Eumelanine erfolgt über Zwischenstufen. Unerwünschte rotgelbe Nuancierungen können die Folge sein. Ist der Farbwunsch der Kundin ein klarer Blondton, sollten deshalb Farbcremes in Asch- und Perltönen verwendet werden, um diesem unerwünschten Farbbild entgegenzuwirken. Die Einwirkzeit ist bei der Hellerfärbung höher als bei der Normalfärbung. In den letzten 15 Minuten lässt die Phase der Aufhellung nach, und die Phase der Nuancierung setzt ein.

Je dunkler die Naturhaarfarbe, desto stärker ist der zu erwartende Gold-, Orange- oder Rotreflex:

Hellbraun = Stärkster gelb-oranger Anteil	Dunkelblond = Starker gelb-oranger Anteil	Mittelblond = Mittlerer gelb-oranger Anteil	Hellblond = Schwächerer gelb-oranger Anteil

Auftragetechnik bei einer Ansatzfärbung
- Spezialblondtöne sind dicker (satter) aufzutragen, als das Farbgemisch bei einer Normalfärbung (Auftrag immer auf trockenem Haar)
- Einwirkzeit: 25 Minuten mit Wärme, ca. 50 Minuten ohne Wärme
- Nach Ablauf der Einwirkzeit sollten die Längen und Spitzen nicht mit dem Farbgemisch emulgiert werden, um das Haar zu schonen (Farbausgleich mit Tönungsmitteln)

Auftragetechnik bei einer Erstbehandlung (Neufärbung)
- Das Farbgemisch wird zunächst wie bei einer modischen Erstfärbung nur auf den Mittelteil und die Spitzen satt aufgetragen (Ansatz bleibt ca. 2 cm frei)
- Nach einer Einwirkzeit von ca. zehn Minuten mit Wärme wird das restliche Farbgemisch auf den freigelassenen Haaransatz aufgetragen (eventuell auch neues Farbgemisch)
- Die weitere Einwirkzeit beträgt: 25 Minuten mit Wärme (ohne Wärme ca. 35 Minuten)

2.2.5 Blondierung

Die Farbe Blond steht an der Spitze der Beliebtheitsskala der Trendfarben unserer Zeit. 14 von 15 Blondinen haben ihre Haarfarbe blondiert, gefärbt oder gesträhnt. Blondiermittel bieten dabei vielfältige Möglichkeiten. Aufhellungen bis zu 7 Stufen sind in relativ kurzer Zeit möglich. Dabei ist jedoch zu bedenken, dass bei Blondierungen die Beeinträchtigung der Haarstruktur am größten ist und Haarschädigungen mit dem Grad der Aufhellung zunehmen. Bei einer Blondierung werden die natürlichen Farbpigmente (Melaninkörnchen) im Haar gelöst. Zunächst lösen sich die rotgelben Phäomelanine, die leichter abbaubar sind, dann die dunklen Eumelanine. Beim stufenweisen Abbau dieser Pigmentkörnchen entstehen rotbraune, orangerote und schließlich gelbliche Zwischentöne. Das komplette Melaninkorn wird dabei aufgelöst, sodass an dieser Stelle ein Hohlraum in der Haarstruktur zurückbleibt. Dieser Hohlraum ist der Grund für die hohe Porosität gebleichter Haare.

Sicherheitshinweise

Feines, empfindliches Haar und Haare, die in ihrer Struktur bereits geschädigt sind, dürfen **nicht blondiert** werden. Das gleiche gilt für Erkrankungen oder Verletzungen der Kopfhaut.

Im Gegensatz zur Hellerfärbung lassen sich mit Blondiermitteln auch künstliche Farbstoffe aufhellen. Neben der Ganzblondierung sind heute vor allem die Strähnchenblondierungen gefragt. Eine leichtere Form der Blondierung ist die Blondierwäsche. Als Blondiermittel stehen **Blondierpulver** (heute ölversetzt und staubfrei), **Blondiergranulate**, **Blondiercremes** oder **Blondiergele** zur Verfügung, die mit einem Oxidationsmittel gemischt, unterschiedlich stark aufhellen können. Chemisch betrachtet ist die Aufhellung des Haares durch eine Blondierung eine Oxidation natürlicher oder künstlicher Pigmente. Der Sauerstoff bildet hierbei die aktive Grundlage.

Merke

Die Aufhellung ist abhängig von:
- **der Ausgangsfarbe**
- **der Oxidationsmittelkonzentrationen**
- **den Persulfaten im Blondiermittel**
- **dem Alkalianteil im Blondiermittel**
- **der Einwirkzeit**
- **der Wärmezufuhr**

Inhaltsstoffe von Blondierpräparaten

- **Alkalisierungsmittel**
  z. B. Ammoniakwasser
  z. B. alkalisch reagierende Salze
  quellen das Haar, neutralisieren die Stabilisierungssäure des H_2O_2 und beschleunigen den Vorgang
- **Blondierverstärker**
  z. B. Persulfate
  wirken zusammen mit H_2O_2 verstärken und verlängern den Aufhellungsprozess
- **Trägersubstanzen**
  z. B. Puderstoffe, Emulsion oder Gel
  erleichtern das Auftragen und verhindern das Ablaufen
- **Netzmittel**
  z. B. nicht ionogene Tenside
  ermöglichen gleichmäßige Benetzung des Haares und erleichtern das Ausemulgieren
- **Komplexbildner**
  machen eventuell vorhandene Metallsalze unschädlich
- **Farbstoffzusätze**
  z. B. Blau oder Blauviolett
  geben dem Präparat eine Färbung (keine Komplementärwirkung)

Wirkungsweise einer Blondierung

Die Hauptbestandteile des Blondiergemisches sind:

- Alkalisierungsmittel (OH^-)
- Persalze
- Wasserstoffperoxid (H_2O_2)

Der Oxidationsprozess beginnt mit dem Anrühren des Blondiergemisches. Das Alkalisierungsmittel im Blondierpräparat neutralisiert die Stabilisierungssäure des Wasserstoffperoxids und lässt das Haar quellen.

Persalze und H_2O_2 dringen in das Haar ein. Ohne Wasserstoffperoxid zeigen die Persalze kaum eine Reaktion. Sie oxidieren jedoch in Verbindung mit Wasserstoffperoxid und geben auch dann noch Sauerstoff frei, wenn das H_2O_2 kaum noch wirkt.

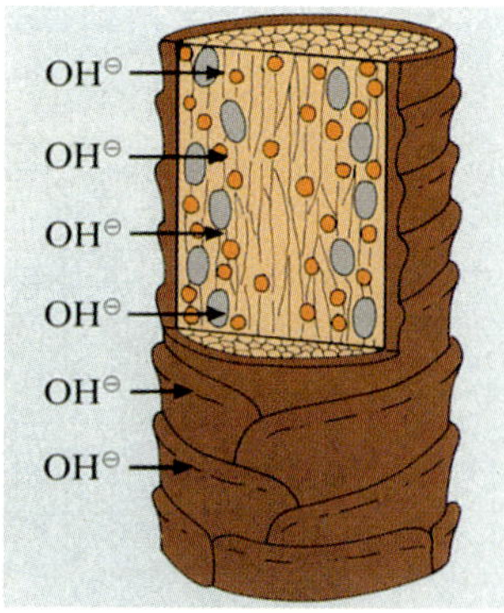

Quellung

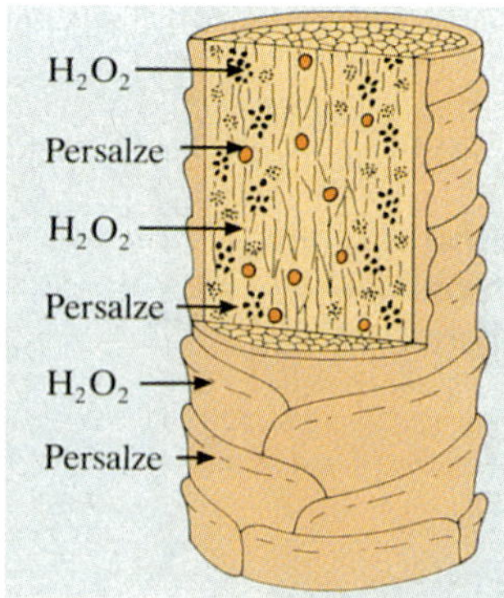

Oxidation
Eumelanin zerstört
Phäomelanin zerstört

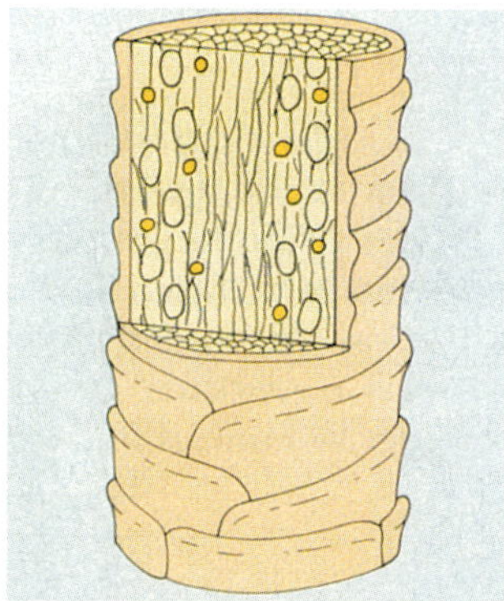

Blondiertes Haar
Eumelanin
Phäomelanin

Sie verstärken damit nicht nur die Aufhellung, sondern verhindern durch die längere Einwirkzeit das Entstehen von Rotstichen. Zu finden sind die Persalze hauptsächlich in Pulvern und Granulaten. Während des Aufhellungsprozesses werden die Pigmente in Bruchstücke zerlegt und allmählich aufgehellt. Bruchstücke von Melanin bleiben auch nach Ablauf des Blondierprozesses erhalten. Je größer diese Bruchstücke sind, desto mehr Rot-Gelb-Reflexe treten auf. Erst durch lange Einwirkzeiten kann Melanin stufenweise über Rot in helle Teilchen abgebaut werden.

Dabei lassen sich natürliche Pigmente leichter aufhellen als künstliche Farbstoffe. Blondiermittel enthalten keine Farbbildnermoleküle, sodass weiße Haare nicht abgedeckt werden können.

Nach dem Ablauf der Einwirkzeit wird das Blondiergemisch gründlich ausgespült und das Haar mit einem milden Shampoo gewaschen. Die anschließende Säurespülung neutralisiert die Alkalireste, macht Reste der Oxidationsmittel mithilfe von Antioxidantien unwirksam und adstringiert das Haar.

braunes unbehandeltes Haar | *nach 10 Min.* | *nach 20 Min.* | *nach 30 Min.* | *nach 45 Min. EWZ*

Ablauf einer Blondierung

Ausführung einer Blondierbehandlung

Im Beratungsgespräch mit der Kundin ist der Grad der gewünschten Aufhellung genau zu bestimmen. Der Friseur muss einschätzen, ob die gewünschte Aufhellung bei der vorliegenden Haarstruktur und dem Kopfhautzustand vertretbar ist. Für Schäden, die am Haar oder auf der Kopfhaut entstehen, kann der Friseur haftbar gemacht werden. Eine starke Aufhellung des Haares bedeutet aber auch eine starke Veränderung der Gesamterscheinung der Kundin. Für das Beratungsgespräch sollte man sich deshalb genügend Zeit nehmen, um alle Details mit der Kundin zu klären. Dazu gehört auch der Hinweis auf die Notwendigkeit anschließender und permanenter Pflegebehandlungen des Haares.

Ablauf der Behandlung:

1. Kundenberatung sowie Haar- und Kopfhautdiagnose
2. Schutzmaßnahmen für die Kundin
3. Anziehen von Schutzhandschuhen
4. Zubereitung des Blondiergemisches
5. Auftragen des Blondiergemisches
6. Wärmezufuhr (?) und Einwirkzeit
7. Kontrolle des Vorgangs während der EWZ
8. Abschlussbehandlung
9. Evtl. Farbausgleich
10. Haarpflege

Vor dem Auftragen des Blondiergemisches wird das Haar nicht gewaschen, um den schützenden Talgfilm auf der Kopfhaut nicht zu zerstören. An der Haarkontur und im Ohrbereich wird eine Schutzcreme aufgetragen. Das Blondiergemisch muss sehr zügig und gleichmäßig dick aufgetragen werden. Ein satter Auftrag lässt das Ergebnis heller werden. Ungleichmäßiges Auftragen führt zu ungleichmäßigen Aufhellungsergebnissen.

Während der Einwirkzeit sollte das Haar mit dem Stiel des Färbekamms oder -pinsels aufgelockert werden, um Wärmestauungen zu verhindern. Die Einwirkzeit ist abhängig vom gewünschten **Aufhellungsgrad,** von **der Ausgangsfarbe** und der **H_2O_2-Konzentration**. Je stärker das Haar aufgehellt werden soll, umso höher muss die H_2O_2-Konzentration sein. Hohe H_2O_2-Konzentrationen sind jedoch nicht in jedem Fall erforderlich. Die Haarschonung sollte stets im Vordergrund stehen. Gleiche Aufhellungsergebnisse erreicht man oft auch mit geringeren H_2O_2-Konzentrationen und längerer Einwirkzeit. Bei empfindlicher Kopfhaut sollte mit schwächeren Präparaten gearbeitet und auf Wärmezufuhr verzichtet werden. Wärme beschleunigt zwar den Vorgang, führt jedoch auch zur stärkeren Belastung von Haut und Haar.

Tipp

Blondierwäsche:
- geeignet für leichte Aufhellungen
- Gemisch aus Blondierpulver, H_2O_2 und Shampoo herstellen
- z. B. 1 Messl. Blondierpulver
  + 60 ml 6%iges H_2O_2
  + 15 ml Shampoo
- Gemisch auf das angefeuchtete Haar auftragen (einschäumen)
- das Haar während der EWZ beobachten und häufig bewegen
- EWZ nur wenige Minuten
- mit Shampoo auswaschen und nachbehandeln

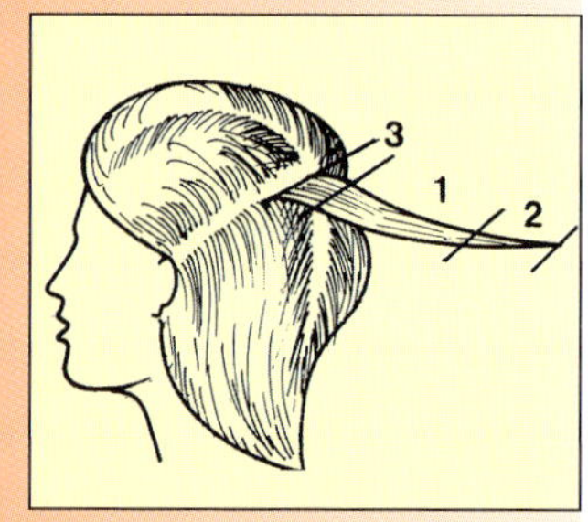

Auftrag bei einer Erstblondierung

Auftrag bei einer Ganzblondierung (Erstblondierung). Bei einer Ganzblondierung können sowohl Naturhaare als auch gefärbte Haare (oxidativer Farbabzug) aufgehellt werden. Man beginnt mit dem Auftrag des Blondiergemisches in der Regel dort, wo die Haare am dunkelsten sind. Zuerst werden Spitzen und Mittelstück behandelt und der Ansatz ca. 2 cm freigelassen, weil dort die Körperwärme eine schnellere Aufhellung bewirkt und die Haare am wenigsten verhornt sind. Haare, die am stärksten verhornt sind (Spitzenbereich), benötigen die längste Einwirkzeit. Erst nachdem in den Längen und Spitzen das Aufhellungsergebnis fast erreicht ist, wird der Ansatz mit einem neu angerührten Blondiergemisch behandelt. Das Ergebnis wird am Ende der Einwirkzeit kontrolliert; diese wird eventuell verlängert, wenn die gewünschte Aufhellung noch nicht erreicht ist.

Auftrag bei einer Ansatzblondierung. Bei einer Ansatzblondierung ist das Blondiergemisch nur auf das nachgewachsene Ansatzhaar aufzutragen. Auch hierbei beginnt man an den dunkelsten Haarpartien (Hinterkopfbereich) mit dem Auftrag.

Strähnentechniken

Haubensträhnen

Sehr ausdrucksvoll und lebendig sind Farbergebnisse durch das Einarbeiten von Strähnen. In naturfarbigem Haar entstehen sie durch Blondieren, Färben oder Hellerfärben. In bereits gefärbtes Haar ließen sich lange Zeit Strähnen nur durch Blondierung erzeugen. Inzwischen gibt es Strähnen-Haarfarbe, die in einem Arbeitsgang die Haare bis sechs Tonstufen aufhellt und gleichzeitig färbt. Die eingesetzten Farbstoffe sind Fertigfarbstoffe, die sich nicht mit Peroxid zerstören lassen, also oxidationsresistent sind. Eine Vielzahl von Techniken und auch spezielle Hilfsmittel und Geräte kommen in der Friseurpraxis zum Einsatz, um die verschiedensten Varianten an Farbeffekten zu erzielen. Einige dieser Techniken haben sich besonders bewährt.

Haubensträhnen Die Folienhaube eignet sich besonders für kurzes Haar. Vor dem Aufsetzen der Haube wird das Haar in die gewünschte Frisurenrichtung gekämmt. Wird die Folienhaube mit dem Föhn leicht erwärmt, passt sie sich besser der Kopfform an. Mit einer Häkelnadel werden feine Strähnen in einem gleichmäßigen Muster herausgezogen und blondiert oder gefärbt.

Foliensträhnen

Foliensträhnen Die Foliensträhnen sind besonders für längeres Haar geeignet. Verwendet werden verschiedene Materialien, wie Alu-Folie, wachsbeschichtetes Spezialpapier oder wiederverwendbare Kunststofffolie. Die Folien werden in einem bestimmten Muster angesetzt, z. B. diagonal oder rautenförmig, wobei eine korrekte Abteilung notwendig ist. Häufig werden feine Strähnen mit dem Stielkamm oder Strähnenkamm herausgewebt. Das Färbe- oder Blondiergemisch darf nicht zu dicht an den Ansatz gebracht werden, damit es nicht aus der Folie herausquillt. Durch Knicken der Folie werden die Haare in „Päckchen" eingebettet. Bei Verwendung von Blondiermittel kann dadurch schnell ein Wärmestau entstehen, der die Aufhellung beschleunigt.

Kammsträhnen

Kammsträhnen und gemalte Strähnen Mit einem grobzinkigen Kamm lassen sich Strähnen schnell und einfach erstellen. Das Haar wird zunächst in die gewünschte Richtung gekämmt, das Blondier- oder Färbegemisch auf den Kamm gestrichen und anschließend in die Haarpartien eingekämmt. Ähnliche Effekte erzielt man mit der Schmalseite des Pinsels durch Einmalen einzelner Strähnen bei glattem Haar.

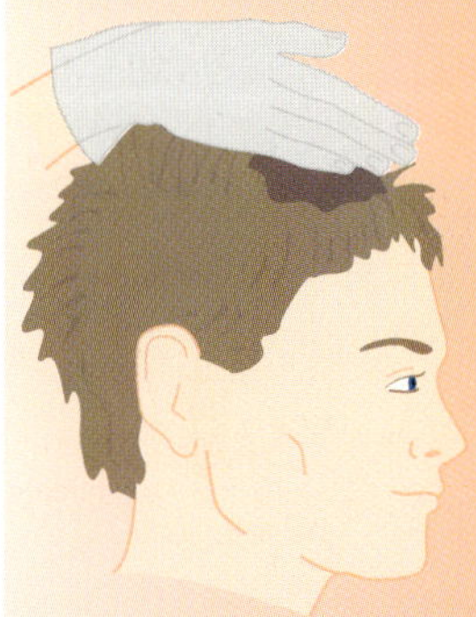

Toupiersträhnen

Toupiersträhnen Wenn bei sehr kurzem Haar sonnige Farbreflexe in den Spitzen gewünscht werden, eignet sich die Toupiersträhnentechnik recht gut dazu. Die Haare werden am Ansatz kräftig antoupiert und mit Haarspray fixiert. Auf die Hand, die durch einen Handschuh geschützt ist, streicht man Farb- oder Blondiergemisch und verteilt es über die Handfläche. Nun werden die Haarspitzen mit flacher Hand poliert. Bei längeren Haarpartien kann das Blondier- oder Farbgemisch auch eingeknetet werden. Eine andere Methode ist das Einstreichen der Spitzen mit einer benetzten Alufolie (Shoe-Shine-Technik).

Dauerwellwickelmethode Für langes Haar bietet sich auch diese Technik an, die allerdings seltener zum Einsatz kommt. Haarsträhnen, die nicht farblich verändert werden sollen, dreht man wie bei einer Dauerwelle üblich auf Wickler auf. Bei den letzten Umdrehungen wird eine Alufolie mit eingewickelt. Das Folienende schlägt man über den Wickel, der dadurch gut abgedeckt ist. Die farblich zu behandelnden Strähnen liegen zur Behandlung auf den Wickeln.

2.2.6 Pflanzentönung

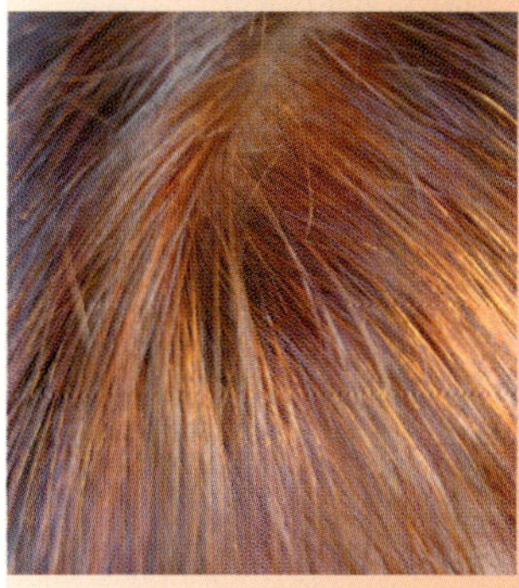

Farbergebnis mit einem Produkt, das überwiegend auf Henna basiert

Die Möglichkeit der farblichen Veränderung des Haares mit natürlichen Farbstoffen ist den Menschen schon seit mehr als 3000 Jahren bekannt. Die Ägypter färbten Haare, Fußnägel sowie Hand- und Fußflächen mit **Henna**, dem heute wohl bekanntesten Pflanzenfarbstoff. Neben haarfärbenden Eigenschaften hat dieser Farbstoff auch antibakterielle, antimykotische und blutstillende Eigenschaften. Henna, eine exotische Pflanze, wird in Ostindien, Algerien, Tunesien, Marokko und Ägypten kultiviert. Der Hennastrauch besitzt kleine Blüten mit unterschiedlichen Farbschattierungen von gelblich-weiß bis ziegelrot. Die dunkelgrünen Blätter des Strauches sind mit roten Pigmenten durchsetzt, die auf der Blattoberseite deutlich sichtbar sind. Hennapulver besteht zu 60 % aus Blattstielen, die getrocknet und pulverisiert werden. Der enthaltene Farbstoff wird **Lawson** genannt, ist orangerot und hat die Wirkung eines Fertigfarbstoffes.

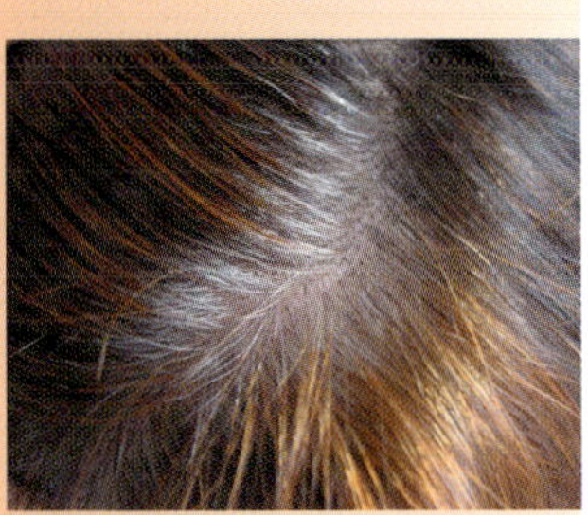

Ein Weißanteil in der Ausgangsfarbe führt bei einer Henna-Behandlung zu leuchten Strähnen. Ist dies nicht erwünscht, kann mit Tönungsmitteln vorbehandelt werden

Hennastrauch

Haarquerschnitt eines mit Henna mehrfach getönten Haares = Ringfärbung (Additionseffekt)

Ein anderer natürlicher Farbstoff ist Indigo. Die Blätter dieses Strauches enthalten den Farbstoff **Indican,** eine oxidative Farbvorstufe, die mit Luftsauerstoff zu Indigoblau reagiert. Mit Henna gemischt, erzielt man violette bis braune Töne. Bei reinen Pflanzentönungen sind alle Bestandteile natürlichen Ursprungs. Es werden Wurzeln, Rinden, Blätter, Blüten, Samen, Früchte oder Hölzer zu einem Pulver verarbeitet. Bei der Verwendung von pulverförmigen Präparaten besteht die Gefahr des Einatmens feiner, die Lungen belastender Stäube. Präparate in Granulatform sind deshalb vorteilhafter in ihrer Anwendung.

Die Produkteigenschaften der Pflanzenfarbstoffe sind mit denen der klassischen Tönung vergleichbar. Eine Aufhellung des Haares oder wesentlich dunklere Farbtöne sowie eine 100%ige Abdeckung von weißen Haaren sind mit diesen natürlichen Farbstoffen nicht möglich. Auch ist die Farbauswahl bei reinen Pflanzentönungen nicht sehr groß. Sie liegen überwiegend im Rotbereich. Herstellerfirmen kombinieren deshalb Pflanzenfarbstoffe mit farbintensivierenden Stoffen (Fertigfarbstoffen), um das Nuancensortiment zu vergrößern. Mit Öl versetzt, handelt es sich hierbei um staubfreie Pulver mit einem Pflanzenanteil von mindestens 80 %. Durch Vorbehandlung des Haares mit synthetischen Fertigfarbstoffen kann die Deckkraft der Pflanzentönungen erhöht werden.

Der große Vorteil der Pflanzentönungen liegt in ihrer haarschonenden Farbgebung. Geeignet sind diese Produkte für Kundinnen und Kunden, die größten Wert auf Naturprodukte legen. Ein Anteil von natürlicher Gerbsäure wirkt adstringierend auf das Haar und bringt somit schönen Glanz. Dadurch, dass die Farbunterschiede, die jedes nicht gefärbte Haar aufweist, bei Pflanzentönung nicht ganz überdeckt werden, kommt die besondere Nartürlichkeit zum Ausdruck.

Sicherheitshinweise

Beachte:
Hennafarben zur Heimbehandlung können Metallsalze enthalten. Diese zeigen eine Unverträglichkeit mit Wasserstoffperoxid. Eine Reaktion zwischen Metallsalzen und H_2O_2, bei der Wärme freigesetzt wird, kann zu starken Kopfhaut- und Haarschädigungen führen.

Test: vor einer oxidativen Haarbehandlung: abgeschnittene Haarsträhne mit 12%igem H_2O_2 behandeln, bei Aufschäumung sind Metallsalze vorhanden → keine Behandlung!

Weitere Pflanzenfarbstoffe, die noch heute verwendet werden:

- Kamille: Blüten der Kamille färben **goldgelb**
- Salbei: Pulver aus den Blättern der Pflanze erzeugt **Aschtöne**
- Krappwurzel: Getrocknete, pulverisierte Wurzeln färben **purpurrot**
- Catechu: Pulver aus dem Holz einer Akazienart färbt **braun**
- Sedre: Pulver aus den Blättern der Pflanze erzeugt **sandfarbige** Töne
- Juglon: Blätter und Fruchtschalen der Walnuss färben **gelb-braun**

3 Farbverändernde Haarbehandlungsmittel kreativ einsetzen

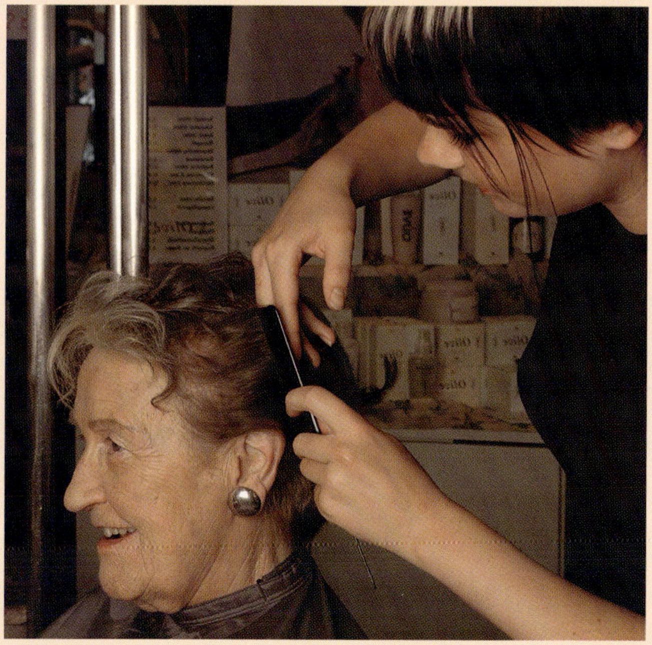

Frau Michaelis lässt ihre Haare seit vielen Jahren in einem matten Blondton färben.
Karla bedient sie heute. Beim Ausfrisieren stellt sie fest, dass die Haare im Schläfenbereich auffällig aschig geworden sind.
Zu Max sagt sie anschließend: „Ich versteh das nicht, die Farbrezeptur ist doch so wie immer gewesen. Woran kann das nur liegen?"
„Hast du denn die aktuelle Naturhaarfarbe berücksichtigt?", antwortet Max.

3.1 Problemfälle bewältigen

Nicht immer sind Kundenwünsche so einfach realisierbar. Hin und wieder gibt es im Salonalltag Situationen, die schwierig sind und eine Problemlösung verlangen.

3.1.1 Gefärbtes Haar vor- oder nachpigmentieren

Bei der **Vorpigmentierung** des Haares geht es darum, ein zu helles Haar für eine dunklere Nuance vorzubereiten bzw. die Haarfarbe haltbarer zu machen. Das Vorpigmentieren wird z. B. angewendet, wenn die Längen und Spitzen eines gefärbten Haares nach einem Urlaub unter der Sonne sehr viel heller geworden sind und nun in die gewünschte Farbtiefe abgedunkelt werden sollen. Hierbei sollte eine Nuance gewählt werden, die auf gleicher oder um eine Tonhöhe dunkler liegt, als die Zielfarbe.

Im Naturtonbereich erfolgt das Vorpigmentieren mit einer Goldnuance, wärmere Nuancen erhält man mit Kupfer. Rotnuancen sollten nur dann verwendet werden, wenn die Zielfarbe Rot ist. Nuancen mit starken Blauanteilen, wie Asch oder Perl, eignen sich nicht zum Vorpigmentieren. Das Ergebnis würde aschig und stumpf ausfallen.

Zur Schonung der Längen und Spitzen können auch Tönungsmittel zum Vor- oder Nachpigmentieren verwendet werden. Durch das Überangebot an Farbmittel im Verhältnis zum H_2O_2 erhält man in den Längen und Spitzen kräftigere Reflexe. Eine Alternative, die nicht ganz so farbintensiv ausfällt, ist das Nachpigmentieren.

Vorgehensweise beim Vorpigmentieren:
1. Längen und Spitzen anfeuchten
2. Mischung aus 1 Teil Farbmittel und 3 Teilen warmem Wasser
3. Auftrag auf Längen und Spitzen
4. Eigentliche Farbmischung herstellen
5. Ansatz färben
6. Anschließend in Längen und Spitze verteilen, EWZ noch 15–20 Minuten

Vorgehensweise beim Nachpigmentieren:
1. Ansatzfärbung in der gewünschten Nuance, 10 Minuten EWZ
2. In die Restfarbe (ca. 15 ml) das Farbmittel für die Pigmentierung geben (1 Teil Farbe und 3 Teile Wasser)
3. Auf Längen und Spitzen geben
4. Restliche EWZ ca. 25 Minuten

3.1.2 Rückpigmentierung aufgehellter Längen und Spitzen

Für Kundinnen, die ihre Naturhaarfarbe nach einer vorherigen Aufhellung zurückerhalten möchten, bietet sich die **Rückpigmentierung** an. Die Kundin erhält dabei ihren Naturfarbton zurück. Meist sind die Längen und Spitzen nach einer Hellerfärbung oder Blondierung strukturgeschädigt und daher sehr porös und saugfähig. Berücksichtigt man diese Tatsache nicht, so kann das Ergebnis entweder zu dunkel, zu hell oder zu matt und aschig ausfallen. Asch-, Perl- oder Cendre-Nuancen, denen die roten und gelben Farbstoffe fehlen, sind ungeeignet für eine Rückpigmentierung. Auf einem aufgehellten Haar können sie bläuliche oder grünliche Nuancierungen hervorbringen. Ratsam ist es, vor der eigentlichen Haarfärbung eine Probesträhne zu machen, um herauszufinden, welches Farbergebnis zu erwarten ist.

Beispiel für eine Rückpigmentierung:

Ausgangssituation: Die Kundin hat einen dunkelblonden Naturton, der ca. 5 cm herausgewachsen ist. Die Längen und Spitzen sind stark aufgehellt und sehr porös.

Kundenwunsch: Naturhaarfarbe Dunkelblond zurückerhalten

Behandlungsschritte:

1. Schritt:
- 15 ml Farbcreme Hellbraun mit 45 ml Wasser mischen.
- Das Gemisch wird auf das handtuchtrockene Haar vom Ansatz bis zu den Spitzen aufgetragen.
- Der naturfarbene Ansatz wird dadurch nicht verändert und bleibt deshalb unberücksichtigt.
- Die Feuchtigkeit im Haar verhindert jedoch, dass die porösen Längen und Spitzen zu viel Produkt aufnehmen.
- Die Einwirkzeit beträgt 30 Minuten ohne Wärmezufuhr.

2. Schritt:
- Einemulgieren einer 3%igen H_2O_2-Lösung auf die im Haar befindliche Rezeptur.
- Unter Beobachtung verbleibt diese Lösung ca. 15 Minuten auf dem Haar.
- In dieser Zeit werden die eingedrungenen Farbstoffbildner (Farbstoffvorstufen) zu Molekülen zusammengekoppelt und im Haar verankert.

3. Schritt:
- Nach der Einwirkzeit wird das Farbgemisch gründlich aus dem Haar ausgespült.
- Das Shampoonieren erfolgt mit einem milden Shampoo und eine Sauerspülung schließt die Behandlung ab.
- Auf dieser Basis können modische Tönungen problemlos ausgeführt werden.

3.1.3 Einen hohen Weißanteil bei dickem Haar berücksichtigen

Das Farbergebnis einer Haarfärbung resultiert immer aus der Mischung der vorhandenen Naturpigmente und der künstlichen Farbstoffe. Ein weißes Haar enthält jedoch keine Naturpigmente. Bei hohem Weißanteil in dickem Haar wird deshalb das gewünschte Farbziel ohne besondere Maßnahmen selten erreicht. Das Haar bleibt dann heller, oder das Ergebnis kann bei Verwendung von Aschnuancen sehr matt ausfallen. Aschtöne können einen Weißwert nur bis zu 50 % abdecken, Modetöne werden auf weißem Haar hingegen sehr viel leuchtender und farbintensiver.

Ist der Weißanteil in einem Haar mit normaler Haarstärke gleichmäßig verteilt, lässt sich dieses Problem mit dem richtigen Mischverhältnis zwischen Modeton und Naturton lösen.

Bei einem ungleichmäßig hohen Weißanteil bietet das **Vorpigmentieren** der weißen Haare die Lösung für ein perfektes Farbergebnis. Besonders bei Blondtönen ist diese Maßnahme zu empfehlen, weil diese weniger Farbstoffe enthalten. Bei dickem Haar sind dann diese Farbstoffe stärker verteilt und das Farbergebnis erscheint heller.

1. Beispiel zum Vorpigmentieren
Eine Kundin hat dickes Haar und einen mittelaschblonden Naturton. Im Schläfenbereich liegt der Weißwert bei 75 %, im übrigen Haar bei 20 %.

Kundenwunsch: Abdecken der weißen Haare, Ton in Ton

Vorgehensweise:
- Für das Vorpigmentieren den Naturton Hellblond, 1:1 mit Wasser gemischt, auf den Schläfenbereich auftragen und 10 Minuten einwirken lassen.
- Der höhere Alkalianteil lockert während der EWZ die Haarstruktur und die Farbbildnermoleküle können gut in das Haar eindringen.
- Danach die Nuance Mittelaschblond 1:1 mit 6%igem H_2O_2 gemischt, auf das gesamte Haar auftragen. Weitere 20 Minuten ohne Wärme einwirken lassen (Wärme verkürzt die Einwirkzeit).
- Im Anschluss wird das Farbprodukt mit Wasser aufemulgiert und gut ausgespült. Nach dem Shampoonieren beendet eine Sauerspülung den chemischen Vorgang.

2. Beispiel zum Vorpigmentieren
Eine Kundin wünscht für ihr dunkelblondes Haar einen helleren Farbton. Im Vorderkopfbereich ist ein Weißwert von 80% vorhanden, während das übrige Haar nur etwa 30% weiße Haare enthält.

Kundenwunsch (Zielfarbe): Hellaschblond

Vorgehensweise:
- Für das Vorpigmentieren muss hier ein goldiger Ton verwendet werden, da ansonsten das Farbergebnis auf dem weißen Haar nicht deckkräftig genug und zu graublau ausfällt.
- Goldblond in der Tonhöhe 8, 1:1 mit Wasser vermischt, auf den Vorderkopfbereich auftragen und 10 Minuten einwirken lassen.
- Anschließend Hellaschblond, 1:1 mit 9%igem H_2O_2 gemischt, auf das gesamte Haar auftragen.
- Da es sich hier um eine Hellerfärbung handelt, wird das Farbgemisch zuerst auf die Längen und Spitzen aufgetragen und danach der Ansatz behandelt.
- Nach einer weiteren Einwirkzeit von ca. 35–40 Minuten wird das Farbgemisch mit Wasser aufemulgiert, ausgespült und mit einem sauren Abschlussmittel behandelt.

3.1.4 Glasiges, hartes Haar färben

Haben Haare eine ausgesprochen feste, harte Struktur, spricht man von Glashaaren. Weiße Haare besitzen manchmal diese hohe Widerstandsfähigkeit. Sie lassen sich dann nur schwer anfärben. Ist der Weißanteil nur in bestimmten Bereichen vorhanden, wie z. B. an den Schläfen, eignet sich die Vorpigmentierung, bei der die Farbcreme 1:1 mit Wasser gemischt vor der eigentlichen Färbung aufgetragen wird. Bei gleichmäßiger Verteilung der glasig-harten Haare ist ein gutes Ergebnis nur mit einer „Borstenmischung" zu erzielen. Es werden dabei der Anteil der Farbbildnermoleküle und der Alkalisierungsmittelanteil erhöht. Man mischt dazu zwei Teile Farbcreme mit einem Teil H_2O_2. Die stärkere Verdünnung des H_2O_2 wird mit einer höheren H_2O_2-Konzentration ausgeglichen. Ein eventuell zu dunkles Farbergebnis kann mit Verwendung einer helleren Nuance ausgeglichen werden.

Beispiel für eine „Borstenmischung"-Ganzfärbung
Ausgangsfarbe: Mittelblond
Weißanteil: 60 %
Zielfarbe: Mittelblond
Farbrezeptur: 60 ml Farbcreme Mittelblond
\+ 20 ml Farbcreme Hellblond
\+ 40 ml H_2O_2 9%ig

3.1.5 Dauerwelle und Haarfärbung am gleichen Tag

Im Beratungsgespräch muss grundsätzlich darauf hingewiesen werden, dass zwei chemische Behandlungen, die das Haar stark belasten, nicht am gleichen Tag erfolgen sollten. Bei beiden Verfahren handelt es sich um alkalische Vorgänge, die die Haarstruktur angreifen und einen Teil der Kittsubstanz herauslösen können. Das Haar sieht dann stumpf und glanzlos aus und kann seine Sprungkraft einbüßen. Färbung und Dauerwelle sind außerdem zwei chemisch entgegengesetzte Vorgänge, die sich im Ergebnis gegenseitig beeinflussen können. Eine Dauerwelle kann durch eine nachfolgende Färbung ein schwächeres Wellbild erhalten und umgekehrt wird das Farbergebnis durch eine nachfolgende Dauerwelle verändert. Mit der nötigen Sensibilität für den Wunsch der Kundin und dem Beratungsgeschick des Friseurs sollte es gelingen, eine für das Haar weniger strapazierende Lösung zu finden.

Zwischen den beiden Behandlungen empfiehlt sich ein Zeitraum von zwei Wochen. Ist es jedoch der ausdrückliche Wunsch der Kundin, beide Behandlungen zusammen durchführen zu lassen, gibt es zwei Möglichkeiten der Vorgehensweise. Bei beiden Varianten sind jedoch folgende Regeln zu beachten:

Reihenfolge: Färbung nach der Dauerwelle

- Dünnere Wickler einsetzen, um der Abschwächung der Dauerwelle durch die anschließende Färbung entgegenzuwirken.
- Für die Farbrezeptur eine etwas hellere Nuance wählen, weil das Ergebnis durch die Porosität des Haares dunkler ausfallen kann.
- Beim Farbausgleich das Haar gut vorfeuchten, damit die Längen und Spitzen nicht zu viel Farbmittel aufnehmen.

Reihenfolge: Färbung vor der Dauerwelle

- Ein Dauerwellpräparat für coloriertes Haar einsetzen und auf Wärmezufuhr verzichten.
- Nach der Einwirkzeit des Wellmittels das Haar zuerst zwischenfixieren, fünf Minuten einwirken lassen, ausspülen und wie gewohnt nochmals fixieren.

  Begründung:

  Der Reduktonsvorgang bei der Dauerwelle verwandelt einen Teil der neu entwickelten künstlichen Farbstoffe in ihre Farbstoffvorstufen zurück. Spült man das Haar nach der Einwirkzeit des Wellmittels sofort ab, gehen diese Farbstoffvorstufen verloren und die Haarfarbe wird heller und leuchtender.

  Die Zwischenfixierung fügt die Farbbildnermoleküle durch das vorhandene Oxidationsmittel wieder zu großen Farbmolekülen zusammen, sodass sie nicht mehr ausgespült werden können.

1. *Mit welchen Argumenten beraten Sie eine Kundin, die den Wunsch hat, eine Dauerwelle und eine oxidative Farbbehandlung am gleichen Tag machen zu lassen? Formulieren Sie in wörtlicher Rede.*
2. *Welche Vorschläge können Sie machen, um ein nach einer Dauerwellbehandlung abgeschwächtes Farbbild auf haarschonende Weise aufzufrischen?*
3. *Ein durch chemische Behandlungen strapaziertes Haar benötigt eine besondere Pflege. Für die Heimbehandlung sollten Sie deshalb Ihrer Kundin Pflegeprodukte anbieten und Tipps zur Haarpflege geben. Formulieren Sie Ihre Produktvorschläge und Pflegetipps in wörtlicher Rede.*

3.2 Fehlergebnisse bei der Farbveränderung des Haares korrigieren

Die farbverändernden Haarbehandlungsmöglichkeiten sind ein sehr umfangreiches Betätigungsfeld für den Friseur. Karla hat viel zu lernen und merkt beim Umgang mit den farbverändernden Mitteln, wie wichtig die vorherige sorgfältige Beurteilung des Haares ist. Auch die Befragung der Kundin zu vorangegangenen Haarbehandlungen ist für den festzulegenden Behandlungsplan von Bedeutung. Nicht selten haben Kunden Heimbehandlungsmittel verwendet, bei denen eine klare Identität nicht feststellbar ist. In hektischen Situationen oder aus Mangel an Erfahrung kann eine Farbbehandlung auch mal misslingen. In solchen Fällen sind die Kenntnisse über Möglichkeiten der Fehlerkorrektur sehr entscheidend für das richtige und schnelle Handeln.

3.2.1 Färbefehler und deren mögliche Ursachen

Fehlergebnisse	Ursachen
Wenn die Haarfarbe nicht gedeckt hat, könnte es sein, dass:	– das Farbmittel zu dünn aufgetragen wurde. – das Mischungsverhältnis zwischen Modeton und Naturton zu stark zum Modeton tendierte. – die Einwirkzeit zu kurz war. – die Farbmasse zu früh zum Längen- und Spitzenausgleich vom Ansatz weggekämmt wurde. – die Farbwahl für den weißen Ansatz zu hell war. – die kräftige Haarstruktur nicht berücksichtigt wurde.
Wenn das Farbergebnis zu dunkel ausfiel, könnte es sein, dass:	– die Haarstärke nicht beachtet wurde (feines Haar). – die H_2O_2-Konzentration zu schwach war. – ein zu dunkler Farbton gewählt wurde (Naturfarbton falsch beurteilt).
Wenn das Farbergebnis zu hell ausfiel, könnte es sein, dass:	– ein zu heller Farbton ausgewählt wurde. – der Weißanteil nicht berücksichtigt wurde. – die Einwirkzeit zu kurz war. – die H_2O_2-Konzentration zu hoch war.
Wenn das Farbergebnis zu leuchtend oder zu aschig ausfiel, könnte es sein, dass:	– die Porosität der Längen und Spitzen nicht berücksichtigt wurde. – der gewählte Farbton zu leuchtend war. – der Weißanteil bei Aschtönen nicht berücksichtigt wurde. – der Weißanteil bei einer Hellerfärbung nicht berücksichtigt wurde.
Wenn das Farbergebnis ungleichmäßig (scheckig) ausfiel, könnte es sein, dass:	– die unterschiedliche Haarstruktur nicht berücksichtigt wurde (poröse Längen und Spitzen). – die Haarpartien ungleichmäßig abgeteilt wurden. – die Einwirkzeit zu kurz war. – eine starke Verschmutzung des Haares nicht berücksichtigt wurde.

3.2.2 Möglichkeiten der Farbkorrektur

Hat ein Haar bei einer Farbbehandlung zu wenig Farbstoffe erhalten, lässt sich das in den meisten Fällen auf haarschonende Weise mit einem Tönungsmittel korrigieren. Bei zu geringer Deckkraft der Haarfarbe ist oft ein nochmaliges Färben notwendig. Der Farbauftrag sollte dann dicker erfolgen oder bei hartem, glasigem Haar die Borstenmischung verwendet werden. Unerwünschte Farbnuancen lassen sich mit der Komplementärfarbe korrigieren.

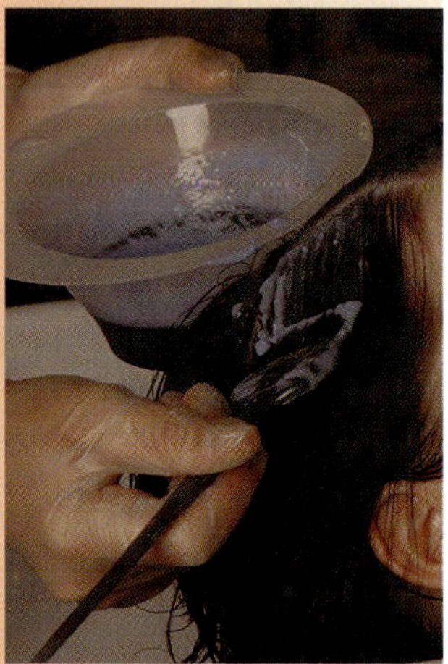
Alkalischer Farbabzug

Das Entfärben der Haare

Ein Haar, das zu viel Farbe abbekommen hat, kann nur durch den Abzug der Farbe die gewünschte Farbtiefe erhalten. Hier gibt es zwei Möglichkeiten:

Der alkalische Farbabzug
Man nennt ihn auch den **oxidativen Abzug**, der mit Blondiermitteln erfolgt. Bei nur leichter Aufhellung genügt die Blondierwäsche, bei stärkeren Aufhellungen des zu dunkel ausgefallenen Farbergebnisses wird ein Blondiermittel mit 3–9%igem H_2O_2 angemischt. Auch die Entfärbung von Rotnuancierungen benötigt eine höhere Konzentration an H_2O_2. Dabei sollte jedoch immer an die große Belastung der Haarstruktur gedacht werden und eine stärkere Blondierung nur dann erfolgen, wenn die Haarqualität dies auch zulässt.

Rezeptur für eine Blondierwäsche:
30 ml 6%iges H_2O_2
\+ 30 ml Wasser
\+ 1 Portion Shampoo
\+ 1 Messlöffel Blondiergranulat
\+ $^1/_2$ Portion Haarkur

An den dunkelsten Haarpartien mit dem Auftrag beginnen und Partie für Partie behandeln. Aufhellungsprozess beobachten, im Anschluss abspülen und mit einem sauren Mittel nachbehandeln.

Der saure Farbabzug
Diese Möglichkeit der Entfärbung kann nur bei einem frisch gefärbten Haar angewendet werden. Farbveränderungen, die schon längere Zeit zurückliegen sind damit nicht entfernbar. Saure Farbabzugsmittel enthalten als Wirksubstanz ein Reduktionsmittel. Man spricht deshalb auch vom **reduktiven Abzug**. Eine zweite Komponente, eine Säure, macht das Reduktionsmittel wirksam. Die künstlichen Farbstoffmoleküle werden dabei wieder zu Farbstoffvorstufen reduziert. Während der alkalische Farbabzug (Blondierung) neben den künstlichen Farbstoffen gleichzeitig auch natürliche Pigmente aufhellt, liegt die Wirksamkeit des sauren Farbabzugsmittels nur auf den künstlichen Farbstoffen. Allerdings bleiben Fertigfarbstoffe unverändert. Nach erreichter Aufhellung der Farbe und gründlichem Ausspülen der Farbstoffreste werden die verbliebenen Farbbildnermoleküle durch eine Kontrollspülung mit einer 1–2%igen H_2O_2-Lösung neu zu künstlichen Farbstoffen entwickelt. Unterbleibt diese abschließende Behandlung, kann das Haar durch den Luftsauerstoff nachdunkeln.

Wenn die Haare grün werden

In Schwimmbädern wird dem Wasser oftmals Kupfersulfat beigemischt, um einen Algenbewuchs zu verhindern. Höhere Dosierungen geben dem Wasser einen frischen bläulichen Ton, können jedoch auch die Haarfarbe bei Blondschöpfen verändern (Gelb + Blau ergeben Grün). Dieser Grünstich entsteht besonders dann, wenn Haare mit Wasserstoffperoxid behandelt wurden. Auch kupferhaltiges Leitungswasser kann nach dem Duschen diese Veränderungen der Haarfarbe hervorrufen. Eine einfache Entfernung kann mit klarem Wasser erfolgen. Eine spätere Entfernung der Kupferionen ist mit Acetylsalicylsäure (enthalten im Medikament Aspirin) möglich.

Haarfarbenwiederhersteller (Recolourprodukte)

Die auf dem Markt befindlichen Produkte zur Wiederherstellung der natürlichen Haarfarbe enthalten Farbbildner, die im Haar mithilfe des Luftsauerstoffs Farbstoffe bilden. Sowohl Frauen als auch Männer greifen zu diesen Produkten, die selbst bei stark ergrautem Haar Farbtöne von Mittelblond bis Dunkelbraun erzeugen. Allerdings geschieht dies über Zwischentöne, die bläulich oder violett aussehen können, bis der eigentliche Farbton nach einigen Tagen erreicht ist. Eine Aufhellung oder modische Nuancierungen sind mit diesen Mitteln nicht möglich. Auch für gefärbtes oder blondiertes Haar sind diese Haarfarbenwiederhersteller nicht anwendbar.

Sicherheitshinweise

Vorsicht ist geboten, wenn solche Mittel Metallsalze, wie Bleiacetat, enthalten. Diese sind besonders toxisch.

3.3 Beispiele zur Anwendung farbverändernder Mittel

Beispiele zur Verwendung von Tonspülungen

- Zur Farbauffrischung nach einer chemischen Umformung:
  5–20 ml Tonspülung der gewünschten Nuance mit 250 ml warmem Wasser in einer Applikatorflasche mischen und auf das handtuchtrockene Haar auftragen. Danach nicht ausspülen und nicht shampoonieren, sondern wie gewohnt weiterarbeiten. Je heller und poröser der Ausgangsfarbton ist, desto stärker die Verdünnung.
- Zur Farbveredelung bei grauem Haar (Gelbstich beseitigen):
  Je nach Farbtiefe des vorhandenen Naturtones werden 5–20 ml Tonspülung in Natur-Silber in einer Applikatorflasche mit 250 ml warmem Wasser gemischt, auf das handtuchtrockene Haar aufgetragen und nicht ausgespült.
- Zur Farbkorrektur etwas zu gelb gewordener blondierter Strähnen oder von blondiertem Haar:
  Die Mischung darf nur sehr farbschwach verwendet werden.
  5–10 ml Tonspülung der Nuance Perl mit 250 ml warmem Wasser in der Applikatorflasche mischen und auf das handtuchtrockene Haar auftragen. Eventuell vorher an einer Probesträhne prüfen, ob die gewählte Mischung für das gewünschte Farbziel ausreicht.
- Zum Farbausgleich der Längen und Spitzen bei einer Ansatzfärbung mit Natur- und Modetönen:
  DieTonspülung wird dazu in der gewünschten Farbnuance pur eingesetzt oder im Verhältnis 1:1 oder 1:4 mit Wasser gemischt. Für den Längenausgleich wird nach der Einwirkzeit am Ansatz das übriggebliebene Färbegemisch nicht wie üblich mit Wasser, sondern zusammen mit der Tonspülung in die Längen und Spitzen emulgiert, nach ca. 5–10 Minuten ausgespült und mit einem sauren Abschlussmittel nachbehandelt.

Beispiele von Farbsträhnen in farblich unbehandeltem Haar

Die Art der Strähnentechnik, ob mit Strähnenhaube oder Folie, hat für die Farbrezeptur keine Bedeutung.

1. Beispiel:

Kundenwunsch: hellere kupferrote Strähnchen, zwei Töne heller als der Naturton
Naturhaarfarbe: lebhaftes Dunkelblond
Weißanteil: keiner
Rezeptur: 30 ml Färbemittel in einem kupferroten Ton der Farbtiefe 8
+ 15 ml 12 %iges H_2O_2

Das Mischungsverhältnis ist in diesem Fall 2:1 (2 Teile Färbemittel + 1 Teil H_2O_2). Durch den höheren Farbanteil in der Rezeptur werden in den Haarlängen und Spitzen die nötige Farbintensität und Haltbarkeit erreicht.

2. Beispiel:

Kundenwunsch: Natursträhnen in weißen Haaren (Graureduzierung)
Weißanteil: 100 %
Rezeptur: 30 ml Farbcreme, z. B. Dunkelblond
+ 15 ml 9%iges H_2O_2

Die gewählte Farbrezeptur entspricht der Rezeptur einer Borstenmischung. Der höhere Farbstoffanteil gewährleistet eine höhere Deckkraft und Haltbarkeit in den Haarlängen und Spitzen.
Für ein natürlich aussehendes Farbergebnis ist es ratsam, am Vorderkopf weniger und zu den Seiten und am Hinterkopf mehr Farbsträhnen zu setzen.

Beispiele für eine Hellerfärbung
Wichtig ist, dass für Hellerfärbungen ausreichende Farbmengen zubereitet werden, da diese einen dickeren Farbauftrag verlangen.

1. Beispiel:
Kundenwunsch: Aufhellung der Naturhaarfarbe um zwei Töne (Erstfärbung) → matter Blondton
Naturhaarfarbe: Mittelblond
Weißanteil: keiner
Rezeptur: 40 ml eines matten Blondtones
+ 40 ml 9%iges H_2O_2
Das Farbgemisch erst auf die Längen und Spitzen auftragen, nach ca. 20 Minuten mit einem neu zubereiteten Farbgemisch den Ansatz behandeln. Die weitere Einwirkzeit beträgt mit Wärme etwa 25 Minuten.

2. Beispiel:
Kundenwunsch: Aufhellung der Naturhaarfarbe um vier Töne (Erstfärbung) → hellster Blondton
Naturhaarfarbe: Dunkelblond
Weißanteil: keiner
Rezeptur: 30 ml Farbcreme/ Spezialblond in Asch- oder Perlton
+ 60 ml 12%iges H_2O_2
Spezialblondtöne verlangen ein spezielles Mischungsverhältnis 1:2 (ein Teil Farbcreme und zwei Teile H_2O_2)
Vorgehensweise wie im Beispiel 1
Hinweis: Bereits gefärbtes Haar lässt sich nicht mit einer Hellerfärbung aufhellen. In diesem Fall ist eine Blondierung erforderlich.

Beispiele für Modetöne

1. Beispiel:
Kundenwunsch: Ansatzfärbung im Rotton Kupfer/Gold
Ausgangsfarbe: gefärbtes Haar mit naturfarbenem Ansatz
Längen und Spitzen: ausgeblichen, Farbtiefe 8
Weißanteil: keiner
Naturton: Mittelblond
Rezeptur: 40 ml Farbcreme Kupfer/Gold Tonhöhe 7
+ 40 ml 6%iges H_2O_2
Das Farbgemisch wird auf den Ansatz aufgetragen. Nach 15 Minuten erfolgt ein Längenausgleich. Die Verwendung eines Intensivtönungsmittels der gleichen Nuance und Farbtiefe ist haarschonender. EWZ weitere 15 Minuten.

2. Beispiel:
Kundenwunsch: Ansatzfärbung in einem Rotviolett der Farbtiefe 5 und Farbausgleich der Längen
Ausgangsfarbe: gefärbtes Haar mit graumeliertem Ansatz
Längen und Spitzen: ausgeblichen, Farbtiefe 7
Weißanteil: 50 %
Naturton: Hellbraun
Rezeptur: 20 ml Modeton in Rotviolett der Farbtiefe 5
+ 20 ml Naturton der Farbtiefe 5
Das Farbgemisch wird auf den Ansatz aufgetragen. Der Längenausgleich erfolgt nach 15 Minuten. Mit dem gleichen Färbegemisch wird jedoch das Ergebnis in den Längen und Spitzen weniger leuchtend als am Ansatz. Deshalb empfiehlt sich hier ebenfalls die Verwendung eines Intensivtönungsmittels in gleicher Nuance und Farbtiefe wie der verwendete Modeton. EWZ weitere 15 Minuten.

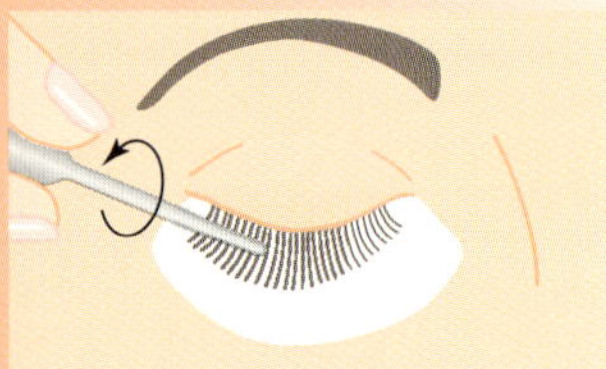

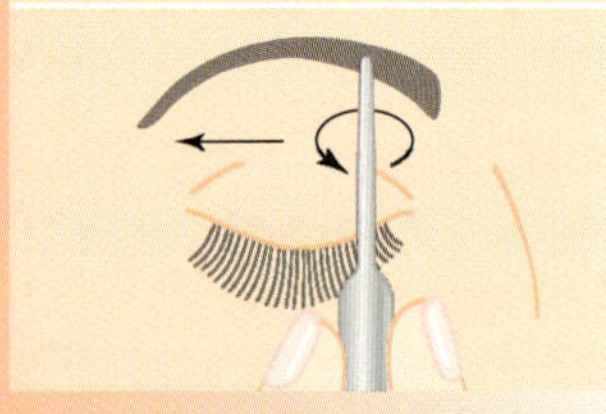

3.4 Augenbrauen und Wimpern färben

Die dauerhafte Farbgebung beim Augenbrauen- und Wimpernfärben verstärkt den Effekt der Wimperntusche und ist eine sehr praktische Lösung für Kundinnen, die im Umgang mit Wimperntusche und Augenbrauenstift unsicher sind. Die Haltbarkeit liegt, bedingt durch den natürlichen Haarwechsel, bei 4–5 Wochen. Durch diese Farbgebung werden Augenbrauen und Wimpern betont und das Gesicht erhält mehr Ausdruck.

Die klassischen Haarfarben sind allerdings für den empfindlichen Augenbereich nicht geeignet. Die zu verwendenden speziellen Oxidationshaarfarben basieren auf einer milden Cremegrundlage, die für die reizempfindlichen Augenschleimhäute gut verträglich ist. Der dazugehörige spezielle Entwickler ist eine niedrig konzentrierte H_2O_2-Lösung. Die heutigen Präparate sind gegen Sonne, Sonnenschutzmittel und Salzwasser weitgehend resistent.

Augenbrauen- und Wimpernfarben gibt es in verschiedenen Farbtiefen und Farbnuancen. Sie sind untereinander mischbar, sodass eine individuelle Abstimmung auf jeden Farbtyp möglich ist. Der gewählte Farbton sollte immer zur Haarfarbe der Kundin passen. Zu einem blonden oder gar weißem Haar gehören keine pechschwarzen Augenbrauen.

Arbeitsmittel:

- Umhang
- Augen-Make-up-Entferner
- Hautschutzcreme oder Vaseline
- Schutzblättchen
- Wattepads
- Servietten
- Wimpern- und Augenbrauenfarbe
- Farbentwickler (H_2O_2, 3–6 %ig)
- Färbestäbchen
- Augenpflegegel
- Wasserschale (Nierenschale)

Augenbrauen- und Wimpernfarbe sollte immer frisch angerührt werden, weil sie nach 15–20 Minuten ihre Farbwirkung verliert.

Merke

Äußert die Kundin keine besonderen Wünsche gilt folgende Regel:
- **Die Augenbrauen sollten farblich etwas dunkler sein als das Kopfhaar, höchstens aber 2–3 Töne dunkler als die Eigenfarbe.**
- **Die Wimpern können aufgrund ihrer Feinheit etwas dunkler sein als die Augenbrauen.**

Arbeitsschritte beim Färben der Wimpern
1. Augenpartie vom Augen-Make-up befreien.
2. Hautschutzcreme auf die untere Augenpartie auftragen.
3. Schutzblättchen oder angefeuchtete, zugeschnittene Wattepads bei geöffneten Augen auf die unteren Augenlider legen und bis an den Haaransatz heranschieben.
4. Bei geschlossenen Augen das Farbgemisch mit dem Färbestäbchen leicht rollend zu den Wimpernspitzen hin auftragen. Der Vorgang wird wiederholt bis alle Wimpern gut mit dem Präparat bedeckt sind. Augen mit feuchten Wattepads abdecken, dadurch hält die Kundin die Augen ruhiger und entspannter. Die EWZ beträgt zehn Minuten

5. Das Abnehmen des Präparates kann durch Abwaschen mit warmem Wasser aus einer Wasserschale erfolgen, die seitlich an die Wange gehalten wird. Die Kundin dreht dabei den Kopf leicht zur Seite. Eine andere Möglichkeit ist das Auflegen von angefeuchteten Wattepads, die man mit leichtem Druck auf die Wimpern zusammen mit den Schutzblättchen abzieht. Mit feuchten Wattepads wird nachgereinigt. Dabei wird immer zum inneren Augenwinkel hin gearbeitet.
6. Augenlider mit einem Zellstofftuch abtrocknen.
7. In gleicher Weise mit der anderen Augenpartie verfahren und anschließend ein Augenpflegegel auftragen.

Arbeitsschritte beim Färben der Augenbrauen

1. Unterhalb und oberhalb der Brauenhärchen Vaseline oder Schutzcreme auftragen.
2. Farbgemisch mit dem Färbestäbchen in Wuchsrichtung der Augenbrauen auftragen. Die spätere Form der Augenbrauen berücksichtigen.
3. Nach der individuellen Einwirkzeit (Gebrauchsanweisung beachten), das Präparat mit feuchtem Wattepad in Wuchsrichtung entfernen.
4. Farbflecken auf der Haut mit Creme und trockenen Wattepads oder einem speziellen Farbentferner lösen.
5. Augenbrauenkorrektur erfolgt im Anschluss entsprechend der Gesichts- und Augenform. Gezupft wird immer in Wuchsrichtung der Augenbrauen. Die klassische Augenbrauenform ist innen breiter und der höchste Punkt liegt im letzten Drittel der Braue.
6. Bei entstandenen Rötungen nach dem Zupfen hat das Abreiben mit Eiswürfeln eine reizlindernde Wirkung. Eventuell mit Make-up abdecken.

KAPITEL 4

Föhnen, Wickeln, Wellenlegen

Haarergänzung/Haarersatz

Haare formen

Dauerwelltechnik fachgerecht anwenden – Basiswissen

Dauerwelle planen, durchführen und kontrollieren

Techniken der nicht dauerhaften Frisurenformung

Frisurenfinish

Zielvereinbarungen treffen

Frisurengestaltung – geometrische Grundformen

Exemplarische Anwendung

Mehr als Toupets und Perücken

Haarverdichtung/Extensions

Haarsorten

Toupets

Spezielle Pflege

Form- und Farbveränderung

Exkurs: Knüpfen und Tressieren

Frisieren mit Fremdhaar

Umformung dauerhaft/nicht dauerhaft

Schutzmaßnahmen

Ablauf einer Dauerwellbehandlung

Das Wickeln der Dauerwelle

Wellmittel auftragen, abspülen, fixieren

Well- und Fixiermittel

Einflussgrößen auf das Wellergebnis

Exkurs: Geschichte der Dauerwelle

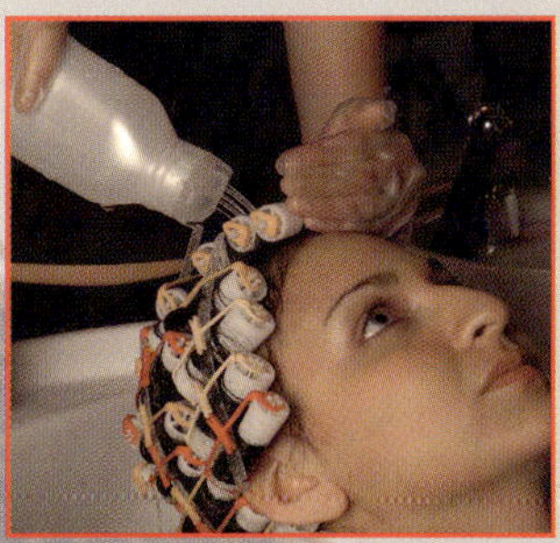

Dauerwell-Marketing

Arbeitsplanung

Durchführen

Kontrollieren und Bewerten

Exkurs: Entkrausen

Problemfälle und Fehler

Exkurs: Chemie der DW

1 Föhnen, Wickeln, Wellenlegen

1.1 Techniken der nicht dauerhaften Frisurenformung

- Grundlegende Techniken im Überblick
- Geräte und Hilfsmittel zur Frisurenformung
- Stylingprodukte
- Grundlegende Föhntechniken
- Volumenentwicklung
- Papilloten
- Handgelegte Wasserwelle

1.2 Frisurenfinish

- Styling
- Ausfrisieren
- Hochsteckfrisur
- Flechten

1.3 Zielvereinbarungen treffen

- Erwartungen klären
- Kundenpersönlichkeit berücksichtigen
- Aspekte der Frisurenbeschreibung beachten

1.4 Frisurengestaltung – geometrische Grundformen

- Linien
- Flächen
- Körper

1.5 Exemplarische Anwendung

„Übung macht den Meister!" – Den Spruch hat Karla nun schon oft genug von ihrer Chefin gehört. Der Übungskopf leidet bereits ein wenig unter Haarausfall, aber das Eindrehen von Volumenwicklern gelingt schon viel besser. Auch das wöchentliche Föhnmodell ist mit dem Ergebnis ganz zufrieden. Karla darf nun einige Föhn- und Einlegetechniken nach Absprache mit der Ausbilderin am Kunden ausführen.
Dabei fragt sie sich, woher ihre Kollegin so genau weiß, welche Technik die jeweils richtige ist.

1.1 Techniken der nicht dauerhaften Frisurenformung

Die einfachste Möglichkeit der Frisurenformung ist es, Haare in trockenem Zustand zu kämmen, etwa einen Scheitel zu ziehen. Doch schon wenige Bewegungen des Kopfes reichen aus, um die Frisur zu zerstören. Anders ist es, wenn wir die Haare vorher anfeuchten. Trocknen wir sie anschließend in der gekämmten Form, so ist der Scheitel noch nach Tagen erkennbar – solange, bis die Haare wieder befeuchtet werden.

Wer jemals versucht hat, trockene Haare um einen Volumen- oder gar Dauerwellwickler zu drehen, der weiß, wie widerspenstig Haar sein kann. Ein paar Tropfen Wasser reichen schon, um das Haar gefügig und formbar zu machen. Bis zu 30 % seiner Masse kann das Haar Wasser aufnehmen, und es ändert dabei deutlich seine Eigenschaften. Es wird dicker, geringfügig länger und vor allem formbar.

Dies wird erreicht, indem das Wasser chemische Brücken im Haar löst, die **Wasserstoffbrücken**. Diese verhältnismäßig schwachen Brücken halten das Haar in Form. Löst man sie, so wird es formbar. Bringt man das Wasser zum Verdunsten, so bilden sich neue Brücken, die das Haar in seiner gerade vorhandenen Form festigen.

Verkündigungsengel mit Papillotenfrisur, 1235, Bamberg

Die Wasserstoffbrücken sind auch verantwortlich für die Frisurenformung in scheinbar trockenem Haar: Je nach Luftfeuchtigkeit der Umgebung enthält es nämlich etwa 17% Wasser. Bringt man dieses Wasser durch Wärmezufuhr – z. B. mit einem Frisierstab – zum Verdunsten, so bilden sich ebenfalls neue Wasserstoffbrücken. Anschließend nimmt es aus der Umgebungsluft wieder Feuchtigkeit in Form von Wasserdampf auf. Doch die aufgenommenen Wassermoleküle lagern sich nicht alle wieder an den alten Stellen an, sodass zwar etwas Spannung verloren geht, die Formveränderung aber im Wesentlichen erhalten bleibt.

Auf diese Weise wurden schon in der Antike Haare geformt. Dazu verwendete man erhitzte Tonröhrchen oder Eisenzangen. Die Tonröhrchen nannte man Calamistrum. Sie wurden bereits im antiken Griechenland (3000 – 300 v. Chr.) verwendet.

Im Mittelalter dienten erhitzte Eisenzangen zur Formung von Locken. Um die Haare vor Überhitzung zu schützen, legte man zwischen die Haarsträhne und das Eisen Papier, so entstand der Begriff Papillote.

1872 erfand der Franzose Marcel Grateau eine besondere Technik, um Haare mit der Brennschere zu formen (ondulieren). Sie wurde in größerem Umfang bis in die 1960er Jahre praktiziert. Etwa zeitgleich kamen die handgelegten Wasserwellen zum Einsatz.

Heute arbeiten wir vornehmlich mit Föhn, Frisierstab und Trockenhauben. Die Technik der Geräte wurde immer wieder verbessert. Föhne wurden leichter und dabei leistungsfähiger, Trockenhauben wurden leiser, energiesparender und haarschonender. Feuchtesteuerungen verhindern ein Übertrocknen der Haare. Stylingprodukte verbessern Stand und Haltbarkeit.

Das Prinzip, das dieser nicht dauerhaften Umformung zugrunde liegt, ist aber immer noch das gleiche. Und gerade darin, dass sein Ergebnis nicht von Dauer und daher auch jederzeit leicht zu korrigieren ist, liegen ein großer Reiz und ein Spielraum für die Kreativität.

1.1.1 Grundlegende Techniken im Überblick

Im Salonalltag spielt heute das Föhnen die Hauptrolle. Tatsächlich lassen sich mit dieser Technik sehr vielfältige Frisuren herstellen. So ist es möglich, im Haar mehr oder weniger Spannung oder Volumen zu erzeugen. Anliegende Frisurenpartien lassen sich ebenso gestalten wie ein betonter Hinterkopf oder aufspringende Spitzen.

Ist fester Stand gefragt oder besondere Sprungkraft, so ist es meist sinnvoller, die Volumenwicklung einzusetzen. Gegebenenfalls kommt dann der Föhn nach dem Trocknen zum Einsatz, um allzu große Spannung zu bändigen.

Im trockenen Haar bieten Frisierstab oder Airstyler Vorteile.

Möchte man eine deutliche Ausprägung von Wellen, so kann im feuchten Haar ebenso wie beim späteren Ausfrisieren die Technik der Handgelegten Wasserwelle zum Einsatz kommen.

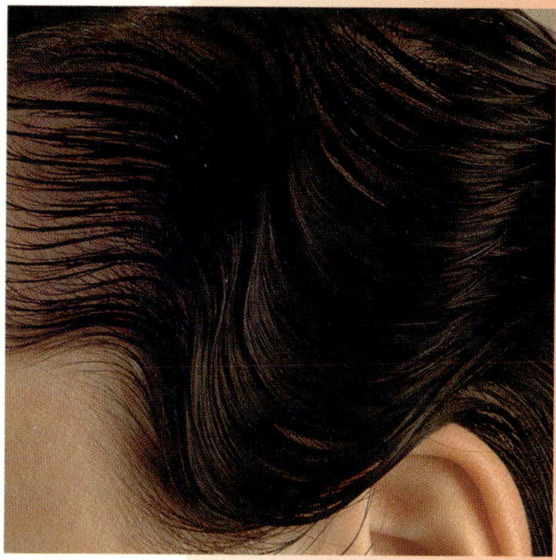

Modische Effekte erzielt man mit dem Kreppeisen.
Es ist daher notwendig, die unterschiedlichen Techniken zu kennen und zu beherrschen, um sie je nach Frisurenziel anwenden und kombinieren zu können.

Glatte Haare erzielt man mit dem Glätteisen.

Papilloten ermöglichen eine besonders feine Abstimmung des Volumens auf das spätere Frisurenergebnis, je nachdem, ob es sich um liegende, halbhohe oder stehende Papilloten handelt.

1.1.2 Geräte und Hilfsmittel zur Frisurenformung

Der Föhn hairdryer und seine Verwandten zählen zu den im Friseursalon am häufigsten benutzten Geräten. Im Zusammenspiel mit den verschiedensten Bürsten brushes ermöglicht der Föhn eine Fülle von Gestaltungsmöglichkeiten.

Sicherheitshinweise

Der Umgang mit elektrischen Geräten in feuchter Umgebung ist mit Gefahren verbunden.

Deshalb die folgenden Sicherheitshinweise:

- Um Beschädigungen an Kabeln und Steckern zu vermeiden, das Kabel immer am Stecker – nie am Kabel – aus der Steckdose ziehen.
- Niemals Geräte mit beschädigten Kabeln verwenden.
- Geräte vor Feuchtigkeit schützen und niemals ins Waschbecken ablegen.

Arbeitszeit und Energie kann man einsparen, wenn eventuell vorhandene Luftfilter regelmäßig gereinigt werden.

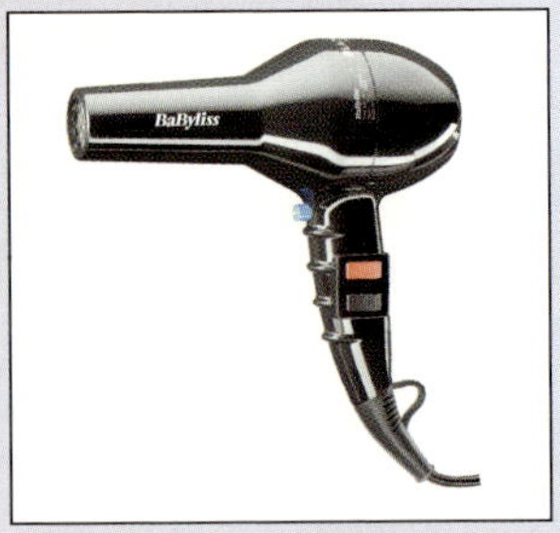

Föhn. Durch ein elektrisches Gebläse und eine Heizung erzeugt der Föhn einen Warmluftstrahl. Dieser kann durch Vorsteckdüsen gebündelt oder durch einen Diffusor zu einer Warmluftdusche verteilt werden. Ein guter Föhn hat einen hohen Luftdurchsatz um Wärmestaus zu verhindern, ist möglichst leicht und leise. Manche Geräte schalten sich von allein aus, sobald man sie aus der Hand legt. Diese Funktion erhöht den Komfort und spart Energie.

Föhnwellkamm. Hierbei strömt die erwärmte Föhnluft aus einem Hohlkörper, der wie ein Kamm geformt ist. Damit lassen sich besonders gut Wellenbewegungen und Kanten ins Haar föhnen.

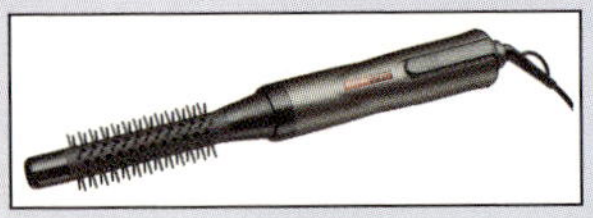

Warmlufttrockenbürste. Bei dieser Kombination aus Föhn und Bürste strömt die warme Luft aus einem runden Wickelkörper, der mit – manchmal versenkbaren – Borsten versehen ist, um das Haar besser erfassen zu können.

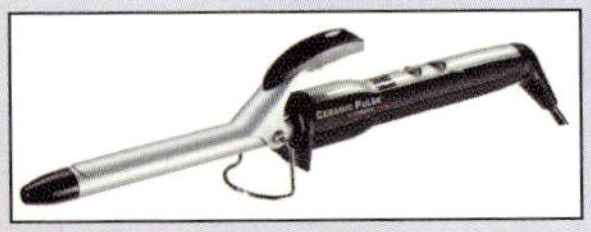

Frisierstab. Locken- und Frisierstab curler wendet man in trockenem Haar an, um z. B. geföhntem Haar noch mehr Stand zu geben. Dazu werden die Haarsträhnen um den elektrisch beheizten Stab gewickelt und erwärmt.

Bürsten

Mit dem Föhn lassen sich die unterschiedlichsten Frisuren erstellen. Meist geschieht dies in Zusammenwirken mit speziellen Bürsten. Die Auswahl an Bürsten in verschiedenen Formen und Materialien ist deshalb groß. Bürsten sollen haarschonend, haltbar und pflegeleicht sein, um den hygienischen Anforderungen gerecht zu werden. Selbstverständlich aber müssen sie ihrem jeweiligen Verwendungszweck entsprechen.

Föhnbürsten müssen besonders hitzebeständig und luftdurchlässig sein, um einen guten Luftaustausch zu ermöglichen und Haarschädigungen durch Wärmestau zu vermeiden. Sie müssen weitgehend unempfindlich gegenüber Nässe sein. Um dem Haar die gewünschte Spannung zu geben, sind diese Bürsten oft rund oder halbrund mit unterschiedlichem Durchmesser. Bürsten in Paddelform ermöglichen das Aufnehmen und Trocknen einer breiten Haarpartie, die sich dabei haarschonend glattföhnen lässt.

Aufbau. Bürsten bestehen aus dem Bürstenkörper und dem Einzugsmaterial (Borsten). Die Bürstenkörper sind meist aus Kunststoff oder Holz gefertigt, als Einzugsmaterial eignen sich Tierhaare wie Schweineborsten oder Rosshaar. Häufig verwendet man auch Kunstfasern, seltener Draht. Um Beschädigungen von Haar und Kopfhaut zu vermeiden, versieht man die Spitzen von Draht- und Kunststoffborsten häufig mit aufgeschmolzenen Kunststoffkügelchen.

Pflege. Gerade in Bürsten verfangen sich leicht Haare. Bedient man Kunden mit einer Bürste, in der sich noch Haarreste des vorangegangenen Kunden befinden, so löst dies bei den meisten Kunden Ekelgefühle aus. Sie empfinden ein solches Verhalten ähnlich abstoßend, als würde man ihnen z. B. ein Getränk aus einem Glas mit fremden Lippenstiftspuren anbieten. Auf optische Sauberkeit ist deshalb besonders zu achten. Die gründliche hygienische Reinigung ist bei den meisten Bürsten mit handelsüblichen Präparaten problemlos möglich. Vorsicht ist jedoch bei Naturborsten und Bürstenkörpern aus Holz geboten: Nach der Reinigung müssen sie gründlich mit klarem Wasser abgespült und mit der Borstenseite nach unten getrocknet werden.

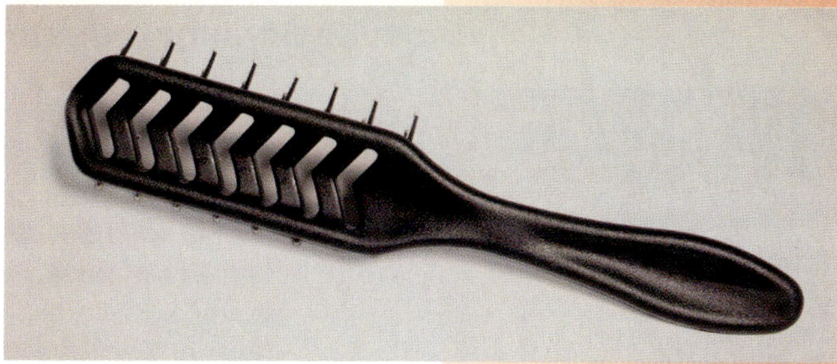

Fischgratbürste, Kunststoff

Föhnbürste, Paddelform. Zum Glattföhnen breiter Haarpartien.

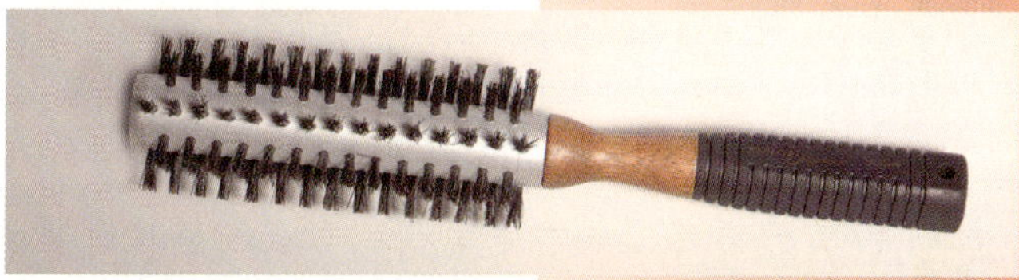

Rundbürste mit Metallkörper

Rundbürste mit Holzkörper und Naturborsten

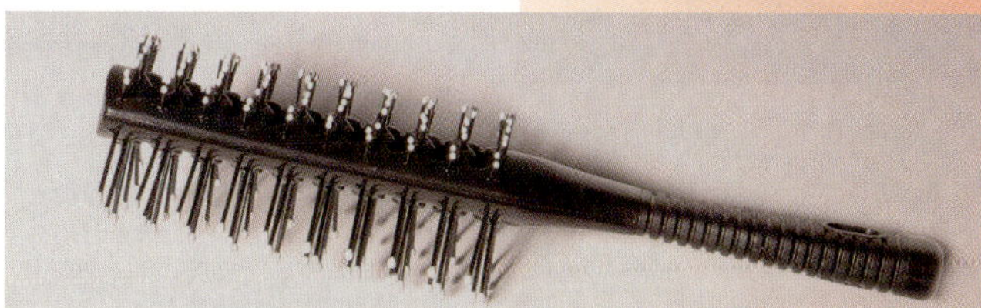

Föhnbürste mit Kunststoffhohlkörper

In machen Salons werden die Bürsten nach der Reinigung in eine Tüte gesteckt und vor den Augen der jeweiligen Kunden entnommen. Bewerten Sie Vor- und Nachteile dieser Möglichkeit!

1.1.3 Stylingprodukte

Groß ist das Angebot an Festigern, Föhnschäumen, Gels, Haarsprays und anderen Produkten, die die Haltbarkeit und das Ergebnis der nicht dauerhaften Haarumformung verbessern sollen. Dabei haben solche Produkte ganz unterschiedliche Anforderungen zu erfüllen. Sie sollen

- dem Haar zusätzlichen Halt und bessere Sprungkraft geben,
- es vor zu starker Austrocknung beim Föhnen schützen,
- bei der fertigen Frisur die Wasseraufnahme aus der Umgebung verhindern, damit das Haar nicht so schnell durchkraust bzw. sich aushängt,
- dem Haar Glanz geben,
- leicht wieder auszubürsten bzw. auszuwaschen sein, ohne zu kleben,
- und das alles möglichst ohne die Trockenzeiten zu verlängern.

Inhaltsstoffe. Die gestellten Anforderungen erfüllen die Hersteller durch ausgeklügelte Rezepturen, die das Produkt für die jeweilige Verwendung optimieren. Eingesetzt werden immer wieder dieselben Gruppen von Inhaltsstoffen in unterschiedlichen Anteilen:

- Filmbildner, das sind wasserlösliche Kunstharze, die die Oberfläche des Haares umschließen und ihm eine stabile Hülle geben bzw. einzelne Haare miteinander verkleben
- glanzgebende Öle pflanzlicher, tierischer oder synthetischer Herkunft, die dem Haar Glanz verleihen und es geschmeidig machen
- Silikonöle, die das Eindringen von Wasser aus der Umgebungsluft, z. B. Nebel oder Kochdunst, verhindern
- Feuchthaltemittel, z. B. verschiedene Zucker, die eine Übertrocknung des Haares verhindern sollen
- Lösungsmittel, die eine gleichmäßige Verteilung der konzentrierten Wirkstoffe ermöglichen, dies kann Wasser, Alkohol oder Luft sein
- Duft- und Farbstoffe, die die Attraktivität des Produkts erhöhen
- Treibmittel bei Sprays, die das Produkt aus dem Behältnis befördern

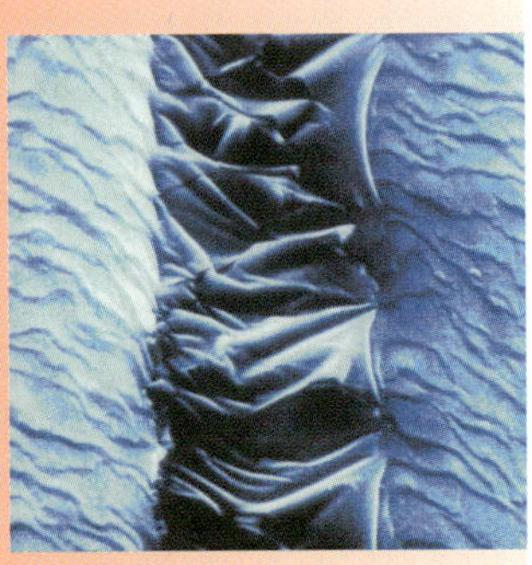

Festiger. Sie erleichtern das Einlegen der Haare auf Volumenwickler und geben dem Haar Stand und Sprungkraft. Verantwortlich dafür sind Filmbildner. Je mehr davon enthalten sind, umso stärker ist die festigende Wirkung des Produkts. Glanzgebende Öle verbessern das Ergebnis. Manchmal werden Farbstoffe zur Farbauffrischung hinzugefügt. Festiger gibt es als Flüssigkeit, Spray oder Schaum.

Gels. Man unterscheidet zwei Arten: Wet-Look-Gels und Frisiergels. Während Wet-Look-Gels die Haare nass erscheinen lassen, bleibt die Wirkung von Frisiergels eher im Verborgenen. Sie wirken wie ein angedickter Haarfestiger, den man durch seine besondere Konsistenz (= Beschaffenheit eines Stoffs) gezielter einsetzen kann. Als Wirkstoff enthalten die Gels wasserlösliche Kunstharze, die festigend wirken wie bei Haarsprays und Festigern. Gel bildende Stoffe bestimmen die Konsistenz. Wasser und Alkohol werden als Lösungsmittel eingesetzt. In Wet-Look-Gels sind zusätzlich wasserbindendes Glyzerin und Silikonöl zur Glanzverbesserung enthalten.

Haarspray, Haarlack. Das klassische Finish einer toupierten Frisur erhält man durch Haarspray oder Haarlack. Beide Produkte enthalten als Wirkstoff wasserlösliche Kunstharze. Diese verleihen der Frisur den Halt. Glanz geben verschiedene Öle, vor Luftfeuchtigkeit schützen geringe Mengen von Silikonöl. Als Lösungsmittel, um das Spray verteilbar und sprühfähig zu machen, dient meist Alkohol. Haben sich sonst Pumpsprays durchgesetzt, so dominieren in diesem Bereich die gasgetriebenen Sprays, weil sie eine feinere Vernebelung und damit Verteilung des Produkts ermöglichen.

Föhnlotionen oder -schäume. Bei diesen Produkten kommt es noch mehr auf kurze Trocknungszeiten an, um den Föhnvorgang zu verkürzen. Flüssige Produkte haben deshalb einen erhöhten Alkoholgehalt, beliebt sind Schäume und Sprays. Außerdem ist beim Föhnen die Gefahr der Überhitzung gegeben. Deshalb enthalten diese Produkte zusätzlich Stoffe, die das Haar vor Übertrocknung schützen sollen.

Haarwachs. Es macht die Haare modellierbar, geschmeidig und gibt Glanz. Deshalb wird es besonders eingesetzt, um Föhnfrisuren den letzten Schliff zu geben. Zum Modellieren im Konturenbereich, etwa von Stirnfransen, ist es auch bei klassischen Frisuren bestens geeignet. Die Produkte enthalten hauptsächlich verschiedene Wachse, z. B. Vaseline oder Bienenwachs, und Emulgatoren, die dabei helfen, die Wachse später wieder aus dem Haar zu entfernen.

Glanzspray. Meist handelt es sich um Produkte, die einen feinen Fettfilm auf dem Haar vernebeln. Sie sind deshalb sehr sparsam einzusetzen.

1. *Tauschen Sie sich aus über die Ihnen bekannten Stylingprodukte und fassen Sie die Ergebnisse in einer Tabelle zusammen mit den Oberpunkten: Produktname, Produktgruppe, Konsistenz, Anwendung, Effekt und Wirkungsweise.*
2. *Ordnen Sie die Produktgruppen nach ihrer jeweiligen Anwendung.*

Merke

Lösungsmittel und Konsistenzen in der Haarkosmetik
Lösungsmittel sind die Basis vieler kosmetischer Produkte. Sie ermöglichen die gewünschte Verdünnung ebenso wie die gleichmäßige Verteilung der Wirkstoffe.

Wasser ist ein haarschonendes Lösungsmittel, verlängert aber die Trocknungszeit und ist natürlich für Finishprodukte ungeeignet. Da sich Fette und Öle in Wasser nicht lösen lassen, müssen Tenside hinzugefügt werden. Als Ergebnis entsteht eine Emulsion.
Alkohole sind gute Lösungsmittel, haben einen niedrigeren Siedepunkt als Wasser, verdunsten daher schnell und verkürzen die Trockenzeiten. Leider lösen sie auch Fette und Feuchthaltestoffe aus dem Haar und können so zur übermäßigen Austrocknung führen. Zum Einsatz kommen die Alkohole Ethanol und Isopropanol.
Luft ist ein fast ideales Lösungsmittel. Sie kommt zum Einsatz in Schäumen und Sprays (Fachbegriff: Aerosole). Um Schäume zu erzeugen, braucht man Tenside, die die Oberflächenspannung herabzusetzen, und wie bei den Sprays ein Treibmittel oder eine Pumpe.

Die **Treibmittel**, die dafür verantwortlich sind, dass, wenn man auf den Sprühkopf drückt, das Spray aus der Dose sprüht, waren wegen der Ozonlochproblematik ins Gerede gekommen. Heute wird statt des Ozonkillers FCKW meist Butan oder Propan verwendet. Diese Treibgase sind beide brennbar. Kritisiert wird von Umweltschützern, dass sie den Treibhauseffekt fördern. Wer sich konsequent umweltgerecht verhalten will, sollte deshalb Pumpsprays verwenden. Sie machen vielleicht etwas mehr Mühe, aber auch ein gutes Gewissen und sind zudem in der Anwendung kostengünstiger.

Konsistenzen
Das Wort Konsistenz steht für die Beschaffenheit eines Stoffes. Je nach Rezeptur sind Kosmetikprodukte

- dünn- oder dickflüssig
- nebelförmig in feinsten Tröpfchen in Luft verteilt
- gelförmig
- cremeförmig
- schaumig

1.1.4 Grundlegende Föhntechniken

Tipp

- Haare vor dem Föhnen gut mit dem Handtuch vortrocknen, das spart Zeit und Energie.
- Beim Vortrocknen Feuchtigkeit ausdrücken, nicht reiben, rubbeln oder wringen, da sonst die Schuppenschicht der Haare beschädigt wird.
- Föhnlotion bzw. -schaum verwenden, die festigen nicht nur, sondern schützen auch die Haaroberfläche.
- Haare in Richtung der späteren Frisur kämmen.
- Abteilen, bei längerem Haar mit Klammern.
- Beim Föhnen Haare nicht durch Wärmestau oder zu dichten Abstand überhitzen. Sie würden ihre Spannkraft und Elastizität verlieren.
- Besonders frisch dauergewelltes Haar nicht überdehnen.
- Haare auf der Rundbürste auskühlen lassen.
- Die Kunden entsprechend für die Heimpflege beraten.

Je nachdem, welche Techniken man beim Föhnen einsetzt, kann man:

- mehr oder weniger Volumen durch Stand am Ansatz erzeugen,
- Spitzen anliegend oder zur Innen- bzw. Außenrolle formen,
- Wellen oder Locken erzeugen bzw. übermäßige Spannung glätten.

Das Ziel ist immer das Herausarbeiten der gewünschten Frisurenform. Dazu beginnt man in der Regel an den Konturen – meist im Nacken – und baut die Frisur von unten nach oben auf. Im Folgenden werden einige Grundtechniken beschrieben.

Bewegung in das Haar föhnen. Die Haare werden zunächst in Richtung des später gewünschten Falls gekämmt. Mit der Bürste wird das Passee mit einer leichten Drehung zum Ansatz geschoben und aufgenommen. Die Bürste hebt das Passee an und führt es unter leichter Anspannung in Frisierrichtung. Der Föhn ist auf die Bürste gerichtet und folgt der Bewegung. Damit das Haar nicht beschädigt wird, darf der Föhn nicht zu dicht auf das Haar und nicht zu lange auf eine Stelle gerichtet werden. Die Bewegung mit Bürste und Föhn wird so lange wiederholt, bis das Passee getrocknet ist. Um mehr Stand und Fülle zu erzeugen, kann man das Passee gegen die spätere Frisierrichtung föhnen. Dann wird das nächste Passee geföhnt. Die Passees dürfen nicht zu dick sein, um ausreichend Spannung zu erzeugen und die Trocknung nicht unnötig zu verzögern. Auf diese Weise lassen sich auch Haare entspannen und glätten, die durch Naturwelle, Umformung oder Volumenwicklung über zu viel Spannung verfügen.

Bewegung föhnen, Ansatz anheben

Mittelbereich runden

Spitzen ausföhnen

Volumen durch Stand am Ansatz erzeugen. Soll eine Kopfpartie, z. B. der Oberkopf, durch Volumen betont werden, so kann man dies mit einer Rundbürste erreichen. Der Durchmesser der Bürste richtet sich nach der vorhandenen Haarlänge. Die Rundbürste wird am Ansatz des abgeteilten Passees angesetzt und unter Spannung zur Haarspitze geführt. Der Föhn macht diese Bewegung mit. Je steiler das Passee geführt wird, desto mehr Volumen erhält man. Erst im Bereich der Haarspitzen wird die Bürste gedreht, sodass die Haare in Richtung Ansatz aufgerollt werden. Mit dem Föhn wird das aufgerollte Passee trockengeföhnt. Besonders viel Stand erhält man, wenn man das aufgerollte Passee auf der Rundbürste kurz abkühlen lässt. Ist das Haar beim Abrollen der Bürste noch nicht ganz trocken, muss der gesamte Vorgang wiederholt werden.

Volumenföhnen: Das Passee wird senkrecht aufgenommen

Passee wird in Richtung Ansatz aufgerollt und getrocknet

Ergebnis: Stand und Volumen am Ansatz

Föhnen der Haarlängen und -spitzen (Innen-/Außenrolle). Sollen die Haarspitzen nach *innen* fallen, wird ein dünnes Passee mit der halbrunden Föhnbürste aufgenommen. Die Bürste zieht das Haar unter Spannung mit zunehmender Drehbewegung bis zu den Spitzen. Der Föhn ist auf die Bürste gerichtet und begleitet die Bewegung. Der Vorgang wird wiederholt, bis das Passee ganz trocken ist. Erst dann wird das darüber liegende dünne Passee abgeteilt und in gleicher Weise geföhnt.

Spitzen nach innen föhnen

Spitzen nach innen föhnen

Sollen die Haarspitzen nach *außen* fallen, kommt die Rundbürste zum Einsatz. Wieder wird zunächst ein dünnes Passee abgeteilt. Es wird von oben mit der Bürste aufgenommen, indem die Bürste unter Spannung drehend zu den Spitzen gezogen wird. Der Warmluftstrom des Föhns kommt dabei von unten. Das Passee wird mit einer halben Bürstendrehung aufgerollt und weiter erwärmt. Anschließend wird die Bürste vorsichtig aus dem Haar gerollt. Es folgt das Föhnen der nächsten Partie.

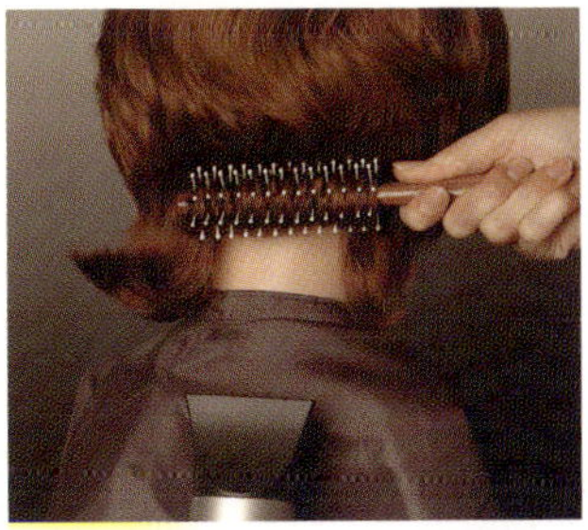

Spitzen nach außen föhnen

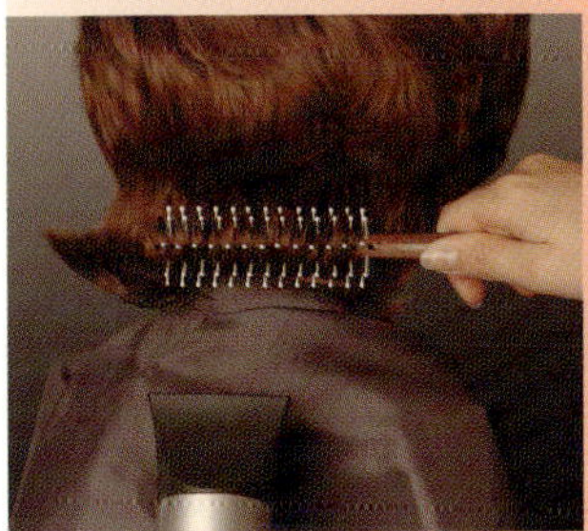

Spitzen nach außen föhnen

Kombinieren Sie die Grundtechniken zu einer Frisur.

1.1.5 Volumenwicklung

Die Volumenwicklung wird immer dann eingesetzt, wenn besondere Sprungkraft und Volumen im Haar benötigt werden. Um die entstandene Spannung in die am Ende gewünschte Form zu bringen, werden die Haare im Anschluss ausfrisiert. Oft wird dann auch toupiert.

Vorüberlegungen

Eine gezielt und fachgerecht eingesetzte Wickeltechnik erleichtert das anschließende Frisieren wesentlich und ist die Voraussetzung für eine gute Haltbarkeit der Frisur. Dabei kommt es darauf an, die erforderliche Sprungkraft, das notwendige Volumen und die jeweils gewünschte Fallrichtung zu erzielen.

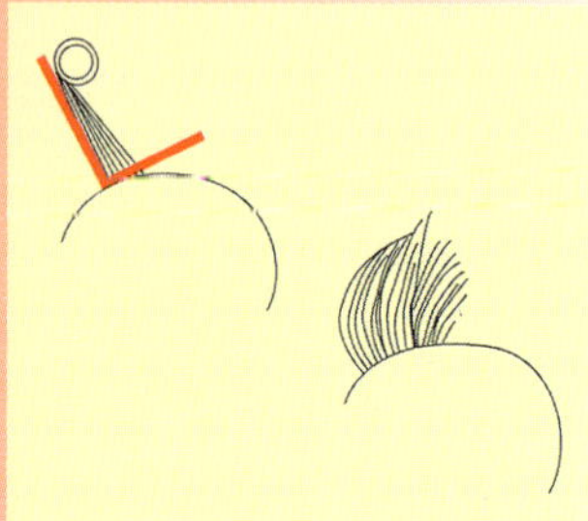

Steil gesetzter Wickler – großes Volumen
Flach gesetzter Wickler – weniger Volumen

Die **Sprungkraft** richtet sich nach der gewählten Wicklergröße: Je kleiner der Durchmesser, desto enger der Wellenbogen und desto mehr Sprungkraft entsteht. Je größer der Durchmesser, desto weiter der Wellenbogen und desto weniger Sprungkraft entsteht. Das **Volumen** richtet sich nach der Wicklergröße, aber auch danach, wie steil oder flach ein Wickler gesetzt wird, weil entsprechend mehr oder weniger Stand am Ansatz erzeugt wird.

Die gewünschte **Fallrichtung** wird durch die Wickelrichtung gesteuert. Soll die Stirnpartie zum Gesicht frisiert werden, werden auch die Wickler in dieser Richtung gesetzt.

Tipp

- Haare vor dem Wickeln gut und schonend mit dem Handtuch vortrocknen, das spart Zeit und Energie.
- Geeigneten Festiger verwenden.
- Haare in Richtung der späteren Frisur kämmen.
- Sauber abteilen, entsprechend der Wicklergröße. Also: Dicker Wickler – dickes Passee; dünner Wickler, dünnes Passee.
- Abgeteiltes Passee sauber vom Ansatz bis in die Spitzen durchkämmen.
- Winkel des Passees zum Kopf beachten.
- Spitzen sauber eindrehen ohne zu knicken.
- Gleichmäßig und ohne Schlaufen wickeln.
- Haltenadeln so platzieren, dass sie nicht zu Druckstellen führen (Stirnbereich!)

Technische Ausführung

Sauberes Aufkämmen des Passees

Anlegen des Wicklers

Sauberes Einbeziehen der Haarspitzen

Aufwickeln des Passees

Gezielte Wickeltechnik am Hinterkopf

1.1.6 Papilloten

Vorüberlegungen

Ist ein weicher Konturenverlauf gewünscht, so stößt die Volumenwicklung an ihre Grenzen. Dünne Wickler würden zwar weniger Volumen, aber zu viel Spannung erzeugen. Hier kommen Papillotier- und Lockwelltechnik zum Einsatz.
Auch mit der Papillotiertechnik kann man Sprungkraft, Volumen und Fallrichtung steuern: Die Sprungkraft richtet sich nach dem Durchmesser der Papillote. Das Volumen steuert man, indem der Haaransatz flacher oder steiler geführt wird. Ein flacher Ansatz führt zu anliegenden Haarpartien, die sich danach z. B. in einer flachen Welle frisieren lassen. Ein steiler Ansatz ermöglicht Volumen ähnlich der Volumenwicklung. Die Fallrichtung bestimmt man, indem der Ansatz der Papillote nach links oder rechts geführt wird.

Der Einsatz der **Lockwell-Wickler**, auch **Steilform-Wickler** genannt, ermöglicht sauberes und exaktes Arbeiten auch bei krausem Haar. Wie bei der Volumenwicklung trocknen die Haare in leicht gespanntem Zustand.
Die Ausführung der **Lockwelltechnik** ist ähnlich wie beim Papillotieren, nur dass die Haarsträhne nicht um den Finger, sondern um den Lockwell-Wickler gedreht wird. Die Wickler haben an ihrem Rand Zacken, mit denen die Wickler zur Befestigung in den Ansatzhaaren verhakt werden.

Ausführung

Um Papilloten zu erzeugen, wird eine Haarsträhne abgeteilt, sauber durchgekämmt und um den Finger gelegt. Die entstandene Schlaufe streift man vorsichtig vom Finger ab und befestigt sie mit einem Clip.

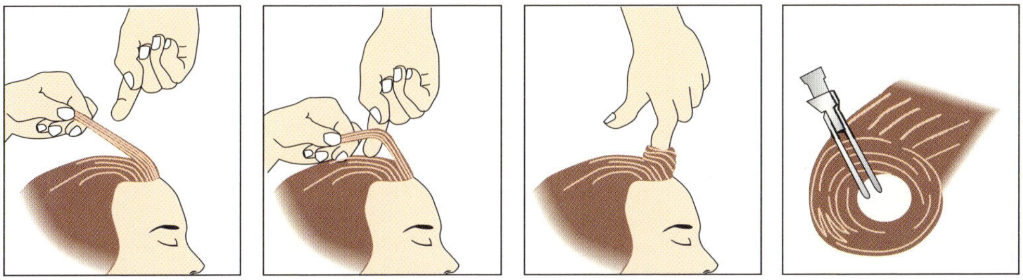

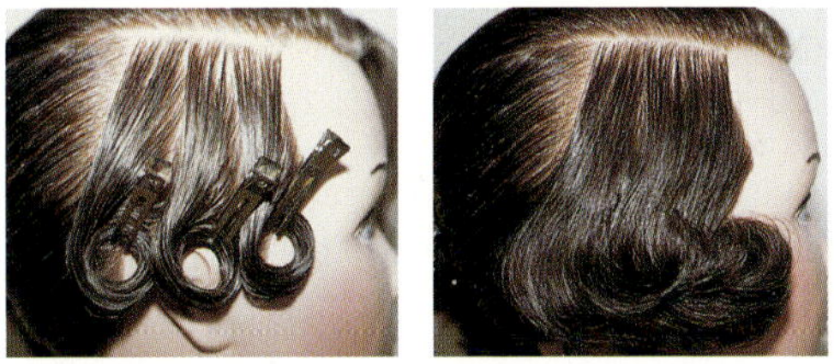

Anliegende Papilloten mit lang gezogenem Ansatz

Anliegende Papilloten in Wellenrichtung

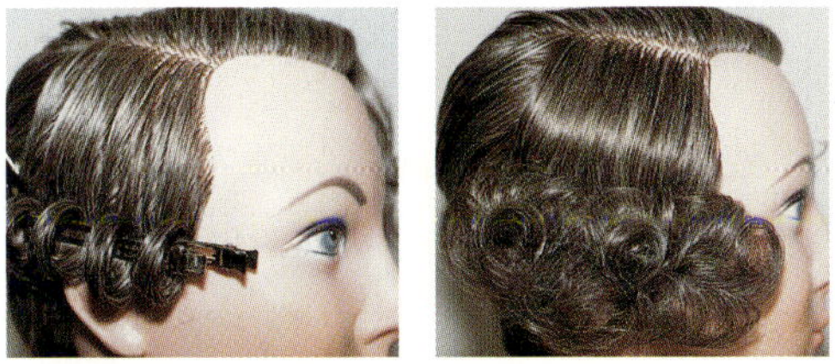

Stehende Papilloten mit lang gezogenem Ansatz

Stehende Papilloten mit hochgeführtem Ansatz

1.1.7 Handgelegte Wasserwelle

Sie sind der Schrecken vieler Berufsanfänger. Tatsächlich werden handgelegte Wasserwellen im Salon derzeit kaum nachgefragt. Doch beim Erlernen und Üben dieser Technik erwirbt man Fertigkeiten, die für das Formen der Haare grundlegend sind. So wendet man die Technik auch in trockenem Haar beim Ausfrisieren an.

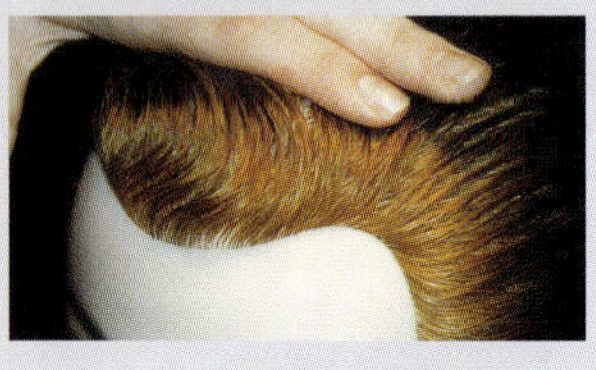

Zunächst wird das feuchte Haar sorgfältig durchgekämmt. Durch Anschieben der Haare am Stirnansatz wird die natürliche Fallrichtung der Haare deutlich. Nach ihr richtet sich die Richtung der ersten Welle. Man legt dazu die Hand etwa fünf Zentimeter vom Stirnansatz entfernt auf das Haar und schiebt es nach vorn.

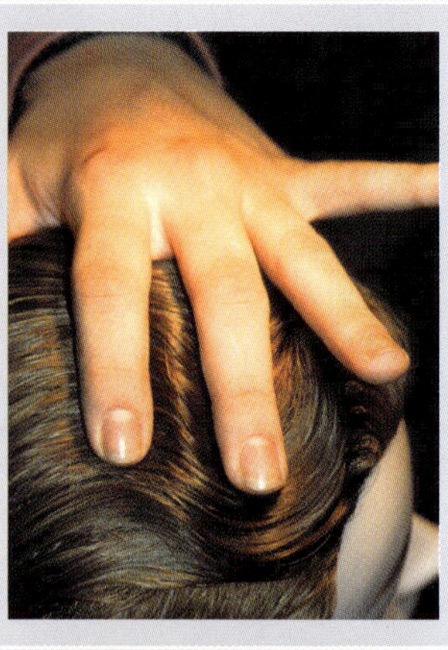

Formen Sie mit dem Kamm die Ansatzwelle entsprechend der natürlichen Fallrichtung aus.
Leben Sie über dem rechten Auge den gestreckten Mittelfinger in die Ansatzwelle.
Setzen Sie den Kamm so dicht wie möglich vor dem Mittelfinger ein.
Formen Sie mit dem Kamm einen Bogen, der in die entgegengesetzte Richtung der Ansatzwelle verläuft.
Legen Sie jetzt den Zeigefinger auf. Schließen Sie die Lücke zwischen Mittel- und Zeigefinger, indem Sie die beiden Finger zusammendrücken. So prägt sich eine Wellenkante aus.
Versetzen Sie den Mittelfinger nach links und führen Sie die Welle fort.
Sie sollten nun einen einheitlichen Wellenverlauf erkennen, ohne Übergänge.
Der nächste Wellenbogen schließt sich an wie beschrieben.

Eine fachgerechte Wasserwelle hat gleichmäßig geformte Wellen, die alle Haare bis auf die Kopfhaut erfassen. Die Wellenkanten sind nicht gequetscht, sondern zeigen einen sauberen Verlauf.

EXKURS

Auführung

Ondulation
Das Verfahren geht auf den Franzosen Marcel Grateau (1872) zurück, also auf die Zeit vor Erfindung der Dauerwelle. Mit dem von ihm entwickelten Onduliereisen kann man ausgeprägte Wellen legen oder die Haare von der Spitze her aufrollen (Wickelondulation). Die Ondulationstechnik erzeugt große Sprungkraft im Haar. Nachdem die Technik zunächst wie ein Geheimnis gehütet und nur in teuren Seminaren vermittelt wurde, brachte sie nach ihrer Verbreitung den Damenfriseuren einen wirtschaftlichen Aufschwung.

Die Damen trugen zu jener Zeit ihr Haar lang. Die Reinigung erfolgte zu Hause. Das Schneiden der Haarspitzen erforderte nicht unbedingt eine Fachkraft. Viele Frauen kamen deshalb gänzlich ohne Friseur aus. Die Technik der Ondulation ist aber von Laien nicht so leicht zu beherrschen. Die Ondulation holte die Damen in die Friseursalons. Da auch die Hygienebedürfnisse anders als heute waren, man wusch die Haare ca. alle zwei Wochen, hatten die Frisuren eine gute Haltbarkeit.
Mit Verbreitung der Dauerwelle verlor die Ondulation an Bedeutung. Von einzelnen Kundinnen wurde sie noch bis in die 1960er Jahre nachgefragt.

1.2 Frisurenfinish

Das Frisurenfinish sollte den Frisurenwunsch der Kundin bzw. des Kunden erfüllen. Es zeigt sich nun, ob die Beratung zu einer klaren Zielvereinbarung geführt hat, ob die gewählten Techniken angemessen waren und fachgerecht ausgeführt wurden.

1.2.1 Styling

Nach dem Föhnen reicht oft ein einfaches Finish mit Kamm und Skelettbürste. Die Haare werden in Form gebracht, einzelne Strähnen, etwa im Stirnbereich, mit Gel hervorgehoben.

Ergänzen Sie die Aufstellung durch weitere Beispiele.

Wachs und Stylingcreme machen das Haar strähnig

1.2.2 Ausfrisieren

Frisierbürste

Frisieren. Begonnen wird – besonders nach einer Volumenwicklung – mit dem gründlichen Durchbürsten der Haare. Dadurch wird übermäßige Spannung verringert. Dies kann eventuell mit dem Föhn unterstützt werden. Die Grundform der Frisur wird schon deutlich herausgearbeitet. Hilfsmittel wie Clips, Wasserwellkämmchen oder Nadeln halten das Haar in der gewünschten Form. Man kann nun mit etwas Haarspray arbeiten oder einfach einen Augenblick abwarten, denn nach dem Trocknen unter der Trockenhaube enthält das Haar weniger Feuchtigkeit. Indem es Luftfeuchtigkeit aufnimmt, wird das Haar leichter formbar und fügt sich in die frisierte Form.

Toupieren. Der Wunsch der Kunden nach Frisuren mit mehr Volumen kann durch Volumenwicklung und anschließendes Toupieren erfüllt werden. Das Toupieren, manchmal sagt man auch die Toupage (sprich: Tupaasch), bedeutet, dass Haare in Kopfhautnähe zusammengeschoben werden, um dem darüber liegenden Deckhaar mehr Volumen zu geben.

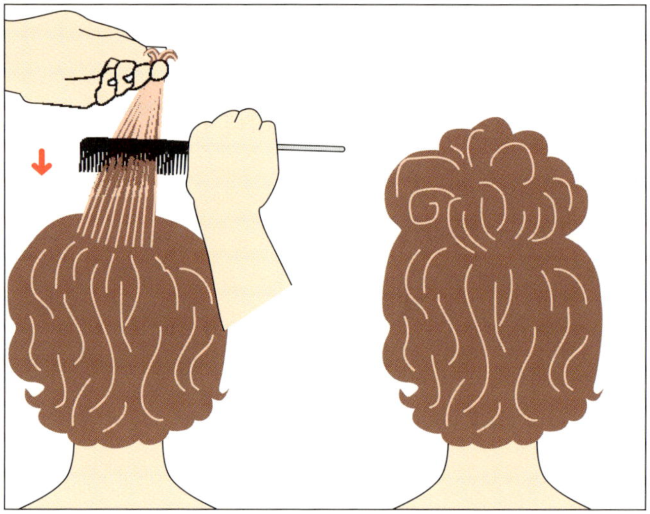

Toupierbürste

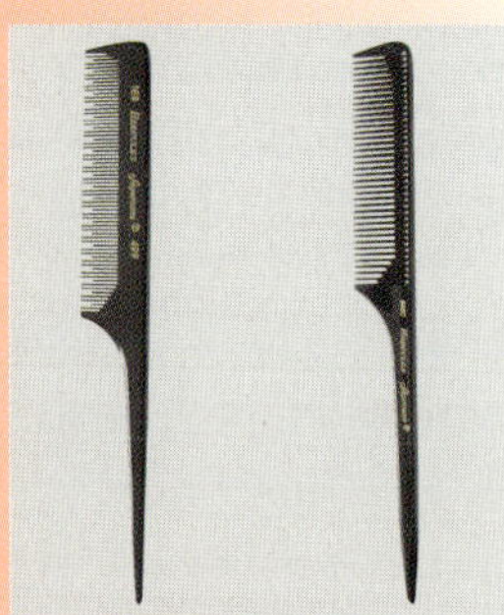

Toupierkämme mit unterschiedlicher Zahnung

Je nach verwendetem Werkzeug werden Bürsten- und Kammtoupage unterschieden. Für die **Bürstentoupage** eignet sich besonders eine etwas längere schmale Bürste. Die Technik wird für lockere Tagesfrisuren eingesetzt. Dazu kämmt man eine Haarsträhne auf, hält sie zwischen Mittel- und Zeigefinger der einen Hand, während die andere Hand die Bürste führt. Diese wird an der Spitze der Strähne angesetzt und mit einer leicht drehenden Bewegung an der Unterseite der Strähne wiederholt zum Ansatz geschoben. Diesen Vorgang wiederholt man, bis alle Teile der Frisur, die Volumen erhalten sollen, entsprechend bauschig sind. Am Ende wird das toupierte Haar mit Fingern und Bürste zurechtgezupft und leicht überfrisiert. Den letzten Schliff erhält die Frisur mithilfe eines Stielkamms, bevor sie mit Haarspray fixiert wird.

Die **Kammtoupage** unterscheidet sich bei der Durchführung durch das Werkzeug und durch das Abteilen dünnerer Haarsträhnen. Man erhält so eine etwas festere Toupage. Besonders wirkungsvoll ist die Kammtoupage, wenn man immer nur wenige Haare der einzelnen Strähne anschiebt, diesen Vorgang aber mehrfach wiederholt. Die Oberfläche wird mit Kamm oder Bürste glattgekämmt. Die Kunst liegt darin, eine glatte Oberfläche zu erzielen, die die darunter liegende Toupage nicht erkennen lässt, ohne zu viel davon wieder glatt zu kämmen.

1.2.3 Hochsteckfrisur

1. Das Haar wird vom Wirbel ausgehend in Kreissegmente aufgeteilt.

2. Die erste Strähne wird zum mittleren Scheitel hin um den Finger gezwirbelt.

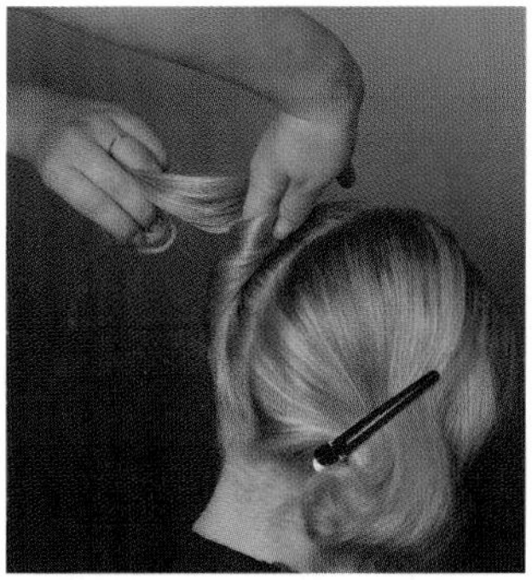

3. Der erste Zwirbel wird festgesteckt.

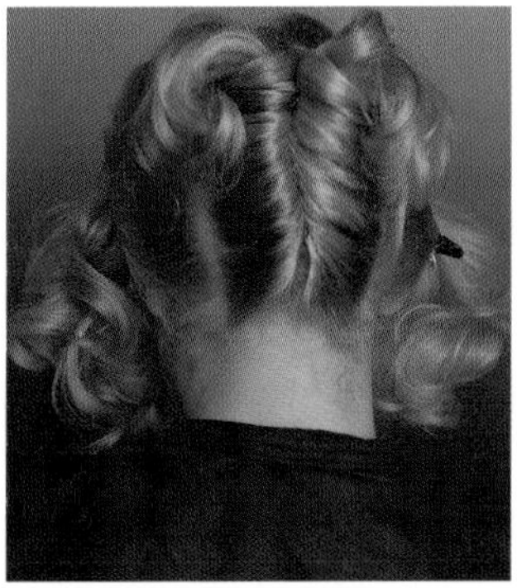

4. Ein zweiter Zwirbel wurde von rechts ebenfalls in Richtung Mitte gedreht.

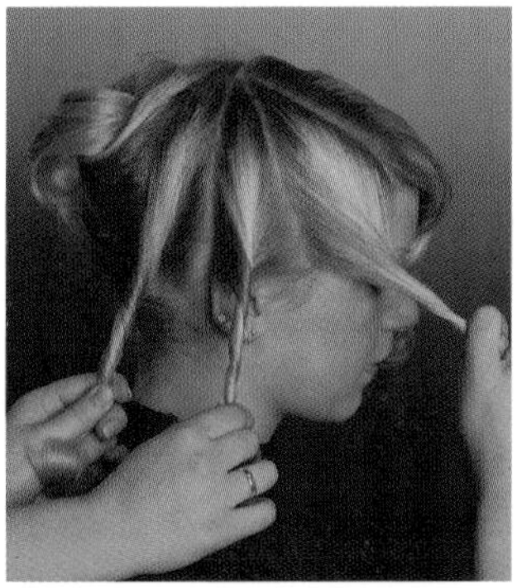

5. Von den Seiten folgen die weiteren Segmente.

6. Der Zwirbel am Oberkopf geht vom rechten Scheitel aus.

7. Die aus den Zwirbeln heraus stehenden Spitzen werden zusammengenommen.

8. Der Hinterkopf wird in Strähnen gelegt.

9. Die fertige Frisur mit beifrisierter Vorderkopfpartie.

1.2.4 Flechten

Anliegender Zopf

Aufgelegter Zopf

Eine besondere Art der Frisurenformung ist das Flechten. Wenn eine ausreichende Haarlänge zur Verfügung steht, sind Fantasie und Kreativität kaum Grenzen gesetzt. Selbst bei verhältnismäßig kurzem Haar können durch das Einflechten von Fremdhaar die vorhandenen Möglichkeiten erweitert werden. Mit Fremdhaar kann man aber auch interessante Farbeffekte erzielen. Ebenso können eingeflochtene Bänder und Haarschmuck als Accessoires dienen.

Für einen **anliegenden Zopf** wird das Haar durch zwei von der Stirn zum Nacken durchgezogene Scheitel in drei Partien geteilt. Aus jeder Strähne teilt man weitere kleine Strähnen ab und beginnt mit dem Flechten. Jedes Mal wird eine neue Strähne hinzugenommen, ***auf*** eine der drei Haarstränge gelegt und verschlungen. Legt man die hinzugenommenen Strähnen ***unter*** statt auf die Haarstränge, so entsteht ein **aufgelegter Zopf**.

Natürlich kann man auch mit mehr als drei Strängen flechten. Für einen Viererzopf teilt man ab und nummeriert die Stränge im Geiste von links nach rechts. Mit 1, 2 und 3 beginnt man wie beim Dreierzopf. Die 4 wird dann unter 1 und über 2 gelegt. Dass Flechtfrisuren nicht nur zu Folkloremode passen, zeigt das Beispiel im Bild. Begonnen wurde mit dem Flechten im Nacken. Die einzelnen Partien wurden beim Flechten leicht drehend gezwirbelt.

EXKURS

Ethnomode

Die Abbildungen zeigen Flechtfrisuren in Afrohaar

Dreadlocks kann man herstellen, indem man etwa fingerdicke Haarsträhnen mit einem feinen Metallkamm sehr fein, gleichmäßig und mit hohem Druck antoupiert. Vor der Behandlung ist es hilfreich, die Haare mit einem alkalischen Waschmittel, z. B. Kernseife, aufzurauen. Diese extreme Toupage – bei der es sich um eine langwierige und manchmal schmerzhafte Prozedur handelt – nennt man **Backcombing.** Die Haarspitzen werden in der ersten Zeit mit einem Haargummi oder Clip zusammengehalten. In der Anfangsphase wird die Behandlung öfters wiederholt.

Um die Ansätze zum Verfilzen zu bringen, wird der Haaransatz einer Strähne mit dem Daumen in kreisenden Bewegungen gegen die Kopfhaut gerieben. Hierbei ist es wichtig, immer nur in einer Richtung zu reiben, um keinen Haarbruch zu erzeugen. Gereinigt werden Dreadlocks mit alkalischen Waschmitteln. Spülungen und sonstige Pflegemittel würden den Verfilzungsvorgang aufhalten.

1.3 Zielvereinbarungen treffen

1.3.1 Erwartungen klären

„Ich hab da neulich eine ganz tolle Frisur gesehen. Im Nacken und an den Seiten etwas kürzer und obendrauf lockig. Meinen Sie, das passt zu mir?" So oder ähnlich äußern sich Kundinnen und Kunden im Friseursalon und erwarten eine fachgerechte Antwort. Die zu geben ist aber gar nicht so einfach: Was für eine Person „etwas lockig" ist, wird von einer anderen als kraus bezeichnet. Für die Gesellin Ayse ist es deshalb klar: Die Auswahl und Beherrschung der handwerklichen Techniken ist ebenso wichtig wie die klare Verständigung mit der Kundin. Denn Unzufriedenheit bei den Kunden hat nicht selten ihre Ursache darin, dass Kunden und Friseure aneinander vorbei geredet haben. Man glaubte, am Ende der Beratung einer Meinung zu sein, und hatte doch ganz unterschiedliche Vorstellungen von dem Frisurenergebnis.
Kunde und Friseur sprechen manchmal unterschiedliche Sprachen. Allerdings wird es kaum gelingen, die verschiedenen Kundinnen und Kunden dazu zu bringen, ihren Frisurenwunsch eindeutig und friseurverständlich zu beschreiben. Vielmehr sind Friseurinnen und Friseure gefordert, sich auf ihre Kundschaft einzustellen.
Dies kann geschehen, indem man Abbildungen hinzuzieht, die die beschriebene Frisur oder Details davon in etwa treffen. Leider findet man nur selten genau die passende Abbildung. Außerdem kann eine solche Abbildung nicht das Zusammenspiel von den persönlichen Eigenarten der Kundin mit der Wunschfrisur zum Ausdruck bringen. Nicht einmal bei der Frisurenberatung mithilfe eines Computerprogramms ist man vor Missverständnissen sicher. Auch hier bleiben die sprachlichen Fähigkeiten der Fachleute gefragt.
Wenn man mit Kundinnen und Kunden über Frisuren spricht, sollte man deshalb die folgenden Gesichtspunkte beachten.

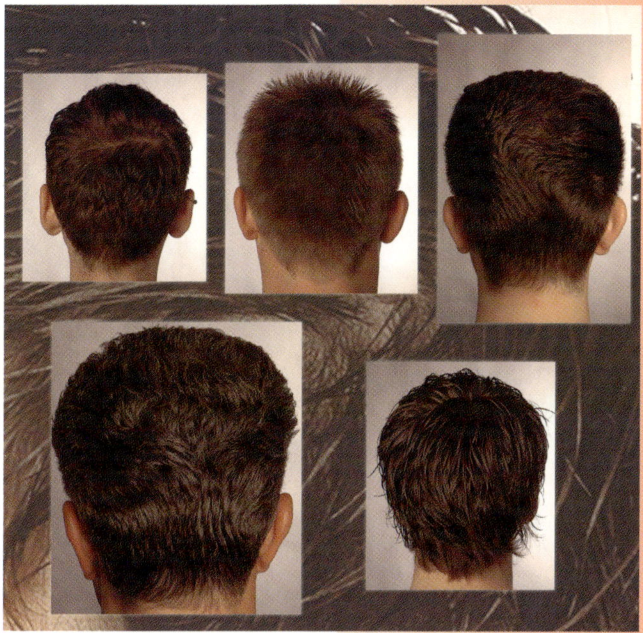
Beschreiben Sie den Verlauf der Nackenkontur

1.3.2 Kundenpersönlichkeit berücksichtigen

Wie bei jedem Gespräch ist es wichtig, sich auf sein Gegenüber richtig einzustellen.

- Wie steht es also mit dem Vorwissen der Kundin bzw. des Kunden?
- Ist er oder sie modisch interessiert und kennt möglicherweise einige Fachausdrücke?

Entsprechend sollten die Worte gewählt und immer wieder an der Reaktion des Gesprächspartners überprüft werden.

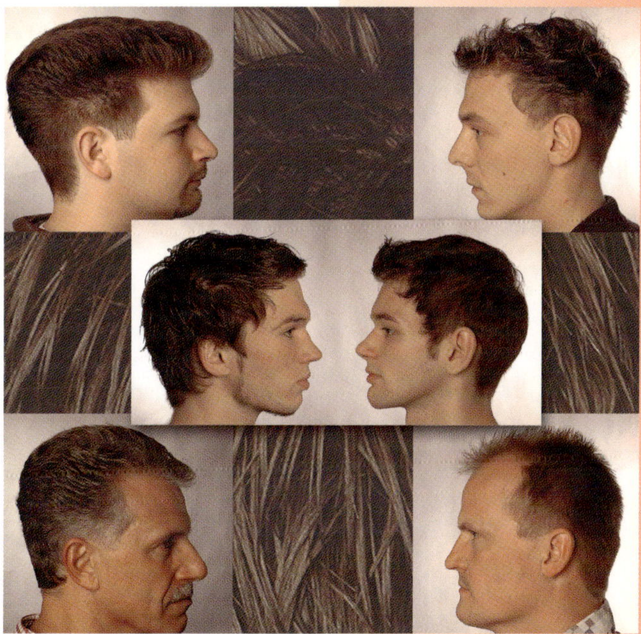
Beschreiben Sie den Verlauf der seitlichen Kontur und die Textur

1.3.3 Aspekte der Frisurenbeschreibung beachten

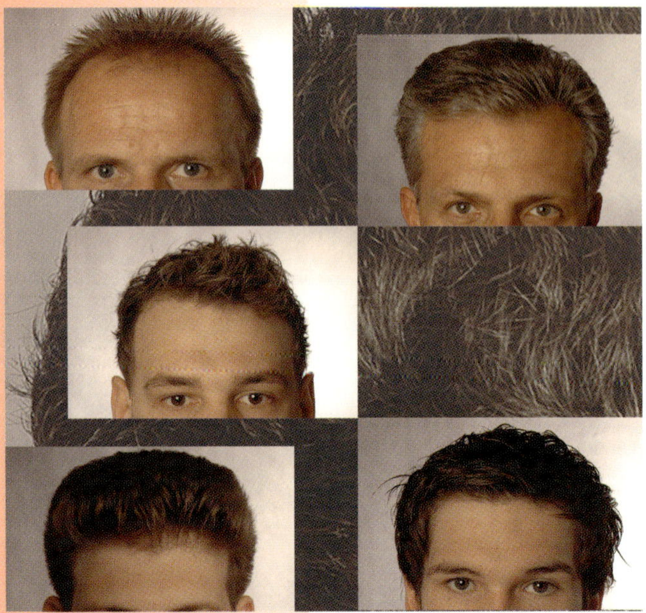

Suchen sie weitere Beispiele für die Gestaltung der Vorkopfpartie

Die Reihenfolge bei der Beratung kann ganz unterschiedlich sein und richtet sich immer nach den Bedürfnissen der jeweiligen Kunden. Angesprochen werden die folgenden Punkte:

- **Frisurentyp,** z. B. Kurzhaarfrisur oder Pagenkopf. Er kann als allgemeine Orientierung dienen. Hier können Abbildungen helfen, nicht aneinander vorbeizureden.
- **Konturenverlauf,** z. B. entlang der natürlichen Haarkontur, kinnlang oder schulterlang.
- **Volumenverteilung.** Erläutert werden sollte, welche Kopfpartien betont werden, z. B. Oberkopf, Vorderkopf oder Seiten.
- **Stil**, z. B. elegant, verspielt oder sportlich.
- **Oberfläche (Textur)** der Frisur, sie kann aktiviert oder ruhig erscheinen, z. B. indem die Haare strähnig, gelockt oder glatt fallen.
- **Ausgangspunkt**, z. B. Mittel-, Seitenscheitel oder Wirbel.
- **Schnitt,** z. B. durchgestuft oder stumpf geschnitten.
- **Details und Besonderheiten**, z. B. zackenförmige Stirnfransen oder Sechserkoteletten.
- **Haarfarbe**
- **Styling**, z. B. toupiert oder geknetet. Dies ist auch wichtig, um einschätzen zu können, ob der eventuelle Aufwand praktikabel und ob die Trägerin oder der Träger der täglichen Pflege gewachsen ist.
- **Make-up-Vorschläge** runden die Frisurenbeschreibung ab.

Unterstützen kann man diese Beschreibung außer mit Abbildungen auch, indem man mit den Händen die zukünftigen Konturen zeigt oder das Volumen andeutet. Wer zeichnen kann, sollte nicht zögern, Unklarheiten durch eine einfache Skizze zu beheben. Möchte man sichergehen, dass man am Ende der Beratung tatsächlich nicht aneinander vorbeigeredet hat, so kann man die Kundin oder den Kunden bitten, noch einmal mit ihren Worten die Frisur zu beschreiben.

Tipp

Eine gute Frisurenbeschreibung ist die Basis für eine fachgerechte Beratung. Sie hat aber auch den Zweck, die Qualität der Arbeit zu erläutern und den Wert der Arbeit für Kundinnen und Kunden erfahrbar zu machen. Wenn Sie Ihre eigene sprachliche Ausdrucksfähigkeit steigern wollen, dann lesen Sie Frisurenbeschreibungen in der Fachpresse. Merken Sie sich die Begriffe, die zu Ihrem eigenen Sprachstil passen, und nehmen Sie sie in Ihren Wortschatz auf. Verlieren Sie dabei aber nie ihre Kunden aus dem Blick. Schillernde Worthülsen mögen gut klingen, vergrößern aber die Gefahr von Missverständnissen.

1. *Machen Sie sich als Übersicht und für spätere Wiederholungen eine Karteikarte mit den wesentlichen Punkten, die zu einer Frisurenbeschreibung gehören!*
2. *Machen Sie sich zu jedem der Punkte eine einzelne Karteikarte, auf der Sie geeignete „Vokabeln“ dazu sammeln!*

1.4 Frisurengestaltung – geometrische Grundformen

Eine Frisur wirkt immer im Zusammenhang mit ihrem Träger. Erst das Zusammenspiel mit den besonderen Eigenheiten wie Größe und Proportionen von Gesicht, Kopf und Körper der Person lässt die Frisur für den Betrachter passend oder unpassend, ansprechend oder langweilig erscheinen.

Um eine neue Frisur planen oder eine fertige Frisur analysieren zu können, ist es hilfreich, sie mit den Maßstäben zu messen, die uns auch sonst bei der Orientierung in unserer Umwelt helfen. Diese Maßstäbe liefert uns die Geometrie (Raumlehre). In einer Frisur lassen sich Linien, Flächen und Körper erkennen. Betrachtet man Frisuren unter gestalterischen Gesichtspunkten, so können diese geometrischen Grundformen eine Orientierungshilfe bieten.

Tipp

Wie kein anderer hat Vidal Sassoon seit den 1960er Jahren die geometrische Formensprache als prägendes gestalterisches Mittel in die Frisurengestaltung eingebracht. Hier fallen Linien, Flächen und Körper auf den ersten Blick auch dem ungeübten Betrachter auf. Eine anschauliche Zusammenstellung solcher Frisuren findet sich in dem Buch: Vidal Sassoon und das Bauhaus.

1.4.1 Linien

Sie können gerade oder zackig, weich gebogen oder in mehr oder weniger strenger Wellenform verlaufen, z. B. Gerade, Bogenlinie, Wellenlinie, Zickzacklinie.

Gerade Linien werden meist als sachlich, kühl oder streng empfunden. Gebogene Linien erscheinen meist weich und harmonisch. Geknickte Linien können als Zickzacklinien zwischen Flächen vermitteln, indem sie einen fließenden Übergang bilden. Kommt ein Farbkontrast hinzu, so werden sie als hart empfunden. Eine einfach geknickte Linie kann die lenkende Wirkung eines Pfeils haben.

In der Frisurengestaltung kommen Linien vielfältig vor:

- **Umrisslinien.** Der innere Umriss ist die Grenzlinie zwischen Frisur und Gesicht. Ist er eng gehalten, verkleinert er die Fläche des Gesichts, ein weit gehaltener innerer Umriss gibt ihm eine flächige Wirkung. Der äußere Umriss ist die Begrenzung der Frisur nach außen. Er entsteht durch eine mehr oder weniger voluminöse Frisurengestaltung, schafft so die Proportionen zu Gesicht und Körper.
- **Scheitel.** Auch Scheitel sind Linien und können als exakt gezogene Trennlinie die Frisur in Flächen aufteilen oder als Zickzacklinie eine zusätzliche Eigenwirkung erzielen. Ein Scheitel teilt die Frisur in gleich große symmetrische oder ungleich große asymmetrische Frisurenteile.
- **Kammführungslinien.** Sie ergeben sich aus der Kammführung, die z. B. von der Scheitellinie weg verläuft. Manchmal ist in der Frisur noch ihr feinsträhniger Verlauf deutlich erkennbar. Manchmal steht die Aufgliederung von Flächen im Vordergrund. Besonders deutlich wird die Kammführungslinie bei Wellenbögen. Kammführungslinien können aufsteigend, abfallend, diagonal oder waagerecht verlaufen.

1.4.2 Flächen

Flächen haben zwei Dimensionen, Länge und Breite. Ein solches Bild liefert der Spiegel. Flächen sind das Ergebnis von begrenzenden Linien, z. B. Kreis, Oval, Dreieck, Quadrat, Rechteck, Trapez.

Flächen wirken hauptsächlich durch ihre Proportionen, also dem Verhältnis von Länge zu Breite bzw. zu benachbarten Flächen. Besonders wird das Größenverhältnis der sichtbaren Fläche der Frisur im Verhältnis zur Gesichtsfläche wahrgenommen.

1.4.3 Körper

Körper, z. B. Kugel, Quader, Pyramide, Zylinder, Kegel, haben drei Dimensionen. Auch jede Frisur ist dreidimensional, sie hat Breite, Höhe und Tiefe. Die gezielte Kombination der drei Dimensionen ist die Aufgabe der Friseurin.

Ziel ist es, Frisuren zu gestalten, die vorteilhaft für die Trägerin oder den Träger sind. Dabei gibt es meist die Entscheidung zwischen **Harmonie** (Einklang) und **Kontrast** (Widerspruch). Beides wird vom Auge des Betrachters akzeptiert. Problematisch sind missglückte Harmonien.

Eine Frisur mit großem Volumen kann ein kleines Gesicht erdrücken. Bei einem großen Gesicht wird dieselbe Frisur vielleicht als angemessener Ausgleich empfunden. Die ruhige, glatte Oberfläche zurückgekämmter Haare betont das Gesicht und kann seine Attraktivität hervorheben, aber auch kleine Fehler rücksichtslos bloßstellen.
Je nachdem, für welche Frisurengestaltung man sich entscheidet, kommen unterschiedliche Techniken zum Einsatz. Diese richten sich nach der gewünschten **Volumenverteilung** ebenso wie nach der angestrebten **Oberfläche**.

1. *Sammeln Sie Frisuren-Abbildungen. Legen Sie über die Abbildungen eine Folie und markieren Sie die Linien. Unterscheiden Sie zwischen Kammführungslinien und Umrisslinien.*
2. *Suchen Sie nach Abbildungen von Frisuren, bei denen Linien, Flächen und die Wirkung von Körpern im Vordergrund steht. Begründen Sie Ihre Auswahl.*

1.5 Exemplarische Anwendung:

Vollständige Handlung	Allgemeine Überlegungen	Modellkundin Frau Reuther
Informieren	– Frisurenwunsch erfassen (Beratungsgespräch) – Kundentypen erfassen – Situative Voraussetzungen erfassen (Haarstruktur, -länge, ...)	 Frau Reuther ist eine eher kleine Person, sie hat ein leicht rundes Gesicht. Das Haar ist zurzeit an Vorder- und Oberkopfpartie länger, an den Seiten und im Nacken kürzer geschnitten. Die Haare sind eher glatt, die Struktur in einem guten Pflegezustand. Ihr Wunsch ist eine Frisur, die pflegeleicht ist, und sie etwas größer erscheinen lässt.
Planen	– Planen unter Berücksichtigung des Frisurenziels – Den Einsatz der verschiedenen Techniken überdenken	Entsprechend der vorhandenen Proportionen von Gesicht, Kopf und Körper erscheint es vorteilhaft, die Ober- und Hinterkopfpartie zu betonen. In diesem Fall könnten Volumenwicklung und Föhnen kombiniert werden. Alternativ könnte der Vorder- und Oberkopf mit einer Rundbürste geformt werden. In jedem Fall sollte ein Föhnschaum verwendet werden.
Entscheiden	– Unter Berücksichtigung der Kundenvoraussetzung und des Kundenwunsches für die geeignete Technik entscheiden (Alternativen abwägen) – Detailplanung in Abhängigkeit der gewählten Technik – Vermeidbare Fehler in der Ausführung	Die Volumenwicklung soll dem von Natur aus glatten Haar im Vorder- und Oberkopfbereich mehr Spannung und Volumen geben. Die Wickel sollen sternförmig um den Wirbel gesetzt werden mit zwei zusätzlichen Wickeln in Richtung Vorderkopf. Der Übergang zwischen Wickel- und Föhnbereich muss weich und unauffällig gestaltet werden. Es wird deshalb an diesen Stellen nach dem Trocknen der Volumenwickler mit dem Föhn nachgearbeitet, ohne allerdings die gewünschte Spannung zu sehr zu verringern. Der Konturenbereich wird mit Wachs fransig betont.
Durchführen	– Technik – Zeitplanung	Volumenwicklung + Föhnen + Styling Dauer ca. 45 Minuten inklusive Trockenzeit
Kontrollieren	– Frisurenergebnis kritisch betrachten (Stimmt Ergebnis mit dem Frisurenziel überein?) – Rücksprache mit der Kundin halten (Spiegel zeigen)	Eigenkontrolle der Frisur durch Betrachten. Kontrolle der Proportionen. Kontrolle der Ausführung, Verlauf der Konturen, Aussehen der Oberfläche. Bei der Kundin verbale Zustimmung holen.
Bewerten	**Kritische Bewertung seitens des Friseurs:** – War die gewählte Technik richtig? – Welche technischen Alternativen hätte es gegeben? – War die gewählte Frisur richtig? – Welche gestalterischen Alternativen hätte es gegeben? **Kritische Bewertung Seitens der Kundin:** – Fühlt sich die Kundin wohl? – Hat sie Verbesserungsvorschläge? – Weitere Wünsche für den nächsten Termin?	Ist alles zur eigenen Zufriedenheit ausgefallen? Entspricht das Frisurenergebnis dem gesteckten Ziel und ist es für diese Kundin typgerecht und vorteilhaft?

2 Haarergänzung/Haarersatz

2.1 Mehr als Toupets und Perücken

2.2 Haarverdichtung/Extensions

2.3 Haarsorten

2.4 Toupets

2.5 Spezielle Pflege

2.6 Form- und Farbveränderung
Exkurs: Knüpfen und Tressieren

2.7 Frisieren mit Fremdhaar

„In meiner Ausbildung musste ich noch selbst ein Haarteil herstellen", berichtet Frau Weber im Kreis ihrer Mitarbeiterinnen. „Damals haben wir im Salon fast täglich Haarteile und Perücken verkauft und natürlich auch gepflegt."
„Bei dem Thema muss ich immer an schlecht sitzende Toupets und verrutschte Perücken denken", bemerkt Karla.
„Dabei geht es bei Haarersatz und Haarergänzung inzwischen um sehr viel mehr", entgegnet Frau Weber. „Heute Morgen erst habe ich interessantes Informationsmaterial zum Thema Haarverlängerung und -verdichtung erhalten. Da werden auch Seminartermine angeboten. Hätte von euch nicht jemand Lust, sich etwas näher mit dem Gebiet zu beschäftigen?"

Werbebroschüre für Haarverlängerung

2.1 Mehr als Toupets und Perücken

Friseure können Haare kürzen, dauerhaft oder vorübergehend verformen und ihre Farbe verändern. Doch was kann man machen, wenn die Haare zu kurz sind für die gewünschte Frisur oder wenn die Haarfülle nicht ausreicht?

Bei Haarverdichtung und Haarverlängerung Extensions werden kleine Haarsträhnchen in Ansatznähe am Eigenhaar befestigt. Bei der Haarverdichtung sind dies meist Strähnchen in der natürlichen Haarfarbe und -länge, die möglichst unauffällig fehlende Haarfülle ergänzen sollen. Bei der Haarverlängerung ist es das Ziel, einen langen Haarschopf zu erhalten, ohne Monate lang darauf warten zu müssen. Da es sich bei den Trägern um modebewusste Menschen handelt, sind oft auch farbliche Effekte erwünscht.

Perücken wigs sind als vollständiger Ersatz für das Eigenhaar gedacht und bedecken deshalb den Kopf innerhalb der natürlichen Haargrenzen komplett. Man unterscheidet Straßenperücken und Zweitfrisuren.

Straßenperücken werden von Menschen benutzt, die Ihr Eigenhaar ganz oder teilweise verloren haben, z. B. durch Krankheit. Man spricht von Straßenperücken, weil man sie in der Öffentlichkeit tragen kann, ohne aufzufallen. Da sie direkt auf der Kopfhaut aufliegen, muss ihre Unterseite, – man spricht von der Montur, – hautfreundlich und angenehm zu tragen sein. Oft werden Straßenperücken nach Maß gearbeitet. Unter bestimmten Voraussetzungen beteiligt sich die Krankenkasse an den Kosten. Darauf sollten die Kunden hingewiesen werden.

Zweitfrisuren trägt man über dem noch vorhandenen Eigenhaar. Sie sollen vor allem leicht und luftig sein, damit man darunter nicht ins Schwitzen gerät. In der Regel handelt es sich um preiswertere Konfektionsware, deren Größe sich durch in die Montur eingearbeitete Gummizüge auf die Bedürfnisse der Trägerin einstellen lässt. Durch eine Zweitfrisur kann man mit wenigen Handgriffen Haarlänge oder Haarfarbe wechseln.

Haarteile hairpieces bieten Ersatz für größere Kahlstellen oder erlauben die Ergänzung des vorhandenen Haares. Je nach Verwendung werden sie in Größe und Form an die Bedürfnisse des Trägers angepasst.
Lockenteile ermöglichen es, Hinterkopf- oder Nackenpartie besonders zu betonen. Manche Kundinnen lassen ihr Lockenteil im Salon frisieren und fügen es zu Hause selbst nach Bedarf in die Frisur ein.

Toupets toupees sind speziell für den kahlen Vorder- und Oberkopf bestimmt, der entsteht, wenn Männer unter androgenetischem Haarausfall leiden und eine Glatze bekommen. Transformation ist das weibliche Gegenstück zum Toupet. Dieses Haarersatzteil ist für den Schläfen- und Stirnbereich der Frau gedacht.

Machen Sie eine Übersicht, welche Art des Haarersatzes oder der Haarergänzung Sie bei den folgenden Problemen und Wünschen empfehlen könnten:

a) mehr Abwechslung bei der Länge
b) mehr Abwechslung bei der Farbe
c) Betonung des Hinterkopfes
d) Glatze
e) völlige Kahlheit
f) schütteres Haar am Oberkopf

2.2 Haarverdichtung, Haarverlängerung

Haarverdichtung

Dieses Verfahren ist gedacht für Frauen oder Männer, die unter einer zu geringen Haarfülle leiden. Dazu gehören speziell Frauen mit androgenetischem Haarausfall. Den Haarausfall kann der Arzt in der Regel durch entsprechende Medikamente zum Stillstand bringen, die bereits verlorenen Haare wachsen jedoch meistens nicht wieder nach. Aber auch Männer mit entsprechenden Problemen kommen als Zielgruppe in Betracht.

Als Material für die kleinen Fremdhaarsträhnchen wird Echthaar oder Kunsthaar verwendet. Am Markt gibt es unterschiedliche Systeme, mit denen die kleinen Haarsträhnchen in Ansatznähe des Trägers befestigt werden. Dies ist möglich durch Anklipsen, Verknoten oder mithilfe eines Schmelzklebers bzw. von Klebern, die unter UV-Licht aushärten. Entscheidend ist, dass die Verbindung später problemlos wieder gelöst werden kann, denn die Verbindungsstelle wächst mit dem Eigenhaar in Richtung Haarspitzen. So ist es spätestens nach ca. drei bis sechs Monaten notwendig, die Verbindung zu lösen.
Die Fremdhaarsträhnen werden vom Lieferanten an Ansatz und Spitze gekürzt und je nach System mit neuen Klebestellen versehen. Danach können sie erneut verwendet werden. Bei sehr wenig vorhandenem Eigenhaar wird die Befestigung einzelner Fremdhaarsträhnchen zum Problem. Eine Lösung bieten Systeme, bei denen die Fremdhaare an mikrofeinen Spezialfäden befestigt sind, die zu einer Art Netz verwoben sind. Das Netz wird dann punktuell am Eigenhaar befestigt, das Eigenhaar mit dem Fremdhaar kombiniert. Die verschiedenen Anbieter liefern für ihr System die passenden Pflegeprodukte auch für die Heimpflege.

Transporter unterlegen

Extensions (= Haarverlängerung)

Es handelt sich von der Technik her um dasselbe Verfahren wie bei der Haarverdichtung. Allerdings ist es für eine andere Zielgruppe bestimmt: Wer hat nicht schon einmal davon geträumt, im Handumdrehen lange Haare zu haben? Indem die Fremdhaarsträhnen entsprechend lang gewählt werden, wird im Prinzip jede gewünschte Haarlänge möglich. Auch modische Farbeffekte sind leicht zu erzielen, man wählt nur die gewünschte Farbe für die Strähnen aus.

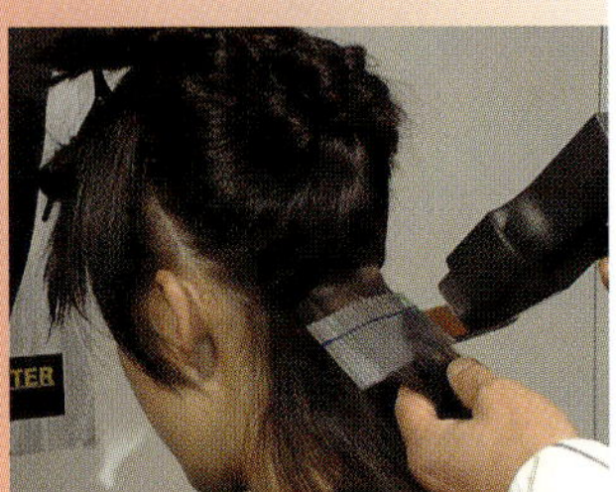

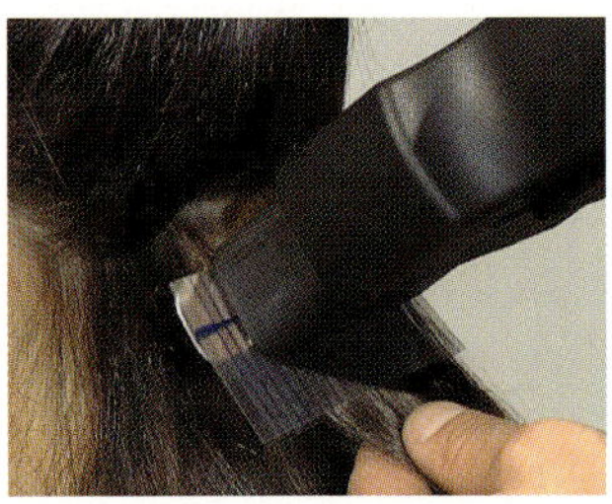

Anlegen des Airpressure-Gerätes

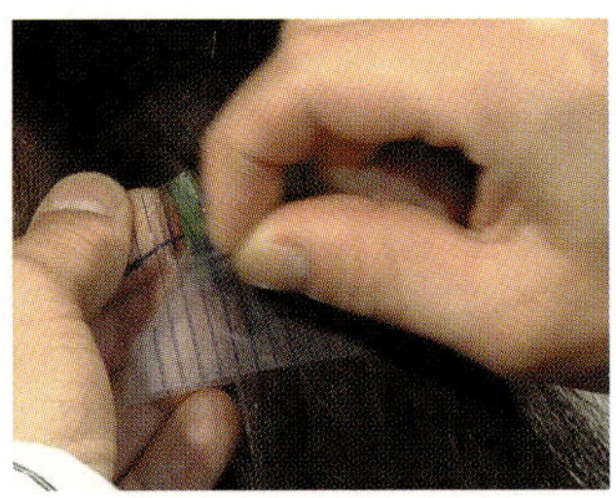

Abziehen der Folie vom Haar

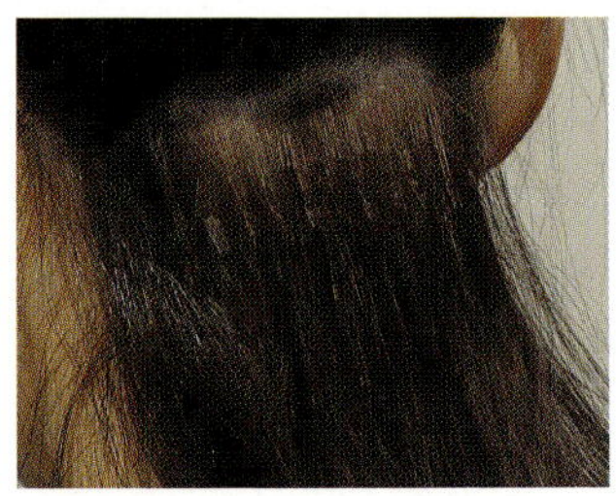

Eingearbeitete Extensions

2.3 Haarsorten

Echthaar stammt von Menschen. Die für Mitteleuropäer hochwertigste Sorte ist mitteleuropäisches Schnitthaar. Dies ist allerdings nur in begrenzten Mengen verfügbar und entsprechend teuer. Haare anderer Herkunft unterscheiden sich durch Form und Farbe. Schnitthaar aus Südosteuropa Ist meist sehr dunkel und muss deshalb vor der Verwendung gebleicht und neu eingefärbt werden. Dabei leidet die Qualität.

Wesentlich größer und billiger ist das Angebot an **Exporthaar**. Dabei kommt indisches Haar dem europäischen noch recht nahe. Unbehandelt ist es jedoch nur in Dunkelbraun bis Schwarz verfügbar. Bei Tempelhaar handelt es sich um Haare, die bei rituellen Handlungen in Tempeln abgeschnitten und von ihren Trägern geopfert werden. Diese qualitativ hochwertigen Haare werden zur Unterhaltung der Tempelanlagen in großen Mengen verkauft. Chinahaar ist von Natur aus wesentlich dicker als europäisches Haar und hat einen eher runden Querschnitt. Auch ist es meist tief dunkel. Vor der Verwendung muss es deshalb gebleicht, neu eingefärbt und auf chemischem Weg verdünnt werden. Dabei wird die Schuppenschicht entfernt.

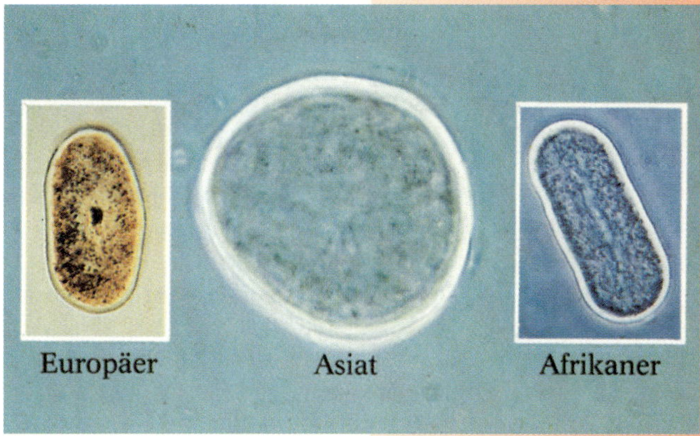

Querschnitte von Haaren unterschiedlicher Herkunft

Kunsthaar wird synthetisch hergestellt und gleicht in der Chemie den Fasern, die für Textilien verwendet werden: Nylon, Perlon oder Acryl. Man kann es in jeder Länge oder Farbe produzieren. Bei hochwertigem Kunsthaar wird die Oberfläche speziell behandelt, um sie dem Echthaar ähnlicher zu machen. Es ist strapazierfähiger als Echthaar und lichtechter, kann aber z. B. nicht farblich verändert werden, wenn sich die Haarfarbe des Trägers verändert.

Sicherheitshinweise

Vorsicht! Kunsthaar ist wärmeempfindlich und kann durch heißes Trocknen zerstört werden!

Probe. Durch eine Brennprobe an einzelnen abgeschnittenen Haaren kann man im Zweifelsfall ermitteln, ob man es mit Echthaar oder Kunsthaar zu tun hat: Charakteristisch für Echthaar sind der Geruch und die leicht zerreibbare Asche. Synthetisch hergestellte Haare schmoren unter Hitze zusammen.

Verschiedene Haarsorten

1. *Machen Sie die Brennprobe an einzelnen Haaren. Vergleichen Sie Geruch und Rückstände.*
2. *Betrachten Sie die Querschnitte unterschiedlicher Haare unter dem Mikroskop. Verkleben Sie dazu jeweils dünne Haarsträhnchen mit einem aushärtenden Bastelkleber. Nach dem Aushärten lassen sich mit einer Klinge dünne Scheibchen von der Strähne abschneiden, die sich gut mikroskopieren lassen.*

2.4 Toupets

Spinndüse zur Herstellung von Chemiefasern

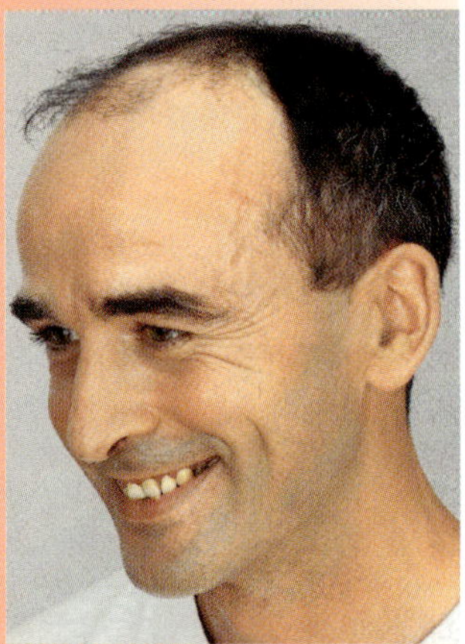

Vorher

Mit Toupet

Obwohl Toupets zu den verbreitetsten Haarersatzteilen gehören, begegnen ihre Träger oft großen Vorurteilen. Es ist deshalb ein Vertrauensbeweis, wenn man als Friseurin oder Friseur nach einem Toupet gefragt wird. Entsprechend sollte man reagieren und den Kunden kompetent beraten.

Preisgünstige Toupets werden in Standardgrößen hergestellt bzw. auf die jeweilige Größe zugeschnitten, hochwertige Toupets werden nach Maß gearbeitet. Hierzu wird ein genauer Abdruck der Kahlstelle angefertigt. Mithilfe des Abdrucks erstellt man ein Modell des Kopfs, auf dem der Haarersatz gearbeitet wird.

Man stellt Toupets aus Echthaar oder synthetischem Haar her. Solches Kunsthaar ist besonders strapazierfähig, außerdem lässt es sich in gewünschten Farben und Längen herstellen. Die Alternative ist – für einen mitteleuropäischen Träger – mitteleuropäisches Schnitthaar, das in seiner Struktur dem noch vorhandenen Eigenhaar besonders nahe kommt. Preisgünstige Modelle werden aus Exporthaar hergestellt, das vor der Verwendung entsprechend aufbereitet wird.

Die Montur besteht aus Stoff oder atmungsaktiver Folie. Befestigt werden Toupets mit doppelseitigem Klebeband auf der Kopfhaut. Üblich sind auch die Befestigung mit kleinen Metallspangen im Eigenhaar oder das Verknoten. Eine besondere Methode ist das dauerhafte Verkleben der Montur mit der Kopfhaut mithilfe eines medizinischen Klebers. Hier bleibt das Toupet über Monate Tag und Nacht auf dem Kopf. Im ersten Fall ist die Haltbarkeit durch den Haarwuchs begrenzt: Die Haarbüschel wachsen, die Knoten lockern sich und müssen nachgespannt werden. Im zweiten Fall löst sich das Toupet durch die natürliche Hauterneuerung.
Nur wenige Friseure verkaufen selbst Toupets. Sie werden Interessenten deshalb zu einem Spezialisten schicken, mit dem sie zusammenarbeiten. In den Arbeitsbereich des Friseurs fallen dann wieder der Zuschnitt und die spätere Pflege des Haarteils.

Schlecht angepasste Toupets erkennt man häufig daran, dass der Träger eine für sein Alter ungewöhnliche Haarfülle und einen tiefen Stirnansatz hat. Qualitativ hochwertige Stücke haben deshalb eher schütteres Haar und lassen z. B. im Scheitel- und Wirbelbereich die Montur durchscheinen. Eine gute Montur kann man auch aus der Nähe kaum von der Kopfhaut unterscheiden. Die Stirnkontur wird so bemessen, dass sie den für das Alter des Trägers typischen Verlauf mit leichten Geheimratsecken nimmt.

Alternativen. Alternativen zu einem Toupet bieten die Eigenhaar-Transplantation (= Verpflanzung) und die Kunsthaar-Implantation (= Einpflanzung). Beide Verfahren werden in Kliniken durchgeführt. Beim ersten Verfahren werden Haare aus dem noch behaarten Nackenbereich des Patienten entnommen und auf den Vorder- und Oberkopf verpflanzt. Beim zweiten Verfahren werden Kunsthaare in der Kopfhaut verknotet. Beides ist langwierig und recht teuer. Das Einpflanzen von Kunsthaaren scheitert häufig an Hautunverträglichkeiten.

1. *Sammeln Sie Argumente für und gegen das Tragen von Toupets.*
2. *Wenden Sie die Argumente in einem Rollenspiel an: Es begegnen sich auf einer Party ein Friseur/eine Friseurin und ein Mann. Im Gespräch stellt sich heraus, dass der Mann ganz offensichtlich unter seinem zunehmenden Haarverlust leidet und an möglichen Alternativen interessiert ist.*

2.5 Spezielle Pflege

Tägliche Pflege. Haarersatzteile, deren Montur während des Tragens direkt auf der Kopfhaut aufliegt, werden besonders durch Talg und Schweiß verunreinigt. Hinzu kommen bei Toupets noch Reste von Klebemitteln. Toupets und Straßenperücken werden deshalb einer täglichen Reinigung unterzogen. Dazu wendet man das Haarersatzteil, so dass die Montur nach außen liegt. Mit einem Schwämmchen, das mit speziellem Reinigungsmittel getränkt ist, wird die Montur vorsichtig gesäubert. Manche dieser Reinigungsmittel sind brennbar. Es ist dann besondere Vorsicht geboten.

Danach befestigt man das Haarteil mit großen Stecknadeln auf einer Hartschaum-Halbschale, die Perücke auf einem Hartschaumkopf von passender Größe. Dies ist notwendig, damit die Passform erhalten bleibt. Mit einer Bürste wird das Haarteil an den Spitzen beginnend Passee für Passee vorsichtig durchgebürstet Man bürstet immer entsprechend der Fallrichtung. Die Knüpfknoten dürfen dabei nicht beschädigt werden.

Nassreinigung. Zusätzlich zur täglichen Pflege müssen Haarersatzteile regelmäßig nass gereinigt werden. Wichtig ist hierbei die unterschiedliche Behandlung echter und synthetischer Haare. Im Zweifelsfall verschafft man sich Gewissheit durch die Brennprobe an einem einzelnen abgeschnittenen Haar.

Synthetische Fasern legt man mitsamt der Halbschale oder dem Hartschaumkopf in eine lauwarme, verdünnte Shampoolösung oder in die Lösung eines Spezial-Reinigungsmittels. Es ist darauf zu achten, dass alle Partien gleichmäßig gut benetzt werden. Nach etwa zehn Minuten wird das Reinigungsmittel in Knüpfrichtung mit Wasser abgespült. Es folgt eine Spülung mit einem speziellen Pflegepräparat für synthetische Fasern, das auch eine statische Aufladung verhindert.

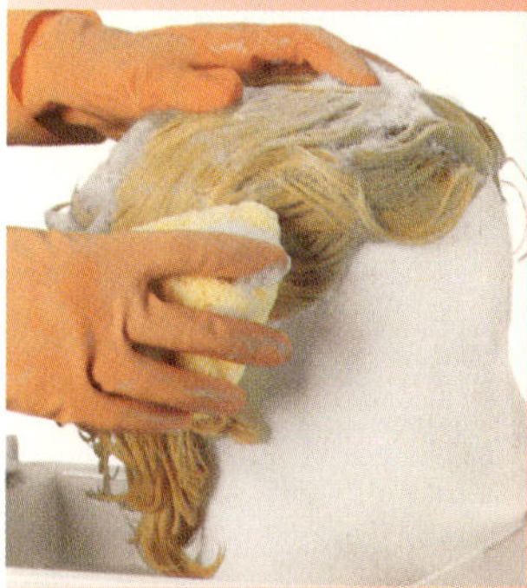

Haararbeiten aus synthetischen Fasern lässt man am besten lufttrocknen. Weil die Fasern durch Wärme verformbar sind, würde durch ein zu warmes Trocknen (über 40 °C) mit Trockenhaube oder Föhn die Form verloren gehen. D. h., gewellte Haare würden glatt oder anders gewellt werden.

Echthaarteile können leicht verfilzen. Man stellt deshalb den Hartschaumkopf in eine Auffangschale und trägt die Reinigungsflüssigkeit mit einer Bürste passeeweise auf. Man bürstet immer in Fallrichtung und verwendet auch hier zur Reinigung stark verdünnte Shampoolösung oder ein für Echthaar geeignetes Spezialpräparat. Den Abschluss der Reinigung bildet auch hier die Anwendung eines Pflegeprodukts. Echthaarteile kann man in der gewünschten Form einlegen und bei mäßiger Temperatur trocknen. Von Zeit zu Zeit sollte man den Haaren eine Pflegepackung gönnen.

1. *Informieren Sie sich über die im Handel befindlichen Pflegepräparate für Haarteile und Perücken.*
2. *Begründen Sie, warum ein elektrischer Frisierstab zur Verwendung für Haarteile und Perücken nur bedingt geeignet ist.*

2.6 Form- und Farbveränderung

Umformung

Die Notwendigkeit zu einer dauerhaften Umformung von Haarersatzteilen tritt eher selten ein, ist aber grundsätzlich möglich.

Synthetische Fasern werden bei Temperaturen zwischen 50 und 60 °C dauerhaft umgeformt, bei höheren Temperaturen zerstört. Man legt dazu die Haare in der gewünschten Form auf nicht zu dünne Volumenwickler ein und erwärmt sie bei entsprechender Temperatur unter einer Trockenhaube. Anschließend lässt man das Haarteil lange auskühlen, bevor man die Wickler entfernt. Natürlich kann man Wärme auch zum dauerhaften Glätten von synthetischen Fasern verwenden. Man benutzt dann entsprechend dicke Volumenwickler. Bei Verwendung eines Föhns ist die Gefahr der Überhitzung der Fasern zu beachten.

Echthaar mit Wellmittel dauerhaft umzuformen ist riskant, weil man die chemischen Vorbehandlungen der Haare nicht kennt. Hat man sich jedoch zu einer solchen Behandlung entschlossen, sollte man ein mildes Wellmittel für poröses Haar verwenden. Der Durchmesser des Wicklers darf nicht zu groß gewählt werden, um später genügend Spannkraft zu erzielen.

Farbveränderung

Sowohl die Farbe des Eigenhaares als auch die Farbe des Haarteils kann sich mit der Zeit verändern, so dass eine Farbkorrektur erforderlich wird.

Synthetische Fasern lassen sich mit den zur Verfügung stehenden Mitteln nicht farblich verändern. Hier muss in jedem Fall die Farbe des Eigenhaares angepasst werden. Einzige Ausnahme ist das Einknüpfen einzelner weißer Haare. Meist ist es der einfachere Weg, die Farbe des Eigenhaares an die des Haarteiles anzupassen, etwa mit einer Tonspülung.

Bei Echthaarteilen kann die Farbauffrischung ebenfalls mit Tonspülung oder Tönungsmittel geschehen. Die Produkte sind jedoch stark zu verdünnen. So löst man etwa 5 bis 10 ml Tonspülung in 1 l lauwarmem Wasser und taucht darin die aufgespannte Perücke. In fünfminütigem Abstand wird das Ergebnis kontrolliert. Der Einsatz von Oxidationshaarfärbemitteln ist problematisch. Voraussetzung ist, dass die Montur aus Synthetikmaterial ist. Andere Materialien könnten beschädigt werden.

Aufhellungen sind oft nur mit reduktiven Abzugsmitteln möglich, weil zuvor gebleichte Haare häufig mit Textilfarbstoffen eingefärbt wurden. Diese sind lichtechter und oxidationsbeständiger als die üblicherweise im Salon verwendeten Farbstoffe. Sie widerstehen deshalb auch den oxidativen Aufhellungsmitteln. Eine Blondierung wäre deshalb sinnlos. In jedem Fall sollte man zuvor ein Probesträhnchen behandeln.

Behandeln Sie ein Probesträhnchen aus dunklem Exporthaar mit Blondiermittel, ein Vergleichssträhnchen mit einem reduktiven Abzugsmittel. Vergleichen Sie die Wirkung.

EXKURS

Knüpfen und Tressieren

Knüpfen. Das Verknüpfen der Haare auf der Montur geschieht mit einer Knüpfnadel. Das ist eine feine Nadel mit Widerhaken, die in einem Griff aus Holz oder Metall steckt. In der rechten Hand (Rechtshänder) hält man den Griff mit der Knüpfnadel. Mit der linken Hand greift man einige Haare und formt zwischen Daumen und Zeigefinger eine Schlaufe. Das Haarende mit den Spitzen wird lang, das andere kurz gegriffen, um ein späteres Verfilzen der Haare zu vermeiden. Die Stärke der Nadel und die Abstände der Knoten richten sich nach der später gewünschten Haarfülle.

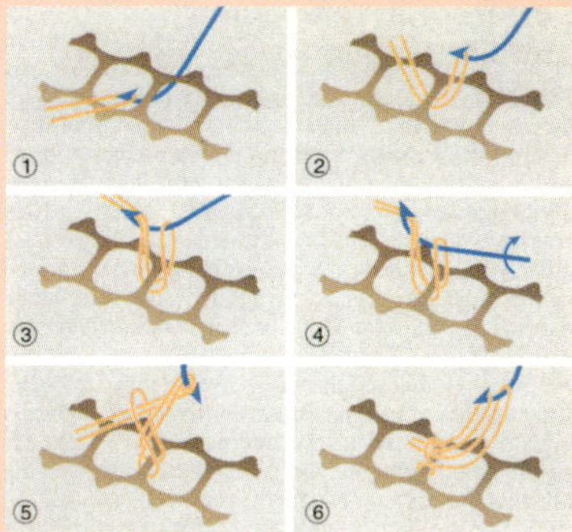

Vorgang des Knüpfens

Tressieren. Bei dieser Technik werden die Haare an drei Zwirnsfäden verknotet. Die so entstandenen Tressen werden auf die Montur aufgenäht. Ersetzt man einen der Zwirnsfäden durch einen Draht, so kann auf eine besondere Montur verzichtet werden. Die Tressen werden dann in Bogen gelegt und so miteinander vernäht, dass eine Art Gitter entsteht. Mithilfe einer Kordelmaschine kann man aus Tressen Zöpfe herstellen.

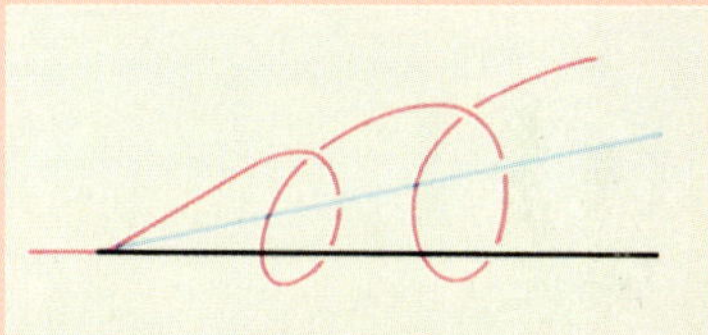
Vor- und Abschlagsknoten

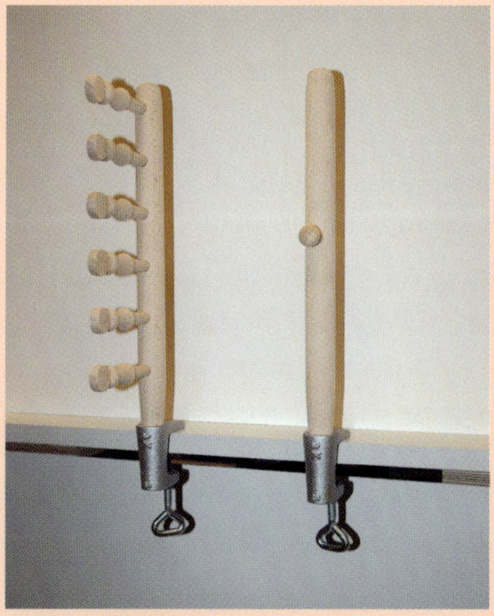
Tressierrahmen

Zur praktischen Ausführung wird der Tressierrahmen am Tisch befestigt und die Zwirnsfäden gleichmäßig gespannt. Wenn die Zwirnsfäden mit Bienenwachs eingewachst werden, beugt man dem Durchscheuern vor. Man beginnt mit zwei bis drei Vorschlagsknoten. Bei einfacher und doppelter deutscher Tresse greift man etwa zehn Haare pro Knoten, bei der englischen fünf Haare. Zwei bis drei Abschlagsknoten beenden eine Tresse.

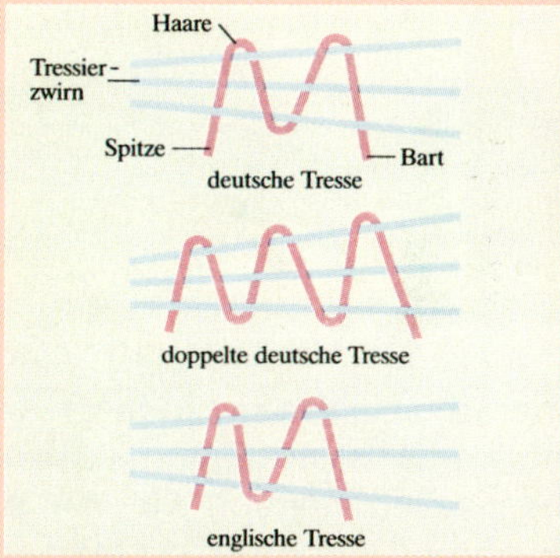

Tressierknoten

2.7 Frisieren mit Fremdhaar

Nicht immer muss gleich ein komplettes Haarteil zum Einsatz kommen. Schon mit einer einfachen Tresse kann man einer Hochsteckfrisur zusätzliche Fülle und Haarlänge geben:

- Seitlich werden zwei Passees antoupiert. Eine Ein-Meter-Echthaartresse wird doppelt genommen und an den Enden in den antoupierten Strähnen festgesteckt.
- Strähnenweise wird Eigen- und Fremdhaar zusammengenommen, leicht antoupiert, eingerollt und festgesteckt. Die Spitzen stehen heraus. Um das Gesicht und im Nacken bleiben einige Strähnen glatt.
- Als Finish werden die Spitzen mit Glanzbalsam stachelig gezupft.

3 Dauerwelltechnik fachgerecht anwenden – Basiswissen

Karla hat schon in den ersten Tagen ihrer Ausbildung gelernt, worauf zu achten ist, wenn man mit Dauerwellchemikalien umgeht, wie man perfekt abspült und fixiert und wie vorsichtig man abwickeln muss.

Schon bei vielen Dauerwellen hat sie geholfen oder einzelne Arbeitsgänge übernommen. Frau Weber legt großen Wert darauf, dass die Mitarbeiterinnen und Mitarbeiter jederzeit in der Lage sind, auf Kundenfragen kompetent zu antworten.

Ihr Argument: „Wenn ich zum Zahnarzt gehe, möchte ich auch immer genau wissen, was er macht und weshalb. Ein Friseurbesuch ist zwar eine viel angenehmere Sache als ein Zahnarztbesuch, aber auch hier kann gute Information das Vertrauen und das Wohlfühlen fördern."

3.1 Umformung dauerhaft/nicht dauerhaft

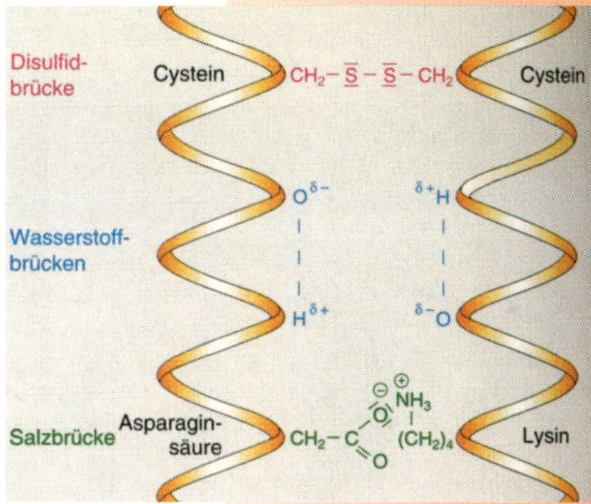

Eine dauerhafte Umformung perm(anent) wave kann die Frisiereigenschaften der Haare erheblich verbessern. Moderne Wellmittel und -techniken verbessern den Fall der Haare, geben Volumen und unterstützen das weitere Styling.

Jede nicht dauerhafte Umformung lässt sich leicht mit etwas Wasser wieder rückgängig machen. Eine dauerhafte Umformung dagegen ist ein massiver Eingriff in den chemischen Aufbau des Haares, bei dem ein Teil der Disulfidbrücken gelöst und in neuer Form wieder fixiert (= gefestigt) wird. Dieser Eingriff kann nur durch einen erneuten chemischen Eingriff rückgängig gemacht werden.

Während bei der nicht dauerhaften Umformung lediglich die nicht sehr beständigen Wasserstoffbrücken-Bindungen gelöst werden, handelt es sich bei den Disulfidbrücken um sehr viel stabilere chemische Bindungen. Disulfidbrücken sind Verbindungen zwischen den kettenförmigen Keratinmolekülen des Haares.

3.2 Schutzmaßnahmen

Schutz der Hände

Der Inhaltsstoff im Wellmittel, der die Disulfidbrücken löst, kann sich auch auf die Kopfhaut und die Haut des Friseurs auswirken, – ebenso wie die Akalisierungsmittel, die Haut und Haar quellen. Denn auch die Oberhaut und unsere Fuß- und Fingernägel bestehen aus Keratin. Bei sachgerechter Anwendung sind die auf dem Markt befindlichen Produkte unbedenklich. Vorsichtsmaßnahmen sind in der jeweils gültigen TRGS 530 und in den Beipackzetteln der Produkte zu finden.

Sicherheitshinweise

Grundsätzlich gilt:

- Hände vor Wellmittel-Berührung mit Einmalhandschuhen schützen. Das gilt auch für Probewickel.
- Wellmittel sparsam und gezielt auftragen, sodass es nicht auf die Kopfhaut gelangt. Gegebenfalls abtupfen.
- Wellmittel niemals in die Augen gelangen lassen. Im Notfall mit viel Wasser ausspülen und anschließend den Arzt aufsuchen.

Schutz der Kopfhaut

Ziel der Haarwäsche vor der Dauerwelle ist es, das Haar von Verschmutzungen und Rückständen der Stylingprodukte zu säubern. Dabei soll der natürliche Talgfilm auf der Kopfhaut so weit wie möglich als Schutz erhalten bleiben.

Deshalb führt man nur einen einzigen Waschgang mit einem milden Waschmittel durch und verzichtet ganz auf eine Kopfmassage. Während der Dauerwelle achtet man darauf, dass kein Wellmittel auf die Kopfhaut gelangt.

Informieren Sie sich in der gültigen TRGS über Sicherheitsmaßnahmen bei der Dauerwelle.

3.3 Ablauf einer Dauerwellbehandlung

1. Haarwäsche
Nach der Beratung erfolgt nur ein Waschgang ohne Kopfhautmassage, mit einem milden Shampoo.
Wasser lässt die Haare quellen. Wasserstoffbrücken- und Salzbrücken werden gelöst.
Wie bei jeder Haarwäsche werden die Hände durch Waschhandschuhe geschützt.

2. Abteilen
Nach der Vorbehandlung wird die Kopfhaarfläche entsprechend der Wickeltechnik in Arbeitsfelder eingeteilt.

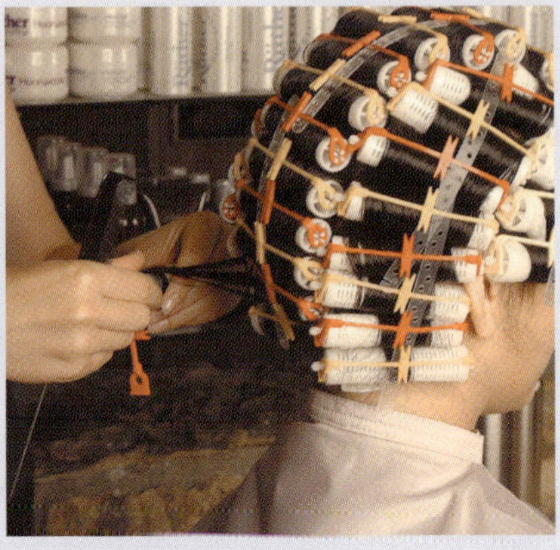

3. Wickeln
Die Haare werden auf Dauerwellwickler gedreht.
Noch unterscheidet sich chemisch nichts von einer nicht dauerhaften Umformung.

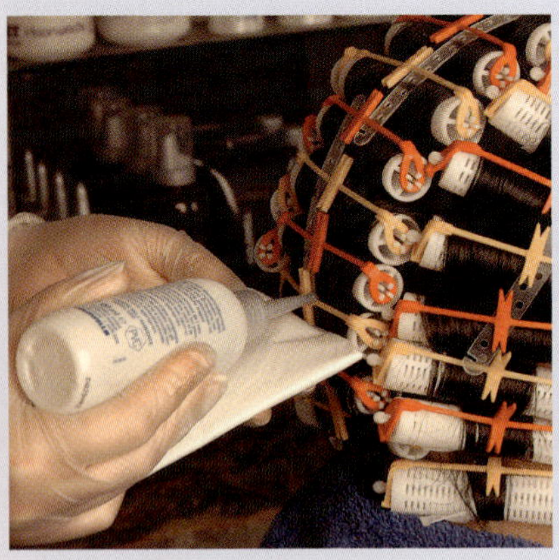

4. Wellmittelauftrag
Das Wellmittel wird gezielt auf die Haare gebracht.
Das Wellmittel lässt das Haar aufquellen. Wellmittel dringt in das Haar ein.
Einmal-Handschuhe schützen die Friseurhände.
Sollte unbeabsichtigt Wellmittel auf die Kopfhaut gelangen, wird es sofort abgetupft.

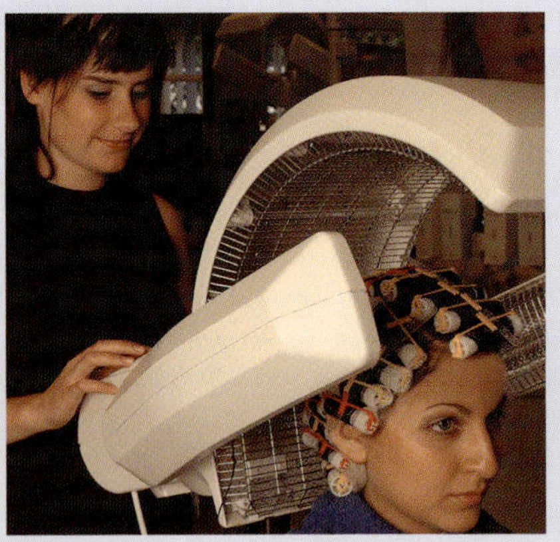

5. Einwirkzeit
Mit einer Uhr wird die Einwirkzeit kontrolliert, eventuell wird Wärme zugeführt.
Das Wellmittel dringt in das Haar, langsam löst sich ein Teil der Disulfidbrücken. Das Haar wird formbar.

6. Kontrolle mit Probewickel
Das Fortschreiten des Wellvorgangs wird kontrolliert.
Das Haar hat sich der Form des Wicklers angepasst.
Einmal-Handschuhe schützen die Friseurhände.

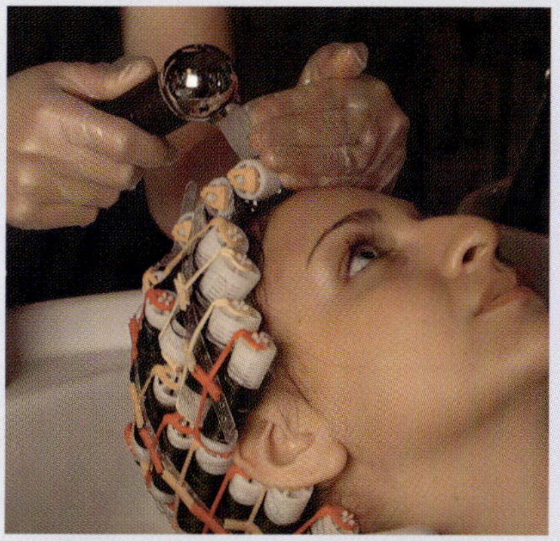

7. Abspülen
Chemikalienreste werden sorgfältig aus dem Haar entfernt.
Ein Teil der Disulfidbrücken ist weiterhin gelöst. Das Haar ist jetzt sehr empfindlich.
Einmal-Handschuhe schützen die Friseurhände.

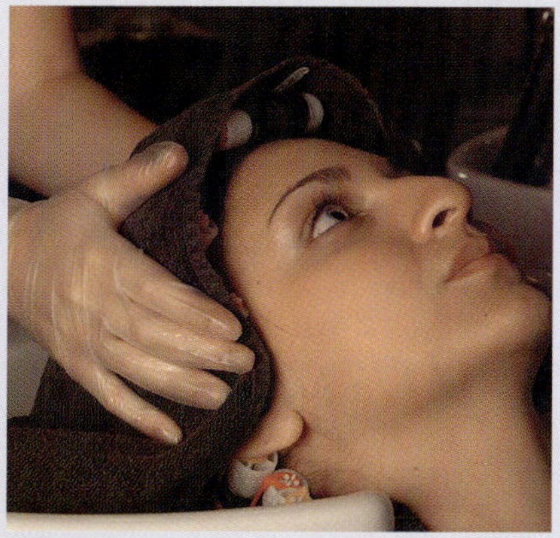

8. Trocknen
Behutsam wird die Flüssigkeit abgetupft.
Das Haar ist mit Wasser gesättigt und muss wieder aufnahmefähig gemacht werden.
Einmal-Handschuhe schützen die Friseurhände.

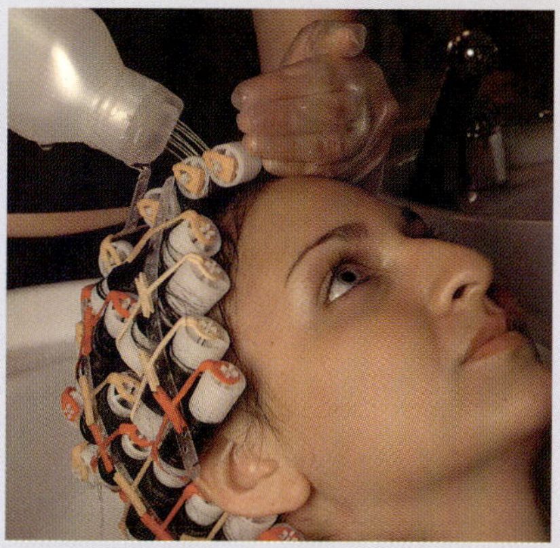

9. Erster Fixiergang
Auf die Wickler wird Fixiermittel aufgetragen.
Das Fixiermittel bewirkt, dass sich neue Disulfidbrücken bilden. Die veränderte Form des Haares wird dauerhaft.
Einmal-Handschuhe schützen die Friseurhände.

10. Abwickeln
Vorsichtig werden die Wickler aus dem Haar gedreht.
Das Fixiermittel wirkt weiter, Disulfidbrücken schließen sich.
Einmal-Handschuhe schützen die Friseurhände.

11. Zweiter Fixiergang
Auf die abgewickelten Haare wird großzügig Fixiermittel aufgetragen.
Weitere Disulfidbrücken schließen sich, das Haar wird adstringiert (entquellt).
Einmal-Handschuhe schützen die Friseurhände.

12. Saure Nachbehandlung
Es wird eine Sauerspülung durchgeführt, gegebenenfalls wird eine Haarkur oder ein spezielles Pflegemittel angewendet.
Das Haar wird weiter adstringiert, die Kopfhaut regeneriert sich.

Erstellen Sie für Karla eine Liste mit möglichen Kundenfragen zum Dauerwellablauf und formulieren Sie angemessene Antworten.

3.4 Das Wickeln der Dauerwelle

Von der Sorgfalt beim Wickeln hängt ganz wesentlich das Endergebnis ab. Gerade eine unsachgemäße Wicklung ist häufig die Ursache für Reklamationen. Geknickte Haarspitzen oder Haarbruch sind mehr als nur Schönheitsfehler und können bei genauem Hinsehen von jedem Laien erkannt werden.

Deshalb gelten die folgenden Regeln:

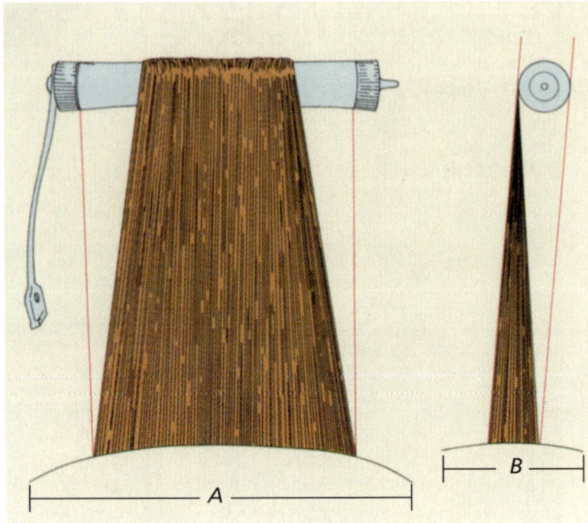

A = Passeebreite
B = Passeestärke
Abmessungen bei der Abteilung von Passees

	richtig	falsch
– Passeebreite (breit oder schmal) entsprechend der Wicklerlänge abteilen – Passeestärke (dick oder dünn) entsprechend der Wicklerstärke abteilen – Haarpassees gründlich vom Ansatz zur Spitze durchkämmen – Zickzack-Abteilung vermeidet Scheitelbildung		
– Haarspitzen mithilfe von Spitzenpapier sauber um den Wickler legen – Spitzen dabei als breite Lage, nicht als Bündel fassen		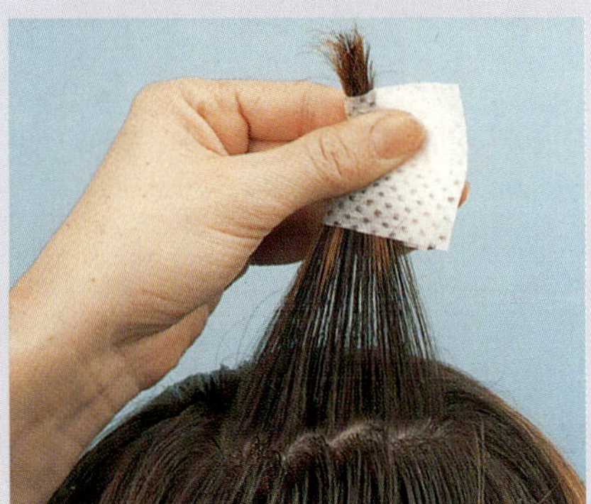

	richtig	falsch
– Passee beim Wickeln nicht seitlich verziehen – Beim Wickeln die Handhaltung beibehalten, meist im rechten Winkel zum Kopf, ein flacherer Winkel führt zu weniger Stand am Ansatz, ein größerer Winkel kann zu Knickstellen und Haarbruch führen		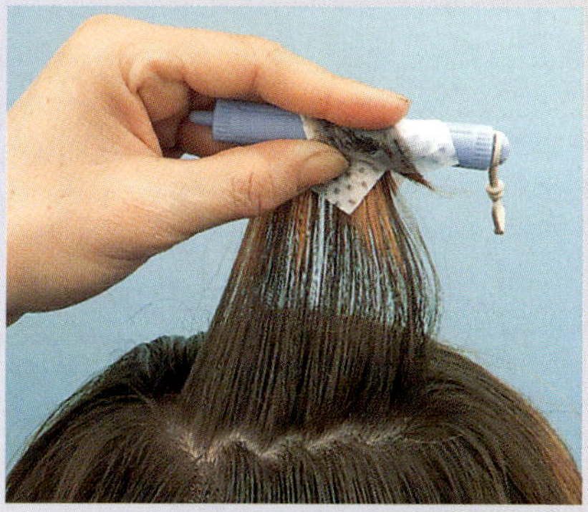
– Wickler parallel zur Kopfhaut halten – Mit gleichmäßiger Spannung wickeln, nicht zu straft und nicht zu locker	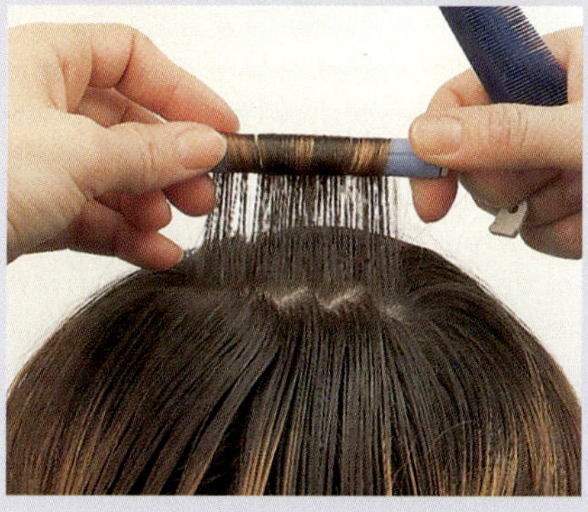	
– Haltegummis nicht zu nah am Haaransatz befestigen und ohne das Haar zu spannen – Das Haltegummi soll gleichmäßig aufliegen, ohne einzuschneiden		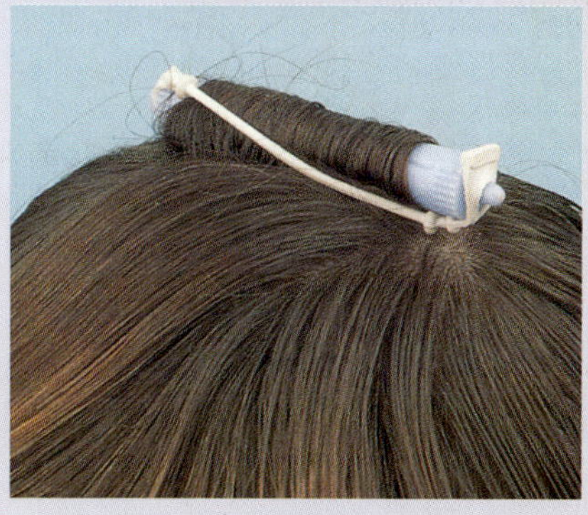
– Bei Softcurlern (Papilloten) darf der bewickelte Teil nicht gebogen werden, sondern muss in seiner Form und Größe der abgeteilten Kopfhautfläche entsprechen	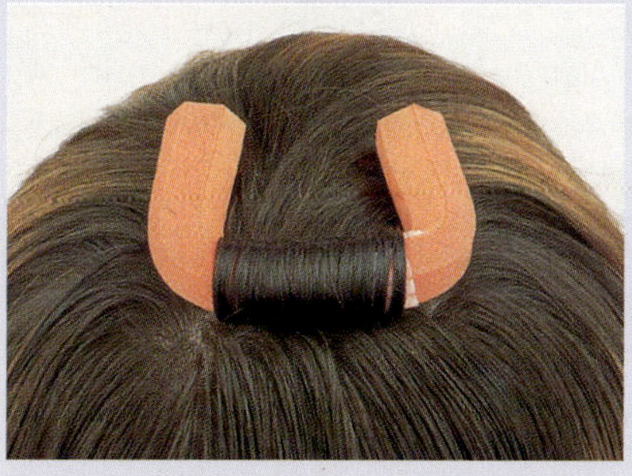	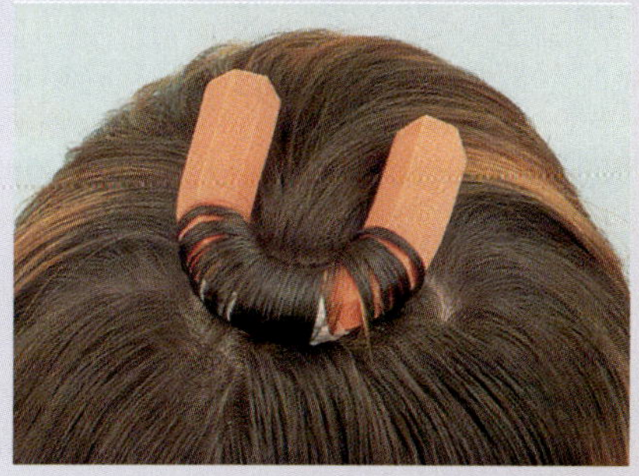

Wickeln Sie eine Dauerwelle anstatt mit Wellmittel nur mit Wasser am Übungskopf. Kontrollieren Sie nach dem Trocknen Ihr Ergebnis. Achten Sie besonders auf mögliche Knickstellen.

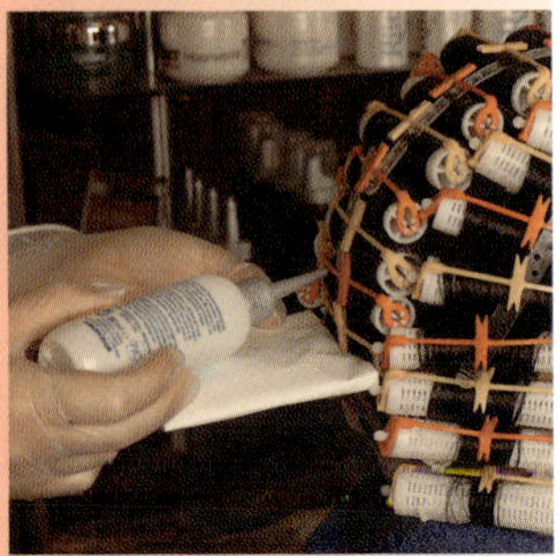

Wellmittelauftrag

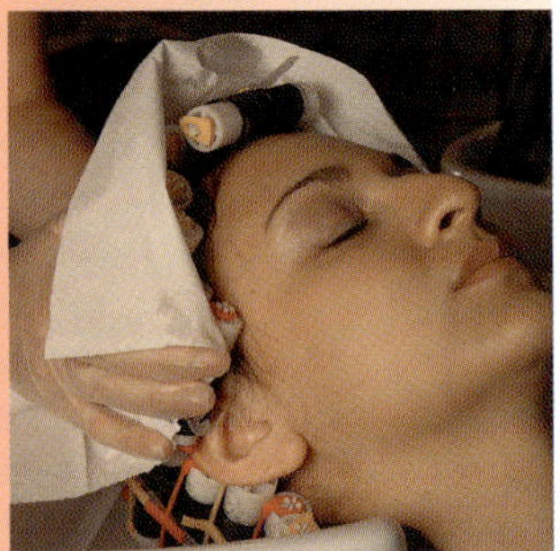

Vor dem Fixieren wird das Haar gründlich trockengetupft

3.5 Wellmittel auftragen, abspülen und fixieren

Das Abspülen und Fixieren einer Dauerwelle zählen neben der Haarwäsche zu den Aufgaben, mit denen sehr bald auch Karla als Berufsanfängerin betraut wurde. Etwas später folgte das Auftragen des Wellmittels. Zunächst war ihr gar nicht bewusst, welche hohe Verantwortung sie mit diesen Tätigkeiten für das Gelingen der Dauerwelle trägt.

3.5.1 Wellmittelauftrag

Ziel ist es, alle zu wellenden Haare gleichmäßig und ausreichend mit dem Wellmittel zu benetzen, ohne dass es auf die Kopfhaut oder ins Gesicht gelangt.

Auf die Stirnkontur wird eine geeignete Schutzcreme aufgetragen. Die Friseurhände sind bereits beim Anmischen oder Abfüllen des Wellmittels durch Einmal-Handschuhe geschützt. In der einen Hand wird die Auftrageflasche gehalten, in der anderen befindet sich eine Papierserviette, um ein Benetzen der Kopfhaut zu verhindern.

Im ersten Durchgang wird das Haar nur oberflächlich benetzt. Man beginnt im Nacken. Würde man an der Stirn beginnen, könnte beim Auftrag im Nacken – wenn sich die Kundin nach vorn beugen muss – Wellmittel ins Gesicht laufen. Beim zweiten Auftrag wird etwas mehr Wellmittel aufgetragen, aber immer nur so viel, wie das Haar aufnehmen kann. Es folgt die Einwirkzeit, eventuell unter Wärmeeinwirkung.

3.5.2 Abspülen

Das richtige Ausspülen der Wellmittelreste ist die Voraussetzung für eine erfolgreiche Fixierung. Es gilt der alte Friseurspruch „Gut gebraust ist halb gekraust". Als Anfänger sollte man eventuell die Uhr zur Hilfe nehmen und mindestens drei Minuten lang spülen. Außerdem muss das Abspülen sehr vorsichtig erfolgen, weil das Haar in diesem Zustand sehr empfindlich ist.

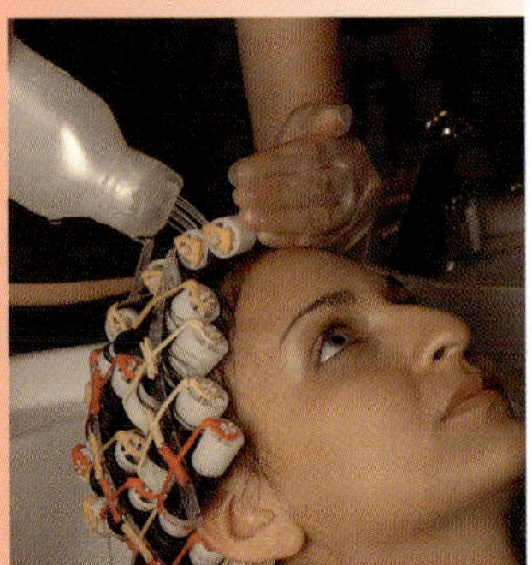

Auftragen der Fixierung

3.5.3 Fixiermittelauftrag

Durch den Wellvorgang und das ausgiebige Abspülen ist das Haar mit Wasser gesättigt. Um es wieder aufnahmefähig zu machen, wird es vorsichtig zunächst mit einem Handtuch, dann noch einmal mit einer Papierserviette abgetupft.

Auch das Fixiermittel wird am Nacken beginnend aufgetragen. Man trägt es reichlich auf, allerdings ohne dass es vom Kopf läuft. Alle Haare müssen erfasst und reichlich mit Fixiermittel benetzt werden.

Am Ende der ersten Einwirkzeit werden die Wickel ohne jeden Zug vorsichtig abgewickelt. Es besteht die Gefahr, das Haar unwiederbringlich zu überdehnen. Danach wird noch einmal reichlich fixiert. Am Ende der Einwirkzeit wird gründlich gespült und mit einer Sauerspülung nachbehandelt.

Begründen Sie, warum das Verwenden eines Wattestreifens zum Schutz der Kundin beim Wellmittelauftrag problematisch ist.

EXKURS

Oxidation/Reduktion

Bei **Oxidation** und **Reduktion** handelt es sich um chemische Vorgänge. Mit ihrer Hilfe kann man Haare dauerhaft wellen oder die Haarfarbe verändern. Geläufig sind die Begriffe Oxidationshaarfarbe, Oxidationsmittel oder Reduktionsmittel. Abgeleitet ist das Wort Oxidation von Oxigenium, dem **Sauerstoff.**
Beobachten kann man einen Oxidationsvorgang, wenn man eine kleine Menge von einem *Oxidationshaarfärbemittel* der Umgebungsluft aussetzt. Schon bald färbt sich das Präparat dunkel: Eine Oxidation mit dem Luftsauerstoff hat stattgefunden. So ist die einfachste Form einer Oxidation die *Anlagerung von Sauerstoff*. Als Ergebnis eines Oxidationsvorgangs entsteht ein **Oxid**.
In der Salon-Praxis verwendet man als Oxidationsmittel allerdings nicht die Raumluft, sondern **Wasserstoffperoxid**. Durch Abspaltung stellt es den für eine Oxidation erforderlichen Sauerstoff zur Verfügung.
Das Gegenteil einer Oxidation ist die **Reduktion** (von lateinisch reducere = zurückführen). Es bezeichnet die Abgabe von Sauerstoff. So kann man beim reduktiven Abzug durch Reduktion die künstlichen Farbstoffe wieder farblos machen.
Die Begriffe Oxidation und Reduktion kann man aber auch über die Reaktion mit **Wasserstoff** erklären. Von einer Reduktion spricht man auch bei der *Anlagerung von Wasserstoff*, von einer Oxidation bei der *Abgabe von Wasserstoff*.
Bei der *Dauerwelle* wird zunächst Wasserstoff angelagert, wodurch Verbindungen zwischen Schwefelatomen, so genannten Disulfidbrücken, getrennt werden. Es handelt sich also um einen Reduktionsvorgang.
Beim Fixieren kommt das Oxidationsmittel Wasserstoffperoxid zum Einsatz: Freigesetzter Sauerstoff verbindet sich mit dem zuvor angelagerten Wasserstoff. Die Schwefelatome geben Wasserstoff ab. Die Wasserstoffatome verbinden sich mit Sauerstoff zu Wasser.

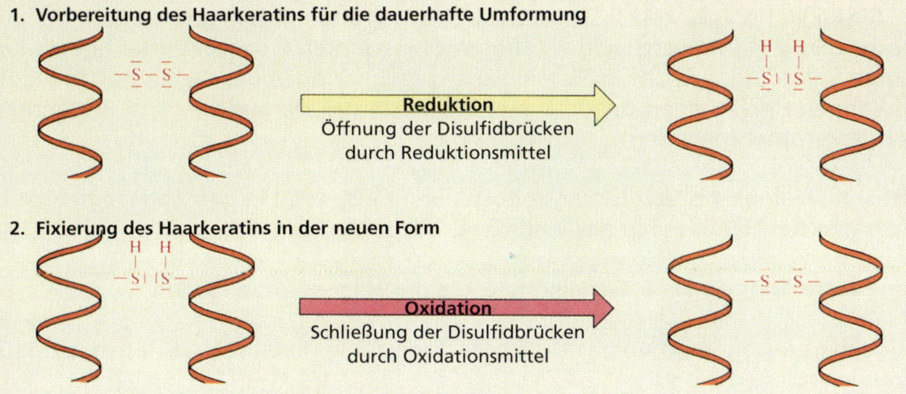

Reaktionen an den Disulfidbrücken im Haar während der Dauerwelle (Schema)

Merke

Oxidation
= Anlagerung von Sauerstoff
= Abgabe von Wasserstoff

Reduktion
= Anlagerung von Wasserstoff
= Abgabe von Sauerstoff

3.6 Well- und Fixiermittel

3.6.1 Inhaltsstoffe der Wellmittel

Wie alle kosmetischen Inhaltsstoffe müssen auch die in den Well- und Fixiermitteln verwendeten nach der INCI-Deklaration angegeben werden. Genauere Informationen zu den einzelnen Inhaltsstoffen findet man in Broschüren der Hersteller oder auf ihren Homepages im Internet.

Chemisch gesehen handelt es sich bei dem Lösen der Disulfidbrücken um einen Reduktionsvorgang. Mittel, die einen solchen Vorgang bewirken können, nennt man **Reduktionsmittel**. Diese sind deshalb ein wesentlicher Bestandteil der Wellmittel. Es werden unterschiedliche Reduktionsmittel eingesetzt, die jeweils bestimmte pH-Wert-Bereiche benötigen, um optimal wirken zu können. Man benötigt daher außerdem **Mittel zur pH-Wert-Regulierung.** Diese bewirken zusätzlich eine mehr oder minder starke Quellung des Haares, die das Eindringen des Reduktionsmittels erleichtert.

Alkalische Wellmittel enthalten das Reduktionsmittel **Ammoniumthioglykolat**. **Saure Wellmittel** haben als Reduktionsmittel einen Ester, häufig **Thioglykolsäureglycerinester**. Dieser ist schonend für die Haare, birgt allerdings für den Friseur ein hohes Allergierisiko. Entsprechende Produkte wurden deshalb von den namhaften Herstellern vom deutschen Markt genommen.

Ammoniumsulfit ist das Reduktionsmittel der relativ schwachen **Sulfitdauerwelle**, die etwa im Neutralbereich, also bei pH-Werten um 7, wirkt.

Cystein ist das Reduktionsmittel der **Cysteindauerwelle,** die für asiatisches Haar – weniger für europäisches – besonders geeignet ist. Die schwefelhaltige Aminosäure Cystein ist von Natur aus im Haar enthalten. Disulfidbrücken entstehen durch die Verknüpfung zweier Cystein-Moleküle.

Lösungsmittel. Vollentsalztes Wasser dient als Lösungs- und Verdünnungsmittel, um die erforderliche Konzentration der Wirkstoffe einzustellen.

Tenside. Sie erleichtern das Benetzen des Haares, indem sie die Oberflächenspannung der Flüssigkeit herabsetzen. In Schaumdauerwellen ermöglichen sie die Schaumbildung. Werden dem Produkt Fettstoffe als Pflegestoffe zugesetzt, so wirken Tenside als Emulgatoren. Allerdings erleichtern Tenside auch das Eindringen des Wellmittels in die Haut und können Haarschäden begünstigen, indem sie das Herauslösen von Bestandteilen des Haarkeratins erleichtern.

Konsistenzbildner. Als Verdickungsmittel sollen sie speziell in gel- und cremeförmigen Präparaten das Herablaufen des Wellmittels verhindern.

Pflegestoffe. Dies sind z. B. Fettalkohole, die das Haar schützen sollen.

Antioxidantien. Sie machen das Wellmittel lagerfähig, indem sie seine vorzeitige Zersetzung verhindern.

Duft- und Riechstoffe. Sie sollen den teilweise recht unangenehmen Geruch der Wirkstoffe überdecken.

Farbstoffe. Ihre Aufgabe ist es, die verschiedenen Produkte optisch voneinander abzuheben.

3.6.2 Inhaltsstoffe der Fixiermittel

Während der Einwirkzeit des Wellmittels werden Disulfidbrücken durch einen Reduktionsvorgang gelöst. Beim Fixieren sollen sie durch einen Oxidationsvorgang wieder geschlossen werden. Folglich müssen alle Fixiermittel ein **Oxidationsmittel** enthalten. Um das Haar zu adstringieren und eventuell noch im Haar vorhandene Alkalireste zu neutralisieren, sind außerdem **Säuren** erforderlich.

Oxidationsmittel ist meist **Wasserstoffperoxid**. Es kommt in Fixiermitteln 1- bis 2 %ig zur Anwendung. Um sie lagern zu können, wird Wasserstoffperoxid-Lösung auf einen pH-Wert von 2,3 bis 3,5 eingestellt. Somit wirkt sie adstringierend.

Ein anderes Oxidationsmittel ist **Natriumbromat**. Es wird in 7- bis 15 %iger Konzentration angewendet. Der pH-Wert ist schwach sauer bis neutral. Im Gegensatz zu Wasserstoffperoxid wirkt Natriumbromat nicht aufhellend. Es kommt in Sofort-Fixierungen zum Einsatz, die keine Einwirkzeit benötigen.

Säuren. Verwendet werden verdünnte Phosphorsäure und schwache organische Säuren, z. B. Zitronensäure und Weinsäure.

Lösungsmittel. In den Produkten enthalten ist vollentsalztes Wasser. Oftmals werden sie vor der Anwendung noch einmal im Verhältnis 1 : 1 mit Leitungswasser gemischt.

Tenside. Wie in anderen Produkten auch erleichtern Tenside die Benetzung. Oft werden Fixiermittel als Schäume eingesetzt. Auch die Schaumbildung ermöglichen Tenside.

Konsistenzbildner. Präparate in Gelform enthalten Verdicker, die das Herablaufen verhindern.

Pflegestoffe. Sie sollen dauerwellbedingte Beeinträchtigungen des Haares vermindern.

Duft- und Riechstoffe. Auch Fixiermittel werden geruchlich an den Geschmack der Verbraucher angepasst.

Farbstoffe. Sie sollen das Produkt gegebenenfalls ansprechender machen.

Informieren Sie sich über die in Ihrem Salon verwendeten Well- und Fixiermittel.

3.7 Einflussgrößen auf das Wellergebnis

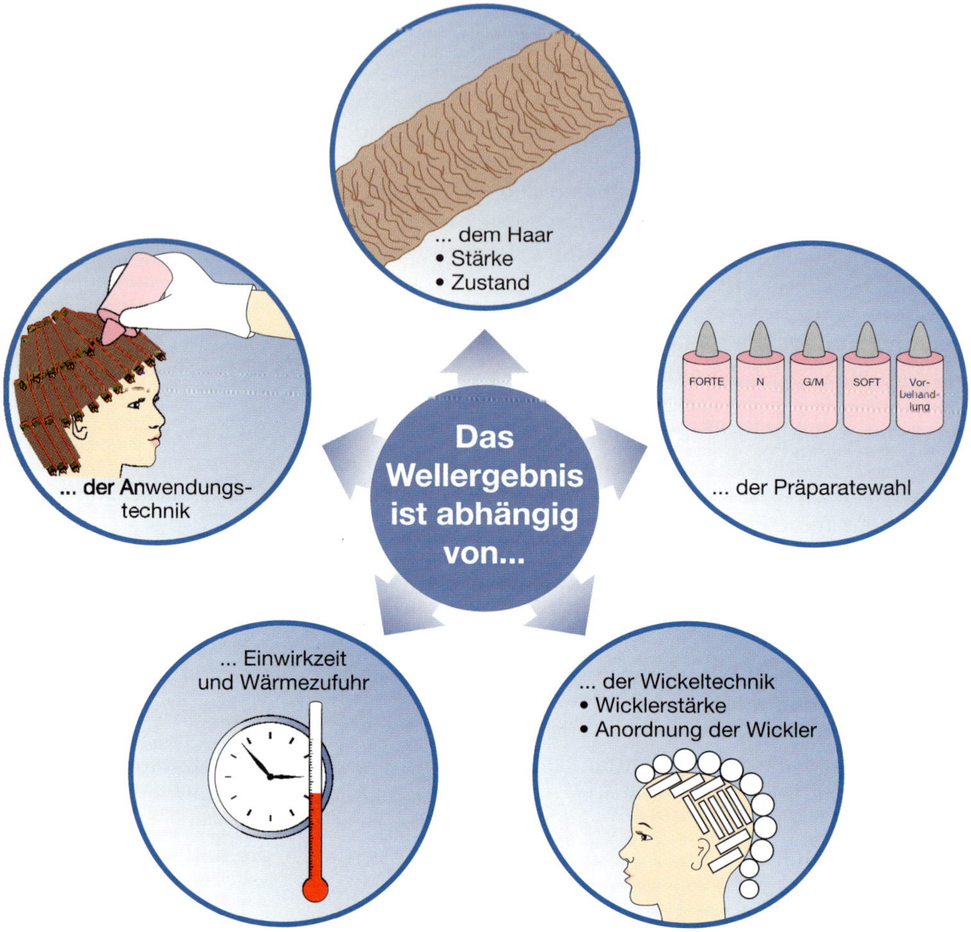

Haar. Die Voraussetzungen der Kundin in Bezug auf Haar und Haut werden in einer eingehenden Diagnose festgestellt. Neben der Haarstärke hat der Querschnitt eine besondere Bedeutung für die Dauerwelle. Haare mit einem flachen Querschnitt sind schwer wellbar.

Wickeltechnik. Die Wickeltechnik ist wesentlich, um das spätere Wellergebnis zu erzielen. Dabei denkt man zuerst an die Wicklerstärke: Dünne Wickler erzeugen engbogige, dicke Wickler führen zu weitbogigen Wellen. Aber auch die Anordnung der Wickel beeinflusst das spätere Wellbild: Dabei kann man sich entweder mehr an der natürlichen Wuchsrichtung oder an der gewünschten Frisur orientieren.

Präparatewahl. Am Markt gibt es eine Reihe von Herstellern mit ihren Sortimenten an Wellmitteln. Jeder Hersteller hat unterschiedliche Produktlinien, von denen in den Salons eine kleine Auswahl zur Verfügung steht. Innerhalb einer Produktlinie gibt es Präparate, die für die unterschiedlichen Haarqualitäten ausgerichtet sind. Meist sind dies neben der Sorte für normales Haar eine für schwer wellbares und jeweils eine für chemisch vorbehandeltes gefärbtes und blondiertes Haar.

Die Sorten unterscheiden sich im Wesentlichen durch ihren unterschiedlichen Gehalt an Reduktionsmittel und ihre Alkalität: Schwer wellbares Haar mit seiner geschlossenen Struktur benötigt eine höhere Alkalität, um es aufzuschließen. Gefärbtes und blondiertes Haar hat bereits eine lockere Struktur und benötigt daher weniger Quellung durch Alkalität und weniger Gehalt an Reduktionsmittel.

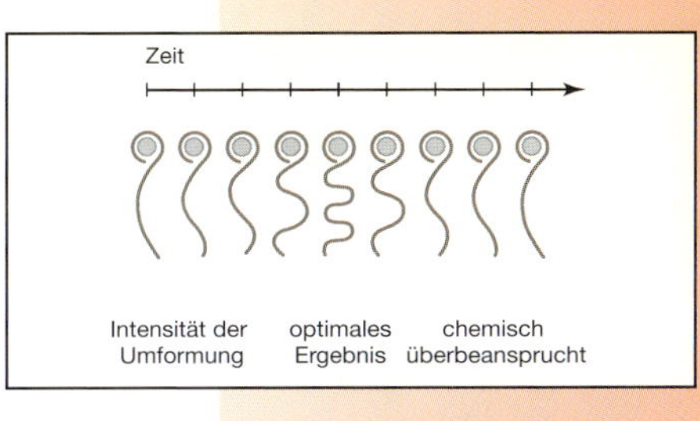

Anwendungstechnik. Zunächst ist sicherzustellen, dass alle Partien, die behandelt werden sollen, gleichmäßig mit Wellmittel benetzt werden. Manchmal werden gezielt bestimmte Bereiche von der Wellbehandlung ausgeschlossen. Spitzenfolien sollen das Wellmittel von bereits gewellten Spitzen fernhalten. Gelartige Wellmittel erlauben den gezielten Auftrag mit dem Pinsel auf die Haaransätze.

Einwirkzeit und Wärmezufuhr. Das Lösen der Disulfidbrücken bei der Dauerwelle erfordert eine Einwirkzeit, die meist zwischen fünf und 20 Minuten liegt. Während dieser Zeit werden zunehmend Disulfidbrücken gelöst und das Haar kann sich der Wicklerform anpassen.

Diesen chemischen Prozess kann man durch Wärme beschleunigen. Allerdings erfordert die verkürzte Einwirkzeit eine genauere Kontrolle. Innerhalb nur weniger Minuten kann der Zeitpunkt, an dem das Wellergebnis optimal war, überschritten sein. Als Wärmequellen für die Dauerwelle verwendet man deshalb Infrarotstrahler, die über eine Programmsteuerung verfügen. Aus den Angaben über Haar-Voraussetzungen, Präparatewahl und gewünschtem Ergebnis berechnet das Gerät Einwirkzeit und Wärmezufuhr.

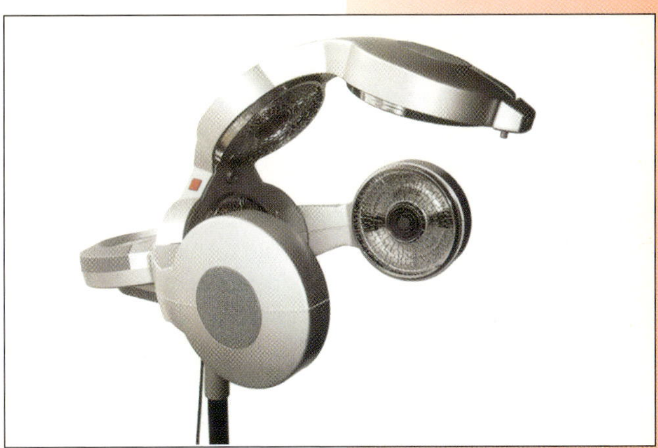

Wärmequelle für die Dauerwellbehandlung

Möchte man eine nur sehr geringe Umformung erzielen, so ist es möglich, das Wellmittel schon vorzeitig abzuspülen und zu fixieren. Dies ist eine gute Alternative im Herrenfach.

Eine deutliche Verlängerung der Einwirkzeit ist meist nicht sinnvoll. Ist der optimale Zeitpunkt überschritten, so nimmt die Wellung wieder ab.

Kopfpartien, die sich leichter wellen lassen oder deren Wellung weniger intensiv werden soll, können erst später mit Wellmittel befeuchtet werden. So haben diese Stellen eine kürzere Einwirkzeit.

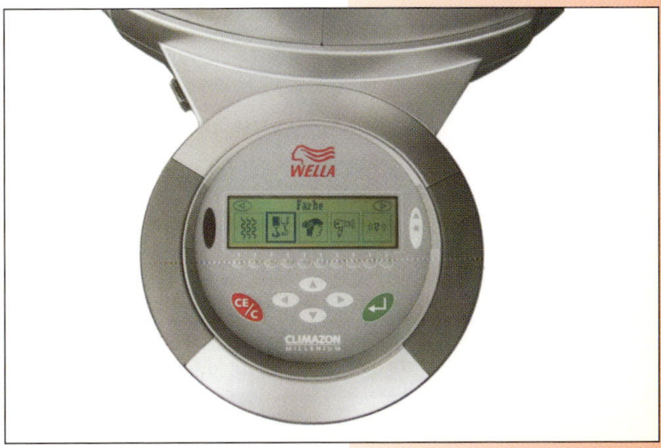

Benutzeroberfläche eines Climazon

Beobachten Sie, wie in Ihrem Salon bei der Dauerwelle mit zusätzlicher Wärme und der Dauer der Einwirkzeiten verfahren wird. Diskutieren Sie Ihre Beobachtungen mit Kollegen.

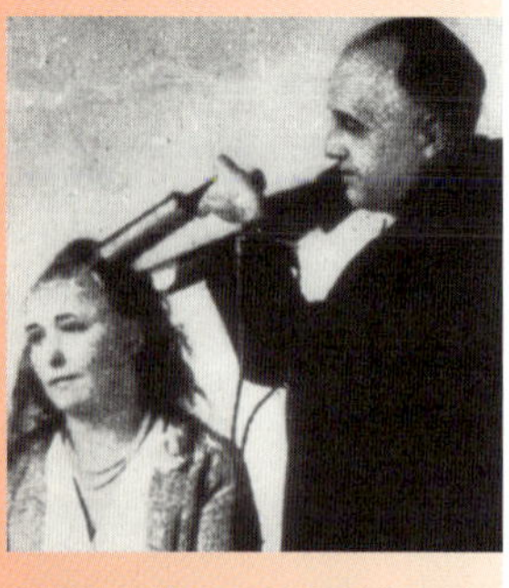

Heißwelle nach Karl Nessler

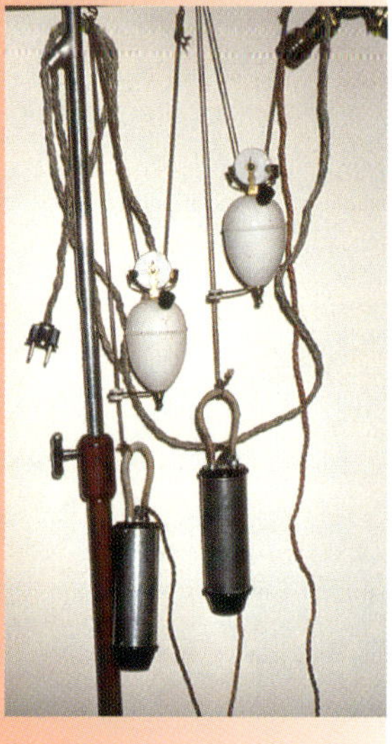

Dauerwellenapparat mit zwei elektrischen Heizern und Porzellaneiern zum Gewichtsausgleich

EXKURS

Geschichte der Dauerwelle

Die technische Entwicklung der Dauerwelle ist eine spannende Geschichte, die eng mit der jeweiligen Frisurenmode verbunden ist. Allerdings war die breite Masse der Friseure anfänglich überhaupt nicht von der Dauerwelle begeistert.

Wirtschaftliche Grundlage zu Beginn des 20. Jahrhunderts waren für die Herrensalons Rasur und Haarschnitt, für die Damensalons das Haarewaschen und -trocknen sowie die Ondulation. Rasur wie Ondulation wurden als Erwerbsgrundlage für Friseure jedoch durch den technischen Fortschritt sehr bald in Frage gestellt:

- 1901 meldete der Amerikaner Gillette einen Apparat zum Patent an, mit dem jedem Laien eine ungefährliche Nassrasur möglich wurde.
- 1906 gelang es dem deutschen Friseur Karl Nessler in London, die ersten Dauerwellen herzustellen. Dauergewellte Haare müssen nicht mehr onduliert werden.

Dass die Dauerwelle einmal die Existenz vieler Betriebe sichern und zu einem breiten Aufschwung des Friseurhandwerks führen würde, war zu Beginn des 20. Jahrhunderts noch nicht vorhersehbar. Zunächst einmal mochten die Fachkollegen nicht glauben, dass es überhaupt möglich sein sollte, Haare so umzuformen, dass die Wellen jede Haarwäsche überdauerten.

Dabei war das grundsätzliche Verfahren seit dem 18. Jahrhundert bekannt: Man wickelte Haare auf Kraushölzer und kochte sie in einer alkalischen Lösung, der man außer Soda oder Borax etwas Glycerin beigab. Nur war dies ein Verfahren, das man bei abgeschnittenen Haaren für Perücken und Haarteile anwendete.

Die Technik so zu verfeinern, dass sie am lebenden Menschen angewandt werden konnte, gelang Karl Nessler, der in London unter dem Namen Charles Nestlé arbeitete. Seine **Heißdauerwelle** wurde folgendermaßen durchgeführt:

Eine Haarsträhne wurde abgeteilt und mit einer alkalischen Flüssigkeit (wahrscheinlich Borax- oder Ammoniaklösung) vorgefeuchtet. Die Haarsträhne wurde senkrecht um ein Metallstäbchen gewickelt. Drumherum kam ein mit Wellmittel getränkter Flanellstreifen. Mit einer erhitzten Eisenzange wurden die Haare zehn Minuten lang erhitzt.

Überliefert ist, dass Nesslers Frau, an der er das Verfahren erprobte, etliche Male üble Verbrennungen erlitt. Solche Verletzungen gehörten zu den ersten Erfahrungen nicht weniger Frauen mit der neuen Technik. Man hatte noch keine elektrisch beheizten Wärmequellen mit Thermostaten. Noch lange nicht jeder Friseursalon verfügte über elektrischen Strom.

Das Verfahren hatte noch weitere Nachteile:

- Obwohl man nur einen schmalen Streifen über der Stirn von Ohr zu Ohr wellte, dauerte die Prozedur noch ca. fünf Stunden.
- Etwa 3–4 cm Ansatz konnten nicht gewellt werden und blieben glatt.
- Die Wellung der Haare wirkte unnatürlich und krauste schon bei geringer Luftfeuchtigkeit stark durch.

EXKURS

Zum Schutz der Kopfhaut vor Verbrennungen entwickelte man Schutzmanschetten. Die Behandlungszeit konnte man schließlich durch elektrisch beheizte Dauerwell-Apparate mit mehreren Heizern verkürzen. Allerdings hatte die Kundin immer ein hohes Gewicht auf ihrem Kopf zu tragen. Auch die anderen Nachteile blieben. Trotzdem breitete sich die Technik der Dauerwelle langsam aus. Einen wichtigen Einschnitt auch für die Haarmode brachte der Erste Weltkrieg: Frauen, denen man bis dahin einen Platz an Heim und Herd zugewiesen hatte, mussten plötzlich schwere Fabrikarbeit leisten und wurden zum Pflegedienst an Schwerverwundeten herangezogen. Trotz dieser Härten brachten die sozialen Verhältnisse die Emanzipation (= Gleichstellung) der Frau ein Stück voran: Als äußeres Zeichen fielen gleich zwei Tabus einer langen Modegeschichte: Die Röcke wurden verkürzt und die langen Haare abgeschnitten, zunächst zu einer Art Pagenkopf, später folgte der Bubikopf, der weniger Volumen hat und im Nacken kurz angeschnitten ist.

In den 20er Jahren wurde der Bubikopf zum Kennzeichen der Moderne schlechthin. Diese fast revolutionäre Entwicklung verschaffte dem Friseurhandwerk eine kulturelle Auffrischung. Zu Schrittmachern der neuen Frisierkunst wurden Entwicklungen der Chemie und Neuerungen im Handwerklichen.

Das Ergebnis war der Modefrisiersalon mit Schneiden, Waschen, Legen, Färben und Föhnen. Eine Industrie der Haarkosmetik begann sich zu entwickeln. Den Kern der Entwicklung bildeten die stützende Dauerwelle und der formgebende Haarschnitt.

Die Spiralwicklung mit ihren glatt bleibenden Ansätzen erwies sich allerdings als für die neue Mode wenig brauchbar. Der Friseur Joseph Mayer aus Karlsbad entwickelte daher ein für die Dauerwelle neues Wickelverfahren, die **Flachwicklung**, die er 1924 der Öffentlichkeit vorstellte. Nun konnte man das Haar am gesamten Kopf vom Ansatz her wellen. Doch noch immer wurden die Haare – wenn auch mit immer komfortableren Dauerwell-Apparaten – am Kopf der Kundin gekocht.

Das änderte sich erst mit der Erfindung der **Kaltwelle**. Ein neues Wellmittel machte es möglich, Haare ohne Wärmezufuhr von außen zu wellen. Erstmals wurde zum Abschluss der Wellbehandlung ein Fixiermittel eingesetzt. Ab 1948 kam die Kaltwelle in westdeutsche Salons. Wegen der hohen Wirkstoffkonzentration war sie noch haar- und hautschädigend. Die Vorteile gegenüber der Heißwelle überwogen jedoch. In der Zeit des Wirtschaftswunders in der Bundesrepublik konnten sich bald viele Frauen eine Dauerwelle leisten.

Von nun an blieb das grundsätzliche Wirkprinzip der Dauerwelle bis heute unverändert. Der Fortschritt zeigte sich im Detail: Zunächst reduzierte man die Wirkstoffkonzentration. Dies wurde möglich, weil man wieder zusätzliche Wärme zuführte. Bei der **Thermwelle** wurden die Haare auf Flachwickler gedreht. Die Wärme lieferten Heizklammern, die man auf die Wickel klemmte. Diese Metallklammern waren vorher auf einem Dauerwellapparat aufgeheizt worden und konnten nun ihre Wärme langsam abgeben.

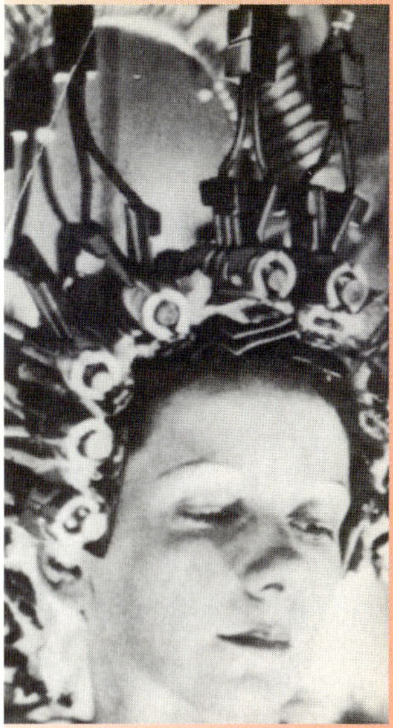

Flachwicklung nach Joseph Mayer

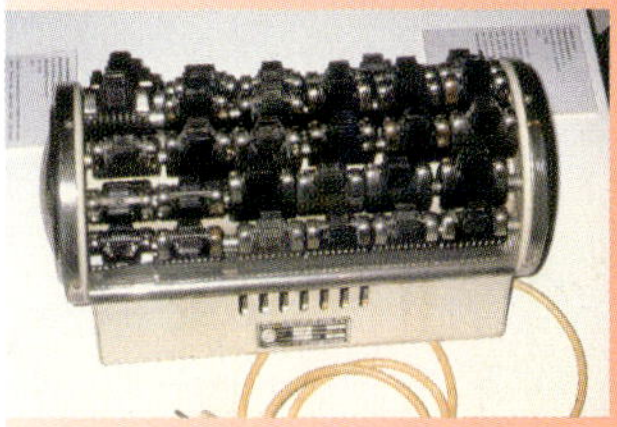

Thermwelleapparat 1960

Informieren Sie sich bei älteren Kolleginnen und Kollegen, mit welchen unterschiedlichen Dauerwellverfahren und -produkten sie in der Vergangenheit gearbeitet haben.

4 Dauerwelle planen, durchführen und kontrollieren

Karlas Gesellenprüfung naht. Gefordert ist eine Dauerwelle mit einer gezielten Wickeltechnik und einem Behandlungsplan.
Ayse bemerkt, dass in den letzten Jahren immer seltener Dauerwellen von Kundinnen und Kunden verlangt werden.
„Aber gerade dort liegen Chancen, um den Umsatz des Salons zu steigern“, entgegnet Frau Weber, „heute verkaufen Friseure allerdings keine Dauerwellen mehr, sondern Frisuren.“
„Wie meinen Sie das denn?“, fragt Karla.

4.1 Dauerwell-Marketing

Die Ansprüche an eine Dauerwelle haben sich im Laufe der Zeit geändert. Fast vergessen sind die Zeiten, als die Kundinnen ganz selbstverständlich alle drei bis vier Monate beim Friseur eine neue Dauerwelle verlangten. Ein entsprechend langer ungewellter Ansatz und das langsame Abnehmen der Sprungkraft der Wellen waren das sichere Anzeichen, dass eine neue Dauerwelle her musste, um der durch Volumenwicklung und Toupage erstellten Frisur den nötigen Halt zu geben.

In der Zeit nach dem Zweiten Weltkrieg bis in die 1970er Jahre war das Dauerwellgeschäft ein sicherer und wichtiger Umsatzträger. Die alten Dauerwelltechniken waren aber für die in den 70er Jahren aufkommenden Föhnfrisuren viel zu stark. Bevor sich neue Techniken und Produkte durchsetzen konnten, hatten die Kundinnen das Interesse an Dauerwellen verloren. Hinzu kam ein Imageproblem: In den Köpfen der Kundinnen wurde – und wird zum Teil – die Dauerwelle mit einer überholten Mode verbunden und daher abgelehnt. Die Haarpflegefirmen versuchten mit neuen Produkten gegenzusteuern. Die Bezeichnung „Dauerwelle" wurde vermieden, man sprach stattdessen z. B. von einer „Strukturumformung". Doch die Verbraucherinnen wandten sich weiter von der Dauerwelle ab.

Heute ist es seltener geworden, dass eine Kundin oder ein Kunde wegen einer Dauerwelle den Friseur aufsucht. Viel öfter ist es der Fall, dass die Kundin mit einem bestimmten Frisurenwunsch oder einem bestimmten Styling-Problem den Friseur um Rat fragt. Manchmal ist dann eine Dauerwellbehandlung Erfolg versprechend.

Um eine Kundin überzeugen zu können, ist es dann wichtig, offen an die Beratungssituation heranzugehen. Im Vordergrund der Beratung steht zunächst nicht die Dauerwelle, sondern die gewünschte Frisur mit ihren besonderen Eigenschaften, die möglicherweise durch eine Dauerwelle leichter oder überhaupt erst zu verwirklichen ist. Erst wenn man die Kunden vom Nutzen der Behandlung überzeugen kann, werden sie sich aufgeschlossen gegenüber einer entsprechenden Beratung verhalten.

Werden für die Wunschfrisur Volumen und Stand am Ansatz benötigt, so kann eine Dauerwellbehandlung helfen – ebenso wenn ein weicher Fall oder Wellen gewünscht werden, und natürlich auch, wenn eine kräftige Umformung oder gar Krause gewünscht wird.

Moderne Dauerwellbehandlungen haben nicht mehr den Anspruch, drei bis vier Monate zu halten, dafür sollen sie pflegeleicht und von der Stärke und Ausprägung genau auf die Wunschfrisur abgestimmt sein. Sie sollen das Frisurenfinish erleichtern.

Das Ergebnis moderner Dauerwellen ist nicht mehr gleichförmig, schematisch und ordentlich, sondern ganz auf den Träger abgestimmt und dabei manchmal etwas wild und chaotisch erscheinend. Umso mehr sind das Können und die Beherrschung der Techniken gefragt, denn solche Dauerwellen entstehen nicht durch Eingebung oder Zufall, sondern sie sind das Ergebnis einer genauen Diagnose, einer umsichtigen Arbeitsplanung und handwerklichen Geschicks.

1. *Überlegen Sie sich, unter welchen Voraussetzungen Sie sich selbst für eine Dauerwelle entscheiden würden.*
2. *Überlegen Sie sich, wer von den Modellkundinnen und -kunden möglicherweise für eine Dauerwelle interessiert werden könnte. Wählen Sie eine Person aus und beschreiben Sie möglichst konkret, wie Sie bei der Beratung vorgehen würden.*

4.2 Arbeitsplanung

Vor einer Dauerwellbehandlung sind vier große Fragenbereiche zu klären:

- Welche Frisur wünscht sich meine Kundin bzw. mein Kunde?
- Welche Voraussetzungen in Bezug auf Haar und Haut liegen vor?
- Welches Wellergebnis erfordert die gewünschte Frisur?
- Welche Arbeitsschritte sind erforderlich, um das für die spätere Frisur optimale Wellergebnis zu erreichen?

4.2.1 Beratung

Am Anfang jeder Friseurbehandlung steht der Kundenwunsch nach einer bestimmten Frisur. Ihn gilt es zunächst zu ermitteln. Daraus resultiert die Arbeitsplanung, wie z. B. die Auswahl des Wellmittels und der Wickeltechnik.

Zur Beratung gehören auch Hinweise über die besondere Pflege dauergewellter Haare. Hierzu zählen neben Vor- und Nachbehandlungsmitteln bei der Dauerwelle auch spezielle Produkte für die Heimpflege und Tipps für das Styling. Styling- und Pflegegewohnheiten spielen dabei eine wichtige Rolle, denn einerseits werden die Eigenschaften der Haare dauerhaft verändert, andererseits braucht ein dauergewelltes Haar mehr Pflege als ein chemisch unbehandeltes.

Kundinnen ohne Dauerwell-Erfahrung legen oft Wert auf eine verständliche Erläuterung der chemischen Vorgänge im Haar. Dabei sollte man sich immer an den Vorkenntnissen und Interessen der jeweiligen Person orientieren und ebenso in der Lage sein, eine einfache und anschauliche Erklärung zu geben wie auch stärker ins Detail zu gehen, wenn es gewünscht wird. Fachkenntnisse, die sicher und verständlich angebracht werden, schaffen Vertrauen.

4.2.2 Diagnose

Haarstärke/Haarquerschnitt

Unterschiedliche Haarstärken und -querschnitte wirken sich auf die Wellbarkeit des Haares aus. Man überprüft sie mit dem Haarstärkenmessgerät. Generell kann man sagen:

- **Dickes Haar** (> 0,07 mm) ist zunächst schwerer wellbar wegen seiner größeren Keratinmasse. Es erfordert längere Einwirkzeiten, liefert aber als Ergebnis starke Sprungkraft und hohe Elastizität. Ist das Haar allerdings besonders lang, so kann das hohe Gewicht durch Aushängen die Wellung beeinträchtigen.
- **Dünnes Haar** (< 0,05 mm) ist meist leichter wellbar, reagiert dabei aber empfindlich auf längere Einwirkzeiten. Sprungkraft und Elastizität lassen oft zu wünschen übrig. Die Einwirkzeit sollte deshalb sorgfältig überwacht und auf zusätzliche Wärme möglichst verzichtet werden.

Haarquerschnitte, die rund bis leicht oval sind, gelten als gut wellbar. Je flacher der Querschnitt ist, desto problematischer wird die Wellung. **Bandhaare** mit einem extrem flachen Querschnitt gelten als schwer bis gar nicht dauerhaft wellbar.

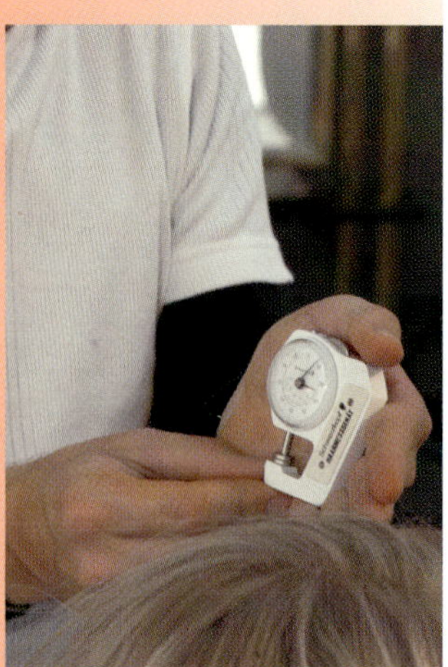

Bandhaar erkennt man mit dem Haarstärkenmessgerät

Haarqualität

Die Haarqualität prüft man durch Betrachten und Befühlen. Wichtig ist es zu erfragen, ob und welche chemischen Behandlungen vorangegangen sind, insbesondere Dauerwell- oder Färbebehandlungen.

Poröses Haar saugt das Wellmittel regelrecht auf. Die Wirkstoffe können schneller eindringen und zur Wirkung kommen. Am Markt gibt es geeignete Wellmittel, die auf poröses Haar abgestimmt sind.

Probleme können auftreten, wenn das Haar an Ansatz, Längen und Spitzen unterschiedlich porös ist. Dann helfen Vorbehandlungsmittel, die die unterschiedliche Struktur ausgleichen.

Ist das Haar bis in die Faserschicht hinein porös und in seiner Substanz geschädigt, kann es angebracht sein, auf eine Wellbehandlung ganz zu verzichten, um es nicht noch weiter zu schädigen. Dies gilt ganz besonders für chemisch vorbehandeltes Langhaar.

Haar mit einer **harten, glasigen Haarstruktur** gilt als schwer wellbar. Spezielle Wellmittel sind in der Lage, trotzdem in das Haar einzudringen und dieses Problem zu lösen.

Kopfhautzustand

Wellmittel sollten zwar nicht auf die Kopfhaut gelangen, ganz lässt sich das jedoch nicht immer vermeiden. Für besonders sensible Menschen kann aber schon ein kurzer Kontakt zu Reizungen führen. Vorsicht ist geboten bei trocken-spröden Hautbezirken oder gar kleinen Verletzungen. In leichteren Fällen helfen spezielle Kopfhaut-Schutzpräparate.

Manchmal verfügen die Kunden über entsprechende Erfahrungen, sodass ein Gespräch Klärung bringt. Liegt jedoch eine Hautallergie vor, so ist zunächst der Arzt zu befragen.

Dokumentation

Um zu einem späteren Zeitpunkt eine Dauerwelle wiederholen oder gegebenenfalls auch optimieren zu können, muss die Vorgehensweise dokumentiert werden. Im Salon geschieht dies üblicherweise durch Karteikarten oder eine entsprechende Kundenerfassung mit dem Computer.

Messen Sie innerhalb Ihrer Klasse die Haarstärken. Legen Sie zum Vergleich eine Tabelle an.

4.2.3 Wahl der Wickeltechniken

Wellbild

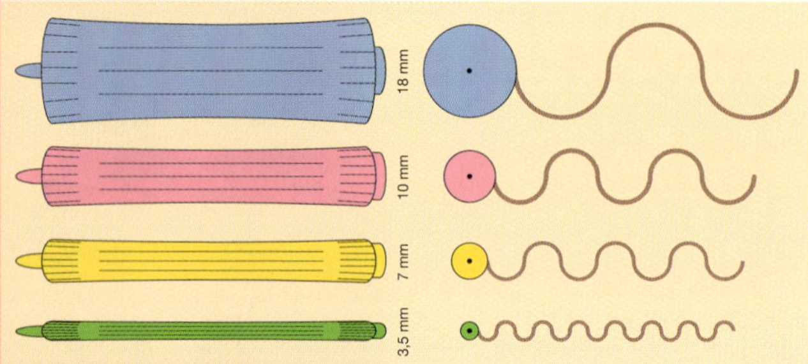

Je dünner die Wickler, desto kleinbogiger die Welle.

Als Ergebnis der Dauerwelle entsteht ein bestimmtes **Wellbild**. Dieses erzielt man durch den Einsatz der geeigneten Wickler und Wickeltechniken.

Eng- bzw. Weitbogigkeit der Wellen. Die Wellung kann eng- oder weitbogig sein. Wie bei der Wasserwelle ergibt ein dünner Wickler eine engbogige Wellung, ein dicker Wickler eine weitbogige. Eine engbogige Welle hat auch mehr Sprungkraft und wird als stärker empfunden, als eine weitbogige. Um besondere Effekte zu erzielen kann man unterschiedlich starke Wickler im Wechsel verwenden.

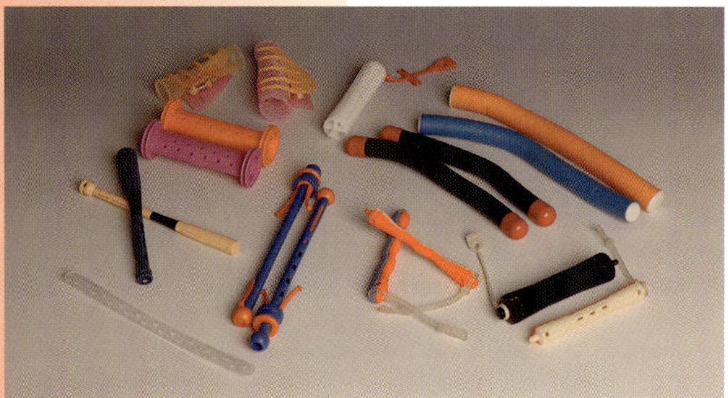

Unterschiedliche Wellung der Haarabschnitte. Bei der **Flachwicklung** werden die Haare einer Strähne übereinander gewickelt. So ist der Wickeldurchmesser für die Ansätze sehr viel größer als für die darunter gewickelten Spitzen. **Spiralwicklung** bedeutet, dass die Haare einer Strähne nebeneinander gewickelt werden. Der Wickeldurchmesser bleibt dadurch vom Ansatz bis zur Spitze gleich. Bei einer Spitzen- bzw. einer Ansatzwelle wird nur der jeweilige Haarabschnitt gewellt.

Unterschiedliche Wellung der Kopfpartien. Durch jeweils unterschiedliche Wickler-Durchmesser an unterschiedlichen Kopfpartien – z. B. im Pony- oder Nackenbereich – können die Stärke und Form der Wellung entsprechend den Bedürfnissen angepasst werden. Werden ganze Kopfpartien – z. B. der Nacken oder die Seiten – ausgespart, so spricht man von einer **Teildauerwelle**.

Wellenform. Spezielle Wickler-Querschnitte können die Wellenform beeinflussen. So ergibt ein runder Wickler-Querschnitt Wellen, bei denen Berg und Tal gleichmäßig verlaufen. Wickler mit einem ovalen Querschnitt erzeugen Wellen, bei denen sich Berg und Tal unterscheiden.

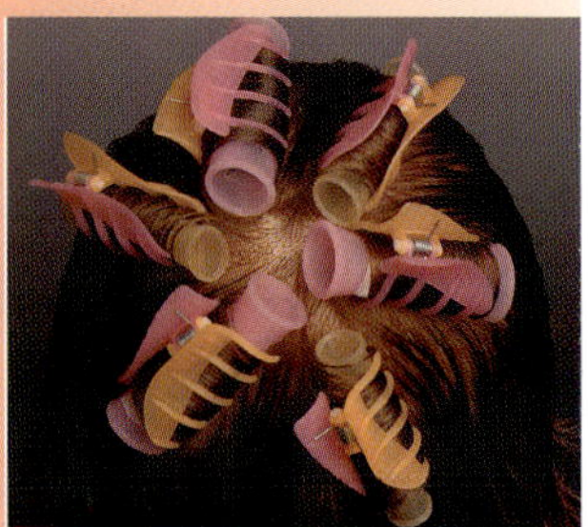

Sternförmige Wicklung um den Wirbel

Fallrichtung. Im Gegensatz zur Volumenwicklung lässt sich mit der Dauerwellwicklung die spätere Fallrichtung des Haares nur sehr bedingt beeinflussen. Schon bald bildet sich durch das nachwachsende Haar ein Ansatz, der dann spätestens die natürliche Fallrichtung wieder sichtbar macht. Der Versuch, Haare entgegen der natürlichen Fallrichtung formen zu wollen, kann sogar im ungünstigsten Fall zu Haarbruch führen. Dies geschieht besonders leicht im Vorderkopfbereich, wo bei den meisten Menschen die Haare relativ flach nach vorn wachsen. Wickelt man hier entgegen der Wuchsrichtung aus dem Gesicht, so ist der Haarbruch vorprogrammiert.

Kreieren Sie eine neue Wicklerform und beschreiben Sie das mögliche Wellergebnis.

Spezielle Wickeltechniken

Zielgerichtete Wickeltechniken orientieren sich an dem gewünschten Frisurenergebnis. Für die Anordnung der Wickel auf dem Kopf gibt es verschiedene Grundmuster, die sich variieren lassen.

Beispiele für Formwicklung

angestrebte Frisur	Wickelschema	gewickelte Haare
	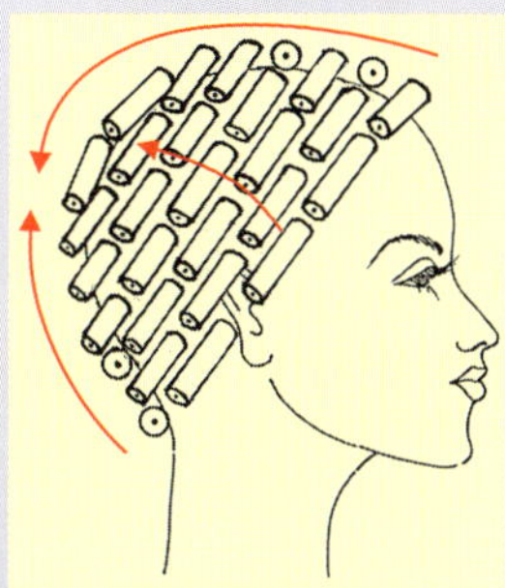	
	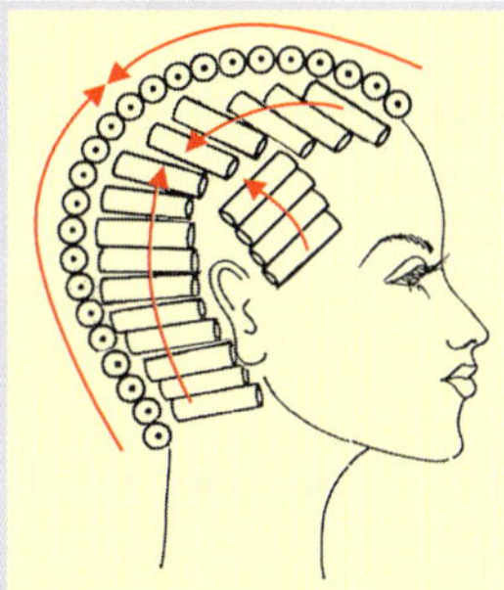	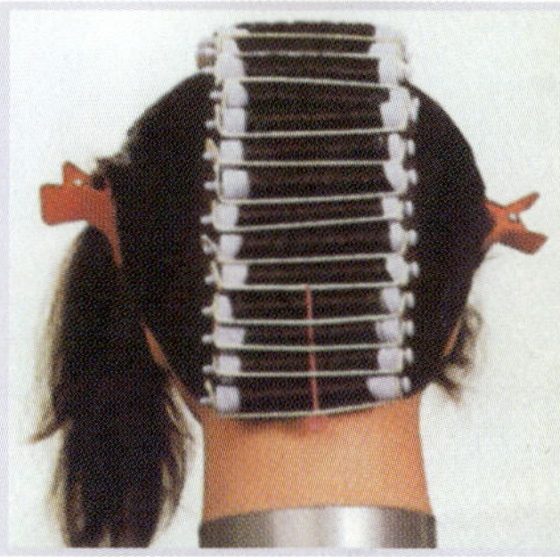
	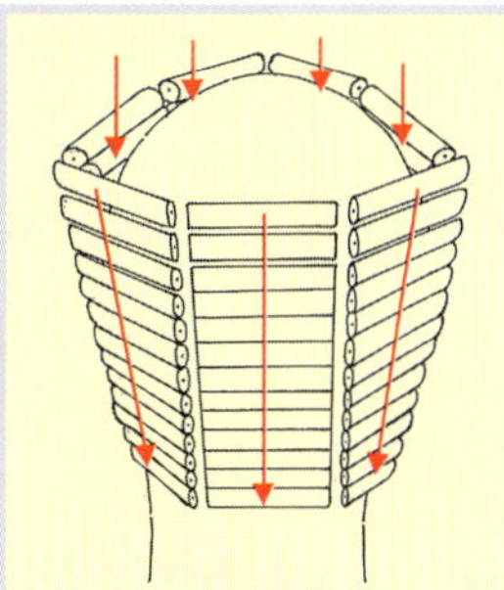	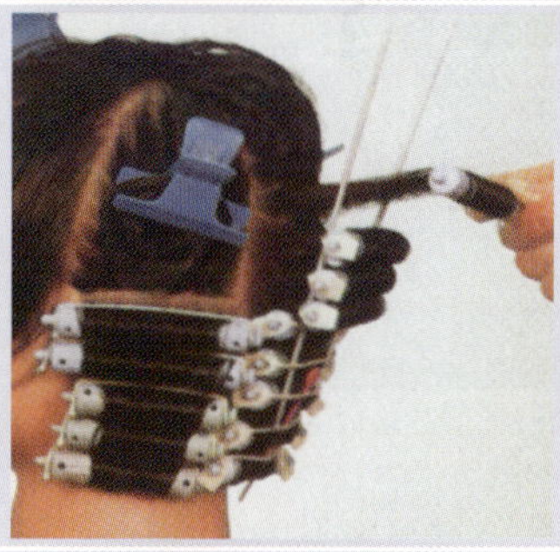
	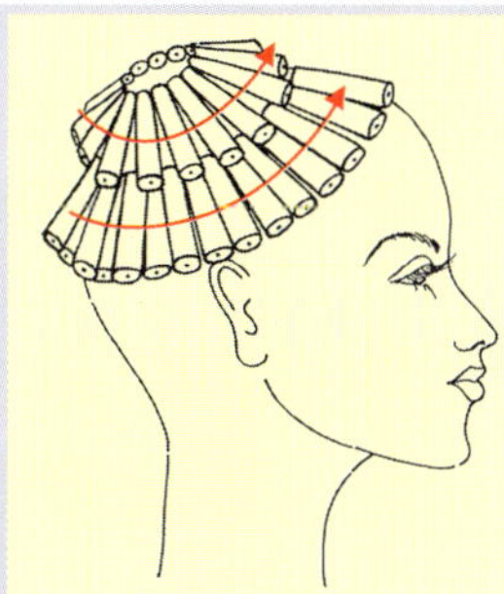	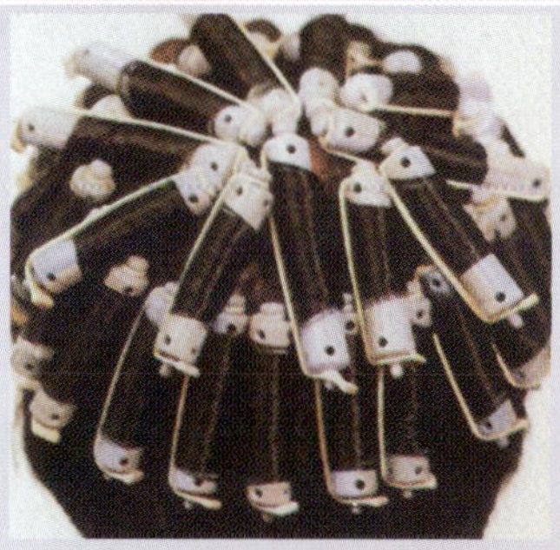

EXKURS

HFK-Wicklung nach Lothar Meininghaus

Eine Wickeltechnik, die sich ausschließlich am natürlichen Wuchs des Haares orientiert, ist die **HFK-Wicklung**. Die Abkürzung steht für „Haareigene Formungskräfte". Ihr Ergebnis ist eine Wellung, die einer Naturwelle sehr nahe kommt. Je nach Wickelstärke entsteht eine Wellung, die sich in nassem Zustand leicht glatt kämmen lässt und erst beim Zurückschieben der Haare wieder erkennbar wird, bis hin zu einer Afrokrause.

Die Wicklung berücksichtigt den Winkel, in dem die Haare aus der Kopfhaut heraus wachsen – er wird als **Haarwurzeldirektion** bezeichnet – ebenso wie die daraus entstehende natürliche Scheitelung. Man spricht hier von der **Hauptscheiteldirektion**, der **Strähnenscheiteldirektion** und den **Feinscheiteln**. Sie werden erkennbar bei millimeterkurz geschnittenen Haaren.

Die **Torsionsdirektion** ist die Drehbewegung, die einem einzelnen Haar bzw. einer Strähne innewohnt. Bei einem **Wickeltest** um den Finger überprüft man, in welche Richtung sich eine Strähne natürlicherweise legen will. Entsprechend wird der Dauerwellwickel gesetzt. Besondere Aufmerksamkeit widmet man den Konturen, hier spricht man von der **Konturendirektion** als der natürlichen Bewegung des Haares.

Auf dem Kopf lassen sich vom Wirbel ausgehend zahlreiche Scheitel finden.

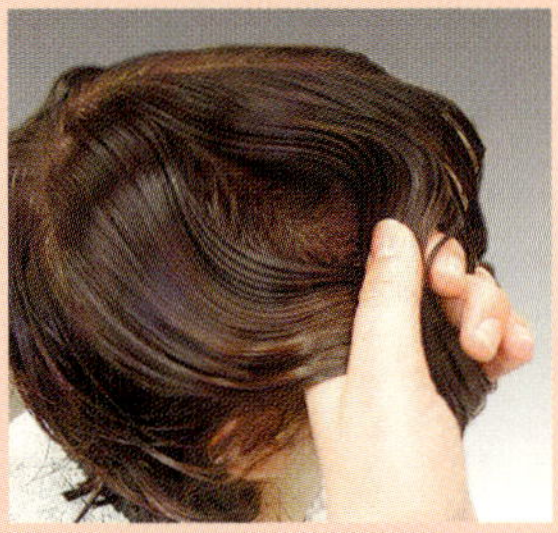

Scheitelbildung durch Anschieben der Haare

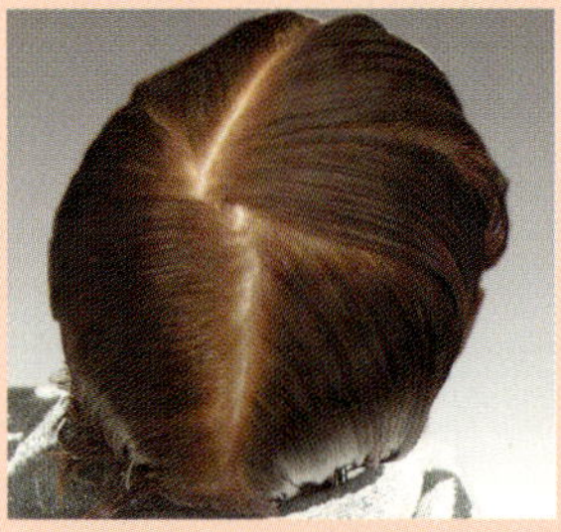

Aufteilung in Sektionen

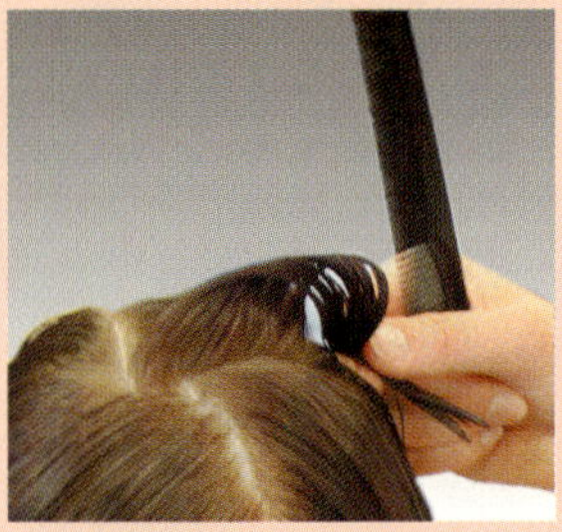

Wickeltest

Scheitelung und erste Wickel

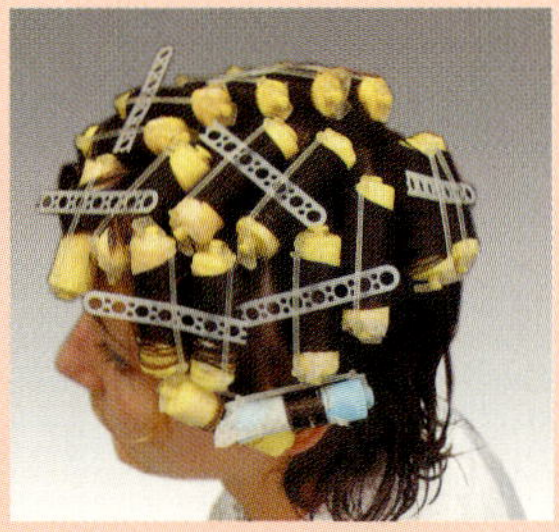

komplette Wicklung

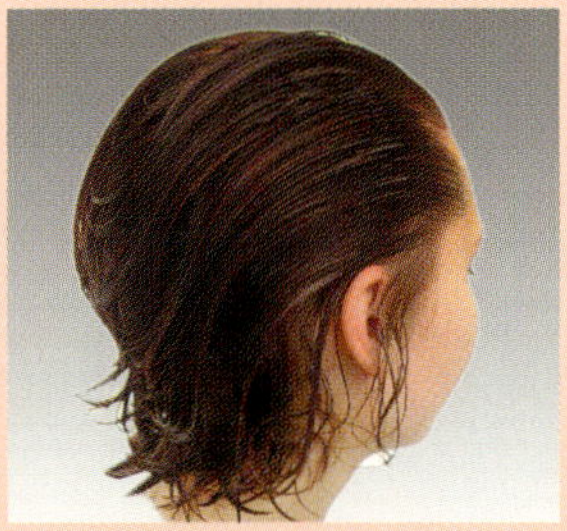

Ergebnis glattgekämmt

Ergebnis angeschoben

4.2.4 Präparatewahl

Neben den unterschiedlichen Ausrichtungen für verschiedene Haarqualitäten gibt es Wellmittel, die sich von ihrem grundsätzlichen Konzept her unterscheiden. Je nach Anwendungsfall kommen sie zum Einsatz.

Einsatzgebiete	Produktmerkmale	Besonderheiten bei der Anwendung	Vor-/Nachteile
Alkalische Wellmittel			
Universell, für unterschiedliche Haarqualitäten jeweils speziell eingestellt.	Reduktionsmittel ist Ammoniumthioglykolat, pH 7,2 bis 9,0.	Wellmittel wird üblicherweise nach dem Wickeln zweimal aufgetragen.	Universell verwendbar, je nach Produkt mit unterschiedlichen Eigenschaften.
Neutralwelle			
Besonders für vorbehandelte und geschädigte Haare.	Reduktionsmittel meist Kombination aus Ammoniumthioglykolat und Ammoniumthiolactat, pH um 7.	Zum Teil muss das Wellmittel erst direkt vor Gebrauch aus zwei Komponenten zusammengemischt werden. Dann sofort verwenden. Wellmittelreste entsorgen.	Gute Alternative zu den aus dem Handel genommenen sauren Wellmitteln mit ihren Risiken für die Anwender.
Thermogesteuerte Wellmittel			
Universell, für unterschiedliche Haarqualitäten jeweils speziell eingestellt.	Durch den Einsatz von Wärme kann man mit etwas geringeren Wirkstoffkonzentrationen arbeiten, pH 7,2 bis 8.	von außen durch eine Wärmequelle zugeführt, oder sie entsteht durch die Zugabe einer chemischen Substanz, dem so genannten Aktivator.	Verkürzung der Einwirkzeit, dadurch genaue Kontrolle erforderlich, geringere Wirkstoffkonzentration.
Zwei-Phasen-Wellmittel			
Besonders für längeres Haar mit unterschiedlicher Struktur zwischen Ansatz und Spitzen.	Präparat besteht aus einer flüssigen Phase, die bis in die Längen und Spitzen vordringt, und einer gelförmigen, konzentrierteren Phase für den Ansatz, die dort eine stärkere Umformung ermöglicht, pH 7,2 bis 8,5.	Nach dem Wickeln zunächst flüssige Phase auftragen, danach dickflüssige Phase mit einem Pinsel auf den ansatznahen Bereich geben.	Gleichmäßiges Wellergebnis trotz unterschiedlicher Haarstrukturen in Längen und Spitzen. Längen und Spitzen werden geschont. Volumen durch gute Ansatzwellung.
Ansatzwellmittel			
Wenn nur der Ansatz gewellt werden soll oder in den Längen und Spitzen noch genug Wellung vorhanden ist.	Gelförmiges Präparat wirkt nur auf den Ansatz, Ziel ist eine Umformung mit begrenzter Haltbarkeit, daher geringere Wirkstoffkonzentration, pH 7,2 bis 8.	Dickflüssige Phase wird mit einem Pinsel auf den ansatznahen Bereich aufgetragen.	Ermöglicht Stand und Volumen am Ansatz ohne klassische Wellen. Umformung mit begrenzter Haltbarkeit (4 bis 6 Wochen).
Volumenwelle			
Wenn für einen begrenzten Zeitraum die Frisierbarkeit verbessert werden soll.	Schwach eingestelltes Wellmittel für eine zeitlich begrenzte Umformung, pH 7,2 bis 8.	Großzügiges Wellbild durch die Verwendung von Wicklern mit großem Durchmesser.	Absichtlich begrenzte Haltbarkeit (4 bis 8 Wochen). Frisierbarkeit wird verbessert ohne klassisches Wellbild.
Wellmittel für gesträhntes Haar			
Für Haar mit gesträhnten oder chemisch stark vorbehandelten Anteilen.	Besteht aus einer strukturausgleichenden Vorlotion und dem Wellmittel, pH 7,2 bis 8.	Vor dem Wickeln wird die Vorlotion aufgetragen, nach dem Wickeln wie gewohnt das Wellmittel.	Ermöglicht es, die unterschiedlichen Strukturen zu berücksichtigen.

4.3 Durchführen

Haarwäsche vor der Dauerwelle. Um den Talgfilm auf der Kopfhaut zu belassen, führt Karla nur einen einzigen Waschgang mit einem milden Waschmittel durch und verzichtet ganz auf eine Kopfmassage. Das Shampoo ist speziell auf das Wellmittel abgestimmt.

Bereitstellen der Hilfsmittel. Benötigt werden insbesondere geeignete Wickler und Spitzenpapier, Wellmittel, Fixierung sowie Einmal-Handschuhe und Papierservietten.

Vorbehandlung. Karla verwendet ein Vorbehandlungsmittel, das sich schwerpunktmäßig an den porösen Stellen des Haares anlagert und die unterschiedlichen Strukturen ausgleicht.

Durchführen der Wicklung. Karla setzt ihre Planung sorgfältig um. Sie achtet besonders auf die Vermeidung von Knickstellen und Haarbruch.

Auftrag des Wellmittels. Karla hat mit dem verwendeten Wellmittel bereits gute Erfahrungen gemacht. Bereits im Vorfeld hat sie sich noch einmal die Zeit für einen Blick in die Gebrauchsanweisung genommen. Es handelt sich um Portionsware, die bereits in einer Auftrageflasche abgefüllt ist. Selbstverständlich achtet sie auf den Hautschutz.

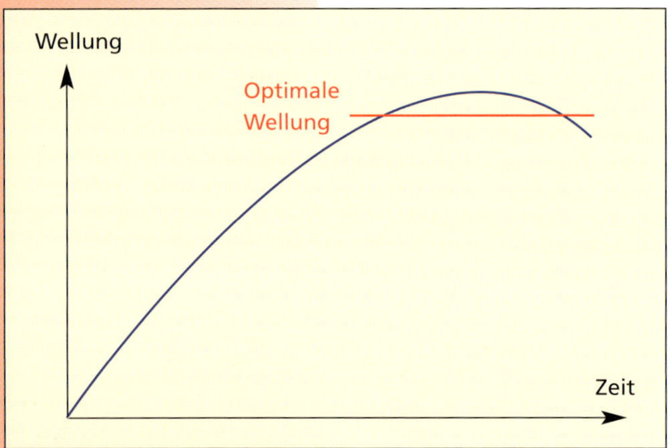

Abhängigkeit der Wellung von der Einwirkzeit

Einwirkzeit/Wärmezufuhr. Karla weiß, wie wichtig die genaue Kontrolle der Einwirkzeit ist. Sie entscheidet sich für zusätzliche Wärmezufuhr in den ersten zehn Minuten der Einwirkzeit.

Probewickel. Sie wickelt dazu jeweils einen Wickel an Oberkopf, Seiten und Nacken fast vollständig ab und prüft die Wellung. Dabei darf nicht am Haar gezogen werden. Sie bewegt den Wickel in Richtung Kopf und schiebt sanft die Wellen an. Je nach Fortschreiten des Well-Vorgangs ist die Wellung mehr oder weniger ausgeprägt. Selbstverständlich trägt sie dabei Einmal-Handschuhe.

Abspülen des Wellmittels. Als die Umformung des Haares optimal ist, spült Karla ausgiebig und gründlich aus. Möglichst alle Chemikalien sollen aus dem Haar entfernt werden. Sie denkt dabei an den alten Spruch von Frau Weber: Gut gebraust ist halb gekraust.

Auftrag der Fixierung. Zunächst tupft sie das Haar mit Papierservietten sorgfältig. Das Fixiermittel trägt sie großzügig auf, ohne dass es in Gesicht und Nacken fließt.

Abwickeln. Um Zeit zu sparen, hat sie sich für Sofort-Fixierung entschieden. So kann sie gleich mit dem Abwickeln beginnen und anschließend den zweiten Fixiergang machen.

Abspülen. Nach der Einwirkzeit des Fixiermittels wird das Fixiermittel gründlich abgespült. Eine Pflegespülung schließt den Wellvorgang ab.

Nachbehandlung. Speziell auf das Wellmittel abgestimmte Pflegepräparate optimieren das Wellergebnis und pflegen die Kopfhaut.

4.4 Kontrollieren und Bewerten

Am Ende der Behandlung steht die Ergebniskontrolle. In den Prüfungen beginnt die Bewertung allerdings schon während der Durchführung.

Dabei gelten die folgenden Maßstäbe:

- Abteilen nicht stärker und breiter als der Wickel
- Gleichmäßige Passeestärke aller Wickel
- Sitz des Wickels auf der Abteilung
- Nicht zu strammes oder zu loses Wickeln
- Gleichmäßiges Anliegen der Haare auf dem Wickel
- Keine Schlaufenbildung
- Druckfreier Sitz der Befestigungslaschen
- Einhalten der Hautschutzmaßnahmen gemäß TRGS
- Keine dauerhafte Scheitelbildung
- Keine abgeknickten Spitzen
- Kein Haarbruch
- Übereinstimmung mit Planung
- Frisurengerechtes Wellergebnis

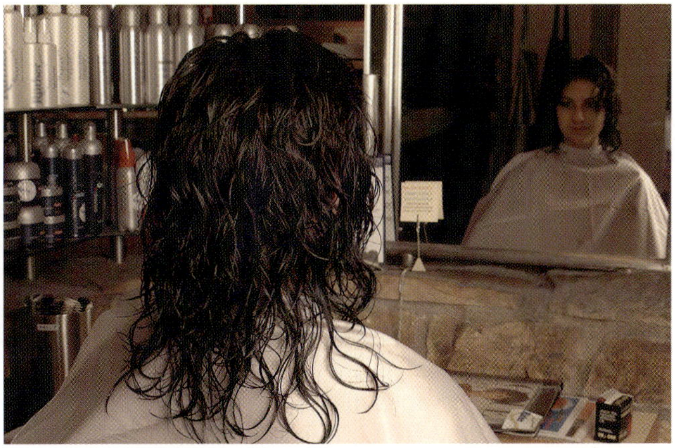

EXKURS

Entkrausen

Haare lassen sich genauso entkrausen, wie man sie dauerwellen kann: Das Keratin wird erweicht und in seiner neuen Form fixiert. Anwendungsfall kann eine zu stark geratene Dauerwelle oder eine vorhandene Naturkrause sein.

Auftragen der Entkrausungscreme

Bei einer zu starken Dauerwelle werden die Haare auf sehr viel dickere Wickler gedreht als bei der ersten Wellbehandlung. Zur Anwendung kommt ein besonders mildes Wellmittel für chemisch vorbehandeltes Haar.

Für das Glätten von Naturkrause verwendet man Spezialprodukte mit höherer Alkalität in Cremeform. Die am Markt befindlichen Produkte sind für Afrohaar bestimmt. Gegebenfalls sollten sie an einer Probesträhne ausprobiert werden.

Die Haare werden nach dem Auftrag der Creme glatt gekämmt. Dies wiederholt man während der Einwirkzeit, falls die die Krause wieder durchschlägt. Vorsicht ist geboten, um die Haare nicht zu überdehnen.

Am Ende der Einwirkzeit, die genau überwacht werden muss, wird gründlich abgespült und ausgiebig fixiert.

Neu auf dem Markt sind Techniken, bei denen das Haar zunächst mit einem Reduktionsmittel behandelt, dann abgespült und mit einem Glätteisen geglättet wird. Erst danach erfolgt die Fixierung.

4.5 Problemfälle und Fehler

4.5.1 Problemfälle

Haarschaden durch zu lange Einwirkzeit des Wellpräparats

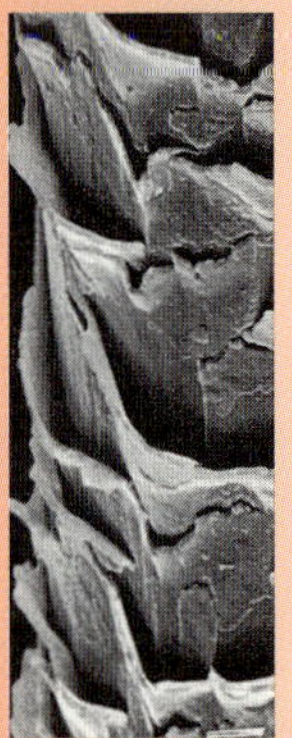

Haar nach Einwirkzeit des Wellmittels, vor Fixierung

Haarschaden durch Überdehnung während des Dauerwellvorgangs

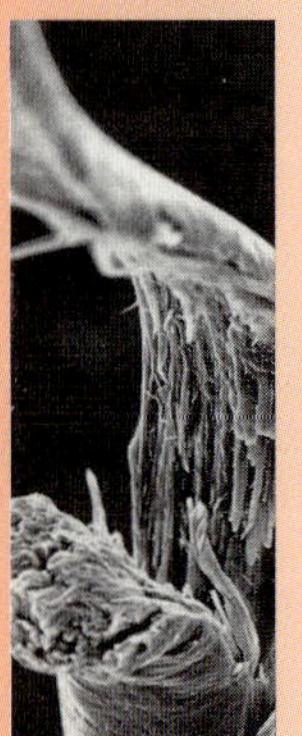

Haarbruch als Ergebnis

Auch der besten Dauerwelltechnik sind durch die Beschaffenheit von Haar und Kopfhaut Grenzen gesetzt. Bei der Haarqualität liegen die Probleme entweder darin, dass das Haar schwer oder gar nicht wellbar ist oder dass es so stark vorgeschädigt ist, dass man ihm eine weitere chemische Behandlung nicht zumuten kann. Bei Überempfindlichkeiten oder Verletzungen der Kopfhaut ist es besser, auf eine Dauerwelle zu verzichten.
Wenn die Voraussetzungen es zulassen und eine Dauerwellbehandlung verantwortbar erscheint, sollten die folgenden grundsätzlichen Regeln beachtet werden.

- **Empfindliche Kopfhaut.** Vor der Dauerwelle sollte das Haar sehr schonend, eventuell am Vortag, gereinigt werden. Spezielle Produkte zum Schutz der Kopfhaut können aufgetragen werden. Das eingesetzte Wellmittel sollte möglichst mild sein. Kontakt mit der Kopfhaut ist zu vermeiden. Im Anschluss an die Behandlung sollte eine Pflegekur auf die Kopfhaut aufgetragen werden.
- **Schwer wellbares, weil besonders dickes Haar**. Es benötigt wegen der größeren Keratinmasse längere Einwirkzeiten. Das Ergebnis ist aber meist eine sprungkräftige, starke Wellung. Die Einwirkzeit kann durch Wärmezufuhr verkürzt werden, allerdings sollten dickere Wickler verwendet werden, damit das Haar noch frisierbar bleibt.
- **Schwer wellbares, weil bandförmiges Haar.** Es ist schwer bis gar nicht wellbar. Versuchen kann man es mit dünneren Wicklern und einem Wellmittel für schwer wellbares Haar.
- **Schwer wellbares, weil dünnes Haar.** Es hat wenig Keratinmasse. Das Ergebnis ist eine schwache Wellung mit wenig Sprungkraft. Längere Einwirkzeiten und Wärmezufuhr bewirken lediglich eine größere Haarschädigung. Hier ist besondere Sorgfalt erforderlich: Die Passees dürfen nicht stärker abgeteilt werden als bei dickerem Haar. Im Wechsel können etwas dünnere Wickler mit normalen gesetzt werden. Das Wellmittel sollte nicht zu mild sein. Die Einwirkzeit – ohne Wärme – ist genau zu überwachen. Es wird äußerst sorgfältig abgespült und ausgiebig fixiert. Beim anschließenden Styling wird jede unnötige Dehnung der Haare vermieden.
- **Problematisches, weil poröses Haar.** Es saugt das Wellmittel sehr schnell auf, kann daher überkraust und geschädigt werden. Spezielle Wellmittel für strukturgeschädigtes Haar sind von der Alkalität und vom Reduktionsmittelgehalt auf dieses Problem abgestimmt. Einwirkzeiten müssen genau beachtet werden.
- **Problematisches, weil Haar von unterschiedlicher Struktur.** Gesträhntes Haar ist in den blondierten Bereichen porös, in den unbehandelten entspricht es normalem Haar. Wellmittel für normales Haar überkrausen die gesträhnten Partien, Wellmittel für strukturgeschädigtes Haar lassen die unbehandelten Partien fast glatt. Spezielle Vorbehandlungsmittel können die Strukturunterschiede weitgehend ausgleichen. Ihre positiv geladenen Pflegestoffe lagern sich überwiegend in geschädigten Bereichen an, wo es im Haar einen Überschuss an negativen Ladungen gibt.

Unter welchen Umständen würden Sie von einer Dauerwellbehandlung abraten? Begründen Sie Ihre Antwort.

Dauerwellfehler

Überkraustes und strukturgeschädigtes Haar	
Wie kann es dazu kommen? – Zu starkes Wellmittel – Zu lange Einwirkzeit – Kein geeignetes Vorbehandlungsmittel – Haarqualität nicht beachtet – Pflege vernachlässigt	**Was ist zu tun?** Grundsätzlich nicht zu reparieren. Haare kurz schneiden, Pflegemittel einsetzen: mildes Waschmittel, Spülungen, Haarkuren. Nächste Dauerwelle erst, wenn das geschädigte Haar ganz abgeschnitten ist.
Wellung zu schwach	
Wie kann es dazu kommen? – Zu locker gewickelt – Zu dicke Wickler – Zu kurze Einwirkzeit – Zu schwaches Wellmittel – Unzureichende Menge Wellmittel – Nach frischer Dauerwelle Haare gedehnt – Nicht ausreichend fixiert	**Was ist zu tun?** Überdehntes Haar kann man nicht reparieren. Unzureichend fixiertes Haar kann man ausgiebig nachfixieren. Das verhindert zumindest eine weitere Überdehnung. In den übrigen Fällen kann man die Dauerwelle vorsichtig wiederholen.
Wellung zu stark	
Wie kann es dazu kommen? – Zu dünne Wickler – Zu dünne Abteilung – Zu starkes Wellmittel	**Was ist zu tun?** Erneute Dauerwelle mit sehr viel dickeren Wicklern, ggfs. ganz entkrausen.
Überdehntes Haar ohne Sprungkraft	
Wie kann es dazu kommen? – Zu lange Einwirkzeit – Zu straffe Wicklung – Wellmittel nicht sorgfältig ausgespült – Vor dem Fixieren Feuchtigkeit nicht ausreichend abgetupft – Unzureichende Fixierung	**Was ist zu tun?** Innerhalb von 1 bis 2 Tagen nach der Dauerwelle kann Nachfixieren helfen. Ansonsten kann man die Dauerwelle vorsichtig wiederholen.
Haarbruch	
Wie kann es dazu kommen? – Knickstellen durch Haltegummi – Knickstellen durch Nichtbeachten der Wuchsrichtung – Falsches Abteilen	**Was ist zu tun?** Nicht zu reparieren.

EXKURS

Chemie der Dauerwelle

Um die chemischen Vorgänge bei einer Dauerwelle verstehen zu können, muss man den Feinbau des Haares etwas genauer betrachten. Dabei geht man von Modellvorstellungen aus, die helfen können, die zum Teil nicht bis ins Letzte aufgeklärten Vorgänge zu verstehen und anschaulich zu machen.

Feinbau

Löst man die Faserschicht in immer feinere Strukturen auf, so findet man jeweils längs gerichtete Fasergebilde: Die **Makrofibrillen** bestehen aus den feineren **Mikrofibrillen**. Diese lassen sich in **Protofibrillen** zerlegen, welche aus schraubenförmig ineinander verdrehten **Keratinmolekülen** bestehen. Die schraubenförmige Form der Keratinmoleküle bezeichnet man als **α-Helix**, in der Mehrzahl α-Helices. Zwischen und innerhalb dieser Keratinmoleküle befinden sich die Wasserstoffbrücken, Salzbrücken und Disulfidbrücken.

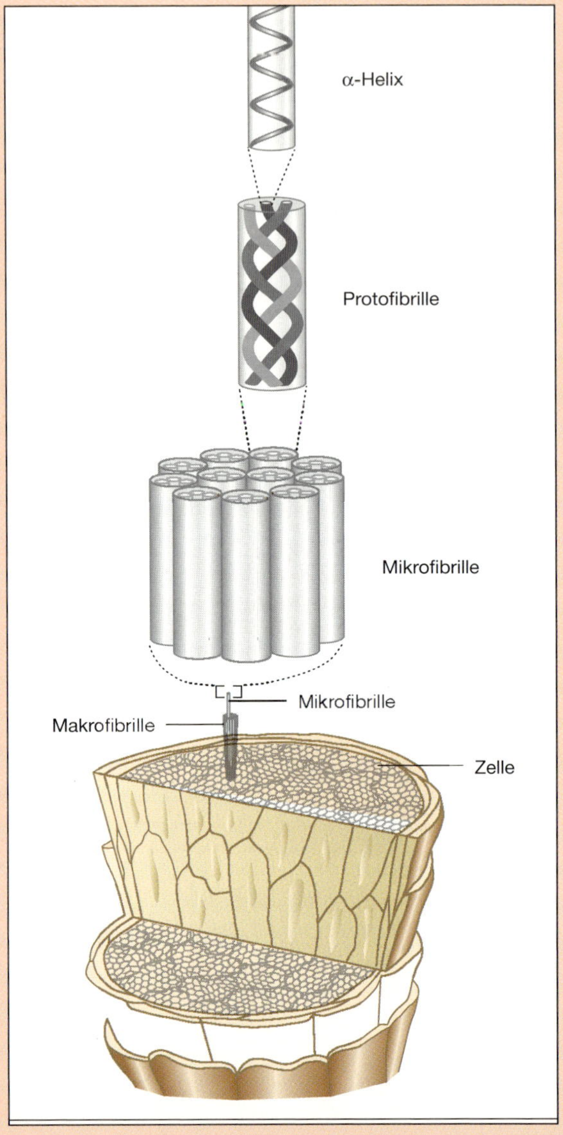

Vorgang

Zu Beginn unterscheidet sich die dauerhafte Umformung (Dauerwelle) nicht von der nicht dauerhaften Umformung: Wenn ein Haar beim Aufwickeln um einen Wickler gebogen wird, so biegen sich auch die Molekülketten des Keratins. Diese Biegung wirkt sich auf die Molekülketten unterschiedlich aus. Befinden sie sich am Innenbogen, so beschreiben sie einen engen Bogen.
Befinden sie sich am äußeren Rand des Bogens, so müssen sie einen weiten Bogen beschreiben. Dabei werden sie so sehr gestreckt, dass sie eine andere chemische Struktur einnehmen. In der Zeichnung ist das so dargestellt, dass aus den Spiralen eine Zickzacklinie wird. Der Chemiker spricht von einem Übergang der α-Helix in die **β-Faltblattstruktur**.

Bei einer ***nicht dauerhaften Umformung*** im nassen Haar sind die Wasserstoffbrücken gelöst. Entfernt man das Wasser durch Trocknen, so bilden sich neue Wasserstoffbrücken aus. Diese bewahren das Haar in seiner neuen Form mit den gestreckten Molekülketten.

EXKURS

Sobald allerdings wieder Wasser ins Spiel kommt, lösen sich die Wasserstoffbrücken, die β-Faltblattstruktur geht in die α-Helix über und das Haar erhält seine ursprüngliche Form zurück. Den Übergang von β-Faltblattstruktur zu α-Helix kann man sich vorstellen wie einen Gummizug-Effekt.

Entscheidend für eine ***Dauerwelle*** sind die Disulfidbrücken. Zu Beginn der Behandlung werden die Haare angefeuchtet und gewickelt. Im Prinzip geschieht alles genauso wie bei der nicht dauerhaften Umformung. Auch hier führt die Biegung zu einer Streckung der äußeren Molekülketten, α-Helices nehmen die β-Faltblattstruktur an.

Während der Einwirkzeit des Wellmittels löst das Reduktionsmittel die Disulfidbrücken. Wo früher zwei Schwefelatome (-S-S-) miteinander verbunden waren, lagert sich jetzt jeweils ein Wasserstoffatom (H) an die Schwefelatome (-SH).

Die einzelnen Molekülketten können sich frei bewegen und aneinander entlanggleiten. Sie können die Form des Bogens annehmen, ohne sich zu strecken. Während der Einwirkzeit des Wellmittels gehen also bereits die zunächst gestreckten Molekülketten von der β-Faltblattstruktur zurück in die α-Helix.

Werden nun beim Fixieren durch einen Oxidationsprozess neue Disulfidbrücken geschlossen, so geschieht dies nicht mehr zwischen denselben Bindungspartnern wie vorher. Sie haben sich räumlich voneinander zu weit entfernt. Näher liegende Partner (-SH) kommen in Betracht und fixieren so den neuen Zustand.

Um ein Haar derart dauerhaft umzuformen, reicht es, ca. 20 % der vorhandenen Disulfidbrücken zu lösen. Mehr Disulfidbrücken zu lösen würde die Haarstruktur zu sehr beeinträchtigen. Denn es gelingt nie wieder, so viele neue Brücken zu schließen, wie vor der Behandlung vorhanden waren. Auch deshalb kann man Haare nicht unbegrenzt oft dauerwellen.

Löst man einen wesentlich geringeren Anteil als 20 % der Disulfidbrücken, so sinkt die Haltbarkeit der Umformung. Ein hoher Anteil von Molekülketten verbleibt in der β-Faltblattstruktur und bewirkt Rückstellungskräfte, die am Ende das Haar wieder nahe an seine ursprüngliche Form bringen.

Bei leichten Umformungen kann dies durchaus erwünscht sein.

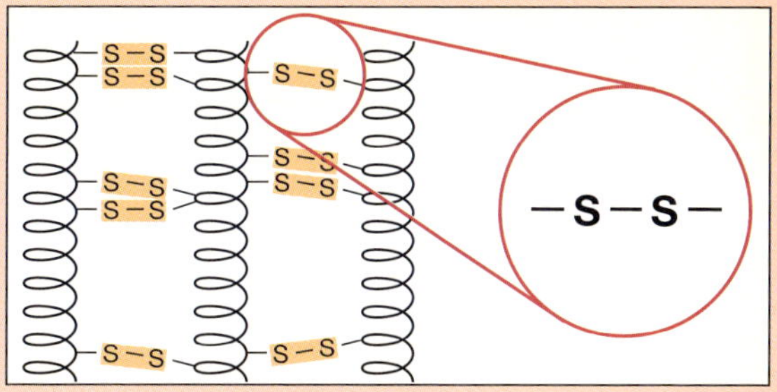

Unbehandeltes Haar, Disulfidbrücken geschlossen

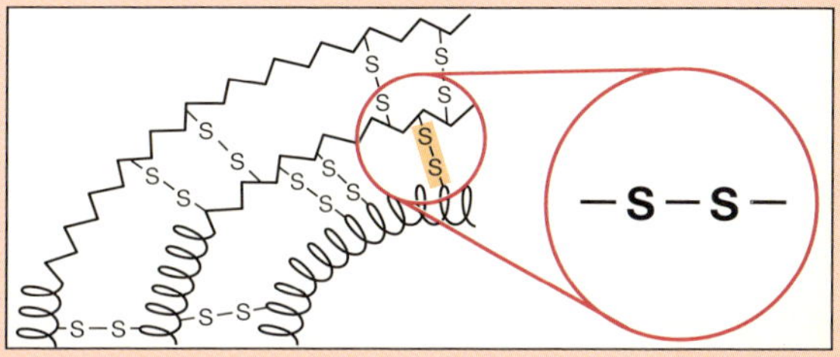

Haar wird durch Wickeln gekrümmt, außen liegende Keratinmoleküle deformieren sich

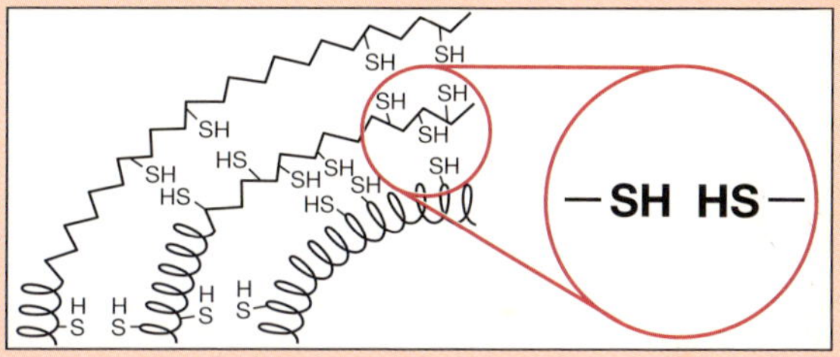

Wellmittel hat Disulfidbrücken gelöst

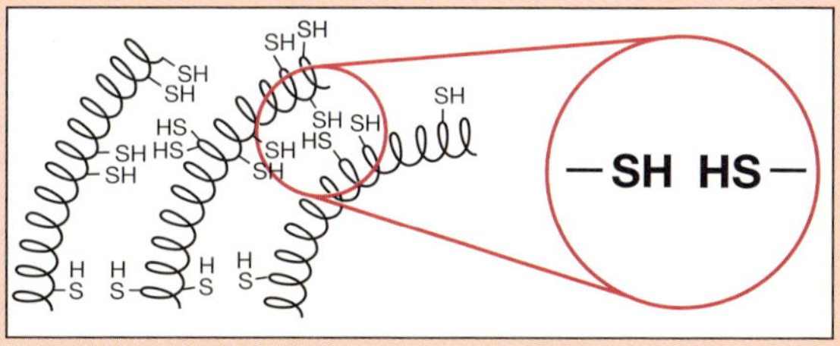

Nach dem Lösen der Disulfidbrücken ziehen sich die gedehnten Keratinmoleküle wieder zusammen

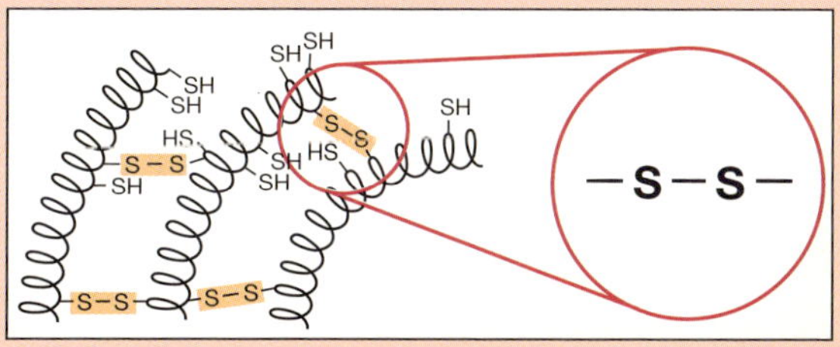

Neue Disulfidbrücken schließen sich und stabilisieren die Krümmung (nach Heymann, 1994)

KAPITEL 5

Pflegende Kosmetik

Dekorative Kosmetik

Kosmetik

Maniküre

Die Haut als Spiegel der Seele und der Umwelt

Den Hauttyp erkennen und fachgerecht behandeln

Hautveränderungen erkennen und berücksichtigen

Grundlagen zum Make-up

Das perfekte Basis-Make-up

Make-up-Variationen gestalten

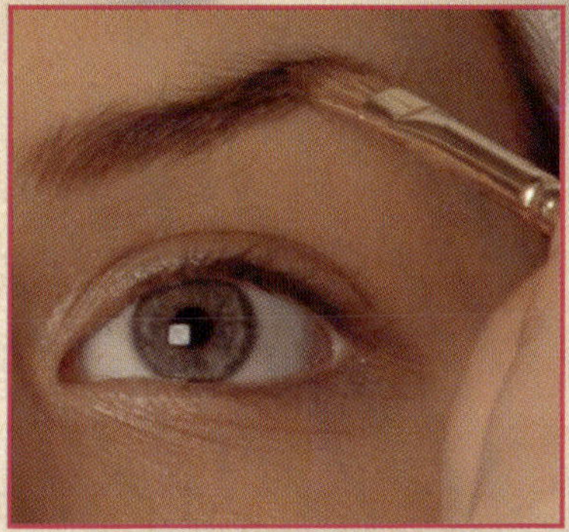

Aufbau und Wachstum der Fingernägel

Nagelschäden und Nagelanomalien

Durchführung einer Maniküre

Spezialbehandlungen

1 Pflegende Kosmetik

Karla sitzt im Aufenthaltsraum und betrachtet sich in ihrem kleinen Handtaschenspiegel: Gerade wurde sie von ihrer Chefin Frau Weber gelobt: Sie sei eine sehr interessierte und fleißige Auszubildende. Karla spürte dabei, wie ihr das Blut in den Kopf stieg und wie sie dachte: „Jetzt werde ich auch noch rot!" Die roten Wangen sieht sie jetzt noch im Spiegel. Sie fragt sich, was in ihrer Haut wohl passiert. Ihr fallen Sprichwörter ein, wie „sich in seiner Haut wohl fühlen", „eine ehrliche Haut sein", „auf der faulen Haut liegen", aber auch „Ich möchte jetzt nicht in seiner Haut stecken!" oder „Das ist zum Aus-der-Haut-fahren!". In Zeitschriften liest Karla auch immer wieder über den Zusammenhang zwischen seelischen Vorgängen und dem Aussehen der Haut. Sie weiß auch, dass für kosmetische Behandlungen Hintergrundwissen über den Aufbau der Haut und ihre Aufgaben notwendig ist. Bisher hatte sie immer angenommen, dass ihre Haut einfach eine Art Hülle ist, eine Verpackung, die vor allem den Körper mit seinen Organen schützt. Aber stimmt das auch?

1.1 Die Haut als Spiegel der Seele und der Umwelt

1.1.1 Funktionen der Haut

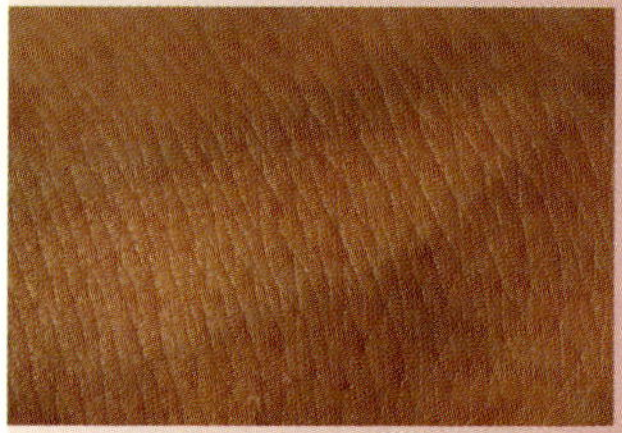

Fakten zur Haut:
- Mit einer Fläche von ca. 1,5 m^2 bis 2 m^2 und einem Gewicht von 3,5 – 10 kg ist die Haut unser größtes Organ.
- Sie trennt die „Innenwelt" von der „Außenwelt" und schützt so den Körper vor schädlichen Umwelteinflüssen.
- Über verschiedene Nerven ist sie ein wichtiges Sinnesorgan und stellt so die Verbindung zur Außenwelt her.
- Die Haut hat eine wichtige Regulatorfunktion, indem sie über die Abgabe von Flüssigkeit (beispielsweise in Form von Schweiß) sowie über die Verengung und Erweiterung der Hautgefäße die Körpertemperatur konstant hält. Außerdem greift sie ausgleichend in den Wasserhaushalt ein, indem sie einem extremen Wasserverlust entgegenwirkt und andererseits über Drüsen Wasser und Salz abgibt.
- Schließlich ist die Haut eine Art „Spiegel der Seele" und in diesem Sinne auch Kommunikationsorgan – man denke nur daran, wie wir vor Neid oder Angst erblassen oder vor Scham oder Freude erröten.

Enzym: Enzyme sind Eiweißverbindungen, die der Organismus selbst in seinen Zellen bildet. Sie steuern den Stoffwechsel und beschleunigen chemische Reaktionen.

Schutzfunktionen der Haut

Die Haut ist die **Schutzhülle** des Körpers. Sie schützt zum einen vor dem Verlust von Wasser, Salzen und anderen Körperbestandteilen. Zum anderen verhindert sie das Eindringen von schädlichen oder unerwünschten Stoffen aus der Umwelt in den Körper. Man spricht deshalb auch von einem **Zwei-Wege-Schutz der Haut**.

Hierzu gehört der Schutz vor **chemischen Schädigungen**. Auf der Haut befindet sich ein feiner Film, der aus Schweiß und Hauttalg besteht. Dieser Film wird als **Säureschutzmantel** oder **Hydro-Lipid-Mantel** bezeichnet. Er reagiert sauer und kann so alkalisch wirkende Substanzen abschwächen oder neutralisieren. Der Talg erschwert Flüssigkeiten das Eindringen in tiefere Hautschichten.

Außerdem schützt die Haut vor **mechanischen Schädigungen**. Hierunter versteht man äußere Einwirkungen wie Druck, Stoß und Reibung. Stöße werden von der Haut abgefangen, indem sie an Fettpolster und Muskeln umgeleitet werden. Da die Hautschichten locker gegeneinander verschiebbar sind, kann uns selbst starke Reibung nichts anhaben. Wird die Haut jedoch überbelastet, erstellt sie ein eigenes Druckpolster, z. B. in Form von Wasserblasen. Hält die Belastung länger an, verdickt sich die Haut und bildet Schwielen.

Die Haut leistet darüber hinaus **Schutz vor Sonneneinstrahlung**. Pigmentbildende Zellen (Melanozyten) werden aktiviert, den Farbstoff Melanin zu bilden. Dieser Farbstoff wirkt wie ein UV-Filter: Die gebräunte Haut lässt weniger UV-Strahlen zu den tieferen Schichten durch. Außerdem bildet sie eine Lichtschwiele, das heißt, dass sie sich verdickt. Dieser UV-Schutz ist allerdings nur begrenzt wirksam. Bei intensiver Sonnenbestrahlung kann es zu einem Sonnenbrand kommen.

Der Schutz vor **biologischen Schädigungen** (Krankheitserregern) wird vor allem durch die Hautbarriere geleistet. Hinzu kommen das saure Milieu und die Enzyme der Hautoberfläche, die schlechte Wachstumsbedingungen für Mikroorganismen schaffen. Außerdem befindet sich auf der Haut eine körpereigene Bakterienflora, die an der

Bekämpfung der Krankheitserreger mitarbeitet. Häufiges Waschen kann diese Bakterienflora schädigen und ihre Wirksamkeit einschränken. Körperfremde Substanzen – wie beispielsweise bestimmte krebserregende Stoffe – können durch die Enzyme der Haut in harmlose Substanzen zerlegt werden.

Wärmeregulierung: Die Körpertemperatur muss ständig reguliert werden, da bereits eine Veränderung um wenige Grad Celsius zu einer tödlichen Aufheizung oder Unterkühlung führt. Die Wärmeabgabe wird gesteuert über die Durchblutung der Haut und durch das Schwitzen. Blutgefäße in der Haut erweitern sich. Ungefähr drei Viertel der Wärmeabgabe des Körpers erfolgt auf diese Weise. Die restliche Wärme wird durch Wasserverdunstung beim Schwitzen abgegeben. Fällt andererseits die Temperatur zu weit ab, wird der Blutstrom zur Haut vermindert, indem sich die Blutgefäße verengen. Auch der normale Schweißaustritt wird noch weiter eingeschränkt, um die empfindlichen Organe des Körpers warm zu halten. Im Notfall werden eher Schädigungen der Haut – wie beispielsweise Frostbeulen – in Kauf genommen.

Besonders viele Tastkörperchen befinden sich auf der Zunge, den Lippen und in den Fingerspitzen.
Auf der Nase finden sich dicht gedrängt Sensoren für Kälte.

Vermittlungsfunktion der Haut

Die Haut liefert uns ständig einen Strom von Nachrichten über die Umgebung ins Gehirn. Sie lässt uns dabei wissen, was heiß oder kalt, hart oder weich, rau oder glatt, verletzend oder wohltuend ist. Diese Aufgaben kann sie nur verrichten, da sie über zahlreiche Einrichtungen zum Empfangen und Übermitteln von Nachrichten verfügt. Hierzu zählen freie Nervenenden – in manchen Regionen mehr als in anderen. Außerdem gibt es – in unterschiedlicher Verteilung – spezielle Sensoren, Rezeptoren und verschiedene Arten von Tastkörperchen, die auf Berührung, Druck und Schmerz reagieren.

Stoffwechselfunktion der Haut

Als Stoffwechselorgan hat die Haut die Aufgabe, Stoffe auszuscheiden und möglichst wenig Fremdstoffe eindringen zu lassen. Es werden flüssige und gasförmige Stoffe durch die Haut abgegeben. Hierzu gehören auch wasserlösliche Schlackenstoffe, die mit dem Schweiß abgesondert werden.

Auch Kohlenhydrate werden in der Haut umgewandelt: Aus ihnen entsteht das Depotfett, das eingelagert wird, um bei Bedarf darauf zurückgreifen zu können – zum Leidwesen vieler Menschen, die die ungewünschten Fettpölsterchen nur durch gezielte Diäten wieder loswerden.

Die Bedeutung der Hautatmung ist nur sehr gering: Die Aufnahme von Sauerstoff durch die Haut und dessen Umwandlung und Abgabe als Kohlendioxid beträgt nur etwa 1 % bis 2 % der Lungenatmung.

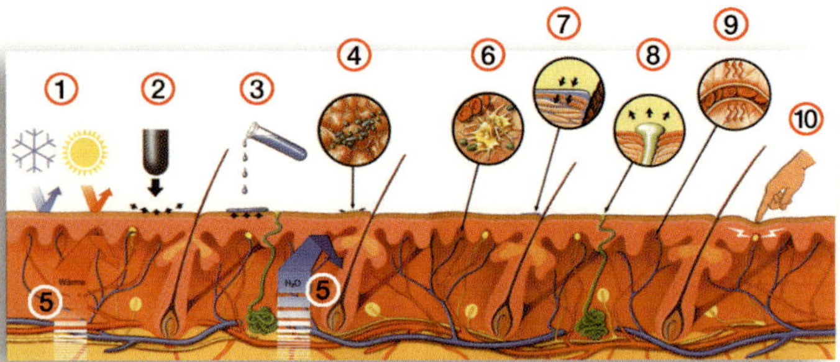

© Eucerin®

Schutz vor:

1. Kälte, Hitze, Strahlung
2. Druck, Stoß, Reibung
3. Einwirkungen chemischer Substanzen
4. Eindringen von Mikroorganismen
5. Wärme und Wasserverlust
6. Abwehr von eindringenden Mikroorganismen
7. Resorption bestimmter Wirkstoffe
8. Ausscheidung von Schweiß
9. Kreislauf- und Thermoregulation durch Hautdurchblutung
10. Druck-, Vibrations-, Tast-, Schmerz- und Temperatursinnesorgan

Was die Haut alles leisten muss

1.1.2 Aufbau der Haut

Die Oberhaut (Epidermis)

Die Oberhaut ist unsere äußere Grenzfläche zur Umwelt. Um ihre hohe Beanspruchung aushalten zu können, erneuert sie sich innerhalb von durchschnittlich 28 Tagen. Dazu werden in ihrer untersten Schicht, der Basalzellenschicht, ständig neue Zellen gebildet, die langsam nach oben wandern und schließlich als Hornschüppchen abgestoßen werden. Sie durchlaufen hierbei verschiedene Schichten und machen dabei einschneidende Veränderungen durch. Diese Schichten werden in eine **Keimzone** und eine **Verhornungszone** unterteilt. Die unteren beiden Schichten – Basalzellenschicht und Stachelzellenschicht – werden dabei als Keimzone zusammengefasst, die darüber liegenden Schichten bilden die Verhornungszone.

Basalzellenschicht. Diese Schicht besteht aus einer Zelllage. Die einzelnen Zellen sind sehr wasserreich, und sie enthalten einen Zellkern, um das Erbmaterial an die Tochterzellen weitergeben zu können. Jede Basalzelle teilt sich in zwei Tochterzellen. Die Zellen heißen **Keratinozyten** (hornbildende Zellen). Sie werden durch ständig neu gebildete Zellen in die darüber liegenden Zellschichten geschoben.

Stachelzellenschicht. In der Stachelzellenschicht werden die Zellen langsam flacher und nehmen ein stacheliges Aussehen an. Ihr Wassergehalt beträgt ca. 70 %. Die stachelartigen Fortsätze stellen Verbindungen zwischen den Nachbarzellen dar. Dieses feine Befestigungssystem kann bei Zug oder Druck elastisch nachgeben. Die Stachelzellenschicht verhindert das Eindringen von Fettstoffen in tiefer liegende Schichten.

Körnerzellenschicht. In der Körnerzellenschicht sind in den Zellen unter dem Mikroskop Körner sichtbar. Dies sind Vorläufer der Hornsubstanz Keratin. Die Zellen beginnen also zu verhornen. Außerdem werden sie immer flacher und verlieren an Wasser. Auch der Zellkern wird abgebaut.

Leuchtschicht. In der sehr dünnen Leuchtschicht ist keine Zellstruktur mehr vorhanden. Sie enthält nur noch 2 % Wasser. Die Zellen sondern eine Fettsubstanz in die Zellzwischenräume ab. Diese ist für die Barrierefunktion der Epidermis von großer Bedeutung. Sie verhindert sowohl das Eindringen als auch den Verlust von Wasser aus tiefer gelegenen Schichten. Sie kann außerdem Licht reflektieren und wird bei kleineren Schürfwunden sichtbar, besonders an den Handinnenflächen und Fußsohlen.

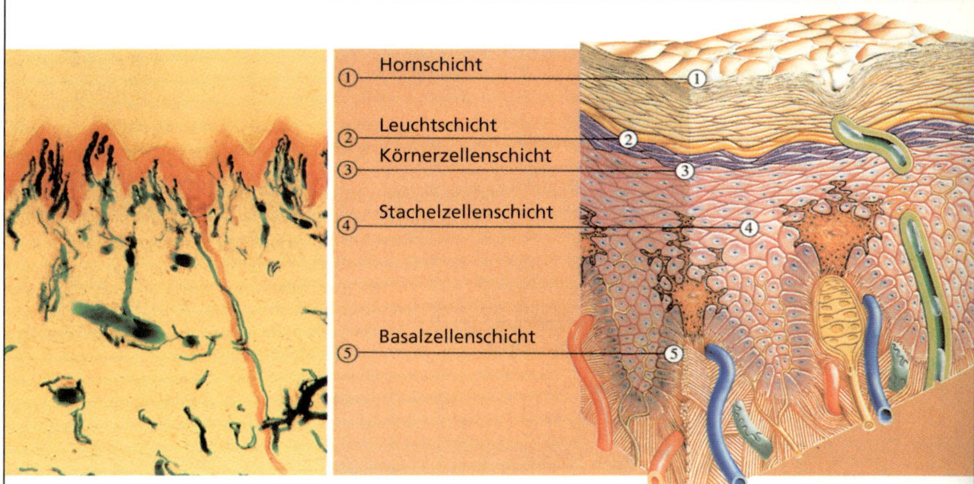

Schnitt durch die Oberhaut

Hornschicht. Aus den ursprünglichen Zellen sind nun flache Hornschüppchen geworden. Sie ähneln in ihrer Anordnung einer Ziegelsteinmauer. Der dazwischen liegende „Mörtel" wird durch die Fettsubstanz gebildet. In den obersten Schichten der Hornschicht wird der Zellverband immer mehr gelöst, sodass einzelne Zellen und Zellverbände unbemerkt abgestoßen werden. Eine Störung im Verhornungsprozess führt zu einer sichtbaren Abstoßung in Form von größeren Schuppenmengen. Unter dem Einfluss von Druck oder UV-Licht verdickt sich die Hornschicht zu Schwielen.

Die Lederhaut (Corium)

Schnitt durch Leder- und Unterhaut

Unter der Oberhaut befindet sich die Lederhaut. Sie ist durch zapfenartige Ausstülpungen – die Papillen – mit der Epidermis verzahnt. Die Lederhaut besteht aus Bindegewebe, in dem Blutgefäße, Nerven und Hautmuskeln eingebettet sind.

Das Bindegewebe der Lederhaut besteht aus zwei Arten von Fasern: den kollagenen und den elastischen Fasern. Gebildet werden diese Fasern von den Bindegewebszellen. Während sich die Zellen der Epidermis ständig erneuern, erfolgt die Neubildung von Bindegewebsfasern nur langsam.

Man unterscheidet zwei Schichten der Lederhaut: Im oberen Bereich der Lederhautpapillen befinden sich hauptsächlich elastische Fasern. Sie bilden ein feines, engmaschiges Netzwerk. Diese Schicht wird Papillarschicht genannt. Die darunter liegende so genannte Geflechtschicht besteht vorwiegend aus kollagenen Fasern, die von elastischen Fasern umgeben sind. Hier ist das Netzwerk weitmaschiger und die Kollagenfasern von gröberer Struktur. Ausgefüllt ist dieses Netz durch eine Füllsubstanz, die Wasser an sich bindet.

Der Spannungszustand der menschlichen Haut ist von zwei Einflüssen abhängig. Hierzu zählen der Tonus, der Spannungszustand der elastischen Fasern sowie der Turgor, der Spannungszustand, der durch den Flüssigkeitsgehalt der Zellen verursacht wird. Tonus und Turgor nehmen mit zunehmendem Alter ab.

Durchzogen ist die Lederhaut von Blutgefäßen und Lymphgefäßen. Über Arterien wird die Lederhaut mit Sauerstoff und Nährstoffen versorgt. Über Venen und teilweise über Lymphgefäße erfolgt der Abtransport von Stoffwechselprodukten. Feinste Blutgefäße, die Kapillaren, reichen in die Lederhautpapillen hinein und versorgen die Oberhaut.

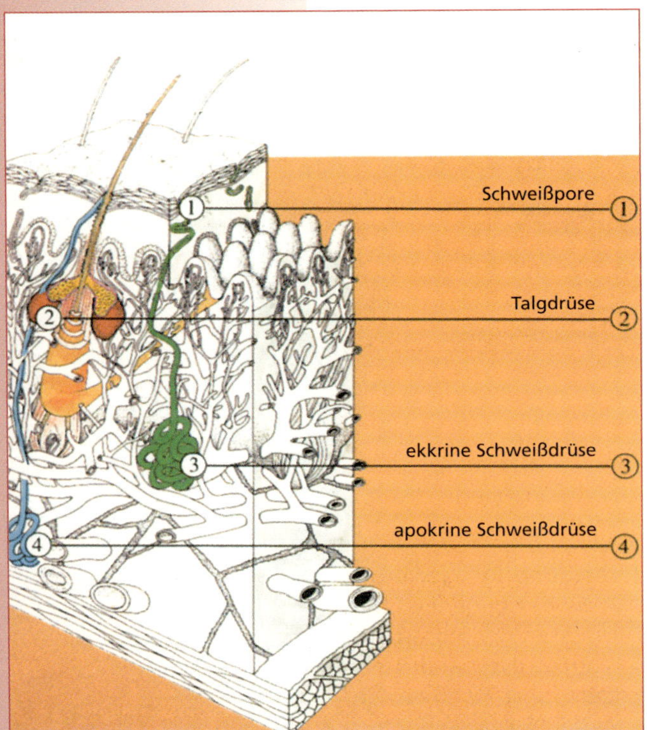

Haut mit Schweißdrüsen

In der Lederhaut liegt außerdem eine Vielzahl feiner Nerven, die über Berührung, Tastempfinden und Temperaturänderungen informieren. Tastkörperchen informieren über jede Verformung der Hautoberfläche, also über die Empfindung von Berührung. Bei der behaarten Haut dienen zudem Nervengeflechte, die um den Haarfollikel geschlungen sind, als Berührungsrezeptoren. Zwei Arten von Rezeptoren sind für die Wahrnehmung von Temperaturänderungen verantwortlich: Hitzerezeptoren und Kälterezeptoren. Die Empfindung von Schmerzreizen vermitteln freie Nervenendigungen, die bis in die Epidermis hineinreichen.

Neben den Haarfollikeln befinden sich in der Lederhaut Talg- und Schweißdrüsen.

Schweißdrüsen

Schweißdrüsen sind schlauchförmige Gebilde, die im unteren Bereich ein Knäuel bilden. Man unterscheidet zwei Arten von Schweißdrüsen: Die kleinen ekkrinen Schweißdrüsen und die größeren apokrinen Schweißdrüsen (Duftdrüsen). Die Ausführungsgänge der ekkrinen Schweißdrüsen verlaufen senkrecht durch die Epidermis und sind als Poren an der Hautoberfläche zu erkennen. Sie sind über den ganzen Körper verteilt. Besonders viele befin-

den sich in den Achselhöhlen, den Handtellern und den Fußsohlen. Der Schweiß, eine Mischung aus Wasser (99,5 %) und Salz (0,5 %), zeigt eine schwach saure Reaktion und wird über die Ausführungsgänge auf die Hautoberfläche entleert. Während der Schweiß verdunstet, kühlt sich die Haut ab.
Die apokrinen Schweißdrüsen geben erst mit Beginn der Pubertät Duftstoffe ab, die unseren individuellen Körpergeruch ausmachen. Diese Drüsen liegen hauptsächlich in den Achselhöhlen und im Genitalbereich. Ihre Ausführungsgänge münden in Haarfollikel.

Talgdrüsen

Die Haut bewahrt ihre Zartheit, weil sie hauchdünn mit Fett überzogen ist, das von den Talgdrüsen abgesondert wird. Diese beutelförmigen Drüsen befinden sich meist in Gruppen von drei bis fünf Drüsen rosettenförmig um den Haarfollikel. Ihre kurzen Ausführungsgänge münden direkt im Haarfollikel. Talgdrüsen liegen in manchen Regionen dichter als in anderen – vor allem im Gesicht, auf dem Schädel, an der Brust und am oberen Teil des Rückens. Das ist der Grund, weshalb Akne, eine Erkrankung der Talgdrüsen, besonders dort auftritt.
Jedes Mal, wenn sich ein Haar bewegt, wird eine winzige Portion Fett aus der Haut gepresst. Etwa die Hälfte der gesamten Talgproduktion des Körpers leisten die Talgdrüsen der Kopfhaut. Diese nimmt unter dem Einfluss von Hormonen während der Pubertät zu. Deshalb leiden Jugendliche besonders häufig unter fettigem Haar. Mit zunehmendem Alter nimmt die Talgproduktion ab.

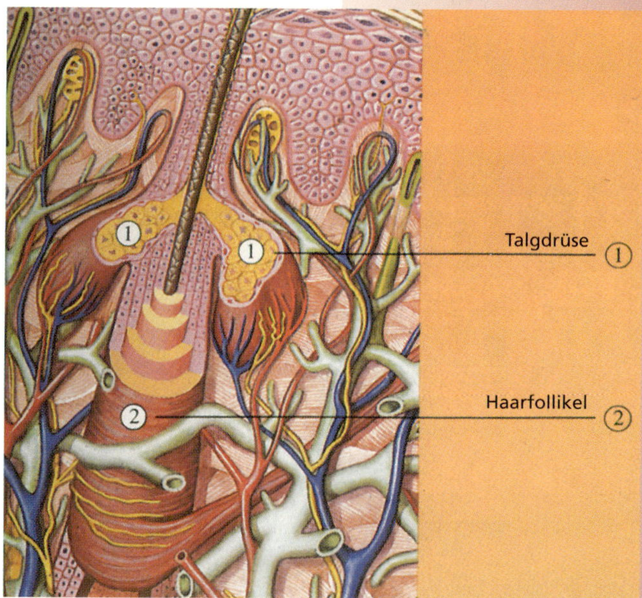

Haarfollikel mit Talgdrüse

Unterhaut (Subcutis)

Die Übergänge von Lederhaut und Unterhaut sind fließend. Je nach Körperregion und Ernährungszustand ist die Unterhaut unterschiedlich dick. Während sie am Kopf nur wenige Millimeter misst, kann sie an Bauch und Hüften mehrere Zentimeter dick werden.

Die Unterhaut besteht aus lockerem Bindegewebe, in das Fettzellen in traubenförmigen Einheiten eingelagert sind. Dieses Polster fängt Druck und Stoß ab, dient der Wärmeisolierung und der Speicherung von Nährstoffen. In der Unterhaut finden sich ebenfalls Blutgefäße. Darüber hinaus gibt es hier spezielle Sinnesrezeptoren, die auf Erschütterungen der Haut reagieren.

An Augenlidern und Lippen fehlt das Fettgewebe.

Die Fettzellen der Frau wandeln männliche Hormone in **Östrogene** um. Sie sind somit neben den Eierstöcken wichtige Produzenten dieses Hormons. Stark abgemagerte Frauen werden deshalb vorübergehend unfruchtbar.

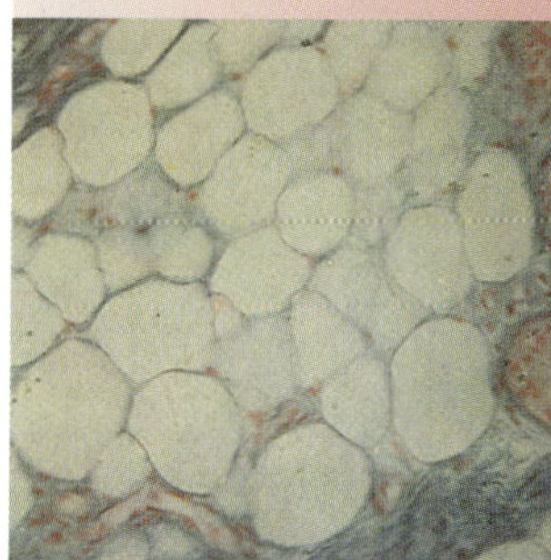
Unterhaut-Fettgewebe

Begründen Sie, warum es biologisch sinnvoll ist, dass die Östrogenbildung bei stark untergewichtigen Frauen eingeschränkt wird.

1.1.3 Haut und Umwelt

> Denken Sie daran, dass Meerwasser und Sand, aber auch Schnee die UV-Strahlen reflektieren und somit in ihrer Wirkung verstärken.

Es ist allgemein bekannt, dass intensive Sonneneinstrahlung zu Hautkrebs führen kann. Hierbei schädigt UV-Strahlung das Erbgut von Hautzellen. UV-Strahlung gehört zum nicht sichtbaren Bereich des Lichts. Es wird in drei Gruppen unterteilt: UV-A (315–380 nm), UV-B (280–315 nm) und UV-C (100–280 nm).
UV-A -Licht dringt bis zur Lederhaut ein, UV-B-Licht wird zum größten Teil von der Oberhaut absorbiert (= aufgenommen). Dort gelangt es bis zu den lebenden Zellschichten, bis hin zur Basalzellenschicht. Am energiereichsten ist UV-C-Strahlung. Sie wird von der Stratosphäre fast vollständig abgefiltert bzw. von der Ozonhülle abgehalten. Trifft dennoch UV-C-Strahlung auf die Haut, wird diese zu 99 % von der Hornschicht aufgenommen. Die Restenergie, die in die Oberhaut gelangt, reicht dennoch aus, um zunächst Verbrennungen und als Spätfolge Hautkrebs zu verursachen.

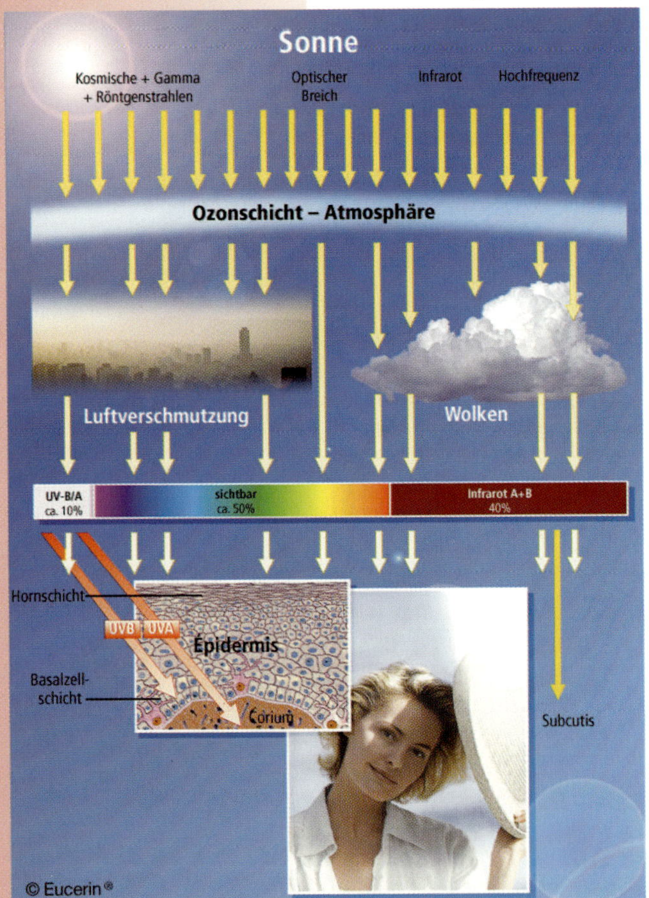

Die Haut kann sich jedoch vor der negativen Wirkung des Lichts teilweise selbst schützen. Hierzu zählt vor allem die Herstellung des Farbstoffs Melanin. Außerdem ist die Hornschicht der Oberhaut in der Lage, Licht abzufiltern, zu streuen und aufzunehmen. Diese Fähigkeit hängt von der Dicke dieser Schicht ab, d. h., je dicker die Hornschicht ist, desto stärker ist ihre Fähigkeit zum Lichtschutz ausgeprägt. Darüber hinaus enthält Schweiß eine körpereigene Lichtschutzfiltersubstanz, die Urocaninsäure. Sie bildet sich in den Keratinozyten und ihre in Schweiß enthaltene Konzentration steigt bei Sonneneinstrahlung an. Urocaninsäure absorbiert UV-Strahlung im UV-B-Bereich (265 nm).
Wenn die Haut Melanin bildet, bezeichnet man das als Pigmentierung. Dieser Vorgang soll verhindern, dass tiefer liegende Teile unserer Körperoberfläche von eindringenden Strahlen geschädigt werden. Melaninpigmente sind nämlich in der Lage, UV-Licht aufzunehmen und zu reflektieren (zurückzustrahlen). In den Zellen der Oberhaut ordnet sich dabei das Melanin um den Zellkern herum an, um das Erbgut zu schützen.
Unter dem Einfluss von UV-A-Strahlen findet eine Sofort-Pigmentierung statt. Hierbei werden bereits vorhandene schwach gefärbte Pigmente in einem Zeitraum von ungefähr 24 Stunden intensiv eingefärbt. Bei der Spät-Pigmentierung handelt es sich um die Neubildung von Pigmenten. Diese wird ausgelöst durch UV-B-Licht. Die Spät-Pigmentierung tritt erst nach mehreren Stunden bis Tagen ein und hält relativ lange an.
Wenn sich unter dem Einfluss von Sonnenstrahlung die Hornschicht verdickt, spricht man von der Ausbildung einer **Lichtschwiele**. Hierbei wird eine verstärkte und beschleunigte Zellteilung in der Basalzellenschicht in Gang gesetzt. In der Folge kommt es zu einer Ansammlung von Zellen in der Körnerzellenschicht und zu einer Verdickung der Hornschicht (Hyperkeratose).
In der Oberhaut befindet sich eine Vorstufe des Vitamins D3. Diese wird durch UV-Strahlung in Vitamin D3 überführt. Die hierfür erforderliche Bestrahlung ist aber relativ gering. Es genügt, die Hände fünf Minuten in die Sonne zu halten, um für den ganzen Tag genügend Vitamin D3 zu produzieren. Fehlt Vitamin D3, kommt es zu Mangelerscheinungen, wie der früher häufig auftretenden Rachitis. Rachitis ist eine in frühem Kindesalter auftretende Deformation (= Missbildung) des Skeletts infolge von ungenügendem Knochenwachstum.

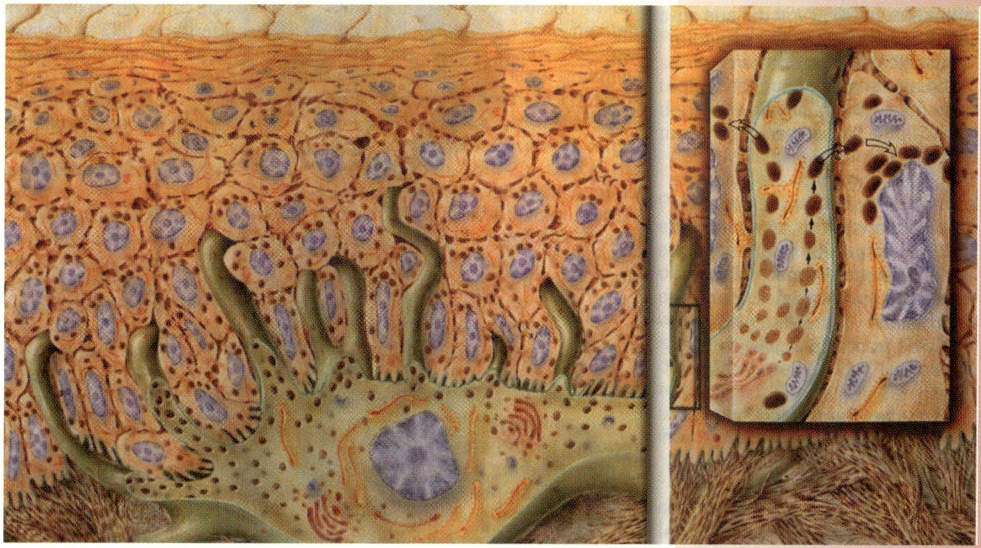

Was geschieht beim ***Vorgang der Pigmentierung****?*
Die Bildung des Hautfarbstoffs Melanin geschieht in den Melanozyten. Diese Zellen liegen zwischen den Zellen der Basalzellenschicht der Oberhaut. Melanozyten bilden lange, fingerförmige Ausstülpungen. Diese wachsen in die benachbarten Keratinozyten hinein und auch hindurch. Die Bildung von Melanin erfolgt in den Melanosomen, dies sind kleine, in den Melanozyten befindliche Bläschen. Während die Melanosomen immer weiter an den Rand der Melanozyten wandern, füllen sie sich immer mehr mit Melanin. Die Spitzen der fingerförmigen Ausstülpungen schnüren sich gelegentlich ab, sodass sie im Inneren der Keratinozyten liegen. Diese Abschnürungen enthalten viel Melanin in Form von Pigmentkörnchen.

Kommt es zu einem akuten Lichtschaden (Sonnenbrand), zeigt sich dieser in der Regel als Rötung der Haut. Die verantwortlichen Wellenlängen liegen vor allem im UV-B-Bereich. Aber auch intensive UV-A-Strahlung kann diesen hervorrufen. Die hierbei entstehenden Schäden an der Oberhaut, in der Lederhaut und an den Gefäßen heilen zunächst wieder ab. Bei weiterer Bestrahlung kommt es jedoch zu einem chronischen Lichtschaden.

Ein Sonnenbrand äußert sich zunächst als Rötung und Schwellung, kann jedoch auch zu Bläschen und Blasen führen und im schlimmsten Falle zur Nekrose (totes, abgestorbenes Gewebe). Unter chronischem Lichtschaden versteht man eine lichtbedingte Hautalterung, bösartige Veränderungen wie Krebsvorstufen und Hautkrebs. Für die Schäden an der Lederhaut sind UV-A-Strahlen und für Schäden an der Oberhaut UV-B-Strahlen verantwortlich.

Als „Sonnenallergie" wird die Überempfindlichkeit gegen Sonnenlicht bezeichnet, die sich häufig mit kleinen, juckenden Pusteln äußert. Ihre Ursache ist bislang unbekannt.

Sonnenbänke bzw. Solarien erzeugen überwiegend UV-A-Strahlung. Diese ist häufig so erhöht, dass ein ähnliches Risiko entsteht wie bei UV-B-Strahlung.

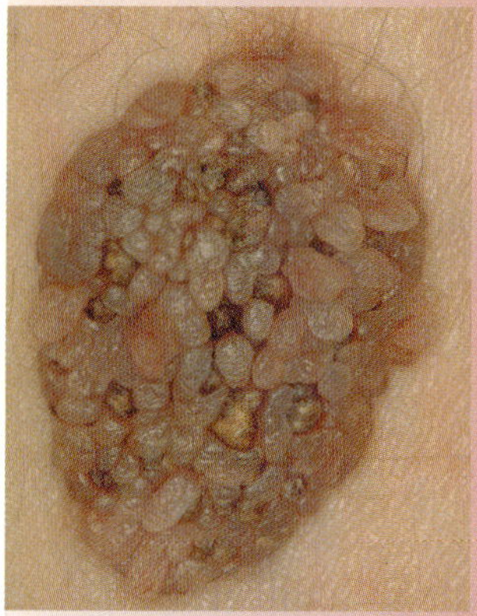

Muttermal (Naevus)

EXKURS

Es ist nicht einfach, ein Muttermal von einem Melanom (schwarzer Hautkrebs) zu unterscheiden. Die einfache ABCDE-Regel kann helfen, verdächtige Pigmentmale zu erkennen:

Asymmetrie: Das Mal hat eine unregelmäßige Form oder ist teilweise reliefartig ausgeprägt.

Begrenzung: Seine Begrenzung ist unregelmäßig oder rissig.

Color (Farbe): Es besitzt an einigen Stellen hellere oder dunklere Brauntöne oder weist blaue, schwarze, weiße oder rote Färbungen auf.

Durchmesser: Es ist größer als fünf Millimeter.

Erhabenheit: Der Fleck ist nicht flach und die Oberfläche ist rau und schuppend.

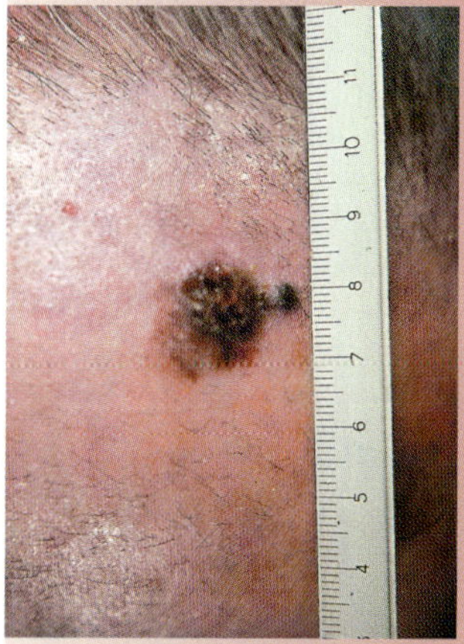

Hautkrebs (malignes Melanom)

1.2 Den Hauttyp erkennen und fachgerecht behandeln

Karla, nun im zweiten Ausbildungsjahr, möchte heute Christine, der Kosmetikerin des Salons Haarmonie, assistieren. Sie weiß, dass eine kosmetische Behandlung auch bei der Gesellenprüfung durchgeführt werden soll, und möchte sich frühzeitig mit dem Ablauf vertraut machen. Außerdem überlegt sie, ob eine Spezialisierung auf den kosmetischen Bereich nicht auch für sie eine reizvolle Möglichkeit wäre.

Karla fragt Christine, die gerade die Kosmetikkabine für ihre erste Kundin vorbereitet, worauf es denn eigentlich so ankommt. Christine lächelt und meint: „Auf eine ganze Menge. Zunächst einmal musst du die Kundin genauer kennen lernen und ihren Hauttyp einschätzen. Die Behandlung und die dabei eingesetzten Präparate werden dann darauf abgestimmt.“ Karla: „Und was bedeutet das jetzt genau?“

1.2.1 Hauttyp und Hautzustand

Es gibt verschiedene Möglichkeiten, den Hauttyp eines Menschen zu bestimmen. Dermatologen teilen den Hauttyp entsprechend der Pigmentierung und dem Bräunungsverhalten ein (Typ I-VI).
In der Kosmetik hingegen wird der Hauttyp eines Menschen in erster Linie von der Funktion der Talgdrüsen festgelegt. Diese ist entweder normal, trocken oder fettig. Daneben beeinflussen auch die Schweißproduktion und die Durchblutung den Hauttyp. Der Hauttyp eines Menschen ist erblich festgelegt und kann im Verlauf des Lebens unterschiedlich stark ausgeprägt sein.
Während der Hauttyp mehr oder weniger festgelegt ist, unterliegt der Hautzustand starken Schwankungen. Diese hängen ab von der körperlichen Verfassung, dem Alter und auch von der Jahreszeit.
Während Babys und Kleinkinder vor allem eine trockene Haut haben und sich diese bei größeren Kindern normalisiert, liegt in der Pubertät vor allem das fettige Hautbild vor. Im Laufe der folgenden Lebensjahrzehnte dominiert dann immer mehr wieder die trockene Haut.

Auch entsprechend der Pigmentierung und dem Bräunungsverhalten werden Hauttypen eingeteilt.
Hauttyp I: immer Rötung, nie Bräunung
Hauttyp II: immer Rötung, manchmal Bräunung
Hauttyp III: manchmal Rötung, immer Bräunung
Hauttyp IV: nie Rötung, immer Bräunung
Hauttyp V: dunkelhäutige Menschen
Hauttyp VI: schwarzhäutige Menschen

Die trockene Haut (sebostatischer Typ)

Die trockene Haut kann alle Altersklassen betreffen, tritt jedoch mit zunehmendem Alter immer häufiger auf. Man spricht hier von Sebostase, einer anlagebedingten Verminderung der Talgproduktion.

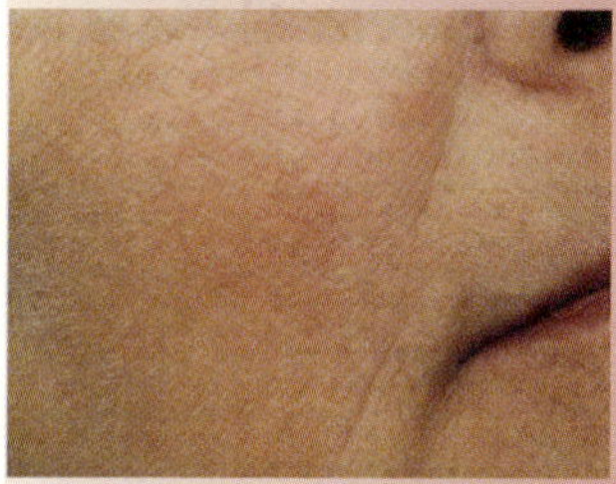

Ursachen der Sebostase
- Verminderte Talg- und Schweißproduktion
- Hauttalg ist vom O/W-Emulsionstyp, lässt sich daher leicht mit Wasser abwaschen und verbindet Hornzellen nur mangelhaft
- Wichtige Fette der Hornschicht fehlen, daher mangelnde Hautbarriere, geringe Wasserbindungsfähigkeit
- Hautschichten verdünnen sich

Erkennungszeichen der trockenen Haut
- Spannungsgefühl
- Fleckförmige Rötungen
- Schuppung
- Rauigkeit
- Faltengefahr
- Infektionsgefahr
- Rötungen, eventuell Teleangiektasien (Äderchenzeichnung)
- Feinporigkeit
- Rosiger Teint
- Keine Hautunreinheiten
- Kein Fettglanz
- Zarte Hautoberfläche

Die fettige Haut (seborrhöischer Typ)

Der seborrhöische Hauttyp bildet sich in der Pubertät infolge hormoneller Einflüsse heraus und wird unterschieden in:
- Seborrhö oleosa (öliger Talgfluss) – ölig-fettige Haut
- Seborrhö sicca (trockener Talgfluss) – trocken-fettige Haut/"Mischhaut"

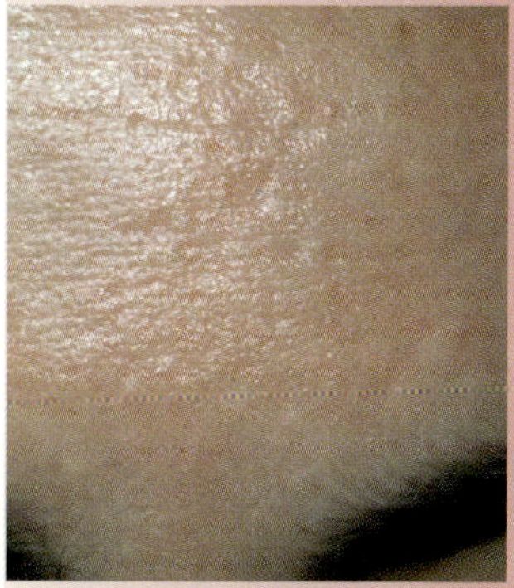

Ursachen der Seborrhö oleosa
- Erhöhte Produktion der Talgdrüsen
- Erhöhte Produktion der Schweißdrüsen
- Große Menge an Hauttalg bildet idealen Nährboden für Bakterien
- Wasser- und fettreiche Haut bleibt länger glatt
- Im Follikel wird verstärkt Hornzellmasse produziert, die den Talgstau fördert
- Fett-Wasser-Film verklebt Schuppen und verhindert normale Abschuppung
- Wasser-Fettfilm verhindert Wasserverluste, da ähnlich einer W/O-Emulsion

Erkennungszeichen der ölig-fettigen Haut
- Starker Fettglanz
- Großporig, offene und geschlossene Komedonen
- Komedonen leicht entfernbar
- Verdickte Hornschicht
- Blässe
- Neigung zu Hautunreinheiten (Akne)
- Alterungsprozesse später sichtbar – weniger Faltenbildung
- Hohe Elastizität
- Robust

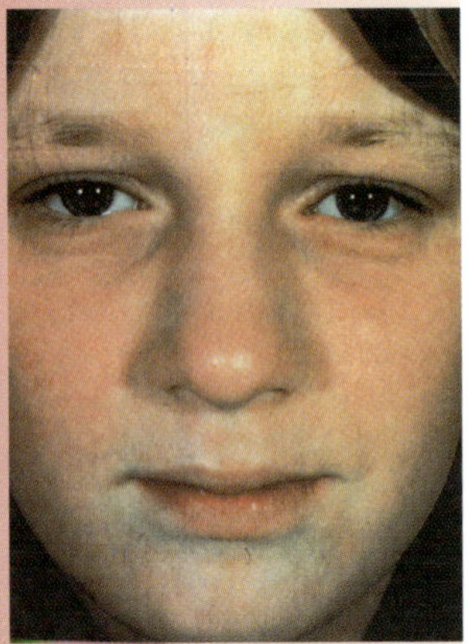

Ursachen der Seborrhö sicca
- Erhöhte Produktion der Talgdrüsen in der T-Zone
- Verhornungsstörung der Oberhaut
- Feuchtigkeitsarmer Talg verteilt sich mangelhaft
- Große Menge an Hauttalg bildet idealen Nährboden für Bakterien

Erkennungszeichen der trocken-fettigen Haut
- Hautglanz an Stirn, Nase und Kinn
- Große Poren
- Spannungsgefühl, u.a. an Nase und Mund
- Neigung zu Hautunreinheiten
- Komedonen sind schwer zu entfernen
- Rötungen
- Keine Auffälligkeiten im seitlichen Gesicht
- Neigung zur Schuppenbildung an den Wange

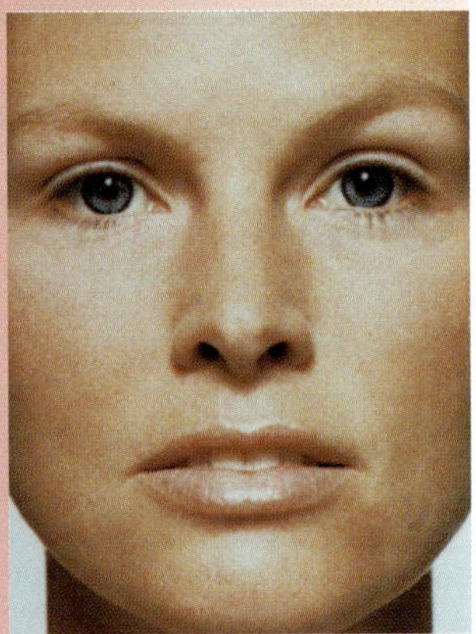

Die normale Haut (intermediärer Typ)

Dieser Hauttyp bildet gewissermaßen den Idealfall und ist häufig bei Vorschulkindern – selten bei Erwachsenen – vorzufinden.

Voraussetzungen der normalen Haut
- Ausgeglichene Talg- und Schweißproduktion
- Oberfläche bleibt glatt, da Wasser-Fett-Film einer W/O-Emulsion ähnlich
- Regelmäßige, daher unsichtbare Abschuppung
- Kein Talgstau

Erkennungszeichen der normalen Haut
- Kleine Poren
- Glatte Oberfläche
- Rosiges Aussehen
- Keine Auffälligkeiten
- Kein Fettglanz, keine Trockenheit

Die Hautdiagnose

Die Grundlage der Hautdiagnose bilden die Betrachtung, Berührung und die Befragung der Kundin. Zusätzlich können auch bestimmte Diagnosegeräte eingesetzt werden.

Kundenbefragung: Verwendete Präparate zur/zum	**Überempfindlichkeit gegen**	**Medikamente/Hormonpräparate**
Gesichtsreinigung: Gesichtspflege: Make-up: Augen-Make-up: Lichtschutz: Sonstige:	(alkalische) Seifen: UV-Licht: Dampf: Alkohol (Gesichtswasser): Sonstige:	Antibabypille
Hautbeurteilung		
Empfindlichkeit:	Durchblutung	Elastizität (Turgor/Tonus):
Glanz: T-Zone: Wange:	Poren: T-Zone: Wange:	Faltenbildung: Mimik: Altersfalten:
Besonderheiten: Komedonen Sommersprossen	Aknepusteln Muttermale/Leberflecken	Milien Teleangiektasien Warzen Narben
Beurteilungsergebnis:		

1.2.2 Gesichtsbehandlung – Ablauf und Produkte

Reinigung

Bei der Reinigung der Haut werden Make-up, überschüssiger Hauttalg und Hornschüppchen entfernt. Außerdem ist nach der Reinigung der Haut eine exaktere Hautuntersuchung möglich. Schließlich soll mit der Reinigung der Haut das Aufnahmevermögen für Wirkstoffe verbessert werden.

Augen-Make-up und Lippenstift entfernen

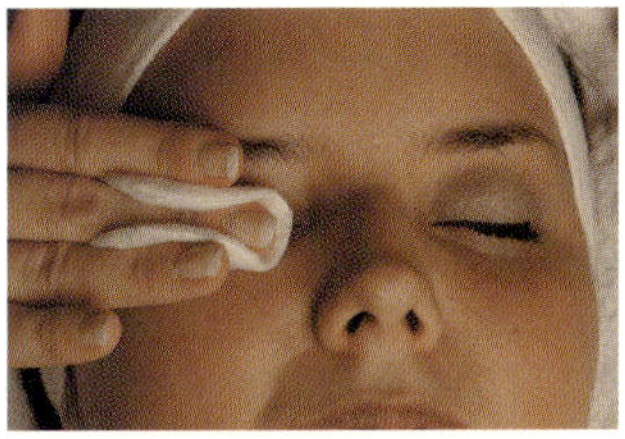
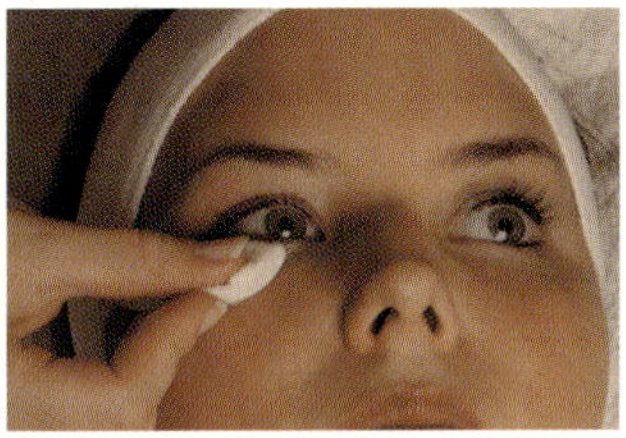
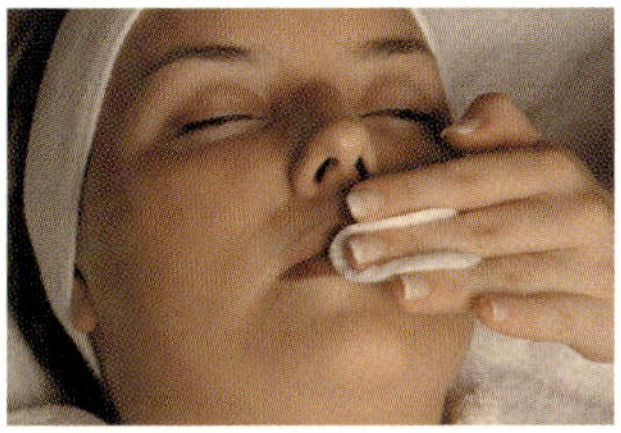

Reinigen der Gesichtshaut

Das Reinigungsmittel wird mit warmen Händen gleichmäßig aufgetragen. Anschließend wird es kreisend und mit leichtem Druck verteilt, ohne es einzumassieren. Hierbei können spezielle Reinigungsgriffe angewandt werden.

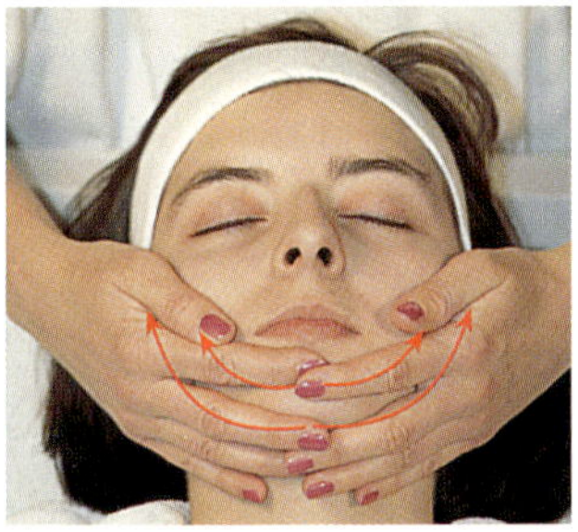
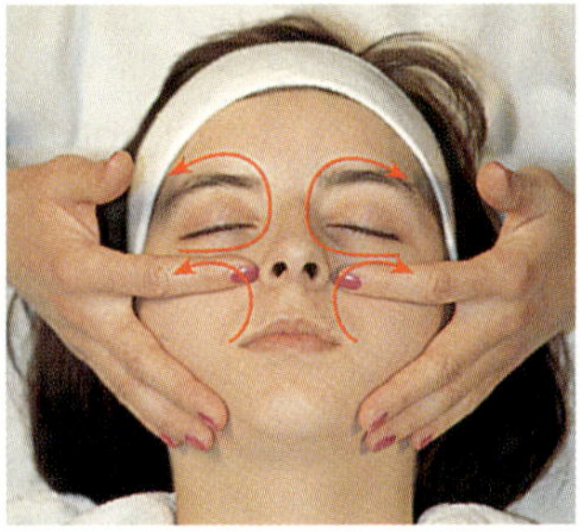
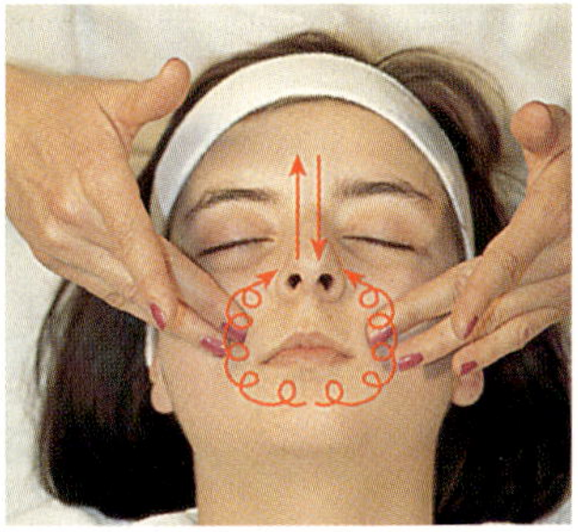

Empfehlenswerte Reinigungsprodukte

Trockene Haut	Ölig-fettige Haut
– leicht rückfettende Reinigungsmilch (O/W-Emulsion) – Reinigungsöl (stärker rückfettend, besonders schonend bei Hautirritationen) 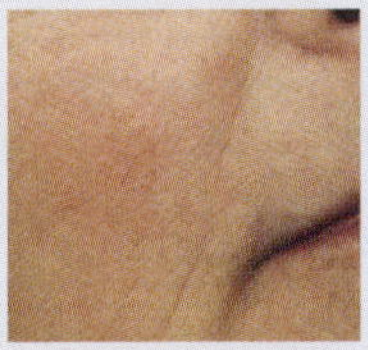	– Fettarme Reinigungsmilch – Flüssige Tenside als Waschlösung oder Waschgel – Feste, stärker schäumende Tenside als Waschstück 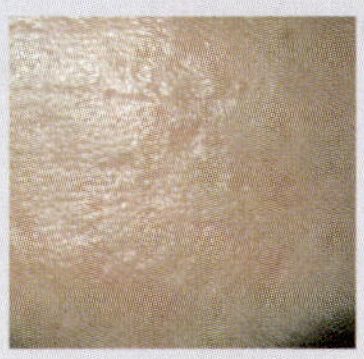
Trocken-fettige Haut	**Normale Haut**
– Milde, reizlindernde Reinigungsmilch – Feuchtigkeitsspendendes Reinigungsgel – Waschöl zur leichten Lösung der Schuppen 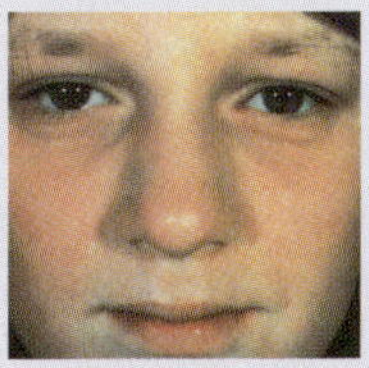	– Reinigungsmilch – Milde Tenside in Gelform oder als Waschstück 

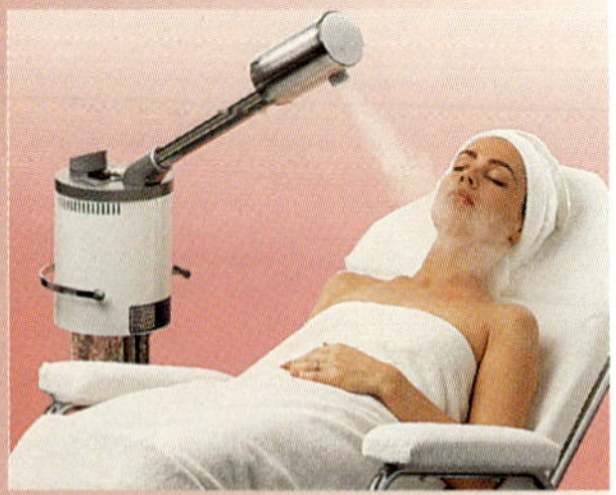

Apparative Bedampfung mit dem Vapozone

Reinigen mit apparativen Reinigungsmethoden

Rotationsgeräte, die mit einem Bürsten- oder Schwammaufsatz versehen werden, ermöglichen eine besonders intensive Reinigung der Gesichtshaut. Um Irritationen zu verhindern, sollte daher dieser Vorgang nicht länger als zwei bis drei Minuten dauern. Nach der Hautreinigung werden häufig **Bedampfungsgeräte (Vapozone)** eingesetzt, um die Wirkung der nachfolgenden Pflegebehandlungen zu intensivieren. Sie verteilen warmen Wasserdampf auf der Haut. Hierbei können auch kosmetische Wirkstoffe verdampft werden, wie z. B. Lösungen von Kräuterextrakten. Dampfbäder sind nicht zu empfehlen, wenn die Kundin eine besonders trockene, empfindliche und zu Teleangiektasien neigende Haut aufweist. Das **Peeling** („Schälen") ermöglicht eine besonders intensive Reinigung der Haut. Beim Peeling wird die Hornschicht der Epidermis teilweise abgetragen. Im Anschluss muss das Peeling gründlich entfernt werden.

Empfehlenswerte Peelingprodukte

Trockene Haut	Ölig-fettige Haut
– Soft-Rubbelcreme mit gerundeten Körnchen – Enzympeeling 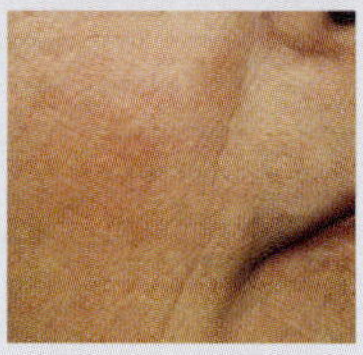	– Intensiv-Rubbelcreme – Enzympeeling und Ampullenkonzentrat (Flüssigkeit mit fettlösenden Tensiden) für die stärkste Schälung 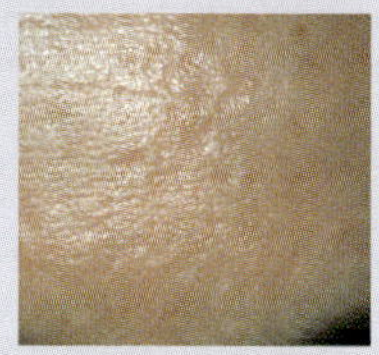
Trocken-fettige Haut	**Normale Haut**
– Enzympräparate (spalten Eiweiß und Fett und lockern so Hornfett und Schuppen) – Soft-Peelingcreme mit geringem Anteil an gerundeten, glatten Rubbelkörnchen 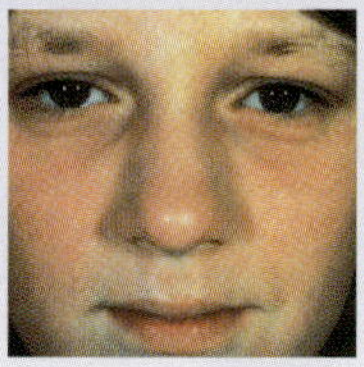	Enzym-Peeling oder normales Peeling 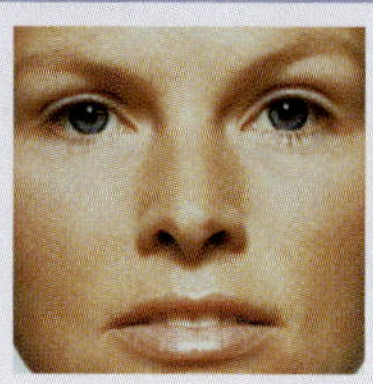

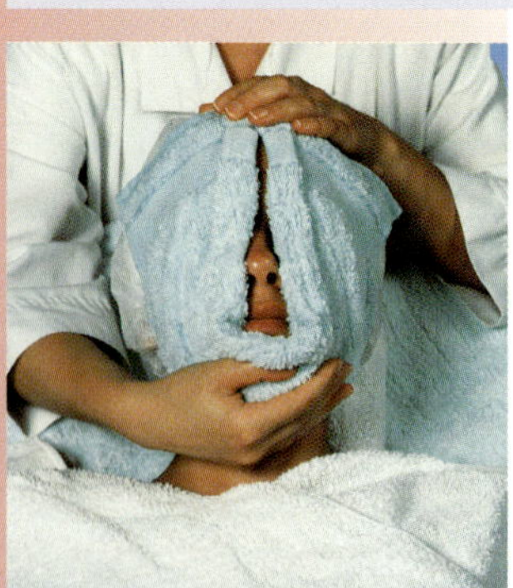

Kompressen anwenden

Kompressen werden aufgelegt, um das Reinigungsmittel, Peelingpräparat, Masken oder Packungen zu entfernen. Dabei werden kleine Handtücher mit warmem oder kaltem Wasser durchfeuchtet und gut ausgedrückt. Das Handtuch wird der Länge nach gefaltet und von der Kinnmitte beidseitig bis zur Stirn aufgelegt. Mehrmaliges Andrücken der Kompresse steigert die Wirkungsweise. Anschließend wird die Kompresse abgerollt.

Die Gesichtshaut nachbehandeln

Gesichtswässer haben eine nachreinigende, adstringierende und desinfizierende Wirkung. Sie sind in der Regel sauer eingestellt und schließen die Reinigung ab.

Empfehlenswerte Gesichtswässer

Trockene Haut	Ölig-fettige Haut
– Milde Gesichtswässer mit keinem oder nur geringem Alkoholanteil (5 %–10 % Alkohol)	– Alkoholische Gesichtswässer (10 %–30 % Alkohol)
Trocken-fettige Haut	**Normale Haut**
– Milde Gesichtswässer mit keinem oder nur geringem Alkoholanteil (5 %–10 % Alkohol)	– Gesichtswässer mit geringem Alkoholanteil (bis 15 %)

Gesichtsmassage

Die kosmetische Massage unterstützt und fördert die gesunde Haut und ihre Funktionen. Sie ist daher nicht mit der medizinischen Massage gleichzusetzen, bei der es um die Behandlung erkrankter Körperbereiche geht. Die Richtung der Massage wird durch die Spaltlinien vorgegeben und sollte in einer sinnvollen Reihenfolge der Massagegriffe erfolgen.

Massagearten und ihre Wirkungen

Massageart	Durchführung	Wirkung
Streichmassage (Effleurage)	Mit der flachen Hand oder mit dem Mittel- oder Ringfinger parallel zur Haut, Beginn und Ende der Massage.	Beruhigend, unterstützend auf den Blut- und Lymphabfluss
Reibungsmassage (Friktionsmassage)	Kreisende, reibende Bewegungen mit den aufgesetzten Fingerkuppen.	Durchblutungsfördernd, anregend, Muskelverspannungen und Komedonen werden gelockert
Bindegewebsmassage	Die Oberhaut wird mit erhöhtem Druck über dem Bindegewebe verschoben; dabei werden die Fingerkuppen bei Ortswechsel deutlich abgehoben.	Alle Funktionen der Haut sollen angeregt und unterstützt werden
Knet- und Walkmassage (Pertissage)	Daumen und Zeigefinger heben die Haut und Muskulatur ab und kneten. Vorteilhaft bei Doppelkinn, vollen Wangen und an der Schultern.	Stoffwechselanregend, entkrampfend, Verbesserung der Hautfarbe
Saug- und Druckmassage	Die Hände werden weich und flach aufgelegt. Langsam wird der Druck erhöht und wieder zurückgenommen.	Durchblutungsfördernd
Nervenpunktmassage	Mit den Fingerspitzen wird Druck auf die Nervenaustrittspunkte ausgeübt.	Belebung des betreffenden Hautbezirks

Bei der Gesichtsmassage muss der Verlauf von Nerven, Muskeln und Spaltlinien berücksichtigt werden.

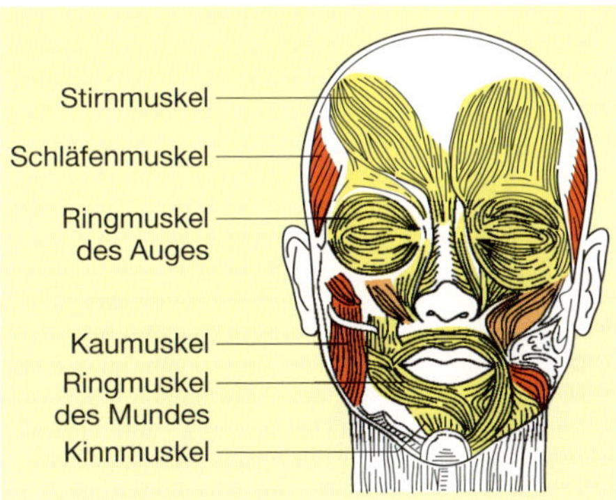

Gesichtsmuskeln (gelb) und Kaumuskeln (rot) des Schädels. Bei der Gesichtsmassage muss der Verlauf der Muskeln berücksichtigt werden.

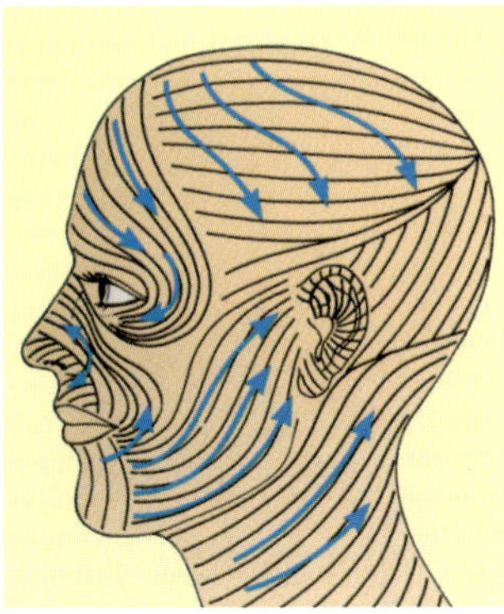

Spaltlinien und Massagerichtung

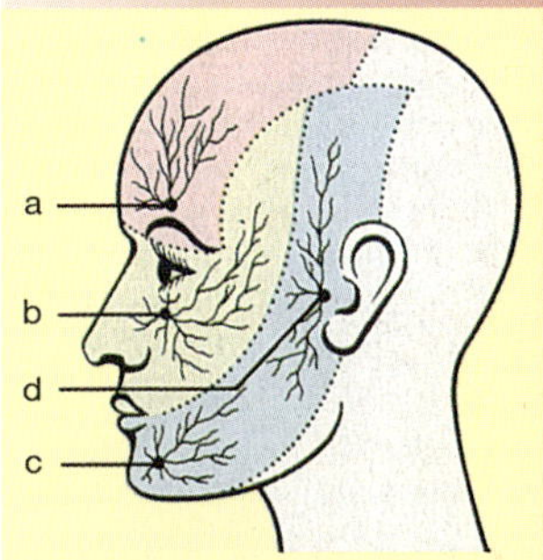

Die Nerven des Gesichts

a = Stirnast
b = Unteraugenast
c = Kinnast
} Trigeminus (sensibel)

d = Schläfenwangenast } Facialis (motorisch)

Massagemittel werden eingesetzt, um die Gleitwirkung der Hände auf der Haut zu verbessern. Ein öliger Gleitfilm auf der Haut entsteht durch den Einsatz von **Massageölen**. Diese enthalten neben echten Ölen Mineralöle, die nicht in die Haut eindringen. **Massagecremes** sind Emulsionen vom Typ W/O, die nur langsam in die Haut einziehen und der entsprechenden Hautpartie ein Wärmegefühl geben. Zusätzlich enthalten sie verschiedene Wirkstoffe, beispielsweise das entzündungshemmende Azulen, Allantoin (aus Rosskastanien oder Weizenkeimen) gegen spröde, trockene und rissige Haut. Vitamin E wird als natürlicher Konservierungsstoff gegen das Ranzigwerden der echten Fette eingesetzt und soll zusätzlich durchblutungsfördernd wirken.

Beispiel für den Ablauf einer Gesichtsmassage

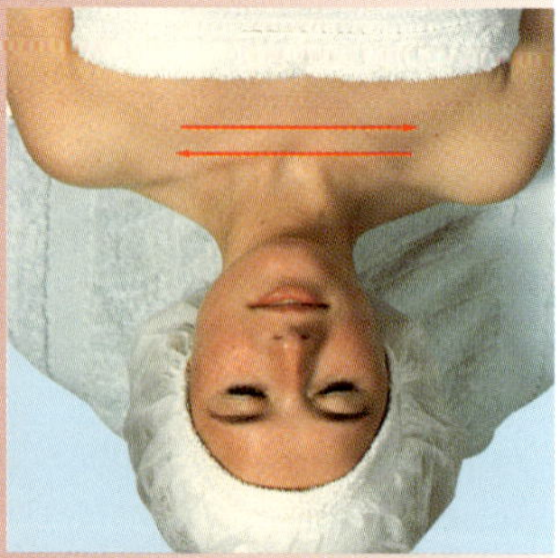

1 Eine mögliche Reihenfolge einer Gesichtsmassage sind die folgenden 24 Schritte. Das flächige Streichen im Dekolletébereich erfolgt im Wechsel

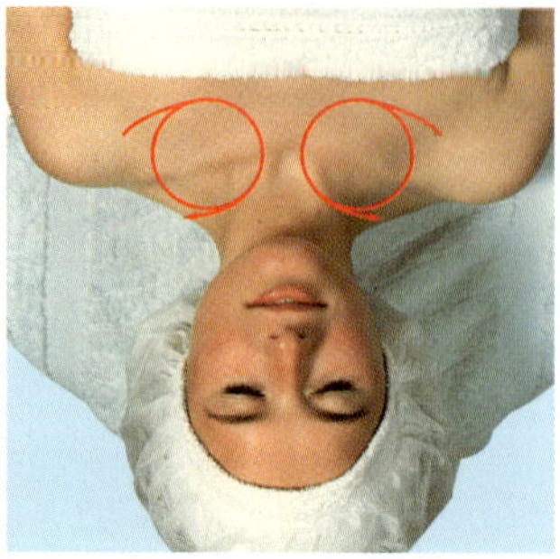

2 Beide Hände kreisen im Dekolletébereich.

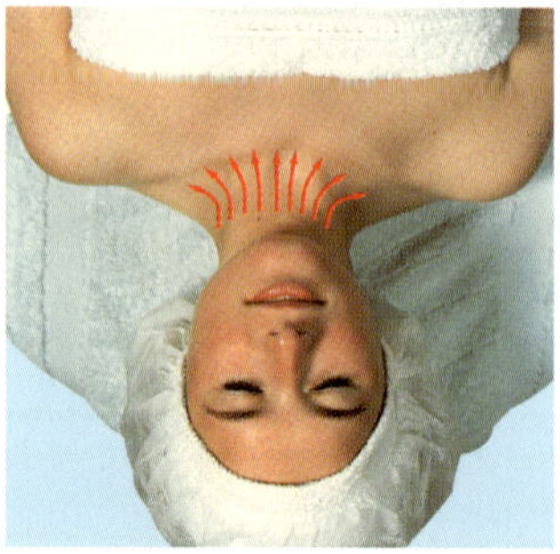

3 Beide Handflächen streichen von oben nach unten über den Hals.

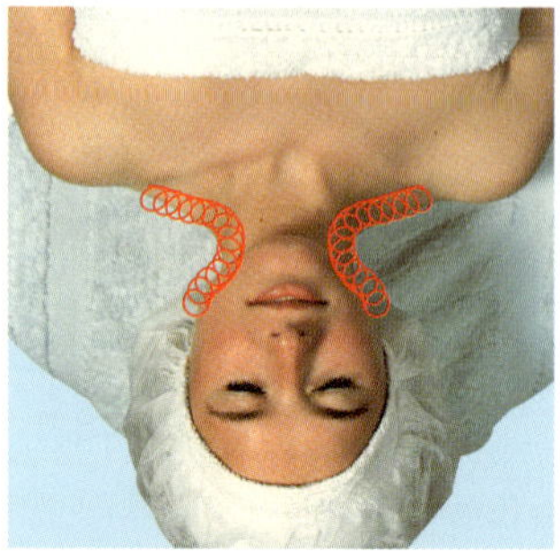

4 Kreisende Bewegung mit den Fingerkuppen vom Ohransatz seitlich am Hals entlang.

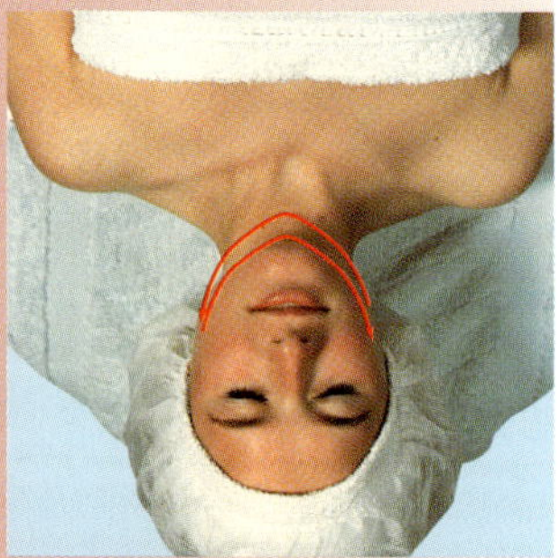

5 Flächiges Streichen mit beiden Handflächen im Wechsel von einem Ohr zum anderen entlang des Unterkiefers.

6 Friktion mit den Fingerkuppen entlang des Unterkieferrandes von der Kinnmitte zu den Kieferwinkeln.

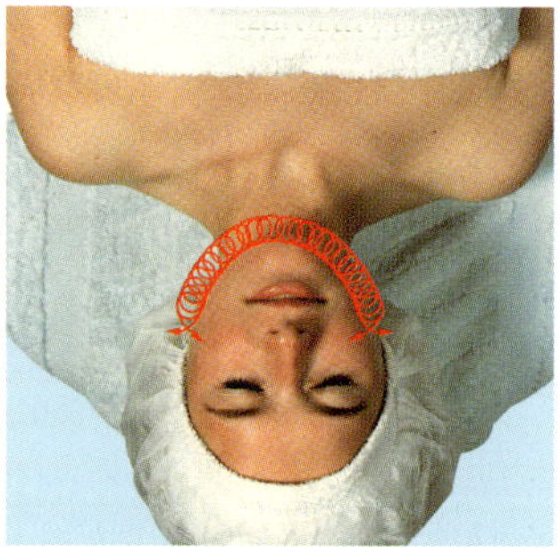

7 Kneten entlang der Unterkieferkante mit den Daumen und Fingerkuppen von Mittel- und Ringfinger von einem Kieferwinkel zum anderen.

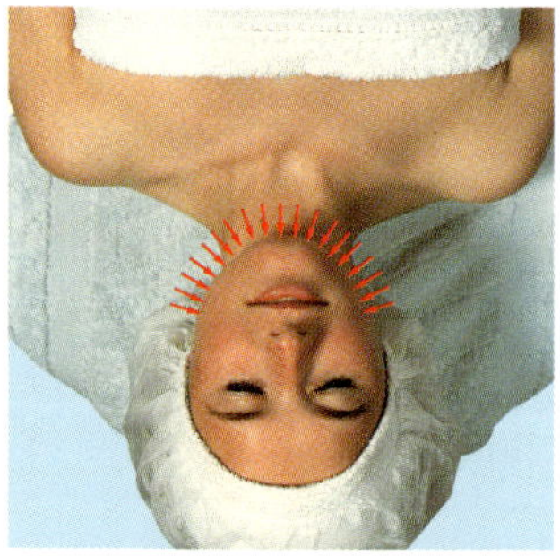

8 Leichtes Klopfen mit den Fingerkuppen von Mittel- und Ringfinger entlang der Kieferkante von einem Kieferwinkel zum anderen.

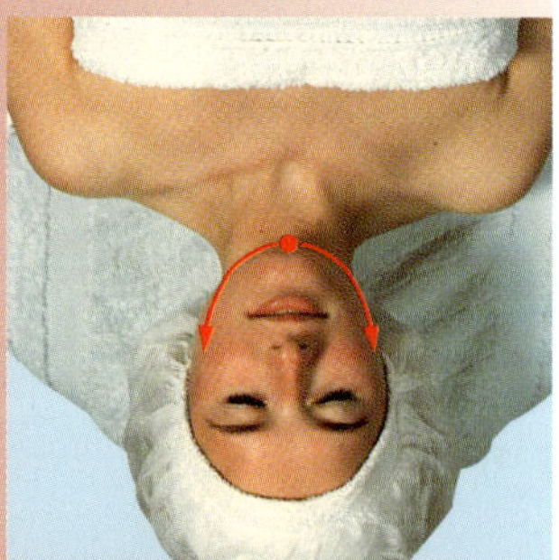

9 Vibration entlang der Kieferkante von Kinnmitte bis Kieferwinkel. Der Daumen liegt oberhalb und die Finger liegen unterhalb der Kieferkante.

10 Horizontales Ausstreichen der Kinnpartie zwischen Zeige- und Mittelfinger beider Hände im Wechsel.

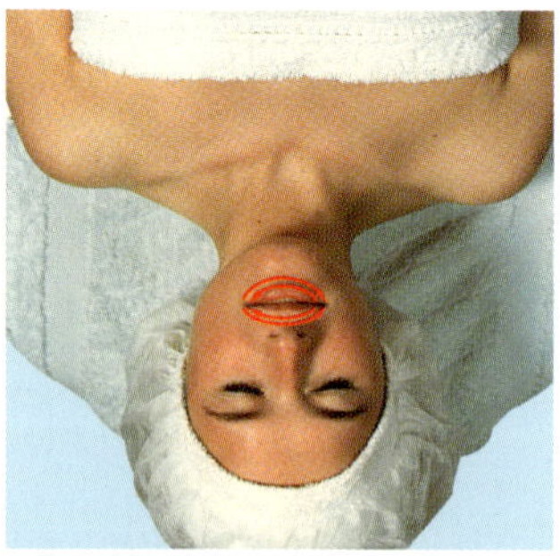

11 Mundpartie: Der Mittelfinger der einen Hand streicht entlang der Oberlippe von einem Mundwinkel zum anderen. Der Mittelfinger der anderen Hand streicht entlang der Unterlippe von Mundwinkel zu Mundwinkel.

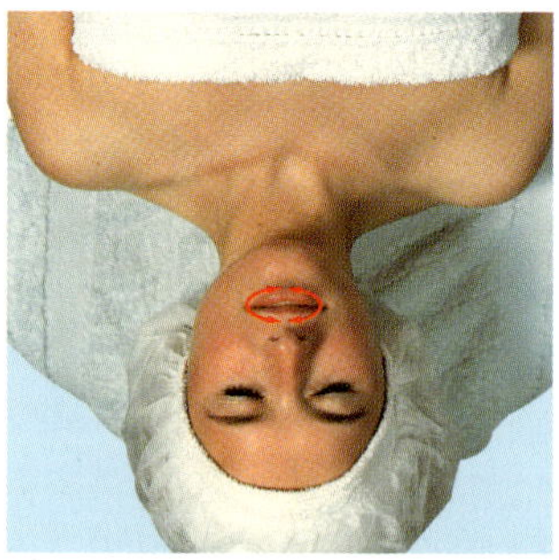

12 Streichen mit den Daumen beider Hände von der Mitte der Oberlippe bis zur Mitte der Unterlippe und zurück.

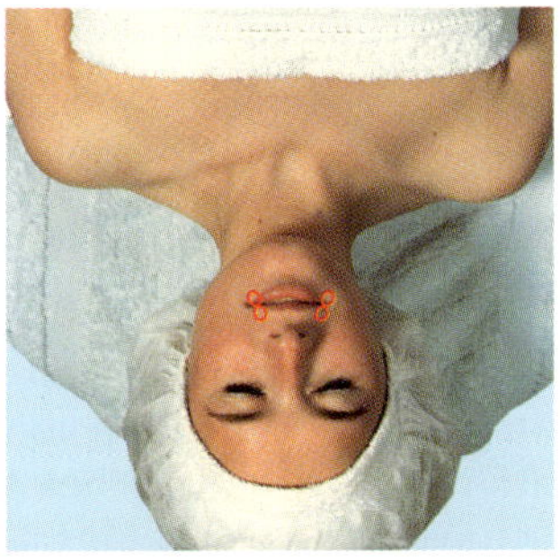

13 Beschreibung mehrerer Achten an den Mundwinkeln mit den Mittelfingerkuppen beider Hände.

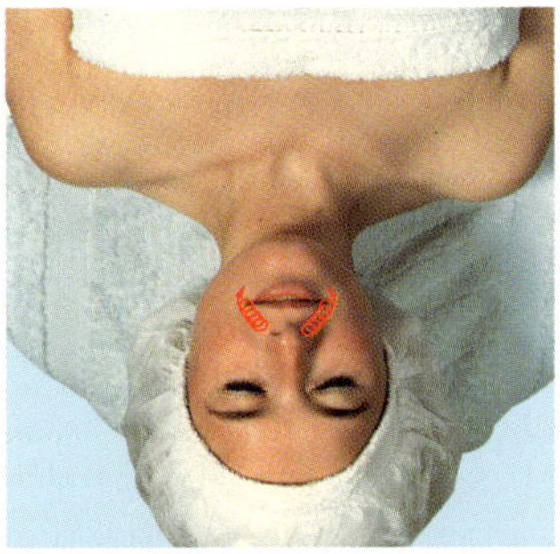

14 Friktion mit den Mittelfingerkuppen beider Hände entlang der Nasenlippenfalte in Richtung Mundwinkel.

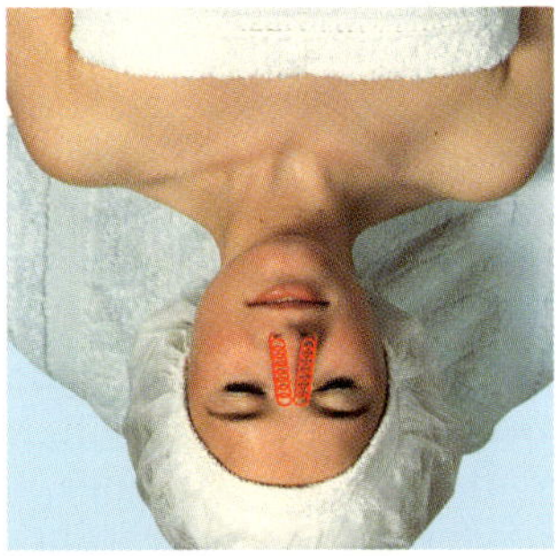

15 Friktion mit den Mittelfingerkuppen vom Nasenansatz zu den Nasenflügeln.

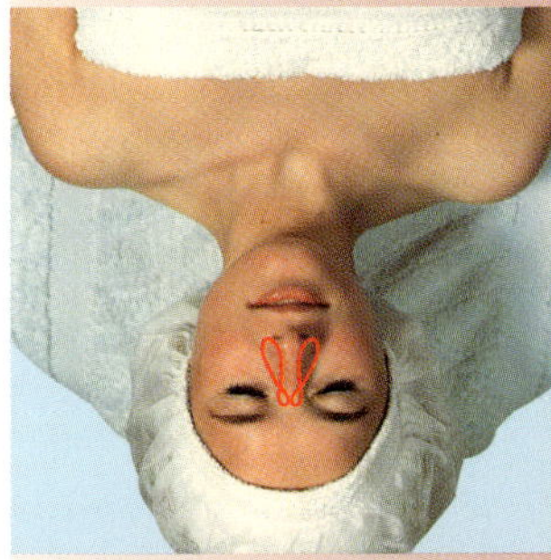

16 Ausstreichen der seitlichen Nasenhälften mit den Mittelfingern in Form einer Acht.

17 Friktion mit den Mittel- und Ringfingerkuppen bei der Wangenpartien auf drei Bahnen: jeweils vom Kinn, vom Mundwinkel und vom Nasenflügel zum Ohr.

18 Leichtes Klopfen mit den Fingerkuppen auf drei Bahnen: vom Kinn zum Ohr, vom Mundwinkel zum Ohr und vom Nasenflügel zum Ohr.

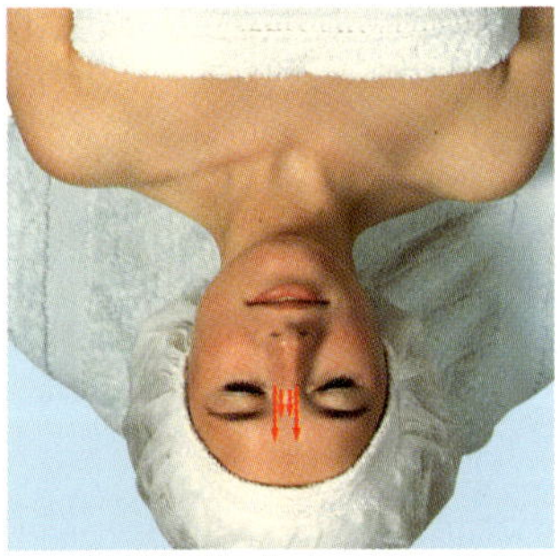

19 Ausstreichen im Bereich der Nasenwurzel zwischen den Augenbrauen mit Mittel- und Ringfinger beider Hände im Wechsel in Richtung Stirn.

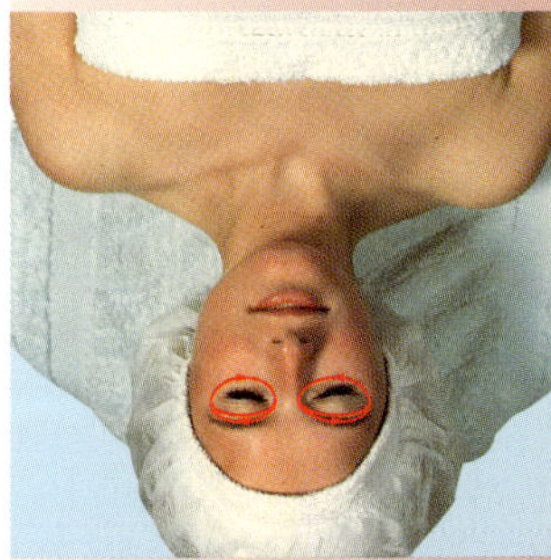

20 Umkreisen der Augen mit Mittel- und Ringfinger: oberhalb der Augen mit etwas Druck nach außen und unterhalb der Augen ohne Druck zurück.

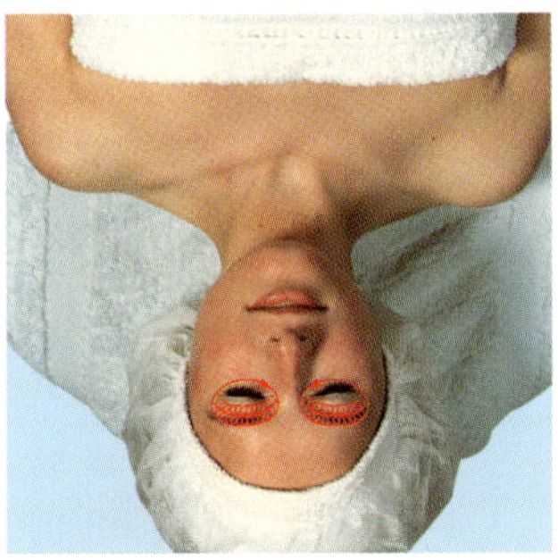

21 Friktion auf den Fingerkuppen auf den Augenbrauen von innen nach außen und unterhalb der Augen ohne Druck mit einer streichenden Bewegung zurück.

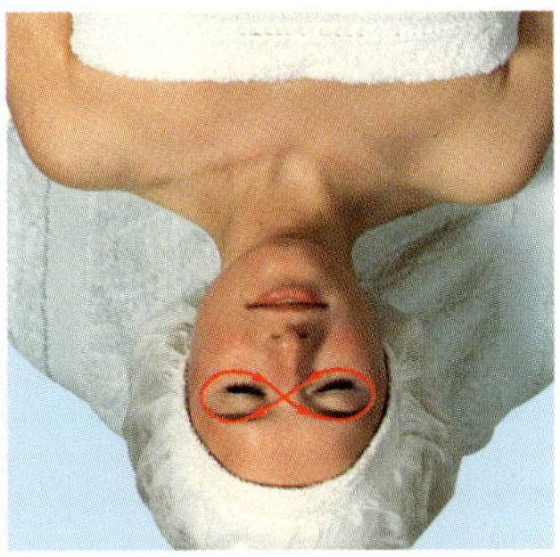

22 Beschreiben einer Acht mit Mittel- und Ringfingerkuppe einer Hand: an der Nasenwurzel beginnend über beide Augen.

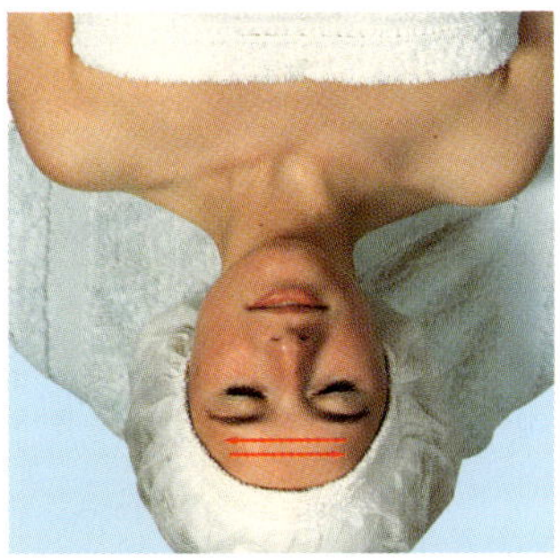

23 Flächiges Ausstreichen der Stirn mit beiden Handinnenflächen im Wechsel.

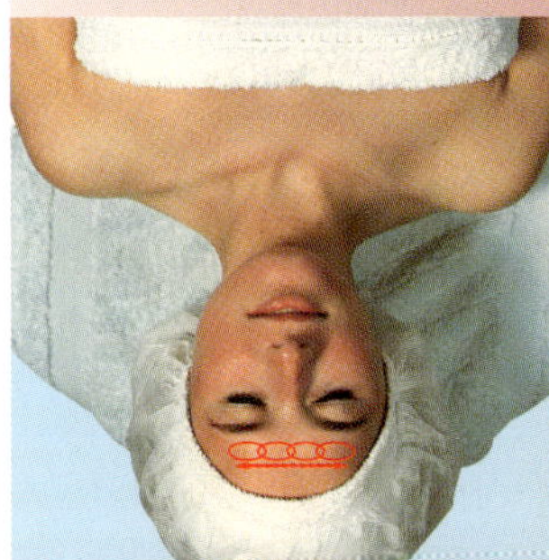

24 Großflächiges Kreisen mit Mittel- und Ringfingerkuppen beider Hände im Wechsel von Schläfe zu Schläfe.

Packungen und Masken

Nach der Gesichtsmassage sorgt die Anwendung von Packungen oder Masken für Entspannung und Ruhe. Eine Ausnahme von dieser Reihenfolge bilden feuchtigkeitsspendende Gelpackungen, deren Wirkstoffe die ungecremte, fettfreie Haut leichter aufnehmen kann. Daher sollten diese vor der Gesichtsmassage einwirken. Das Auftragen der Präparate erfolgt je nach Produkt mit Streichbewegungen oder feuchtem Flach- oder Federpinsel.

Pulverförmige Masken oder Modellagen erstarren auf der Haut zu einer festen Schale. Die Haut darunter quillt, Kapillargefäße und Poren erweitern sich. Die Aufnahme von Wirkstoffen einer vorher aufgetragenen Creme wird daher gefördert. Die Haut erscheint praller und rosiger. Packungen setzen demgegenüber die Hautfunktionen herab. Sie bilden daher einen sinnvollen Behandlungsabschluss. Durch Wasserentzug verengen sich Poren und Kapillargefäße; Rötungen werden durch die Kühlwirkung beruhigt.

Unterschiede zwischen Packungen und Masken

Packung	Maske
– wird in dicker Schicht aufgetragen – bleibt über die Einwirkzeit weich – kühlt, lässt Feuchtigkeit verdunsten	– wird in dünner Schicht aufgetragen – wird über die Einwirkzeit „hart“, trocknet an – regt das Schwitzen an, Feuchtigkeitsstau unter der Maske, dadurch Quellung der Hornschicht
– Kapillaren verengen sich, Wärme wird abgegeben – Wirkt rötungsmindernd – Wirkt reizlindernd, beruhigend	– Kapillaren erweitern sich, Wärmestau – Wirkt teintbelebend – Wirkt anregend

Packungen und Masken nach Hauttyp

Trockene Haut	Ölig-fettige Haut
– Weich bleibende, nicht antrocknende Packungen, die dem Fett- und Feuchtigkeitsmangel entgegenwirken – Sollen verlorene Feuchtigkeit ersetzen und bewahren – Sollen nachlassende Hautfunktionen unterstützen und verbessern (Durchblutung fördern, beleben) 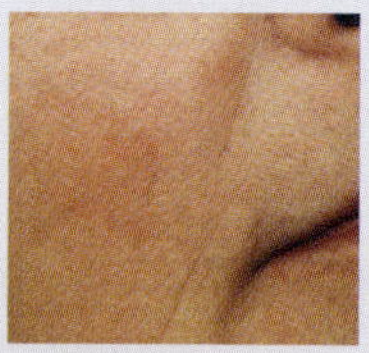	– Antrocknende Masken; binden Hautfett und Schuppen 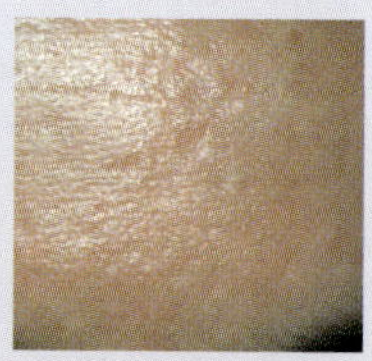
Trocken-fettige Haut	**Normale Haut**
– Breipackungen, die Schuppen lösen und intensiv durchfeuchten. Entsprechende O/W-Cremepackungen glätten, kühlen und beruhigen. 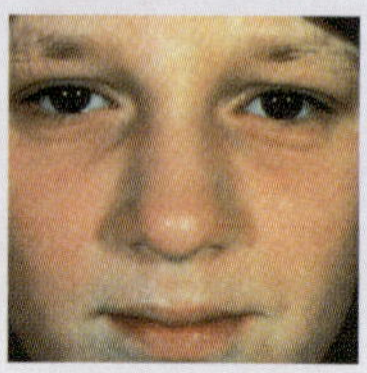	– Präparate in Creme- (fettend, durchfeuchtend), Gelform (durchfeuchtend) oder Masken (Belebung, Durchfeuchtung) 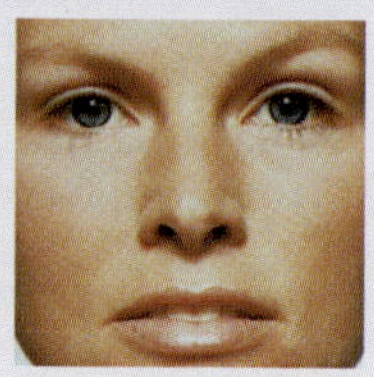

Behandlungsabschluss

Die kosmetische Behandlung sollte nicht ohne das Auftragen eines Gesichtswassers, eines Hautpflegepräparats und dekorativer Kosmetik beendet werden. Das Gesichtswasser stellt den sauren pH-Bereich der Hautoberfläche wieder her. Es kann mit einem feuchten Wattepad oder apparativ als feiner Nebel auf die Haut gebracht werden. Als Schutz für die Haut wird anschließend eine Tages- oder Nachtcreme verwendet.

Pyrrolidoncarbonsäure kommt in der menschlichen Haut vor und hat die Aufgabe, sie vor dem Austrocknen zu schützen. Sie ist somit ein natürlicher Feuchthaltefaktor (INCI: sodium PCA).

Tages- und Nachtpflege nach Hauttyp mit ausgewählten Inhaltsstoffen

Trockene Haut

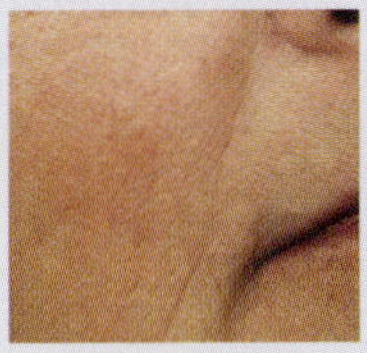

- Feuchtigkeitscreme
- Tagescreme
- Wetter- und Lichtschutzcreme

Feuchtigkeitszufuhr durch folgende Inhaltsstoffe: Harnstoff, Aminosäuren, Pyrrolidoncarbonsäure, Salze, Zuckerverbindungen, Pflanzenextrakte (Aloe vera, Kamille, Algenextrakte u. a.), Kollagen, Elastin, Hyaluronsäure

Ölig-fettige Haut

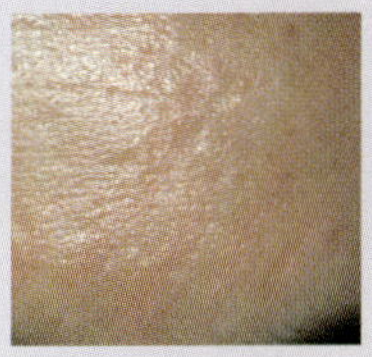

- Leichte O/W-Emulsionen (mit adstringierenden Kräuterauszügen) als
- Tagescreme
- Feuchtigkeitscreme
- Getönte Tagescreme

Inhaltsstoffe zur Regulation der Talgdrüsen (Azulen, Schwefel, Schafgarbe, Kamille u. a.), zum Adstringieren (Eichenrinde, Melisse u. a.), zur Feuchtigkeitszufuhr und zum Hornlösen (Apfelsäure, Weinsäure, Essigsäure u. a.)

Trocken-fettige Haut

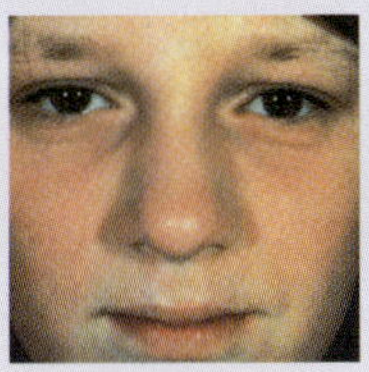

- Reichhaltige Feuchtigkeitscremes (evtl. getönt)
- Wetter- und Lichtschutzcremes

Inhaltsstoffe zur Reizlinderung (Ringelblume, Alge, grüner Tee, Kamille, Mimose u. a.), zur Regulierung der Talgdrüsen (Gerbstoffe aus Salbei, Hamamelis, Weidenrinde u. a.)

Normale Haut

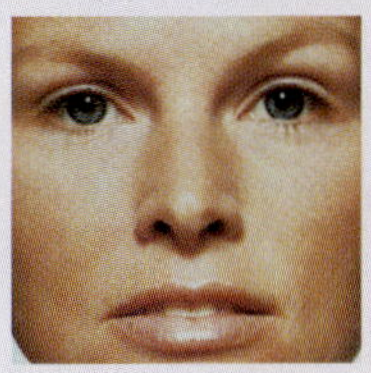

- 24-Stunden-Cremes
- Fluids
- Leichte Nachtcremes

Inhaltsstoffe: ätherische Öle, Kräuterauszüge, Fruchtsäuren, Feuchtigkeitsspender, Pflanzenöle mit Vitamin A und E u. a.

Präparate zur Tages- und Nachtpflege, die anschließend aufgetragen werden, werden speziell für den Kunden ausgewählt. Wichtig ist, dass die Friseurin hierbei Tipps für die Heimpflege gibt und entsprechende Produkte zum Kauf anbietet. Jedes Gefühl von Kaufzwang würde allerdings das Wohlfühlergebnis zunichte machen.

Hyaluronsäure ist eine körpereigene Substanz, die dem Bindegewebe der Haut Festigkeit verleiht und in der Lage ist, Gewebeflüssigkeit anzuziehen und zu binden.

1. *Erstellen Sie einen Behandlungsplan für eine Kundin*
   - *mit ölig-fettiger Haut,*
   - *mit trockener Haut.*
2. *Welche Produkte empfehlen Sie für die Heimpflege?*
   Recherchieren Sie im Internet nach den Wirkungen der folgenden Pflanzenauszüge:
   - *Allantoin*
   - *Aloe vera*
   - *Gurkensaft*
   - *Hamamelis*
   - *Kamille*
   - *Melisse*

1.3 Hautveränderungen erkennen und berücksichtigen

1.3.1 Hautveränderungen einordnen

1.3.2 Entzündliche Hautveränderungen
- Komedonen und Akne
- Ekzeme

1.3.3 Verhornungsstörungen
- Millien (Grieskörner)
- Schwielen

1.3.4 Veränderung der Blutgefäße
- Rosacea (Kupferfinne)
- Teleangiektasien (Äderchenzeichnung)
- Naevus flammeus (Feuermal)
- Hämangiom (Blutschwamm)

1.3.5 Pigmentstörungen
- Vitiligo (Weißfleckenkrankheit)
- Sommersprossen (Epheliden)
- Schwangerschafts-, Alters- und Leberflecken
- Muttermal (Nävus)
- Schwarzer Krebs (malignes Melanom)

Karla beobachtet Max bei der Erstellung eines Herrenhaarschnitts. Sie bemerkt, dass Max plötzlich innehält und einer Stelle der Kopfhaut seines Kunden besondere Beachtung schenkt. Er scheitelt das Haar so, dass nun auch Karla die Hautveränderung sehen kann: Es handelt sich um einen dunklen Fleck, der über dem Hautniveau liegt. Karla sieht außerdem, dass der Rand des Flecks wie ausgefranst aussieht. Max streicht vorsichtig darüber und fragt: „Haben Sie diese Hautveränderung schon länger?" Karla fragt sich, was dies alles zu bedeuten hat, und möchte später von Max mehr über Hautveränderungen wissen.

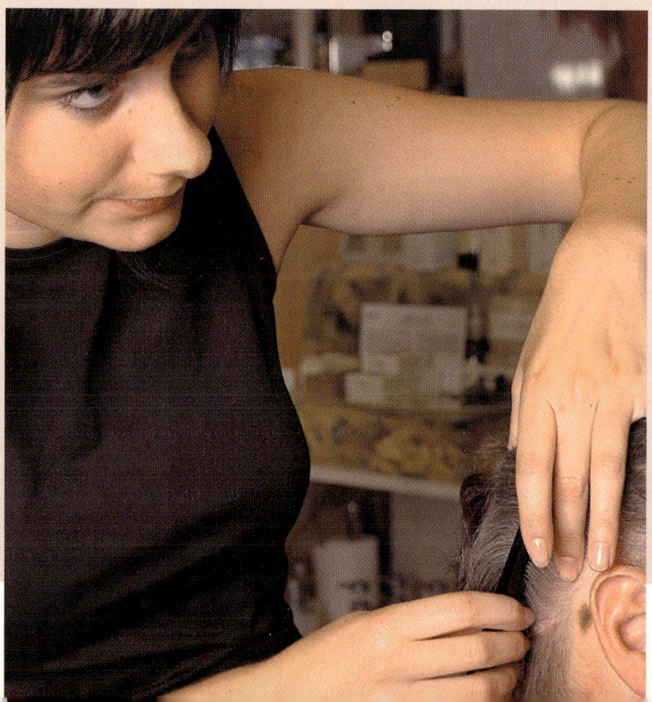

1.3 Hautveränderungen erkennen und berücksichtigen

1.3.1 Hautveränderungen einordnen

Die wichtigste Aufgabe der Kosmetik ist die Pflege und Gesunderhaltung der Haut. Treten Hautveränderungen bei einer Kundin auf, ist die Friseurin Zuhörerin und Ratgeberin. Wichtig sind für sie Einfühlungsvermögen, aber auch ein fundiertes Hintergrundwissen: Sie sollte die wichtigsten Hautveränderungen erkennen und einordnen können. Die Behandlung darf nur ein Arzt übernehmen, insbesondere der entzündlichen Hauterkrankungen. Mithilfe von kosmetischen Produkten und Anwendungen kann aber die Friseurin die ärztliche Behandlung unterstützen.

Bereits beim Betrachten der Haut stellt die Friseurin eine Vielzahl von Hautveränderungen fest: So gibt es bestimmte farbliche Veränderungen, Erscheinungen, die über das Hautniveau hinausgehen, scharf begrenzte Veränderungen und eher unscharfe.

Auch bezüglich der Ursache der Hauterkrankungen gibt es eine breite Vielfalt: So gehen einige Hauterkrankungen auf Verhornungsstörungen der Haut zurück, bei anderen handelt es sich um Störungen der Pigmentproduktion. Auch Veränderungen der Gefäße können zu einer Vielzahl von Hautveränderungen führen. Vor allem bei entzündlichen Hauterkrankungen ist es wichtig, die Hauterscheinungen richtig einordnen zu können.

Beispiele für Hautveränderungen und deren Einordnung

Beschreibung der Hautveränderung	Bezeichnung	Einordnung (mögliche „Diagnose“)
Farbliche Veränderung	Fleck (Makel,Macula) 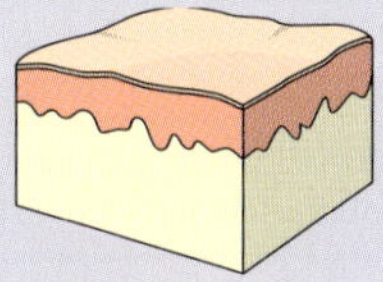	Brauner Fleck: z. B. Leberfleck, Altersfleck Roter Fleck: z. B. Feuermal, Äderchenzeichnung Weißer Fleck: z. B. Weißfleckenkrankheit
Kleine, stecknadelkopf- bis erbsengroße Erhebung, die sichtbar und tastbar ist	Knötchen (Papel) 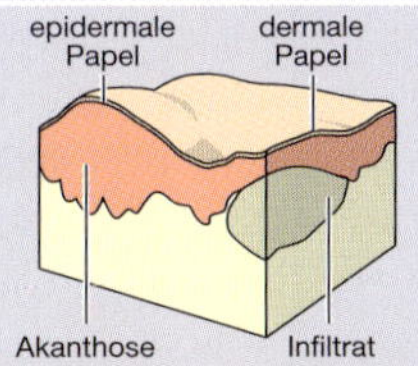	z. B. Aknepapel, Mitesser, Grieskörnchen
Kleiner, mit Flüssigkeit gefüllter Hohlraum	Bläschen (Vesicula) 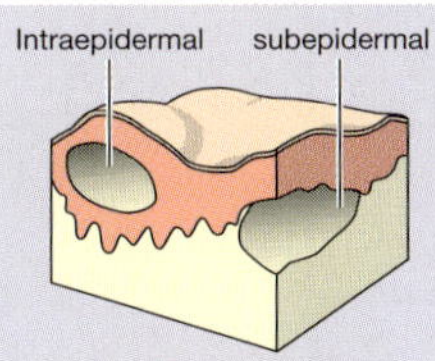	z. B. Ekzem
Mit Eiter gefülltes Bläschen	Pustel (Pustula) 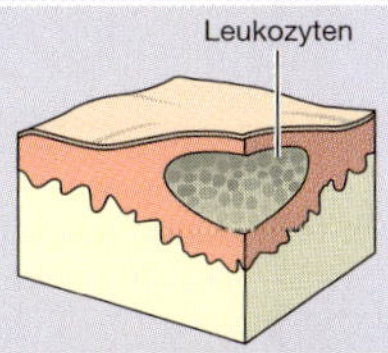	z. B. Aknepustel, Ekzem
Größere Erhebung der Haut von unterschiedlicher Farbe und Form	Knoten (Tumor) 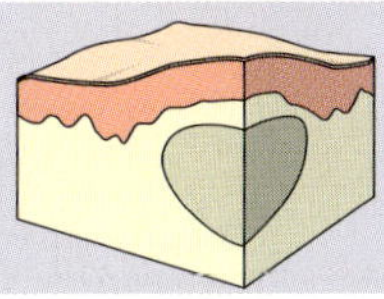	Gutartig: z. B. Muttermal, Blutschwamm Bösartig: z. B. schwarzer Krebs

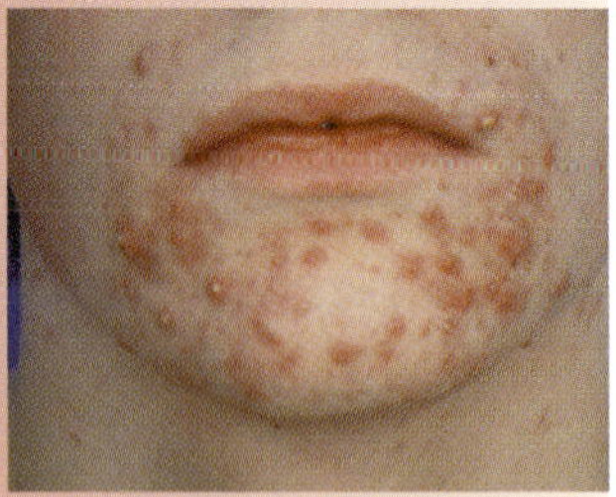

Einzelfaktoren der Akne
- Erhöhter Androgenspiegel im Blut
- Bakterien
- Seborrhöischer Hauttyp, daher erhöhte Talgmenge
- Stoffwechselstörungen
- Veranlagung

1.3.2 Entzündliche Hautveränderungen

Komedonen und Akne

Krankheitsverlauf

Die Akne verläuft in Stadien:

- **Geschlossene und offene Komedonen** (Mitesser) entstehen, wenn im Follikel vermehrt Hornzellmasse gebildet wird. Ein offener bzw. schwarzer Komedo liegt vor, wenn sich die Follikelöffnung erweitert und der in der Hornzellmasse enthaltene Hautfarbstoff sichtbar wird. Erweitert sich die Follikelöffnung nicht, spricht man von geschlossenen oder weißen Komedonen. Es liegt zu diesem Zeitpunkt noch keine Entzündung vor. Eine Friseurin darf diese Hautveränderung behandeln, indem sie die Ausgänge der Talgdrüsen mit einer Lanzette oder einem Milienmesser öffnet und die Komedonen entfernt.
- Werden die Komedonen nicht entfernt, kommt es zu einem Stau der Hornzellmasse, bis schließlich der Follikeltrichter platzt.
- Talg, der bei dieser Erkrankung ebenfalls verstärkt produziert wird, dringt in das umliegende Gewebe ein und verursacht dort Entzündungen. Es entstehen entzündliche, eitergefüllte Bläschen **(Pusteln)**, eingekapselte Eiteransammlungen werden als **Abszesse** bezeichnet. Bei schmerzhaften, festen, hochroten, entzündeten Knoten spricht man von **Papeln**.

Behandlungsmöglichkeiten

- Antibakterielle, desinfizierende und adstringierende Präparate zur Hautpflege.
- Keratolytische Wirkstoffe, wie z. B. Schwefel oder Salicylsäure, begrenzen die Folgen der Überverhornung.
- Medikamente und Bestrahlungen gegen Entzündungen, Verhornungsstörungen und zur Talgverflüssigung. Gegebenenfalls verschreibt der Arzt Medikamente zur Regulierung des Hormonspiegels.

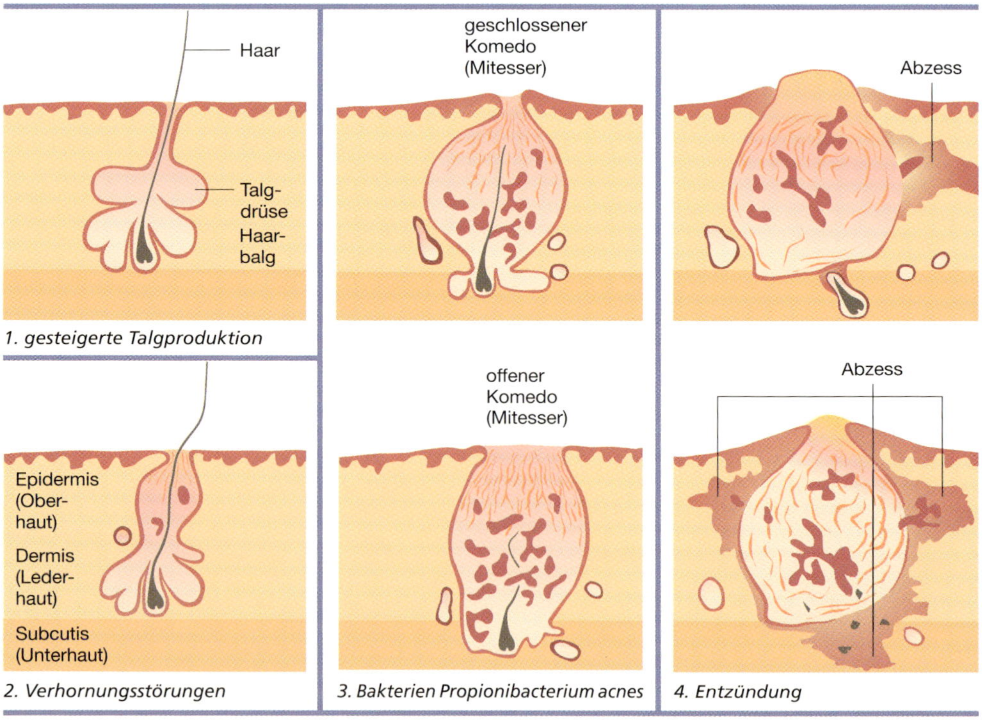

1. gesteigerte Talgproduktion

2. Verhornungsstörungen

3. Bakterien Propionibacterium acnes

4. Entzündung

Ekzeme

- **Ekzeme** sind flächendeckende Entzündungen der Ober- und Lederhaut. Sie treten je nach Ursache zumeist in Schüben auf und sind im **akuten** (unvermittelt auftretenden, schnell und heftig verlaufenden) Stadium mit Juckreiz, Rötung, Schwellung, Nässen und Bläschenbildung verbunden. Bei **chronischen** (langsam entwickelnden, anhaltenden) Ekzemen sieht man vor allem Schuppen- und Krustenbildung sowie Einrisse der Haut.
- Ekzeme werden je nach ihrer Ursache in die Gruppen exogene (durch äußere Einflüsse bedingt) und endogene (durch innere Einflüsse bedingt) eingeteilt.
- Zu den exogenen Ekzemen zählen toxische Ekzeme, die durch für den Körper giftige oder zumindest die Haut reizende Substanzen ausgelöst werden (z. B. durch Chemikalien wie Laugen, Säuren und Lösungsmittel). Aber auch Wasser allein kann, bei ständigem Hautkontakt, schädigend auf die Haut wirken. Ekzeme können aber auch als Folge einer Allergie entstehen: Allergische Kontaktekzeme gehören zu den so genannten Spättypreaktionen, da frühestens nach ungefähr 24 Stunden nach Kontakt mit dem Allergen Entzündungszeichen an der Haut zu sehen sind. Die verantwortlichen Allergene sind daher schwer zu ermitteln. Ein Allergietest beim Hautarzt sorgt hier für Klärung. Fast alle Stoffe können zu Allergien führen, es müssen nur bestimmte Grundvoraussetzungen im Hinblick auf Größe, Gewicht und Struktur des Stoffes erfüllt werden. Als Beispiele können Nickel, Konservierungsstoffe, Farbstoffe, Duftstoffe und Emulgatoren genannt werden.
- Um ein endogenes Ekzem handelt es sich bei der **Neurodermitis**, einer anlagebedingten Überempfindlichkeit von Haut- und Schleimhäuten gegenüber Umweltstoffen. Neurodermitiker haben ein erhöhtes Allergierisiko.

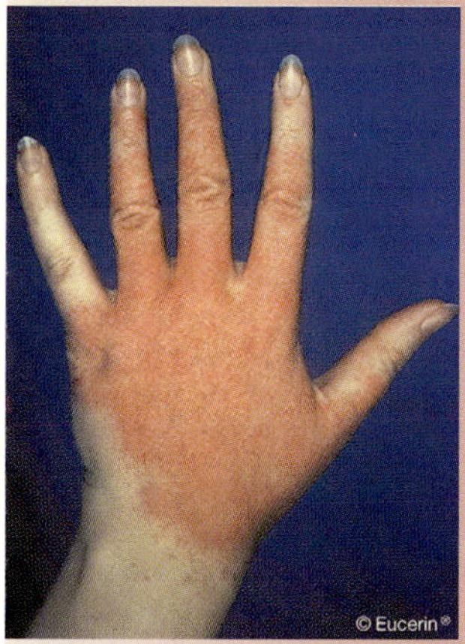

akutes Kontaktekzem

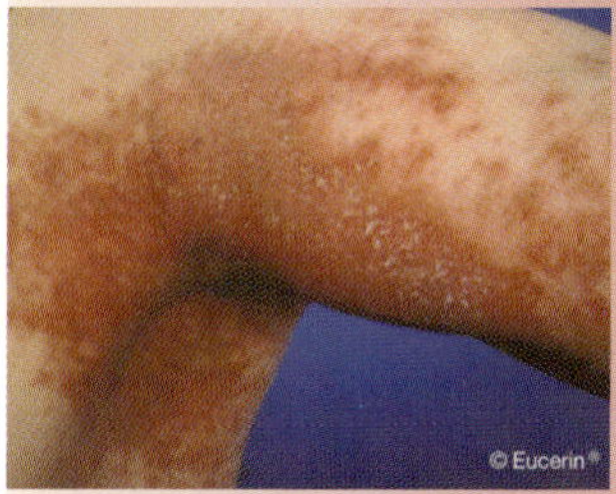

akutes Kontaktekzem

1.3.3 Verhornungsstörungen

Milien (Grieskörner)

- Milien sind mit Talg durchsetzte, zwiebelartig geschichtete Hornkügelchen, die keine Öffnung haben und unterschiedlich tief in der Haut liegen. Man erkennt sie als stecknadelkopfgroße, weißliche Erhebungen, die sich vor allem in der Umgebung der Augen ansiedeln.
- Milien treten spontan auf oder in Narben nach blasenbildenden Krankheiten. Zum Teil sind sie anlagebedingt.
- Milien werden in der kosmetischen Behandlung mit dem Milienmesser vorsichtig angeritzt und herausgehoben.

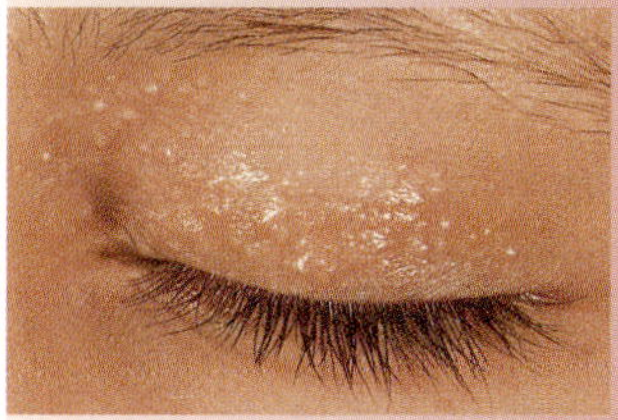
Milien

Schwielen

- Eine Schwiele entsteht als Reaktion der Haut auf ständige Belastung durch Druck oder Reibung. Die Hornschicht verdickt sich und bildet so ein Schutzpolster („Hornschwiele“).
- Schwielen entstehen vor allem an Fußsohlen und Handtellern.

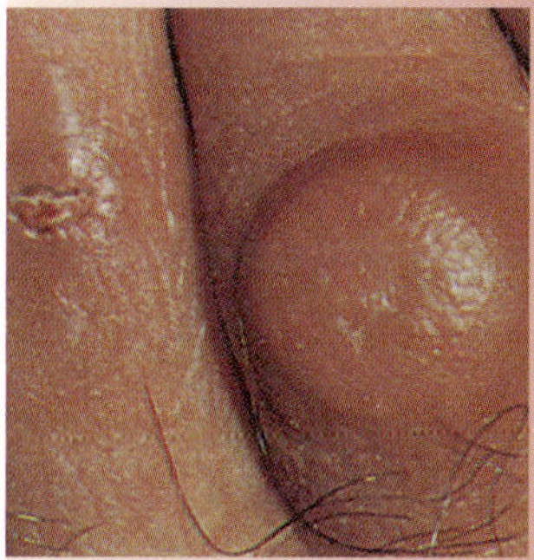
Schwielen

Einzelfaktoren der Rosacea:
- Veranlagung
- Innere Erkrankungen (z.B. Bluthochdruck)
- Temperaturschwankungen
- Starke Sonneneinwirkung
- Genuss von Alkohol und scharfen Gewürze

1.3.4 Veränderungen der Blutgefäße

Veränderungen der Blutgefäße belasten die Betroffenen vor allem in psychologischer Hinsicht, da es sich häufig um auffällige Veränderungen der Gesichtshaut handelt. Hier können vor allem im Bereich der dekorativen Kosmetik, durch den gezielten Einsatz gut deckender Make-ups oder Camouflage, gute Ergebnisse erzielt werden. Der Besuch des Dermatologen oder Chirurgen ist empfehlenswert: Mit moderner Lasertechnik lassen sich kleinere Flecken entfernen.

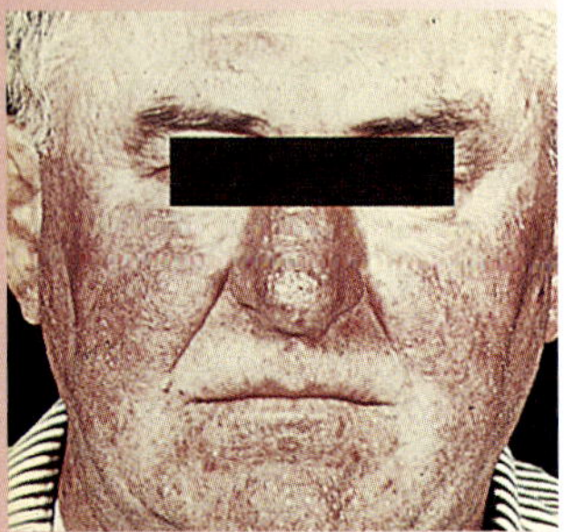

Rosacea

Rosacea (Kupferfinne)

- Bei der Rosacea handelt es sich um eine entzündliche Veränderung der Gesichtshaut, die in der Regel erst in der zweiten Lebenshälfte auftritt. Typisch sind Hautveränderungen in der Gesichtsmitte, die Bereiche um den Mund und um die Augen sind ausgespart. Es zeigen sich Rötungen, **Teleangiektasien** (Äderchenzeichnung), Papeln und Pusteln. Die Papeln und Pusteln sind aber nicht wie bei der Akne an die Follikel gebunden.
- Eine Rosacea durchläuft mehrere Stadien: Stadium 1: Es treten Rötungen auf, die nach einiger Zeit immer länger bestehen bleiben. Außerdem finden sich häufig Teleangiektasien. Stadium 2: Es entwickeln sich über längere Zeit (Monate bis Jahre) gerötete Verdichtungen von Papeln, später auch Pusteln. Komedonen treten bei der Rosacea nie auf. Im schlimmsten Fall, und davon sind meistens Männer betroffen, entwickelt sich eine starke Vergrößerung der Talgdrüsen, die mit unförmigen Bindegewebsveränderungen und Gefäßerweiterungen einhergehen kann: eine Knollennase (Rhinophym).
- Vom Arzt wird eine Rosacea häufig mit Antibiotika behandelt. Wichtig ist eine milde Reinigung, bei der auf alkoholische Lösungen verzichtet werden sollte, um weitere Hautreizungen zu vermeiden. Auf keinen Fall sollte die Friseurin bzw. Kosmetikerin an Papeln und Pusteln manipulieren (drücken, eröffnen), dies kann zu einer Verschlechterung der Erkrankung führen.

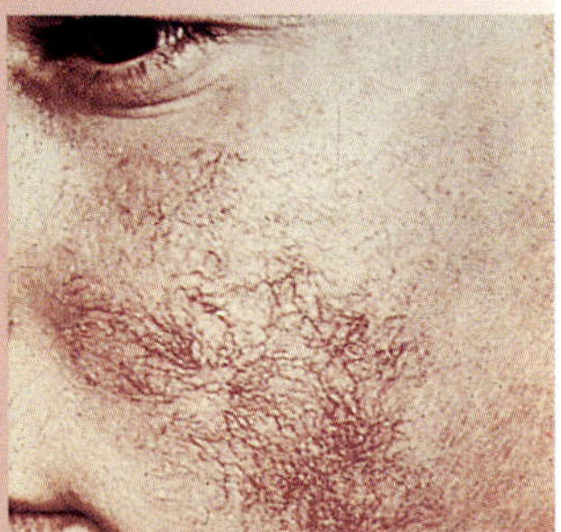

Teleangiektasien

Teleangiektasien (Äderchenzeichnung)

- Sind die feinsten Blutgefäße der Haut erweitert, bezeichnet man dies als Teleangiektasien. Sie schimmern rötlich bis bläulich durch die Haut und treten häufig im Gesicht der Altershaut auf.
- Die Neigung zur Gefäßschwäche ist vererbt. Aber auch Witterungseinflüsse fördern die Entstehung.

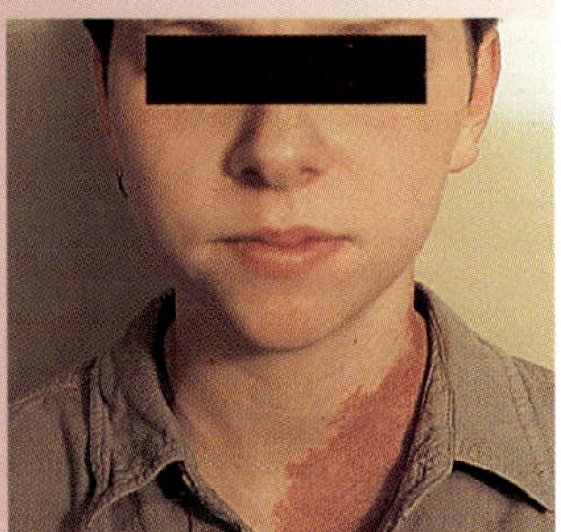

Feuermal

Naevus flammeus (Feuermal)

- Im Gesicht bilden sich unterschiedlich große, rot oder blaurot gefärbte Flecken, die eben in der Haut liegen.
- Feuermale sind in der Regel angeborene Gefäßerweiterungen. Sie bilden sich in der Regel nicht zurück.

Hämangiom (Blutschwamm)

- Beim Blutschwamm sind die tiefer in der Haut liegenden Blutgefäße vergrößert, sodass sich die Haut wölbt. Es zeigt sich eine rötlich-violette Färbung. Blutschwämme entwickeln sich zumeist bis zum 14. Lebensmonat und bilden sich dann bis etwa zum fünften Lebensjahr zurück.

1.3.5 Pigmentstörungen

Vitiligo (Weißfleckenkrankheit)

- Bei Vitiligo liegt ein Mangel an Pigment vor, was zu weißen Flecken vor allem im Gesicht, am Hals und an den Händen führt. Auch das Haar kann betroffen sein.
- Oftmals vergrößern sich die Flecken im Laufe der Zeit. Sie können im Extremfall den ganzen Körper überziehen.
- Die hellen Stellen reagieren besonders empfindlich auf UV-Strahlung. Diese kann zur weiteren Ausbreitung der Erkrankung führen.
- Bei der Vitiligo handelt es sich vermutlich um eine vererbte Störung der Melaninproduktion. Sie tritt besonders häufig ab dem Jugend- bzw. frühen Erwachsenenalter auf.
- Da die Vitiligo psychisch sehr belastend werden kann, empfiehlt sich ein gut deckendes Make-up.

Sommersprossen (Epheliden)

- Bei Sommersprossen handelt es sich um Pigmentanhäufungen in den Basalzellen. Sie treten nach UV-Strahlung hervor und ordnen sich im Gesicht und an den Armen symmetrisch an.
- Die Neigung, Sommersprossen zu entwickeln, ist anlagebedingt. Sie kommen besonders zahlreich bei rothaarigen Personen mit heller Haut vor.

Schwangerschafts-, Alters- und Leberflecken

- Schwangerschaftsflecken gehören zu den hormonell verursachten Pigmentanhäufungen. Sie zeigen sich als kleine bräunliche Flecken.
- Diese Pigmentanhäufungen treten neben der Schwangerschaft auch bei Einnahme der Anti-Baby-Pille auf. Auch hormonelle Umstellungen im höheren Lebensalter führen zu so genannten **„Altersflecken"**.
- Bei den Leberflecken (Linsenflecken) ist die Anzahl der Melanozyten erhöht. In Form von linsengroßen, rundlich-ovalen Flecken lagert sich Melanin in der Basalzellenschicht ein. Besonders lichtausgesetzte Körperregionen sind betroffen.

Muttermal (Nävus)

- Muttermale entstehen durch Vermehrung der Melanozyten und sind gutartige Tumore der Haut.
- Typischerweise sind Muttermale halbkugelig und von bräunlicher Farbe. Sie ragen über das Hautniveau hinaus.
- Muttermale können abgedeckt oder vom Arzt entfernt werden.
- Die Gefahr einer bösartigen Veränderung besteht, falls sich Form oder Farbe an den Malen verändern. Die Friseurin sollte ihre Kunden darüber informieren.

Schwarzer Krebs (malignes Melanom)

- Das maligne Melanom gleicht im Anfangsstadium gutartigen Leberflecken und Muttermalen. Gewisse Anzeichen geben einen Hinweis auf die Entartung.
- Es wächst zuerst langsam und flächenhaft, danach in die Tiefe. Der Fleck wird deutlich dunkler und sein Rand ist ungleichmäßig.
- Weltweit steigt die Erkrankungshäufigkeit an Melanomen, besonders stark in den Regionen mit intensiver Sonneneinstrahlung.

1. *Warum sollte einer Kundin ein Arztbesuch angeraten werden, wenn ein „Leberfleck" zu wachsen beginnt?*
2. *Erklären Sie einer jungen Kundin mit Hautunreinheiten behutsam, wie Aknepusteln entstehen und was man dagegen tun kann.*
3. *Wie könnte man einer Kundin mit Vitiligo zu einem gut deckenden Make-up raten?*

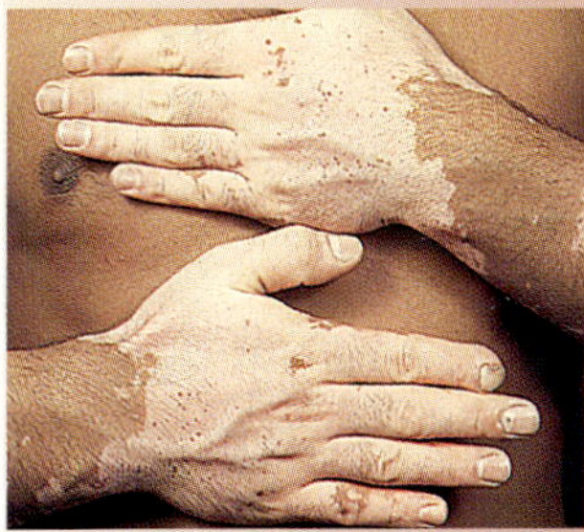

Vitiligo-Herde an den Händen

Sommersprossen

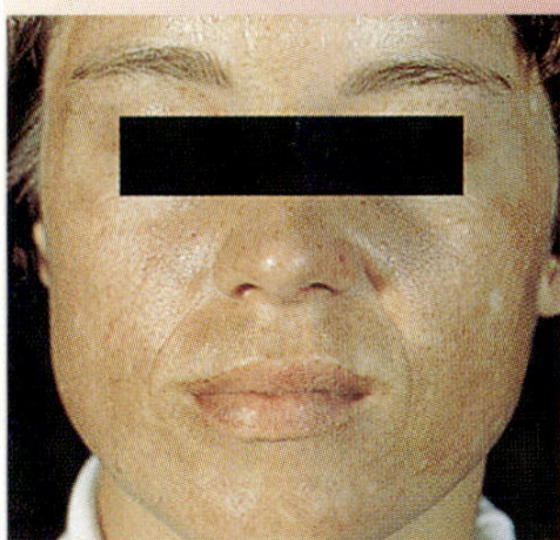

Schwangeschaftsflecken

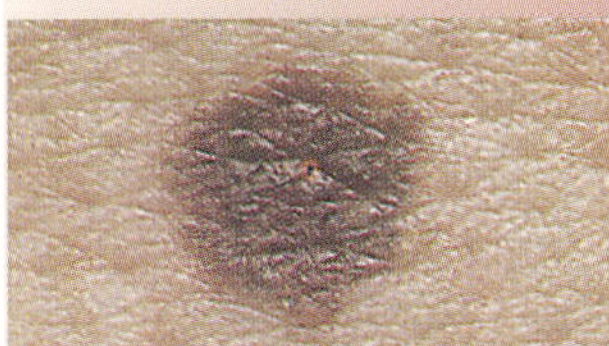

Leberfleck

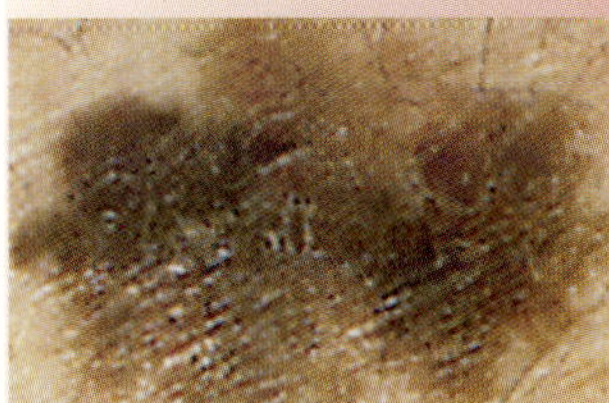

Malignes Melanom

2 Dekorative Kosmetik

2.1 Grundlagen zum Make-up

- Die Motive
- Kunden beraten und Individualität erfassen
- Die Werkzeuge – Schminkutensilien richtig nutzen
- Produktübersicht zur Gestaltung eines Make-up

2.2 Das perfekte Basis-Make-up

- Ablauf eines Basis-Make-up
- Gesichtsbereiche beeinflussen

2.3 Make-up-Variationen gestalten

- Make-up in Harmonie zu Trägerin und Anlass
- Make-up für besondere Zielgruppen
- Make-up für besondere Anlässe

Karla unterhält sich mit ihrer alten Schulfreundin Meike, die eine kaufmännische Ausbildung macht. Meike ist überrascht, dass die Kosmetik in Karlas Ausbildung einen so breiten Raum einnimmt: „Ehrlich gesagt, ich frage mich, was ihr da alles lernen sollt. – Wir zwei schminken uns doch schon seit vielen Jahren, und das ging doch auch ohne viel Theorie ganz gut, oder?"

2.1 Grundlagen zum Make-up

2.1.1 Die Motive

Die Kommunikation mit unseren Mitmenschen läuft weitgehend über das Gesicht ab. Wir blicken Menschen in die Augen und entscheiden, ob wir ihnen vertrauen wollen. Wir schauen auf ihren Mund, wenn sie mit uns sprechen. Wir schauen in ihr Gesicht und schätzen ihr Alter ein, bewerten ihre Attraktivität.

Indem wir unser Gesicht gestalten, können wir unsere Attraktivität erhöhen oder für einen bestimmten Anlass sogar in eine ganz neue Rolle schlüpfen. Dabei bedeutet Schönsein nicht, einem Idealbild zu entsprechen, sondern die eigene Individualität zu unterstreichen. Dekorative Kosmetik wird häufig mit dem Begriff Make-up gleichgesetzt. Er stammt aus dem Englischen und bedeutet „Zurechtmachen".

Was aber bedeutet Zurechtmachen?

- Vorzüge eines Gesichtes hervorheben
- Mängel eines Gesichtes zurücktreten lassen oder kaschieren
- Persönlichen Stil unterstreichen
- Modeeinflüsse/-tendenzen einfließen lassen

Auch der Bereich der dekorativen Kosmetik hat für das Friseurhandwerk zwei unterschiedliche Ausprägungen: Zum einen geht es um einen wichtigen Dienstleistungsbereich, zum anderen um beratungsintensive Verkaufsartikel.

Beratungsgespräch:
„Beschreiben Sie mir bitte Ihre Garderobe und Ihre Frisur, die Sie an dem Abend tragen werden, damit ich das Make-up auf den Stil und die Farbgebung anpassen kann."

2.1.2 Kunden beraten und Individualität erfassen

Das Gespräch mit der Kundin

Ein Make-up durch eine fremde Person stellt einen massiven Eingriff in die Persönlichkeit dar. Das betrifft die Arbeit in besonderer körperlicher Nähe ebenso wie die Tatsache, dass die ganz persönlichen Ausdrucksmöglichkeiten – das Äußere, mit dem ein Mensch seiner Umwelt entgegentritt – verändert werden. Die Arbeit der Kosmetikerin findet daher immer im Spannungsfeld zwischen allgemeinen gestalterischen Gesichtspunkten, dem persönlichen Geschmacksempfinden der Kundin und dem der Kosmetikerin statt.

Vor der handwerklichen Gestaltung eines Make-ups steht deshalb das Beratungsgespräch mit der Kundin. Dies ist der erste Schritt, der zu einem individuellen Ergebnis beiträgt. Nicht nur jede Kundin hat ein anderes Gesicht, auch ein Make-up kann verschiedene „Gesichter" haben. Dabei gilt es zu berücksichtigen, dass ein und dieselbe Schminktechnik unterschiedliche Wirkungen erzielen kann, da der individuelle Kundentyp immer den Charakter des Make-ups mitbestimmt.

Um den **Kundenwunsch** zu ermitteln, muss man sich gedanklich in die Kundin hineinversetzen. Durch sensible und gezielte Fragetechnik sind die Fakten zu ermitteln, die zur Planung des Make-ups benötigt werden, hierzu zählen Anlass, Farbe und Stil der Kleidung sowie der Frisurenstil. Wichtig ist es bei diesem Beratungsgespräch auch, die **Schminkgewohnheiten** der Kunden zu erfragen, denn das Auge einer Kundin gewöhnt sich an die Farbintensität.

Merke

Viele Faktoren beeinflussen die Make-up-Gestaltung:

- Kundentyp/-stil (Alter, Beruf, Erscheinungsbild)
- Gesichtsform, Kopfform, Augen- und Lippenform
- Lichtverhältnisse
- Farbtyp der Kundin (Haut-, Haar- und Augenfarbe)
- Modische Aspekte
- Anlass

Diskutieren Sie die Aussage eines Schauspielers: „Erst wenn ich aus der Maske komme und mein Gesicht für die Rolle geschminkt ist, gelingt es mir ganz, meine Rolle anzunehmen." Suchen Sie Bezüge zu unserem täglichen Umgang mit dekorativer Kosmetika.

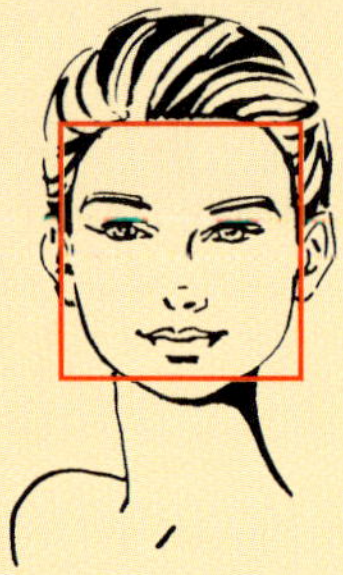

Zeichnen Sie zur Diagnose der Gesichtsform bei Ihrem Modell gedanklich eine ovale Linie und betrachten Sie die von dieser Idealform abweichenden Gesichtsform.

D. h., trägt eine Kundin täglich ein leichtes Make-up, so kann das Make-up für einen feierlichen Anlass kräftiger ausfallen unter anderem als bei einer Kundin, die sich selten oder nie schminkt.

Viele Faktoren beeinflussen die Make-up-Gestaltung

Einige wichtige Faktoren sind bereits durch das Beratungsgespräch ermittelt worden, nun gilt es, die **kundenspezifischen Gegebenheiten** zu erfassen. Dazu benötigt man einen geschärften Blick, denn es gilt, in kurzer Zeit viele Faktoren, wie Gesichtsform oder Form der Augenbrauen aufzunehmen und in die Planung mit einzubeziehen.
Um das Auge für diese Aufgabe zu schulen, gibt es einige gestalterische Hilfen, die wie eine Art Handwerkszeug bei der Bestandsaufnahme eingesetzt werden können.

Gesichtsformen erkennen

Um ein typgerechtes Make-up zu gestalten, sollte die Gesichtsform ermittelt werden. Dazu orientiert man sich am ovalen Gesicht als Idealform. Die geometrischen Grundformen sind Hilfsmittel, die der Kosmetikerin eine allgemeine Orientierung liefern können. Selten gibt es jedoch eine Kundin, die genau in die Kategorie **ovale, runde, quadratische, rechteckige (längliche), dreieckige** oder **trapezförmige** Gesichtsform passt, denn es herrschen Mischformen vor.

Um die Gesichtsform herauszufinden, sollten alle Haare aus dem Gesicht genommen werden. Achten Sie besonders auf die vom Ideal abweichenden Gegebenheiten. **Orientierungspunkte** hierbei können sein:

- Wangenknochen und Wangenrundung
- Form des Kieferknochens
- Stirnfläche

Für die Wahl des Make-ups ist aber nicht nur die Gesichtsform von Bedeutung, sondern auch andere Merkmale, wie Nasengröße und -form, Augengröße, -form und -lage sowie der Mundbereich. Dabei kommt es immer auf die Fragen an, was bei dieser Kundin besonders hervorgehoben werden sollte, welche positiven Merkmale die Kundin mitbringt oder was kaschiert werden soll.

Gesichtsformen

1. Messen Sie bei einem Modell den Abstand von der Nasenwurzel bis zur Nasenspitze und vergleichen Sie diesen mit der Höhe der Stirnfläche und der Kinnpartie. Im Idealfall sind alle drei Bereiche gleich groß.

2. Betrachten Sie die Fotos, indem Sie besonders auf die Augen-, Nasen- und Lippenbereiche achten. Welche Unterschiede fallen Ihnen auf?

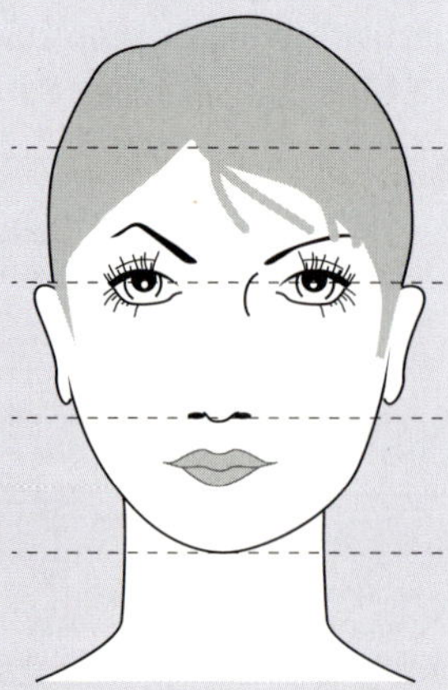

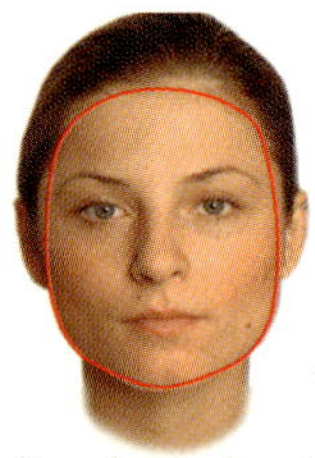

Quadratisches Gesicht

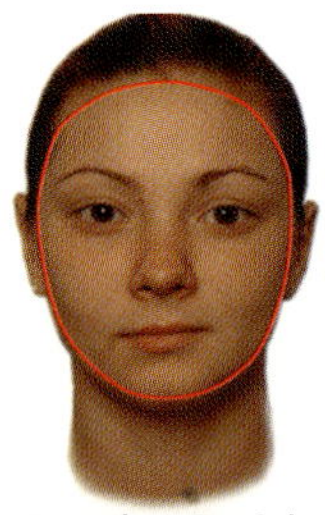

Rundes Gesicht

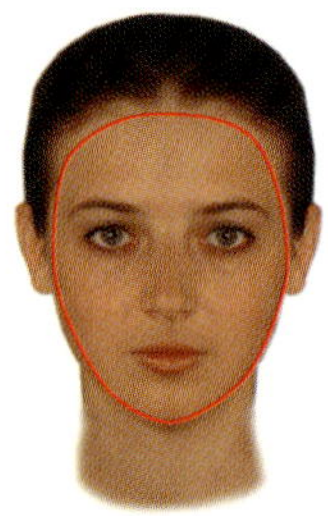

Ovales Gesicht

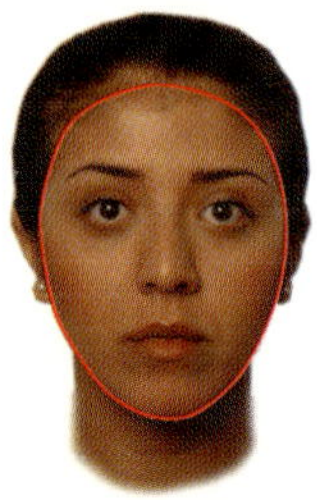

Dreieckiges Gesicht

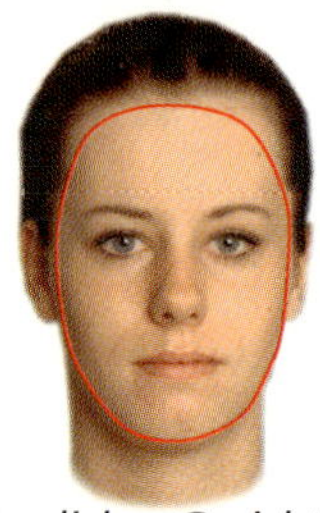

Längliches Gesicht

Augen- und Augenbrauenformen erkennen

Um ein typgerechtes Make-up zu gestalten, werden Augenform, -größe und -lage berücksichtigt. Augenbrauenformen – natürlich oder kosmetisch geformt – können den Charakter eines Gesichtes stark prägen und sollten bei der individuellen Planung ebenfalls mit einbezogen werden.

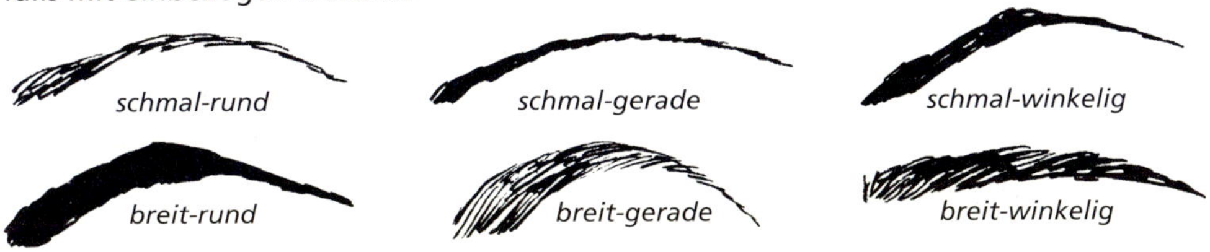

Augenbrauenformen

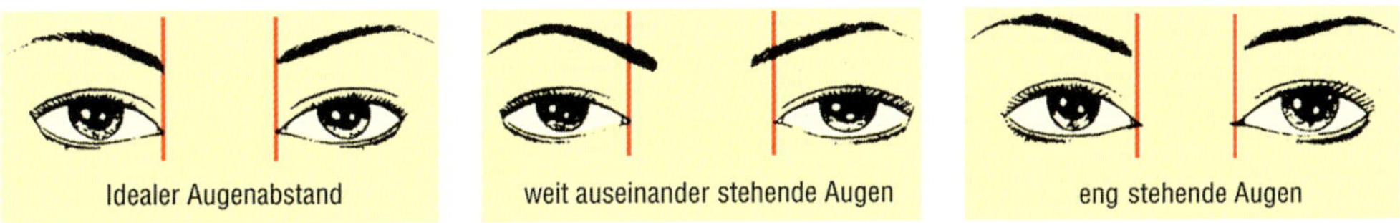

Lage der Augen

Tipp

Um die optimale Augenbrauenlänge zu ermitteln, dienen zwei Stifte als Hilfsmittel: Die Braue sollte mit dem inneren Augenwinkel beginnen und etwas über den äußeren Augenwinkel hinausgehen. Der höchste Punkt sollte schräg über der Pupille liegen.

Beispiele verschiedener Augenformen:

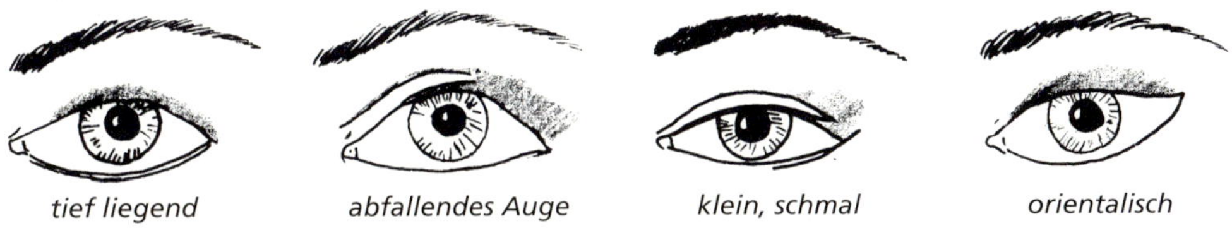

Mund- und Lippenformen erkennen

Häufig wird die Wirkung eines Make-ups ganz entscheidend durch die Wahl des Lippenstiftes geprägt, daher sollte zuvor unbedingt die Mund- und Lippenform betrachtet werden, denn nicht jede Form eignet sich, um besonders in Szene gesetzt zu werden.

Beispiele verschiedener Mund- und Lippenformen

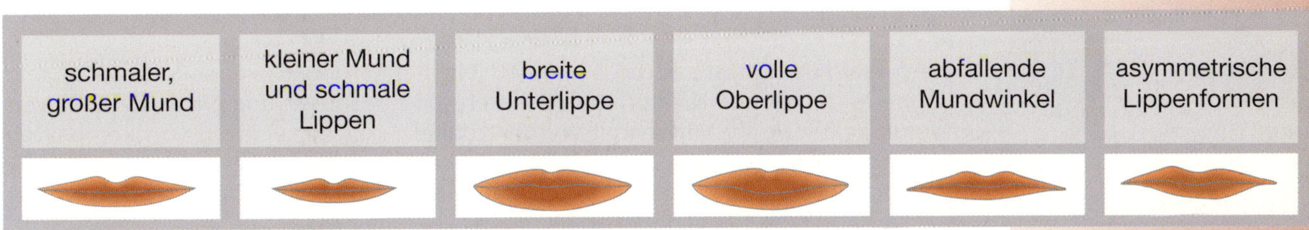

2.1.3 Die Werkzeuge – Schminkutensilien richtig nutzen

Für ein professionelles Make-up benötigen wir das richtige Werkzeug. Der Markt bietet eine große Vielfalt an Werkzeugen, die sich erheblich in Qualität, Beschaffenheit und Preis unterscheiden. Neben Make-up-Schwämmchen und einigen anderen Hilfsmitteln hat das Pinselsortiment einen großen Stellenwert. Die Qualität eines Pinsels hängt vor allem von den verwendeten Haaren ab. Es gibt Natur- und Kunsthaarpinsel.

Naturhaarpinsel (Pony, Ziege, Nerz, Kamel, Eichhörnchen und Marder) sind oft geschmeidiger als synthetische Härchen. Durch die vorhandene Schuppenschicht haften Puderpartikel besonders gut, daher sind Naturhaarpinsel für alle puderigen kosmetischen Produkte gut geeignet.

Kunsthaarpinsel bestehen aus synthetischen Borsten, die eher eine steife Beschaffenheit aufweisen. Sie eignen sich besonders gut für Lippen- und Abdeckpinsel, da hier das aufzutragende Produkt eine festere Konsistenz aufweist.

Tipp

Ein guter Pinsel soll:

- Produkt gut aufnehmen und auf der Haut abgeben
- formbeständig sein
- keine Haare verlieren
- lange halten
- gut in der Hand liegen
- nach der Reinigung nicht aus der Form geraten
- am Pinselverbindungsstück gut verklebt sein

Die Lebensdauer eines Pinsels hängt nicht zuletzt von einer gewissenhaften **Pflege** ab.

Hygiene. Pinsel sollten mit milden Reinigungsmitteln gewaschen und liegend getrocknet werden, dabei müssen die Härchen unbedingt in Form gebracht werden. Das aufrechte Trocknen sollte vermieden werden, da Wasser in den Holzstil sickern kann. Besonders Lippenpinsel müssen regelmäßig desinfiziert werden, dazu eignet sich z. B. 70 %-iger Alkohol. Make-up-Schwämmchen bestehen meistens aus Schaumstoff oder Latex und können daher in der Waschmaschine gewaschen werden oder ebenfalls mit einem milden Reinigungsmittel von Hand. Zum Trocknen sollten die Schwämmchen nicht auf die Heizung gelegt werden, da dort das Material schnell brüchig wird.

Kosmetikschwämmchen. Es gibt Natur-, Latex und Schaumstoffschwämmchen in unterschiedlichen Farben, Formen und Festigkeiten. Die dreieckigen Latexschwämmchen eignen sich besonders zum Schminken von schwer erreichbaren Winkeln.
Sie können abhängig vom Produkt nass und trocken eingesetzt werden. Je großporiger ein Schwämmchen ist, desto mehr Produkt saugt es auf.

Puderpinsel/Puderquaste. Groß, füllig und leicht abgerundet soll der Puderpinsel sein. Es eignen sich besonders Naturhaare von Pony, Eichhörnchen und Ziege. Es kann loser und kompakter Puder verwendet werden, dabei wirkt der Auftrag von kompaktem Puder mit einem Pinsel transparenter als mit der Quaste aufgetragen.
Mit einer Puderquaste kann loser Puder gut aufgetragen werden. Überschüsse werden mit dem Puderpinsel abgenommen.

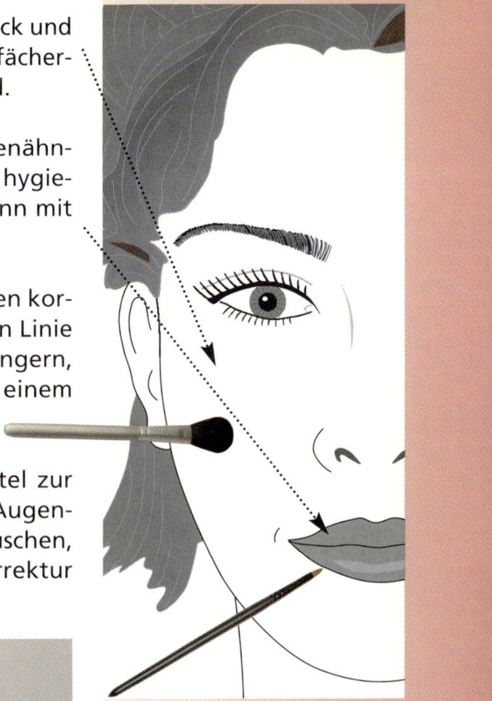

Rougepinsel. Er ist aus dem gleichen Material wie ein Puderpinsel, aber nicht so dick und hat eine stärker abgeflachte Form, damit die Härchen beim Auftragen des Rouge fächerförmig auseinander gehen und somit ein gleichmäßiges Verteilen ermöglicht wird.

Lippenpinsel. Der Lippenpinsel ist flach, hat festere Borsten und ist katzenzungenähnlich geformt, damit ein genaues Arbeiten an der Lippenkontur möglich ist. Aus hygienischen Gründen wird Lippenstiftfarbe mit einem Spatel aufgenommen und dann mit dem Lippenpinsel aufgetragen.

Erst durch die **Auswahl** des geeigneten Pinsels lassen sich einige Schminktechniken korrekt umsetzen. Denn erst der richtige Pinsel ermöglicht das Zeichnen einer feinen Linie oder das Abschattieren einer Fläche. Einige Visagisten arbeiten gerne mit den Fingern, auch das ist möglich, hierbei fällt der Farbauftrag jedoch intensiver aus als mit einem Pinsel.

Neben den Pinseln und Schwämmchen gibt es noch weitere sinnvolle Hilfsmittel zur Make-up-Gestaltung. Hierzu zählen spezielle Anspitzer für Lippenkontureur, Augenbraucen- und Kajalstifte, die **Wimpernzange** zum Formen der Wimpern vor dem Tuschen, die **Pinzette** zum Formen der Augenbraue, **Wattestäbchen** zur schnellen Korrektur zwischendurch.

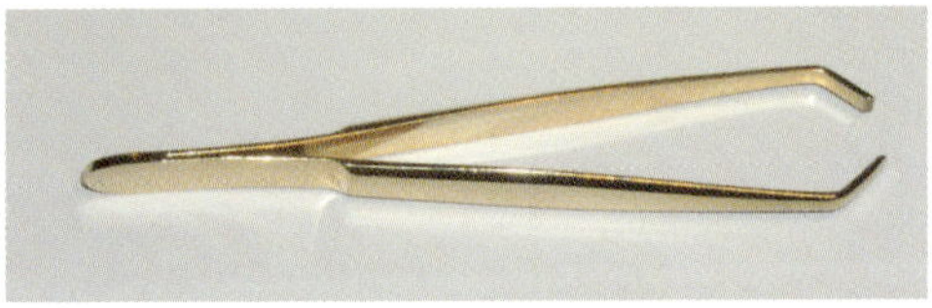

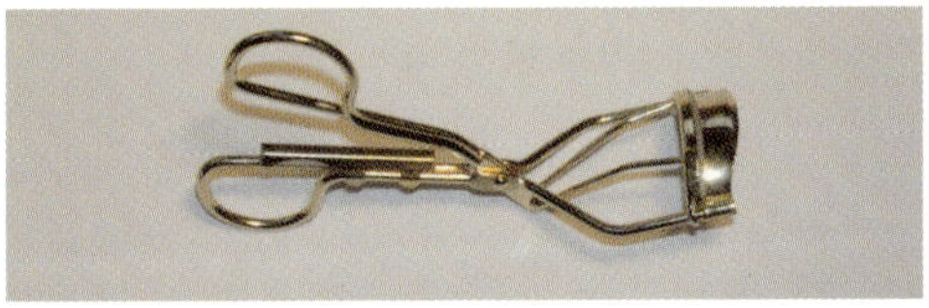

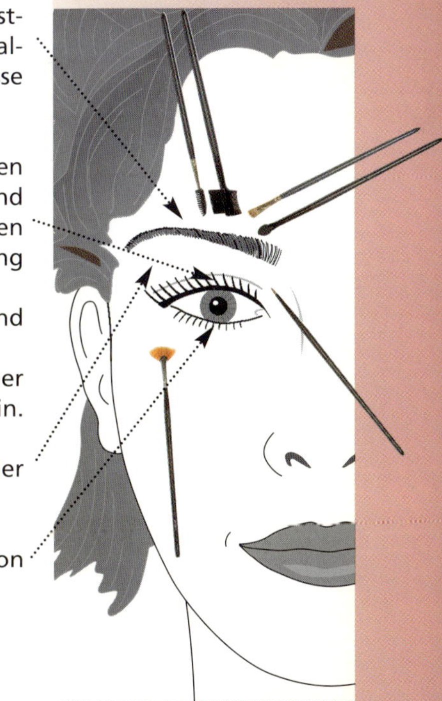

Augenbrauen- und Wimpernbürstchen. Augenbrauenbürstchen und auch Spiralbürstchen eignen sich zum Formen der Augenbrauen. Das Kämmchen und auch die Spiralbürste trennen die durch Wimperntusche verklebten Wimpern und nehmen Überschüsse auf.

Lidschattenpinsel/Schaumstoffapplikator. Lidschattenpinsel gibt es in unterschiedlichen Größen, sie sind meistens quadratisch geformt. Diese Form ermöglicht sauberes und gezieltes Arbeiten. Ein breiter Pinsel eignet sich für das flächige Auftragen im ganzen Augenbereich und zum Schattieren. Ein schmaler Pinsel kann zur gezielten Gestaltung auf dem Lid eingesetzt werden.
Der Farbauftrag mit einem Schaumstoffapplikator ist intensiver als mit einem Pinsel und eignet sich für Bereiche, bei denen eine hohe Deckkraft gewünscht wird.
Ein sauberer Applikator kann zum Verwischen von Übergängen verwendet werden. Der Applikator sollte keine scharfen Kanten haben und gut mit dem Pinselstiel befestigt sein.

Eyelinerpinsel (Lidstrichpinsel). Er ist sehr fein, spitz und hat festere Borsten, damit der Lidstrich exakt gezogen werden kann.

Fächerpinsel. Besteht meist aus synthetischen Borsten und ist ideal zum Entfernen von Lidschattenresten.

Funktion der Grundierung:
- Gleichmäßige Gesichtsfarbe
- Frisches und gesundes Aussehen
- Abmildern- oder Abdecken von Hautveränderungen (z.B. Altersflecken, rote Äderchen)
- Stark durchblutete Haut und hektische Flecken kaschieren
- Schutz vor UV-Strahlen

2.1.4 Produktübersicht zur Gestaltung eines Make-up

Kein Kunde gleicht dem anderen. Ähnlich wie bei der Auswahl der Kleidung muss auch bei den Produkten für ein individuelles Make-up eine Vielzahl an Präparaten sorgfältig ausgewählt werden, dabei orientiert sich die Kosmetikerin unter anderem an dem Hauttyp, der Haut- und Augenfarbe, dem Anlass und den Schminkgewohnheiten der Kundin. Um eine angemessene Auswahl zu treffen, muss man das Sortiment kennen.

Produkte für die Grundierung

Bei dem breiten Angebot an Grundierungen fällt der Überblick schwer. Es gibt leicht und intensiv deckende, kurz und lang haftende Grundierung sowie auf die individuellen Hauttypen abgestimmte Präparate.

Überblick

Art	Beschreibung
Getönte Tagespflege	Ist eine Kombination aus Tagespflege und einem leicht deckenden Make-up. Kann gut mit den Fingern aufgetragen werden. Hat keine hohe Deckkraft, somit können Farbunterschiede der Haut nicht abgedeckt werden. Eignet sich gut als Einstiegsprodukt für die ungeübte Kundin.
Flüssiggrundierung	Am Markt sind leicht bis stark deckende Flüssiggrundierungen erhältlich, die Deckkraft kann auf dem Handrücken getestet werden. Grundsätzlich kann man davon ausgehen, je cremiger und dicker die Konsistenz ist, desto besser deckt das Produkt. Es gibt auch auf die verschiedenen Hauttypen abgestimmte Produkte, so enthalten Grundierungen für fettige Haut kein Öl oder für die reife Haut zusätzliche Pflegestoffe. Oft werden sie auch je nach Deckkraft und Konsistenz Feuchtigkeits-Make-up, Fluid-Make-up oder Fond de teint genannt.
Lang haftende Grundierung	Gibt es in flüssiger und cremiger Konsistenz. Sie haften besonders gut und lange auf der Haut und färben bei Kontakt mit der Kleidung nicht ab. Beim Auftragen ist Eile geboten, da die meisten Produkte nach nur wenigen Minuten wisch- und wasserfest sind, denn sie enthalten einen hohen Anteil an schnell flüchtigen Substanzen. Daher Behälter immer verschlossen halten. Werden z. B. auch Long-lasting-Make-up genannt.
Kompakt-Make-up	Durch die cremige Konsistenz ist diese Make-up-Gruppe meist deckender als die flüssigen Präparate. Sie werden in Döschen und in Stiftform angeboten und sind somit auch für unterwegs geeignet.
Puder-Creme-Make-up	Ist von der Deckkraft her mit dem Kompakt-Make-up vergleichbar, jedoch enthält es einen höheren Puderanteil, dadurch erhält die Haut ein mattiertes, gepudertes Aussehen. Bei reiferer Haut können durch diese Produkte die Fältchen betont werden, da sich das Puder-Creme-Make-up dort absetzt. Je nach Hersteller kann diese Produktgruppe auch mit einem feuchten Schwämmchen aufgetragen werden.
Camouflage	Ist ein Spezial-Make-up zur Kaschierung von Hautanomalien, wie z. B. Feuermal oder Hautverbrennungen. Das Produkt ist stark deckend und wasserabweisend, muss aber mit einem Puder besonders fixiert werden.

Auswahlkriterien

Bei der Auswahl der Grundierung sollte neben dem **Hauttyp** besonders auf den Unterton der natürlichen **Hautfarbe** geachtet werden. Am besten testet man das ausgewählte Produkt an der Haut des Kieferknochens. Die Farbe sollte dem Hautton entsprechen oder etwas heller sein. Ein zu dunkles Make-up wirkt unnatürlich und würde einen Rand am Hals hinterlassen, da dieser nicht mitgeschminkt werden sollte. Hautfarben haben oft einen Unterton, der z. B. in eine rosige oder gelbliche Richtung gehen kann.

Alle Grundierungen lassen sich mit dem Schwämmchen auftragen. Je nach Produkt muss der Schwamm trocken oder nass angewendet werden. Man verteilt mit kreisenden tupfenden Bewegungen das Präparat dünn und gleichmäßig auf der Haut. Dieser Vorgang kann bei Bedarf mehrmals wiederholt werden. Besondere Aufmerksamkeit gilt der Haarkontur und dem Übergang zum Hals, hier muss das Make-up so verteilt werden, dass sich kein Rand ergibt. Auch der Augen- und Lippenbereich sollte sorgfältig bearbeitet werden. Das Produkt sollte nie mit den Fingern direkt aus dem Vorrat genommen werden, das *Auftragen* mit den Fingern wird jedoch von einigen Profis gerne gemacht. Das Abdecken von Hautveränderungen kann sowohl vor als auch nach der Grundierung mit entsprechenden Abdeckprodukten vorgenommen werden.

Inhaltsstoffe der Grundierung

Grundstoffe	**Trägersubstanzen**	– **Wasserhaltige Produkte** die meisten flüssigen oder cremigen Grundierungen enthalten als Trägersubstanz eine wasserhaltige Emulsion. – **Wasserfreie Produkte** die meisten festeren Grundierungen basieren auf einer Wachs-Öl-Kombination – **Ölfreie Produkte** sind ebenfalls meistens Emulsionen, jedoch wird anstelle von Ölen als Ersatzöl Silicon verwendet, dieses gehört chemisch gesehen nicht zu den Ölen.
Farbpigmente	**Weißpigmente:** – Titandioxid, Talkum, Zinkoxid **Farbpigmente:** – Eisenoxid und -hydrate (werden in Gelb, Rot, Braun und Schwarz hergestellt) – Ocker – Umbra	– Pigmente sich unlösliche, fein gemahlene Färbemittel – man unterscheidet zwischen natürlichen und synthetischen Pigmenten – von der Menge der Pigmente hängt die Deckkraft des Produktes ab, besonders die weißen Pigmente sind für die Deckkraft verantwortlich. – weißes Titandioxid kommt häufig in hautfarbenden Produkten vor und dient gleichzeitig als Lichtschutzfaktor – Lichtstreuende Pigmente in Anti-Falten-Make-up haben eine raue Oberfläche und reflektieren das Licht diffus (in verschiedene Richtungen)

Abdeckprodukte

Sie werden auch Concealer genannt. Dieser englische Begriff steht für „verdecken" oder „kaschieren" und beschreibt damit die Funktion der Abdeckprodukte. Sie sind gut geeignet um Augenränder, rote Äderchen (Teleangiektasien), Narben und andere Hautveränderungen abzudecken, die im Hautniveau liegen. Abdeckprodukte unterscheiden sich von der Grundierung hauptsächlich durch die höhere Deckkraft.

Sie werden in Creme- oder Stiftform angeboten und können unter sowie über der Grundierung angewendet werden. Größere Flächen werden mit dem Schwämmchen oder den Fingern aufgetragen und für kleine Stellen kann auch ein Pinsel eingesetzt werden. Wichtig ist die richtige Farbauswahl, denn Grundierung, Abdeckstift und Puder müssen zusammen auf den Hautton abgestimmt werden.

Produkte zum Fixieren der Grundierung

Dem **Gesichtspuder** können zwei Funktionen zugeschrieben werden. Zum einen soll er der Haut den Glanz nehmen, d. h., er hat **mattierende** Eigenschaften. Außerdem kommt ein perfektes Make-up nicht ohne Puder aus, da er **fixierende** Eigenschaften übernimmt, also das Make-up haltbar macht.

> **Ein guter Puder:**
> - Enthält weiche Pudergrundstoffe, für einen samtigen Effekt
> - Lässt Haut ebenmäßig erscheinen
> - Staubt nicht beim Auftragen
> - Lässt die Haut nicht kalkig oder trocken erscheinen

Die Grundierung sollte mit losem oder kompaktem Puder fixiert werden. Das Auftragen kann mit einer Puderquaste oder einem Puderpinsel erfolgen. Es wird von der Gesichtsmitte zu den Seiten aufgetragen. Damit das nachfolgende Augen-Make-up besser hält, muss auch das Augenlid mitgepudert werden. Ein Puderüberschuss kann mit einer Babybürste abgenommen werden, indem der Überschuss von der Gesichtsmitte nach außen abgebürstet wird. Wird nicht mit Puderrouge, sondern mit Cremerouge gearbeitet, so erfolgt das Abpudern nach dem Rougeauftrag, denn das Cremerouge benötigt eine Cremegrundlage.

Neben der Fixiereigenschaft hat Puder einen starken Mattierungseffekt und kann auch ohne Grundierung besonders bei fettiger Haut zur Mattierung eingesetzt werden. So werden die Gesichtspartien für Foto- und Videoaufnahmen vorher mit Puder abmattiert, um störende Lichtreflexe zu verhindern.

Puderarten	Loser Puder	Kompaktpuder	Bräunungspuder
Eigenschaften	– ungepresste, lose Form – transparente oder farbige Töne	– gepresster Puderstein enthält Binder, ideal für unterwegs – transparente oder farbige Töne	– verleiht der Haut ein sonnengebräuntes Aussehen – gut für natürlich wirkendes Make-up ohne Grundierung geeignet

Produkte für das Augen-Make-up

Je nach Funktion des Make-up kann der Augenbereich mehr oder weniger stark hervorgehoben werden. Besonders für den Augenbereich gibt es eine Vielzahl an Produkten, die, gekonnt eingesetzt, eindrucksvolle Effekte erzielen lassen.

> **Funktion des Augen-Make-up:**
> - Betonung der Augenbereiche
> - Optische Beeinflussung der Augengröße, -lage und der Augenbrauen
> - Gezielte Akzente setzen
> - Farbliche Gesamtharmonie erzeugen (Abstimmung auf Augen-, Haut-, Haar- und Garderobenfarbe)

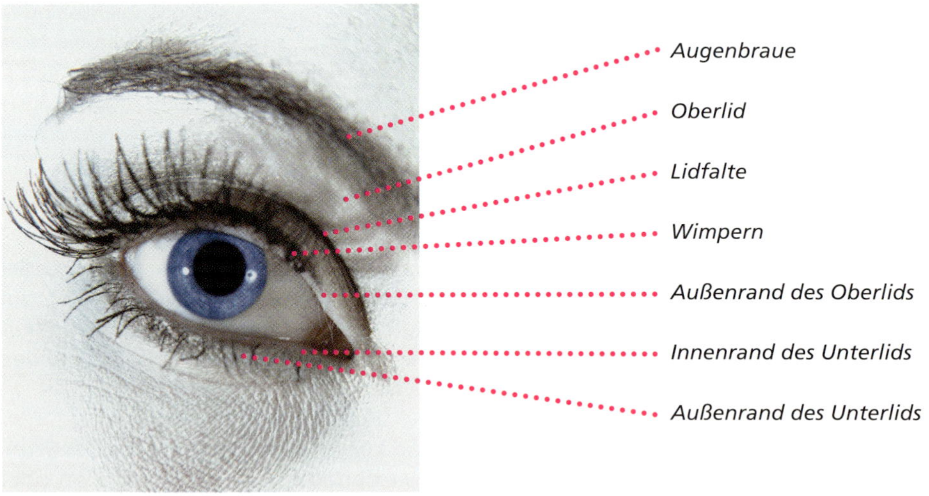

Produkte für den Augenbrauenbereich

Für die Betonung und Korrektur von Augenbrauen eignen sich **Augenbrauenstifte, -cremes** und **-puder**. Alle werden in unterschiedlichen Braun-, Graphit- und Schwarztönen angeboten. Der Stift eignet sich besonders, um fehlende Härchen optisch zu ergänzen. Mit dem Puderprodukt kann die gesamt Augenbraue optisch aufgefüllt oder akzentuiert werden. Die Creme wird mit einem festen Bürstchen aufgetragen. Um borstige Augenbrauen länger in Form zu halten, gibt es transparente oder farbige Augenbrauen-Mascara.

Produkte für den Lidbereich

Lidschatten: Neben den bekannten Puderlidschatten gibt es auch Lidschattenfarben in Creme- und Stiftform sowie in Plastikstiften mit Schaumstoffapplikatoren, die beim Öffnen des Stiftes die Farbe an den Applikator abgeben. Lidschatten wird mit dem Lidschattenpinsel, Schaumstoffapplikator oder den Fingern aufgetragen. Ober- und Unterlid können gestaltet werden. Es ist aber auch möglich, nur kleine Bereiche, wie z. B. den Liddeckel, zu schminken oder einen Highlighter unter der Augenbraue zu setzen.

Ein guter Lidschatten:
- Krümelt nicht beim Auftragen
- Soll weich auf der Haut gleiten
- Soll gute Haltbarkeit aufweisen und sich nicht in der Lidfalte absetzen
- Produktfarbe und aufgetragene Farbe sollten übereinstimmen

Lidschattenarten	Puderlidschatten	Cremelidschatten	Lidschattenstifte
Eigenschaften	– Gibt es lose und als Puderstein gepresst – Trocken- und Nassapplikation möglich	– Produkte auf Emulsionsbasis wirken meistens transparenter – Cremeartige, wasserfreie Pasten enthalten hohen Farbanteil und decken nach dem Trocknen somit gut und hinterlassen keine ölige Substanz. Sind jedoch nicht zum Schattieren geeignet	– Gibt es in Bleistiftform und als Creme-Mine in einem drehbaren Plastikgehäuse – Enthalten hohen Wachsanteil und sind daher für Schlupflider nicht gut geeignet, da sich die Farbe in der Lidfalte leicht absetzt

Kajal, Eyeliner und Faserstifte Diese Produkte werden zur Betonung der Augenkontur am oberen und unteren Lidrand eingesetzt. Je nach Wahl des Produktes können exakte feine Linien oder breitere schattierte Linien gezeichnet werden. Es gehört viel Übung dazu, einen exakten Eyelinerstrich zu setzen.

Gute Produkte für den Lidrand:
- Halten gut und setzen sich nicht am Oberlid ab
- Lassen sich gezielt auftragen

Produkte für den Lidrand	Kajalstift	Flüssige Eyeliner	Faserstifte
Eigenschaften	– Einfache Anwendung, jedoch wirkt der Lidstrich softer als bei flüssigem Eyeliner – Mine sollte geschmeidige Konsistenz haben, Körperwärme kann ältere Stifte wieder erweichen – Die klassischen Holzstifte werden mit einem speziellen Anspitzer nach jedem Kundenkontakt aus hygienischen Gründen angespitzt – auch als Automatic-Eyeliner in einem drehbaren Plastikgehäuse erhältlich – Geringere Haltbarkeit am Auge, da der Hauttalg den Produktfilm im Laufe des Tages anlösen kann	– Geeignet für farbintensive und stark abgegrenzte Konturlinien – Trockenzeit beachten, denn der Farbfilm muss erst abbinden	– Einfache Handhabung, da er tatsächlich wie ein Filzstift funktioniert – Geringere Deckkraft als beim flüssigen Eyeliner

Eine gute Wimperntusche:
- Muss einfach aufzuwenden sein
- Trocknet schnell
- Ist wisch- oder wasserfest
- Hinterlässt keine Fliegenbeine

Produkte für die Wimpern

Wimperntusche, auch Mascara genannt, gibt es für die unterschiedlichsten Bedürfnisse. Der Markt bietet neben der klassischen Wimperntusche mittlerweile wischfeste, wasserresistente und wasserfeste Wimperntusche an. Darüber hinaus gibt es auch Volumen-Mascara, sie lassen Wimpern dichter und fülliger erscheinen.
Alle Arten lassen sich in zwei Hauptkategorien einteilen:

Produkte für die Wimpern	Emulsions-Mascara	Waterproof-Mascara
Eigenschaften	– Ö/W-Emulsion mit Farbpigmenten und Filmbildnern, diese umschließen das Haar – Lässt sich mit Wasser entfernen	– Wachs/Öl-Gel mit Farbpigmenten, Filmbildnern und flüchtigen Substanzen, die nach dem Verdunsten die Wimperntuschen wasserfest werden lassen. – Zum Entfernen wird ein spezieller Augen-Make-up-Entferner benötigt, dieser ist meistens ölhaltig

Für besondere Effekte können zusätzlich auch künstliche Wimpern angebracht werden. Es gibt Wimpern in unterschiedlichen Längen und Farben für eine individuelle Gestaltung.

Eine gutes Rouge:
- Muss sich leicht und gleichmäßig verteilen lassen
- Sollte in der Nuance insbesondere mit dem Lippenstift harmonieren

Produkte zum Rougieren und Schattieren

Rouge lässt das Gesicht frischer aussehen und kann sogar zum leichten Modellieren der Gesichtsform eingesetzt werden, denn die Anwendung von Rouge muss sich nicht nur auf die Wangen beschränken. Schläfen, Stirn und Kinn können ebenfalls mit einbezogen werden. Rouge wird in Puder- oder Cremeform angeboten und unterscheidet sich in der Auftragetechnik.

Produkte zum Rougieren	Cremerouge	Puderrouge
Eigenschaften	– Auf Wachs-Öl-Basis, somit vergleichbar mit einem Kompakt-Make-up – Gut bei trockener Haut geeignet – Auch in Stiftform erhältlich	– Gepresster Puderstein, somit vergleichbar mit einem Kompaktpuder – Große Farbauswahl
Auftragstechnik	– Sollte direkt auf einer Cremegrundlage (Tagespflege oder Make-up) aufgetragen werden und kann dann mit Puder fixiert werden – und kann dann mit Puder fixiert werden – Wird mit den Fingern aufgetragen	– Wird nach dem Gesichtspuder aufgetragen, damit es nicht fleckig (wolkig) wird – Rougepinsel verwenden

Bei der Farbwahl des Rouges sollte besondere Rücksicht auf den Hautton genommen werden. Es gibt kalte und warme Rougetöne, die auf den Farbbereich der Kundin abgestimmt werden sollten. Hat die Haut z. B. einen gelblichen Unterton, so harmoniert ein warmer Rougeton besser, dagegen kann ein kalter Rougeton bei einer Haut mit blaustichigem Unterton besonders gut wirken. Zur Schattierung oder Modellierung der Gesichtsform sollten eher Farben im Hauttonbereich gewählt werden, dabei ist zu berücksichtigen, dass dunkle Farbtöne hervorheben und helle zurücktreten lassen.

Produkte für das Lippen-Make-up

Lippenstifte zählen zu den verbreitetsten dekorativen Produkten. Selbst Frauen, die sich selten schminken, verfügen meistens über den ein oder anderen Lippenstift. Betrachten wir zuerst den klassischen Lippenstift genauer, denn die Unterschiede der einzelnen Lippenstiftrezepturen sind groß und beeinflussen die **Haftfestigkeit, Konsistenz, Farbe, Deckkraft** und den **Geschmack** des Lippenstiftes. Durch die Kombination von Wachsen, Ölen, Fetten und Pigmenten lassen sich unterschiedliche Eigenschaften erreichen. Generell gilt: Je cremiger ein Lippenstift ist, desto höher ist sein Pflegeeffekt und desto geringer ist seine Haftfähigkeit.

Bei der Lippenstiftauswahl spielt neben der Konsistenz die Farbe eine große Rolle. Oft wird ein Lippenstift auf dem Handrücken ausprobiert, dabei wird aber die individuelle Lippenfarbe außer Acht gelassen, obwohl diese in der Gesamtwirkung eine Rolle spielt. Gut lässt sich dagegen auf dem Handrücken die **Farbtreue** eines Lippenstiftes testen, d.h., inwieweit die äußerlich sichtbare Farbe des Stiftes mit der aufgetragenen Farbe übereinstimmt. Ist ein Lippenstift nicht farbtreu, kann der Farbeindruck stark täuschen. So erscheint z. B. ein von außen betrachteter lila Lippenstift nach dem Auftrag pink. Auch die Deckkraft kann man dem Lippenstift nicht ansehen. Sie sollte ebenfalls vor dem Benutzen getestet werden. Ein gut deckender Lippenstift kann durch sparsamen Auftrag in seiner Deckkraft beeinflusst werden. Ist ein Lippenstift jedoch sehr transparent, so erreicht man auch durch mehrmaliges Aufstreichen keine gute Deckeigenschaft.

Neben den klassischen Lippenstiften bietet der Markt lang haftende Lippenstifte, Lippenkonturenstifte sowie Lipgloss:

Produkte für das Lippen-Make-up	Klassischer Lippenstift	Lang haftende Lippenstifte	Lippenkonturenstifte	Lipgloss
Eigenschaften	– Haftfestigkeit hängt von der Öl-, Fett-, Wachskombination und der Pigmentmenge ab – In Drehhülse, daher ist gewisse Festigkeit notwendig – Pflegeeigenschaft, Lichtschutz, Fettung	– Verbesserte Haftung, durch flüchtige Substanzen wie z. B. Siliconöle oder durch den Einsatz von zusätzlichen Filmbildnern – Befindet sich in einer luftdicht verschlossenen schmaleren Hülse – Lippen trocknen schneller aus, da die Stifte geringere Pflegeeigenschaften haben	– Aufbau ähnelt dem Lippenstift, jedoch ist die Konsistenz fester und bildet eine Barriere für den Lippenstift – In Bleistiftform oder als Stift in einem drehbaren Plastikgehäuse erhältlich – Sollte aus hygienischen Gründen nach jedem Kundenkontakt angespitzt werden	– Zähe, stark glänzende ölige Rezeptur – Transparent oder farbig – Als Tiegel, Roll-on oder als Stift mit Schaumstoffapplikator erhältlich

Ein guter Lippenstift:
- Sollte eine angenehme Konsistenz haben
- Hohe Deckkraft
- Lange Haftfestigkeit
- Angenehmen Geschmack
- Farbtreu sein
- Muss sich leicht und gleichmäßig verteilen lassen
- Sollte in der Nuance insbesondere mit dem Rouge und Augen-Make-up harmonieren

2.2 Das perfekte Basis-Make-up

2.2.1 Ablauf eines Basis-Make-up – Step by Step –

2.2.2 Gesichtsbereiche beeinflussen

- Gesichtsformen gestalten und beeinflussen
- Lippenformen gestalten und beeinflussen
- Augenformen gestalten und beeinflussen

Frau Hermann hat ein wichtiges Vorstellungsgespräch für einen neuen Arbeitsplatz. Natürlich möchte sie erfolgreich sein. Ihre beste Freundin hat sich für einen ähnlichen Anlass ein Make-up im Salon Haarmonie machen lassen.
Sie erhält am Morgen vor dem Vorstellungsgespräch einen Termin bei Ayse.
Karla hat den Telefonanruf entgegengenommen und ist sehr gespannt, wie Ayse bei dieser Arbeit vorgehen will. Sie fragt sie danach, welche Möglichkeiten bei der unbekannten Kundin zum Einsatz kommen könnten.

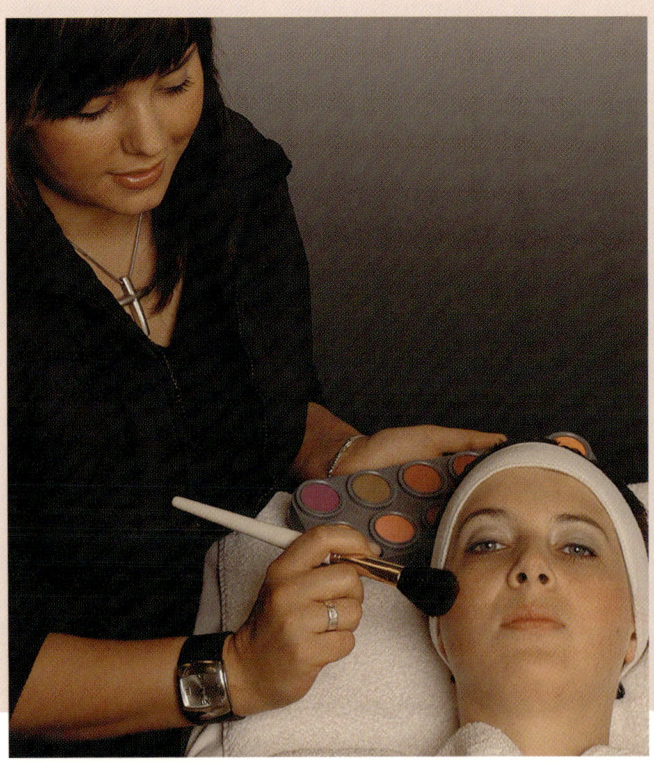

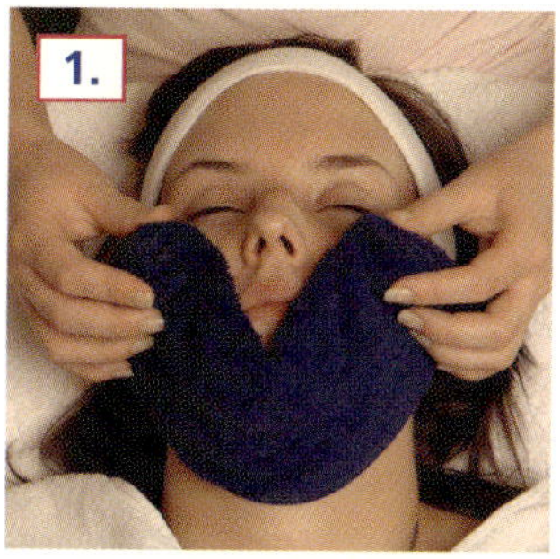

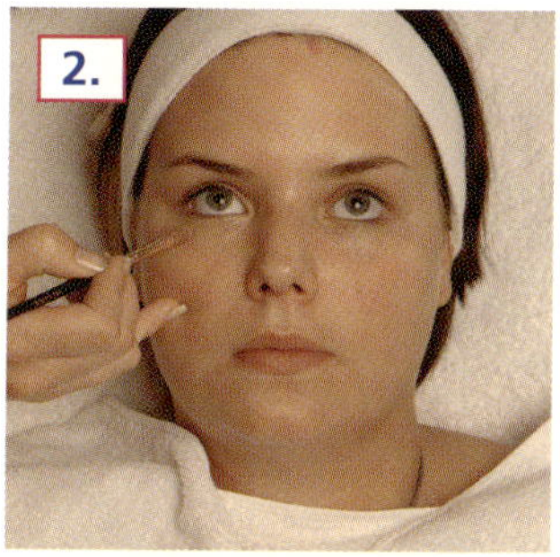

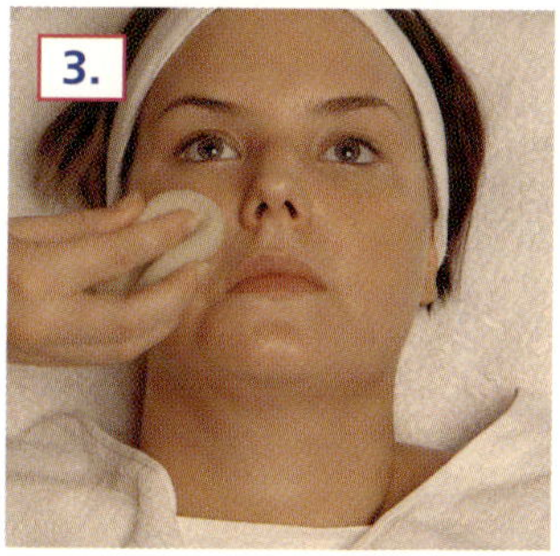

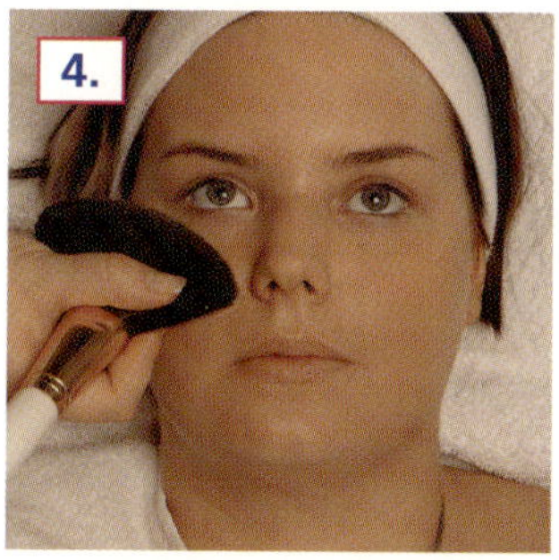

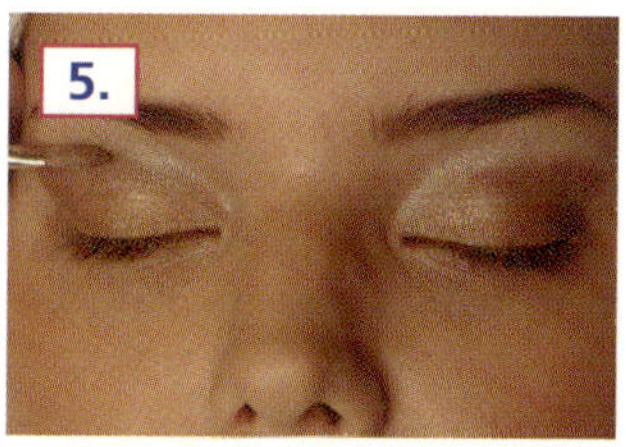

2.2 Das perfekte Basis-Make-up

2.2.1. Ablauf eines Basis-Make-ups

1. Vorhandenes Augen- und Lippen-Make-up wird mit einem geeigneten Entferner und einem Wattepad beseitigt. Die gereinigte und adstringierte Gesichtshaut wird mit einer auf den Hauttyp abgestimmten Tagespflege oder Make-up-Unterlage vorbereitet.
2. Hautunreinheiten, Rötungen oder Schatten unter den Augen werden mit einer Abdeckcreme ausgeglichen. Schwämmchen, Pinsel und Finger eignen sich hierfür.
3. Die Grundierung (passend zum Hautton und -typ) muss sehr gleichmäßig aufgetragen werden. Dazu wird Make-up auf den Handrücken oder eine Palette gegeben und mit dem Make-up-Schwämmchen Partie für Partie aufgetragen. Es ist wichtig, in dünnen Schichten zu arbeiten und auf einen übergangslosen Verlauf zum Hals und zur Haarkontur zu achten. Auch die Lippen sollten leicht grundiert werden, besonders, falls ein Ausgleich der Kontur notwendig erscheint.
4. Für eine lange Haltbarkeit der Grundierung ist ein gewissenhaftes Pudern notwendig. Besonders sollte auch der Lidbereich berücksichtigt werden, damit der nachfolgende Lidschatten länger hält und sich nicht so schnell in der Lidfalte absetzt.
5. Je nach Augen-Make-up-Technik können verschiedene Lidschattenfarben und Konsistenzen verwendet werden. Puder wird mit diversen Pinseln aufgetragen.
6. Falls gewünscht, kann nun ein Lidstrich gesetzt werden, dieser sollte möglichst dicht am Wimpernrand gemalt werden, damit kein störender heller Zwischenraum bleibt. Die Form des Lidstriches prägt sehr den Charakter des Make-up. Vor dem Tuschen können die Wimpern mit einer Zange in Form gebracht werden. Beim Tuschen der Wimpern sollte das Auge geschlossen sein und am Liddeckel leicht angehoben werden. So kann ein gleichmäßiges Ergebnis erzielt werden. Mit dem Wimpernbürstchen werden die einzelnen Härchen getrennt und Überschüsse abgenommen.
7. Die Augenbrauen können mithilfe eines Augenbrauenstiftes oder -puders akzentuiert werden. Fehlende Haare werden optisch kaschiert.
8. Rouge wird entsprechend der Gesichtsform aufgebracht.
9. Mit einem Lippenkonturenstift wird die gewünschte Lippenkontur gezeichnet.
10. Die Lippenfläche wird mit einer farblich auf das Make-up abgestimmten Lippenstiftfarbe ausgefüllt. Zur besonderen Akzentuierung kann noch Lipgloss aufgebracht werden.

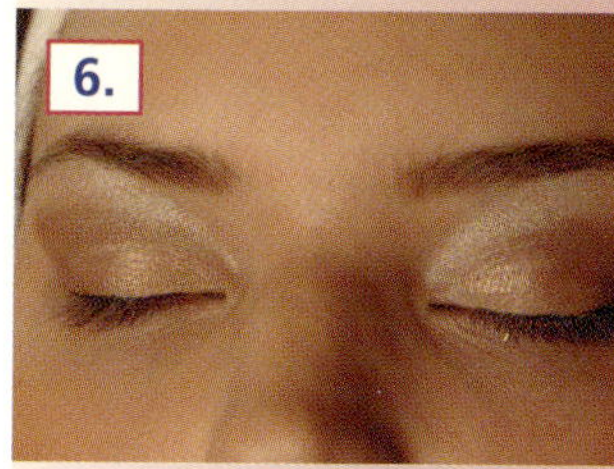

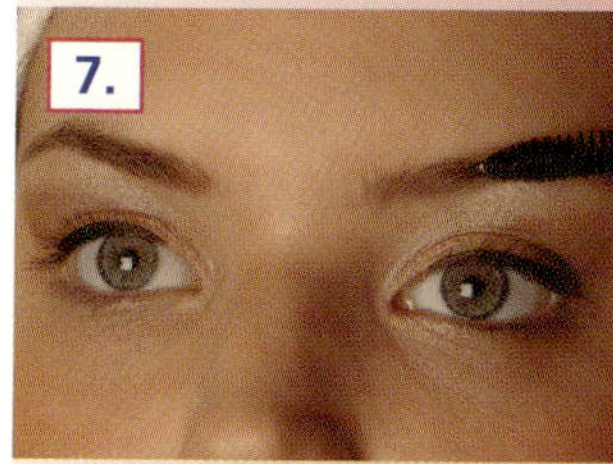

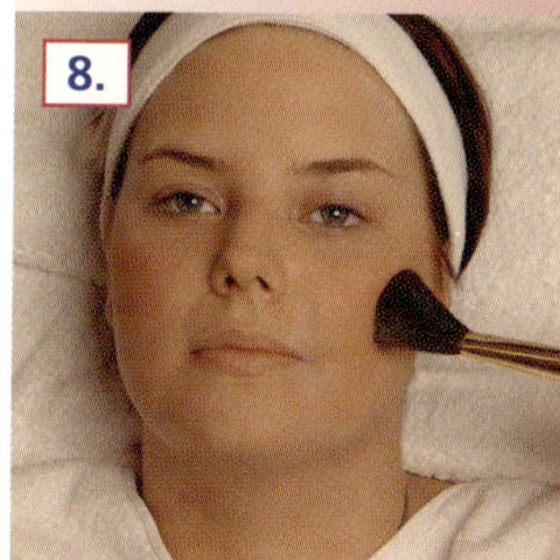

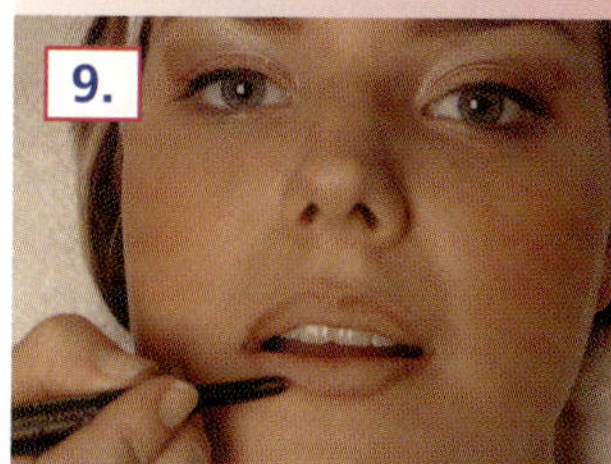

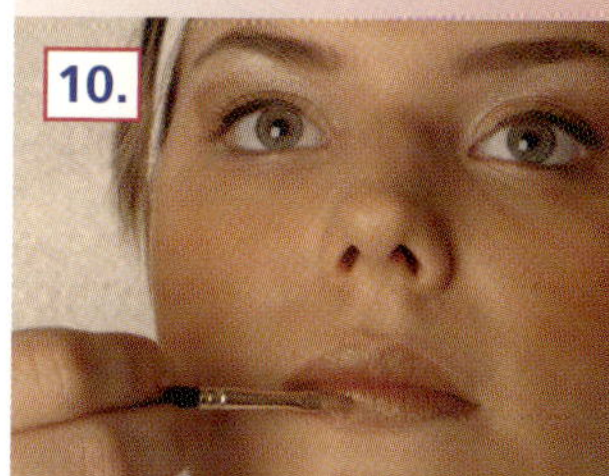

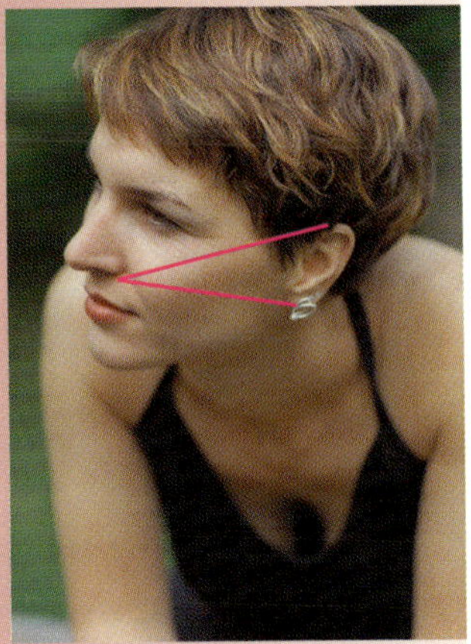

*Ein gedachtes Dreieck zwischen Nasenflügel und Ohr kann bei der **Rougeplatzierung** hilfreich sein. Entsprechend der Gesichtsform variiert die Rougeplatzierung.*

2.2.2 Gesichtsbereiche beeinflussen

Gesichtsformen gestalten und beeinflussen

Gesichtsformen können bereits mit der Grundierung beeinflusst werden, indem mit einer dunkleren Grundierung Gesichtspartien abschattiert und mit einer helleren Grundierung Partien hervorgehoben werden. Diese Technik eignet sich besonders für ein Foto- oder Abend-Make-up. Bei einem gewöhnlichen Tages-Make-up erscheint diese Technik schnell unnatürlich. Alternativ dazu kann mithilfe von Rouge die Gesichtsform ebenfalls geringfügig beeinflusst werden. Auch hier stellt Rouge eine dunkle Farbe dar und lässt somit Partien optisch zurücktreten. Darüber hinaus wirkt ein Make-up durch Rouge frisch und lebendig. Rouge wird entsprechend der Gesichtsform auf und um die Wangenknochen aufgebracht. Hierbei ist besonders auf weiche fließende Übergänge zu achten.

Puderrouge auftragen Step-by-Step

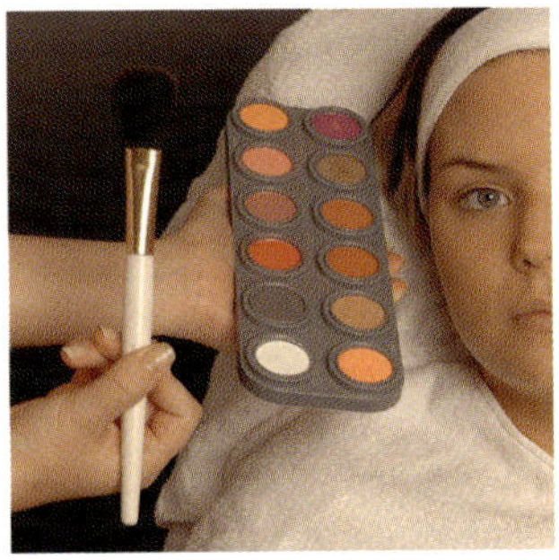

Puderrouge mit einer Seite des Rougepinsels aufnehmen und Überschüsse auf dem Handrücken abklopfen.

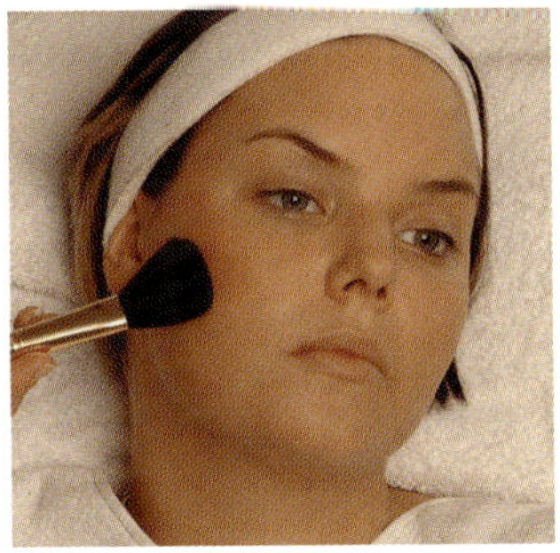

Rouge von innen nach außen auf die Wangen entsprechend der Gesichtsform aufbringen.

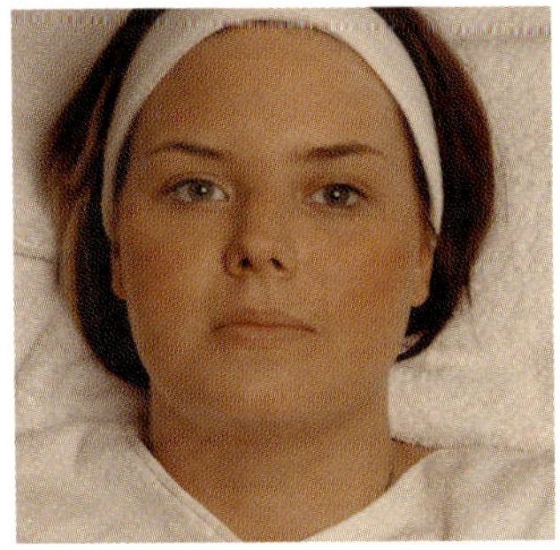

Vorgang mehrmals wiederholen, bis der gewünschte Effekt erzielt ist. Ergebnis auf Gleichmäßigkeit und Symmetrie überprüfen.

Gesichtsformen mit Rouge beeinflussen

Eckiges Gesicht

Ovales Gesicht

Dreieckiges Gesicht

Rundes Gesicht

Neben der gezielten Rouge-Platzierung auf den Wangen kann die Gesichtsform noch mit wenigen gezielten Handgriffen wirkungsvoll beeinflusst werden. Dazu sollte ein Rouge oder Puder ausgewählt werden, das einen Hauch dunkler ist als die gewählte Grundierung. Beim Auftragen hat die Akteurin die ovale Gesichtsform als Ideal vor Augen und setzt nun abweichend vom Ideal Rouge an die Stellen, die optisch zurücktreten sollen.

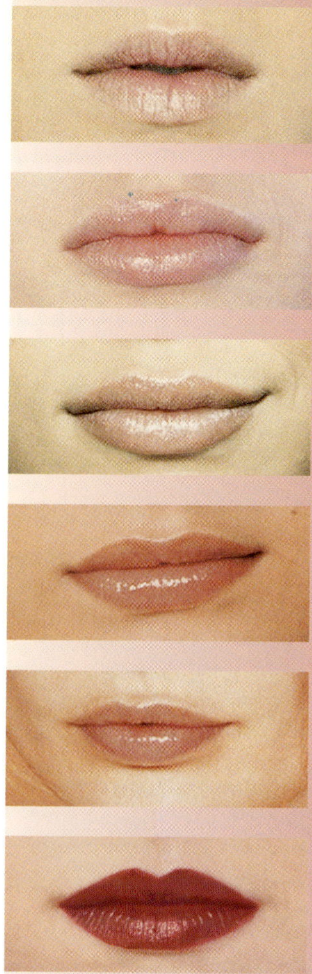

Lippenformen gestalten und beeinflussen

Lippenformen lassen sich mit Lippenkonturenstift und Lippenstift beeinflussen. Jede optische Korrektur sollte mit viel Fingerspitzengefühl durchgeführt werden, denn es besteht insbesondere beim Basis-Make-up die Gefahr, dass die Korrektur stark auffällt und unnatürlich wirkt. Für ein Foto-Make-up oder ein Bühnen-Make-up sind diese Korrekturmöglichkeiten sehr geeignet.

Lippengestaltung Step-by-Step

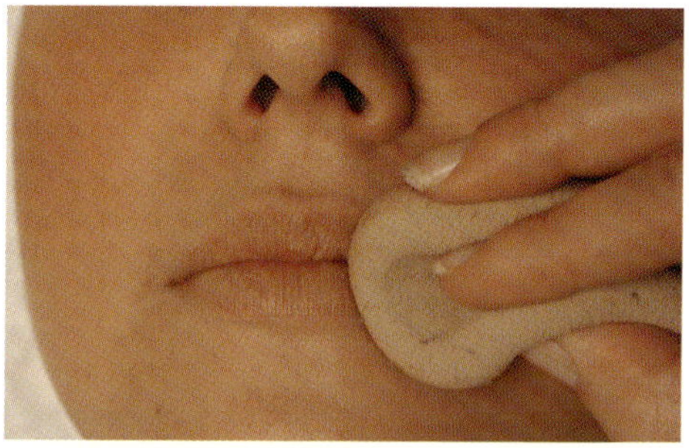

Grundierung auftragen

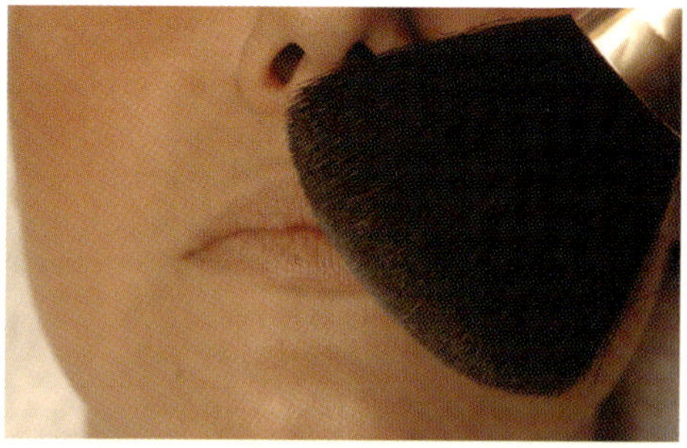

Abpudern

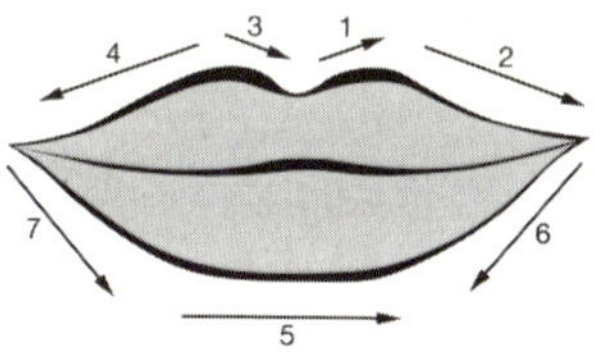

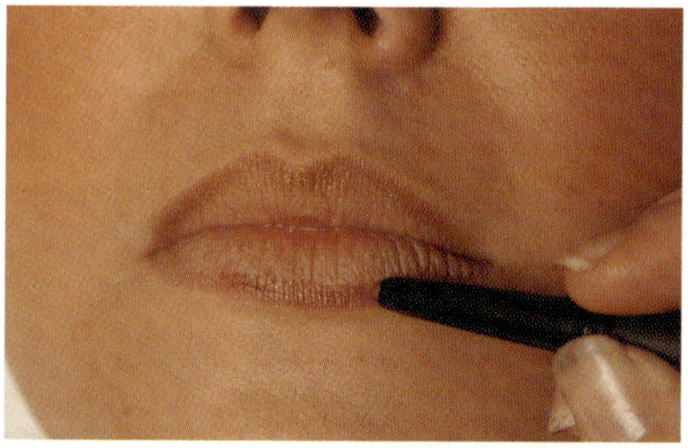

Lippenkontur zeichnen

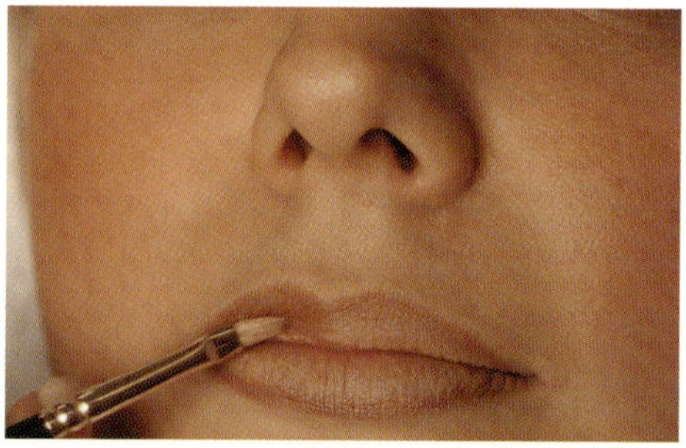

Lippenstift mit Pinsel auftragen
Überschuss mit Serviette abnehmen

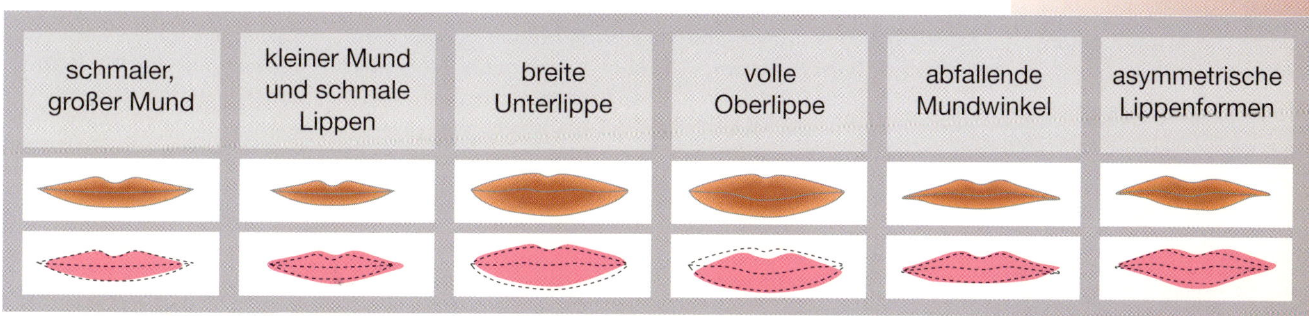

Korrekturbeispiele

Augenformen gestalten und beeinflussen

Besonders die Augen verleihen dem Gesicht Ausdruck. Es ist nicht immer ganz einfach, für jedes individuelle Auge die richtige Schminktechnik herauszufinden. Eine Grundregel aus der Gestaltung ist hierbei jedoch hilfreich:

Merke

Helle Farben heben optisch hervor und dunkle Farben drängen optisch zurück.

Darüber hinaus gilt es, noch weitere Gestaltungselemente zielgerichtet einzusetzen. Die Farben sollten harmonisch aufeinander abgestimmt sein. Gleichzeitig stellen die Farbtechniken und -kombinationen starke Stilmittel dar. Dies gilt auch für gestalterische Linien: Ein einzelner Lidstrich kann dem Auge bereits einen glamourösen oder dramatischen Ausdruck verleihen. Harte Linien oder weiche Schattierungen und Übergänge sollten zielgerichtet eingesetzt werden.

Augengestaltung Step-by-Step

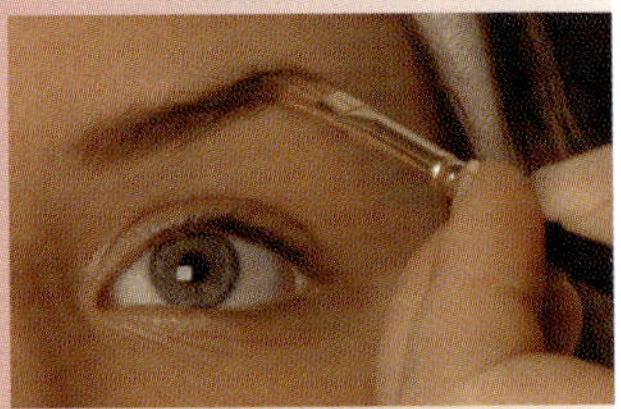

Vorgeformte Augenbrauen mit Stift oder Augenbrauenpuder in gewünschter Form nachzeichnen.

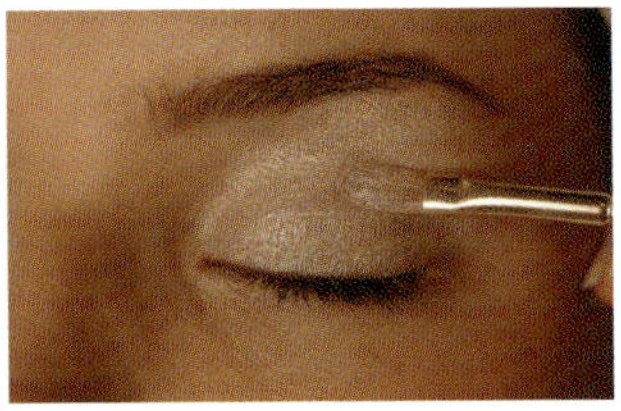

Lidschatten, je nach Technik auftragen. Hier wird heller Lidschatten mit einem großen Pinsel auf das gesamte Oberlid aufgetragen.

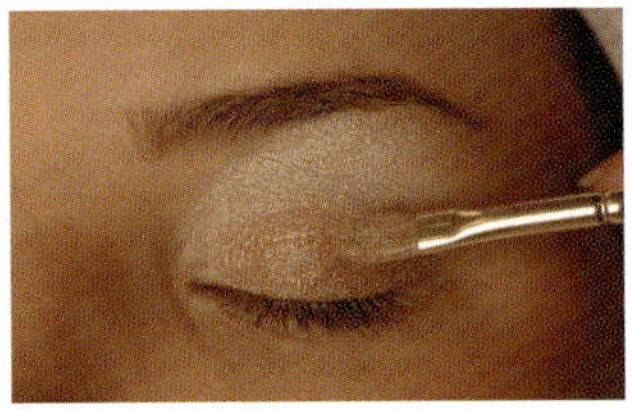

Lidschatten in einer mittleren Farbtiefe auf das Lid bis zur Lidfalte gleichmäßig auftragen.

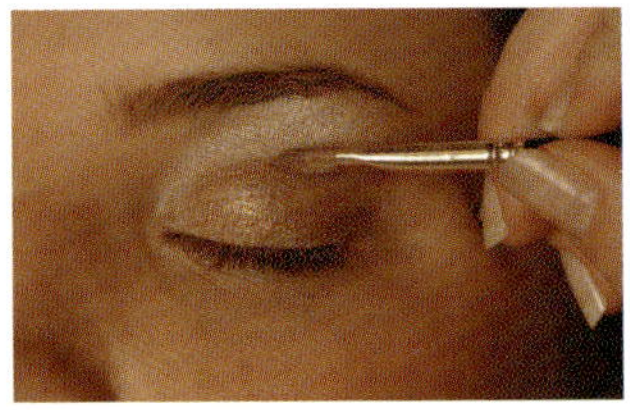

Liddeckel durch eine schmale Linie in der Lidfalte unterteilen. Er erhält dadurch mehr Tiefe.

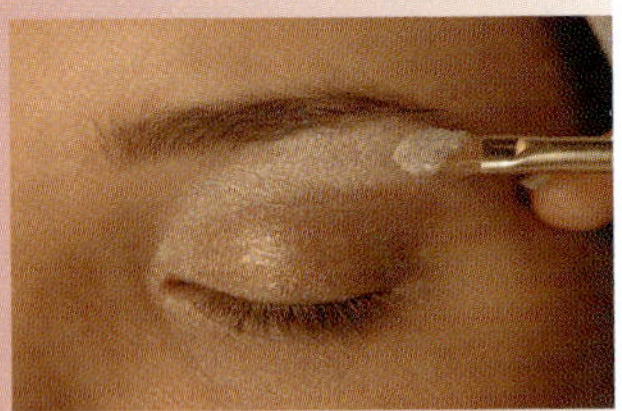

Hellen Lidschatten als Highlighter unter die Augenbraue setzen. Das lässt das Auge optisch leuchten.

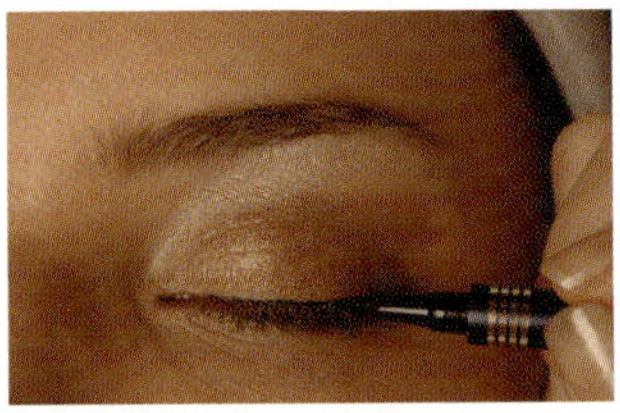

Lidstrich oder Kajalstift bei geschlossenem Auge möglichst dicht am Wimpernrand auftragen. Dazu Pinsel am inneren Augenwinkel ansetzen und mit ruhiger Hand nach außen ziehen.

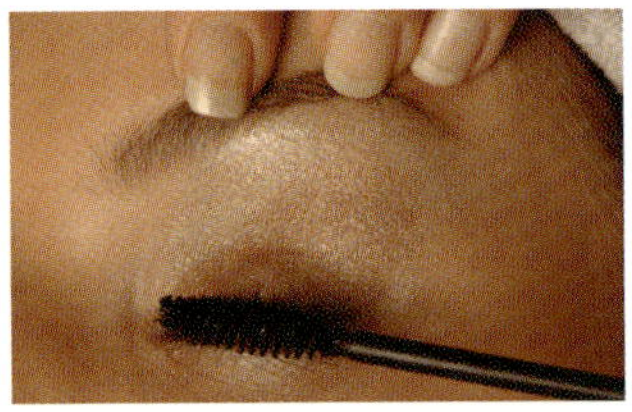

Wimpern mit Wimpernzange in Form bringen und danach Wimperntusche bei geschlossenem oder geöffnetem Auge auftragen.

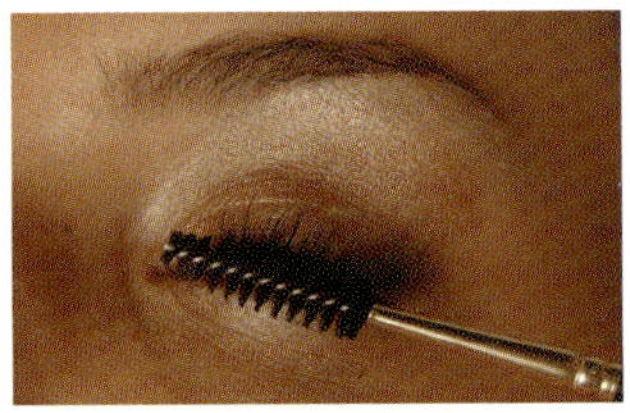

Verklebte Wimpern können mit einer Wimpernbürste oder einem Kämmchen getrennt werden. Ein Wattestäbchen eignet sich, um unerwünschte Spuren zu beseitigen.

Technikvariationen mit Lidschatten, Eyeliner und Kajal

1 Dreifarben-Fächertechnik
2 Zweifarben-Fächertechnik
3 Einfarbige Betonung des äußeren Augenlids
4 Zweifarbige „Bananen"-Technik und geöffneter Lidstrich
5 Dreifarbige Technik mit ansteigendem Dreieck „Maus" im äußeren Augenwinkel und schmaler Lidstrich
6 Einfarbige Maustechnik mit gebogenem Eyelinerstrich über der Pupille

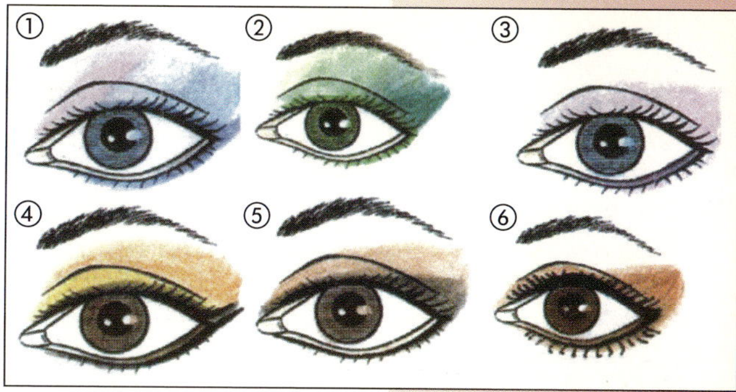

Die Technikvariationen zur Gestaltung eines Augen-Make-ups sind nahezu unbegrenzt. Farben und Kontraste lassen sich gezielt einsetzen: ob Ton-in-Ton oder kontrastreich, mit harten Linien oder weich verlaufenden Schattierungen. Das richtige Maß beim Technikeinsatz spielt eine große Rolle bei der Wirkung eines Augen-Make-ups.

Ein natürlich wirkendes Make-up wird durch eine harmonische Auswahl an gedämpften Farben erreicht. Dagegen können bei einem extravaganten Kundentyp durchaus mehrere leuchtendere Farben eingesetzt werden. Schon die gezielte Auswahl des Lid- oder Kajalstriches prägt den Stil des Make-ups erheblich.

Schlupflider
Um den Lidern Tiefe zu verleihen, verwenden Sie entlang der Wimpernlinie dunklen Lidschatten, den Sie am Außenwinkel nach oben bis zum Beginn der Augenbrauen auslaufen lassen

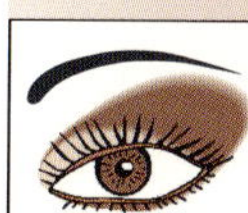

Die Farbe ist im Außenwinkel am intensivsten und wird zum Brauenbogen hin schwächer. Lid und Brauenbogen werden mit blassem Lidschatten aufgehellt.

1. Hervortretende Augen	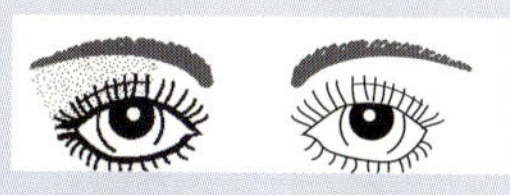	**Ziel:** optisch zurücktreten lassen **Technik:** Schattieren mit dunklem Lidschatten; breiten Lidstrich auf Ober- und Unterlid
2. Tiefliegende Augen	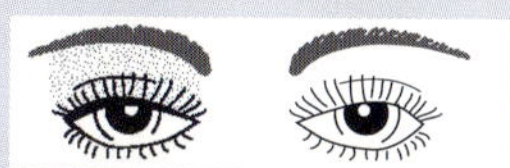	**Ziel:** optisch hervorheben **Technik:** helle Lidschattenfarben; Lidstrich nur am äußeren Augenwinkel
3. Zu kleine Augen	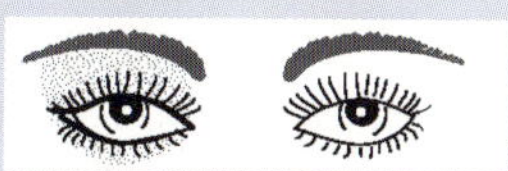	**Ziel:** optisch vergrößern **Technik:** hellen Lidschatten wählen; Lidfalte eventuell mit dunklem Lidschatten betonten; Eyeliner nicht im Augenwinkel zusammenfließen lassen und nicht zu dunkel wählen
4. Engstehende Augen	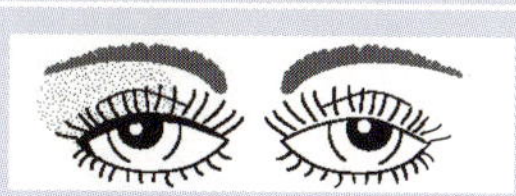	**Ziel:** optisch auseinander ziehen **Technik:** äußeren Lidbereich dunkel schattieren; Lidstrich nach außen oben verlängern
5. Weit auseinander stehende Augen	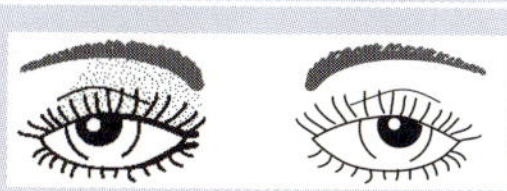	**Ziel:** optisch zusammenrücken **Technik:** inneren Lidbereich dunkel schattieren; inneren Augenwinkel eventuell mit Kajal oder Lidschatten betonen

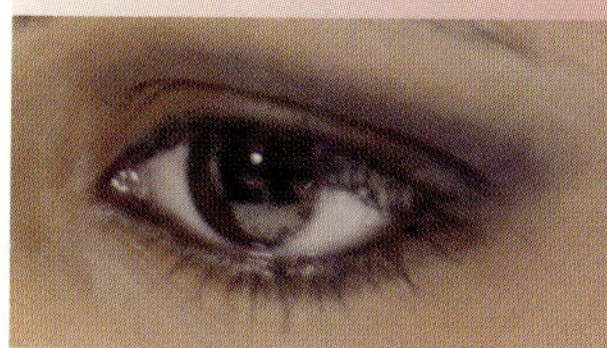

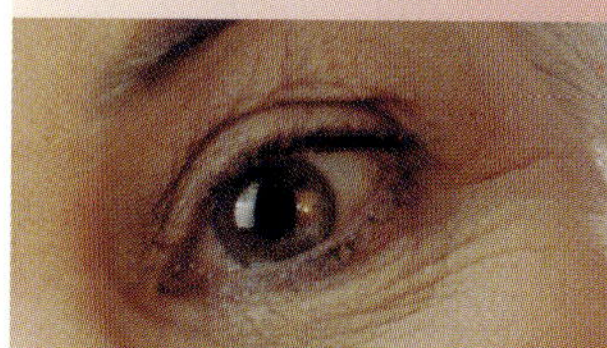

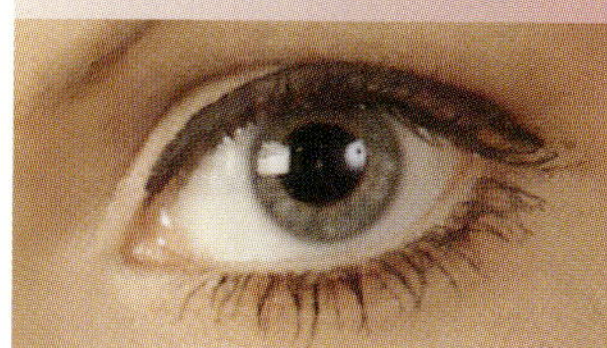

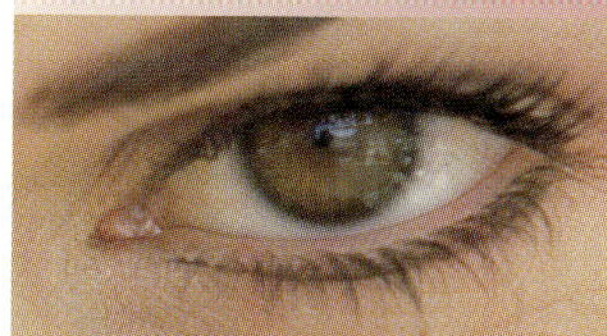

1. *Betrachten Sie die unterschiedlichen Schminktechniken auf den Fotos und beschreiben Sie die Unterschiede.*
2. *Nennen Sie Grundsätze, nach denen Sie ein angemessenes Make-up für Frau Neuberger gestalten würden, die zu einer Entlassfeier geht.*

2.3 Make-up-Variationen gestalten

2.3.1 Make-up in Harmonie zu Trägerin und Anlass
- Anlass
- Lichtverhältnisse
- Stil

Exkurs: Farb- und Stilberatung

2.3.2 Make-up für besondere Zielgruppen
- Einsteiger-Make-up
- Senioren-Make-up
- Brillen-Make-up
- Foto-Make-up

2.3.3 Make-up für besondere Anlässe
- Festliches Make-up/Braut-Make-up
- Fantasie-Make-up/Bühnen-Make-up
- Exkurs: Camouflage

Die Kosmetikerin Christine kommt von einer Fortbildung zur Farb- und Stilberaterin zurück und berichtet dem Salonpersonal von ihren Eindrücken. Ayse möchte wissen, wie eine Farbanalyse gemacht wird und wie die Ergebnisse bei der Make-up-Gestaltung berücksichtigt werden. Außerdem möchte Ayse noch mehr über spezielle Make-ups erfahren und bittet um Übungsabende zu diesem Thema.

2.3 Make-up-Variationen gestalten

2.3.1 Make-up in Harmonie zu Trägerin und Anlass

Die Ausstrahlung eines Menschen, also sein Image, der Anlass und die damit verbundenen Lichtverhältnisse bestimmen die Farbwahl und den Stil des Make-ups.

Anlass

Der Übergang von einem gewöhnlichen Tages-Make-up zu einem Make-up für einen besonderen Anlass ist fließend. Eine Kundin, die nur selten Make-up trägt, wird ein Tages-Make-up schon als eine starke Veränderung ihres Typs erleben. Dagegen erwartet eine Kundin, die täglich selbst Make-up verwendet, eine Steigerung, wenn sie professionelle Make-up-Dienste für einen besonderen Anlass, wie Hochzeit, Ball oder andere Events, in Anspruch nimmt. Das Make-up sollte somit auf die Trägerin, die entsprechende Kleidung, den Anlass und alle damit verbundenen Accessoires, wie Schmuck und Florales, abgestimmt sein.

Lichtverhältnisse

Besonders die Lichtverhältnisse gilt es zu berücksichtigen, denn sie können die Farbwirkung des Make-ups beeinflussen. Zum einen sollte der Schminkplatz optimale Lichtverhältnisse bieten, d. h., der Schminkplatz muss von allen Seiten gut ausgeleuchtet sein, und die Lichtquelle sollte dem Tageslicht sehr ähnlich sein. Sehr blaustichiges Licht, wie es durch die Leuchtstoffröhren produziert wird, lässt die Kundin besonders blass erscheinen. Berücksichtigt werden müssen bei der Gestaltung auch die unterschiedlichen Lichtverhältnisse, bei denen das Make-up getragen werden soll. Ein Make-up für ein Foto oder ein Candle-Light-Dinner verträgt deutlich mehr Farbe als für eine Open-Air-Veranstaltung bei Tage oder ein Event in gut ausgeleuchteten Lokalitäten.

Stil

Das Make-up, die Frisur, die Kleidung, die Accessoires, wie z. B. der Brautstrauß, sollten eine Gesamtharmonie darstellen. Was das bedeutet, soll an einem Beispiel verdeutlicht werden: Die Trägerin eines engen, schlichten schwarzen Kleides sowie einer klassischen und streng wirkenden Hochsteckfrisur sollte auch beim Make-up diesem Stil treu bleiben. Das Make-up wirkt klassisch durch markanten, roten Lippenstift und intensiv getuschte Wimpern und einen dunklen Eyeliner. Dagegen passt zu einer Braut mit einem aufwendigen romantisch wirkenden Rüschenkleid sowie einer verspielten Hochsteckfrisur ein sehr dezentes und natürlich wirkendes Make-up.

1. *Beschreiben Sie die auf den Fotos dargestellten unterschiedlichen Make-up-Stile*
2. *Bereits ein Eyelinerstrich kann den Stil des Make-ups prägen. Überlegen Sie sich Variationen und überprüfen Sie die Wirkung am Modell.*
3. *Entwerfen Sie ein Make-up für diese Kundin und begründen Sie Ihre Wahl.*

EXKURS

Farb- und Stilberatung

Eine vollständige Farb- und Stilberatung wird in der Regel von entsprechend ausgebildeten Farb- und Stilberaterinnen durchgeführt. Dabei geht es im ersten Schritt darum, den Farbtyp der Kundin zu ermitteln, dazu helfen farbig sortierte Tücher. In diese Analyse werden die Hautfarbe, Augenfarbe und die natürliche Haarfarbe einbezogen. Im zweiten Schritt wird die Kundin ganzheitlich beraten, das kann die gesamte Palette Frisur, Make-up, Kleidung und Accessoires beinhalten. Personen, die im öffentlichen Leben stehen, aber auch sehr unsichere Kunden, nehmen diese Dienstleistung gerne in Anspruch.

Bei der Analyse des Farbtyps unterscheiden die Fachleute grob nach **kalten** und **warmen** Farbtypen. Die kalten Farbtypen werden weiter in die so genannten **Sommer- und Wintertypen** klassifiziert und die warmen Farbtypen in **Frühjahr- und Herbsttypen**. Entsprechend dieser vier Jahreszeiten gibt es für jede Jahreszeit ein Tüchersortiment. Bei der Analyse sitzt die Kundin vor einem Spiegel, der mit neutralem Licht ausgeleuchtet wird. Die Haare müssen, besonders wenn sie farblich verändert sind, mit einem neutralen Tuch abgedeckt werden, ebenso die Kleidung. Die ungeschminkte Kundin bekommt nun nacheinander diverse farbige Tücher umgelegt. Farben, die ihrem Typ schmeicheln, lassen die Augen funkeln, Falten oder rote Äderchen zurücktreten. Bei unvorteilhaften Farben dagegen werden Augenränder, Hautunreinheiten oder Falten betont und die Augen wirken trüber. Zur ersten Einschätzung hilft besonders das Gold- und Silbertuch, denn der kühle Farbtyp bevorzugt Silber und der warme Farbtyp Gold.

Viele Farb- und Stilberaterinnen geben sich mit der Einteilung nach den vier Jahreszeiten nicht mehr zufrieden und sprechen von Mischtypen, die sowohl zwischen den kalten und warmen Farbtypen eingeordnet werden, als auch Mischtypen zwischen den warmen Jahreszeiten Frühjahr und Herbst oder den kalten Jahreszeiten Sommer und Winter. Im Salon ist eine vollständige Analyse oftmals nicht möglich. Daher gibt es einige vereinfachte Methoden, die sich im Salonalltag bewährt haben. Insbesondere bei der Haarfarb- und der Make-up-Beratung es wichtig, eine Kundin nach kaltem oder warmem Farbtyp einzuordnen.

Vereinfachte Methoden zur Ermittlung der Farbtypen

Bereits der Make-up-Test reicht oftmals aus, um in relativ kurzer Zeit zu erkennen, ob ihre Kundin zu den warmen oder kalten Farbtypen gehört. Man probiert dazu auf der Innenseite des Unterarms eine Make-up-Grundierung aus, die klar bläulich unterlegt ist, also einen kühlen Ton hat – und zum Vergleich eine Grundierung mit einem warmen, gelblich-rosa Unterton. Ein kühler Farbtyp besitzt einen bläulichen Unterton, sodass ein warmer Make-up-Ton unnatürlich und überschminkt wirkt. Das Make-up lässt sich auch nur mühsam gleichmäßig verteilen und man erkennt ganz klar die Übergänge zwischen geschminkter und ungeschminkter Haut. An einen warmen Farbtyp, der einen gelblichen Unterton besitzt, passt sich dieser Make-up-Ton sehr gut an.

Eine weitere Möglichkeit, den Farbtyp zu bestimmen, bietet sich mit der Verwendung verschiedener Lippenstifte. Im Grunde reichen dazu schon zwei Lippenstiftfarben aus, am besten eine, die stark ins Orange tendiert, und eine andere, die einen bläulich-violetten Ton besitzt. Nacheinander ausprobiert, lässt sich feststellen, dass zu einem kühlen Farbtyp besser der bläuliche Ton passt und zu einem warmen Farbtyp besser das Orange. Verstärkt wird dieser Effekt noch durch das Umlegen einer Silber- bzw. Goldfolie.

Mithilfe solcher Hautpigmentkarten kann die Hauttonanalyse erleichtert werden. Karten an den Unterarm der Kundin legen. Bei einem kalten Pigmenttyp erscheinen die kalten Farben Silber und Rosa besonders harmonisch, bei einem warmen Hauttyp harmoniert die gelbe Karte. Passt der olive Farbton, so kann das ein Indiz für einen Mischtyp sein.

© Vesna Döllinger

Welcher Farbtyp bin ich?

Helle Farbtypen | **Dunkle Farbtypen**

Warme Farbtypen

Frühlingstyp

- Hautton: hell, gelblicher Unterton, oft Sommersprossen
- Augenfarbe: generell helle Farbe, blau, wasserblau oder grünlich
- Natürliche Haarfarbe: blonde bis hellbraune Haare, oft Gold- oder Rotnuancen

Augen-Make-up-Farben

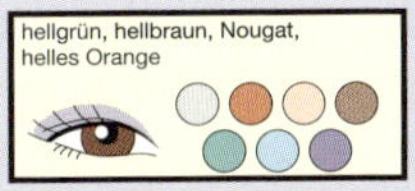

Lippenstiftfarben

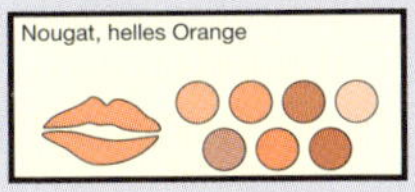

Kleiderfarben

Herbsttyp

- Hautton: gelblicher bis bronzefarbener Unterton
- Augenfarbe: oft braun, aber auch blaugrün
- Natürliche Haarfarbe: generell dunklere, aber wärmere Farbe, z. B. rehbraun

Augen-Make-up-Farben

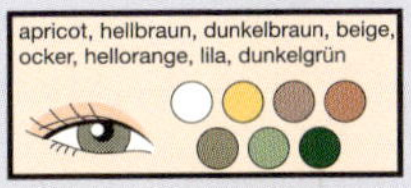

Lippenstiftfarben

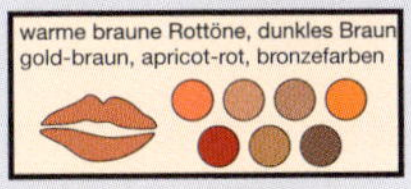

Kleiderfarben

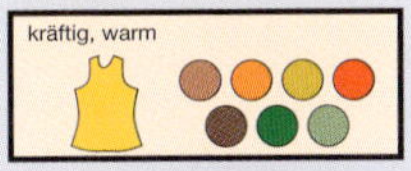

Kalte Farbtypen

Sommertyp

- Hautton: hell, rosabläulicher Unterton
- Augenfarbe: blaue, grüne oder braune Augen, aber mit grauem Unterton
- Natürliche Haarfarbe: blond bis hellbraune Haare ohne orangen Unterton, eher aschig

Augen-Make-up-Farben

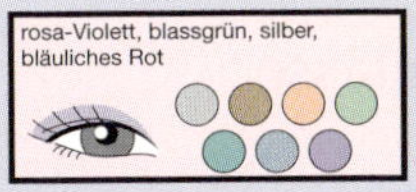

Lippenstiftfarben

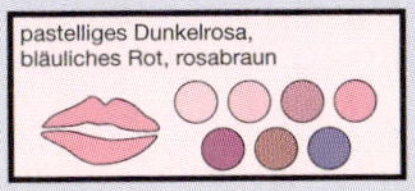

Kleiderfarben

Wintertyp

- Hautton: hell, rosiger oder oliver Unterton
- Augenfarbe: grau, dunkelblau und dunkelbraun; insgesamt dunkle kräftige Farben
- Natürliche Haarfarbe: dunkle Farben, angefangen bei Dunkelblond bis Schwarz , jedoch mit aschiger Tendenz, weißblond auch möglich

Augen-Make-up-Farben

Lippenstiftfarben

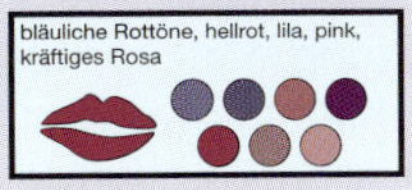

Kleiderfarben

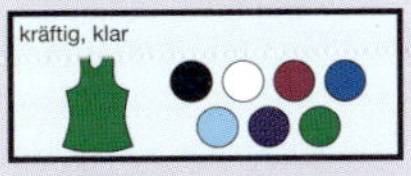

Tipp

Der Vergleich mit den Farben der Natur zur jeweiligen Jahreszeit erleichtert die Zuordnung.

Frühling

Sommer

Herbst

Winter

2.3.2 Make-up für besondere Zielgruppen

Einsteiger-Make-up

Kunden, die noch keine Erfahrung mit Make-up haben, müssen ganz besonders sensibel an dieses Thema herangeführt werden. Vorurteile, wie ein Make-up wirke unnatürlich oder wie angemalt, sollten widerlegt werden. Dieses gelingt, sobald die optimale Produktwahl getroffen wird. Als Grundierung eignet sich eine getönte Tagespflege, oder gegebenenfalls genügt auch ein Hauch Puder. Ein leichtes Akzentuieren der Wangen und ein dezenter, schwach deckender Lippenstift oder ein Gloss genügen für den Anfang. Wimperntusche und ein natürlich wirkender Kajalstift runden das Bild ab.

vorher

nachher

Senioren-Make-up

Besonders die Grundierung muss sehr sorgfältig, dem Hauttyp und der Hautfarbe entsprechend, ausgewählt werden. Senioren neigen tendenziell eher zu einer trockenen Haut. Eine sehr kompakte Grundierung neigt dazu, sich in den Falten abzusetzen und betont diese dadurch. Rote Äderchen und Pigmentflecken können lokal mit einer Abdeckcreme kaschiert werden. Eine grünstichige Abdeckcreme ist durch die Komplementärwirkung besonders zum Abdecken von roten Hautveränderungen geeignet. Zum Abpudern eignet sich besonders loser Puder, da dieser sehr sparsam aufgetragen werden kann. Das Schminken der Augenpartie erfordert technisch und gestalterisch viel Geschick. Auch hier können durch unvorteilhafte Farb- und Produktwahl die Fältchen betont werden. Bei ausgeprägten Schlupflidern ist auf gut haftenden Lidschatten und wasserfeste Wimperntusche zu achten. Stark perlmuthaltiger Lidschatten wirkt schnell unnatürlich und aufgesetzt. Rouge und Lippenstift sollten harmonisch aufeinander abgestimmt sein und dezent zum Einsatz kommen.

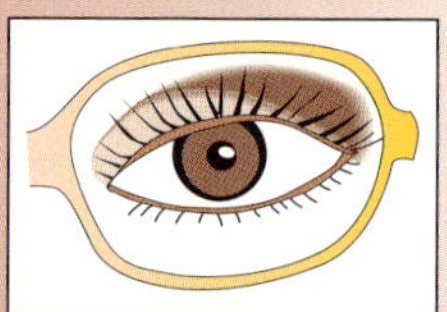

Brillenglas für Weitsichtige vergrößert das Auge optisch

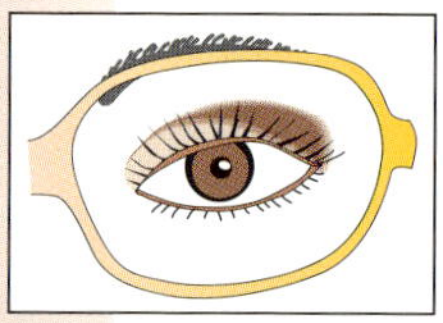

Brillenglas für Kurzsichtige verkleinert das Auge optisch

Brillen-Make-up

Gerne nehmen Brillenträger die Dienste einer Friseurin in Anspruch, da sie ohne Brille oder nur mit einer Schminkbrille Probleme beim Schminken haben. Klären Sie vor der Make-up-Gestaltung, um welchen Brillentyp es sich bei der Trägerin handelt. Denn Brillengläser für Weitsichtige vergrößern das Auge optisch, d. h., Sie sollten keine grellen Farben wählen, da diese Wirkung verstärkt wird. Dunkle Farben sind geeignet, da das Auge so optisch verkleinert wird. Dagegen verkleinern die Brillengläser für Kurzsichtige das Auge, hier können alle gestalterischen Tricks eingesetzt werden, die zu einer optischen Vergrößerung führen.

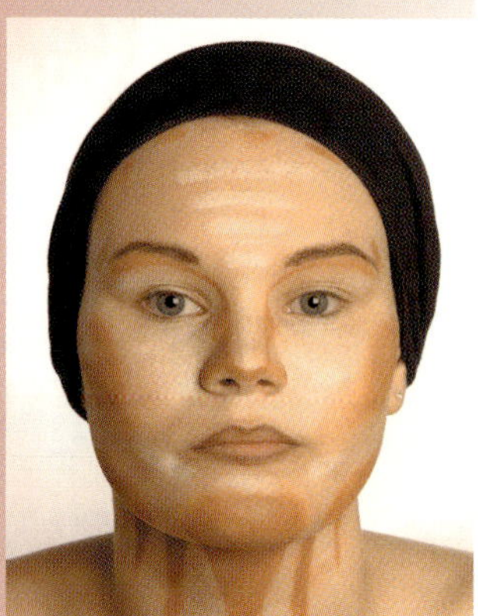

Schattierung

2.3.3 Make-up für besondere Anlässe

Foto-Make-up

Grundsätzlich muss zwischen einem Make-up für ein Farb- oder Schwarzweiß-Foto unterschieden werden. Das Make-up für ein Farbfoto kann grundsätzlich etwas kräftiger geschminkt werden, denn durch die Beleuchtung wird einiges an Farbe geschluckt. Bei einem Foto-Make-up ist auch eine Modellierung der Gesichtsform möglich. Dazu werden hervorzuhebende Partien hell geschminkt und zurücktretende dunkel geschminkt. So kann eine breite Nase oder ein spitzes Kinn für ein Foto optisch kaschiert werden. Bei einem Make-up für ein Schwarzweiß-Foto ist auch eine Schattierung möglich, jedoch wird jede Farbe nur in ihrer Farbtiefe dargestellt. So wirkt ein sehr dunkelroter Lippenstift auf dem Foto fast schwarz und ein dunkles Rouge lässt den Wangenknochen zurücktreten. Sobald künstliche Lichtquellen eingesetzt werden, muss sorgfältig abgepudert werden, um störende Reflexe zu vermeiden.

Festliches Make-up/Braut-Make-up

Bei dieser Art des Make-up kommt es neben der harmonischen Farb- und Stilwahl besonders auf eine lange Haltbarkeit an, denn durch Schwitzen oder Freudentränen wird das Make-up stark beansprucht. Daher sollte besonderer Wert auf die Grundierung gelegt werden. Ein Long-lasting-Make-up und das gewissenhafte Abpuderen stellen eine notwendige Voraussetzung dar. Aber auch alle anderen Produkte sollten sich durch gute Haltbarkeit auszeichnen, dabei verstehen sich die wasserfeste Wimperntusche und der „kussechte" Lippenstift von selbst.

Bei einem klassischen Braut-Make-up sollte die Farbauswahl besonders dezent ausfallen, grelle leuchtende Farben stellen zu den vorwiegend hellen Kleidern einen zu starken Kontrast dar. Anders sieht es bei den festlichen Make-ups aus, hier können abgestimmt auf die Trägerin schon mal deutliche Akzente gesetzt werden, angefangen von künstlichen Wimpern bis hin zu ausgefallenen Lidschatten- und Rougetechniken, wobei je nach Moderichtung die Übergänge zum Bodypainting fließend sind.

Festliches Braut-Make-up

Fantasie-Make-up/Bühnen-Make-up

Für ein professionelles Bühnen-Make-up gibt es ausgebildete Visagisten und Maskenbildner, dennoch sollte auch eine Friseurin über einige Basiskenntnisse verfügen. In der Karnevalszeit oder bei einer Kinderschminkaktion im Salon können diese Kenntnisse hilfreich sein. Im professionellen Bereich wird zwischen fett- und wasserlöslicher Schminke unterschieden. Die **wasserlösliche Schminke** ist wie **Wasserfarbe** anzuwenden und nach dem Trocknen wischfest. Diese Art der Schminke lässt sich gut mit Reinigungssyndets und Wasser entfernen.

Die **fetthaltige Schminke** dagegen muss mit Abschminke entfernt werden. Sie eignet sich besonders gut für Schattierungsarbeiten, wie es beim **Älterschminken** erforderlich ist. Fettschminke muss zusätzlich fixiert werden, dazu wird reichlich Puder auf das gesamte Make-up aufgebracht und nach kurzer Einwirkzeit mit einer Puderquaste behutsam entfernt. Diese Art der Schminke hält der hohen Transpiration, wie es z. B. bei Bühnendarstellern der Fall ist, gut Stand.

Fantasie-Make-up

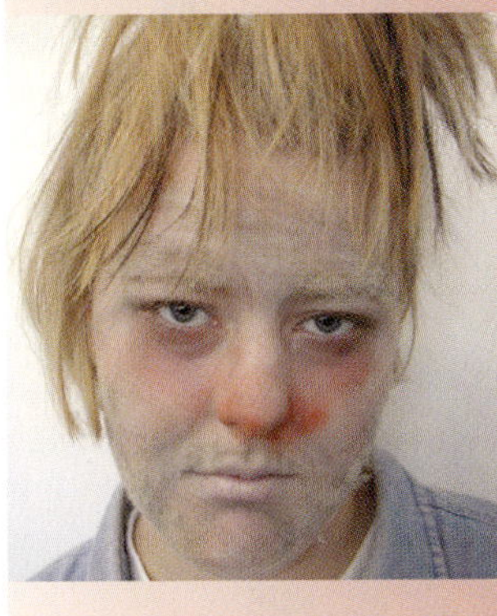

Bühnen-Make-up

EXKURS

Camouflage

Bei der Camouflage handelt es sich um ein besonders gut deckendes, wasserfestes Make-up, das in erster Linie zum Camouflieren (= verdecken, tarnen) von Hautveränderungen verwendet wird. Hautveränderungen wie Vitiligo, Blutschwamm, Feuermal oder Brandwunden, aber auch Tätowierungen können damit abgedeckt werden. Eine gute Camouflage zeichnet sich durch hohe Deckkraft, breites Farbspektrum, lange Haltbarkeit, gute Verträglichkeit und leichte Anwendung aus. Camouflage wird in mehreren dünnen Schichten mit einem Schwämmchen aufgetragen und anschließend mit einem Spezialpuder fixiert. Bei täglicher Anwendung sind ein besonders gewissenhaftes Entfernen und Pflegen der Haut wichtig.

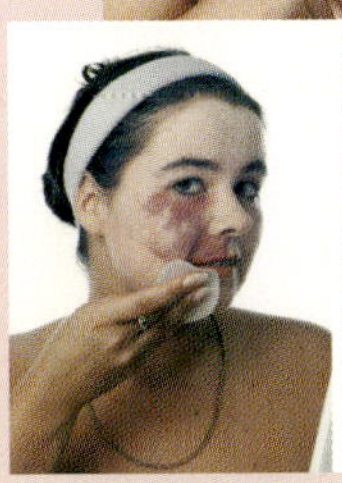

Camouflage eines großflächigen Feuermals

3 Maniküre

3.1 Aufbau und Wachstum der Fingernägel

3.2 Nagelschäden und Nagelanomalien

3.3 Durchführung einer Maniküre

3.4 Spezialbehandlungen

- Nail-Art
- Künstliche Nagelverstärkung oder -verlängerung (Nagelmodellage)

Nils macht sich die ersten Gedanken zur Zwischenprüfung und hat besondere Bedenken bei der Durchführung der Maniküre. Im Gegensatz zu seinen Mitschülerinnen hat er weniger Erfahrung damit, da in seinem Ausbildungsbetrieb diese Dienstleistung nicht angeboten wird.

Die Nägel nails bilden zusammen mit den Fingern eine Einheit, die das wichtigste Tast- und Greiforgan des Menschen darstellt. Neben funktionalen Aufgaben der Nägel, wie Schutz der empfindlichen Fingerkuppen, Unterstützen der Greiffähigkeit, schmücken sie auch den Träger. Möchte man das Alter eines Menschen schätzen, so hilft ein Blick auf die Hände, denn diese sind das ganze Leben lang allen äußeren Einflüssen ausgesetzt. UV-Belastung durch Sonnenlicht, aber auch berufliche Einflüsse beanspruchen die Hände und Nägel erheblich. Gepflegte Hände und Nägel werden durch eine fachgerechte Maniküre erreicht. Dabei kann die Gestaltung der Nägel Ausdruck des persönlichen Geschmacks und des Modeeinflusses sein.

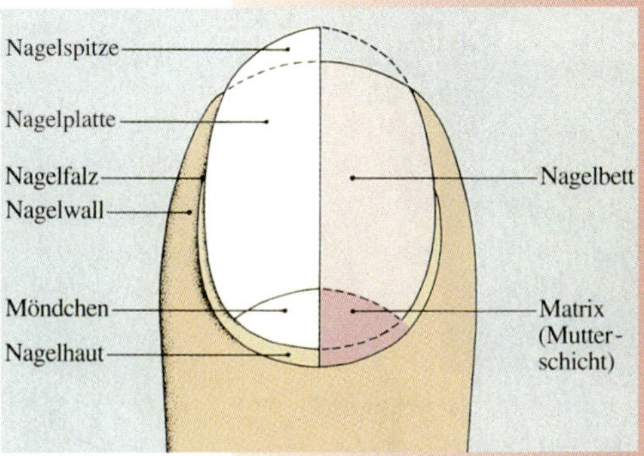

Aufsicht auf einen Fingernagel

3.1 Aufbau und Wachstum der Fingernägel

Nägel sind Anhangsgebilde der Haut und bestehen – vergleichbar mit den Haaren – aus verhorntem Keratin. Die feste, durchscheinende **Nagelplatte** besteht aus mehreren Schichten verhornter, plättchenförmiger Zellen (Keratinocyten). Die Hornplatte liegt auf dem bindegewebigen **Nagelbett** auf, diese ist von zahlreichen Blutgefäßen durchzogen und versorgt die auf ihr liegende **Keimschicht** des Nagels. Die seitlichen Nagelränder sind in die **Nagelfalz** eingelassen und die **Nagelwurzel** befindet sich in der **Nageltasche**. Eine hufeisenförmige Erhebung umgibt die Nagelplatte, der so genannte **Nagelwall**. Der untere, halbmondförmige, weißlich schimmernde Teil der Nagelplatte wird **Möndchen** (Lunula) genannt. Es wird ihm keine Funktion zugeschrieben und er tritt häufig nur an den Daumennägeln auf. Anders sieht es mit der **Nagelhaut** aus, sie befindet sich über dem Möndchen und schützt die darunter liegende Nageltasche vor dem Eindringen von Fremdstoffen und Krankheitserregern. Daher beschränkt sich die Behandlung der nicht durchbluteten Nagelhaut auf Pflege und vorsichtiges Zurückschieben, damit die Matrix nicht geschädigt wird.

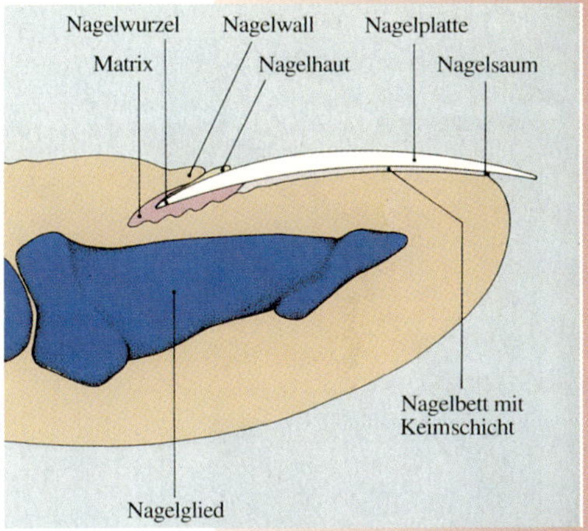

Fingerkuppe (Schema)

Der Nagel wird hauptsächlich in der **Mutterschicht (Matrix)** gebildet. Vergleichbar mit dem Haarwachstum werden auch hier Keratinocyten gebildet, die allmählich verhornen und dabei immer weiter nach vorne geschoben werden, daher spricht man vom **Längenwachstum**. Der Nagel wächst durchschnittlich 3 mm im Monat. Das **Dickenwachstum** wird von der Keimschicht im Nagelbett beeinflusst und lässt einen Nagel zwischen 0,3 mm bis 1 mm dick werden. Das Hornmaterial besteht aus drei unterschiedlich verlaufenden Keratinfaserschichten. Dieser Aufbau, der mit einer Sperrholzplatte verglichen werden kann, ist für die Festigkeit des Nagels verantwortlich.

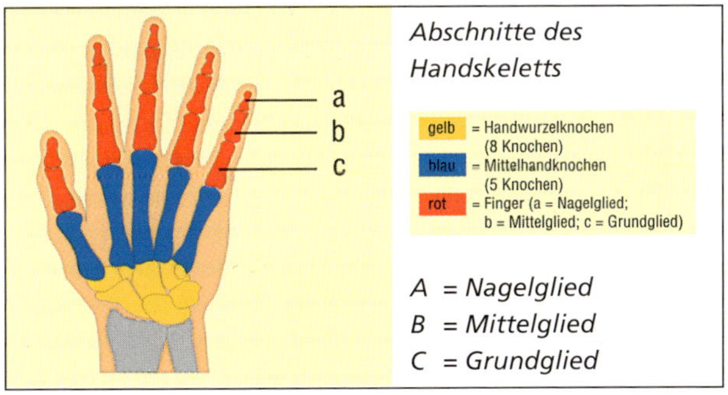

Abschnitte des Handskeletts

A = Nagelglied
B = Mittelglied
C = Grundglied

Muss ein Nagel nach einer Verletzung – z. B. durch Quetschen – entfernt werden, so braucht ein Fingernagel in der Regel fünf bis sechs Monate, bis er sich erneuert hat. Ein **Zehnagel** wächst deutlich langsamer und braucht zwischen sieben und zwölf Monate, bis er sich neu gebildet hat.

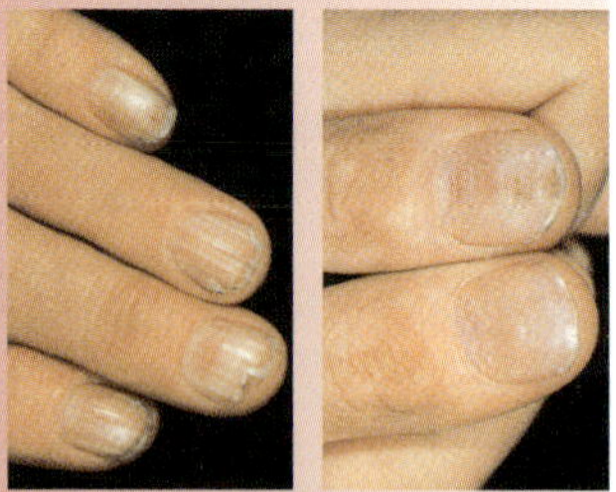

Längs- und Querrillen im Nagel

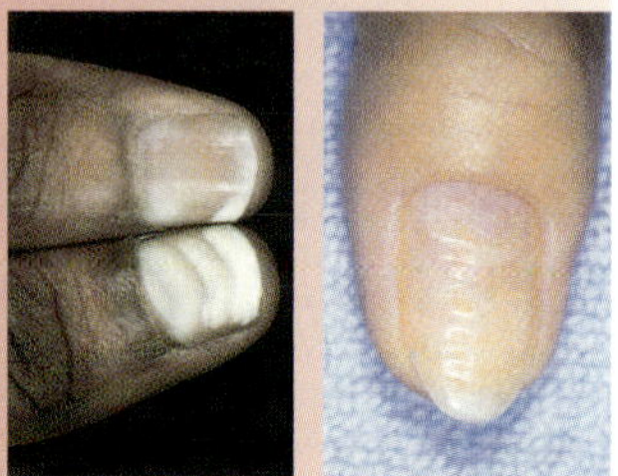

Weiße Flecken und Einsenkungen im Nagel

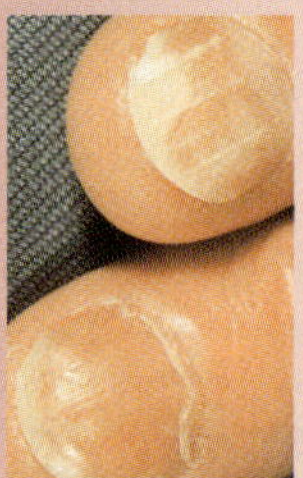

Nagelmykose

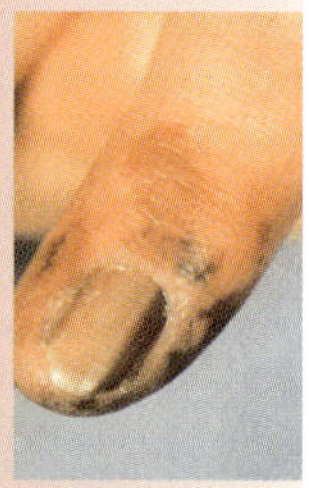

Malignes Melanom im Nagelbereich

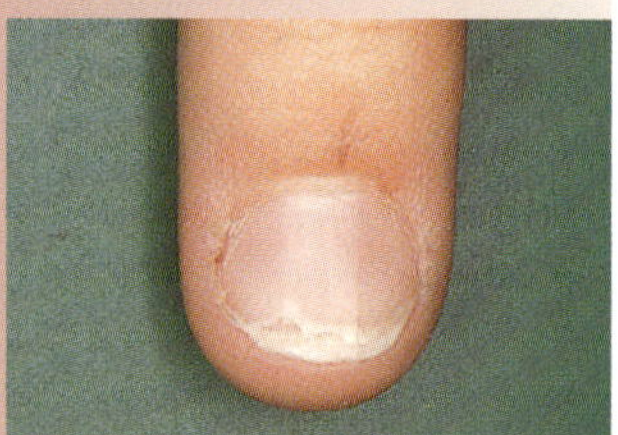

Brüchige Nägel

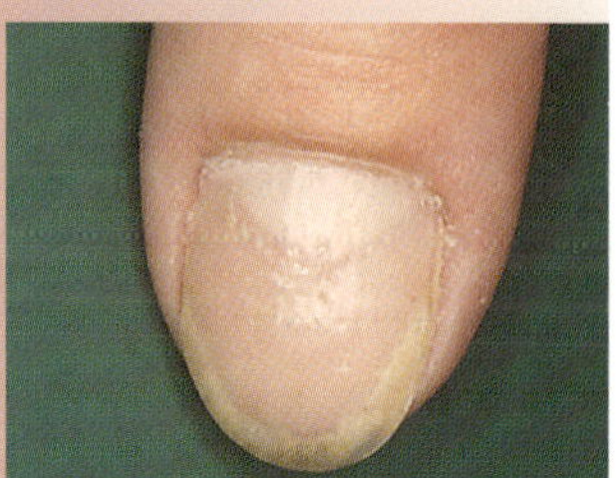

Nagelgrübchen bei Schuppenflechte

3.2 Nagelschäden und Nagelanomalien

Das Erkennen von Nagelerkrankungen ist sehr wichtig und steht vor Beginn einer jeden Maniküre. Nagelveränderungen können unterschiedliche Ursachen haben und werden demnach auch differenziert behandelt. Nagelerkrankungen, wie Pilzbefall, Infektionen oder Verletzungen, wie ein gequetschter Fingernagel, gehören in ärztliche Behandlung. Andere Veränderungen, wie brüchige Nägel oder Nagelrillen, können auch kosmetisch behandelt werden.

- **Querrillen.** Die Matrix stellt einen besonders sensiblen Bereich des Nagels dar. Wird dieser verletzt, kann eine dauerhafte Nagelschädigung die Folge sein. Verletzungen durch Quetschung der Matrix, aber auch eine fehlerhafte Maniküre, bei der die Nagelhaut mit einem harten Instrument kräftig zurückgeschoben wird, führen zu Querrillen. Aber auch Wachstumsstörungen als Folgeerscheinung von schweren Krankheiten führen zu quer verlaufenden Rillen. Eine Chemotherapie oder massive Diäten sind ebenfalls als Ursache bekannt.
- **Längsrillen**. Mit zunehmendem Alter können sich die Rillen verstärken und an der Nagelspitze zu ständig wiederkehrenden Splitterungen des Nagels führen. Beide Rillenarten können je nach Ausprägung mit einer Polierfeile geglättet werden, jedoch darf diese Technik nur in dem Dickenwachstum entsprechenden Abständen wiederholt werden, damit die Nagelplatte nicht zu dünn wird. Ein Rillenfüller kann das optische Erscheinungsbild verbessern und ein Nagelhärter die polierte Nagelplatte stärken.
- **Einsenkungen** der Nagelplatte treten häufig bei Patienten mit Schuppenflechte (Psoriasis) als Begleiterscheinung auf und werden dann Tüpfelchennägel genannt. Rillenfüller kaschiert diese Einsenkungen.
- **Weiße Flecken** in der Nagelplatte treten in unregelmäßigen Abständen an verschiedenen Stellen des Nagels auf. Luftgefüllte Hohlräume zwischen den Zelllagen erzeugen diese weißen Flecke. Die Ursache für diese Fleckenbildung ist ungeklärt. Es werden Mangelerscheinungen oder auch mechanische Einflüsse diskutiert.
- **Niednägel** sind die losgelösten Hautteilchen am Nagelwall. Austrocknende Arbeiten, wie Spülen, verschlimmern diese Hautveränderung und können bis zur Entzündung des Nagelwalls führen. Vorbeugende Pflege des Nagelwalls mit fetthaltigen Cremes wird empfohlen.
- **Infektionen** des Nagelwalls werden durch eindringende Krankheitserreger erzeugt und führen zu schmerzhaften Entzündungen. Eine Maniküre darf dann nicht durchgeführt werden.
- **Brüchige und weiche Nägel** entstehen ebenfalls durch häufigen Kontakt mit fettlösenden oder austrocknenden Substanzen. Ernährungsmängel, Stoffwechselerkrankungen oder Nebenwirkungen einiger Medikamente können aber auch die Ursache sein. Eine regelmäßige Pflege mit Nagelöl oder -creme minimiert das Problem. Nagelhärter wird bei weichen Nägeln eingesetzt.
- **Pilzbefall** der Nägel (Nagelmykosen) kann an Händen und häufiger noch an Füßen auftreten. Befallene Bereiche verfärben sich zunächst gelblich und verdicken langsam. Eine sofortige Behandlung mit einem Antimykotikum ist notwendig. Ist erst die Matrix befallen, verläuft die Therapie problematischer. Wegen der Übertragungsgefahr darf keine Maniküre gemacht werden.
- **Malignes Melanom.** Der schwarze Hautkrebs kann sich auch im Nagelbereich entwickeln und zeigt sich durch streifenförmige Schwarzfärbung.

3.3 Durchführung einer Maniküre

Arbeitsplatzvorbereitung

Für die Nagelpflege (Maniküre) werden alle notwendigen Werkzeuge und Produkte bereitgelegt. Eine hygienische Arbeitsweise ist Voraussetzung, daher muss die Ausführende vor der Behandlung die Hände waschen. Es dürfen nur saubere und desinfizierte Werkzeuge verwendet werden, da es bei einer Maniküre leicht zu Verletzungen kommen kann.

Diagnose und Beratung

Ein erster fachkundiger Blick zeigt der Akteurin, ob eine Infektion des Nagelwalls oder ein Nagelpilz eine Manikürebehandlung verhindert. Ist dies nicht der Fall, so sollte eventuell vorhandener Restlack von den Nägeln entfernt werden, damit eine umfassende Diagnose möglich ist. Mithilfe eines **Diagnosebogens** kann eine Beurteilung vorgenommen werden. Hierbei wird auf den Zustand der Nägel und der Nagelhaut besonders geachtet. Die Form der Hände und Nägel spielen bei der Gestaltung eine Rolle, aber auch Kundenwunsch oder Probleme werden in die nachfolgende Beratung mit einbezogen.

Entlacken, Kürzen und Formen der Nägel

Laut Hautschutzplan muss die Friseurin zum Entfernen von Nagellack Einmalhandschuhe tragen, da der Nagellackentferner austrocknende Wirkung hat. Das Wattepad wird um den eigenen Mittelfinger gelegt und mit Zeige- und Ringfinger festgehalten. Das mit Nagellackentferner getränkte Pad wird kurz auf den Nagel gelegt und mit einer leichten Drehbewegung zur Nagelspitze gezogen. Künstliche Nägel dürfen nur mit acetonfreiem Nagellackentferner entlackt weren. Nagellackentferner nach Gebrauch sofort wieder verschließen.

Das Feilen der Nägel sollte gegenüber dem Schneiden bevorzugt werden, nur sehr lange Nägel werden mit einer Schere vorgekürzt. Feilen gibt es in verschiedenen Größen, Formen und Körnungen. Die Stärke der Körnung einer Feile wird in Grit angegeben. Grobe Feilen, wie sie in der Nagelmodellage benötigt werden, haben Körnungen von 60–100 Gritt. Polierfeilen dagegen haben mehr als 1000 Gritt. Zum Kürzen und Formen der Nägel empfehlen sich Feilen mit mittlerem Gritt und einem Schaumstoffkern, damit die Feile elastisch ist. Metallfeilen sollten im professionellen Bereich nicht verwendet werden, da durch die Hitzentwicklung beim Feilen die Nageloberfläche mikroskopisch feine Risse bekommt. Aus hygienischen Gründen sollten Einmalfeilen verwendet werden oder für jede Kundin ein eigenes Feilenset benutzt werden.

Nägel werden entsprechend der gewünschten Form von außen nach innen gefeilt und können in der natürlichen Form beeinflusst werden. Die Ecken sollten nicht zu stark ausgefeilt werden, da der Nagel sonst an Stabilität verliert. Wichtig ist das Brechen des **Feilgrates** nach der Formbestimmung, damit keine scharfen Kanten entstehen. Dazu wird die Feile von oben nach unten über die Nagelkante geführt.

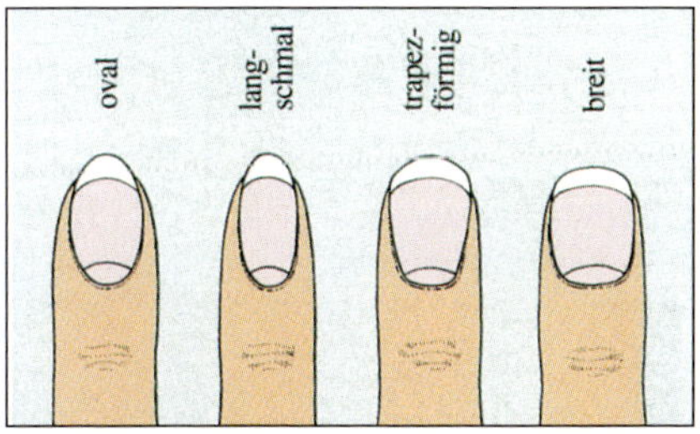

Nagelformen

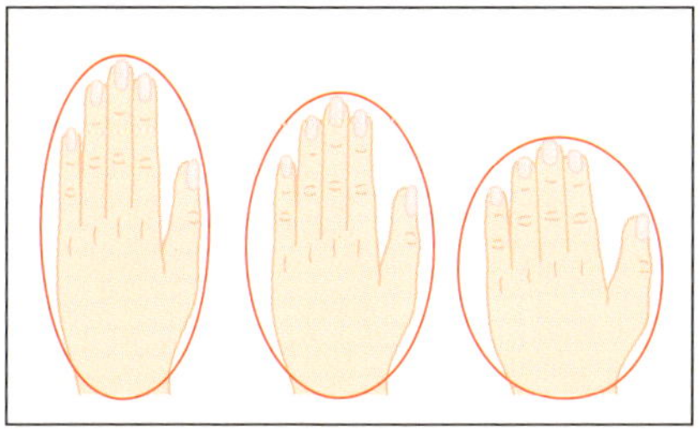
Handformen

Tipp

Ablauf:
- Arbeitsplatzvorbereitung
- Hand- und Nageldiagnose, Entfetten der Nagelplatte und Beratung, gegebenenfalls entlacken
- Kürzen und Formen der Nägel
- Behandlung der Nagelhaut und Pflege der Nägel
- Hand- und Armmassage
- Gestalten der Nägel
- Reinigung der Arbeitsgeräte

Inhaltsstoffe von Nagellackentfernern

- **Lösungsmittel**
  wie Aceton, Butanol oder Ethylacetat lösen den Lack, sodass dieser entfernt werden kann. Aceton hat starke Lösungseigenschaft, trocknet den Nagel aber auch stärker aus.
- **Rückfettende Stoffe**
  wie pflanzliche Öle, Lanolin und Fettalkohole sollen die entfettende Wirkung des Lösungsmittels auf den Nagel abschwächen.

Tipp

Nagellack nie offen stehen lassen, da sonst das Lösungsmittel entweicht.

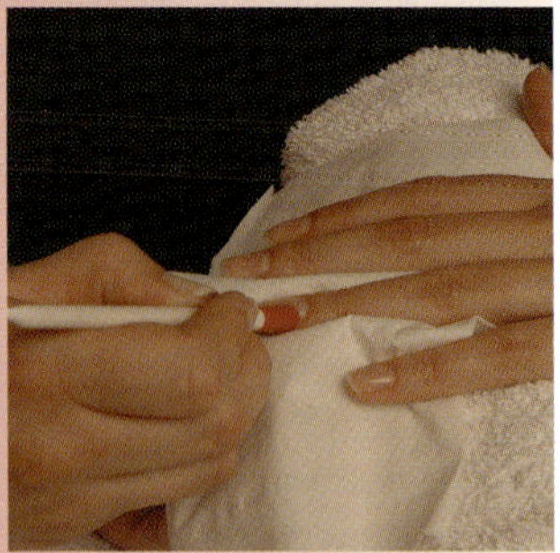

Zurückschieben der Nagelhaut

Behandlung der Nagelhaut

Nachdem die Nägel der ersten Hand gefeilt wurden, kann die Vorbereitung für die Nagelhautbehandlung beginnen. Dazu wird ein **Handbad** zur Erweichung der Nagelhaut empfohlen. Das warme Nagelbad enthält waschaktive Substanzen. Bei stark verfärbten Nägeln, wie es bei Rauchern oft der Fall ist, kann zusätzlich Wasserstoffperoxid hinzugefügt werden. Zur Herstellung einer 1 %igen Lösung eignet sich H_2O_2 in Tablettenform. Nach dem Abtrocknen der Hand wird die Nagelhaut gezielt mit einem **Nagelhauterweicher** eingepinselt. Während der Einwirkzeit empfiehlt es sich, den Nagelsaum mit einem Nagelreiniger zu reinigen und die Feilarbeiten nochmals zu kontrollieren. Die Nagelhaut lässt sich mit einem **Rosenholzstäbchen, Pferdefüßchen,** auch **Radierstäbchen** genannt, leicht zurückschieben. Werkzeuge aus Metall sind weniger zu empfehlen, da eine Verletzung der darunter liegenden Matrix durch das harte Material möglich ist.

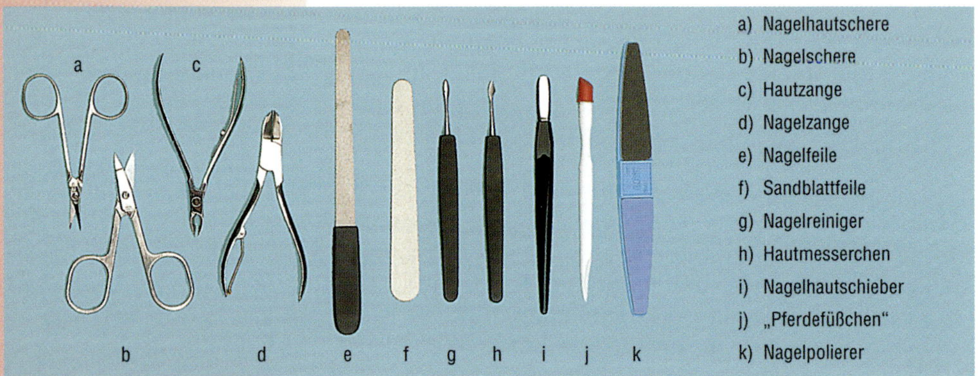

Geräte zur Nagelpflege

Grundsätzlich gilt: Nagelhaut wird **nicht** geschnitten. Sollten einige kleine Hautfransen als störend empfunden werden, so können diese mit der Nagelhautzange oder -schere behutsam entfernt werden.

Nach der Behandlung der Nagelhaut ist das Entfernen des Nagelhauterweichers empfehlenswert. Die nachfolgende **Pflege der Nagelhaut** mit Nagelöl oder -creme wirkt sich besonders nach der quellenden Nagelhautbehandlung positiv aus. Die rückfettenden Produkte werden mit kreisenden Fingerbewegungen in den gesamten Nagelwall einmassiert. Jetzt wird die zweite Hand aus dem Handbad genommen und die Behandlung wiederholt sich. Im Anschluss an die Nagelhautbehandlung kann eine entspannende Hand- und Armmassage durchgeführt werden.

Produkte zur Nagelhautbehandlung	Inhaltsstoffe	Aufgaben
Handbad	– Handwarmes Wasser mit waschaktiven Substanzen – Wasserstoffperoxid	– Erweichen der Nagelhaut – Verfärbungen mildern
Nagelhauterweicher	– Natron- oder Kalilauge (max. 5 %) – Feuchthaltemittel, z. B. Glycerin – Trägermasse, z. B. O/W-Emulsion	– Quellen die Nagelhaut – Verhindern zu starkes Austrocknen – Konsistenzgeber
Nagelöl/-creme	– Pflanzliche Öle – O/W- Emulsionen	– Nagelwall und -haut durch Fett- und Feuchtigkeitszufuhr geschmeidig halten

Handmassage

Beispiel für eine Handmassage

Die Handmassage wird im Anschluss an die Pflege des Fingernagels durchgeführt. Auf Hand und Unterarm wird Massageöl oder Handcreme aufgetragen.

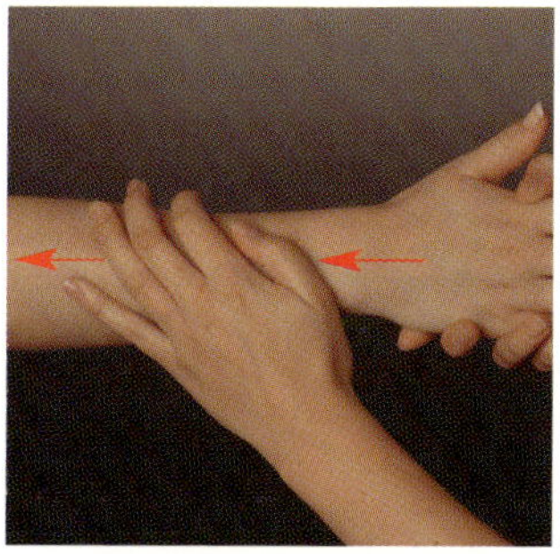

Ausstreichen von Hand und Unterarm (mit beiden Händen im Wechsel). Griff zum Abschluss der Massage wiederholen

Friktionen der Finger (mit Daumen und Zeigefinger)

Ausstreichen der Finger (mit Daumen und Zeigefinger)

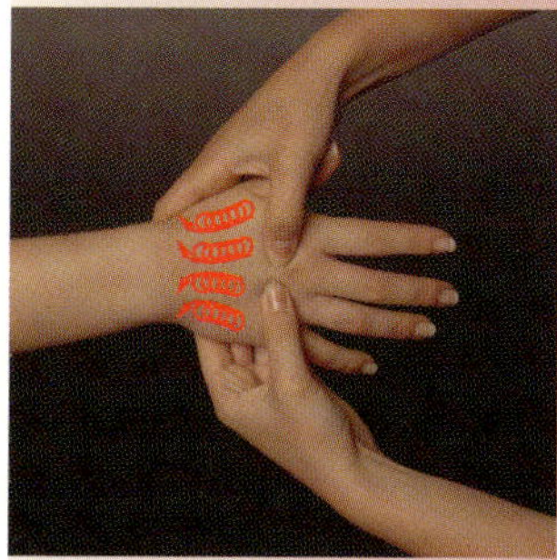

Friktionen der Mittelhand (mit den Daumen)

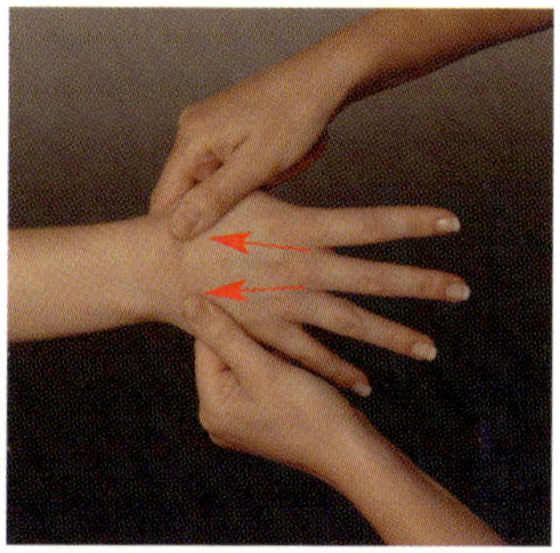

Ausstreichen der Mittelhand (mit den Daumen)

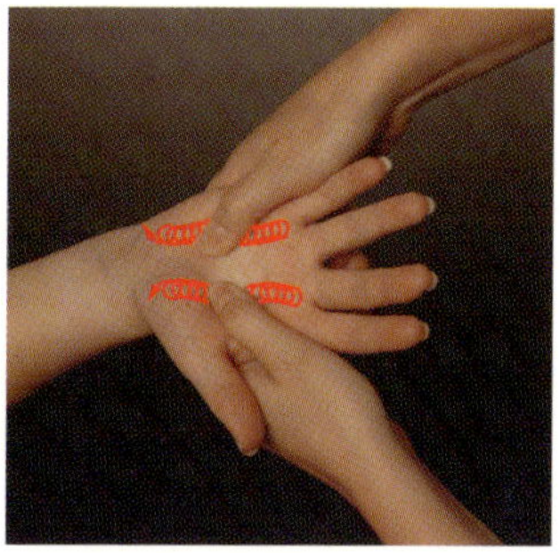

Friktionen der Innenhand (mit beiden Daumen)

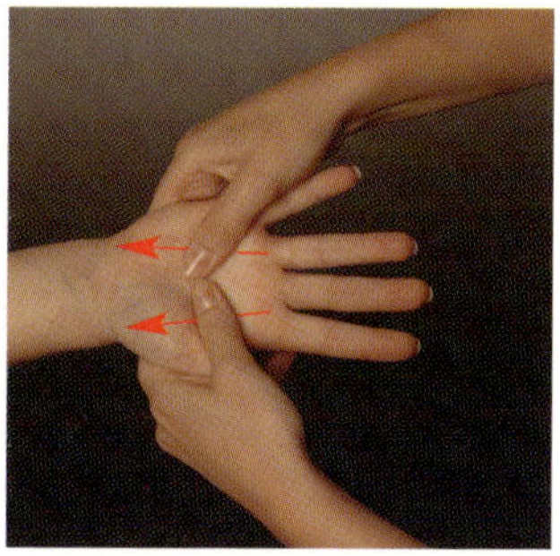

Ausstreichen der Innenhand (mit den Daumen)

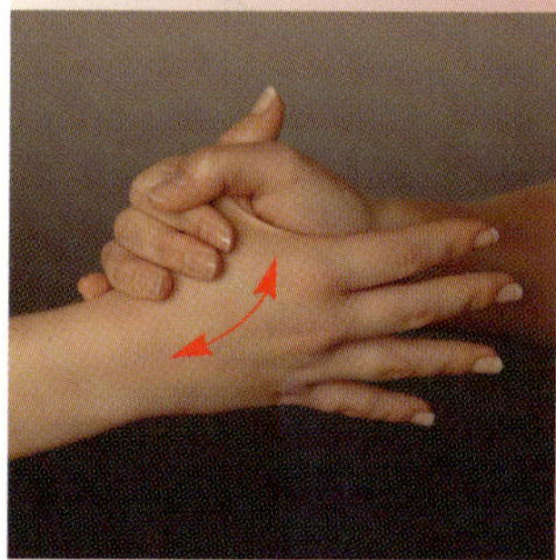

Austreichen der Innenhand durch Hin- und Herbewegung der massierenden Hand

Gestalten der Nägel

Bei einer vollständigen Maniküre kann nicht jedes Produkt eingesetzt werden. Hier gilt es, eine sinnvolle Auswahl, abgestimmt auf den Bedarf der Nägel, zu treffen. Bei weichen Nägeln ist eine Behandlung mit **Nagelhärter** sinnvoll, dennoch sollte darauf geachtet werden, dass der Hautkontakt vermieden wird, denn einige enthalten Formaldehyd und stehen somit im Verdacht, krebserregend zu sein. Wünscht die Kundin im Anschluss an die Handmassage keinen Nagellack, so ist das **Polieren** der Nägel eine glanzbringende Alternative. Dafür gibt es Polierfeilen in unterschiedlichen Stärken. Vor dem ersten Lackauftrag muss die Nagelplatte entfettet werden. Um einer Verfärbung der Nagelplatte durch **Farblack** vorzubeugen, ist die Verwendung eines **Unterlackes** sinnvoll. Sollen zusätzlich noch Rillen ausgeglichen werden, empfiehlt sich anstelle des Unterlacks ein **Rillenfüller**. Nach zwei dünnen farbigen Lackschichten kann zum Abschluss noch ein **Überlack** verwendet werden, der die Trocknungszeit verkürzt oder zusätzlichen Glanz gibt.

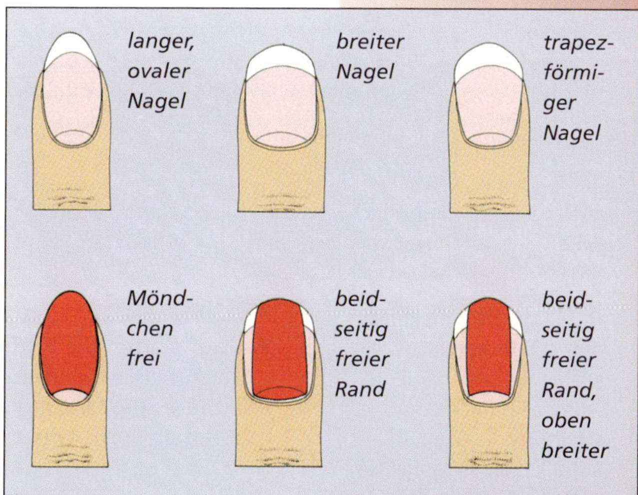

Nagelformen beeinflussen

Tipp

Beeinflussung der Hand- und Nagelform
- geeignete Farbwahl
- Formen der Nägel unter gestalterischen Aspekten
- geeignete Lackiertechnik auswählen

Lackiertechnik. Entsprechend der Hand- und Nagelform wird jeder Nagel in zwei dünnen Farbschichten lackiert. In drei bis fünf Pinselstrichen sollte der Lack aufgetragen sein, um ein streifiges Ergebnis zu verhindern. Jede Schicht sollte gut aushärten, dadurch wird die Haltbarkeit erheblich verbessert.

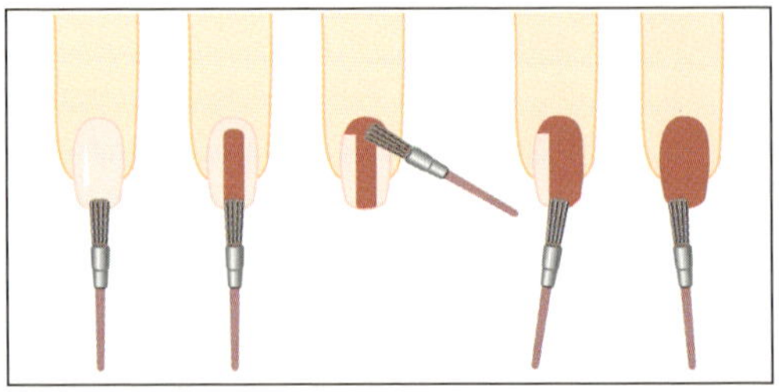

Produkte zur Pflege und Gestaltung der Nägel

Produkte	Inhaltsstoffe	Aufgaben
Nagelhärter	– Max. 5 % Formaldehyd oder filmbildende Harze, Aluminium-Zink-Strontium – Glycerin (Feuchthaltemittel)	– Stärken und festigen der Nagelplatte durch Vernetzung des Keratins – Feuchthaltemittel ist notwendig, um die Elastizität des Nagels beizubehalten **Achtung:** Kein Hautkontakt bei formaldehydhaltigem Nagelhärter, da er in Verdacht steht, krebserregend zu sein
Unter-/ Überlack	– Filmbildende Inhaltsstoffe bilden Lackgrundlage – Harze sorgen für die Haftfestigkeit und den Glanz – Weichmacher halten den Lack elastisch und verhindern das Reißen des Lackes – Lösungsmittel (z. B. Aceton oder Butanol) sind für den Farbauftrag und die Trocknungszeit von Bedeutung – Thixotrophiermittel verhindern das Absetzen von Pigmenten und ermöglichen einen gleichmäßigen, nicht tropfenden Lackauftrag, da der Lack während des Streichvorgangs eine geringere Viskosität als im ruhenden Zustand hat	– Unterlack soll vor Verfärbung der Nagelplatte durch Farblack schützen und die Haftfähigkeit des Farblackes erhöhen – Überlack soll vor allem zusätzlichen Glanz geben und den Trocknungsvorgang des Farblackes beschleunigen.
Rillenfüller	– Vergleichbar mit Unter-/Überlack als Zusatzstoff wird Nylon verwendet	– Durch dickflüssiges Lacksystem kann ein Ausgleich der Nagelplatte geschaffen werden
Farblacke	– Vergleichbar mit Unterlack – Pigmente und Farbstoffe – Eventuell Pigmente mit Perlglanzeffekten	– Farbliche Gestaltung der Nägel – Optischer Ausgleich von Hand- und Nagelformen – Modische Akzente
Nagelweißstift	– Weiße Pigmente – Wachsgrundlage	– Den Eindruck der weißen Nagelspitze verstärken
Nagellackverdünner	– Ähnlich wie Nagellackentferner, jedoch ohne Wasser, da dieses zum Ausscheiden der Pigmente führt	– Zum Verdünnen von geöffnetem Nagellack aus dem bereits zu viel Lösungsmittel entwichen ist

Qualitätskriterien eines guten Farblackes
- Gute Haftung
- Schnelles Trocknen
- Anhaltender Glanz
- Gut haften und abriebfest
- Beständig gegen Wasser und Seife

Merke

Worauf achten die Prüfer bei der Lackiertechnik:
- Gleichmäßiger Farbauftrag mit glatter Oberfläche
- Saubere Abgrenzung zur Nagelhaut und zum Nagelsaum
- Optimale Form entsprechend der Nagelform gewählt

3.4 Spezialbehandlungen

3.4.1 Nail-Art

Diverse farbige Nagellacke, Strasssteine, farbige selbstklebende Folien, Federn und andere Materialien bieten ein umfangreiches Repertoire für das Gestalten von Nail-Art-Nägeln. Alle Techniken können auf dem Naturnagel oder einem Kunstnagel (Tip) angewendet werden. Wie beim normalen Lackieren sollte ebenfalls ein Unterlack verwendet werden. In den nassen Farblack werden Strasssteine und andere Accessoires eingearbeitet und mit Überlack fixiert. Hilfsmittel wie abziehbare Schablonen helfen bei Mehrfarbentechniken. Bei der Nass-in-Nass-Technik werden mit verschiedenen Farblacken und einer Malkugel aus Metall Marmoreffekte erzeugt. Um die Oberfläche zu strukturieren, können verschiedene Gewebearten, wie Tüll, in den nassen Lack gedrückt werden. Einen besonderen Effekt erzielt man mit zwei verschiedenen Farblacken. Kleine Freihandzeichnungen mit feinen Pinseln und sogar Airbrush finden Anwendung.

Bei der klassischen **French Manicure** wird zunächst der gesamte Nagel mit einem durchscheinenden, eventuell leicht getönten Lack lackiert. Nach dem Trocknen kann auf die Smile Line (optische Trennung der Nagelspitze zur Nagelplatte) eine Schablone aufgebracht werden. Auf die Nagelspitze wird nun ein weißer Decklack aufgebracht und die Schablone kurz nach dem Lackauftrag zügig abgezogen. Abschließend wird der gesamte Nagel mit einem Transparentlack nochmals überlackiert.

Nail-Art hat viele Gesichter:
- Knallig, bunt und ausgeflippt
- Ausgefallen und individuell
- Harmonisch und dezent
- Auf die Modesaison abgestimmt
- Für einen speziellen Anlass
- Auf wenigen oder allen Fingernägeln

3.4.2 Künstliche Nagelverstärkung oder -verlängerung (Nagelmodellage)

Unter dem Begriff Nagelmodellage wird das Erstellen und Anbringen künstlicher Fingernägel verstanden. Es wird zum Verlängern, aber auch zum Verstärken des natürlichen Nagels eingesetzt, um ein vorzeitiges Abbrechen zu verhindern. Grundsätzlich wird zwischen der Tip-Technik, bei der ein künstlicher Nageltip dauerhaft aufgebracht wird und der Schablonentechnik unterschieden. Die Schablone wird unter dem Nagel angebracht und mit speziellem Kunststoff wird die Modellage dem Naturnagel angepasst und aufgeklebt.

Modellagetechniken im Überblick

Lichthärtungssystem (Gel)	Pulver-Flüssigkeitssystem (Acryl)	Fiberglass/Seidensystem
– Ein lichthärtender Kunststoff, kurz Gel genannt, härtet erst durch den Einsatz eines Lichthärtungsgerätes aus. – Geeignet für die Tip-Technik, Schablonentechnik und zur Verlängerung.	– Das Acrylmaterial besteht aus einem Pulver und einem Liquid, das nach dem Anrühren selbstständig aushärtet (polymerisiert). – Geeignet für Schablonen- sowie Tip-Technik.	– Fiberglassgewebe wird auf den Naturnagel aufgebracht und mit einem Spezialkleber verarbeitet. – Wird viel zur Naturnagelverstärkung und Reparatur eingerissener Naturnägel eingesetzt.

KAPITEL 6

Den Markt einschätzen

Betriebliche Arbeitsges

Marktcha

Zielgruppen und ihre unterschiedlichen Ansprüche

Salonkonzepte und spezifische Angebotsgestaltung

Markt- und Marktforschung

ung

Marketing in gesättigten Märkten

Werbung

Preispolitik

Qualitätsmanagement

1 Den Markt einschätzen

Karla liest in der aktuellen Friseurfachzeitschrift von der Wahl zum Salon des Jahres. Begeistert zeigt sie ihrer Chefin die Hochglanzfotos.
„Das würde mir auch gefallen, in einer solchen Umgebung zu arbeiten. „Das wäre aber für unsere Zielgruppe ganz und gar ungeeignet", ist die ernüchternde Reaktion.
„Was für eine Zielgruppe?", fragt Karla.

1.1 Zielgruppen und ihre unterschiedlichen Ansprüche

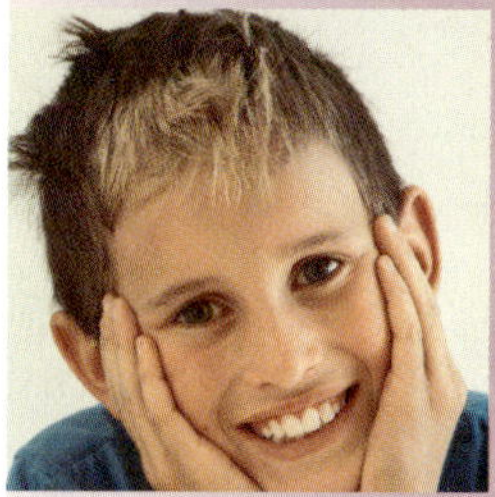

Unterhält man sich mit Freundinnen und Freunden darüber, worauf es ihnen bei der Wahl ihres Friseurs ankommt, dann kann man ganz unterschiedliche Meinungen hören. Manchen ist es besonders wichtig, möglichst kurzfristig und ohne Wartezeiten an die Reihe zu kommen. Andere planen ihre Termine längerfristig, legen aber großen Wert auf die modische Aktualität und die fachliche Beratung in ihrem Salon. Wieder anderen kommt es vornehmlich auf den Preis an, der nicht „zu hoch" sein darf. Leicht lassen sich noch weitere Aspekte finden.

Kunden mit ähnlichen Ansprüchen und Konsumgewohnheiten kann man aus Sicht des Anbieters in Gruppen zusammenfassen. Da es unmöglich ist, den Ansprüchen aller Gruppen gleichermaßen gerecht zu werden, richten auch Salons ihr Angebot – mehr oder minder bewusst – auf bestimmte **Zielgruppen** aus. Man erkennt dies an der äußeren Erscheinung des Salons ebenso wie an dem Angebot an Waren und Dienstleistungen sowie der Preisgestaltung.

Die Einteilung in Zielgruppen kann nach unterschiedlichen Gesichtspunkten erfolgen, was zu unterschiedlichen Ergebnissen führt. Eine mögliche Einteilung könnte lauten:

- Modebegeisterte Menschen, die ihr Aussehen kreativ gestalten und begeistert modische Neuheiten aufnehmen.
- Prestigeorientierte Menschen, denen ein perfekt gepflegtes Äußeres wichtig ist und die damit ihre gesellschaftliche Stellung, ihren Status, zur Geltung bringen wollen.
- Individualisten, denen ihre persönliche Einzigartigkeit sehr wichtig ist, die sich keiner Mode unterordnen wollen und sich deshalb herrschenden Trends zu entziehen suchen.
- Sparsam, unauffällige Menschen, denen modische Erscheinungen gleichgültig sind. Sie möchten ordentlich und zeitlos aussehen und dafür möglichst wenig Geld ausgeben.
- Gepflegt konservative Menschen, die hohe Qualitätsansprüche an Frisur, Make-up und Kleidung stellen, entsprechend erwarten sie Fachkenntnisse vom Friseur. Bei modischen Extravaganzen sind sie eher zurückhaltend, sie bevorzugen ihren persönlichen Stil.
- Ökologisch bewusste Menschen, die als Vertreter einer naturnahen Lebensweise besonders haut- und haarschonende Behandlungsmethoden bevorzugen. Sie erwarten hohe Produktkenntnisse und ein glaubwürdiges Salonkonzept, das z. B. auch den sparsamen Umgang mit Energie und Rohstoffen nachvollziehbar werden lässt.

1. *Ordnen Sie die Modellkunden aus diesem Buch jeweils einer der Zielgruppen zu. Begründen Sie Ihre Entscheidung.*
2. *Suchen Sie weitere Merkmale, nach denen man Zielgruppen einteilen kann, und wenden Sie diese Einteilung auf die Kunden Ihres Salons an.*
3. *Schätzen Sie die in der seitlichen Bildleiste abgebildeten Menschen in Bezug auf ihre Anforderungen an einen Friseursalon ein.*

1.2 Salonkonzepte und spezifische Angebotsgestaltung

Zielgruppengerechte Salonkonzepte. Modebegeisterte Menschen, die ihr Aussehen kreativ gestalten möchten, werden sich einen Friseursalon aussuchen, der mit seinem Äußeren und dem der Beschäftigten ein entsprechendes Image ausstrahlt. In dieser Umgebung fühlen sich solche Menschen wohl und erwarten von den Mitarbeitern, dass sie ihre Erwartungen erfüllen können. Menschen aus einer anderen Zielgruppe werden sich in derselben Umgebung möglicherweise eher unwohl fühlen.

Angebotsgestaltung. Wie beim Warensortiment gibt es auch beim Angebot an Dienstleistungen schmale und breite Sortimente. Breite Dienstleistungsangebote umfassen neben typischen Friseurdienstleistungen auch weniger geläufige Angebote, wie z. B. Enthaarung, Massagen, Solarium oder Aromatherapie. Ein schmales Angebot könnte sich im Extremfall auf Haarschnitte beschränken.
Vorstellbar ist das Konzept eines **Full-Service-Salons** im oberen Preissegment mit einem kompletten Angebot zur Schönheitspflege und zum Wohlfühlen ebenso wie das eines **Quick-Service-Salons** mit einem Minimalangebot, der eiligen Kunden günstige Preise und kurze Wartezeiten ohne Terminvereinbarung bietet.

Salonausstattung. Zur Ausstattung gehören die Bedienungs- und Warteplätze, die Waschanlagen, die Möblierung sowie die technischen Geräte und Werkzeuge. Der Umfang der Ausstattung richtet sich weitgehend nach dem Angebot des Salons.
Die Qualität der Ausstattung und die Salongestaltung sind abhängig von der Zielgruppe, die angesprochen werden soll. Das beginnt schon bei der Außenpräsentation: So wirkt die Gestaltung der Fassade einschließlich Schaufenstern und Eingangstür auf bestimmte Zielgruppen einladend, andere aber wird sie abschrecken.
Hier spielt sicher auch die Preisgestaltung eine wesentliche Rolle: So wäre es ein Widerspruch in sich, einen Salon im unteren Preisbereich allzu aufwendig oder gar protzig auszustatten. Andererseits passt die Gestaltung eines Salons mit naturnahen, als umweltverträglich geltenden Materialien schlüssig in ein Angebot für ökologisch bewusste Menschen. Je extremer die Ausgestaltung in die eine oder andere Richtung geht, desto klarer wird die Ausrichtung auf eine bestimmte Zielgruppe, aber auch die Abhängigkeit von ihr.

Gelingt es, ein erfolgreiches Salonkonzept zu entwickeln und am Markt zu platzieren, so erscheint es nur nahe liegend, dieses Konzept kopieren zu wollen. Manche Friseure eröffnen dazu eine oder mehrere Filialen. Nur wenigen gelingt es allerdings, einen größeren **Kettenbetrieb** mit einer Vielzahl von Filialen aufzubauen.
Neben der Übertragung des Salonkonzeptes liegt ein weiterer Vorteil in der stärkeren Stellung eines Kettenbetriebes gegenüber den Zulieferern. Nicht zu unterschätzen sind allerdings die Anforderungen an die Betriebsführung, von der Personalpolitik bis hin zur Sicherstellung einheitlicher Qualitätsstandards.

Franchising. Dies ist eine andere Möglichkeit, ein erfolgreiches Konzept weiterzugeben: Der Eigentümer des Konzeptes vergibt dabei gegen Bezahlung eine Lizenz zur Nutzung der Konzept-Idee und ihres Namens. Zu der Lizenz gehört in der Regel ein Service-Paket, welches von der Schulung der Mitarbeiter bis zu betriebswirtschaftlicher Beratung reicht und meist auch den gemeinsamen Wareneinkauf beinhaltet.

Im Gegensatz zu Friseurketten gehören Franchise-Salons jeweils unterschiedlichen Eigentümern, obwohl sie alle denselben Namen tragen. Die Salons sind einheitlich in Ausstattung und Ausgestaltung, haben ein einheitliches Angebot an Dienstleistungen, z. B. Schnitttechniken, und einheitliche Preise. Oftmals werden auch eigene Produktlinien zur Haarpflege verkauft. Die Mitarbeiter werden einheitlich geschult, sodass Arbeitsabläufe und Qualitätsstandards vergleichbar sind.

Auch die Werbung erfolgt gemeinsam. Hinter all dem steckt der Gedanke, die Friseurdienstleistung zu einem Markenprodukt mit klar umrissenen Eigenschaften zu machen.

Ist man als Kunde in einer fremden Stadt, so kann man den Friseursalon aufsuchen, der zu einem bekannten Franchise-Konzept gehört. Hier kennt man sich aus und kann erwarten, dass mit vertrauten Arbeitstechniken vergleichbare Ergebnisse erzielt werden, wie in allen anderen Salons mit demselben Namen.

Überlegen Sie, welche Zielgruppen die in der linken Randspalte abgebildeten Salons ansprechen könnten. Begründen Sie Ihre Zuordnung.

1.3 Markt und Marktforschung

Um erfolgreich zu sein, ist es wichtig, den Markt möglichst genau zu kennen. Dies ermöglicht die Marktforschung. Sie wird im großen Stil betrieben von speziellen Marktforschungsunternehmen. Diese erhalten ihre Aufträge z. B. von den Haarkosmetikfirmen oder arbeiten zunächst auf eigene Kosten und bieten ihre Ergebnisse den Unternehmen oder der Fachpresse zur Veröffentlichung an. Veröffentlicht werden in der Fachpresse einzelne Umfrageergebnisse ebenso wie die Ergebnisse fortlaufender Beobachtung des Marktes über einen längeren Zeitraum. Einzelne Umfrageergebnisse geben Aufschlüsse über momentane Stimmungen. Durch fortlaufende Marktbeobachtung kann man Veränderungen und Trends erkennen.
Beispiel: So wird z. B. ermittelt, wo Verbraucher ihre Kosmetikprodukte kaufen, wie häufig sie zum Friseur gehen bzw. wie häufig sie den Friseur wechseln.

Bitte beurteilen Sie uns und unsere Leistungen in den Bereichen:

Terminvergabe ....
Empfang ....
Service ....

(...)
Verwenden Sie bitte das Schulnotensystem von 1 bis 6. Wenn Sie eine Note schlechter als 4 vergeben haben, so wären wir Ihnen dankbar, wenn sie dafür kurz die Gründe angeben würden:

....

....

Beispiel für den Aufbau eines Fragebogens

Kundenbefragung. Für den einzelnen Unternehmer sind die veröffentlichten Ergebnisse der Marktforschung hilfreich, um Entwicklungen des Marktes zu erkennen und daraus Schlüsse für seine eigene Planung zu ziehen. Allerdings sind die Aussagen immer auf die Gesamtheit der Betriebe und des Marktes bezogen und deshalb nur bedingt aussagekräftig für die Situation eines einzelnen Salons.

Aus diesem Grund betreiben manche Betriebe – im Rahmen ihrer Möglichkeiten – eigene Marktforschung in Form von Kundenbefragungen. So lässt sich überprüfen, ob das Bild, welches die Mitarbeiter von sich und ihrem Salon haben, mit der Einschätzung durch die Kunden übereinstimmt. Die Ergebnisse werden allen Mitarbeitern zugänglich gemacht und bilden die Basis für Qualitätsverbesserungen. In diesem Zusammenhang werden auch zunehmend professionelle **Testkunden** eingesetzt.

Sammeln Sie weitere Gesichtspunkte, die für eine Kundenbefragung von Interesse sein könnten.

2 Marktchancen nutzen

Seit Monaten schwächeln die Umsätze im Salon Haarmonie. Alle hatten auf das Frühjahr gehofft, doch noch immer will sich das Geschäft nicht beleben. Heute Abend sitzt das Team zusammen und überlegt, was man machen könnte. Zunächst werden Vorschläge auf einem Wandplakat gesammelt:

„Wir sollten Werbung machen“, schlägt Max vor. Ayse schreibt das Stichwort für alle gut lesbar auf. Da kommt ihr eine Idee: „Können wir nichts an den Preisen ändern?“ – „Aufschreiben“, meint Christine. „Meint ihr nicht, wir müssten auch einmal über die Qualität unserer Arbeit nachdenken?“, fragt Sandra. – „Dann sollten wir das Stichwort ‚Qualitätsmanagement‘ notieren“, schlägt Frau Weber vor.

2.1 Marketing in gesättigten Märkten

Das Marktgeschehen wird bestimmt durch **Angebot** und **Nachfrage**: Bei großem Angebot und kleiner Nachfrage steht einer großen Menge an Waren eine kleine Zahl an möglichen Kunden gegenüber. Sobald ein Anbieter seine Preise erhöht, können die Kunden auf einen anderen Anbieter mit günstigeren Preisen ausweichen. Das Preisniveau bleibt auf einem geringen Niveau bzw. die Preise sinken.

Handelt es sich bei dem Angebot jedoch um eine Ware, die nur in geringer Anzahl zur Verfügung steht, und ist gleichzeitig die Nachfrage hoch, so ist mit steigenden Preisen zu rechnen. Um die begehrte und seltene Ware zu erhalten, sind die Kunden bereit, auch höhere Preise in Kauf zu nehmen.

Das Angebot der Friseurbetriebe besteht aus Dienstleistungen und Waren. Die Wünsche unserer Kunden bilden die Nachfrage. Der Nachfrage der Kunden steht ein ausreichend großes Angebot auf Seiten der Anbieter gegenüber, die Kunden können entsprechend ihren jeweiligen Bedürfnissen aus einer Vielzahl von Betrieben auswählen. In einer solchen Situation spricht man von einem **gesättigten Markt**.

Je nach Standort gibt es auf dem Friseurmarkt sogar ein Überangebot mit mangelnder Auslastung einzelner Betriebe und hohen Leerlaufzeiten. Beim Warenangebot befinden sich die Friseure außerdem in hartem Wettbewerb zu Kaufhäusern, Drogerie- und Supermärkten. Unter diesen Rahmenbedingungen erscheint es wenig Erfolg versprechend, einen neuen Salon zu eröffnen oder auch nur die Umsätze eines bestehenden Betriebs erhöhen zu wollen.
Trotzdem gibt es auch in diesem gesättigten Markt erfolgreiche Neueröffnungen sowie Umsatzsteigerungen von Salons. Dazu sind fünf unterschiedliche Wege denkbar:

Verdrängung

Dies ist – negativ formuliert – die Ausbreitung auf Kosten der Mitbewerber, positiv formuliert der Erfolg des Tüchtigeren. Faire Konkurrenz gegenüber Mitbewerbern bedeutet, dass man sich mehr anstrengt als andere, dass man ein Angebot macht, welches vom Markt besser angenommen wird. Dies kann z. B. geschehen, indem man ein gleich bleibend höheres Qualitätsniveau bietet, kreativer ist und Kunden freundlicher behandelt. Dabei ist es interessant zu wissen, warum Kunden ihren Friseur wechseln. Die Marktforschung nennt als mögliche Motive für einen Salonwechsel:

- Lust auf etwas Neues
- latente Unzufriedenheit
- konkrete Anlässe (Ärger)
- Verlockung durch Werbung
- Tipps von guten Freunden

1. *Formulieren Sie konkrete Beispiele und nennen Sie weitere Gründe, warum Kunden ihren Friseursalon wechseln.*
2. *Überlegen Sie, welche Chancen darin liegen, neue Kunden für den eigenen Salon zu gewinnen.*

Angebotsspezialisierung

Salons können sich auf besondere Zielgruppen ausrichten und/oder spezielle Dienstleistungen anbieten, wie z. B. Haarverlängerung oder Haarersatz. Dies kann dazu beitragen, sich einen Marktvorteil zu verschaffen.

Der liegt einmal darin, dass es auf diesen Spezialgebieten weniger Mitbewerber gibt und die Konkurrenzsituation entschärft ist. Zum anderen erhält der Betrieb im Bewusstsein der Kunden ein eigenständigeres Profil. Bei einer geringeren Auswahl an Betrieben sinkt die Bereitschaft der Kunden, einmal einen anderen Salon auszuprobieren, die Kundentreue wird somit erhöht. Außerdem fragen solche Kunden in der Regel auch das übrige Angebot an Dienstleistungen nach, lassen also z. B. ihre Haare schneiden und pflegen.

Steigerung der Besuchsfrequenz

Damit ist gemeint, dass man die Kunden dazu bewegt, öfter als bisher zu ihrem Friseur zu kommen. Die Besuchshäufigkeit der Kunden richtet sich unter anderem nach den Kosten, dem Zeitaufwand, dem Haarwuchs sowie den persönlichen Erwartungen und Ansprüchen.

Kunden, die lediglich zum Friseur kommen, um ihre Haare auf gleicher Länge zu halten, sind sicher schwer zu bewegen, ihren üblichen Rhythmus zu ändern. Wer seinen Besuch beim Friseur allerdings als besonders wohltuend empfindet, wird bereit sein, sich diesen Genuss eventuell auch einmal öfter zu gönnen. Er wird die Zeit nicht als verloren empfinden und durchaus bereit sein, einen angemessenen Preis zu bezahlen. Am Friseur liegt es, Kunden ein attraktives Wohlfühlerlebnis zu bieten. Bei einer anderen Zielgruppe kann eine besonders kurzfristige und kundengerechte Terminvergabe Erfolg versprechend sein.

Erhöhung der Pro-Kopf-Umsätze

Hierbei soll bei jedem einzelnen Friseurbesuch der Umsatz erhöht werden. Dies kann geschehen, indem den vorhandenen Kunden zusätzliche Dienstleistungen und Produkte verkauft werden. Auch wenn ein Friseurgeschäft mit den Preisen der Drogeriemärkte nie konkurrieren kann, so haben Friseure ihre besonderen Marktvorteile bei der kompetenten Beratung während einer Friseurdienstleistung.

Gleichzeitig belegen Umfragen, dass die Verbraucher den Friseuren gerade in diesem Bereich großes Vertrauen entgegenbringen. Regelmäßig entstehen Beratungsanlässe, wenn Kunden ihren Friseur auf konkrete Probleme mit Haar und Haut ansprechen oder Pflege und Styling der neuen Frisur besprochen werden.

Rückgewinnung von Kunden

Es ist sicher eine der schwierigsten Aufgaben, Kunden, die den Salon gewechselt haben, wieder zurückzugewinnen. Das beginnt damit, dass man diesen Kunden auch nach ihrem Wechsel außerhalb des Salons mit unverminderter Freundlichkeit und angemessener Aufmerksamkeit begegnet, um die Hemmschwelle für eine Rückkehr möglichst gering zu halten.

Besonders interessant erscheint eine andere Gruppe: Eine zunehmende Zahl von Frauen und Männern kommt ganz ohne Friseurbesuche aus. Mögliche Ursachen dafür sind, dass sie sich von Friseuren nicht verstanden fühlten, Sparsamkeit, Heimpflege sowie Schwarzarbeit. Gelingt es, sie zurückzugewinnen, so gewinnt man mögliche neue Stammkunden.

Manche Friseure schreiben Kundinnen und Kunden, die über einen bestimmten Zeitraum hinweg nicht mehr zur Bedienung kamen, gezielt an, machen ihnen ein besonderes Beratungsangebot oder verschenken einen Gutschein.

Überlegen Sie sich Gründe und Maßnahmen, die eine von der Haarpflege daheim überzeugte Kundin zu einem Besuch in Ihrem Salon bewegen könnten.

2.2 Werbung

Der Begriff Werbung umfasst alle Maßnahmen, mit denen ein Unternehmen mögliche Kundinnen und Kunden auf sich aufmerksam machen und an sich binden möchte.

Eine nahe liegende Möglichkeit, für den Salon zu werben, stellen die **Schaufenster** dar. Ob sie nun über eine spezielle Dekoration verfügen oder nur den Blick hinein ermöglichen – immer sollen sie Interesse wecken und Vertrauen schaffen. Zum Schaufenster gehört der Schriftzug mit dem Salonnamen oder dem Logo, dessen Wirkung noch verstärkt wird, wenn es auf Briefköpfen, Stempeln und Terminmerkern wiederkehrt.

Oftmals unbewusst erfolgt die **Mund-zu-Mund-Propaganda**. Selten gewinnt man einen Kunden allein, denn meist bringt ein zufriedener neuer Kunde schon nach kurzer Zeit weitere Kunden in den Salon. Um sich dafür bedanken zu können, wird neuen Kunden oft die Frage gestellt, ob sie auf Empfehlung kommen.

Flyer, zu Deutsch Flugblätter, werden an Passanten verteilt oder als Wurfsendungen an Haushalte geschickt. Sie sind besonders geeignet, um auf Neueröffnungen oder besondere Aktionen hinzuweisen. Der Hinweis „Gegen Vorlage dieses Zettels erhalten Sie ..." ermöglicht gleichzeitig eine Kontrolle der Effektivität dieser Werbemaßnahme.

Viele Salons verteilen an ihre Kunden professionell hergestellte **Kundenzeitschriften.** Die Zeitschriften tragen einen Stempel oder Aufdruck des Salons und sollen so den Namen des Geschäfts mit den Anregungen und Ideen des Hefts verknüpfen.

Ob Duftkalender, Kugelschreiber oder Haarkur, all diese **Werbegeschenke** sollen die Kunden an den Salon binden.

An das **Branchen-Telefonbuch** erinnern sich Verbraucher immer dann, wenn sie Ärzte, Spezialgeschäfte und Handwerker suchen. Der Eintrag ist kostenpflichtig. Das Branchen-Telefonbuch eignet sich, um neu zugezogene Kunden zu werben oder um auf Spezialitäten im Angebot überregional hinzuweisen. Eine besondere Variante ist das Branchen-Telefonbuch im Internet: Über einen Link kann man möglichen Kunden über die Adresse und Telefonnummer hinausgehende Informationen zugänglich machen.

Anzeigen von Friseurgeschäften in Tageszeitungen sind meist Stellenanzeigen. Doch auch diese Anzeigen werden von Kunden gelesen. Aber auch auf Neueröffnungen und Aktionswochen kann man in der Presse hinweisen. Meist sind die Zeitungen bereit, einen Bericht im Lokalteil zu bringen, wenn man eine Anzeige in Auftrag gibt.

Weitere Möglichkeiten bieten **Werbeflächen** auf Plakatwänden, Litfaßsäulen oder an Fahrzeugen. Sportanlagen bieten die Möglichkeit der Bandenwerbung.

Eine besondere Form der Werbung ist das **Sponsoring**. Für einen einzelnen Friseurunternehmer kann es z. B. durchaus interessant sein, etwa eine Theatergruppe durch die Bereitstellung von Material und Dienstleistungen zu unterstützen, sich an den Druckkosten für die Programme zu beteiligen und dafür auf den Programmen mit Salonschriftzug oder Logo als Sponsor zu erscheinen.

PR ist die Abkürzung für Public Relations und bedeutet Öffentlichkeitsarbeit. Event ist das englische Wort für Ereignis. **PR-Events** sind der Versuch, durch eine Aktion auf sich und seinen Betrieb aufmerksam zu machen. Ein klassisches Beispiel dafür sind Modenschauen, die häufig in Zusammenarbeit mit Modehäusern durchgeführt werden.

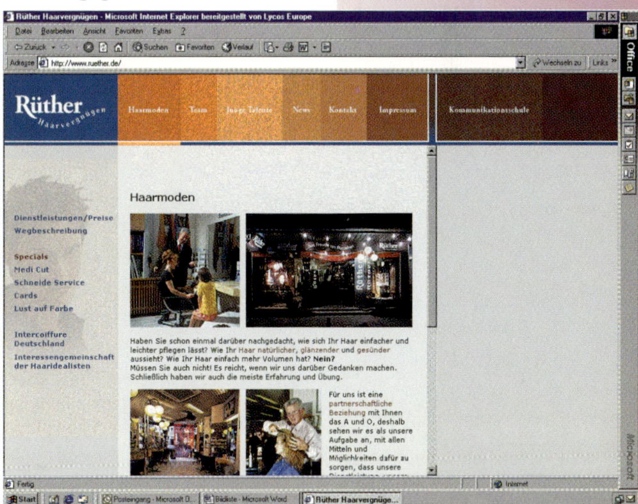

Eine Homepage im Internet bietet vielfältige Möglichkeiten der Werbung. Manchmal werden dort auch Mitarbeiter gesucht.

Entwickeln Sie ein Werbekonzept für Ihren Salon. Sammeln Sie Argumente, mit denen Sie es im Team vertreten können.

2.3 Preispolitik

Der Rahmen für die Preisgestaltung wird nach unten begrenzt durch die Kosten, nach oben durch die Akzeptanz der Kunden. Sind die Kosten nicht durch die Preise abgedeckt, verschuldet sich der Betrieb. Werden die Preise von den Kunden nicht mehr akzeptiert, wandern sie ab oder kommen seltener zur Bedienung.

Kostendeckung

Um die Frage beantworten zu können, welcher Preis kostendeckend ist, müssen alle anfallenden Kosten erfasst werden. Im Einzelnen sind dies Materialkosten, z. B. für Wasser, Shampoo, Färbemittel, Scheren usw., Personalkosten, Miete, Energiekosten, z. B. für Gas, Öl, Elektro, Betriebssteuern, Versicherungen, Beiträge, z. B. für Berufsgenossenschaft und Innung, Kosten für Weiterbildung, Kraftfahrzeugkosten, soweit ein Firmenfahrzeug vorhanden ist, Kosten für Werbung, Reparaturkosten, Abschreibungen, d. h. der kalkulierte Wertverlust für Einrichtung und Geräte durch Abnutzung und Alterung, Zinsen und sonstige Kreditkosten sowie restliche Kosten, z. B. Porto, Telefon, Reinigung, Wäsche, Kosten für Unternehmensberatung.

Hinzu kommen noch **kalkulatorische Kosten**. Der kalkulatorische Unternehmerlohn ist die rechnerische Entlohnung für die Tätigkeit des Unternehmers. Sie entspricht dem Gehalt, das der Unternehmer bekäme, würde er selbst in einem anderen Unternehmen als Arbeitnehmer tätig sein. Würde der Unternehmer sein Geld nicht in einen Betrieb investieren, sondern anderweitig gewinnbringend anlegen, so entstünden Zinserträge. Entsprechend sind kalkulatorische Zinsen zu berücksichtigen. Würde der Unternehmer nicht sein Geschäft in den eigenen Räumen betreiben, sondern diese Räume vermieten, würde er Mieteinnahmen erzielen. Dem entspricht die kalkulatorische Miete.

Kundenakzeptanz

Für die Preisgestaltung ist es auch wichtig zu wissen, welchen maximalen Preis die vorhandenen Kunden zu zahlen bereit wären. Diese Frage ist umso leichter zu beantworten, je besser man seine Zielgruppe kennt. In Gesprächen mit den Kunden kann man einen Eindruck gewinnen, wie sensibel die vorhandene Kundschaft auf Preisveränderungen des Salons reagiert. Auch in Kundenbefragungen kann man ermitteln, welchen Stellenwert der Preis im Verhältnis zu den Dienstleistungen hat.
Dabei spielt es auch eine wichtige Rolle, in welchem Maße der Betrieb seine Position am Markt über den Preis definiert: Sind günstige Preise ein wesentliches Merkmal des Salons, wirbt er eventuell auch mit seinen niedrigen Preisen, so muss bei der Preisgestaltung sehr stark das Umfeld der Mitbewerber berücksichtigt werden. Kunden, die sehr preisbewusst sind, wechseln sonst möglicherweise zum nächst billigeren Betrieb.
Hat dagegen im Image des Salons der Preis einen niedrigeren Stellenwert, so ist der Spielraum bei der Preisgestaltung größer. Kunden werden eher abwandern, wenn es Einschränkungen in der Qualität oder im Service gibt, als wenn die Preise erhöht werden. Um ihren Kunden Preisalternativen anbieten zu können, staffeln manche Betriebe ihre Preise. Sie sind dann je nach Qualifikation des Mitarbeiters unterschiedlich hoch.

Untersuchen Sie Preistafeln aus anderen Branchen, z. B. auch Speisekarten. Entwerfen Sie eine Preistafel für einen Friseursalon!

Preistransparenz

Wie auch immer die Preisgestaltung eines Salons ist, wichtig ist die Preistransparenz. Das bedeutet, dass die Kunden – soweit sie es wünschen – zu jedem Zeitpunkt der Bedienung Klarheit über die Preise haben. Dies kann durch Preistafeln an den Bedienungsplätzen erreicht werden. Ob etwas billig oder teuer ist, kann letztlich nur der Kunde selbst entscheiden. Dafür braucht er aber klare Informationen über die Höhe der Preise.

2.4 Qualitätsmanagement

Für die Qualität technischer Erzeugnisse gibt es allgemeinverbindliche Normen. Dies ist im Friseursalon kaum möglich. Zu sehr hat hier Qualität auch mit der speziellen Ausprägung des Betriebs und den Anforderungen und Erwartungen seiner Zielgruppe zu tun. Deshalb muss hier Qualität mithilfe von Standards für jeden einzelnen Betrieb gesondert definiert werden.

Qualitätsmanagement umfasst mehr als die Qualität von Produkten oder Dienstleistungen, es bezieht sich auch auf innerbetriebliche Abläufe, z. B. den Umgang der Mitarbeiter miteinander im Team, der die Voraussetzung dafür ist, gemeinsam besser zu werden. Denn Qualität kann nur bedingt vorgegeben werden, sie ist vielmehr das Ergebnis eines Prozesses, der im Team erwachsen ist und dessen Ziele vom Team getragen und vorangebracht werden.

Merke

Die Frage, die sich das Team gemeinsam stellen muss, lautet: Wie ginge es im Salon täglich zu, wenn alles optimal liefe?

Und daraus ergibt sich gleich als nächste Frage, was denn „optimal" wäre. Darauf muss sich das Team einigen und so sein eigenes Leistungsniveau – schriftlich – festlegen. Die schriftliche Festlegung ist wichtig, weil dadurch die Ernsthaftigkeit betont wird. Gleichzeitig ist es leichter, das vereinbarte Leistungsniveau nach einer Erprobungsphase kritisch zu prüfen.

Der nächste Schritt ist die Qualitätskontrolle mit dem Ziel, möglichst geringe Abweichungen vom gesetzten Leistungsniveau zu erreichen. Schließlich muss geprüft werden, ob die aufgestellten Qualitätsstandards sich mit den Erwartungen der Kunden decken. Dies ist sehr häufig nicht der Fall, sodass es zwischen Friseur und Kunden zu unterschiedlichen Einschätzungen kommt. Dann müssen die Standards überarbeitet werden.

Standards zur begleitenden Beratung

1. Aktive Kundenberatung ist ein selbstverständlicher Teil unserer Dienstleistung.
2. Wir beraten unsere Kunden nicht nur hinsichtlich der Frisur, sondern auch in der Pflege ihres Haares.
3. Jeder Friseur beherrscht das Fachwissen um Aufbau von Haut, Haar, chemische Vorgänge beim Dauerwellen und bei farblichen Veränderungen.
4. Bei Neukunden nehmen wir uns zehn Minuten zusätzlich Zeit, um die Erfahrungen und Wünsche genau zu erfragen.
5. Wir beraten jeden Kunden. Bei Stammkunden suchen wir uns jeweils neue Themen, zu denen wir sie zusätzlich zur Frisur beraten.
6. Für die Frisurenberatung benützen wir unsere Frisurenbücher und die Frisurenmappe.
7. Wir hören der Kundin genau zu und studieren ihre Kleidung und ihr Auftreten, um ihren Typ möglichst genau erfassen zu können.
8. Wir setzen uns zur Beratung neben den Kunden und halten direkten Augenkontakt.
9. Wir fragen unsere Kunden nach Allergien.
10. Wir fassen das Haar der Kundin für die Haardiagnose an, aber fummeln nicht ständig in ihrer Frisur herum, während wir beraten.
11. Wir beraten alle Kunden hinsichtlich Glanz und empfehlen die entsprechenden Produkte und Techniken.
12. Wir fühlen uns verantwortlich für den Zustand des Haares unserer Kunden und beraten sie so, dass sie schönes, gesundes Haar behalten oder bekommen.
13. Wir beraten unsere Kunden hinsichtlich der Frisur, bevor der Umhang umgelegt und das Haar gewaschen wird.
14. Wir notieren alle Wünsche und Behandlungen auf der Kundenkartei, und zwar so, dass jeder mit der Information arbeiten kann.
15. Jeder Friseur weiß über sämtliche Produkte im Salon Bescheid.
16. Sobald eine Kundin den Wunsch nach mehr Volumen äußert, beraten wir sie auf eine Dauerwelle hin, aber ohne das Wort Dauerwelle zu benutzen. Stattdessen sprechen wir von Volumenwelle.
17. Wir geben unaufgefordert Stylingtipps zum Schluss der Behandlung und ermitteln so, welcher Stil der Kundin am besten gefällt.
18. Wir arbeiten mit einem Beratungs-Pass als Information für die Kunden und zur Unterstützung der Beratung.
19. Jeder Friseur bemüht sich selbst um ein optimales Erscheinungsbild, um glaubwürdig beraten zu können.
20. Wir schulen unser Auge durch Fach- und Modezeitschriften, um trendgerecht beraten zu können.

Beispiele für vereinbarte Standards aus der Wella-Broschüre „Beratung und Dokumentation"

2.4.1 Stärken- und Schwächenbilanz

So wie man für die eigene Person eine Stärken- und Schwächenbilanz erstellen kann, so kann man dies auch für einen Betrieb. Die unterschiedliche Wahrnehmung der Mitarbeiter ermöglicht dabei ein umfangreiches und abgerundetes Bild.
Eine praktische Möglichkeit dazu ist die **Kartenabfrage**. Man benötigt dazu je einen Stapel mit roten und grünen Karten und einen dicken Filzstift. Auf jeder Karte darf nur ein Stichpunkt genannt werden. Auf den grünen Karten werden Stärken gesammelt, also all das, was jetzt schon gut läuft. Auf den roten Karten werden Schwächen erfasst, also das, was verbessert werden kann, um die Marktchancen des Betriebs zu erhöhen. Zur Auswertung werden die Karten an eine Wand geheftet. Wenn eventuelle Verständnisfragen geklärt sind, werden die Karten zusammengefasst, die unter einem gemeinsamen Stichwort sinngemäß zusammenpassen.

Zielfestlegung

Aus den erkannten Stärken und Schwächen des Salons lassen sich Ziele ableiten. Um sie erfolgreich anstreben zu können, müssen diese Ziele bestimmte Anforderungen erfüllen:
Zunächst müssen sie allen bekannt sein. Das reicht jedoch noch nicht aus, denn kennen heißt nicht verstehen. Also muss sichergestellt sein, dass alle die Ziele verstanden haben, um zu wissen, worauf sie sich einlassen. Nur wenn sie von allen unterstützt und getragen werden, ist es am Ende möglich, sie zu erreichen. Um sie später überprüfen zu können, müssen die Ziele klar und konkret formuliert sein.

- **Qualitative Marketingziele** beziehen sich auf die Qualität der Ware oder Dienstleistung, z. B.: Salonimage verbessern, Erhöhen des Bekanntheitsgrades, Verbesserung des äußeren Erscheinungsbildes, Verbesserung des Angebots an Dienstleistungen und Waren.
- **Quantitative Marketingziele** beziehen sich auf die Menge, z. B.: höherer Gewinn, höherer Umsatz, Verbesserung des Warenverkaufsumsatzes, Kostensenkung, Leerlaufzeiten verringern.

Sicher sind all diese Ziele sinnvoll, doch ist es kaum möglich, alle Verbesserungen auf einmal zu erreichen. Es ist deshalb zu prüfen, welche Ziele durchsetzbar und realistisch sind und wie man sie aufeinander abstimmen kann. Eine gelungene Abstimmung der Ziele aufeinander kann durch das Zusammenwirken weitere positive Effekte hervorbringen. Man bezeichnet solche Wirkungen als **Synergieeffekte**.

2.4.2 Erfolgskontrolle

Nur überprüfbare Zielvorgaben ermöglichen eine Erfolgskontrolle. Leicht überprüfbar ist es z. B., ob eine beabsichtigte Umsatzsteigerung erreicht wurde. Schwieriger sind qualitative Ziele zu kontrollieren, etwa ob die Kundenzufriedenheit gewachsen ist.

1. *Überlegen Sie jeweils ein konkretes, auf Ihren Salon bezogenes Beispiel. Ergänzen Sie gegebenenfalls die Liste der Ziele.*
2. *Ayses Tagesumsatz im Dienstleistungsbereich beträgt durchschnittlich 240,00 EUR. Berechnen Sie, um wie viel Euro sie ihren Umsatz steigern könnte, wenn es ihr gelänge, die Leerlaufzeiten um 15 % zu reduzieren.*

EXKURS

Kreativitätstechniken
Die Wege zur Erreichung der Ziele zu finden ist ein kreativer Prozess. Um möglichst viele Ideen zu erhalten, gibt es erprobte Kreativitätstechniken:
Brainstorming. Jeder Teilnehmer der Gruppe nennt spontan seine Ideen zur Problemlösung. Die Ideen werden zunächst nur für alle sichtbar gesammelt und **nicht** kritisiert. Erst am Ende einer vorher vereinbarten Zeit betrachtet die Gruppe die gesammelten Ideen und wertet sie aus.

Methode 635. Der Name der Methode bedeutet, dass in sechs waagrechten und drei senkrechten Spalten von fünf Teilnehmern Ideen gesammelt werden. Die Teilnehmer sitzen dabei rund um einen Tisch. Jeder Teilnehmer erhält ein Formblatt mit der konkreten Problemstellung.

Problemstellung/angestrebtes Ziel: Salonauslastung verbessern						
Bearbeitungszeit	1. TN 3 min	2. TN 4 min	3. TN 5 min	4. TN 6 min	5. TN 6 min	1. TN 6 min
Beschreiben Sie genau und gut lesbar Ihre 1. Idee	Leerlaufzeiten nutzen	Maniküre während Einwirkzeiten	...	...		
Beschreiben Sie genau und gut lesbar Ihre 2. Idee	Anpassung der Geschäftszeiten	Ausweitung zu gefragten Zeiten	...			
Beschreiben Sie genau und gut lesbar Ihre 3. Idee		Gezielte Terminvermarktung	...			

Formblatt für Methode 635

- Im ersten Durchgang hat jeder Teilnehmer drei Minuten Zeit, in die drei ersten senkrecht übereinander liegenden Felder je eine spontane Idee zur Problemlösung einzutragen.
- Nach drei Minuten gibt jeder Teilnehmer sein Formblatt weiter an seinen rechten Nachbarn. Leer gebliebene Felder aus dem ersten Durchgang werden ausgestrichen.
- Bearbeitet werden nun die drei Felder der zweiten Spalte. Man liest die Ideen aus der vorangegangenen Spalte und versucht sie fortzusetzen. Gelingt dies nicht, so wird das Feld ausgestrichen, oder man beginnt mit einer neuen Idee. Nach vier Minuten reicht man das Blatt weiter an den Nachbarn zur Rechten. Es wird nicht untereinander geredet.
- So entstehen im besten Falle Ideenstränge, zu denen alle Teilnehmer der Runde ihren Beitrag geleistet haben. Am Ende erhält jeder sein Formblatt aus dem ersten Durchgang zurück und prüft, was die Gruppe aus seiner Idee gemacht hat.
- Danach entscheiden die Teilnehmer, welche Problemlösungsansätze weiter verfolgt werden sollen.

2.4.3 Qualitätsmanagement im Salon Haarmonie

Die Mitarbeiter haben sich zum gemeinsamen Ziel gesetzt, unproduktive Leerlaufzeiten zu verringern. Dies soll durch Verbesserungen in der Arbeitsorganisation erreicht werden.

Die Kartenabfrage ergab vor allem Vorschläge zu einer gezielten Terminvergabe. Zwei Vorschläge wurden weiterverfolgt:

- Bisher wurden zunächst die Kunden nach ihren Terminwünschen gefragt. Ab morgen werden ihnen – soweit sie keine konkreten Wünsche haben – Terminvorschläge gemacht. Dazu wird Ayse die erfahrungsgemäß weniger gut ausgelasteten Zeiten im Terminplan grün markieren. Die Spitzenzeiten werden rot markiert. Die grün gekennzeichneten Zeiten werden nun als erste den Kunden angeboten. Die ohnehin stark nachgefragten roten Zeiten lassen sich anschließend leicht vermarkten.
- Da für den Mittwoch wesentlich weniger Terminwünsche als für die anderen Wochentage geäußert werden, hat Frau Weber vorgeschlagen, an diesem Tag den Kunden einen Preisnachlass von 10 % zu gewähren.

Die erste Erfolgskontrolle nach sechs Wochen ergibt folgendes Bild: Die Maßnahmen sind von den Kunden angenommen worden, die quantitativen Marketingziele wurden erreicht. Dies ist leicht am Terminplan abzulesen, der nun weniger weiße Flecken zeigt.

Gleichzeitig entstanden durch Synergieeffekte aber auch Verbesserungen der Qualität: Die gezielte Terminvermarktung vermeidet nun Spitzenbelastungen für die Mitarbeiter, dadurch werden Stresssituationen seltener, die Mitarbeiter-Zufriedenheit steigt, das Fehlerrisiko sinkt und es ist möglich, sich den einzelnen Kunden länger zuzuwenden. Der gemeinsam erreichte Erfolg hat den Teamgeist gefördert, die Mitarbeiter denken bereits über weitere Verbesserungsmöglichkeiten nach.

Kapitel 7

Prüfungsstück: Der besondere Anlass

1 Planung

2 Beratung

3 Voraussetzungen

4 Durchführung
- Die Haarfärbung
- Das Nageldesign
- Die Frisurenformung
- Das Make-up
- Das Frisurenfinish

Karla ist bereits im dritten Ausbildungsjahr und fühlt sich an ihrem Arbeitsplatz im Friseursalon Haarmonie sehr wohl. Sie kennt die meisten Arbeitsabläufe und arbeitet in vielen Bereichen selbstständig und eigenverantwortlich.
Gemeinsam mit ihrer Klassenkameradin Eva hat sie den Plan gefasst, eine Generalprobe für das Prüfungsstück in ihrer Gesellenprüfung zu machen: Dazu müssen alle Arbeitsgänge, die sie bisher gelernt haben, kreativ und mit Fantasie verbunden werden:
Frisur, Make-up, Nageldesign und Gesamterscheinung einer Kundin müssen aufeinander abgestimmt sein, und alles muss zu einem bestimmten Motto passen. Für eine Brautgestaltung hat Karla diese Arbeitsgänge schon beobachten können, doch jetzt möchte sie einmal selbst gestalten dürfen und auch die vorangehende Planung mit Evas Hilfe bewältigen.

1 Planung

Die Umsetzung der Idee vom „Styling für einen besonderen Anlass" fasst viele unterschiedliche Aufgaben, Tätigkeiten und Techniken zusammen, sodass man von einer komplexen Aufgabe sprechen kann, die einen sicheren Denkplan zur Grundlage haben muss. Auch in der Gesellenprüfung ist ein Teil der praktischen Kenntnisprüfung das „Prüfungsstück zum besonderen Anlass". Gefordert wird hierbei das „Gestalten einer Damenfrisur unter Berücksichtigung der Kopf- und Gesichtsform, der Haarqualität und -quantität einschließlich einer Haarfärbung sowie eines Make-up zu besonderen Anlässen mit dekorativer Gestaltung der Nägel" (so sieht es die Verordnung über die Berufsausbildung zum Friseur/zur Friseurin vom 21. Januar 1997 vor).

Arbeitsplanung

Je größer die Aufgabe, desto genauer muss die Planung sein. Sie beinhaltet bei der Gestaltung eines Modells zum besonderen Anlass das Durchdenken anzuwendender Techniken, das Bereithalten und Zurechtlegen aller benötigten Materialien (inklusive Notfallprodukte zum Ausgleich, wie z. B. Tönung) sowie die Pläne für den Arbeitsablauf. Dieser beginnt mit der Haarfärbung, geht weiter mit der Vorbereitung der geplanten Frisur (einlegen, föhnen), nutzt Einwirk- und Trockenzeiten zu Nagelgestaltung und Nageldesign und sieht das Vollenden der Gesamterscheinung mit Erstellung des Make-up sowie der endgültigen Frisurengestaltung vor.

Zeitplanung

Die Zeitplanung geht in der Gesellenprüfung von einem Gesamt-Zeitaufwand für alle Arbeitsteile (abzüglich der Trockenzeit bei Einlegefrisuren, z. B. als Grundlage einer Hochsteckfrisur) von 200 Minuten aus. Der Zeitbedarf für die einzelnen Tätigkeiten muss vorher genau geplant werden, indem jede der vier Dienstleistungen unter Zeitmessung so oft ausgeführt wird, bis sie zügig innerhalb der angegebenen Zeit durchgeführt werden kann. Gute Planung nimmt Angst und gibt Selbstsicherheit!

Konzept als Vorlage

Es ist bei jeder Arbeit sinnvoll, diese schriftlich zu planen. Für die Gesellenprüfungen wird ein mehrseitiges Konzept verlangt. Die erforderlichen Vorlagen zu Frisur, Make-up und Nageldesign sowie der Arbeitsplanung und das dreiseitige Konzept für das Prüfungsstück müssen in einer Arbeitsmappe (zusammen mit den übrigen Vorlagen zur Gesellenprüfung) vorgelegt werden. Der Prüfungsausschuss wird vor Beginn der Arbeit das zu realisierende Konzept einschließlich der Arbeitsplanung begutachten, das ist schon ein Teil der Bewertung. Die Übereinstimmung des fertigen Modells mit dem vorgelegten Konzept ergibt ein Viertel der Gesamtbewertung.

Tipp

Die vorgeschriebene Größe für eine Vorlage ist von Innung zu Innung unterschiedlich.
Sinnvoll erscheint es auf jeden Fall, eine klar erkennbare Vorlage einzureichen, die die besonderen Merkmale der Frisur erkennen lässt und auch realisierbar ist.

An alles gedacht? Checkliste zur Vorbereitung

Tätigkeit	Material	Vorbereitung	Zeitbedarf?
Farbverändernde Haarbehandlung	– Waage, Messbecher – Umhang – Farbschale und Pinsel – Weitzahniger Kamm – Stoppuhr zur Erinnerung an die Zeit – Hautschutzmittel – Handschuhe – Färbeprodukt, Vorbehandlung – Wasserstoffperoxid – Eventuell weitere Hilfsmittel für diverse Strähnentechniken – Produkt zum Farbausgleich – Nachbehandlungsprodukt	– Beratung durchgeführt? – Naturfarbe bestimmt? – Farbziel festgelegt? – Rezeptur durchdacht? – Auftragetechnik geübt? – Farbrezeptur erprobt? – Einwirkzeit klar? – Wärmequelle? – Eventuell nötigen Farbausgleich durchdacht?	______
Gestalten der Frisur	– Umhang – Handtuch – Shampoo, Pflege – Styling- und Festigungsprodukte – Föhn, Bürsten – geeignete Kämme – Eventuell Lockenstab oder Kreppeisen – Volumen- oder andere Wickler – Eventuell Haarnadeln zum Aufstecken – Haarteile – Haarschmuck	– Beratung durchgeführt? – Föhn- oder Einlegetechniken geübt? – Haarreinigungs-, Haarpflege und Finishprodukte ausgewählt? – Toupiertechniken durchdacht? – Finishtechniken geübt?	______
Gestalten mit Make-up	– Stirnband – Reinigungsprodukte – Feuchtigkeitshaltige Tagescreme – Make-up-Schwämmchen – Verschiedene Pinsel – Augenbrauen und Wimpernbürsten, Wimpernformer – Make-up, Abdeckstift, Puder – Rouge – Lidschatten – Augenbrauenstift – Kajalstift, Eyeliner – Wimperntusche – evt. künstliche Wimpern – Dekoration (Glitter o. Ä.) – Lippenstift, Lippenkonturenstift – Lippgloss	– Pflegende Gesichtsbehandlung (eventuell mit Peeling) durchgeführt? – Beratung durchgeführt? – Reinigungs- und Pflegeprodukte ausgewählt? – Typgerechte Grundierung bedacht? – Rougeplatzierung festgelegt? – Augen-Make-up entworfen und geübt? – Lippengestaltung geübt? – Dekorationen (Glitter, Bindi, Strasssteine, Tattoos) geübt?	______
Nageldesign	– Nagellacke, verschiedene Farben – Unter- und Überlack – Korrekturstift – Wattestäbchen – Geeignete Pinsel – Dekorationsmaterial	– Beratung durchgeführt? – Maniküre durchgeführt? – Nägel grundiert? – Nagel- und Überlacke ausgewählt? – Technik geübt?	______

2 Beratung

Was möchte die Kundin?

Diese Frage sollte als erste geklärt werden, wenn ein geeignetes Modell gefunden ist, denn es kommt darauf an, dass sich das Modell am Ende der Behandlung wohl und verschönert fühlt, weil dies mit der gesamten Körpersprache transportiert wird und damit das Endergebnis beeinflusst. Die Vorgehensweise bei der Beratung eines Modells zum besonderen Anlass ist ähnlich wie bei jeder anderen Beratungssituation auch, sie beginnt mit dem Aufbauen von Vertrauen und verläuft weiter mit dem Einholen möglichst vieler Informationen über die Kundin durch offene Fragestellung sowie genaues Betrachten und abschließendes Rückversichern, dass die Kundin richtig verstanden wurde.

Was steht der Kundin?

Hier muss die Beraterin ihre eigene Beobachtungsgabe einsetzen. Natürliche Farbgebung, Art der Kleidung und Gesamteinschätzung der Person helfen, einen geeigneten Anlass für ein besonderes Styling als Vorschlag zu entwickeln.

Festlegen des Themas

Im letzen Beratungsschritt geht es um das Übereinbringen von Kundenwunsch und Möglichkeiten. Hier helfen konkrete Vorschläge und deren Pro-und-Kontra-Diskussion mit dem Modell, denn nur so lässt sich ein Vorschlag finden, der das Modell begeistert und auch für die Fachkraft durchführbar erscheint.
Das unten stehende Schema verdeutlicht die Komplexität der Handlung in einer Mindmap:

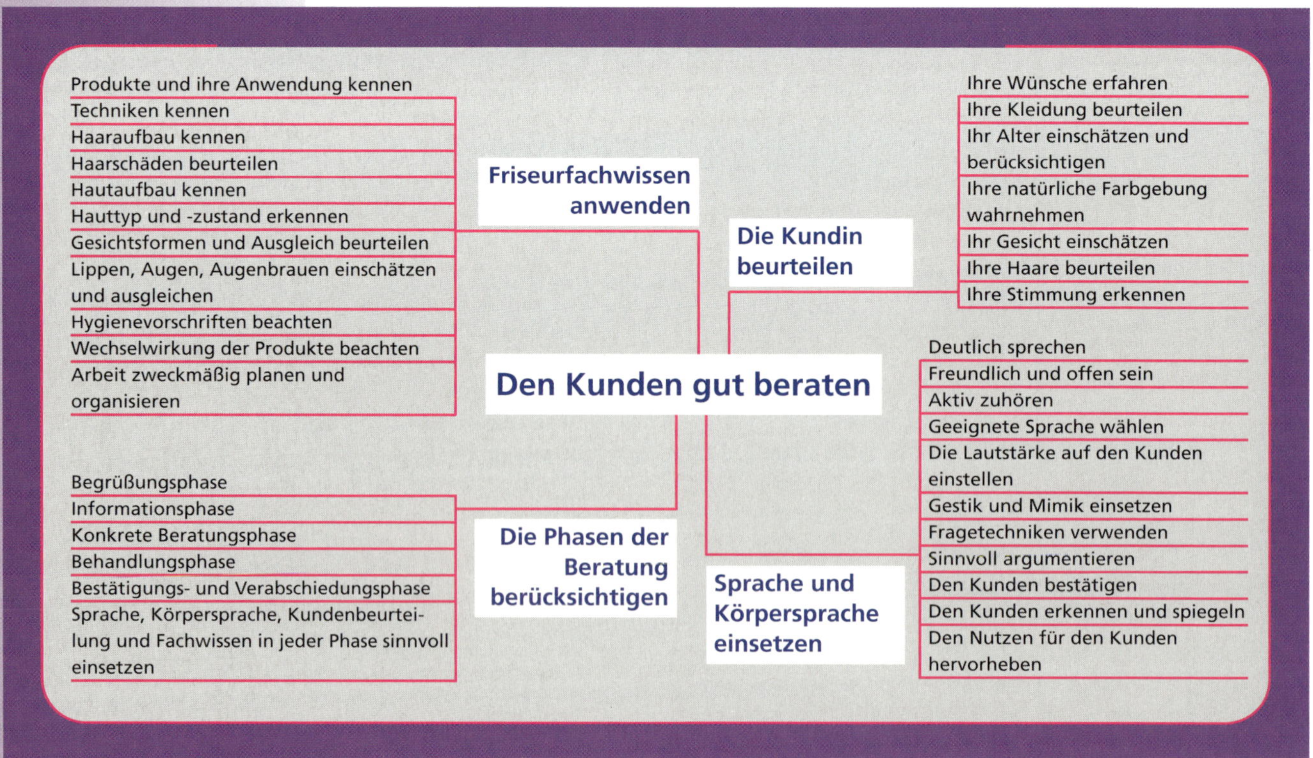

Tipp

Mögliche „besondere Anlässe“ können sein:
- Bewerbungstermin
- Festliche Veranstaltungen, z. B. Sportlerball, Presseball, Musical- oder Opernbesuch, Tanzstundenabschluss
- Hochzeit (als Braut oder Brautführerin)
- Besondere Events, z. B. Oscar- oder andere Preisverleihung, Misswahl
- Karnevalsveranstaltung oder Veranstaltungen unter einem besonderen Motto, z. B. „Märchen“, „Musical“, „Tausend und eine Nacht“, „Die 50er Jahre“, „Die wilden 70er“ usw.

3 Voraussetzungen

Wenn Modell und Thema des Anlasses feststehen, beginnt die Kleinarbeit. Zunächst müssen die natürlichen Voraussetzungen des Modells beachtet werden. So beginnt Karla damit, ihr Modell ganz genau zu betrachten.

Karla achtet bei ihrem Modell auf folgende natürliche Gegebenheiten:

Naturhaarfarbe
Kopfhautzustand
Haarfülle
Haarlänge
Wellung
Haarstruktur

Hautfarbe
Gesichtsform
Farbe der Augen
Form der Augen
Form der Augenbrauen
Form der Lippen

Zustand der Nägel
Form der Hände

Die genaue Information über diese natürlichen Merkmale ermöglicht, dass Betonung und Ausgleich geplant werden können.

Was sagen die Prüfer?

Dem Prüfungsausschuss ist vor Anfertigung des Prüfungsstücks das zu realisierende Konzept einschließlich der Arbeitsplanung vorzulegen.

Eine sinnvolle Planung unter Berücksichtigung der natürlichen Merkmale der Kundin ist also wichtige Grundlage der Gestaltung des Modells zum besonderen Anlass.

Das Einhalten der Technischen Regeln für Gefahrstoffe (TRGS 530) muss in jeder Phase der Arbeit gewährleistet sein.

4 Durchführung

Die Haarfärbung

Die Haarfärbung ist der erste praktische Arbeitsschritt der Behandlungsphase direkt nach der Beratung. Karla beginnt mit der Arbeit am Modell.

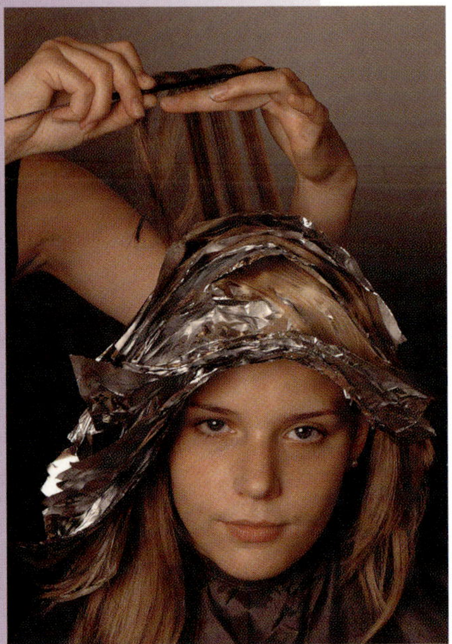

Karla berücksichtigt bei ihrem Konzept

1) **Farbtechnische Veränderung**

   Mehrfachtechniken
   (z. B. Strähnen, Teilfärbung, American Colours)
   Färben/Coloration (oxidativ)

a) **Weißanteil in Prozent**
   am Vorderkopf
   am Hinterkopf

b) **Naturton?**
   Farbwunsch?

c) **Art der Behandlung**
   dunkler?
   Ton in Ton?
   leicht aufhellend um 1–2 Töne?
   2–3 Töne heller?
   3–4 Töne heller?

d) **Wahl des Präparates**
   Normalfärbung: ____________
   Hellerfärbung: ____________

e) **Rezeptur**

f) **Auftragetechnik**
   Neufärbung?
   Ansatzfärbung?

g) **Einwirkzeit in Minuten**:
   mit Wärme/ohne Wärme

h) **Farbausgleich**
   wenn ja, womit?

i) **Nachbehandlung**
   wenn ja, womit?

Was sagen die Prüfer?

Bei der Haarfärbung muss es sich um eine oxidative Färbung (nicht dunkler als Farbtiefe 5 = Hellbraun) handeln.

Längen und Spitzen dürfen durch farbverändernde Mittel ausgeglichen werden. Es muss also keine Neufärbung sein. Mehrfarbtechniken sind innerhalb der Zeitvorgabe erlaubt.

Eine Farbveränderung muss deutlich sichtbar sein (eventuell Vergleichssträhne bereithalten!).

Außerdem achten die Prüfer auf Farbreste auf der Haut des Modells.

Maximale Punktzahl für die Farbveränderung 100 (von 400) Punkte.

Das Nageldesign

Karlas Konzept zur dekorativen Gestaltung der Nägel erfordert weitere Grundüberlegungen

vorgearbeitet?
(Grundierung)?

Farbe des Nagellackes?

Applikation auf die Nägel
wenn ja, welche?

Überlack?

Entwurf der Applikation

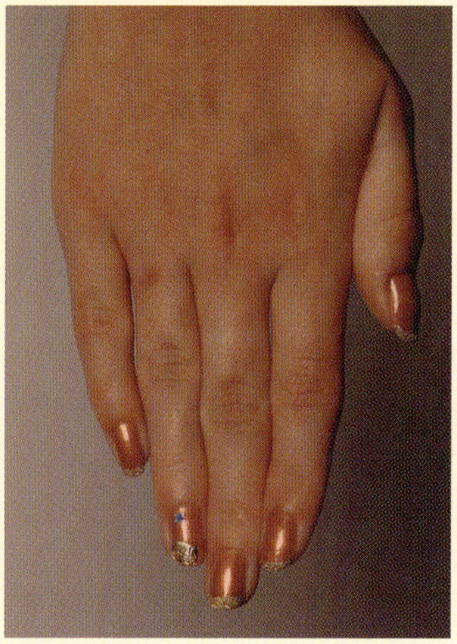

Was sagen die Prüfer?

Für das Nageldesign gibt es vier Grundtechniken:

- Applikationstechnik,
- Ziehtechnik,
- Maltechnik, Schwierigkeitsgrad mittel bis hoch, je nach Motiv,
- Trenntechnik.

Außerdem sind Kombinationen der Grundtechniken möglich. Die Planung muss durch die Vorlage ersichtlich sein. Die unterschiedlichen Schwierigkeitsgrade der Techniken finden in der Bewertung Niederschlag.

Grundsätzliche Bewertungskriterien:
Sauberkeit, Kreativität und Harmonie. Der Schwierigkeitsgrad steigt, je mehr Farbfelder pro Nagel entstehen.
Es müssen nicht alle zehn Nägel mit gleich aufwendiger Technik gestaltet werden. In der Gesamtbewertung gibt es für das Nageldesign maximal 50 (von 400) Punkte.

Die Frisurenformung

Die Haarfärbung ist durchgeführt, jetzt bereitet Karla die Haarfrisur ihres Modells vor. Dazu wählt sie die folgende Technik:

Konzept zur Gestaltung einer Damenfrisur

a) Anlass der Frisur?

b) Technik der Frisur
Föhntechnik
  Stichpunkte?
  wenn ja, erläutern

Einlegetechnik?
  Stichpunkte?
  wenn ja, erläutern

Knettechnik?
handgelegte Wasserwelle?
sonstige Techniken?

Was sagen die Prüfer?

Führt der Prüfling eine Einlegetechnik durch, ist die Trockenzeit hinzuzurechnen.

Alle Wickelarten und Wickeltechniken sind erlaubt, jedoch keine Klett- oder Borstenwickler.

Beim Anwenden der Föhntechnik:
Stand, Form und Fülle müssen erkennbar sein. Lufttrocknen jeder Art oder Trockenblasen der Frisur wird nicht als Föhntechnik anerkannt.

Die Vorbereitung der Haarfrisur wird am Ende am fertigen Modell bewertet.

Das Make-up

Die Farbauswahl für das Make-up geschieht bereits bei der Beratung zum besonderen Anlass. In der Planung werden die Farben für Gesichts-, Augen- und Lippengestaltung ausgewählt und farblich so aufeinander abgestimmt, dass z. B. Lidschatten und Lippenstift in Farbharmonie zueinander und zur Gesamterscheinung des Modells stehen. Es gelten die Regeln für ein Abend-Make-up, bei dem die Farben intensiver sein dürfen, weil das künstliche Licht Farben „schluckt". Künstliche Wimpern setzen besondere Akzente. Glitzerndes Glittergel oder Glitterpuder sowie gold- oder silberfarbener Lidschatten lassen das besondere Make-up festlicher erscheinen. Gerade beim nicht alltäglichen Make-up sind Können und Kreativität notwendig, die Schminktechniken müssen vollständig beherrscht werden. Bei Planung und Umsetzung des Mottos zum gewählten Anlass ist eigene Fantasie gefordert.

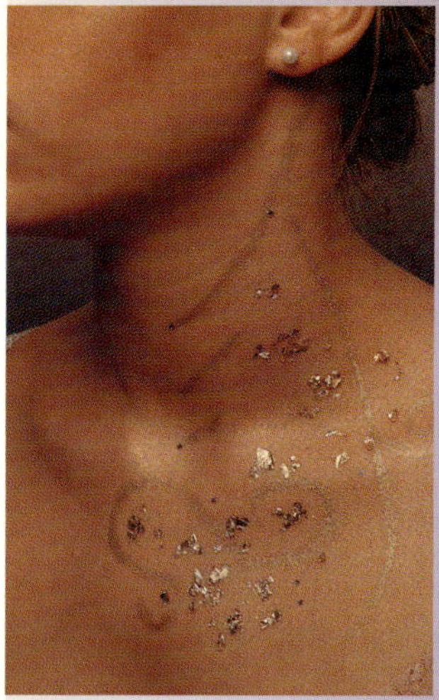

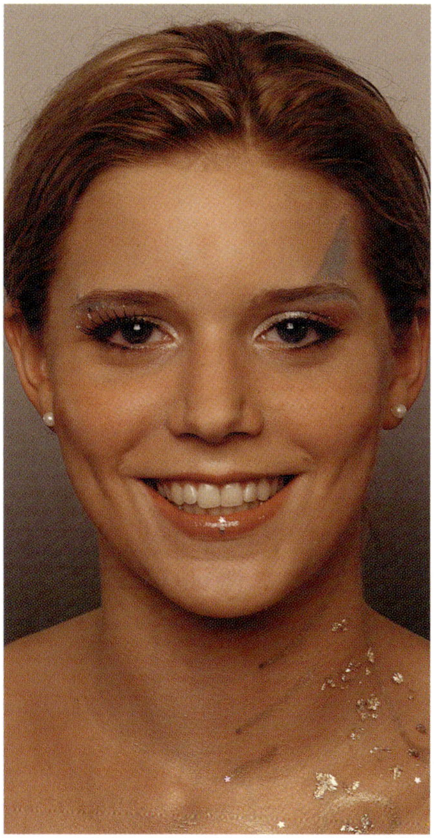

Karlas Konzept zum Make–up

Karlas Konzept zum Make-up
a) Kundentyp?

b) Farbauswahl?

Erläuterung der Make-up Technik in Stichpunkten

c) Unterschiedliche Arbeitsmittel, die zur Erstellung des Make-up verwendet werden:

( ) Abdeckstift
( ) Lippenstift
( ) Eyeliner
( ) Puder
( ) Lidschatten
( ) Augenbrauenstift
( ) Rouge
( ) Kajalliner
( ) Make-up
( ) Lipgloss
( ) Wimperntusche
( ) Lippenkonturenstift

Das geplante Make-up muss in eine Schemazeichnung übertragen werden.

Was sagen die Prüfer?

- Ist eine Farbharmonie gelungen?
- Ist eine Formharmonie zu erkennen?
- Ist der Ausgleich von Augen- und Lippenform gelungen?
- Wurde sauber gearbeitet?

Die Gestaltung des Make-up wird am Ende am fertigen Modell mit maximal 50 Punkten (von insgesamt 400 Punkten) bewertet.

Das Frisurenfinish

Hier kommt es auf besondere Kreativität an. Kurzhaar kann fantasievoll variiert werden. Hat man halblanges und langes Haar zur Verfügung, so sind Flecht- oder Steckfrisuren möglich. Auch Kombinationen unterschiedlicher Techniken bieten sich an, z. B. indem man einzelne Strähnen zwirbelt, knotet oder durch Flechten bearbeitet. Die Haarlängen können dann zusammengefasst und in unterschiedlichster Weise aufgesteckt werden. Karla hat sich dafür entschieden, die Haare des Modells hochzustecken. Dazu verwendet sie Haarschmuck.

Das „Outfit" ist lange geplant und immer wieder verfeinert worden, abgestimmt auf den Stil der Frisur.
Jetzt sind beide von dem Ergebnis beeindruckt. Schnell ein Foto machen, solange das Modell noch so strahlt!

Was sagen die Prüfer?

Die Frisur wird mit maximal 100 (von 400) Punkten bewertet. Außerdem wird nach Vollendung der Arbeit überprüft:

- **Gesamteindruck**
- **Konzept Prüfungsstück**
- **Übereinstimmung der Ausführung mit dem Konzept**

und mit maximal 100 (von 400) Punkten bewertet.

In der abschließenden Begutachtung zählen zum Gesamteindruck die Harmonie der Farben von Kleidung, Make-up in Übereinstimmung mit der natürlichen Farbgebung des Modells sowie Accessoires, die die Aussagekraft des Mottos verstärken.

Kapitel 8

Mathematiklexikon

1 Der einfache Dreisatz

1.1 Zwei Aufgabentypen

Karla soll für ihren Chef aus dem Friseurgroßhandel preiswertes Blondierpulver mitbringen. Der Handel bietet eine Verpackungseinheit mit 500 g Blondierpulver zu 23,50 EUR und eine andere Verpackungsgröße mit 750 g zu 36,00 EUR. Karla ist sich nicht sicher, welches Produkt sie nehmen soll.
Bei jedem Einkauf in einem Supermarkt unternimmt der preisbewusste Kunde Preisvergleiche. Der Einzelhandel ist verpflichtet, neben dem Verkaufspreis zusätzlich den Preis der Ware bezogen auf eine Vergleichsgröße, wie z. B. 1-kg-Gebinde oder 1000-ml-Gebinde anzugeben. Hier braucht der Verbraucher nicht mehr vor dem Regal zu stehen und den günstigsten Preis berechnen, sondern kann ihn sofort ablesen und vergleichen.
Karla muss den günstigsten Preis selbst berechnen. Sie erinnert sich dunkel an den Mathematikunterricht und an diese Aufgabentypen, bei denen man sich **immer** erst fragen muss, ob ein **gerades (proportionales)** oder **ungerades (antiproportionales) Verhältnis** vorliegt.

Merke

Beim Dreisatz mit geradem Verhältnis gilt:
Je mehr ..., desto mehr ...
oder
Je weniger..., desto weniger ...

Beim Dreisatz mit ungeradem Verhältnis gilt:
Je mehr ..., desto weniger ...
oder
Je weniger ..., desto mehr ...

Den Aufgabentyp erkennen

Mithilfe der Dreisatzrechnung können viele unterschiedliche mathematische Fragestellungen beantwortet werden:

- **Preisberechnung**
  Beispiel: Drei Flaschen Shampoo kosten 37,50 EUR, wie viel kosten jetzt fünf Flaschen?
- **Mengenberechnung**
  Beispiel: Für zwölf Haarwäschen werden 120 ml Shampoo benötigt. Wie viel Shampoo braucht man für 15 Haarwäschen?
- **Verbrauchsberechnung** (z. B. Material-, Wasser- oder Energieverbrauch)
  Beispiel: Bei einer Haarwäsche werden ca. 15 l Wasser verbraucht. Im Salon Haarmonie werden täglich im Durchschnitt 15 Haarwäschen durchgeführt. Wie hoch ist der Wasserverbrauch?
- **Verteilungsrechnen** (z. B. Gewinne auf Personen verteilen)
  Beispiel: Eine Tippgemeinschaft muss den Gewinn von 1200,00 EUR auf sechs Personen verteilen, d. h. jeder bekommt 200,00 EUR. Eine Person verzichtet auf ihren Gewinn. Welche Auswirkung hat das auf die anderen Gewinner?
- **Arbeitszeitberechnung**
  Beispiel: Warum säubern Sie den Salon lieber mit vier Personen als zu zweit?

Überlegen Sie, bei welchen Beispielen es sich um ein gerades (proportionales) oder ein ungerades (antiproportionales) Verhältnis handelt.
***Beispiel:** Je mehr Haarwäschen durchgeführt werden, desto mehr Wasser wird verbraucht.*
→ Bei dem Wasserverbrauch liegt ein gerades (proportionales) Verhältnis vor.

1.2 Der einfache Dreisatz mit geradem Verhältnis

Karla soll für ihren Chef aus dem Friseurgroßhandel preiswertes Blondierpulver mitbringen. Der Handel bietet eine Verpackungseinheit mit 500 g Blondierpulver zu 23,50 EUR und eine andere Verpackungsgröße mit 750 g zu 36,00 EUR. Karla ist sich nicht sicher, welches Produkt sie nehmen soll.

Erste Überlegung:

Hier liegt ein **gerades (proportionales)** Verhältnis vor, denn je mehr Produkt in einer Packung ist, desto mehr kostet es.

Lösungsidee:
Um die Preise vergleichen zu können, muss der Preis auf die Packungsgröße der anderen umgerechnet werden.
Gegeben: 500 g Blondierung kosten 23,50 EUR
Gesucht: Wie viel würden 750 g dieser Blondierung kosten?

Es gibt zwei verschiedene Rechenwege:

1. Möglichkeit

Beim geraden Verhältnis wird schräg multipliziert!

500 g $\triangleq$ 23,50 EUR

$$\frac{750\text{ g} \triangleq x}{500\text{ g} \triangleq 23{,}50\text{ EUR}}$$

(schräg: *)

750 g $\triangleq$ x EUR

$$x = \frac{23{,}50 \cdot 750}{500}$$

$$x = \underline{\underline{35{,}25\text{ EUR}}}$$

1. Schritt:
Hier schreibt man die bekannten Größen hin, dabei muss die gesuchte Größe, hier der Preis, immer rechts stehen.

2. Schritt:
Der Preis soll auf 750 g umgerechnet werden, also wird diese Größe unter die ursprüngliche Größe geschrieben. Für die gesuchte Größe wird ein x geschrieben.

3. Schritt:
x muss berechnet werden. Dazu bilden Sie den Lösungsbruch, indem Sie die schräg gegenüberliegenden Zahlen multiplizieren und durch die dritte Zahl teilen.

2. Möglichkeit

Von der bekannten Mehrheit wird zuerst auf die Einheit gerechnet und dann auf die gesuchte neue Mehrheit

500 g $\triangleq$ 23,50 EUR | : 500

$$1\text{ g} \triangleq \frac{23{,}50}{500}\text{ EUR} \quad | \cdot 750$$

(d. h., 1 g entspricht 0,047 EUR)

$$750\text{ g} \triangleq \frac{23{,}50 \cdot 750}{500}$$

$$= \underline{\underline{35{,}25\text{ EUR}}}$$

1. Satz: (von der Mehrheit)
Hier schreibt man ebenfalls die bekannten Größen hin, dabei muss die gesuchte Größe – hier der Preis – immer rechts stehen.

2. Satz: (über die Einheit)
Der Preis soll auf die Einheit 1 g berechnet werden. Dazu wird der Preis von 23,50 EUR durch die Menge von 500 g geteilt.

3. Satz: (zur neuen Mehrheit)
Der errechnete Wert wird nun mit der neuen Mehrheit, hier 750 g, multipliziert. Es können auch alle Rechenschritte auf einen Bruchstrich geschrieben werden.

Antwort: Die Blondierung in der 500 g Packung ist preiswerter.

1.3 Der einfache Dreisatz mit ungeradem Verhältnis

Eine Flasche Sprühfestiger reicht für 20 Anwendungen zu je 12,5 ml. Ihr Chef möchte nun den Produktverbrauch im Salon reduzieren und fordert Sie auf, nur noch 10 ml pro Anwendung an Festiger zu verbrauchen.

Erste Überlegung:
Hier liegt ein **ungerades (antiproportionales)** Verhältnis vor, denn je weniger Produkt für die einzelne Anwendung verbraucht wird, desto mehr Anwendungen sind mit einer Flasche möglich.

Lösungsidee:
Errechnen des Fassungsvermögen der Festigerflasche
Gegeben: 12,5 ml pro Anwendung reichen für 20 Anwendungen
Gesucht: Zahl der Anwendungen zu 10 ml

Es gibt zwei verschiedene Rechenwege:

1. Möglichkeit:

1. Schritt:
Hier schreibt man die bekannten Größen hin, dabei muss die gesuchte Größe – hier die Anwendungen – immer rechts stehen.

2. Schritt:
Der Verbrauch soll auf 10 ml umgerechnet werden, also wird diese Größe unter die ursprüngliche Größe geschrieben. Für die gesuchte Größe wird ein x geschrieben.

3. Schritt:
x muss berechnet werden. Dazu bilden Sie den Lösungsbruch, indem Sie die gegenüberliegenden Zahlen multiplizieren und durch die dritte Zahl teilen.

$12{,}5 \text{ ml} \mathrel{\widehat{=}} 20 \text{ Anw.}$
$10 \text{ ml} \mathrel{\widehat{=}} x$

$12{,}5 \text{ ml} \mathrel{\widehat{=}} 20 \text{ Anw.}$

$10 \text{ ml} \mathrel{\widehat{=}} x$ (↔)

$$x = \frac{12{,}50 \cdot 20}{10}$$

$$x = \underline{\underline{25 \text{ Anw.}}}$$

Beim ungeraden Verhältnis wird gerade multipliziert!

2. Möglichkeit:

1. Satz: (von der Mehrheit)
Hier schreibt man ebenfalls die bekannten Größen hin, dabei muss die gesuchte Größe – die Anwendungen – immer rechts stehen.

2. Satz: (über die Einheit)
Bei 1 ml Festigerverbrauch pro Anwendung reicht die Flasche für 250 Anwendungen.

3. Satz: (zur neuen Mehrheit)
Da aber pro Anwendung 10 ml verbraucht werden, muss man die Zahl der Anwendungen (250) durch 10 dividieren. Es können auch alle Rechenschritte gleichzeitig auf einen Bruchstrich geschrieben werden.

$12{,}5 \text{ ml} \mathrel{\widehat{=}} 20 \text{ Anw.} \mid \cdot 12{,}5$

$1 \text{ ml} \mathrel{\widehat{=}} 20 \cdot 12{,}5$

(d. h., 1 ml Verbrauch entspricht 20 · 12,5 = 250 Anw.)

$$10 \text{ ml} \mathrel{\widehat{=}} \frac{20 \cdot 12{,}5}{10}$$

$$= \underline{\underline{25 \text{ Anw.}}}$$

Von der bekannten Mehrheit wird zuerst auf die Einheit gerechnet und dann auf die gesuchte neue Mehrheit.

Antwort: Die Flasche Festiger reicht für 25 Anwendungen.

2 Prozentrechnung

„Pro cento" kommt aus dem Italienischen und heißt „von Hundert".

Nicht jedem ist klar, wie folgende Aussagen zu deuten sind.

- Sie werden mit 8 % am Umsatz beteiligt.
- Angestellte eines Salons können häufig die Produkte verbilligt einkaufen, sie erhalten alle Produkte für 85 % des Verkaufpreises.
- 2002 waren 7,2 % der Firseurauszubildenden männlich.
- Eine Haarkosmetikfirma erhöht die Preise um 3,5 %, bietet aber höhere Mengenrabatte an.
- Der männliche Kundenanteil im Salon Haarmonie beträgt 15 %.

Mithilfe der Prozentrechnung können Werte miteinander verglichen werden, indem sie auf Hundert bezogen werden:

Wichtig: Diese Begriffe müssen wie Vokabeln gelernt werden!!

Prozentsatz (PS)		**Grundwert (GW)**		**Prozentwert (PW)**
↓		↓		↓
1 %	**von**	**100,00 EUR**	**ist**	**1,00 EUR**
gibt die Anzahl der Hundertstel an ($^1/_{100}$)		entspricht dem Ganzen		ist ein Teil des Grundwertes entspricht dem Prozentsatz

Das Schwierigste an der Prozentrechnung ist das Erkennen der gesuchten Größe. Daher soll bei jeder Aufgabe zuerst versucht werden, die beiden bekannten Größen den obigen Begriffen zuzuordnen.

Beispiel 1: Sie erhalten 10 % Umsatzbeteiligung und haben einen Umsatz von 2.100,00 EUR im Monat gemacht.

(10 % ← PS; 2.100,00 EUR ← GW)

Beispiel 2: 2001 haben 46.336 Auszubildende eine Friseurausbildung begonnen. Davon waren 3.270 Auszubildende männlich.

(46.336 ← GW; 3.270 ← PW)

Beispiel 3: In den Salon Haarmonie kommen täglich im Durchschnitt sieben männliche Kunden, das entspricht einem Kundenanteil von 15 %.

(sieben ← PW; 15 % ← PS)

2.1 Berechnen des Prozentwertes

Bei der Prozentrechnung liegt immer ein **proportionales Verhältnis** vor

Sie werden mit 8 % am Umsatz beteiligt. In diesem Monat hatten Sie einen Umsatz von 2.100,00 EUR erwirtschaftet. Mit wie viel zusätzlichem Lohn können Sie rechnen?

Rechenweg

1. Schritt: Zuordnen der bekannten Größen und Ermitteln der gesuchten Größe:

Gegeben: 2.100,00 EUR = Grundwert (GW)
8 % = Prozentsatz (PS)

Gesucht: Prozentwert (PW)

2. Schritt:

1. Möglichkeit mit Dreisatz

100 % ≙ 2.100,00 EUR

8 % ≙ x

$$x = \frac{2.100,00 \cdot 8}{100} \text{ EUR}$$

x = 168,00 EUR

Antwort: Der Lohn wird in diesem Monat um 168,00 EUR erhöht.

2. Möglichkeit mit Formel

Die Formel zur Berechnung des Prozentsatzes wird aus dem Dreisatzbeispiel abgeleitet, indem für die Zahlen die entsprechenden Begriffe eingesetzt werden.

100% ≙ GW
PS ≙ x

$$PW = \frac{GW \cdot PS}{100} \text{ EUR}$$ ← Formel zur Prozentwertberechnung

2.2 Berechnen des Prozentsatzes

Ihr Chef plant eine Aktionswoche und bietet Schnitt und Tönung zu einem Komplettpreis von 39,60 EUR an. Laut Preisliste spart der Kunde hierbei 5,40 EUR.
Wie viel Prozent spart der Kunde also?

Rechenweg

1. Schritt: Zuordnen der bekannten Größen und Ermitteln der gesuchten Größe:
Gegeben: 45,00 EUR = Grundwert (GW)
39,60 EUR = Prozentwert (PW)
Gesucht: Prozentsatz (PS)

2. Schritt:

1. Möglichkeit mit Dreisatz

45,00 EUR ≙ 100 %

5,40 EUR ≙ x

$$x = \frac{100 \cdot 5{,}4}{45}\ \text{EUR}$$

x = 12 %

Antwort: Der Kunde spart bei diesem Angebot 12 %.

2. Möglichkeit mit Formel
Die Formel zur Berechnung des Prozentsatzes wird aus dem Dreisatzbeispiel abgeleitet, indem für die Zahlen die entsprechenden Begriffe eingesetzt werden.

GW ≙ 100 %
PW ≙ x

$$PS = \frac{100 \cdot PW}{GW}\ \text{EUR}$$ ← Formel zur Prozentsatzberechnung

2.3 Berechnen des Grundwertes

Eine Haarkosmetikfirma hat ihre Preise um 3,5 % erhöht. Somit wird der Haarlack um 0,70 EUR teurer. Wie hoch war der alte Preis?

Rechenweg

1. Schritt: Zuordnen der bekannten Größen und Ermitteln der gesuchten Größe:
Gegeben: 3,5 % = Prozentsatz (PS)
0,70 EUR = Prozentwert (PW)
Gesucht: Grundwert (GW)

2. Schritt:

1. Möglichkeit mit Dreisatz

3,5 % ≙ 0,70 EUR

100 % ≙ x

$$x = \frac{0{,}70 \cdot 100}{3{,}5}\ \text{EUR}$$

x = 20,00 EUR

Antwort: Der Kunde musste vor der Preiserhöhung 20,00 EUR für den Haarlack bezahlen.

2. Möglichkeit mit Formel
Die Formel zur Berechnung des Prozentsatzes wird aus dem Dreisatzbeispiel abgeleitet, indem für die Zahlen die entsprechenden Begriffe eingesetzt werden.

PS ≙ PW
100 % ≙ x

$$GW = \frac{PW \cdot 100}{PS}\ \text{EUR}$$ ← Formel zur Grundwertberechnung

2.4 Berechnen von vermehrten oder verminderten Grundwerten

Achtung!
Bei diesem Aufgabentyp muss man genau hinsehen und die Aufgabe eventuell zweimal lesen.
Stellen Sie sich die Frage, ob sich der Grundwert verändert, d. h., vermehrt oder vermindert er sich?

Beispiel 1:
Eine Friseurfirma hat ihre Preise um 3,5 % erhöht. Der alte Preis des Haarlacks betrug 20,00 EUR. Sie sollen alle Produkte neu auszeichnen. Was müssen Sie auf die Preisetiketten schreiben?

Rechenweg

1. Schritt: Zuordnen der bekannten Größen und Ermitteln der gesuchten Größe:

Gegeben: 3,5 % = Prozentsatz (PS)
20,00 EUR = Grundwert (GW)
Gesucht: neuer Preis = vermehrter Grundwert (vermehrter GW)

2.Schritt:

Alter Preis	≙	100 %	(von 20,00 EUR entspricht dem alten Grundwert)
Preiserhöhung um		+ 3,5 %	(von 20,00 EUR)
Neuer Preis	≙	103,5 %	⇐ **vermehrter Grundwert**

3.Schritt:

1. Möglichkeit mit Dreisatz

100 % ≙ 20,00 EUR

103,5 % ≙ x

$$x = \frac{20 \cdot 103{,}5}{100}\ \text{EUR}$$

x = 20,70 EUR ⇒

Antwort: Der Haarlack kostet nach der Preiserhöhung 20,70 EUR.

2. Möglichkeit mit Formel
Die Formel zur Berechnung des Prozentsatzes wird aus dem Dreisatzbeispiel abgeleitet, indem für die Zahlen die entsprechenden Begriffe eingesetzt werden.

100 % ≙ GW
vermehrter GW ≙ x

$$\text{vermehrter GW} = \frac{GW \cdot (100 + PS)}{100}\ \text{EUR}$$ ← Formel zur Berechnung des vermehrten Grundwerts

Beispiel 2:
Eine Friseurfirma bietet in einer Aktionswoche eine Preisreduzierung um 5 % auf alle Produkte. Der alte Preis des Schaumfestigers betrug 15,00 EUR.

Rechenweg

1. Schritt: Zuordnen der bekannten Größen und Ermitteln der gesuchten Größe:

Gegeben: 5 % = Prozentsatz (PS)
15,00 EUR = Grundwert (GW)
Gesucht: neuer Preis = verminderter Grundwert (verminderter GW)

2. Schritt:

Alter Preis	≙	100 %	(von 15,00 EUR entspricht dem alten Grundwert)
Preisermäßigung um		– 5 %	(von 15,00 EUR)
Neuer Preis	≙	95 %	⇐ **verminderter Grundwert**

3. Schritt:

1. Möglichkeit mit Dreisatz

100 % ≙ 15,00 EUR

95 % ≙ x

$$x = \frac{15 \cdot 95}{100}\text{ EUR}$$

x = 14,75 EUR

Antwort: Der Haarlack kostet nach der Preisermäßigung 14,75 EUR.

2. Möglichkeit mit Formel

Die Formel zur Berechnung des Prozentsatzes wird aus dem Dreisatzbeispiel abgeleitet, indem für die Zahlen die entsprechenden Begriffe eingesetzt werden.

100 % ≙ GW
verminderter GW ≙ x

$$\text{vermin-derter GW} = \frac{GW \cdot (100 - PS)}{100}\text{ EUR}$$ ← Formel zur Berechnung des verminderten Grundwerts

3 Zinsrechnung mit Formel

Für die Zinsrechnung mit Formel benötigen Sie einige Begriffe, ähnlich wie bei der Prozentrechnung: Kapital = K, Zinssatz = p, Zins = Z, Laufzeit = t

Mithilfe der Zinsrechnung können Tages-, Monats- und auch Jahreszinsen berechnet werden.

Achtung! Bei der Zinsrechnung hat jeder Monat nur 30 Tage, jedes Jahr 360 Tage.

Wählen Sie zuerst die richtige Formel aus! Was ist angegeben und was wird gesucht?

Formeln im Überblick	Für 1 Jahr	Für 1 Monat	Für 1 Tag
Zinsen	$Z = \frac{K \cdot p \cdot t}{100 \cdot 1}$	$Z = \frac{K \cdot p \cdot t}{100 \cdot 12}$	$Z = \frac{K \cdot p \cdot t}{100 \cdot 360}$
Kapital	$K = \frac{Z \cdot 100}{p \cdot t}$	$K = \frac{Z \cdot 100 \cdot 12}{p \cdot t}$	$K = \frac{Z \cdot 100 \cdot 360}{p \cdot t}$
Zinssatz	$p = \frac{Z \cdot 100}{K \cdot t}$	$p = \frac{Z \cdot 100 \cdot 12}{K \cdot t}$	$p = \frac{Z \cdot 100 \cdot 360}{K \cdot t}$
Laufzeit	$t = \frac{Z \cdot 100}{K \cdot p}$	$t = \frac{Z \cdot 100 \cdot 12}{K \cdot p}$	$t = \frac{Z \cdot 100 \cdot 360}{K \cdot p}$

Beispiel 1: Berechnung von Zinsen
Sie legen 1.200,00 EUR für 300 Tage bei der Bank zu einem Zinssatz von 2,5 % an.
Wie viel Zinsen bekommen sie?

$$Z = \frac{K \cdot p \cdot t}{100 \cdot 360} = \frac{1.200 \cdot 2{,}5 \cdot 300}{100 \cdot 360} = 25{,}00 \text{ EUR}$$

Antwort: Sie enthalten 25,00 EUR Zinsen.

Beispiel 2: Berechnung des Kapitals
Karla hatte ihr Geld für acht Monate gut angelegt, denn sie erhielt 150,00 EUR Zinsen bei einem Zinssatz von 6 %.
Wie viel Kapital besitzt Karla?

$$K = \frac{Z \cdot 100 \cdot 12}{p \cdot t} = \frac{150 \cdot 100 \cdot 12}{6 \cdot 8} = 3.750{,}00 \text{ EUR}$$

Antwort: Sie besitzt 3.750,00 EUR Kapital.

Beispiel 3: Berechnung des Zinssatz
Aischa hat ihr Konto für 27 Tage um 800,00 EUR überzogen. Dafür hat ihr die Bank 7,80 EUR Überziehungszinsen abgezogen.
Wie hoch ist der Zinssatz gewesen?

$$p = \frac{Z \cdot 100 \cdot 360}{k \cdot t} = \frac{7{,}80 \cdot 100 \cdot 360}{800 \cdot 27} = 13\ \%$$

Antwort: Der Zinssatz beträgt 13 %

Beispiel 4: Berechnung der Laufzeit
Sina bekam 1.125,00 EUR Zinsen bei einem Zinssatz von 5 % und einem Kapital von 7.500,00 EUR.
Wie viele Jahre hatte sie das Geld angelegt?

$$t = \frac{Z \cdot 100}{K \cdot p} = \frac{1.125 \cdot 100}{7.500 \cdot 5} = 3 \text{ Jahre}$$

Antwort: Sie hatte ihr Geld für drei Jahre angelegt.

4 Mischungsrechnen

Heute stehen dem Friseur vielfach gebrauchsfertige Präparate zur Verfügung, die eine Berechnung von Mischungsverhältnissen oder H_2O_2-Konzentrationen erübrigen. Dennoch werden Konzentrate angeboten und auch von vielen Friseuren verwendet, da sie oftmals preiswerter sind und durch ihre geringe Verpackungsgröße die Müllberge reduzieren. Wasserstoffperoxid wird ebenfalls in verschiedenen Konzentrationen angeboten, aber auch hier sollte ein Friseur in der Lage sein, die Konzentration einer Mischung zu berechnen.

Konzentrat		+	**Verdünnungsmittel**		⇨	**Lösung**	
1 l	**18 % H_2O_2**		**1 l**	**Wasser 0 %**		**2 l**	**9 % H_2O_2**
Konzentratmenge	Konzentratstärke		Verdünnungsmittelmenge	Verdünnungsmittelstärke		Lösungsmenge	Lösungsstärke
KM	**KS**		**VM**	**VS**		**LM**	**LS**

Bei Verdünnungsmitteln wie Wasser, Shampoo, Farbcreme beträgt die Verdünnungsmittelkonzentration immer 0% .

4.1 Berechnen des Mischungs- und Mengenverhältnisses

Das Arbeiten mit dem Mischungskreuz setzt voraus, dass immer drei Angaben in Prozent in der Aufgabenstellung genannt werden. Konzentrations- und Lösungsmittelstärke können meistens leicht erkannt werden. Die Verdünnungsmittelstärke dagegen kann entweder ebenfalls in Prozent angegeben werden, oder die Angabe steht indirekt in der Aufgabe, da es sich um ein Verdünnungsmittel, wie z. B. Wasser oder Farbcreme, handelt und hierbei beträgt die H_2O_2-Konzentration immer 0 %.

Diese Art Aufgaben werden mithilfe des Mischungskreuzes gelöst:

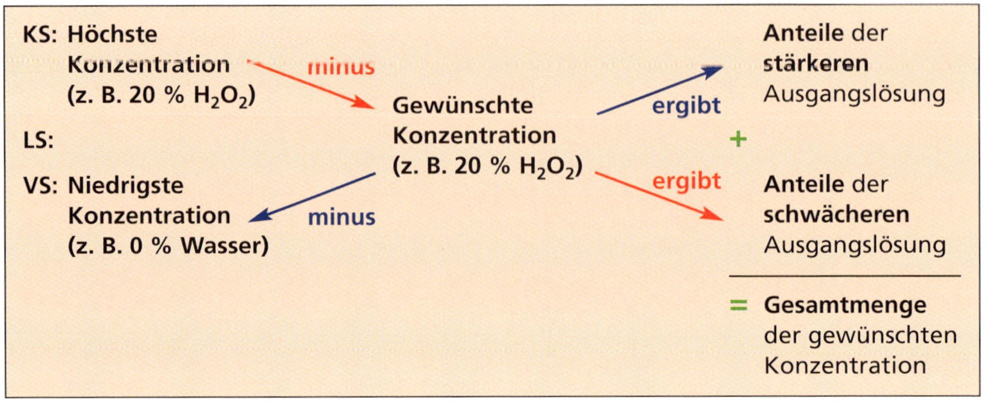

Aufgabe

Zum Herstellen einer Fixierung mit 2 %iger H_2O_2-Konzentration stehen Karla 50 ml 20%iges Fixierkonzentrat und Wasser zur Verfügung.

a) Wie lautet das Mischungsverhältnis?

b) Wie viel ml Wasser – d. h. Verdünnungsmittel – benötigt sie?

c) Wie viel 2%iges Wasserstoffperoxid erhält sie?

Rechenweg

Gegeben: KS = 20% H_2O_2 VS = 2% H_2O_2 LS = Wasser, d. h. 0% H_2O_2
Gesucht: Mischungsverhältnis

Lösungsweg zur Berechnung des Mischungsverhältnisses:

1. Schritt:
Mischungskreuz aufstellen

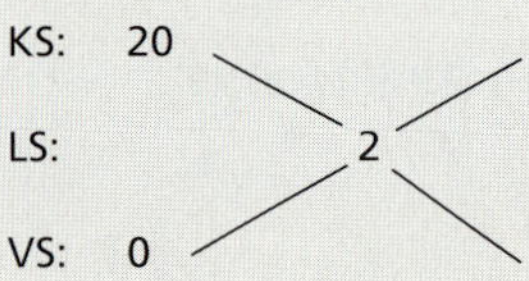

2. Schritt:
Differenzen bilden und kürzen

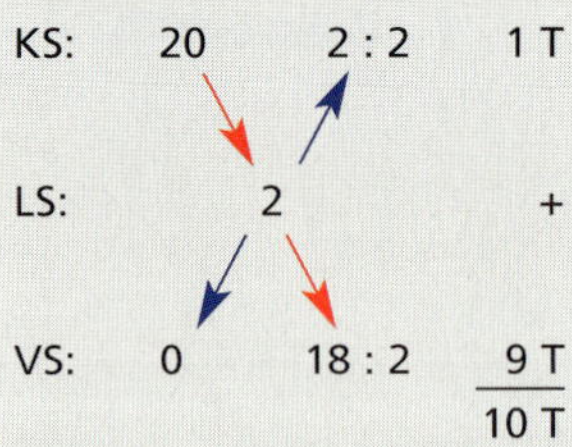

Merke
Abgelesen wird waagerecht!

3. Schritt:
Mithilfe des Mischungsverhältnisses können KM, LM oder VM bestimmt werden.

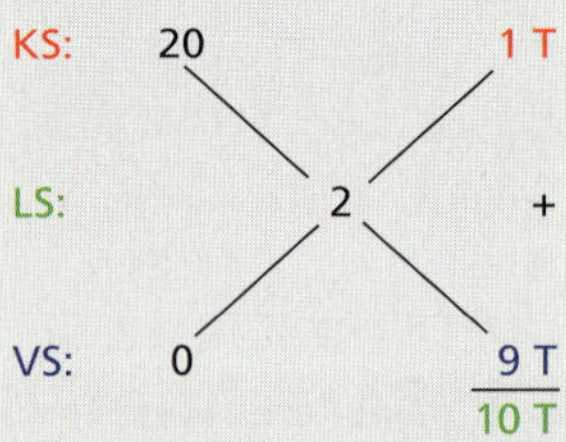

Antwort:
Zu a) Das Mischungsverhältnis beträgt: 1 : 9, d. h. 1 Teil KS und 9 Teile VS müssen gemischt werden, um 10 Teile LS zu erhalten.

Lösungsweg zur Berechnung der Mengenverhältnisse

4. Schritt:
Nachdem das Mischungsverhältnis bestimmt wurde, können KM, LM oder VM bestimmt werden.
Hier: Berechnen der Verdünnungsmittelmenge (VM) und der Lösungsmittelmenge (LM)

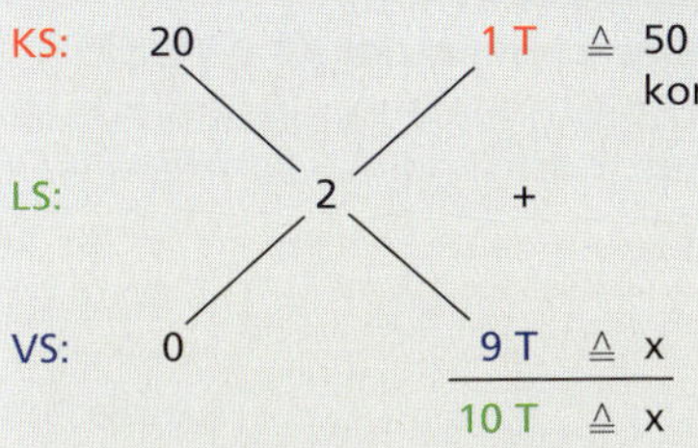

Berechnung mit Dreisatz:

b) Berechnung der Verdünnungsmittelmenge:

1 T ≙ 50 ml
9 T ≙ x ml

$$x = \frac{50 \cdot 9}{1} = 450 \text{ ml VM}$$

c) Berechnung der Lösungsmenge:

1 T ≙ 50 ml
10 T ≙ x ml

$$x = \frac{50 \cdot 10}{1} = 500 \text{ ml LM}$$

Antwort:
Zu b) Die Verdünnungssmittelmenge beträgt 450 ml.
Zu c) Die Lösungsmittelmenge beträgt 500 ml.

Mischungsrechnen mit dem Mischungskreuz im Überblick

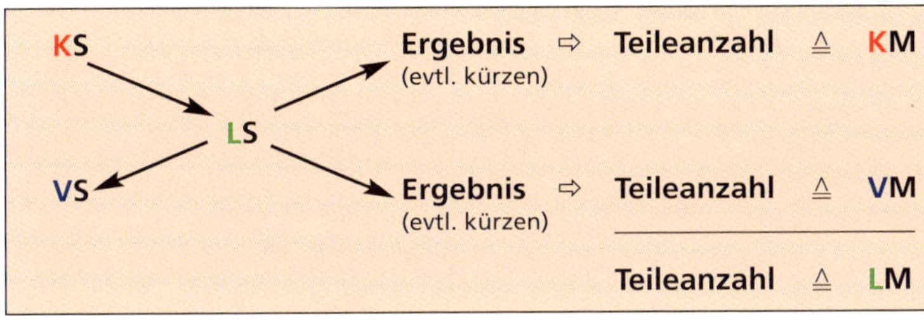

- Das **Mischungskreuz** wird eingesetzt, wenn KS, LS, und VS bekannt sind und das **Mischungsverhältnis** berechnet werden muss.
- Ist in der Aufgabe eine weitere Mengenangabe – z. B. KS gegeben – so können alle anderen Mengenangaben, VM oder LM, mithilfe des Dreisatzes berechnet werden.

4.2 Mischungsrechnen mit antiproportionalem Dreisatz oder Formel

Immer wenn die **Konzentrations-** oder **Lösungsstärke** bestimmt werden muss, versagt das obige Verfahren. Bei diesen Aufgabentypen hat man zwei Lösungsstrategien zur Auswahl. Entweder wird dieser Aufgabentyp mit dem antiproportionalen Dreisatz oder mithilfe der nachfolgenden Formel gelöst.

Aufgabe

In der Gebrauchsanweisung einer Schnellfixierung ist zu lesen, dass die 50 ml des Fixierkonzentrates mit Wasser *auf* 500 ml verdünnt werden sollen, damit die H_2O_2-Konzentration bei der Anwendung (Lösungsstärke) 3 % beträgt. Die Friseurin fragt sich, wie viel Prozent H_2O_2 das Konzentrat enthält.

Es liegt ein **antiproportionales Verhältnis** vor:
Je mehr Prozent ein Produkt hat, desto weniger muss von diesem zugemischt werden (und umgekehrt).

Rechenweg

Gegeben: KM = 50 ml LM = 500 ml LS = 3 %
Gesucht: Konzentrationsstärke (KS)

1. Möglichkeit mit Dreisatz

(Achtung: antiproportionales Verhältnis)

500 ml ≙ 3 %
50 ml ≙ x %

$$x = \frac{500 \cdot 3}{50} \%$$

x = 30 %

Antwort: Die Konzentrationsstärke beträgt 30 %.

2. Möglichkeit mit Formel

Die Formel zur Berechnung der KS wird aus dem Dreisatzbeispiel abgeleitet, indem für die Zahlen die entsprechenden Begriffe eingesetzt werden.

(Achtung: antiproportionales Verhältnis)

LM ≙ LS
KM ≙ x %

$$KS = \frac{LM \cdot LS}{KM}$$

← Formel zur Berechnung der Konzentrationsstärke

Merke

Die Formeln dürfen nur verwendet werden, wenn das Verdünnungsmittel eine 0%ige H_2O_2-Konzentration hat.

Aufgabentypen, bei denen die Konzentratmenge- oder die Lösungsmittelmenge bestimmt werden müssen, können mit der Formel, aber auch mit Hilfe des Mischungskreuzes gelöst werden.

Mischungsrechnen mit der Formel

Konzentratstärke:

$$KS = \frac{LS \cdot LM}{KM}$$

Lösungsstärke:

$$LS = \frac{KS \cdot KM}{LM}$$

Konzentratmenge:

$$KM = \frac{LS \cdot LM}{KS}$$

Lösungsmittelmenge:

$$LM = \frac{KS \cdot KM}{LS}$$

5 Preis- und Dienstleistungskalkulation

Die **Kalkulation** von Preisen und Dienstleistungen ist eine sehr komplexe Aufgabe, die ein selbstständiger Friseurunternehmer beherrschen muss. Nachfolgende Übersichten können daher nur einen kleinen Einblick in die Kalkulation geben. Sie verdeutlichen jedoch, woraus sich der Preis für eine Ware oder Dienstleistung zusammensetzt.

Der **Bruttoverkaufspreis** einer Haarsprayflasche oder der **Bruttobedienungspreis** für eine Dauerwelle setzen sich aus vielen **Faktoren** zusammen. Diese einzelnen Faktoren muss jeder Friseurunternehmer für sein eigenes Unternehmen ermitteln, denn in den Verkaufs- und Bedienungspreisen stecken indirekt z. B. die Lohnkosten, die Miete, Strom- und Wasserkosten, Materialkosten usw.

Faktoren, die den Bruttoverkaufs- und Bedienungspreis beeinflussen

Personalkosten	Materialkosten	Handlungskosten (Gemeinkosten)	Gewinn	Mehrwertsteuer
– Bruttolöhne, Sozialabgaben des Arbeitgebers – Weihnachtsgeld	– Alle Haar- und Kosmetikprodukte (z. B. Dauerwellflüssigkeit) – Verbrauchsmaterialien (z. B. Spitzenpapier, Handschuhe)	– Miete – Heizung, Strom, Wasser – Versicherungen – Steuern – Reparaturkosten – Fortbildung, Werbung – Kalkulatorisches Gehalt für den Saloninhaber – Kalkulatorische Zinsen		

5.1 Preiskalkulation

Kalkulationsschema	Lösungsweg	Beispielaufgabe
Listenpreis **– Rabatt**	10 · 12,00 EUR = 120,00 EUR 100 % ≙ **120,00 EUR** – 10 % = – 12,00 EUR 90 % = **108,00 EUR**	Saloninhaberin Frau Weber bestellt 10 Flaschen Haarspray für den Verkauf zum **Stückpreis** von 12,00 EUR. Der Händler gewährt ihr 10 % **Rabatt**.
Rechnungspreis **– Skonto**	100 % ≙ 108,00 EUR – 3 % = – 3,24 EUR 97 % = **104,76 EUR**	Da Frau Weber die Rechnung sofort bezahlt, gewährt ihr der Händler vom **Rechnungspreis** 3 % **Skonto**.
Nettoeinkaufspreis **+ Bezugskosten**	100 % ≙ 104,76 EUR + 8,20 EUR **112,96 EUR**	Auf den **Nettoeinkaufspreis** muss Frau Weber nun noch die **Bezugskosten** aufschlagen. Die Kosten für Verpackung und Transport betragen 8,20 EUR.
Bezugspreis **+ Handlungskosten**	100 % ≙ 112,96 EUR + 25 % ≙ + 28,24 EUR 125 % **141,21 EUR**	Jetzt müssen noch 25 % **Handlungskosten (Gemeinkosten)** kalkuliert werden.
Selbstkostenpreis **+ Gewinn**	100 % ≙ 141,21 EUR + 35 % ≙ + 49,42 EUR **190,63 EUR**	Auf die **Selbstkosten** schlägt Frau Weber einen Gewinn von 35 % auf.
Nettoverkaufspreis **+ Mehrwertsteuer**	100 % ≙ 190,63 EUR + 16 % ≙ + 30,50 EUR **221,13 EUR**	Auf den **Nettoverkaufspreis** muss als letztes noch die **Mehrwertsteuer** von derzeit 16 % aufgeschlagen werden.
Bruttoverkaufspreis	221,13 EUR : 10 Stück = **22,11 EUR**	Der Bruttoverkaufspreis wird nun noch durch die Stückzahl geteilt, um den Einzelpreis zu ermitteln.

5.2 Kalkulation von Dienstleistungen

Um eine Dienstleistung exakt zu kalkulieren, muss man neben den Faktoren, wie Handlungskosten (Gemeinkosten), Materialkosten, Gewinn insbesondere die Lohnkosten genau kennen. Dabei ist zu berücksichtigen, ob eine Arbeit ausschließlich von einer Meisterin gemacht wird, oder ob eventuell eine Gesellin oder Auszubildende einen Teil der Arbeit übernimmt, denn diese Lohnkosten sind bekanntlich geringer.

Berechnung des Minutenkostensatzes am Beispiel eines Gesellenlohns

Kalkulationsschema	Lösungsweg		Beispielaufgabe
Monatslohn + Lohnnebenkosten	100 % + 46 % 146 %	1.620,00 EUR + 745,20 EUR 2365,20 EUR	Der **Bruttolohn** einer Gesellin beträgt im Monat 1620,00 EUR. Die zusätzlichen **Lohnnebenkosten** für den Arbeitgeber betragen nochmals ca. 46 % des Bruttolohns, also 745,20 EUR.
tat. Lohnkosten + Handlungskosten (Gemeinkosten) **Selbstkosten**	100 % + 145 % 145 %	2.365,20 EUR + 3.429,54 EUR **5.794,74 EUR**	Um den **Selbstkostenpreis** ermitteln zu können, müssen jetzt noch 145 % **Handlungskosten (Gemeinkosten)** kalkuliert werden.
: Monatstunden (: 173) : Minuten in der Stunde (: 60) **Minutenkostensatz**	5.794,74 EUR : 173 Std. = 33,50 EUR 33,50 EUR : 60 Min. = **0,56 EUR**		Zur Errechnung des **Minutenkostensatzes** werden die **Selbstkosten** erst durch die Monatsstunden (hier 173) und dann durch 60 Minuten geteilt.

Berechnung eines Bruttobedienpreises am Beispiel eines Haarschnittes

Kalkulationsschema	Lösungsweg		Beispielaufgabe
Minutenkostensatz · Dauer der Dienstleistung	0,56 EUR · 30 Min. = **16,80 EUR**		Für einen Herrenhaarschnitt werden bei einem **Minutenkostensatz** von 0,56 EUR 30 Minuten Arbeitszeit kalkuliert.
Selbstkosten + Gewinn	100 % + 35 % 135 %	16,80 EUR + 5,88 EUR **22,68 EUR**	Auf die **Selbstkosten** wird ein **Gewinn** von 35 % aufgeschlagen.
Nettobedienpreis + Mehrwertsteuer	100 % + 16 % 116 %	22,68 EUR + 3,63 EUR **26,31 EUR**	Auf den **Nettobedienpreis** muss noch die **Mehrwertsteuer** von derzeit 16 % aufgeschlagen werden.
Bruttobedienpreis + Kabinettwareneinsatz **entgültiger Bruttobedienpreis**	26,32 EUR + 1,18 EUR = **27,50 EUR**		Für einen Herrenhaarschnitt wird in diesem Salon noch zusätzlich ein **Kabinettwareneinsatz** von 1,18 EUR kalkuliert.

Bildquellenverzeichnis

Archiv für Kunst und Geschichte, Berlin, S. 166.1; 166.2
Babyliss, Düsseldorf, S. 206.1; 206.3; 206.4
Basotherm, Biberach, S. 84
Beiersdorf, Hamburg, S. 69 (2); 86; 264; 267.2; 268.2; 269.1; 269.2; 282.2; 283.1; 283.2
Berufsgenossenschaft für Gesundheitsdienst und Wohlfahrtspflege, Hamburg, S. 29.2
Bilderbox, Thening (Östereich), S. 309.1
Deutsches Krebsforschungszentrum, Heidelberg, S. 269
dpa, Frankfurt/Main, S. 80.3
Vesna Döllinger, Weitersburg, S. 306
J. Engel, Butzbach, S. 312.5; 312.6
Ermila, Fernwald, S. 118.3
gfh Gesellschaft für Haarästhetik, Fürth, S. 228.2; 228.3
Dr. med. E. Hoting, Hamburg, S. 88; 90.2; 90.3; 91.1 – 91.4; 94.3; 95.1; 95.2; 272.1; 312.1 – 312.4
Idee Globus Reisen, Frankfurt/Main, S. 55 (2)
Industrievereinigung Chemiefaser, Frankfurt/Main, S. 228.1
Jaguar, Solingen, S. 114.2
Goldwell, Darmstadt, S. 164.1; 168; 172.1 – 172.3; 173; 177.1; 177.2; 256
Great Lengths, St. Stefan im Rosental (Österreich), S. 224; 225.1; 226
Limmer, Bamberg, S. 203.2
Michael Lindner, Hamburg, S. 248.3
L'Oréal, Düsseldorf, S. 246
Gisela Mayer, S. 225.2; 225.3; 225.4
MEV Bildarchiv, Augsburg, S. 6.1; 71.2, 71.3; 107; 112.1; 112.2; 112.3, 169.1; 198.1; 248.1; 248.2; 263; 285.2; 286; 287.2; 294; 297; 300.1, 303.1 – 303.4; 305.1 – 305.5; 307.1 – 307.4, 321.1 – 321.6; 3271, 355.1; 355.2
Miele, Gütersloh, S. 40.1
MSD Sharp & Dohme, Haar, S. 94.1; 94.2
New-York Hamburger Gummi-Waren Compagnie, Hamburg, S. 120.1 – 120.3; 216.4
Lennert Nilson, Stockholm, S. 71.1
Project Photos, S. 153.3; 218.3; 218.4
Osram, München, S. 40.2
Salon Rüther, Münster, S. 327.2
Sänger GmbH, Mulfingen, S. 68
Wolfgang Schmidt, Hiddenhausen, S. 185.4; 186.1; 213.1, 214.1; 216.2; 244.2, 245.2; 252
Prof. Dr. Schwanitz, Universität Osnabrück, S. 36
Schwarzkopf, Hamburg, S. 80.1; 80.2; 81; 89.3; 89.4; 89.5; 152.1; 165.2; 166.3; 227.1
Dorothee Schwöppe, Bad Laer, S. 290.1 – 290.3; 291.1 – 291.10; 309.2 – 309.4
Klaus Seeberger, Neuss, S. 37; 60; 71.4; 90.1; 110; 156.1; 214.2; 214.3; 214.4; 274.6; 277; 308.1; 308.2; 322 (3)
SKS AG, Kemnath, S. 50; 51
Stern-Haar Atelier, Hamburg, S. 231
Georg Thieme Verlag, Stuttgart, S. 35; 83; 87; 285.4
Tondeo, Solingen, S. 114.1, 114.3; 114.4, 116.1, 116.2, 116.3, 117; 118.1; 118.2
Trosani, Langenfeld, S. 317.1; 317.2
Verlagsanstalt Handwerk, Düsseldorf, S. 18
Verlagsarchiv, S. 29.1, 32; 83.1, 83.3; 93.2, 93.3, 95.3; 186.2, 236; 237; 251, 271; 272.2; 274; 283.3; 283.4; 284.1; 284.3; 284.4; 301.1 – 301.6; 307.5 – 307.8; 309.5; 309.6; 312.7; 312.8; 314.2
Wella, Darmstadt, S. 78 (2); 89.1; 89.2; 123.1; 152.2; 155.2; 155.3; 156.2, 156.3; 157.2; 157.3; 165.1; 173.2; 174; 176.1; 176.2; 181; 182.1; 183; 186.3; 191; 208.1; 208.2; 229; 243.2, 243.3; 249, 273.4; 273.5; 273.6

Fotos:
Fotostudio Voigt, Fotograf Markus Dömer, Bad Rothenfelde

Zeichnungen:
Brigitte Baumgartner
Birgitt Biermann-Schickling, Hannover
Angelika Brauner, Tutzing
Elisabeth Galas, Köln
Kornelia Kurtz, Boppard

Nicht bei allen Abbildungen konnten die Inhaber der Rechte ermittelt werden. Sollte jemand davon betroffen sein, bitten wir ihn, sich beim Verlag zu melden.

Bei folgenden Personen und Firmen möchten wir uns ganz herzlich für ihre Unterstützung bedanken:

Akteure:
Bernd Rüther
Corinna Bilke
Saskia Thür
Wiebke Tamminga
Miriam Bußmann
Jennifer Messing
Corinna Maurer
Nils Rieswick

Modelle:
Heidi Rüther
Christian Karliczek
Solveig Elias
Julia Nöllgen
Sabrina Diets
Kristina Halene
Helmut Wientke
Ilona Schmidt
Laura Engbert
Barbara Müller
Anna Temme
Franz Schwöppe
Thomas Feldmeyer
Delkhus Omarbel
Anastasia Jakobi
Ewelina Slowik
Maria Mali
Benjamin Harms

Salon Rüther, Münster
Salon Heuer, Bad Rothenfelde
Kosmetik-Studio La Belle, Bad Laer
Fotostudio Voigt, Bad Rothenfelde,
Fotograf Markus Dömer

Herkules/Sägemann, Hamburg
Wella, Darmstadt
Bergmann, Laupheim
Wittkötter, Bünde

Sachwortverzeichnis